UTB

UTB **8274**

Eine Arbeitsgemeinschaft der Verlage

Beltz Verlag Weinheim · Basel · Berlin
Böhlau Verlag Köln · Weimar · Wien
Wilhelm Fink Verlag München
A. Francke Verlag Tübingen und Basel
Haupt Verlag Bern · Stuttgart · Wien
Verlag Leske + Budrich Opladen
Lucius & Lucius Verlagsgesellschaft Stuttgart
Mohr Siebeck Tübingen
C. F. Müller Heidelberg
Ernst Reinhardt Verlag München und Basel
Ferdinand Schöningh Verlag Paderborn · München · Wien · Zürich
Eugen Ulmer Verlag Stuttgart
UVK Verlagsgesellschaft Konstanz
Vandenhoeck & Ruprecht Göttingen
WUV Facultas · Wien

Religionen und Kulturen der Erde

Ein Handbuch

Herausgegeben von
Anton Grabner-Haider
und Karl Prenner

Böhlau Verlag Wien · Köln · Weimar

Bibliografische Information Der Deutschen Bibliothek

Die Deutsche Bibliothek verzeichnet diese Publikation in der
Deutschen Nationalbibliografie; detaillierte bibliografische Angaben sind im
Internet über http://dnb.ddb.de abrufbar.

ISBN 3-8252-8274-0 (UTB)
ISBN 3-205-77197-4 (Böhlau)

Lizenzausgabe Böhlau Verlag Ges. m. b. H. und Co. KG

http://www.boehlau.at
http://www.boehlau.de

Gedruckt auf umweltfreundlichem, chlor- und säurefreiem Papier

Printed in Germany

Inhalt

Anhang

Einleitung

Religionen als Deutungssysteme von Leben und Dasein wachsen aus menschlichen Kulturen und aus Kulturstufen heraus und bleiben eng mit diesen verflochten. Aufgrund dieser Einsicht verbindet sich heute Religionswissenschaft immer mehr mit den Kulturwissenschaften oder versteht sich als ein Teil von ihnen.

Dieses Buch thematisiert diese Verflochtenheit und gibt einen umfassenden Überblick über die religiösen Symbolwelten der wichtigsten Kulturen der Erde. Damit eröffnet es neue Zugänge zur Deutung von herkömmlichen und von neu entstehenden Mythensystemen. Es hat den Anschein, dass wir dem Prozess der symbolischen Daseinsdeutung gar nicht entgehen können.

So lässt sich Religion zum einen als Symbolsystem der Weltdeutung, zum anderen als bildhaftes Bezugssystem auf eine „letzte Wirklichkeit" verstehen. Sie bindet Menschen zu festen Gruppen zusammen, hält Gruppen über lange Zeitepochen stabil und gibt ihnen eine klare Orientierung im Leben. Wir können sie auch als menschliche Antwort auf eine vermutete lebenstranszendente Wirklichkeit verstehen (J. Hick). Auf alle Fälle erscheint sie uns als ein grandioses Werk des menschlichen Geistes und drückt den kreativen Umgang mit den Grunderfahrungen des Lebens aus.

Dieses pluriforme Symbolsystem Religion spiegelt und speichert immer konkrete menschliche Erfahrungen und gedeutete „Lebenswelten" (L. Wittgenstein). In der Sichtweise der Kulturanthropologie speichert sie Stufen der Kulturentwicklung, soziale Beziehungen, das Geschlechterverhältnis, emotionale Befindlichkeiten und kognitive Lebensdeutungen (D. H. Goodenough). Wenn wir dieser Grundannahme folgen, können wir von religiösen Symbolen und ihren kognitiven Inhalten aus immer auf konkrete Lebensformen, auf soziale Problemfelder und auf emotionale Prozesse zurück schließen.

Schon antike Philosophen und ihnen folgend D. Hume waren davon überzeugt, dass die religiösen Bildwelten vor allem durch emotionale Prozesse und Dynamiken von Gefühlen gespeist werden (The natural history of religion). Seit einiger Zeit befassen wir uns auch vermehrt mit den biologischen Wurzeln und Determinanten der religiösen Bilderwelten und Riten (W. Burkert).

Folglich drängt es sich heute auf, Religion als Teilbereich von Kulturen und Kulturstufen zu sehen und zu interpretieren. Das vorliegende Werk achtet im Besonderen auf diese Verflochtenheit von Lebensformen und Lebenswelten mit ihrem symbolischen Ausdruck in den verschiedenen Mythen und Riten.

Auch die Religionswissenschaft geht zunehmend von einer normierenden oder normierten Betrachtung von Religion ab und sieht in ihr einen besonderen Typ eines kulturspezifischen Deutungssystems, d.h. ein Kommunikationssystem mit einem bestimmten Zeichenvorrat und einer Reihe angebbarer Funktionen für die Gruppe. Die Darstellung religionshistorischer Sachverhalte verlagert sich von der bisherigen Erschließung religiöser „Wahrheiten" zu einer Aufarbeitung der Elemente eines Zeichensystems mit seinen Konstellationen und Bedeutungen für ihre Benutzer (B. Gladigow).

So ist die Symbolwelt der *Jäger und Sammler* eng mit dem Erleben der Mitnatur verbunden. Hinter den sichtbaren Dingen und Ereignissen werden unsichtbare Kräfte und Kraftfelder angenommen; in den Menschen und in den Tieren wirken unsichtbare Seelenkräfte. In der Symbolwelt sind daher die Tiere, aber auch die Gestirne des Himmels und die Seelenkräfte der Vorfahren bedeutsam.

In der Symbolwelt der *Hirtennomaden und Viehzüchter* spielen die gezähmten und die wilden Tiere eine besondere Rolle, das Verfügbare wird deutlich vom unverfügbaren Bereich getrennt. In der Sozialstruktur des menschlichen Zusammenlebens wird das männliche Geschlecht dominant, die Verteilung der Rollen wird deutlicher. Auch hier gelten die Seelenkräfte der Ahnen als Zusammenhalt der Gruppen.

Die Symbolwelt der *niederen* und der *höheren Ackerbauern* verändert sich durch die neuen Kulturtechniken. Denn nun können Gräser und Baumfrüchte an ein und demselben Ort vermehrt und kultiviert werden. Nun werden Menschen sesshaft, ihre Gruppen werden größer und sie bilden eine komplexe Sozialstruktur aus. In der Symbolwelt wird die Fruchtbarkeit der Felder, Obstgärten, aber auch der Tiere und der Menschen wichtig. Die Weitergabe von Leben jeder Art wird vor allem dem weiblichen Geschlecht zugeordnet. Die Seelen der Ahnen werden weiterhin verehrt und deren Lebensregeln werden auf lange Zeitepochen hindurch befolgt.

Jetzt wird aber die religiöse Symbolwelt vielfältiger, denn sie spiegelt konkrete Lebensformen und Kulturtechniken. Das Unverfügbare des Lebens wird unter den Symbolen von göttlichen und dämonischen Wesen vorgestellt; überall in der menschlichen Lebenswelt werden unsichtbare Kräfte vermutet, die zumeist stärker sind als die Menschen selbst. Den Tabupersonen (Schamanen, Mantiker, Priester) wird zugetraut, dass sie in besonderer Weise Zugang und Einfluss zu diesen Kräften haben. Damit sind die „Götter" die größeren, die stärkeren und die lichtvolleren Wesen als die Menschen. Sie sind den Menschen ähnlich und für sie anrufbar. Immer spiegeln sie menschliches Verhalten und soziale Strukturen konkreter Gesellschaften. Das Verhältnis der Geschlechter verändert sich im „Himmel" der Götter und auf der Lebenswelt der Menschen. Die menschlichen Seelenkräfte reichen in die göttliche Welt hinein, denn sie kommen aus dieser. Einige besondere Menschen (Kulturbringer, Kriegshelden) erhalten göttliche Qualitäten.

Auch das Böse und Leidvolle, das die Natur für die Menschen bereit hält und das Menschen einander antun, wird in der göttlichen Welt symbolisiert. Dann sind es Götter und böse Dämonen, die den Menschen das Unglück senden und jedes Fehlverhalten durch Krankheit rächen. Sie müssen durch Gebete, Opfer und Riten und durch ein regelgerechtes Verhalten zufrieden gestellt werden, denn sie wachen über die Taten der Menschen.

Insbesondere wird der Tod in der Bilderwelt der Religionen symbolisiert. Fast allgemein wird angenommen, dass die unsichtbaren Seelenkräfte der Menschen den Tod der Körper überdauern. Sie ziehen sich in ein Land der Toten bzw. der Seelen zurück, dort werden ihre Taten von göttlichen Wesen beurteilt. Doch sie begleiten und kontrollieren weiterhin das Verhalten der Nachfahren.

In manchen Kulturen glauben die Menschen, dass die Seelenkräfte der Ahnen innerhalb der eigenen Sippe wiedergeboren werden. Sie müssen sich dann von alter Schuld reinigen, die sie im früheren Leben angehäuft haben. Andere Glaubenssysteme nehmen an, dass sich die menschlichen Seelenkräfte mit den Urkräften des Kosmos verbinden und dort verbleiben oder sich dort auflösen. Allgemein suchen die Menschen nach einem langen Leben und einem guten Schicksal für ihre Seele nach dem Tod des Körpers.

Damit bilden die Lebenserfahrungen der Menschen die großen Themen der religiösen Symbolwelten: Schwangerschaft, Geburt, Leiden, Krankheit, Tod, Wiederauferstehung, Sünde und Verwandlung. Alle diese Erfahrungen werden im Kontext von heiligen Erzählungen (Mythen) gedeutet; dem Leben und seinen vielfältigen sozio-kulturellen Bezügen wird so eine metaempirische Dimension gegeben.

Folglich sind religiöse Symbolwelten immer Selbstinterpretationen des menschlichen Daseins in bestimmten gesellschaftlichen und kulturellen Situationen. In den Religionen beziehen sich die Menschen auf die Ganzheit des Kosmos, zum „Urgrund" des Lebens, zur menschlichen Gemeinschaft oder auf eine transzendente Welt. Sie deuten den großen Kosmos anthropomorph und gewinnen dadurch Geborgenheit und Sicherheit. Damit können sie leidvolle Erfahrungen des Daseins besser ertragen und vor allem dem Sterben einen Sinn geben. Auf diese Weise deuten sie ihr begrenztes Leben vom Anfang bis zum Ende.

Damit gehören die Religionen zu den großen und kreativsten Schöpfungen des menschlichen Geistes. In ihnen beziehen sich die Gläubigen auf unverfügbare und unsichtbare Wirklichkeiten; sie drücken darin ihre Grundgefühle der Angst, aber auch der Lebensfreude aus. Gleichzeitig ordnen sie ihr Leben mittels der praktischen Vernunft; damit aber haben religiöse Weltdeutungen immer auch rationale Strukturen. Der Mythos ist die heilige Erzählung, die einer Gruppe über längere Zeiträume hin eine feste Orientierung gibt.

Der Gliederung des Buches liegen zwei große Blöcke zugrunde: Der erste Block – *Europäische Kulturen* – beschäftigt sich mit den Religionen und Kulturen des mediterranen-vorderasiatischen Raumes, die, bedingt durch ihre geografische Lage, im Laufe der Geschichte in vielfäligter Weise mit Europa bzw. dem Abendland in Verbindung standen und so eine direkte Wirkung auf Eurpa entfaltet haben. Der zweite Block – *Asien – Afrika – Alt-Amerika* – bringt große außereuropäische Religions- und Kulturtraditionen, die erst aufgrund indirekter weltweiter Vorgänge und Entwicklungen – Globalisierung, Migrationsbewegungen, weltweites Interesse an fremden Religionen und Kulturen – in den Blickwinkel Europas getreten sind. Offensichtlich werden diese weltweiten Akk- und Inkulturationsvorgänge im letzten Beitrag *Neue Religionen.* Eine gewisse Ausnahme bildet hierbei der *Islam,* dessen Einordnung in den ersten Block vor allem die Darstellung der Religion *Islam* bzw. die klassisch islamische Kultur, die arabisch geprägt ist, beinhaltet. Im zweiten Block werden sodann muslimische Kulturwelten dargestellt.

Ein Ziel des Buches ist es, die Ergebnisse der Forschung in übersichtlicher und allgemein verständlicher Weise einem breiten Bildungspublikum zugänglich zu machen.

Peter W. Haider

I. Alt-Ägypten

1. Erstarrung oder Wandel?

Fürs Erste gilt zu betonen, dass sich hinter den in ‚heiliger' Tradition scheinbar erstarrten bildlich gestalteten Ausdrucksformen ägyptischer Kunst sakralen Inhalts ein tief greifender Wandel der religiösen Vorstellungswelt verbirgt, welcher durch die schriftliche Überlieferung klar belegt ist. In groben Zügen lassen sich die wesentlichsten Aspekte dieses Veränderungsprozesses folgendermaßen skizzieren:

So wie im mythisch-magischen Weltbild aller früher Kulturen war auch in Ägypten bis in frühdynastische Zeit alles religiös fundiert, so dass im Grunde keine Grenze zwischen Profanem und Sakralem existierte. Es gab nur Orte und Zeiten, an bzw. zu denen sich das ‚Heilige' wie in einem Brennpunkt konzentrierte, wie z.B. am Aufenthalts- oder Wohnort einer Gottheit oder zum Zeitpunkt einer von der lokalen sozialen Elite, später vornehmlich vom Pharao selbst, öffentlich vollzogenen sakralen Handlung.

Doch spätestens seit der endgültigen Reichseinigung im frühen 3. Jt. v. C. setzte ein Prozess ein, der teils schleichend, teils sprunghaft einerseits eine „Entsakralisierung" weiter Bereiche des Alltagslebens zuerst in den oberen Gesellschaftsschichten mit sich brachte, und andererseits eine Art „Demokratisierung" der ursprünglich nur für den Pharao konzipierten Vorstellungen, besonders für solche, die das Jenseits betrafen, zur Folge hatte. Die Gründe dafür lagen im sozialen Wandel, vor allem in der sich ändernden Königsideologie begründet, die parallel zu einer wachsenden Transzendenz in der Vorstellung von einer Gottheit einherging.

Eine der Folgen dieses Prozesses war die Herausbildung theologischer Systeme und Weltbilder, welche eine deutliche Tendenz zu einem Hochgottglauben aufwiesen, der dann im Verlauf der 18. Dynastie – wenn auch nur für kurze Zeit – in einen strengen Monotheismus einmündete, übrigens den ersten in der Weltgeschichte. Diese Theologien dienten nicht nur der Legitimation herrschender sozialer und politischer Verhältnisse, sondern führten ihrerseits im späten 2. Jt. wieder zu einer neuen Art „Sakralisierung" des Alltagslebens. Denn seit der Ramessidenzeit (1184–1070) schrieb eine Kaste von Priestern, die sich vornehmlich als Interpreten der Willensbekundungen Amun-Re's, eines pantheistischen Ur-, Schöpfer- und Weltengottes verstanden, den Gläubigen vor, wann und wie sie ihre persönliche Frömmigkeit zu praktizieren hatten.

Während des ersten Jt. v. C. gewannen dann nicht zuletzt als Folge lang anhaltender und von der einheimischen Bevölkerung als immer drückender empfundener Fremdherrschaften der Libyer, Äthiopier, Assyrer und Perser wieder verstärkt die im Volksglauben verankerten archaischen Vorstellungen, wie die Verehrung rein zoomorpher Gottheiten in Gestalt eines konkret auserwählten Einzeltieres und die vermehrte Anwendung magischer Praktiken auch in dem von der Priesterschaft getragenen offiziellen Kult an Bedeutung. Entscheidend für diese Entwicklung war der Umstand, dass die ausländischen Machthaber zwar nominell als Pharaonen auftraten, aber – wie besonders die assyrischen und achämenidischen Könige – nur noch anlässlich kriegerischer Auseinandersetzungen ägyptischen

Boden betraten und sonst weder bei den traditionellen kultischen Feierlichkeiten in Ägypten anwesend, noch sonderlich am Erhalt der Hochreligion interessiert waren. Andererseits zeigen die Texte, in welch erstaunlich hohem Ausmaß unterdessen Elemente der Hochreligion von den unteren Bevölkerungsschichten angenommen und mit ihren althergebrachten Glaubensvorstellungen verknüpft worden sind. Dazu zählte ein verstärkter Dualismus im religiösen Weltbild und eine zunehmende mystische Komponente im individuellen Glauben an eine persönlich erwählte Gottheit.

2. Archaische Wurzeln

Aus den Zeiten lange vor der Errichtung eines ersten dauerhaften Einheitsreiches mit Beginn der 3. Dynastie um 2650 v. C., mit der auch das so genannte Alte Reich seinen Anfang nahm, stammen alle jene zahlreichen archaischen Glaubensvorstellungen und Riten, von denen viele als eine Art Relikt meist bis ans Ende der ägyptischen Geistesgeschichte tradiert wurden. Dabei unterlagen diese nicht selten einer Uminterpretation und einer Indienstnahme für neue veränderte Glaubensvorstellungen. Zu den auffälligsten Erscheinungsformen zählen dabei die entweder rein tiergestaltig oder mit menschlichem Leib und Tierkopf dargestellten Gottheiten. Diese haben ihren Ursprung in einem mythisch-magischen Weltbild, in dem alles im Kosmos belebt ist und viele dieser Wesen als dem Menschen physisch oder magisch überlegen angesehen wurden. Deshalb trachtete man danach, solche Mächte entweder gnädig zu stimmen oder sie mit Hilfe der Magie unschädlich zu machen.

So verehrten die in frühgeschichtlicher Zeit hauptsächlich in Oberägypten anzutreffenden Bauern, die Schafe züchteten, einen Widder als das Wesen, das nicht nur für seine eigene Art, sondern für die gesamte Natur und damit auch für die Menschen die Zeugungskraft garantierte. Von solchen göttlichen Widdern sollten später Chnum, beheimatet auf der Insel Elephantine bei Assuan, und seit der 11. Dynastie vor allem der mit Amun gleichgesetzte Widder von Theben überregionale Bedeutung erlangen.

Rinder züchtende Bevölkerungsgruppen in den unterägyptischen Ortschaften wie Xois, Athribis, Leontopolis, Heliopolis und Memphis sahen hingegen im Stier wegen seiner sexuellen Potenz, seiner Kraft und Wildheit einen Gott analogen Charakters. Unter diesen errang vor allem der Apis in Memphis besondere Bedeutung, weil die mit ihm verbundenen Fruchtbarkeitsriten bereits während der ersten Dynastie unter die königlichen Sakralfunktionen aufgenommen und der Apis-Stier in der Spätzeit mit Osiris, dem Herrscher der Unterwelt und Jenseitsrichter gleichgesetzt wurde.

Zudem stellten sich die Rinderzüchter das Himmelsgewölbe als Kuh vor, während sich Schweinezüchter in Mittelägypten den Himmel mit seinen Gestirnen als Muttersau mit ihren Frischlingen dachten.

Doch erst recht galt es jene Tiere zu besänftigen und günstig zu stimmen, die dem Menschen gefährlich werden konnten. Zu ihnen zählte im Deltagebiet die Kobra, die Uräusschlange, die letztlich zur Schutzherrin Unterägyptens aufstieg, genauso wie der Skorpion, welcher in den trockenen Randzonen des westlichen Niltales beheimatet ist, wo die Ägypter gängigerweise ihre Gräber anlegten. Als weibliches Exemplar in Gestalt der Göttin Selket wurde der Skorpion daher zu einer der Schutzgöttinnen der Verstorbenen. Da erfahrungsgemäß Löwinnen mit Jungen sehr angriffslustig sind, flößten sie den Menschen in besonderem Maße Respekt ein. Deshalb genoss die löwenköpfige Sachmet als Kriegs-, Heil- und auch als Liebesgöttin eine besondere Verehrung.

Überall im Niltal präsent war einst das Krokodil. Als Gott Sobek besaß es hauptsächlich in Kom Ombo und seit dem frühen Mittleren Reich (ca. 1970 v. C.) in der Oase Fayum Kultzentren. Dem gelegentlich sehr aggressiven Nilpferdweibchen, der Thoeris, räumte der Ägypter letztendlich die Rolle einer Beschützerin schwangerer Frauen und Mütter ein.

Doch auch besonders auffälliges Verhalten konnte Anlass zur Verehrung einzelner Tiere geben. So die Tätigkeit des Mistkäfers, des Skarabäus, der eine Kugel aus Dung herstellt, in die er seine Eier ablegt. Im analogen Denken der frühen Ägypter identifizierte man die Dungkugel mit der Sonne, die der Gott täglich über das Firmament rollt. Bedingt durch ein Wortspiel mit dem Verbum „chepri" (werden, entstehen), avancierte der Mistkäfer „Chepre" zu einem solaren Schöpfergott, den man schon im frühen Alten Reich mit dem in Heliopolis verehrten falkengestaltigen Sonnengott Re verknüpfte. Die Beobachtung, dass Paviane früh morgens auf Felskuppen sitzend die ersten wärmenden Sonnenstrahlen erwarten und bei deren Eintreffen sichtlich aus Wohlbehagen kreischen, führte dazu, dass man in ihnen die ersten Sonnenanbeter sah. Schließlich identifizierte man einen von ihnen mit dem unterägyptischen Gott „Thot" in Ibisgestalt, der als schriftkundiger, weiser „Sohn des Re", ja sogar als „Herz des Re" angesprochen wurde.

Das Flug- und Jagdgeschick des Falken hatte an etlichen Stellen des Niltales eine Verehrung dieses Raubvogels ausgelöst. Im oberägyptischen Nechen, dem Hierakonpolis in griechischer Zunge, identifizierte man den „Horus" genannten Falken mit dem Himmelsgewölbe schlechthin, wobei Sonne und Mond sein rechtes und sein linkes Auge bildeten, während der Falke in Heliopolis mit der Sonne selbst gleichgesetzt wurde.

3. Genese der ersten Staatsreligion

Mit dem politischen Sieg der Machthaber in Oberägypten, die sich als eine Inkarnation des Himmelsgottes Horus von Hierakonpolis verstanden, über die übrigen Teile des Landes und der Schaffung eines Einheitsreiches um 3000 v. C. hatte dieser Horus seine überlegene Macht über alle anderen Götter unter Beweis gestellt. Diese Vorrangstellung drückte sich nun sowohl in der Königsideologie als auch in der Schaffung eines hierarchisch und genealogisch geordneten Pantheons aus. Gleichzeitig setzte ein Prozess der Angleichung bzw. Identifizierung jener Gottheiten ein, die sich entweder durch ihre identische äußere Gestalt, wie z. B. bei den Falkengöttern, oder auf Grund ihrer analogen Funktion anbot, wie beispielsweise bei den Himmelsgöttinnen. Zuerst verschmolz die unterägyptische Vorstellung von der kuhgestaltigen Himmelsgottheit mit der oberägyptischen von einem Sperberweibchen als Mutter des Himmelsgottes Horus, namens Hathor. Eineinhalb Jahrtausende später setzte man dann die Hathor mit der rein menschengestaltigen Isis gleich, die damit ihrerseits zur Himmelgöttin avancierte.

Politische, verwaltungstechnische, wirtschaftliche und/oder kultische Gründe veranlassten den Pharao, an bestimmten Orten regionale Heiligtümer zu fördern, ihren Gottheiten eine bevorzugte Stellung im offiziellen Pantheon einzuräumen und damit auch seine eigene sakrale Bedeutung zu stärken und seine politische Macht zu legitimieren. Zu solchen Orten zählten Abydos, die Kultstätte des Chontamenti, eines Schutzgottes der Verstorbenen. Dort wurden bis zur 3. Dynastie fast alle Pharaonen beigesetzt, und dort besaß seit ca. 2000 v. C. Osiris als Herr der Unterwelt eines seiner Hauptheiligtümer. Weiters gehörten Memphis mit dem Fruchtbarkeitsgott Apis, mit dem falkengestaltigen Sokar als Beschützer der Nekropole von Sakkara und dem rein menschengestaltigen Gott Ptah, dem Patron der Handwerker, zu diesen privilegierten Orten. Auch das Kultzentrum von Iunu, dem On in der Bibel, später von den Griechen Heliopolis genannt, wo der Schöpfergott Atum, der Sonnenfalke Re, der Mnevis-Stier und der Sonnengott Chepre verehrt wurden, zählte dazu. Auch die im Delta liegende Gauhauptstadt Sais, die Heimat der anthropomorphen Kriegsgöttin Neith, erfreute sich eines prestigeträchtigen Aufstiegs.

Doch keine der genannten Kultstätten prägte so nachhaltig die Glaubensvorstellung – zuerst der politischen und geistigen Elite und im Laufe der folgenden Jahrhunderte auch die weiter Kreise der ägyptischen Bevölkerung – wie die von Iunu/Heliopolis. Eine für die damalige Zeit geradezu revolutionäre Theologie, an deren Konzeption wohl auch der unter dem Pharao Djoser (um 2620 v.C.) amtierende „Oberste Priester" des Sonnengottes, „Stellvertreter des Königs" und Bauleiter Imhotep maßgeblichen Anteil hatte, propagierte nicht nur ein reduziertes Pantheon von neun Gottheiten, mit Atum als Ur- und Schöpfergott an der Spitze und Re als seinem Urenkel und nun herrschenden Sonnengott, sondern sie degradierte auch den Pharao von der Inkarnation des Himmelsgottes Horus zum leiblichen Sohn der Sonne. Bis zum Beginn der 5. Dynastie (um 2460) waren dann Atum und Re miteinander gleichgesetzt worden und damit die Sonne zum Ur- und Schöpfergott aufgestiegen. Re-Atum wurde nun auch mit Horus, Chepre und Sobek identifiziert. Der ganze Kosmos galt jetzt als Leib dieser Gottheit, von der es hieß: „Du bist der Himmel, die Erde, die Unterwelt, das Wasser und die Luft, die zwischen ihnen ist". Der Schöpfergott habe außerdem für das Leben jeder Gattung gesorgt, ja er habe den Schöpfungsakt letztlich den Menschen zuliebe vollzogen. Im Kosmos waltet die Ma'at, die von Re-Atum eingesetzte göttliche Ordnung und Gerechtigkeit. Doch auf den Vorwurf, wie der Schöpfer es dann zulassen konnte, dass Ungerechtigkeit und rohe Gewalt Platz greifen konnten, ja dass – vornehmlich in den Augen der geistigen Elite im Staat – schließlich mit dem Zusammenbruch des Alten Reiches (um 2160) die von diesem Gott geschaffene politische und soziale Weltordnung durch das Chaos schlechthin ersetzt wurde, legte man dem Schöpfergott folgende Antwort in den Mund: „Es waren die Herzen der Menschen, die verletzten, was ich angeordnet habe. ... Ich habe jedermann wie seinesgleichen geschaffen und nicht befohlen, dass sie Unrecht tun." Damit gestand man den Menschen also einen freien Willen zu, der ihn befähigte, sich auch gegen Gottes Gebote zu stellen.

Von besonderer und nachhaltiger Bedeutung erwies sich die Tatsache, dass diese heliopolitanische Theologie schon zu Beginn der 5. Dynastie zur Staatsreligion erhoben worden war. Die damaligen Pharaonen ließen eigene Sonnenheiligtümer im Norden von Sakkara errichten, in denen u.a. die kosmische Ordnung anhand des Jahresablaufes in naturalistischer Weise zur Darstellung kam.

4. Der Weg zum Monotheismus

Als es zu Beginn des 2. Jts. von Theben aus zur Errichtung eines neuen Einheitsstaates, des Mittleren Reiches (2010–1785) kam, stieg der dort beheimatete widdergestaltige Gaugott, den man mit der transzendenteren Vorstellung von Amun, „dem Verborgenen", gleichgesetzt hatte, zum Reichsgott auf. Rasch wurde dieser neue Götterkönig mit Re identifiziert und dessen theologisches Bild auf Amun übertragen. Gleichzeitig verknüpften die Priester am Reichsheiligtum in Karnak auch die kosmologischen Vorstellungen, die in der mittelägyptischen Stadt Hermopolis, dem Hauptheiligtum des Gottes Thot, entwickelt worden waren, mit Amun-Re. Diese enthielten ein altes anschauliches Bild von einem aus dem Urgewässer auftauchenden Urhügel mit einem See in seiner Mitte, aus dem sich die erste Lotosblüte, Nefertem, erhob. Als sich diese öffnete, saß darin das Sonnenkind und tauchte die Schöpfung erstmals in strahlendes Licht. Als Urwesen sollen Frösche und Schlangen den See bevölkert haben. Doch diese Urwesen waren bereits neu interpretiert worden. Man sah in ihnen vier männlich-weibliche Paare, also eine „Achtheit" von überwiegend abstrakten Begriffen, welche den Urzustand des Kosmos beschreiben: Nun und Naunet, das Urgewässer, Heh und Hehet, die Unendlichkeit, Hek und Heket, die Finsternis, sowie Amun und Amaunet, das Verborgene. Gleichzeitig betrachtete man Amun-Re als den Gott, der „aus sich selbst entstanden" war und der als „der Einsame, der Einzige, der alles schuf", „Vater der Väter und Mutter der Mütter" waltete. Damit wies die damalige Theologie von Theben nicht allein Züge eines Hochgottglaubens auf, sondern bereits eine deutliche monotheistische Tendenz.

Diese verstärkte sich vor allem seit Beginn des Neuen Reiches (1540–1070). Denn mit der Errichtung eines Weltreiches, dessen erfolgreiche imperialistische Politik als von Amun-Re gewollt und seinem Sohn auf Erden, dem Pharao, aufgetragen verstanden und propagiert wurde, hatte sich dieser Gott in den Augen der Gläubigen allen, auch den fremden Gottheiten in Libyen, Nubien und in Asien, als überlegen erwiesen. Schon unter Thutmosis IV. und seinem Sohn Amenophis III. zeichnet sich in den Hymnen an diesen Reichsgott die Betonung seiner Erscheinung in der Sonnenscheibe, „Aton", richtiger „Jati" zu lesen, ab. So war es nur noch ein Schritt weiter, wenn auch ein radikaler, den Amenophis IV. Achanjati (1353–1336) vollzog, als er „Jati" als den „einzigen Gott, Gott ohne einen anderen außer ihm" deklarierte und alle anderen Tempel im Reiche schließen und vor allem den Namen Amun-Re's tilgen ließ. Ein bezeichnendes Element dieses radikalen Monotheismus bildete auch die Behauptung dieses Pharaos, dass sein Gott unerforschlich sei und sich nur ihm geoffenbart habe: denn „ es gibt keinen anderen, der dich kennt, außer Achanjati". Auch wenn dieser Monotheismus bereits unter dem jungen Pharao Tutanchamun (1336–1327) wieder aufgegeben werden musste und Amun-Re wieder seine frühere Position eingeräumt erhielt, so zeitigte das Konzept Achanjatis beträchtliche theologische Auswirkungen.

5. Der pantheistische Allgott Amun-Re

Die Folge und Konsequenz des monotheistischen Konzeptes bestand nämlich im Entwurf eines pantheistischen Ur-, Schöpfer- und Allgottes in Bezug auf Amun-Re, der als „Einherr", als „der Eine, der sich zu Millionen machte", „der Eine, der alles Seiende geschaffen hat", „der Eine Einsame, der schuf, was ist" beschrieben wurde. Deshalb ist auch „jeder Gott ein Abbild von dir, vereinigt in deinem Wesen". Auch die Vorstellung einer Art Dreifaltigkeit, drei Gottheiten in ihm vereint, findet sich ausgesprochen, indem es in ramessidischer Zeit heißt: „Drei sind alle Götter: Amun, Re und Ptah." Von nun an konnte jede der alten traditionellen Gottheiten in Ägypten wie in den fremden Ländern, gleichgültig ob männlich oder weiblich, als eine personifizierte Erscheinungsform dieses Allgottes gesehen werden, denn „es ist jeder Gott ein Abbild von dir, vereinigt mit deinem Leib“, denn „du bist das Leben“.

Selbstverständlich blieb diese Theologie nicht ohne Folgen auf die alte Vorstellung vom Pharao als der Instanz, die als einzige als direkter Vermittler zu den göttlichen Mächten angesehen wurde. Denn die Kluft, die sich seit der ausgehenden 18. Dynastie zwischen dem sich einerseits immer mehr auf Ausländer und Söldner stützenden und andererseits sich als Individuum selbst vergottenden Pharao und der Reichspriesterschaft auftat, vergrößerte sich, je schlechter die wirtschaftliche Lage in Ägypten auf Grund des Verlustes großer Teile des Reiches wurde. Schlussendlich rief die Priesterschaft einen Gottesstaat aus, in dem die politischen Entscheidungen allein von der Priesterschaft getroffen wurden, indem sie das Orakel befragte. Da im Rahmen dieser Theokratie dem Pharao die Kompetenz und Wirkung seiner traditionellen sakralen Handlungen abgesprochen war und er damit auch die Verantwortung über den Lauf der Welt abgetreten hatte, gewann die persönliche Frömmigkeit jedes Einzelnen, sein Glaube an den Allgott Amun-Re eine entscheidende Bedeutung. Von den Priestern unterwiesen, sollte jeder Gläubige der Aufforderung nachkommen: „Verkündet ihn Sohn und Tochter, Großen und Kleinen“, „erzählt von ihm Kindern und Kindeskindern, den Fischen im Strome und den Vögeln am Himmel.“ Denn „Amun-Re kommt auf die rufende Stimme des Armen“. So bezeugen die vielen Ergebenheitstexte auch den Wunsch nach einer Epiphanie dieses Nothelfers und Retters der Armen: „Mein Herz sehnt sich danach, dich zu sehen, Freude meines Herzens, Amun, du Kämpfer des Armen. Du bist der Vater der Mutterlosen, der Gatte der Witwe.“

Die während des 1. Jt. lange währenden Fremdherrschaften über Ägypten förderten nicht zuletzt auch eine dualistische Weltsicht. Dem Amun-Re stand nun der verteufelte Gott Seth mit seinem Anhang gegenüber, zu dem außer der Apophis-Schlange auch eine Reihe von Tieren zählte, die dem Menschen gefährlich werden konnten; so das Nilpferd, der Löwe, Schlangen und der Skorpion, aber auch der Esel findet sich darunter.

Ein charakteristisches Element der Spätzeit Ägyptens war es, dass sich damals der archaische Tierkult im Volksglauben Bahn brach und von der Priesterkaste auch gefördert wurde, weil er problemlos mit der Konzeption eines pantheistischen Allgottes vereinbar war.

6. Jenseitsglaube und -hoffnung

Wie in allen frühen Kulturen – und nicht nur in diesen – glaubten auch die Ägypter an ein jenseitiges Weiterleben, das dem diesseitigen weitgehend entsprach. So bekam jeder Verstorbene all sein persönliches Hab und Gut, Speis und Trank, und speziell die Gerätschaften mit in sein Grab, die er für die Ausübung seines Berufes in der jenseitigen Welt wieder benötigte. Der König und seine ranghöchsten Beamten nahmen während der ersten Dynastie daher auch ihren Hofstaat bzw. ihr Dienerpersonal mit ins Jenseits. Dem Pharao als Inkarnation des Himmelsgottes Horus ins himmlische Reich folgen zu können, stellte gleichzeitig ein unvergleichliches Privileg für die Mitglieder dieses Gefolges dar. Doch rasch stellten sich Zweifel ein, ob es dem Pharao selbst so mühelos gelingen mochte, ins Reich der Götter aufzusteigen. Nicht zuletzt war für ein Weiterleben auch die Erhaltung des

Körpers eine entscheidende Voraussetzung. Um sie zu gewährleisten, wurde die Mumifizierungstechnik im Laufe der folgenden Jahrhunderte immer weiter perfektioniert.

Ab dem Zeitpunkt, als man in dem König nur noch einen leiblichen Sohn des Sonnengottes Re erblickte, hatte sich der Pharao vor seinem himmlischen Vater für sein irdisches Wirken zu rechtfertigen. Letztendlich, als gegen Ende des Alten Reiches der aus dem östlichen Delta stammende Vegetationsgott Osiris zum Herrscher und Richter in der Unterwelt aufgerückt war, erhoffte der verstorbene König mit ihm eins zu werden, ehe er seinen weiteren Aufstieg in den Himmel zu seinem göttlichen Vater antreten konnte. Außerdem wollte man seit dem Ende der fünften Dynastie durch die schriftliche Fixierung innerhalb der Pyramiden der bei den königlichen Beisetzungsfeierlichkeiten rezitierten Gebete, Sprüche und magischen Beschwörungen eine ewige inhaltliche Wirkung dieser Texte erreichen.

Die Adaptierung der Glaubensinhalte um das jenseitige Schicksal des Pharaos seitens der Angehörigen der königlichen Familie und der elitären Oberschicht schritt im Verlaufe des Mittleren Reiches (2010–1785) rasant voran, wie die Texte auf den Särgen der Verstorbenen bezeugen. Geradezu ein Jenseitsführer, das „Zweiwegebuch“, war konzipiert worden, um den Verstorbenen sicher zur Gerichtshalle des Osiris gelangen zu lassen. Im Neuen Reich (1540–1070) hoffte bereits jeder Verstorbene, nachdem ihn das Totengericht frei von Schuld gesprochen hat, nicht nur eins mit Osiris, sondern selbst zu Re-Atum bzw. zu Amun-Re zu werden. Voraussetzung war das Überstehen des Totengerichts, bei dem das Herz des Verstorbenen, das bei den Ägyptern als Sitz des Willens, des Verstandes, der Gefühle und Lebenskraft galt, gegen die Ma'at, die personifizierte Gerechtigkeit, aufgewogen wurde. Zu diesem Zweck legte man dem Verstorbenen ein negatives Sündenbekenntnis bei, in dem er in einer langen Litanei beteuerte, keine Verfehlungen gegenüber der göttlichen Ma'at begangen zu haben. Doch je nach dem, wie tief die Waagschale mit dem Herzen sank, konnten Osiris und die 42 Richter dem Verstorbenen eine Zeit der Buße im Messersee oder in einer Feuerhölle auferlegen, bis er gereinigt und gerechtfertigt war, oder ihn zum endgültigen Tod verdammen. Im Falle der Erlösung sollten Ersatzkörper, so genannte Schabtis oder Uschebtis, fürderhin anstelle des Verstorbenen die Landarbeiten im Reich des Osiris verrichten, während „der Gerechtfertigte“ selbst ins himmlische Reich einging, wo seine Ankunft mit Freude verkündet wird: „Oh, Re-Atum, dein Sohn kommt zu dir, ... schließe ihn in deine Arme, dein Sohn ist er, deines Leibes ewiglich!“

Im Verlaufe der 18. Dynastie (1540–1295) entstand eine große Anzahl von so genannten Toten- und Unterweltsbüchern, deren Inhalt auf Papyri, auf die Wände der Särge wie der Gräber geschrieben ihre magische Wirkung in alle Ewigkeit sicherstellen sollten. In ihnen finden sich archaische Vorstellungen aus den königlichen Pyramidentexten genauso wie neue, diesen geradezu widersprechende Konzeptionen. Wieder sind es die ursprünglich für den Pharao erdachten Hoffnungen auf Erlösung, die bis in die ptolemäische Ära hinein geradezu jeder Ägypter für sich adaptiert hatte. So beschwören die Texte: „Ich bin das Gestern, ich kenne das Morgen. Was bedeutet das? Was das Gestern betrifft, das ist Osiris, was das Morgen betrifft, das ist Re. .. Re ruht in Osiris, Osiris ruht in Re, das bedeutet es.“

Mit anderen Worten: Der Verstorbene hofft zu Osiris zu werden, mit dem sich der Schöpfer und Sonnengott Re auf seiner allnächtlichen Fahrt durch die Unterwelt vereinigt und dadurch wiedererweckt. Somit wird der Tote selbst auch zu Re und in einen ewigen Kreislauf von Tod und Auferstehung eingebunden.

Literatur

Assmann, J.: *Liturgische Lieder an den Sonnengott* (Münchner Ägyptologische Studien 19), München 1969.
Assmann, J.: *Ägyptische Hymnen und Gebete,* Zürich 1975.
Assmann, J.: *Re und Amun. Die Krise des polytheistischen Weltbildes im Ägypten der 18. – 20. Dynastie* (Orbis Biblicus et Orientalis 51), Fribourg – Göttingen 1983.
Assmann, J.: *Ägypten – Theologie und Frömmigkeit einer frühen Hochkultur,* Stuttgart 1984.
Assmann, Jan: *Ma'at. Gerechtigkeit und Unsterblichkeit im Alten Ägypten,* München 1990.
Assmann, J.: *Tod und Jenseits im Alten Ägypten,* München 2001.
Barta, W.: *Untersuchungen zum Götterkreis der Neunheit* (Münchner Ägyptologische Studien 28), München 1973.
Brunner, H.: *Grundzüge der altägyptischen Religion* (Grundüge 50), Darmstadt 1983.
Erman, A.: *Die Religion der Ägypter,* Berlin – Leipzig 1934.
Grieshammer, R.: *Das Jenseitsbild in den Sargtexten* (ägyptologische Abhandlungen 20), Wiesbaden 1970.
Hart, G.: *Egyptian Gods and Goddesses,* London – New York 1986.
Hornung, E.: *Der Eine und die Vielen. Ägyptische Gottesvorstellungen,* Darmstadt 1973.
Hornung, E.: *Das Totenbuch der Ägypter,* Zürich 1979.
Hornung, E.: *Ägyptische Unterweltsbücher,* Zürich 1982.
Hornung, E.: *Die Nachtfahrt der Sonne. Eine altägyptische Beschreibung des Jenseits,*Zürich 1991.
Hornung, E.: Altägyptische Jenseitsbücher, Darmstadt 1997.
Kees, H.: *Der Götterglaube im Alten Ägypten,* 4. Aufl. , Berlin 1956 (N.D. 1980).
Koch, K.: *Geschichte der ägyptischen Religion: Von den Pyramiden bis zu den Mysterien der Isis,* Stuttgart – Berlin – Köln 1993.
Lesko, B.S.: *The great Goddesses of Egypt,* Oklahoma 1999.
Morenz, S.: *Ägyptische Religion,* Stuttgart 1960.
Mysliwiec, K.: *Studien zu Gott Atum,* Bd. I–II (Hildesheimer Ägyptologische Beiträge 5 u. 8), Hildesheim 1978–1979.
Otto, E.: *Osiris und Amun. Kult und heilige Stätten,* München 1966.
Schweitzer, A.: *Seelenführer durch den verborgenen Raum. Das ägyptische Unterweltsbuch Amduat,* München 1994.
Taylor, J.: *Death and Afterlife in Ancient Egypt,* London 2000.
Teichmann, F.: *Die ägyptischen Mysterien,* Stuttgart 1999.

Hannes D.Galter

II. Mesopotamien

1. Das Land „zwischen den Strömen"

Mesopotamien, das Land zwischen den Strömen Euphrat und Tigris, liegt in einem fruchtbaren Gürtel am Rand der trockenen wüstenhaften arabischen Halbinsel, größtenteils im heutigen Irak, es umfasst aber auch Nordostsyrien und Teile der südöstlichen Türkei. Das Land zerfällt in zwei sprachlich-politisch-geographische Regionen, die durch unfruchtbare Kieswüsten nördlich einer Linie etwa von Hit am Euphrat bis Samarra am Tigris getrennt werden. Während in Nordmesopotamien der Euphrat Syrien mit Wasser versorgt, durchfließt der Tigris die fruchtbare Gegend des Hügellandes Assyriens, wo zum Teil Regenfeldbau möglich ist. Ein anderes Bild bietet sich in Südmesopotamien: Das Gebiet Babyloniens wird, damals wie heute, von milden Wintern und heißen Sommern geprägt. Euphrat und Tigris haben hier im Laufe der Jahrtausende eine äußerst fruchtbare, völlig flache Schwemmlandebene geschaffen. Diese Nord-Süd-Dichotomie manifestiert sich in der gesamten mesopotamischen Geschichte. Die babylonische Kultur ist etwas älter als die assyrische und viel stärker durch die Sumerer geprägt. In ihr zeigt sich deutlich ein statischer, bewahrender Zug. Die assyrische Kultur hingegen – jünger und unter unterschiedlichsten ethnischen, sozialen und politischen Einflüssen entstanden – blieb offen für äußere Einflüsse, was ihr einen dynamischeren Charakter verlieh.

Euphrat und Tigris waren die Lebensadern des ganzen Gebietes. Sie allein garantierten aber noch nicht Fruchtbarkeit und regelmäßige Ernten. Auf Grund ihrer großen Wasserstandschwankungen mit langen Trockenphasen und unregelmäßigen, starken Überschwemmungen boten die Flussebenen keine günstigen Voraussetzungen für die Entstehung von Ackerbaukulturen. Erst ein komplexes und gut organisiertes Bewässerungssystem ermöglichte die Versorgung größerer Bevölkerungsteile. Dammanlagen schützten Kulturland und Siedlungen, künstliche Kanäle führten das Wasser heran und verteilten es an die Verbraucher. Die Instandhaltung, Erneuerung und Verbesserung dieses Bewässerungssystems gehörte zu den vorrangigsten Aufgaben der mesopotamischen Staaten.

Die geographische Offenheit Mesopotamiens in Verbindung mit seiner Fruchtbarkeit und seiner Armut an natürlichen Rohstoffen wie Holz, Erz oder Stein forcierten schon früh wirtschaftliche, politische und kulturelle Kontakte. Die teilweise beträchtlichen Agrarüberschüsse flossen in den Export und wurden zum Erwerb nicht vorhandener Produkte genutzt. Daraus entwickelte sich ein florierender Handel, der die Kulturentwicklung forcierte. Doch die Fruchtbarkeit Mesopotamiens und sein kultureller Aufschwung weckten auch die Begehrlichkeiten weniger begünstigter Nachbarn, vor allem der viehzüchtenden Stammesgruppen der syrischen Steppe. Besonders in Zeiten von Trockenheit und wirtschaftlicher Not kam es zu Zuwanderungen und kriegerischen Auseinandersetzungen. Die gesamte Geschichte Mesopotamiens ist geprägt von einer Abfolge von Völkern, z.B. Sumerer, Akkader, Amoriter, Assyrer, Babylonier, Elamier, Hurriter, Kassiten, Aramäer, Chaldäer. Diese übernahmen für einige Zeit die Herrschaft, eigneten sich mesopotamische Kultur und

Lebensart an und beeinflussten und veränderten diese, bevor sie von Anderen verdrängt wurden. Multikulturalität und Transkulturalität waren entscheidende und dynamische Faktoren altorientalischer Geschichte.

Die historische Entwicklung Mesopotamiens wird für uns ab dem Ende des 4. Jt v. C. fassbar. Bis zur Mitte des 3. Jt. existieren zahlreiche sumerische Stadtstaaten von unterschiedlicher Größe und Macht nebeneinander, deren bedeutendster Uruk war. Um 2300 v. C. begründet Sargon von Akkad das erste Großreich, das fast ganz Mesopotamien umfasste. Dessen Nachfolge trat die III. Dynastie von Ur an, die das Sumerertum noch einmal zu hoher Blüte führte. Gleichzeitig wanderten sukzessiv semitische Stammesgruppen (Amoriter) in Mesopotamien ein, die nach dem Untergang von Ur um 2000 v. C. in mehreren Städten die Macht übernahmen. Unter König Hammurapi (1728–1686) erlangte Babylon erstmals überregionale politische Bedeutung, die aber durch die Eroberung der Stadt durch die Hethiter beendet wurde. In den folgenden Jahrhunderten kam es zu wechselnden Machtverhältnissen zwischen den Assyrern im Norden und den Babyloniern im Süden, die gegen Ende des 2. Jt. v. C. durch die Wanderbewegungen aramäischer Stammesgruppen nachhaltig beeinflusst wurden. Assyrien, das die Aramäer von seinen Grenzen fernhalten konnte, stieg zu Beginn des 1. Jt. v. C. zur Weltmacht auf und brachte unter den Königen der Sargonidenzeit (722–627) ganz Vorderasien unter seine Kontrolle. Zwischen 614 und 609 v. C. fiel es dem gemeinsamen militärischen Ansturm der Babylonier und Meder zum Opfer. Das Reich der Chaldäer in Babylonien, das das assyrische Erbe antrat, erreichte unter Nebukadnezar II. (605–562) sowohl politisch als auch kulturell seinen Höhepunkt. 539 v. C. gliederte es Kyros II. (559–530) in das Reich der Achämeniden ein.

Einheimische Quellen zur Geschichte und Kultur Mesopotamiens sind uns in der Regel in Keilschrift und auf Tontafeln überliefert. Die Keilschrift ist eine logographische Schrift und umfasst ca. 600 Wort- und Silbenzeichen. Die schriftliche Überlieferung setzt gegen Ende des 4. Jt. v. C. ein und dauert bis in das 1. Jh. n. C. an. Bei den Ausgrabungen mesopotamischer Städte, wie Uruk, Ur, Nippur, Sippar, Babylon, Assur, Kalhu oder Ninive, wurden zahllose Keilschrifttafeln gefunden, die heute in fast allen großen Museen der Welt aufbewahrt werden.

Die mesopotamischen Texte zerfallen funktional in zwei große Gruppen. Da sind einmal jene Werke, die der intellektuellen Tradition angehören, einem Korpus religiöser, wissenschaftlicher und literarischer Schriftwerke, das von Generationen gelehrter Schreiber erhalten und weitergeführt wurde. Die zweite Gruppe bilden die Texte des alltäglichen bzw. zeitlich begrenzten Gebrauchs: Rechts-, Wirtschaftsurkunden, Briefe, Zahlungsbestätigungen, Inventarlisten, etc. Die Grenzen zwischen diesen beiden Gruppen sind fließend und Übergänge waren jederzeit möglich. Da die Schreiber in der Regel für die schrieben, die mächtig genug waren, um zu befehlen, oder reich genug, um zu bezahlen, spiegeln die Texte fast ausschließlich Geisteshaltungen der Eliten wider. Außerdem wurde in den meisten Fällen nur das aufgeschrieben, was festhaltenswert war und dessen Bedeutung über die Gegenwart hinausreichte. Kurzlebige, individuelle oder abweichende Ansichten sind nur in ganz seltenen Fällen auf uns gekommen.

Die Religion durchdrang in Mesopotamien alle Bereiche des menschlichen Lebens. Von den meisten großen Weltreligionen der Gegenwart unterscheidet sie sich durch ihren Polytheismus und durch das Fehlen eines Religionsstifters. Im Laufe ihrer dreitausendjährigen

Geschichte kam es zu unterschiedlichen Ausprägungen, regionalen Sonderformen und temporären Entwicklungen, sodass sich nur schwer ein homogenes und widerspruchsfreies Bild der mesopotamischen Religion zeichnen lässt. Darüber hinaus führte das Neben- und Nacheinander verschiedenster Völkerschaften zu zahlreichen Veränderungen und Anpassungen der religiösen Vorstellungen und somit zu einer Dynamik des religiösen Systems. Auf der anderen Seite bewirkte die Traditionsverpflichtetheit der mesopotamischen Literatur, dass Texte noch lange Zeit, nachdem sie ihre Bedeutung verloren hatten, weitertradiert wurden.

Für die nachfolgenden Ausführungen muss man im Auge behalten, dass diese sich an den Stadtkulturen Südmesopotamiens orientieren und dass im assyrischen Norden, in den Städten Nordsyriens und der Levante sowie bei den Stammesgruppen der Steppen- und Wüstengebiete trotz eines gemeinsamen religiösen Grundkonsenses auch andere, zum Teil stark abweichende Vorstellungen vorhanden waren.

2. Götter und Pantheon

Die Götter dachte man sich in Mesopotamien ab dem 3. Jt. v. C. ausschließlich anthropomorph. Ob es davor eine präanthropomorphe Phase gab, wird nach wie vor diskutiert, dürfte aber unwahrscheinlich sein. Einzelne Aspekte oder besondere Eigenschaften der Götter wurden aber von Beginn an durch theriomorphe oder symbolische Gottesdarstellungen, z. B. auf Stelen oder Rollsiegeln, betont. Die sumerischen Götter waren Wesen, die mit göttlichen Kräften versehen waren. Der sumerische Ausdruck me für diese Kräfte bezeichnete nicht nur die Macht, sondern auch die Verantwortung, den Aufgabenbereich und das Symbol, die mit ihr einhergingen. Die Weltordnung der Sumerer war gottgegeben, statisch und in Kompetenzbereiche aufgeteilt – ein Equilibrium der Mächte. Verschiedene Mythen berichten davon, wie dieses Gleichgewicht gestört wurde, z. B. weil der Sturmvogel Anzû die Schicksalstafel raubte oder die Göttin Ischtar in die Unterwelt ging, und wie die Welt dadurch aus den Fugen geriet. Das Zusammenleben der ursprünglich wahrscheinlich über 1000 Gottheiten stellte man sich soziomorph, also den menschlichen Lebensformen entsprechend, vor. Die einzelnen Stadtgötter, deren Macht mit der Macht des Stadtstaates korrelierte, besaßen Familien sowie einen Hofstaat mit Funktionären und Dienern. Ab der Mitte des 3. Jt. v. C. sind parallel zur politischen Machterweiterung Versuche belegt, die Göttervielfalt strukturiert in Listen zu erfassen, um eine überregionale Verehrung zu ermöglichen. Die Theologie ordnete die Gottheiten Götterkreisen zu, die verwandtschaftlich verbunden und haushaltsmäßig organisiert waren. Diese wiederum wurden zu einem hierarchischen Götterstaat zusammengefasst, der sich ebenfalls an irdischen Modellen orientierte.

Ganz anders sah die semitische Gottesvorstellung in Nordmesopotamien aus. Hier sah man – ähnlich wie in Syrien und der Levante – in den Göttern persönliche Machtwesen, deren göttliche Autorität und Kraft unabhängig von Kompetenzbereichen existierte. Die Hierarchie im Pantheon entstand in erster Linie durch ein Kräftemessen in Auseinandersetzungen und Götterkämpfen.

An der Spitze des Pantheons standen der Himmelsgott Anu (sum.: An; Kultort: Uruk), der aber mit der Zeit immer mehr in den Hintergrund trat, Ellil (sum.: Enlil; Kultort: Nippur), der Herr der Erde, mit dem semitischen Hauptgott El identifiziert wurde, und der Wassergott Ea (sum.: Enki; Kultort: Eridu), der Herr der Weisheit und Magie. Die Muttergöttin wurde unter verschiedenen Namen (Ninhursag, Ninmah, Mami, akk.: Belet-ili) verehrt. Weitere wichtige Gottheiten waren der Mondgott Sîn (sum.: Nanna; Kultort: Ur), dessen Aufgabenbereiche den Agrarzyklus und die Zeitmessung umfassten, der Sonnengott Šamaš (sum.: Utu; Kultorte: Sippar, Larsa), der Herr des Rechts, die Venussterngottheit Ištar (sum.: Inanna, Kultorte: Uruk, Ninive), die unter anderem für Liebe, Sexualität und Krieg verantwortlich war, und der Wettergott Adad (sum.: Iškur; Kultort: Kiš), der Regen und Gewitter sandte oder zurückhielt. Neben den Hauptgöttern gab es eine Vielzahl von niedrigeren Gottheiten, Dämonen und Schutzgeistern. In der 2. Hälfte des 3. Jt. v.C. tauchte die Vorstellung vom persönlichen Gott auf, der zugleich Schutzgott, Fürsprecher und Mittler zwischen dem Mensch und den großen Göttern war, und erlangte immer stärkere Bedeutung.

Im Gegenzug nahm während des 2. Jt. v. C. die Zahl der regelmäßig und überregional verehrten Gottheiten stark ab und sank auf 20 bis 30, ohne dass die übrigen kultisch vergessen worden wären. Durch eine massiv angewandte „Gleichsetzungstheologie", die eine immer größere Zahl von Gottheiten zu Inkarnationen oder Aspekten weniger Hauptgötter werden ließ, suchte man die neuen Vorstellungen mit der überlieferten Tradition zu verknüpfen. Das bedeutendste Zeugnis dieses Versuchs ist die in der 2. Hälfte des 2. Jt. v. C. entstandene große Götterliste „An = *Anum*".

Ebenfalls im 2. Jt. v. C. tauchten Nationalgötter wie Marduk in Babylonien oder Assur in Assyrien auf, deren Aufstieg mit dem politischen Machtzuwachs des jeweiligen Staates verbunden war. Im Laufe der Zeit stiegen diese zu Universalgöttern auf, die alle Macht in sich vereinigten, und das Vorbild für weitere Nationalgottheiten wie Haldi in Urartu und Jahwe in Israel abgaben.

3. Schöpfungslehren und Kosmologie

Die Entstehung des Kosmos in der Urzeit und seine Gestaltung durch eine ordnende göttliche Hand stellten die Grundlage dar, auf der die existierenden Einrichtungen mesopotamischer Zivilisation entstehen konnten. Aus diesem Grund bildeten „Schöpfungsgeschichten" oft die Präambeln zu Ritualen und Beschwörungen oder wurden im Festkontext rezitiert (z.B. *Enūma eliš*). Die Entstehungsgeschichte von Himmel und Erde nimmt meist beim Wasser seinen Ausgang. Das Lehrgedicht *Enūma eliš*, das immer wieder als „Weltschöpfungsepos" bezeichnet wird, besser jedoch als Apotheose des Gottes Marduk zu verstehen ist, lässt die Schöpfung mit einer Vermischung von Süßwasser und Salzwasser beginnen, aus der mehrere Generationen von Urgöttern hervorgehen.

Einer ursprünglich zweiteiligen Kosmosvorstellung, die von einer, in manchen Texten als gewaltsamer Vorgang geschilderten, Trennung von Himmel und Erde als Bereiche von Menschen und Göttern ausging, wurde im Laufe des 3. Jt. v. C. eine dreiteilige zur Seite gestellt, die noch einen Unterweltsbereich hinzufügte. Im Laufe des 2. Jt. v. C. nahmen die Kosmologien an Details und Komplexität zu, die Texte sprechen dann von mehreren Himmeln und mehreren Erden.

Die Erde schwamm nach mesopotamischer Vorstellung als flache Scheibe auf dem unterirdischen Süßwasserozean Apsû (sum.: abzu) und war vom Meer umgeben. Jenseits davon befanden sich die Regionen, die direkten Kontakt mit Himmel und Unterwelt hatten: die Tore, durch die die Sonne auf- und untergeht, die Insel der Unsterblichen (Dilmun), bzw. der Eingang zur Unterwelt.

Die Organisation des Universums und die Funktionsbestimmung seiner unterschiedlichen Teile: Berge, Flüsse, Pflanzen, Tiere, Himmelskörper etc. fiel in der sumerischen Überlieferung in der Regel dem Wassergott Enki zu. Das *Enūma eliš* überträgt diese Aufgabe dann dem babylonischen Stadtgott Marduk.

Über die Entstehung des Menschen kannte die mesopotamische Überlieferung unterschiedliche Traditionen, wobei biomorphe (Hervorsprießen wie Pflanzen) und technomorphe (Formung wie Keramik) Vorstellungen in unterschiedlichen mythologischen Zusammenhängen nebeneinander existierten, ohne dass der Zwang einer Harmonisierung bestanden hätte. Der in der mythologischen Tradition des Gottes Enki angesiedelte sumerische Mythos „Enki und Ninmah" schildert die Menschenschöpfung als handwerklichen Akt. Enki gestaltet ein Modell, eine Form, die dann auf Lehm übertragen und mit Hilfe der Muttergöttin Ninmah zum Leben gebracht wurde. Ähnlich verläuft die Menschenschöpfung im babylonischen Atrahasis-Epos und im *Enūma eliš*: Um die Götter von der Arbeitsbelastung zu befreien, wird der Mensch von Ea und der Muttergöttin aus Lehm und unter Beimengung von Fleisch und Blut eines getöteten Gottes geformt. Er soll die Arbeit (Tempelbau, Instandhaltung der Kanäle, Landwirtschaft, etc.) der Götter übernehmen, sie bedienen und für die korrekte Durchführung der Kulte sorgen. Dafür wurde er mit göttlichen Bestandteilen – Kraft, Verstand und einem unsterblichen Geist – ausgestattet. Die überaus starke Vermehrung des Menschengeschlechts bewirkte jedoch eine derart starke Lärmbelastung für die Götter, dass Ellil die Menschen durch eine Flut wieder ausrotten wollte. Nach Aussage des Atrahasis-Epos und des Gilgameš-Epos verhinderte Ea dies und führte den anderen Göttern gleichzeitig ihre Abhängigkeit von den regelmäßigen Opfern vor Augen. Götter und Menschen standen in einem gegenseitigen Abhängigkeitsverhältnis. Die Götter benötigten den Kult mit seinen Opfergaben. Diese waren aber andererseits ein Teil des Überflusses, der von den Göttern kam und den die Menschen unter göttlichem Schutz und Segen erwirtschaften konnten.

4. Mensch und Ethik

Der Mensch war also als Diener der Götter geschaffen worden. Dieser „Gottesdienst" umfasste neben der Arbeitsleistung auch die Verantwortung für die Schöpfung und für die zivilisatorische Ordnung, die diese abschloss. Nur im Umfeld von Kultur und Ordnung waren der reibungslose kultische Ablauf und die Regelmäßigkeit der Opfer gesichert. In verschiedenen Mythen wird darüber berichtet, wie durch die Organisation des Universums – die Erschaffung des Agrarzyklus, die Gründung von Städten, die Anlage von Kanälen, die Schaffung von Kulturgütern wie Hacke oder Ziegelform, die Einsetzung des Rechts – erst ein geordnetes menschliches Leben möglich wurde. Um diese Ordnung zu garantieren, wurde von den Göttern das Königtum über die Menschen eingesetzt und der Staat geschaffen. Diese hatten die Aufgabe, administrativ und militärisch dafür zu sorgen, dass die göttliche Ordnung aufrecht blieb und die Menschen ungestört ihren Arbeitsaufgaben nachgehen konnten. Das Königtum bildete Göttern wie Menschen gegenüber den Garanten, dass die ursprüngliche Organisation auch in der Gegenwart realisiert und in die Zukunft weitergetragen wurde.

War das Verhältnis zwischen Gott und Mensch im Lauf des 3. Jt. v. C. noch deutlich von kollektiver Pflichterfüllung und unveränderbarem Einzelschicksal bestimmt, wobei Könige deutlich differenzierter betrachtet wurden, so trat in den folgenden Jahrhunderten das Individuum immer mehr in den Vordergrund. Das Bewusstsein einer persönlichen Verantwortung gegenüber der Gottheit breitete sich aus und verband sich mit der Vorstellung, dass Krankheiten, Not und Leid als Folge bewusster oder unbewusster Fehlleistungen zu betrachten seien. Der göttliche Zorn über solche Fehlleistungen, die im Vernachlässigen kultischer Vorschriften, im Übertreten gesetzlicher Bestimmungen oder in der Nichtbeachtung ethischer Werte liegen konnten, bewirkte eine Abkehr der Gottheit vom Menschen bzw. von der Gesellschaft und damit den Verlust göttlichen Schutzes und Segens.

Dieses neue Verhältnis zwischen Göttern und Menschen setzte die menschliche Freiheit voraus, sich für oder gegen göttliche Bestimmungen entscheiden zu können, die auch die Grundlage des späteren Sündenverständnisses in Judentum, Christentum und Islam bildet. Um den Zustand der Gottverlassenheit zu beenden und erneut die göttliche Zuwendung zu erreichen, konnte der Mensch nur hoffen, durch Flehen, Gebete und Opfer den Zorn der Gottheit zu besänftigen und ihre Vergebung zu erlangen. Im Laufe der Zeit nahm das Bewusstsein zu, dass der Mensch in seiner Unvollkommenheit trotz aller guten Absichten nicht sündenfrei leben konnte. Die Beschwörungsserie *Šurpu* „Verbrennen“ listet an die zweihundert Verfehlungen auf, die zu einem großen Teil auch unbewusst begangen werden konnten.

Darüber hinaus wurde in der babylonischen Weisheitsliteratur ab dem 12. Jh. das Problem thematisiert, dass auch offensichtlich fromme und anständige Menschen mit Krankheit und Leid konfrontiert sind und an der göttlichen Gerechtigkeit zu zweifeln beginnen. Mehrere Literaturwerke wie die „Babylonische Theodizee“ oder die Dichtung *Ludlul bēl nēmeqi* „Preisen will ich den Herrn der Weisheit“ nahmen sich dieses Themas an, ohne letztlich eine Lösung anbieten zu können. Was blieb, war, sich in den göttlichen Willen zu fügen. Doch woraus bestand dieser göttliche Wille? Der Dulder im *Ludlul bēl nēmeqi* kommt zur frustrierenden Erkenntnis: „Was einem gut erscheint, ist ein Frevel an der Gottheit. Was dem eigenen Herz verachtenswert erscheint, ist vor der Gottheit gut. Wer kennt den Willen der himmlischen Götter?“ Ganz ähnlich drückt es die „Babylonische Theodizee“ aus: „Das göttliche Herz ist so fern wie das Innerste des Himmels, die Kenntnis davon ist so schwierig, dass die Leute sie nicht begreifen.“

Im Laufe des 1. Jt. v. C. verstärkte sich diese religiöse Unsicherheit noch und mit ihr der Wunsch, den göttlichen Willen ganz genau zu erforschen. Opferschau und Vorzeichenwissenschaft wurden zu äußerst wichtigen Bestandteilen des kultischen Lebens. Besonders der Sonnengott Šamaš war das Ziel zahlreicher Orakelanfragen. Die Beobachtung unterschiedlichster Zeichen, vor allem die Lage und Form der Eingeweide von Opfertieren erlaubte dann Aussagen über göttliche Zustimmung oder Ablehnung der vorgebrachten Anfrage. Ihren Höhepunkt erlebte die Opferschau am Beginn des 7. Jh. v. C. und wurde in der Folge immer mehr durch die Astrologie verdrängt.

5. Tod und Unterweltsvorstellungen

Der Mensch unterschied sich vor allem durch sein Todesschicksal deutlich von den Göttern. Die immer wieder zitierten Worte des Schenkenmädchens Siduri aus dem Gilgameš-Epos machen das deutlich: „Das Leben, das du suchst, wirst du nicht finden! Als die Götter die Menschen erschufen, teilten sie den Menschen den Tod zu, das Leben behielten sie in ihrer eigenen Hand."

Dieses Todesschicksal, das der Einzelne mit der gesamten Menschheit teilte, war nach mesopotamischer Auffassung ein hoffnungsloses Verlöschen der irdischen Existenz. Bei seinem Tod zerfiel der Mensch in den Leichnam, der mit der Zeit seine göttlichen Komponenten verlor, bis er wieder zu jenem Lehm wurde, aus dem er geformt worden war, und in den körperlosen Totengeist, den man sich vogelgestaltig vorstellte und der in die Unterwelt einging.

Die Bilder dieser Unterwelt – der „großen Erde", des „Landes ohne Wiederkehr" bzw. der „großen Stadt" – waren vielfältiger Natur und wandelten sich im Laufe der mesopotamischen Geschichte. Konstant blieb, dass die Unterwelt – topographisch wie gesellschaftlich – als Spiegelbild der Erde gesehen wurde: als Steppenlandschaft, als mauerumschlossene Stadt oder als dunkles Land jenseits des Unterweltflusses Hubur gelegen. Sie stellte auch sozial ein palastähnliches Gebilde dar mit den Unterweltsgottheiten Ereškigal und Nergal an der Spitze und mit Beamten, Bediensteten und Dämonen als ausführende Organe. Alles in allem war sie aber kein einladender Ort: Dunkelheit, Staub und Dämonen umgaben die Totengeister. Der Zugang zur Unterwelt erfolgte über das Grab oder über spezielle Tore jenseits der bekannten Welt. Die von der Familie unter der Leitung des ältesten Sohnes durchgeführten Begräbnisrituale bildeten die Grundlage für einen reibungslosen Übertritt in die andere Welt. Schon in vorgeschichtlicher Zeit begrub man die Toten im Hausverband oder auf Friedhöfen. Die mesopotamischen Grabformen reichen von einfachen Erdgräbern bis zu mehrräumigen Mausoleen. Die dem Toten mitgegebenen Grabbeigaben dienten ihm einerseits als Nahrungsmittel für die Reise ins Jenseits, andererseits als Begrüßungsgeschenke für die Götter und Torwächter der Unterwelt. Hinweise auf ein Totengericht, wie es aus dem alten Ägypten bekannt ist, gibt es keine. Wenn Gilgamesch nach seinem Tod zum Richter der Unterwelt wurde, so übernahm er dadurch eine administrative Aufgabe und hielt nicht Gericht über den Lebenswandel der Verstorbenen.

Regelmäßige Totenopfer im Monat Abu (Juli/August) und eine ehrende Erinnerung sorgten für eine erträgliche Existenz in der Unterwelt. Blieben diese aus, mussten sich die Totengeister mit dem Staub und dem Brackwasser der Unterwelt als Nahrung begnügen, oder sie streiften nachts auf der Erde umher und suchten selbständig nach Nahrung. Schwand die individuelle Erinnerung, so ging der Totengeist im Kollektiv der Ahnen auf, das ebenfalls beopfert wurde. Der mesopotamische Mensch blieb somit – wie im Leben – auch nach seinem Tod im Sozialverband der Familie eingebettet und in seiner Existenz von dieser abhängig.

Die Auflehnung gegen das Todesschicksal wurde in Mesopotamien in unterschiedlicher Weise literarisch verarbeitet. Die Legende um Adapa von Eridu berichtet, wie er auf Anraten seines Gottes Ea das Angebot Anus, unsterblich zu werden, ausschlug. Seit dem 3. Jt. v. C. berichten Klagelieder, die wahrscheinlich bei Königsbegräbnissen zum Vortrag kamen, von der wenig erfreulichen Existenz in der Unterwelt, die auch Herrschern beschieden war. Gleichzeitig vermitteln uns die Schlussformeln der Königsinschriften den immer wiederkehrenden Wunsch, die gottgefälligen Werke des Herrschers mögen ihm eine lange Existenz auf Erden, aber auch Nachruhm und eine zahlreiche Nachkommenschaft bescheren, damit die Erinnerung an ihn möglichst lange erhalten bleibe. Das Gilgameš-Epos schließlich, das seine endgültige Gestalt gegen Ende des 2. Jt. v. C. erhielt, erzählt unter anderem, wie Gilgameš, durch den Tod seines Freundes Enkidu tief erschüttert, versucht, ewiges Leben auf Erden zu erlangen. Aber selbst der einzige Mensch, dem dies je gelang, Utnapištim, der die große Flut überlebte, kann ihm nicht dazu verhelfen. Am Ende bleibt auch Gilgameš nur die Unsterblichkeit in der kollektiven Erinnerung an seine Taten.

6. Tempel, Priester und Kult

Die Aufgabe des mesopotamischen Menschen war – wie wir gesehen haben – die korrekte Durchführung des Kultes. Dieser spielte sich im Alltag innerhalb des Tempels und unter Ausschluss der Bevölkerung ab. Der Tempel war das Haus (sum.: é, akkad.: *bītum*) des Gottes, in dem er als Fürst residierte. Die Priesterschaft bildete die Dienerschaft des Gottes. Diese Vorstellung vom Tempel als „Gottes Haus" manifestiert sich auch in der Tatsache, dass sich die mesopotamische Tempelarchitektur aus der Wohnhausarchitektur ableiten lässt. Der Cella mit der Kultstatue war ein Vorraum vorgelagert, der sich in der Regel zu einem Hof hin öffnete. Diesen umgaben weitere Räume, die den Vorbereitungen des Kultes, der Organisation des Tempellebens und zusätzlichen Aufgaben dienten.

Ab dem Ende des dritten Jahrtausends taucht auch der Typ des Tempelturms, der Ziqqurrat, auf. Er geht auf die Tempelterrassen der vor- und frühgeschichtlichen Zeit zurück, die das Heiligtum aus der profanen Stadtumgebung heraushoben. Aus diesen entwickelten sich mit der Zeit gewaltige mehrstufige Anlagen wie der Tempelturm von Babylon, Etemenanki („Fundament von Himmel und Erde-Tempel"), die zugleich auch den Urhügel der Schöpfung symbolisierten. Die Tempeltürme scheinen besonderen Anlässen vorbehalten gewesen zu sein, während in den „Gotteshäusern" der alltägliche Kult vollzogen wurde.

Im Tempel war die Gottheit durch ihr Kultbild bzw. durch verschiedene Symbole präsent. Um Heiligkeit zu erlangen, wurde die Kultstatue einem langwierigen und komplexen Reinigungs- und Weiheritual unterzogen. Erst danach konnte sie die Akzeptanz der Gottheit erlangen, die von da an in der Statue anwesend war. Die Statue musste täglich bekleidet und versorgt werden. Speise und Trank erhielt sie in Form von regelmäßigen Opfern, die aus Fleisch, Gemüse, Brot, Wein, Bier etc. bestanden. Räucherwerk und Rezitationen sorgten für eine angenehme Atmosphäre.

Die Durchführung dieser täglichen Kultaufgaben und die Bewahrung der kultischen Reinheit des Ortes oblag einer spezialisierten und sorgfältig ausgebildeten Priesterschaft. An ihrer Spitze stand der Tempelvorsteher, der für die ordnungsgemäße Abwicklung der täglichen Opfer und Rezitationen verantwortlich war. Ihm unterstellt war eine Vielzahl an Opferpriestern, Liturgen, Sängern und Musikern, die die unterschiedlichen Rituale zu vollziehen hatten. Eine besondere Gruppe bildeten jene Priester, die für einen direkten Kontakt mit dem Überirdischen ausgebildet waren, nämlich die Wahrsagepriester, die aus der Form und Lage der Eingeweide der Opfertiere göttliche Botschaften herauslasen, und die Beschwörungspriester, die mittels magischer Praktiken die negativen Folgen von Omina, Dämonenangriffen oder Hexerei abwehren sollten. Astrologen, Traumdeuter und Ekstatiker vervollständigen das Bild der mesopotamischen Priesterschaft, wobei die Übergänge zwischen Tempelbediensteten und freien Experten fließend waren.

Neben seiner Funktion als Kultort war der Tempel auch eine wichtige Stätte babylonischer Kulturvermittlung und Gelehrsamkeit und ein nicht zu unterschätzender Wirtschaftsfaktor. Die Bewirtschaftung der Tempelländereien und die Vorbereitungen der täglichen Opfer beschäftigen Menschen der unterschiedlichsten Berufsgruppen.

Gebete als Kombination von Worten und Gesten waren Bestandteil aller Riten, sie begleiteten Opfer, Reinigungsrituale, Vorzeichenschau und magische Praktiken. Bei kultischen Feiern wurden sie durch Hymnen, Klagen etc. ergänzt. Wir kennen verschiedene mesopotamische Gebetshaltungen – gefaltete Hände, erhobene Hände, die erhobene rechte Hand vor dem Gesicht, das gebeugte Knie, die Proskynese – ohne sie endgültig einzelnen Gebetsgattungen zuordnen zu können. Die im Kult verwendeten Gebete zeichneten sich durch strenge Formelhaftigkeit aus. Freie Gebete wurden selten überliefert. Die Rezitationen konnten von Musik – Leiern, Harfen, Trommeln, Flöten – begleitet sein.

7. Religiöse Feste

Das Jahr war in Mesopotamien durch den Zyklus der Landwirtschaft gegliedert. Dieser stand mit der Religion in enger Verbindung und oblag der Kontrolle durch den Mondgott Sîn. Immer wiederkehrende Ereignisse wie Jahresbeginn, Aussaat oder Ernte waren Anlass für religiöse Feste. Im Fest verknüpften sich mythologische Geschehnisse mit realen Ereignissen und erhielten dadurch immerwährende Aktualität. Die Feste bildeten zugleich den Rahmen für eine direkte Begegnung zwischen Gott und Mensch, da sie seit dem 3. Jt. v. C. mit Götterprozessionen verbunden waren, bei denen die Götterstatuen ihre Tempel verließen.

Gegen Ende des 3. Jt. wurde die kultische Rolle des Herrschers durch das Ritual der Heiligen Hochzeit für einige Zeit deutlich aufgewertet. Nach zahlreichen Vorbereitungen vollzog der König zu bestimmten Anlässen mit der obersten Priesterin den rituellen Beischlaf, um Legitimation und göttlichen Segen zu erlangen. Dies wiederum garantierte dem Land Fruchtbarkeit und Wohlstand. In späteren Epochen findet sich dieses Ritual nicht mehr.

Besondere Feste der Sumerer waren der Tag der Stadtgottheit, das Tempelweihfest und das Herbstfest (sum.: akitu) zur Zeit der Aussaat. Ab dem 2. Jt. v. C. entwickelte sich das Neujahrsfest in Babylon zum bedeutendsten aller Feste. Es wurde zum Frühjahrsäquinoktium gefeiert und dauerte elf Tage. Zu diesem Anlass versammelten sich alle Götter Mesopotamiens in Babylon. Zur Erinnerung an den Sieg des Stadtgottes Marduk über das urzeitliche Chaos wurde das Lehrgedicht *Enūma eliš* rezitiert, und der König musste sich vor der Gottheit für seine Amtsführung im abgelaufenen Jahr verantworten. Erst nachdem er sich vor dem Gott gedemütigt und dieser ihn in seinem Amt bestätigt hatte, konnte der Prozessionszug beginnen. In dessen Verlauf priesen die teilnehmenden mesopotamischen Götter Marduks Größe und Macht, und dieser garantierte dafür dem Land erneut Fruchtbarkeit und Wohlstand. Fiel das Neujahrsfest auf Grund politischer Unruhen,

Abwesenheit oder Krankheit des Königs aus, war dies ein so schlechtes Omen, dass es in den Chroniken extra vermerkt wurde.

8. Vorzeichenschau und Magie

Da sich nach mesopotamischer Vorstellung göttliche Mächte in der natürlichen Umwelt in verschiedenster Form manifestierten und diese nach göttlichem Willen gestaltet und verändert wurde, ist es nur verständlich, dass der Mesopotamier Naturerscheinungen – auch unscheinbare – als göttliche Botschaften ansah. Neben dem Tempelkult mit Opferhandlungen und Ritualen und neben Träumen und Prophezeiungen bildete die Vorzeichenschau eine weitere Möglichkeit der Götter, mit den Menschen in Kontakt zu treten. Der göttliche Wille durchbrach die natürlichen Gesetzmäßigkeiten von Ursache und Wirkung und ersetzte sie durch ein neues System von Bedeutungsmerkmalen wie Ort, Zeit oder Art und Weise des Auftretens, das von Experten gedeutet werden konnte. Dabei unterschied man zwischen bewusst herbeigeführten Erscheinungen (Opferschau, Öl- und Rauchomina) und Zeichen, die ohne menschliches Zutun auftraten, wie Tierverhalten, Pflanzenwuchs, Wolkenformationen, Mondphänomene oder Stern- und Planetenbewegungen.

Um die Bedeutung von Vorzeichen möglichst genau verstehen zu können, suchte man die Beobachtungen möglichst umfassend zu dokumentieren. Es entstanden große thematisch geordnete Kompendien wie die Sammlungen *Šumma ālu* (terrestrische Omina) oder *Enūma Anu Enlil* (Himmelserscheinungen). Wo eine Dokumentation fehlte, wurden die Sammlungen durch systemkonforme Konstruktionen ergänzt. Dadurch lassen sich die Grundstrukturen des Systems für uns relativ gut erkennen. Es beruht auf Prinzipien wie Paraonomasia, Assoziation oder Analogie und einem binären Satz an Wertigkeiten: hell-dunkel, links-rechts, hoch-tief, gut-böse. Die vollständige Deutung setzte sich aus der Kombination aller positiven und negativen Wertigkeiten und ihrer Lokalisierung zusammen.

Auch magische Praktiken sind durch ihre weite Verbreitung und durch ihre lange Tradition als zentrale Bestandteile der mesopotamischen Religion ausgewiesen. Man unterschied erlaubte magische Praktiken (Abwehrzauber) und verbotene (Schadenszauber). Die magischen Rituale und Beschwörungen waren Teil der religiösen Praxis und galten als göttlichen Ursprungs. Unter den Göttern standen vor allem Ea und Marduk der Magie nahe, aber auch der Feuergott Girra und der Sonnengott Šamaš. Das Ziel magischer Praktiken war die Abwehr des Unheils, das durch Dämonen, Schadenszauber, schlechte Omina, Verfehlungen oder kultische Unreinheit über die Menschen hereinbrechen konnte. Sie wurden von hochspezialisierten Experten ausgeführt, deren Qualifikation unter anderem darin bestand, die teilweise noch in Sumerisch überlieferten Beschwörungen zu lesen und wortgetreu zu rezitieren.

Die magischen Texte – Beschwörungen, Gebetsbeschwörungen, Zauberformeln und Litaneien – waren in ein System festgesetzter Ritualhandlungen eingebunden, die den Gesetzen der Analogie, der Teilhabe und der Übertragbarkeit von Kräften folgten und die korrekt vollzogen werden mussten, um einen Erfolg zu garantieren. Diese Ritualhandlungen fanden meist im Haus am Krankenbett, oder im Freien, auf dem Dach des Hauses oder am Flussufer, statt. Wichtige Elemente bildeten die rituelle Reinigung des Ritualortes, der magische Schutz der beteiligten Personen, die Anrufung helfender Gottheiten, die Übertragung des Unheils, des Fluchs oder der Krankheit auf ein Substitut und die Beseitigung desselben. Zum Abschluss konnten noch Schutzaktionen für die Zukunft folgen, wie das Anlegen von Amuletten, die Durchführung von Symbolhandlungen oder das Aufsuchen bestimmter Orte.

Texte und Ritualanweisungen wurden im Laufe der Zeit zu kanonischen Serien zusammengestellt, wie z. B. *Maqlû* („Verbrennung") gegen Schadenszauber, *Utukkū lemnūtu* („Böse Geister") gegen Dämonenbefall oder *Šurpu* („Verbrennen") gegen Unheil als Folge menschlicher Verfehlungen.

Die Tätigkeit der Beschwörer beschränkte sich aber nicht nur auf den religiösen Aspekt, sondern erforderte zu einem großen Teil auch medizinische, pharmazeutische und psychologische Kenntnisse, da die Übergänge zwischen diesen Disziplinen fließend waren. Gemeinsam mit der mesopotamischen Vorzeichenschau nimmt die Magie aber auch Regeln der modernen Wissenschaft vorweg: Systemhaftigkeit, Reproduzierbarkeit der Ergebnisse, kontrollierte Rahmenbedingungen, eine Dokumentation aller Aspekte, die Überprüfung der Ergebnisse durch unbeteiligte Gelehrte sowie die interdisziplinäre Arbeit von Expertenteams.

9. Ausklang

Neben der oben angeführten religiösen Unsicherheit verstärkten sich im 1. Jt. v. C. auch theologische Bestrebungen, immer mehr göttliche Macht in einzelnen Gottheiten zu konzentrieren. Diese Tendenz zur Monolatrie in der Spätzeit Mesopotamiens zeigt sich vor allem in der teilweise ausschließlichen Verehrung einzelner Götter wie Marduk, Nabû, dessen Sohn und Gott der Schreibkunst, oder Sîn, ohne dass dadurch die Existenz anderer Gottheiten geleugnet wurde. „Vertraue auf Nabû, nicht auf irgendeinen anderen Gott!", kann man auf einer Statueninschrift aus dem 8. Jh. v. C. lesen. Der Schritt hin zur Manifestation alles Göttlichen in nur einer Gottheit wurde von der mesopotamischen Religion allerdings nicht vollzogen.

Auch nach dem Fall Babylons 539 v. C. lebte die mesopotamische Religion unter den Achämeniden und Seleukiden weiter fort. Erst mit der Machtübernahme der Parther dürfte sie aufgehört haben zu existieren. Einzelne Elemente lassen sich allerdings noch bis in das 3. Jh. n. C. im Volksglauben nachweisen.

Literatur

Albertz, R.: *Persönliche Frömmigkeit und offizielle Religion. Religionsinterner Pluralismus in Israel und Babylon,* Stuttgart 1978.

Black, J., Green, A.: *Gosd, Demons and Symbols of Ancient Mesopotamia. An Illustrated Dictionary,* London 1992.

Dalley, S.: *Myths from Mesopotamia. Creation, the Flood, Gilgamesh, and Others,* Oxford 1990.

Falkenstein, A., von Soden, W.: *Sumerische und Akkadische Hymnen und Gebete,* Zürich 1953.

Haas, V.: *Magie und Mythen in Babylon. Von Dämonen, Hexen und Beschwörungspriestern,* Gifkendorf 1986.

Heinrich, E.: *Die Tempel und Heiligtümer im alten Mesopotamien. Typologie, Morphologie und Geschichte,* Berlin 1982.

Hutter, M.: *Religionen in der Umwelt des Alten Testaments I: Babylonier, Syrer, Perser,* Stuttgart – Berlin – Köln 1996 (=Kohlhammer Studienbücher Theologie 4,1).

Hutter, M.: *Altorientalische Vorstellungen von der Unterwelt. Literar- und religionsgeschichtliche Überlegungen zu „Nergal und Ereškigal",* Freiburg 1985 (= OBO 63).

Jacobsen, Th.: *The Treasures of Darkness. A History of Mesopotamian Religion,* New Heaven – London 1976.

Jacobsen, T.: *Mesopotamien. In: H. Frankfort u. a., Alter Orient – Mythos und Wirklichkeit,* Stuttgart – Berlin – Köln – Mainz 1981 (= Urban-Tb. 9), 136–241.

Kaiser, O. (Hg.): *Texte aus der Umwelt des Alten Testaments,* Bde. 2 (Religiöse Texte) und 3 (Weisheitstexte), Gütersloh 1986–91 bzw. 1990–95.

Lambert, W. G.: *Babylonian Wisdom Literature,* Oxford 1960.

Lambert, W.G.: *Sumer und Babylon.* In: C. Blacker, M. Loewe (Hg.), *Weltformeln der Frühzeit. Die Kosmologien der alten Kulturvölker,* Düsseldorf 1977, 43–67.

Leick, G.: *A Dictionary of Ancient Near Eastern Mythology,* London 1991.

Maul, S.M.: *Zukunftsbewältigung. Eine Untersuchung altorientalischen Denkens anhand der babylonisch-assyrischen Löserituale* (Namburbi). (= Baghdader Forschungen 18), Mainz 1994.

McCall, H.: Mesopotamische Mythen, Stuttgart 1993.

Pettinato, G.: *Das altorientalische Menschenbild und die sumerischen und akkadischen Schöpfungsmythen,* Heidelberg 1971.

Röllig, W.: *Aspekte altorientalischer Religion.* In: E. Brunner-Traut (Hg.), *Die großen Religionen des Alten Ortients und der Antike,* Stuttgart – Berlin – Köln 1992, 47–69.

Sallaberger, W.: *Der kultische Kalender der Ur III-Zeit, Berlin 1993* (= Untersuchungen zur Assyriologie und Vorderasiatischen Archäologie 7).

Tsukimoto, A.: *Untersuchungen zur Totenpflege (kispum) im alten Mesopotamien,* Kevelaer – Neukirchen/Vluyn 1985 (= AOAT 216).

van der Toorn, K.: *Sin an Sanction in Israel and Mesopotamia. A Comparative Study,* Assen 1985.

Vorländer, H.: *Mein Gott. Die Vorstellung vom persönlichen Gott im Alten Orient und im Alten Testament,* Kevelaer – Neukirchen/Vluyn 1975 (= AOAT 23).

Manfred Hutter

III. Iran

Der Kulturraum iranischer Völker, wie er uns seit dem späten 2. Jt. v. C. fassbar wird, erstreckt sich weit über die Grenzen der heutigen Islamischen Republik Iran hinaus. Auf Grund dieser geographischen Ausdehnung ist die Tatsache, dass wir in der vorislamischen iranischen Kulturgeschichte unterschiedliche Religionen finden, nicht überraschend. Der überwiegende Teil der Quellen – v. a. für das erste vorchristliche Jahrtausend – gibt uns jedoch in erster Linie aussagekräftig Einblick in den Zoroastrismus. Diese Religionsbezeichnung leitet sich von Zarathustra ab, dessen Lebenszeit man wahrscheinlich an das Ende des 2. Jt. v. C. datieren kann. Im Mittelpunkt seiner Verkündigung steht dabei die Betonung, dass sich Ahura Mazda an der Spitze einer hierarchisch aufgebauten Götterwelt befindet, wobei das Verhältnis Ahura Mazdas zu den anderen Göttern und Geistwesen im Laufe der Geschichte und theologischen Entwicklung mehrfach einem Wandel unterlegen ist. Ohne dass dabei Ahura Mazdas Vorrangstellung je in Frage gestellt worden wäre, wurde die Existenz anderer Götter bis zur Begegnung mit dem monotheistischen islamischen Gottesbild im 7. Jh. n. C. nicht grundsätzlich geleugnet, wenngleich die Ablehnung „falscher" Götter formuliert werden konnte; ein bekanntes Beispiel dafür ist die sog. altpersische (= ap.) „Daiva-Inschrift" von Xerxes (486–465).

> (§ 3) „So sprach Xerxes, der König: durch die Gunst Auramazdas sind dies die Länder, in denen ich König war außerhalb Persiens; ich regierte über sie. … Mein Gesetz, es hielt sie fest.
> (§ 4b) Unter diesen Ländern gab es (einen Ort), wo ursprünglich *daivas* verehrt worden waren. Dann zerstörte ich durch die Gunst Auramazdas jenes Heiligtum der *daivas* und ließ verkünden: Die daivas sollen nicht verehrt werden. Wo ursprünglich *daivas* verehrt wurden, dort verehrte ich Auramazda zur rechten Zeit und in richtiger Weise."

Im Kontext der Inschrift handelt es sich bei diesen Daivas um „falsche Götter", andere Aussagen charakterisieren solche Götter als „Hirngespinste" oder als Produkt der Verwirrung des Bewusstseins des Gläubigen. Damit wird zwar aus der Position des Zoroastrismus eine theologische Entscheidung gegen solche Götter formuliert, die aber zugleich erkennen lässt, dass wir es sowohl im Achämenidenreich (ca. 558 bis 330 v. C.), unter der Dynastie der Parther (ca. 240 v. C. bis 224 n. C.) und während der Sasanidenherrschaft (224 bis 651 n. C.) keineswegs nur mit einer einzigen Religion im Iran zu tun haben. Auf einige Facetten der religiösen Entwicklung im Achämenidenreich und im Sasanidenreich will dieser kurze Beitrag beispielhaft eingehen. Jene beiden großen politischen Gebilde haben ihr Stammland jeweils im Südwesten der heutigen Islamischen Republik Iran und haben zugleich sowohl weit in den Westen als auch in den Osten bis nach Zentralasien ausgegriffen. Repräsentativ ist die Aufzählung dieser verschiedenen Gebiete, wie sie bereits Dareios I. (522–486) in seiner dreisprachigen Inschrift auf dem Felsen über dem heutigen Ort Behistun (§ 6) liefert:

> „Es verkündet Dareios, der König: Dies sind die Länder, die mir zuteil wurden – durch die Gunst Auramazdas war ich ihr König: Persien, Elam, Babylonien, Assyrien, Arabien, Ägypten, die Meer-

bewohner, Lydien, Ionien, Medien, Armenien, Kappadokien, Parthien, Drangiana, Areia, Choresmien, Baktrien, Sogdien, Gandhara, Skythien, Sattagydien, Arachosien, Maka, insgesamt 23 Länder.“

Dieses Textstück lenkt unseren Blick ins geographische Gebiet östlich des heutigen Iran – u. a. nach Afghanistan, Turkmenistan und Uzbekistan –, wo die Frage nach Religionen und Kulten im vorislamischen Iran anzuknüpfen hat. Auch Zarathustras Tätigkeit beschränkte sich dabei geographisch etwa auf jenen Bereich.

1. Ahura Mazda, die Daivas und die anderen Götter

Ahura Mazda, in den ap. Inschriften als Auramazda geschrieben, wird von den Achämeniden als größter Gott verehrt. Seine Großtaten sind die Schöpfung, aber auch die Garantie der Herrschaft. Ferner ist er derjenige, der seine Gunst Menschen und Königen erteilt, und ihnen sowie dem Land das Gute und das Glück während des Lebens und die Seligkeit im Tod gewährt. Es finden sich mehrfach Aussagen wie beispielsweise folgende aus einer wahrscheinlich in Hamadan gefundenen Goldtafel mit ap. Inschrift (D2Ha):

„Der große Gott (ist) Auramazda, der diese Erde erschaffen hat, der jenen Himmel erschaffen hat, der den Menschen erschaffen hat, der das Glück erschaffen hat für den Menschen, der Dareios (II.) zum König gemacht hat, den einen zum König von vielen, den einen zum Gebieter von vielen.“

Dieses Profil des Gottes weist uns den Weg zum religiösen System des Zoroastrismus, jener Religion, die nicht nur im Achämenidenreich weit verbreitet war, sondern eine ungleich längere Vorgeschichte hat. Für Zarathustra war Ahura Mazda derjenige Gott, den er in den Mittelpunkt seiner Verkündigung rückt. Dies erfahren wir teilweise aus den sogen. Gathas des Zarathustra, die im heutigen Yasna-Abschnitt des Avesta, des heiligen Buches der Anhänger Zarathustras, erhalten geblieben sind. Ahura Mazda zeichnet sich durch Weisheit aus, die zugleich die rechte Weltordnung, das *asha*, garantiert und durch welche der Gott den Kosmos hält (Y. 44,3ff), das Leben erschafft (Y. 50,11), Gutes und Böses im Kosmos sieht (Y. 31,13) und den Rechtschaffenen den Weg zu sich zeigt (Y. 33,5; 43,3). Umgeben wird Ahura Mazda von einem untergeordneten Hofstaat anderer Götter. Diese Vorstellungen Zarathustras stammen aus den ältesten schriftlichen Quellen zur iranischen Religionsgeschichte, sowohl Hymnen als auch Prosatexte, die während der Durchführung eines Rituals von Priestern und der Gemeinde der Gläubigen rezitiert wurden. Im Mittelpunkt dieses Rituals steht die Verherrlichung Ahura Mazdas als Schöpfer sowie der vergöttlichten Elemente Wasser und Feuer (Y. 36,1; 37,1f):

„Mit der Gemeinde dieses Feuers hier nahen wir dir zu Beginn, o Ahura Mazda, dir samt deinem heilvollsten Geist, der ein Übel für denjenigen ist, den du für das Übel bestimmt hast.
So verehren wir nun Ahura Mazda, der die Kuh und die Wahrheit geschaffen hat, die Wasser geschaffen hat und die guten Pflanzen, das Licht geschaffen hat und die Erde und alles Gut durch seine Herrschaft und Größe und Schaffenskräfte.“

Dieser Lobpreis im Ritual enthält implizit auch die Ablehnung von Angra Mainyu, dem bösen Geist und Widersacher Ahura Mazdas. Dieser Gegensatz wurde in den Generationen nach dem Religionsstifter von den Gläubigen immer stärker und systematischer formuliert. Angra Mainyu wird dabei mehr und mehr zum völligen Gegenpart Ahura Mazdas. Daher heißt es, dass er seit Beginn der Schöpfung gegen den guten Gott Ahura Mazda im Kampf liegt und gegen alle guten Schöpfungswerke eine negative Gegenschöpfung hervorbringt, z.B. Leid, Krankheiten, schädliche Tiere und Giftpflanzen, aber auch Gegengötter, die so genannten *daēuuas*, als deren Anführer Angra Mainyu fungiert (Vd. 19,43).

Das avestische Wort *daeuua* bzw. die entsprechende ap. Form *daiva* ist für die Frage nach iranischen Religionen in mehrfacher Hinsicht interessant. Sprachlich ist das Wort mit dem indischen Sanskrit-Begriff *deva,* „Gott“, und lateinischen Wort *divus,* „göttlich“, eng verwandt. Man muss annehmen, dass damit ursprünglich eine besondere Gruppe von Göttern benannt war, die von manchen Iranern verehrt wurden. Zarathustra und seine Anhänger haben jedoch diesen Göttern keine Verehrung und Wertschätzung entgegengebracht, sondern sie schrittweise abgewertet und als negative Wesen betrachtet, die sich gegen die „gute“ Religion Zarathustras gestellt haben. Wenn Xerxes in seiner vorhin genannten Daiva-Inschrift davon spricht, dass die *daivas* nicht mehr verehrt werden sollen, so heißt dies für den Religionshistoriker, dass es neben den Anhängern der Religion Zarathustras im Iran auch Angehörige anderer Religionen gegeben haben muss, deren Glaubensvorstellungen uns aber nicht mehr bekannt sind, sieht man von der Aussage ihrer Gegner ab, die darauf hinausläuft, dass sie mit den *daivas* die falschen iranischen Götter verehren.

Verbinden wir unsere Überlegungen zu Ahura Mazda, Angra Mainyu und den *daeuuas* nochmals mit einer historischen und geographischen Perspektive, so ist zu sagen, dass die Verkündigung Zarathustras vom Ende des 2. Jt. in den nachfolgenden fünf bis sechs Jahrhunderten auf zwei Wegen in den Westen Irans gekommen ist. Der eine Weg führte in die östlichen Gebiete des heutigen Iran, in der Antike das Gebiet der Provinzen Seistan/Drangiana, wo sich einzelne Zentren wohl bereits in der ersten Hälfte des 1. Jt. etabliert haben, etwa am Hamun-See (vgl. Yt. 19); der andere Weg führte über die heutige Stadt Ray südlich von Teheran ins Gebiet des modernen Iranisch-Aserbaidjan bzw. das antike Medien, wo erste Spuren der zoroastrischen Verehrung Ahura Mazdas etwa ab dem 8. Jh. v. C. fassbar sind. In beiden – geographisch weit voneinander getrennten und damals politisch nicht verbundenen – Bereichen hat sich die Religion Zarathustras in unterschiedlicher Weise entwickelt, v.a. in Medien hat die dort ansässige Priesterklasse der Magi sich nicht nur den Lehren Zarathustras angeschlossen, sondern in Wechselwirkung diese Religion auch bereichert, indem sie teilweise ihre eigenen Ritualpraktiken mit Vorstellungen von kultischer Reinheit und Unreinheit, aber auch eventuell astrologische Interpretationen in die Religion integriert haben; dabei mag es auch Wechselwirkungen zum nordmesopotamischen und kleinasiatischen Raum gegeben haben.

Aus dem medischen Raum ist aber noch eine weitere religionsgeschichtliche Entwicklung erwähnenswert: Hier war nämlich anscheinend eine eigenständige Form der Verehrung des Gottes Mithra bekannt. Mithra ist ein alter indo-iranischer Gott, der im vedischen Indien verehrt wurde, der aber auch zu den angesehenen Göttern im Zoroastrismus gehörte, obwohl Zarathustra selbst diesen Gott anscheinend nicht hoch schätzte und seine Verehrung eliminieren wollte, allerdings ohne Erfolg. Schließlich ist Mithra durch den römischen Mithras-Kult bekannt. Geht man auf dem Weg einer vergleichenden Religionswissenschaft der Frage nach, wie sich diese einzelnen Formen der Mithra-Verehrung zueinander verhalten, so kommt man durch Vergleich und Rekonstruktion u.a. zu folgendem

Ergebnis: Man hat davon auszugehen, dass Mithra gerade bei den Medern eine besondere Wertschätzung erfahren hat, die sich jedoch von der Verehrung Mithras im Zoroastrismus in zwei Punkten zu unterscheiden scheint. Dieser westiranisch-medische Mithra ist a) als Gott verstanden worden, den man in enge Beziehung zur Sonne gebracht hat, und b) eine seiner (mythologischen) Großtaten besteht darin, dass er anscheinend auf Grund der Opferung eines Stieres einen Schöpfungsakt vollzieht, durch den das Wachstum der Pflanzen ermöglicht wird. Beide Vorstellungen sind dem Zoroastrismus fremd, spiegeln sich allerdings in geänderter Form noch in den wesentlich jüngeren römischen Mithrasmysterien wider. Daraus kann man den Schluss ziehen, dass diese Form der Mithra-Verehrung anscheinend das Relikt einer weiteren, uns aber nicht mehr in Originalquellen vorliegenden „Mithra-Religion" im (Nord)-Westen Irans des 1. Jt. v. C. zu sein scheint, die einerseits auf die Entwicklung der Mithrasmysterien des Römischen Reiches, aber schon vorher auch auf die Wertschätzung Mithras im späten Achämenidenreich gewirkt hat.

Die Überlegungen konzentrierten sich bislang im Wesentlichen auf Götter, da sich daran – kurz resümierend – zweierlei deutlich machen lässt:

a) Die sorgfältige Analyse einzelner Götter, ihrer Herkunft und ihrer Aufgabenbereiche zeigt, dass wir es mit mehreren unterschiedlichen Religionen im Iran zu tun haben; dominierend ist der Zoroastrismus gewesen, aber auch eigene religiöse Vorstellungen der Meder können bei einer solchen Fragestellung nicht mehr beiseite gelassen werden. Genauso muss man sich der Tatsache bewusst bleiben, dass im Südwesten Irans bis in die Achämenidenzeit seit der Mitte des 3. Jt. v. C. bezeugte religiöse Vorstellungen der Elamier weiterlebten, wobei elamische Verwaltungstexte aus dem 5. Jh. zugleich zeigen, dass es zu gewissen Einflüssen des Zoroastrismus auf die Religion der Elamier gekommen ist.

b) Diese iranischen Religionen unterlagen nicht nur selbst einem beständigen Wandel, sondern haben sich auch gegenseitig beeinflusst. Ein Faktor, der solche gegenseitigen Beeinflussungen ermöglicht hat, liegt darin, dass der iranische Raum bis in die Mitte des 1. Jt. v. C. politisch nicht großflächig organisiert war – und es dadurch auch keinen Rahmen für eine großflächige „Normierung" von Religion gegeben hat. Diese setzte erst unter den späteren Achämeniden ein, als es unter Artaxerxes II. (405–359) zu einigen Reformen innerhalb des Zoroastrismus gekommen ist. In dieser Zeit rückte die Verehrung des Feuers insofern in das Zentrum des zoroastrischen Kultes, als man nunmehr das Feuer als ständige Darstellung und Präsenz Ahura Mazdas betrachtete; dies führte dabei u.a. auch zur schrittweisen Etablierung sog. Feuertempel. Ein anderer Reformaspekt des Zoroastrismus dieser Zeit besteht darin, dass nunmehr Mithra und Anahita als jene Gottheiten Ahura Mazdas endgültig zur Seite treten, die königliche Herrschaft und Wohlstand für das Land verleihen (A^2Sa 4f; A^2Sd 3f); die ursprünglich aus dem Osten Irans stammende Göttin Anahita Aredvi Sura, deren Aufgabenbereiche zunächst eng mit dem Wasser und der daraus resultierenden Fruchtbarkeit verbunden waren, gewann dabei auch eine astrale Komponente und wurde für die nächsten Jahrhunderte – bis zur späten Sasanidenzeit – die weibliche Hauptgottheit des Zoroastrismus schlechthin.

Damit ist aber auch der Weg geöffnet, eine gewisse religiöse Einheitlichkeit im Iran zu etablieren, die den Zoroastrismus (wenngleich mit internen Unterschieden) zur flächendeckenden Religion in den zentralen Gebieten des iranischen Kulturraums macht, andere Religionen Irans jedoch zusehends aus dem Blickfeld verschwinden lässt. In den folgenden Überlegungen zu kultischen Praktiken wollen wir uns daher auf den Zoroastrismus allein konzentrieren.

2. Kultpraktiken

Der vorhin angesprochene Gegensatz zwischen Ahura Mazda und Angra Mainyu im Zoroastrismus zieht sich als roter Faden durch diese Religion, wobei es zu einem systematischen Dualismus von gut und böse bzw. von Wahrheit und Lüge kommt, der die ganze Praxis dieser Religion geprägt hat. Der Mensch ist dabei sowohl durch sein ethisches als auch durch sein rituelles Verhalten aufgefordert, für sich das Gute oder die Wahrheit zu wählen, und sich damit für die Seite Ahura Mazdas bzw. für das gute Prinzip zu entscheiden. Diese Wahlmöglichkeit prägt dabei nicht nur die individuelle Religionsausübung, sondern strukturiert und systematisiert auch Ritualhandlungen und Lebenssituationen. An zwei zentralen Punkten möchte ich dies beschreiben, am Yasna-Ritual und der Vorstellung vom Tod als Angriff Angra Mainyus auf den Menschen.

Das Yasna-Ritual

Im Mittelpunkt noch der heutigen Liturgie der Zoroastrier steht die alltägliche Durchführung des so genannten Yasna-Rituals, das nach der modernen Interpretation den Zweck erfüllt, Ahura Mazda und das göttliche Licht zu erfreuen. Nun ist es zwar kaum zulässig, eine moderne Ritualpraxis unhinterfragt auf die Frühgeschichte einer Religion zurückzuprojizieren, doch spiegeln sich darin einige Elemente wider, die nicht nur symbolisch den Kampf zwischen Ahura Mazda und Angra Mainyu memorieren, sondern deren Durchführung durch archäologische Funde bereits spätestens für die Achämenidenzeit wahrscheinlich gemacht werden kann. Im Verlauf des Rituals geschieht die Vorbereitung, Weihe, Pressung, Konsumation und Libation des Saftes der Haoma-Pflanze; dass dabei der Zoroastrismus hier eine ältere Kultpraxis aufgegriffen, aber zugleich ihrer ekstatischen Züge entkleidet hat, sei nur nebenbei erwähnt. Einen ersten Höhepunkt erreicht der Ritualverlauf in der Liturgie, indem gefilterter ungeweihter Haoma-Saft und mit geweihtem Wasser vermischte zerstoßene Haoma- und Granatapfelzweige getrunken werden. Anschließend gießt der amtierende Priester viermal geweihtes Wasser aus und rezitiert das zoroastrische Glaubensbekenntnis. Eine weitere Pressung von Haoma-Zweigen bzw. das Zerstoßen der Zweige durch Mörser und Stößel ergibt wiederum eine Flüssigkeit, die Ahura Mazda und den übrigen göttlichen Wesen zur Stärkung angeboten wird. Aufschlussreich ist die Deutung der Schläge, durch die die Pflanze zerkleinert wird: Nach der Überzeugung der Priester und der Gläubigen bekämpft jeder Schlag auf diese Pflanze Angra Mainyu und vertreibt die Daēuuas als Mächte des Bösen. Schließlich wird noch ein dritter Satz von solchen Zweigen zerstoßen, wiederum begleitet von der Rezitation von Hymnen auf die verschiedenen Gottheiten des Zoroastrismus, ehe die ganze Liturgie mit einer Schlusslitanei, die die Schöpfung Ahura Mazdas verherrlicht und die Stärkung seiner Schöpfung gegenüber den Angriffen Angra Mainyus ausdrückt, endet. – Die Durchführung dieser Liturgie wird somit zu einem großen Symbol, das alltäglich den Kampf zwischen Ahura Mazda und Angra Mainyu darstellt, aber zugleich auch die Siegesgewissheit zum Ausdruck bringt, dass die gute Schöpfung Ahura Mazdas – durch das rituelle Mitwirken der Priester – immer gegen die Welt des Bösen Bestand haben wird, auch wenn die endgültige Überwindung Angra Mainyus erst am Weltende geschehen wird.

Für zwei Elemente dieses Rituals gibt es interessante archäologische bzw. bildliche Quellen, die auf einer Durchführung dieser Liturgie schon in der Achämenidenzeit schließen lassen. Aus Persepolis stammt eine Anzahl von Mörsern und Stößeln zur Bereitung des Haoma-Saftes, wobei die Fundumstände zwar nur Einblick in die administrative „Buchhaltung" über Herkunft und Gebrauch dieser Gegenstände gibt; d. h. diese Mörser stammen nicht aus einem kultischen Fundensemble, doch ist die Herstellung solcher Gegenstände nur sinnvoll, wenn sie für den kultischen Gebrauch verwendet wurden. Diese Gegenstände stammen aus der Zeit des Xerxes. Dass es sich dabei um Mörser für Haoma handelt, ist durch weitere Funde solcher Mörser aus Baktrien zu stützen, bei denen durch chemische Untersuchungen noch Spuren von Ephedra nachgewiesen werden konnten, jene Pflanze, mit der man Haoma botanisch identifiziert. Aus Ephedra lässt sich dabei durch Zerstoßen ein Saft gewinnen, dessen Wirkstoffe stimulierend sind, ohne jedoch schwer wiegende psychotropische Auswirkungen zu haben. – Auch ein zweites Element des Rituals, die mehrfach im Ritualverlauf genannten Barəsman-Zweige, die die Priester auf den Opfertisch legen, sind bereits ein altes Element der iranischen (und auch indischen) Kultpraxis. Den Ausdruck *barəsman* kann man mit dem altindischen Wort *barhis*, dem „Opferstreu", verbinden; jenes Opferstreu wird in den Ritualen der altindischen vedischen Religion auf dem Opferplatz ausgebreitet, um diesen zu reinigen. Auch im Yasna-Ritual ist dieser „Reinigungscharakter" der Barəsman-Zweige nicht geschwunden, allerdings in der Handhabung der Zweige geht das zoroastrische Ritual andere Wege; denn die Barəsman-Zweige werden nicht nur am Boden bzw. Opfertisch niedergelegt, sondern auch als Bündel von Priestern getragen, vergleichbar mit einer bildlichen Darstellung auf Reliefs aus der Achämenidenzeit, die Priester mit solchen Bündeln vor dem Feuer – als Symbol Ahura Mazdas – bei Kulthandlungen zeigen.

Rekapituliert man den Ritualverlauf und die – hier v. a. bezüglich der Altersbestimmung genannten – Ritualgegenstände nochmals, so kann man folgendes Fazit formulieren: Das Yasna-Ritual ist eine der zentralen Kulthandlungen in der iranischen Religionswelt, durchgeführt zur Verherrlichung Ahura Mazdas, aber symbolisch zugleich darauf ausgerichtet, den Bereich Angra Mainyus zu bekämpfen. Dies geschieht einerseits durch das Zerstoßen der Haoma-Zweige, andererseits durch die Verwendung der Barəsman-Zweige als Reinheitssymbole, um dadurch der Unreinheit keinen Raum zu lassen. Denn Unreinheit ist jener Bereich, in dem sich die Welt Angra Mainyus voll entfalten kann; dies lässt sich im Folgenden verdeutlichen, wenn Praktiken im Umgang mit dem Tod beschrieben werden.

Die rituelle Vermeidung der Unreinheit im Todesbereich

Eine Fülle von zoroastrischen Ritual- und Verhaltensvorschriften bezieht sich auf den Komplex von „rein" und „unrein". Dieses antagonistische Paar durchzieht den Kosmos und die Theologie der Religion, wobei der Tod bzw. der Leichnam einer der zentralen Bereiche der Unreinheit ist, der es Angra Mainyu und den Daēuuas gestattet, in die gute und reine Schöpfung einzudringen. Vor allem Begräbnisstätten sind dabei die Orte, an denen die Daēuuas und die Leichenhexe Nasu ihre Zuflucht nehmen; in Vidēvdāt (7,54–57) lesen wir etwa folgendes:

> „An diesen Leichenstätten, o Spitama Zarathuštra, die auf der Erde hier aufgeschüttet werden, darein die toten Menschen gelegt werden: Dort ist der Daēuua, dort der Daēuua-Verehrer, dort der Genosse der Daēuuas, dort der Gefährte der Daēuuas, dort kommen die Daēuuas zusammen. …

Diese Leichenstätte bildet ja eine Stütze der Daēuuas, solange der Gestank davon noch wahrnehmbar ist. An diesen Leichenstätten entstehen Krankheit und Krätze und Fieber … und Fieberfrost.“

Interessant ist die zoroastrische Vorstellung, dass sich umso mehr Daēuuas bei der Leichenstätte eines Menschen versammeln, um sich seiner zu bemächtigen, je rechtschaffener der Verstorbene zu Lebzeiten war. Dadurch wird der Bereich des Todes ein von den Gläubigen zu meidender Ort, um nicht von der Macht der Daēuuas und der von ihnen ausgehenden Unreinheit kontaminiert zu werden, was einen Angriffspunkt für weitere Daēuuas bieten würde. Dementsprechend hat bereits der frühe Zoroastrismus ausführliche Reinigungsrituale entwickelt, die im Fall des Todes durchzuführen sind, aber auch die Begräbnisart trägt dem Rechnung.

Man kann feststellen, dass der frühe Zoroastrismus zwei Begräbnisarten nebeneinander gekannt hat, die unterschiedliche Jenseitsvorstellungen widerspiegeln, nämlich sowohl ein „Begräbnis“, das mit der Vorstellung eines unterirdischen Jenseits korreliert, und die Leichenaussetzung, die mit einem himmlischen Jenseits korrespondiert. Wichtiger als diese unterschiedlichen „Lokalisierungen“ ist aber die Vorstellung, dass die Bestattungsstätte ein Ort der Unreinheit ist, was noch an dem bereits im Avesta bezeugten Terminus technicus für den Bestattungsort, nämlich *daxma*, deutlich wird. Sprachlich ist nämlich dieses Wort auf eine verbale Grundlage **dhmbh-* zurückzuführen, was „beerdigen“ heißt; ein *daxma* ist dem Wortsinn nach somit ein „Grab“; einige Beschreibungen im Avesta lassen dabei noch erkennen, dass es eine Art von *daxmas* gegeben hat, die man sich durchaus als festes Bauwerk etwa in der Art eines „Mausoleums“ vorstellen kann, das errichtet, aber auch abgerissen werden kann. Andere Textstellen im Avesta beschreiben das *daxma* jedoch als offene Stätte, an der der Leichnam im Freien ausgesetzt wurde – ohne bauliche Maßnahme, allerdings mit der Betonung, dass sich eine solche frei liegende Leichenaussetzungsstätte fernab von der Zivilisation befinden muss, die nur von „Bestattungsspezialisten“ aufgesucht werden darf, einerseits zum Zweck der Bestattung der Verstorbenen, andererseits aber auch, um nach einer gewissen Zeit die durch die Einwirkung von Tieren, Luft, Regen und Sonne vom Fleisch befreiten Knochen zu sammeln, um diese in besonderen Behältern beizusetzen. Diese unterschiedlichen Bestattungspraktiken lassen sich dabei während der vorislamischen Zeit im Iran nachweisen, wobei jedoch unübersehbar ist, dass sich die Option für eine Leichenaussetzung als „bessere“ Bestattungsform immer mehr durchzusetzen begann und etwa ab der Mitte des 1. Jt. n. C. als einzige theologisch legitime Bestattungspraxis angesehen wurde. In frühislamischer Zeit wurden daher zur Durchführung dieser Bestattungspraktiken die sogen. „Türme des Schweigens“ als architektonische Einrichtung neu geschaffen. Von begründeten Ausnahmen abgesehen ist die Leichenaussetzung dabei im strikten Sinn bis in die jüngste Zeit die für die Parsen in Indien einzige zulässige Bestattungspraxis geblieben, während im islamischen Iran im Laufe des 20. Jh. diese Praxis schrittweise einem Begräbnis in Zementsarkophagen gewichen ist.

In einem Punkt waren sich aber die unterschiedlichen Bestattungspraktiken einig: Sie dienten alle auf ihre Art dazu, den Kontakt mit der vom Leichnam ausgehenden Unreinheit und dem Bereich Angra Mainyus und der Dämonen zu unterbinden. Die Wahl des Bestattungsortes bzw. der Bestattungspraxis war nämlich geeignet, die Verunreinigung der eng mit Ahura Mazda verbundenen Elemente Feuer, Wasser und Erde zu vermeiden. Dadurch schieden Leichenverbrennung genauso aus wie ein Begräbnis im bloßen Erdboden, weshalb zoroastrische Grabbauten Stein- oder Felsanlagen sein mussten. Einige bekannte Beispiele für zoroastrische Grabbauten der Achämeniden- bzw. Sasanidenzeit seien hier genannt: Das Mausoleum des Kyros in Pasargadae ist als Grabbau unbestritten, auch für die beiden turmartigen Gebäude in Pasargadae, nämlich das sog. Zendan-e Suleiman, bzw. in Naqš-e Rostam, die sog. Kaᶜba-ye Zardušt, lässt sich möglicherweise die Funktion als Grabbau feststellen. Die massive Bauweise ist dabei geeignet, die vom Toten ausgehende Unreinheit von der Umgebung festzuhalten, so dass sich diese Bauten durchaus in die Begräbnisriten und -vorgaben einfügen. Aber auch die Felsgräber der Achämenidenherrscher in Naqš-e Rostam bzw. Persepolis können – wenngleich architektonisch anders gestaltet – unter dieser Funktion als *daxma* „Begräbnisort" verstanden werden, da sie nicht den zoroastrischen Vorstellungen widersprechen. – Dass daneben auch die Leichenaussetzung praktiziert wurde, wird v. a. durch die Existenz künstlicher, in den Fels gehauener Nischen deutlich, die von der Achämenidenzeit bis in die späte Sasanidenära datiert werden können. Dabei angebrachte Inschriften zeigen, dass es sich um Bestattungsplätze handelt. Auf Grund der Größe der Nischen scheidet jedoch die Möglichkeit einer Ganzkörperbestattung aus, so dass in ihnen wohl nur die Knochen beigesetzt werden konnten. Damit stehen diese Nischen in direkter Verbindung mit der Leichenaussetzung, wobei die von Fleisch befreiten Knochen hier sekundär gesammelt wurden.

Somit lässt sich dieser Abschnitt zusammenfassen: Diese kurzen Hinweise zur Bestattungspraxis im vorislamischen Iran zeigen einen Pluralismus innerhalb des zoroastrischen Kultes. Doch vermögen sowohl die massiven Steinbauten bzw. Felsgräber als auch die offenen Nischen (und die damit zu verbindenden Aussetzungsstätten für die Toten) jeweils auf ihre Weise zu garantieren, dass vom Ort der Bestattung keine Unreinheit ausgeht, durch die Angra Mainyu und die Daēuuas Macht über die Lebenden gewinnen könnten. Insofern dienen auch die Bestattungsformen dazu, innerhalb der dualistischen Spannung zwischen Ahura Mazda und Angra Mainyu Position für die gute Welt Ahura Mazdas zu beziehen.

3. Die Förderung des Zoroastrismus durch die Sasaniden und Manis „Reform"

Mit der Herrschaft der Sasaniden (224–651 n. C.) beginnt im Iran historisch eine neue Ära, die auch für den Zoroastrismus – zumindest nach Ausweis unserer Quellenlage – einen neuen Aufschwung bietet. Der sogen. Tansar-Brief betont dabei, dass es unter dem ersten Sasaniden, nämlich Ardešir, auf Geheiß des Herrschers zu einer Sammlung und Förderung zoroastrischer Traditionen gekommen ist, die eine zoroastrische Staatskirche darstellen; denn Staat und Religion gelten als Zwillinge aus einem gemeinsamen Mutterschoß, deren Zusammenwirken für beide Seiten von Nutzen ist. Nun wird man dem erst in islamischer Zeit entstandenen Tansar-Brief, der die „gute alte Zeit" der Religion verherrlichen will, historisch zwar nicht in jeder Einzelheit Glauben schenken, aber in der Tendenz ist für unsere Fragestellung eines wichtig: Unter den Sasaniden kommt es zu einer – erstmaligen – zumindest ansatzhaft systematischen Verbindung zwischen Religion und Staatswesen, was zwar einen innerzoroastrischen Pluralismus nicht verschwinden lässt, aber zugleich das Bemühen zoroastrischer Priester erkennen lässt, so gut es geht „normierend" in die Gesellschaft einzugreifen.

Jedoch kam es in dieser Zeit auch zu einer neuen religionsgeschichtlichen Entwicklung im Iran, indem der Manichäismus hier Fuß fasste. Diese Religion geht auf den Religionsstifter Mani (216–277 n.C.) zurück, der eine Religion verkündete, die v.a. aus iranischen und gnostisch-christlichen Elementen zusammengesetzt ist. Als Grundlehre kennt Mani – vergleichbar dem Zoroastrismus – einen ausgeprägten Dualismus zwischen Licht und Finsternis sowie zwischen Gut und Böse, der mit der Lehre von den „Drei Zeiten" gekoppelt wird: Ursprünglich existierten die beiden Prinzipien Licht und Finsternis unvermischt nebeneinander, dann kam die Zeit der Vermischung der beiden Prinzipien, bis in der Endzeit der Zustand der unvermischten Existenz beider Prinzipien wieder hergestellt werden wird. Während der Zeit der Vermischung wird das göttliche Licht durch die dämonischen Mächte der Finsternis immer wieder geschädigt, wobei beide Mächte seit der Erschaffung der Welt in einem andauernden Kampf miteinander stehen. Der Mensch ist in diesen Kampf als Geschöpf der Mächte der Finsternis einbezogen, muss aber zugleich aus der Finsternis befreit werden. Eine Erlösergottheit bringt dem Menschen die notwendige „Gnosis" (Erkenntnis), wodurch er sich an seine Göttlichkeit erinnert und sich von den Mächten der Finsternis trennt. Ziel des menschlichen Lebens ist es dabei, so gut es geht zur Befreiung des göttlichen Lichtes aus der Gefangenschaft in der Materie beizutragen, wozu v.a. die strengen ethischen Vorschriften beitragen. Wie der einzelne Mensch selbst die Erlösung der Lichtelemente aus der Finsternis unterstützen kann, so ist auch der Kosmos eine Maschinerie der Lichtbefreiung: Sonne und Mond läutern alltäglich die göttlichen Teile aus Pflanzen, Tieren und der Materie, um so dem Ziel näher zu kommen, das Göttliche wieder vom Dämonischen zu scheiden, wobei dieses Ziel endgültig im großen Weltenbrand erreicht sein wird. Dann gehen alle Lichtwesen ins oberste Paradies ein, während die Dämonen in das Gefängnis der Finsternis gesperrt werden, so dass wieder jener reine Zustand herrscht, der in der Urzeit existierte. – Diese Lehre hat Mani dem Sasanidenherrscher Šabuhr I. (241–273) mehrfach vorgetragen, wobei er seine systematische Lehrschrift über die beiden Prinzipien unter dem Titel *Šabuhragan* dem Herrscher widmete. Mani nimmt dabei nicht nur besonders stark auf zoroastrische Traditionen Bezug, sondern erhebt vor dem zoroastrischen Publikum zugleich den Anspruch, nichts anderes als Zarathustras Lehre in einem neuen Kleid wiederum zu verkünden. Dies bringt zwar missionarischen Erfolg, ruft aber gleichzeitig die Opposition der zoroastrischen Priesterschaft hervor. Während Šabuhr selbst Mani eine Zeit lang favorisiert, ohne den Manichäismus jedoch zur Staatsreligion zu erheben, so ändert sich unter Šabuhrs Nachfolgern die politische Situation – teilweise unter dem Einfluss des zoroastrischen Priesters Kerdēr, so dass Mani und der Manichäismus verfolgt werden. Mani selbst stirbt 277 im Gefängnis.

Für den weiteren Gang der iranischen Religionsgeschichte ist die Auseinandersetzung zwischen dem zoroastrischen Priester Kerdēr und dem „Reformer" Mani sicher entscheidend gewesen; denn letztlich ging es beiden darum, die „wahre iranische" Religion zu verkünden, wobei sich beide auf Zarathustra berufen haben. Kerdērs Bemühen um die Rechtgläubigkeit führte dabei nicht nur zur Förderung des Zoroastrismus, sondern auch zur Verfolgung von Nicht-Zoroastriern, die es im großflächigen Sasanidenreich – außerhalb des iranischen Kerngebietes – in durchaus größerer Zahl gab. In seiner Inschrift, die er auf der vorhin genannten Kaʿba-ye Zardušt in den 80er Jahren des 3. Jh. anbringen ließ, schreibt er Folgendes:

„Und die (Irr-)Lehren Ahremans und der Daevas verschwanden aus dem Reich und wurden unglaubwürdig gemacht. Und die Yahud, Sraman, Brahman, Nasura, Christen, Maktag und Zandiq wurden im Reich zerschlagen, ihre Götzenbilder wurden zerstört und die Behausungen der Daevas wurden vernichtet und zu Stätten und Sitzen der Götter gemacht.“

Die Aufzählung der Religionen, die Kerdēr hier gibt, ist vollständig: Juden, Buddhisten, Hindus, syrisch und griechisch sprechende Christen, Täufer (Elkasaiten) und Manichäer. Dies ist sozusagen der Endpunkt der Religionspolitik Kerdērs. Damit war im Laufe des 4. Jh. der Weg zu einer „sasanidischen Staatskirche“ frei. Ohrmazd, Mihr and Anahid – in diesen mittelpersischen Namensformen sind uns nun die alten Götter Ahura Mazda, Mithra und Anahita vertraut – werden als Garanten der Herrschaft und des Wohlergehens des Landes im Staatskult verehrt, Anahita als Fruchtbarkeit schenkende Göttin hat sich zweifellos auch in der alltäglichen Religionsausübung großer Beliebtheit erfreut. Darstellungen von Priesterinnen oder Tänzerinnen vermögen dabei auch einen Eindruck zu vermitteln, dass bei Festen zu Ehren von Anahita im Rahmen des zoroastrischen Jahres weltliche und religiöse Freude ein gesellschaftlich verbindendes Ganzes im Sasanidenreich ergaben. Ein Zusammenwirken von Religion und Gesellschaft wird auch an anderen Beispielen deutlich. Erwähnt sei in diesem Zusammenhang der Priester Adurbad i Mahraspandan: Während der Regierungszeit Šabuhrs II. (309–379) dürfte er die treibende Kraft hinter Šabuhr II. gewesen sein, um im Streben, den Zoroastrismus besonders zu fördern, auch eine Christenverfolgung in der Mitte des 4. Jh. im Iran zu initiieren. Allerdings war dieses Vorgehen neben religiösen Motiven zweifellos auch von politischen Motiven geprägt, da die Christen als mögliche Kollaborateure mit oströmisch-byzantinischen Interessen gesehen wurden. Nach dem Ende der Verfolgungen kam es daher im Laufe des 5. Jh. zu einer schrittweisen Distanzierung der persischen Christen von der oströmischen Kirche, indem die Perser sich letztlich rechtlich als persisches Christentum konstituierten, was ihre Stellung gegenüber dem staatlich favorisierten Zoroastrismus und der von zoroastrischen Werthaltungen geprägten Gesellschaft sicherlich verbesserte.

4. Ein kurzes Fazit

Die weite geographische Ausdehnung Irans machte es sowohl während der Achämenidenzeit als auch während der Dynastie der Sasaniden unmöglich, dass – trotz verschiedentlicher Versuche – eine „religiöse Monokultur“ des Zoroastrismus entstehen konnte. Die Existenz anderer Religionen forderte dabei auch während der Sasanidenherrschaft den Zoroastrismus zu inhaltlich-theologischen Reflexionen heraus, so dass ab dem 4. Jh. systematische Versuche einsetzten, die auf Zarathustra zurückgeführte Überlieferung zu sichern. Zoroastrische Priester begannen, diese Überlieferungen neu zu sammeln und wahrscheinlich erstmals mit einer eigens zu diesem Zwecke erfundenen Schrift aufzuschreiben. Dadurch entsteht mit dem sog. Avesta ein festes „Buch“. Da man die alte aus dem Ostiran stammende avestische Sprache längst nur mehr im kultischen Bereich verwendet hatte, setzte zugleich auch eine reichhaltige Kommentierung dieser religiösen Tradition in der mittelpersischen Alltagssprache ein, ein Prozess, der seinen Höhepunkt und zugleich Abschluss im 9. Jh. fand. Diese letzte literarische Blüte geschah allerdings bereits in der Erkenntnis, dass auf Grund der politischen Eroberung des Sasanidenreiches durch arabische Truppen in der Mitte des 7. Jh. der Islam die Religion Zarathustras als staats- und gesellschaftsprägende Größe unwiederbringlich abgelöst hatte. Damit war zweifellos der größte Einschnitt in der iranischen Religionsgeschichte geschehen, der zwischen dem 8. und 10. Jh. zu wesentlichen – und bis heute grundlegenden – Wandlungsprozessen des Zoroastrismus geführt hat. In theologischer Hinsicht wurde vor den Ansprüchen des Islam einerseits der Forcierung des Avesta als normativen Textes und „heiliger Schrift" Rechnung getragen, so dass die in der Sasanidenzeit aufgekommene Option für den Zoroastrismus als Buchreligion mit dem schriftlichen Avesta ausgebaut wurde; andererseits wurde der mit diesem „Offenbarungsbuch" ausgestattete Zarathustra zugleich als Verkünder eines ausschließlich monotheistischen und transzendenten Gottes neu interpretiert, der von Engeln als geistigen Wesen umgeben wird. In demographischer Hinsicht vollzog sich insofern ein zweifacher Wandel, als manche Anhänger Zarathustras über mehrere Stationen nach Indien auswanderten, wo deren Nachfahren – eingedenk der „persischen" Herkunft – bis in die Gegenwart als Parsen bezeichnet werden, deren Zahl heute ungefähr 76.000 beträgt. Andere Anhänger Zarathustras verblieben im Iran, mussten sich aber immer stärker in entlegenere Gebiete zurückziehen, wobei v.a. die von Wüsten umgebene Stadt Yazd mit den umliegenden Ortschaften für rund ein Jahrtausend das Zentrum des iranischen Zoroastrismus geworden ist, ehe seit der Mitte des 20. Jh. durch Verbesserung von Verkehrsmöglichkeiten und wirtschaftlicher Infrastruktur die Hauptstadt Teheran ein Anziehungspunkt für Zoroastrier wurde. Dadurch lebt heute mehr als die Hälfte der etwa 60.000 iranischen Zoroastrier in Teheran, denen innerhalb des Rahmens der Islamischen Republik Iran gesellschaftliche Akzeptanz als Vertreter bodenständiger iranischer Kultur zugebilligt wird. Aufgrund der Globalisierung und Auswanderung sowohl aus Indien als auch aus dem Iran leben heute auch außerhalb dieser beiden Länder etwa 30.000 Anhänger der Religion Zarathustra.

Literatur

Boyce, Mary: *Textual Sources for the Study of Zoroastrianism,* Chicago 1984.

Boyce, Mary: *Zoroastrianism. Its Antiquity and Constant Vigour,* Costa Mesa 1992.

Choksy, Jamsheed K.: *Purity and Pollution in Zoroastrianism. Triumph over Evil,* Austin 1989.

Choksy, Jamsheed K.: *Conflict and Cooperation. Zoroastrian Subalterns and Muslim Elites in Medieval Iranian Society,* New York 1997.

De Jong, Albert: *Traditions of the Magi. Zoroastrians in Greek and Latin Literature,* Leiden 1997.

Godrej, Pheroza J./Mistree, Firoza P. (Hg.): *A Zoroastrian Tapestry. Art, Religion and Culture,* Ahmedabad/Middletown 2002.

Humbach, Helmut: *The Gathas of Zarathustra,* 2 Bände, Heidelberg 1991.

Hutter, Manfred: *Das Erlösungsgeschehen im manichäisch-iranischen Mythos,* in: Karl M. Woschitz/Manfred Hutter/Karl Prenner: *Das manichäische Urdrama des Lichtes,* Wien 1989, S. 153–236.

Hutter, Manfred: *Religionen in der Umwelt des Alten Testaments I. Babylonier, Syrer, Perser,* Stuttgart 1996, S. 183–246.

Hutter, Manfred: *Heilige Schriften des Zoroastrismus,* in: Udo Tworuschka (Hg.): *Heilige Schriften,* Darmstadt 2000, S. 131–143.

Kotwal, Firoze M./Boyd, James: *A Persian Offering. The Yasna: A Zoroastrian High Liturgy,* Paris 1991.

Lommel, Herman: *Die Yäsht's des Avesta,* Göttingen 1927.

Modi, Jivanji Jamshedji: *The Religious Ceremonies and Customs of the Parsees,* Bombay 1937 [reprint 1995].
Narten, Johanna: *Der Yasna Haptanhāiti,* Wiesbaden 1986.
Shaked, Shaul: *Dualism in Transformation,* London 1994.
Stausberg, Michael: *Die Religion Zarathustras,* 2 Bände, Stuttgart 2002.
Trümpelmann, Leo: *Zwischen Persepolis und Firuzabad. Gräber, Paläste und Felsreliefs im alten Persien,* Mainz 1992.
Wolff, Fritz: *Avesta. Die heiligen Bücher der Parsen,* Straßburg 1910.

Anton Grabner-Haider

IV. Alt-Europa

Die alteuropäischen Kulturen und Religionen sind für uns heute zunehmend von Interesse, denn zu ihnen reichen unserer geistigen Wurzeln. Sie wurden teilweise von der christlichen Religion verdrängt, teilweise aber beerbt. Kelten, Germanen, Slawen und Finn-Ugrier bilden die Wurzeln der europäischen Kulturen (Südeuropa ausgenommen). Auch wenn wir darüber nur mehr ein marginales Wissen haben, lassen sich die Grundstrukturen dieser Weltdeutungen noch erkennen. Sie sollen hier an einigen wesentlichen Punkten in den Blick kommen.

1. Die Kelten

Die Kelten sind ein indo-europäisches Volk, die in mehreren Schüben in der Bronzezeit (12. Jh. bis 750 v. C.) und in der frühen Eisenzeit (750 bis 450 v. C.) in Europa eingewandert sind. In der Latene-Zeit (450 bis 15 v. C.) sind sie über ganz Europa verbreitet. In ihrer Technik kennen sie die Töpferscheibe, sie haben Münzprägung und errichten befestigte Siedlungen (oppida). Der griechische Schriftsteller Pytheas (6. Jh.v.C.) nennt als Erster die Völkerstämme nördlich der Stadt Marsilia (Marseille) „Keltoi"; davon leitet sich später der Name „Kelten" ab.

Und Hekataios von Milet (6. Jh. v. C.) nennt deren Land „Keltike". Er spricht von einer Stadt Nyrax, was Noreia in Österreich sein könnte. Herodot (3. Jh. v. C.) schreibt, dass die Donau (Istros) aus dem Land der Kelten komme. Auch Platon, Aristoteles, Polybios und Poseidonios berichten von den Kelten. Gaius Julius Cäsar beschreibt sie ausführlich in seinem Werk „De bello Gallico" (60 v. C.).

Die Kelten wurden in vielen Regionen Europas sesshaft und vermischten sich mit der Urbevölkerung. Sie lebten von Viehwirtschaft und Ackerbau, hatten den Wagen und den Pflug. Ihre Siedlungen und Dörfer bauten sie auf den Höhenrücken über den Flüssen, um sie herum errichteten sie die „keltische Mauer". Diese bestand aus einem Erdwall, aus Steinen und einem Holzgeflecht. Auf diese Weise wurden Flächen von 1 bis 10 ha umfriedet und bewirtschaftet. Die Dörfer der Bauern und der Viehzüchter wurden von den Burgen der Krieger geschützt. In den Dörfern lebten zwischen 300 und 500 Personen, ebenso viele konnten auf den großen Burgen leben. Die Handelsbeziehungen der Kelten reichten bis zu den Römern, Etruskern und den Griechen.

Die keltischen Stämme und Völker hatten ihre Kultplätze unter freiem Himmel, sie waren mit einem Schutzzaun umgeben. Oft waren sie an Quellen und Flüssen oder auf Bergkuppen und an Felsen. Dort wurden die Schutzgötter der Stämme und Sippen angerufen, es wurden ihnen Opfer gebracht (Menschen- und Tieropfer). In den Gruben der Kultplätze finden sich große Mengen von Knochenresten, Gefäße aus Ton, Dolche und Beile, Lanzen, symbolische Schiffe, Wagen, Gegenstände aus Gold. Der Kessel scheint das magische Gefäß bei den Opfern gewesen zu sein. In der Ornamentkunst sind Kreise, Scheiben und Spiralen dominant.

In der europäischen Eisenzeit (ab 750 v. C.) begegnen uns die Namen alter Völker und Stämme: Iberer, Italiker, Etrusker, Illyrer, Thraker, Kimmerer, Skythen, Kelten, Gallier. Die

Eisenzeit in Kleinasien ist bereits seit 2000 v. C. (Catal Hüyük) bezeugt. Damit begannen die europäischen Völker erst 1200 Jahre später, das Eisen herzustellen. In der sog. „Hallstatt-Kultur" (750 bis 400 v. C.) spielt der Handel mit Salz, Wein, Metall, Fellen und Honig eine wichtige Rolle.

Wir erkennen bei den einzelnen Stämmen zwei soziale Schichten, nämlich die Krieger (Adel) und die Gefolgschaft. Die Gräber der Fürsten werden reichlich mit Grabbeigaben ausgestattet: verzierte Kessel aus Bronze, vergoldete Spangen, Kämme und Schuhe, Säbel, Pfeile und Bogen, Musikinstrumente und Trinkhörner. Der Glaube an ein Weiterleben der Seelenkraft nach dem Tod des Körpers ist zumindest für die Oberschicht sehr wahrscheinlich.

In der jüngeren Eisenzeit bzw. Latene-Zeit (400 bis 15 v. C.) werden viele Kulturtechniken verfeinert. Die Kelten kennen nun das Rad mit vier Speichen, sie ziehen Eisenreifen über die Holzräder der Wagen; sie können Glas und Email herstellen, sie prägen Münzen und fertigen Nägel aus Eisen; die Krieger tragen das Kettenhemd aus Eisendraht; sie fertigen Sägen, Messer, Zangen, Äxte und Nadeln aus Eisen.

Die einzelnen Stämme (tuath) sind in viele Sippen unterteilt; sie bilden nun drei große soziale Schichten; a) der Kriegeradel, b) die freien Bauern, Hirten, Händler und Handwerker, c) die Unfreien und Sklaven (Ausgestoßene, Schuldsklaven, Kriegsgefangene). Der Stammesführer (König) wurde in der Frühzeit jedes Jahr vom Rat der Krieger gewählt. Neben dem Rat der Krieger gab es den Rat der freien Männer (Volksversammlung). Oft wurden auch zwei Stammesfürsten gewählt (z.B. Gallien). Die Klienten versprachen den Adeligen die Treue, deswegen wurden sie von diesen geschützt.

Seit 150 v. C. sind die ersten befestigten Stadtsiedlungen (oppida) nachzuweisen; z.B. Orleans, Paris, London. Ackerbau und Viehzucht bildeten die wirtschaftliche Grundlage für das Leben der Stämme. Die Höhensiedlungen über den Flüssen wurden durch Erdwälle befestigt und geschützt. Es wurden Fluchtburgen errichtet, die das Zentrum eines Stammes bildeten. Keltische Stämme breiten sich über Mittel- und Westeuropa aus: Insubrer, Boier, Semnonen, Kelt-Iberer (Spanien), Gallier, evtl. sogar die Teutonen. Im 4. Jh. v. C. siedelten sie bereits in Kleinasien (Galater).

In Manching bei Ingolstadt wurde eine keltische Stadtsiedlung (ab 130 v. C.) ausgegraben. Sie liegt auf einer Anhöhe über der Donau, ihr Schutzwall hat die Länge von sieben Kilometern. Um die Stadt herum wurden ca. 380 ha Land bewirtschaftet. Für den Schutzwall wurden ca. 60.000 Baumstämme und ca. 18.000 Nägel verarbeitet. Die Stadt hatte 2 km Durchmesser und bot ung. 10.000 Menschen Wohnung. Die Stadttore haben die Zangenform, über ihnen wurden die Schädel der Besiegten aufgehängt. Die Häuser waren aus Lehm und Flechtwerk, die Urform der späteren Fachwerkhäuser; sie hatten eine Länge von bis zu 40 m und eine Breite von max. 6 m. Das Dach war mit Schilfrohr gedeckt.

In der Stadt siedelten die Handwerker: Schmiede, Töpfer, Schreiner, Glasbläser, Bronzegießer, Goldschmiede u.a. Die Münzen wurden aus Gold und Silber geprägt; gehandelt wurde mit Öl, Wein und Bernstein. Der Tempelbezirk war der Ort der Weissagung durch die Druiden und der Heilung von Krankheit. In den Opferschächten der Stadt, die bis zu 40 m tief sind, finden sich Knochenreste von Menschen und Tieren sowie Werkzeuge. Eine Steinsäule mit Menschenköpfen lässt auf Tier- und Menschenopfer schließen. An den Kultplätzen finden sich auch Spiegel, Ringe, Armreifen, Schmuckstücke. Die Opfer wurden den Schutzgöttern dargebracht, um sie zu stärken und dem Stamm ein gutes Schicksal zu erwirken.

Von den keltischen Stämmen werden uns über 400 Götternamen berichtet. Die Götter waren unsichtbare Wesen, die Sippen und Stämme schützten und zusammenhielten. Sie mussten in der Vorstellung der Menschen durch viele Opfer gestärkt werden. Die Kultorte für die Götterverehrung lagen bei bestimmten Bäumen (Eichen), bei Quellen und Flüssen, auf Bergkuppen und Felsen. Einige Götternamen sind: Taranis (Herr des Himmels), Teutates (Schützer des Stammes), Esus (Herr der Krieger), Epona (Schützerin der Pferde), Morrigan (Königin der Götter), Lug (Herr der Fruchtbarkeit), Cerunnos (Herr der Jagd). Verehrt werden auch viele Schutztiere: die Schlange, der Hund, das Pferd, der Hirsch und der Eber.

Die Priester und die Weisen (Druiden) kennen die Regeln des Kultes, den Kalender für die Riten, die Mythen über die Götter; sie leiten die Opferriten und die Weissagungen. Den Menschenopfern wurden die Schädel abgeschlagen, was die Funde beweisen. In manchen Opferschächten finden sich bis zu 10.000 Menschenknochen. Die Druiden töteten ihre Opfer mit Lanzen, Pfeilen und Dolchen; sie fingen das Blut im magischen Kessel auf; diesen nannten sie den „Kessel der Wiedergeburt", aus dem fließenden Blut lasen sie die Orakel als den Willen der Schutzgötter. In der späteren Verehrung des heiligen „Gral" lebt dieser magische Kessel fort.

Die Römer begannen im 2. Jh. v. C. das Land der Kelten zu erobern; zuerst Spanien, dann Norditalien, Südfrankreich und um 60 v. C. ganz Gallien durch Julius Cäsar; später die Alpenländer und zuletzt Britannien. Fortan vermischt sich die keltische mit der römischen Kultur. Viele römische und einige griechische Schriftsteller berichten über die Lebenswelt und die Mythologie der keltischen Stämme und Völker. G. J. Cäsar, Strabon, Plinius d. Ä., Diodorus Siculus, Poseidonios von Syrien, Hekataios von Milet, Lukian, Tacitus u. a. Von ihnen haben wir ein fragmentarisches Wissen über die Religion der Kelten.

Da die Kelten kein vollständiges Schriftsystem hatten (die Druiden verwendeten marginale Zeichen), führten die Römer in den eroberten Gebieten die lateinische Schrift ein; in Gallien war vorher schon teilweise die griechische Schrift bekannt. Nun wurden die großen Mythenzyklen in lateinischer Sprache aufgeschrieben; die Sagen von Wales und Irland, der Ulster-Zyklus, der Fen-Zyklus u. a. Ein keltischer Kalender (Coligny-Kalender) aus Gallien aus dem 1. Jh. n. C. wurde in einer Bronzetafel eingraviert gefunden; er diente der Bestimmung der Kultfeste.

Riten und Feste

Die Druiden galten als die Träger und Lehrer der Weisheit, als die Hüter der Mythen und als die Opferpriester. In den irischen Texten (5. bis 7. Jh. n. C.) werden sie als Barden (Sänger) und als Wahrsager (filid) bezeichnet; sie sind aber auch die Lehrer der Weisheit und der Gesetze, die Dichter der Kultlieder, die Propheten des zukünftigen Schicksals, die Berater der Stammesfürsten. Auch von weiblichen Druiden und den Seherinnen wird berichtet. Druiden leiten die Fruchtbarkeitsriten des Mondkalenders, den Kult der Stiere, die Ernte der magischen Mistelzweige; die Stieropfer und die Menschenopfer erfolgten unter ihrer Anleitung. Die Opferplätze waren an den Quellen und Flüssen, auf Bergkuppen und Felsen. Aus den Funden wissen wir, dass Menschenopfer auch in den Sümpfen mit Beigaben versenkt wurden.

Im Grund haben die Druiden die älteren Schamanen beerbt. Denn sie haben eine besondere Beziehung zu den heiligen Tieren, deren Kräfte die Menschen auf sich übertragen wollen. Bei der Verehrung der Ahnen haben sie eine führende Rolle inne, denn sie befragen die Seelen der Toten und empfangen von diesen Botschaften. So gelten sie als die großen Vermittler zwischen den Schutzgöttern und Ahnenseelen auf der einen Seite und den Menschen auf der anderen Seite. In den Sippen haben sie die Rolle der Richter, die über die Bestrafung von Übeltätern zu entscheiden haben. Als Berater der Stammesfürsten haben sie Einfluss auf Bündnisse, auf Krieg und Frieden. Durch narkotische Getränke können die Druiden in Trance geraten, dann empfangen sie Botschaften der Ahnen und der Schutzgötter.

Vier große Jahresfeste bestimmen den keltischen Kalender: Das Imbolc-Fest (um den 1. Februar) fällt in die Zeit der Geburt der Lämmer für die Viehzüchter. Dabei werden die Viehställe gereinigt, die Lebensgöttin Brigit wird um besonderen Schutz angerufen.

Das Beltane-Fest (um den 1. Mai) zeigt den beginnenden Sommer an, jetzt werden die Tiere auf die Weiden getrieben. Dabei werden Feuerriten ausgeführt, um die bösen Dämonen der Krankheiten zu vertreiben. Die Jungtiere müssen durch das Feuer springen, die Menschen tanzen um dieses herum, ein Baum des Lebens wird aufgestellt.

Die Erntezeit für Getreide wird mit dem Lugnasad-Fest (um den 1. August) begangen. Dabei wird der Fruchtbarkeitsgott Lug geehrt und durch Opfer gestärkt, der auch der Schutzgott der Krieger ist. Der König bzw. der Stammesfürst wird als der Verteiler der Ernte und des Reichtums gepriesen. Es ist eine Zeit des Friedens, dabei finden Pferderennen und Wettkämpfe der Krieger statt. Die Dichter und Sänger tragen ihre Kunst zu Ehren der Schutzgötter vor, es ist eine Zeit des Überflusses.

Das Samhain-Fest (um den 1. November) zeigt den Beginn des Winters an. In dieser dunklen Zeit begegnen die Menschen den Seelen der Ahnen und den unsichtbaren Geistwesen. Verehrt wird die Rabengöttin Morrigan. Die Priester veranstalten große Gastmähler, die drei Tage dauern. Die Druiden geraten in Ekstase und vernehmen die Stimme der Ahnen und der Götter. Es werden große Opfer gebracht, in der Frühzeit deuten einige Quellen auf ein mögliches Königsopfer hin. Die Menschen feiern auch ihre Sinnlichkeit und Lebensfreude.

Die Druiden kennen das Geheimwissen über die Götter und Geistwesen, das sie nur mündlich weitergeben. Sie wissen um die Symbole und Zeichen, haben aber kein vollständiges Schriftsystem. Ihre magischen Sprüche und Formeln geben sie genau an ihre Schüler weiter. G. J. Cäsar berichtet, dass sie an die 20 Jahre lang in Ausbildung sind, keine Abgaben an den König zahlen und nicht am Krieg teilnehmen. Nach Strabon haben sie die Rolle der Sänger (Barden), der Weissager (Vaten) und der Opferpriester inne. Sie kennen die Gesetze des Himmels, den Lauf der Gestirne und die Regeln der Rechenkunst.

Vor allem müssen sie die Zeit für die Riten berechnen, sie verwalten den Kalender der Ackerbauern und der Viehzüchter. Allgemein lehren sie, dass die Seelen der gefallenen Krieger in einem glücklichen Land weiterleben. Den Tod der geopferten Menschen deuten sie als „Wiedergeburt" im Land der Toten. Die Menschenopfer werden mit Pfeil und Bogen, Dolch und Messer, durch Erhängen oder Ertränken getötet. Strabon berichtet, Priesterinnen seien an der Tötung beteiligt.

Das Blut der Menschenopfer wurde in einem Kessel aufgefangen, daraus wurden die Ereignisse der Zukunft abgelesen. Ob das Blut getrunken wurde, wissen wir nicht. Strabon berichtet von Menschenopfern, die mit Stricken gefesselt zu einem „Weidenbaum“ aufgebaut und dann im Feuer verbrannt wurden. Livius, Strabon und Diodor sagen uns, dass die Kelten die Schädel der getöteten Feinde öffneten und das Gehirn aßen. Es wurden Schädelsäulen gefunden, auf denen in Stein gemeißelt viele Schädel gestellt wurden. Cäsar berichtet, dass beim Tod eines Kriegers oder Fürsten seine Witwe, einige Kinder und die Sklaven verbrannt wurden.

Wenn den Göttern Tiere geopfert wurden, dann waren es vor allem Hunde und Pferde; dies ergeben die Knochenfunde. Für die Kriegsgötter wurden zumeist Pferde geopfert. Viele europäische Städte tragen die Namen von keltischen Schutzgöttern; so haben Lyon und London direkt mit dem Gott Lug (Lugdunum) zu tun; die Stadt Wien vermutlich mit dem Orakelgott Vindonus (Vindobona). Viele Orte sind nach der Göttin Brigit benannt (Briancon, Bregenz u.a.).

Die irischen Sagen, aber auch Tacitus berichten, dass Priesterinnen am Kult beteiligt waren; auf dem Kultwagen von Strettweg sind sie dargestellt. Sie berichten auch, dass Priesterinnen die Krieger in der Schlacht anfeuerten und sich in die Schlachtreihen stürzten. Sie geben die Orakel und verstehen sich auf die magischen Künste. In einer Inschrift in Lazarc ist von zwei konkurrierenden Gruppen von Priesterinnen die Rede. Die irischen Sagen erzählen von Königinnen und Heerführerinnen; ihre Berichte wurden durch Gräberfunde bestätigt.

So gelten die Priesterinnen als Hüterinnen des heiligen Kessels, sie begleiten die Seelen der Verstorbenen ins Jenseits. Beim Ritual haben sie die Funktion der Tänzerinnen, sie sagen die Ereignisse der Zukunft voraus. Wenn sie bei einer Prozession zu Boden stürzen, dann werden sie den Göttern geopfert. Mit der Christianisierung werden die Druidinnen zu Nonnen, die Druiden zu Mönchen. Der christliche Missionar Patrick hatte im 5. Jh. über die Druiden gesiegt, seine „Vita“ wurde im 7. Jh. verfasst.

Die heiligen Bäume der Kelten waren die Eiche, die Eibe, die Esche und die Hasel. Unter diesen Bäumen wurde die heilige Weisheit gelehrt, an den Kultorten wurden Gaben im Sumpf versenkt. Gefunden wurden Goldmünzen sowie Gesichter und Masken aus Bronzeblech. Die heiligen Haine waren durch Erdwälle und Holzwände geschützt. In den heiligen Quellen wurden Bäder genommen, um von Krankheiten gesund zu werden. Es wird von Heilungstempeln mit Schlafräumen für die Kranken berichtet. Priester traten als Ärzte auf, denn sie kannten viele Salben aus heiligen Pflanzen, auch Salben für die Augen.

Mehrere keltische Stämme sind uns durch die Römer mit Namen bekannt geworden: die Rauraker in Baden, die Vindeliker in Württemberg, die Helveter am Oberrhein, die Boier am Main, die Nemeter am Taunus, die Treverer am Mittelrhein, die Pelendonen am Niederrhein, die Menapier und Veneter in Gallien, die Turonen an der Loire und in Spanien, die Lingonen und Nemeter an der Garonne, die Belgen im nördlichen Gallien. Viele Namen von Bergen und Flüssen sind in Europa keltisch.

Nachdem die Römer die Festlandkelten erobert und abhängig gemacht hatten, verlagerte sich der Schwerpunkt der keltischen Kultur auf die Inseln England und Irland. Dort bewahrten sie ihre Eigenständigkeit bis zur Zeit der Christianisierung. So waren die Inselkelten mutterrechtlich organisiert, sie benannten die unehelichen Kinder nach den Müttern; Frauen konnten als Fürstinnen regieren, sie hatten die Rechte der Grundherren, die weibliche Thronfolge war gesichert. Bei den Festlandkelten waren die Rechte der Frauen geringer, der Clanvater war dort der Herr über die Frauen und Kinder. Die Männer der oberen Schichten durften mehrere Frauen heiraten, wenn sie diese ernähren konnten.

Die Ehe wird als Verbund der Sippen gesehen, es wurde exogam geheiratet. Die Scheidung der Ehe folgte strengen Regeln, Heiratsgut wurde zurückerstattet. In der Kriegsordnung mussten die Sippen Fußtruppen stellen, die Reiterei verblieb den Kriegern und Adeligen. Die Druiden riefen zum Kampf auf und versprachen den Kriegern die Unsterblichkeit ihrer Seelen; sie kündigten ihnen ein Weiterleben im „Land der Seligen" an. Jede Schlacht begann mit der Anrufung der Schutzgötter, mit Schmähreden auf die Gegner, mit magischen Formeln der Beschwörung.

Im Leben wird jedes Schicksal als „Wille der Götter" angenommen. Für den Zusammenhalt der Sippen waren große Festmähler wichtig. Dabei wurden die Großtaten der Krieger besungen, Barden sangen Kampflieder. Die Religion der Festlandkelten kennen wir hauptsächlich aus den Berichten der römischen Autoren. Hingegen ist uns die Religion der Inselkelten durch deren Lieder, Erzählungen und Mythen bekannt. Da sich die Kelten mit der Urbevölkerung der einzelnen Länder vermischten, erkennen wir eine starke Vielfalt in der Mythologie.

Göttermythen

Die Römer verglichen die keltischen Götter mit ihren eigenen (interpretatio Romana). Den Gott Lug verglichen sie mit ihrem Mercurius, er wird auf mehr als 450 Weihinschriften genannt; zumeist mit Bart, mit Stab und Geldbeutel, aber auch mit dem Hahn, dem Widder und der Schlange dargestellt. Er ist ein Gott der Fruchtbarkeit, schützt aber auch die Krieger, die Reisenden und die Händler. Plinius berichtet von einer großen Statue dieses Gottes in Stein gehauen. Dieser Gott schwächt durch seine magische Kraft die Heere der Gegner.

Den Gott Dagda verglichen die Römer mit Jupiter; er wird mit dem Sonnenrad und dem Blitz dargestellt und gilt als der Herrscher des Himmels, der Sterne, der Gewitter und der Meere. Den Menschen schenkt er die Speisen im Überfluss; mit seiner Steinkeule tötet er die Feinde, doch mit dem anderen Ende der Keule erweckt er sie wieder zum Leben. Er schützt die Verträge und Eide und schenkt das heilige Wissen; auf den Wellen des Meeres wird er als Reiter gesehen. Im Land der Seligen schenkt er den Menschen die ewige Jugend und Schönheit.

Der Gott Ogmios wird von den Römern mit dem Kriegsgott Mars verglichen. Er ist der Herr über die Krieger und wird erst dann schön und groß, wenn er seine Feinde töten kann; so sagt es eine Inschrift. Den Kriegern gibt er den Mut und die Kampfkraft, er heilt ihre Wunden. Er kennt die magischen Zeichen, er bindet und quält die Übeltäter. Als Richter und Rächer zieht er die Übeltäter an Ketten gefesselt an den Ort ihrer Strafen. Bei den Menschen leitet er die Wahl des Königs bzw. des Stammesfürsten. Den Bauern schenkt er den Regen und gute Ernten. Er hat ein freundliches und finsteres Gesicht, doch er leitet die Ordnung der Welt.

Den Gott Mac Og verglichen die Römer mit dem Apollo; denn er ist die Quelle der Gesundheit und kennt die Heilpflanzen. Den getöteten Soldaten schenkt er das Leben wieder im „Land der Seligen". Als der Weitblickende schützt er die Reisenden, als Jüngling leuchtet er in der Sonne. Er gilt als schneller Reiter, der gegen seinen göttlichen Vater kämpft und ihm den Palast wegnimmt. Mit ihm identifizieren sich die jungen Krieger, er ist ihnen ein Vorbild der Tapferkeit. Er beschützt den König, hat zwei Söhne und eine Tochter.

Die Göttin Brigit wird von den Römern mit Minerva verglichen. Sie wird von den Frauen verehrt und schützt deren Künste und Handarbeit. Als die Glänzende verleiht sie den Frauen die Sinnlichkeit und reichen Kindersegen. Sie steht den Gebärenden bei und hilft den Ehefrauen im Haus. Außerdem schützt sie die Ärzte, die Schmiede; die Hirschkuh ist ihr heiliges Tier. Sie wird die große Königin genannt, weil sie den Kriegern zur Seite steht. In Irland war sie eine alte Muttergöttin, in Kildare hütete sie mit 19 Gefährtinnen das heilige Feuer; ihr großes Fest war am 1. Februar.

Die Göttin Dana (Ana) gilt als die Urmutter der irischen Götter, wahrscheinlich war sie eine vorkeltische Gottheit. Sie nährt die Götter und die Menschen, der Insel schenkt sie die Fruchtbarkeit. Epona ist eine Göttin der Pferde in Gallien, auch sie schenkt den Menschen die Fülle der Früchte und Erntegaben; sie macht die Felder, die Tiere und die Menschen fruchtbar. Eriu ist die Schutzgöttin der Insel Irland, sie gibt ihr auch den Namen (Eriu-Land). Der Krieger Mac Greine feierte mit ihr die „heilige Hochzeit" und erlangte dadurch den Königsthron.

Esus ist bei den Galliern ein Schutzgott, der mit der Axt dargestellt wird. Ihm werden viele Menschenopfer gebracht und auf Bäumen erhängt. Es gibt die Vorstellung von weiblichen Naturgeistern, die das Schicksal der Menschen lenken und den Zeitpunkt des Todes bestimmen. Sie leben auf einem unterirdischen Schloss, wo sie den gefallenen Helden Zuflucht gewähren. Diese Wesen können oft in sichtbarer Gestalt auftreten, doch die meiste Zeit sind sie unsichtbar.

Die irische Mythologie erzählt von einem Schutzgott der Schmiede (Goibniu), der im Kampf von einem feindlichen Speer verletzt wurde. Er ging zu einem magischen Brunnen, wo er geheilt wurde. Dann trank er Honigmet und wurde dadurch unbesiegbar. Erzählt wird vom „leuchtenden Land" (Mag Mell), wo die gefallenen Helden ihre Heimat finden. Diese „Insel der Seligen" liegt weit draußen auf dem Ozean, oder auf dem tiefen Grund des Meeres. Der Schutzgott der Meere ruft die gestorbenen Helden wieder in das Leben zurück.

Erzählt wird von einem geheimnisvollen Ort (Mag Tured), wo die guten Schutzgötter und die bösen Dämonen gegeneinander wild kämpfen. Dort aber kämpften in der Frühzeit auch die einwandernden Kelten gegen die Urbewohner der Insel. Häufig ist es die Kriegsgöttin Morrigan, die auf der Seite der Iren in den Kampf eingreift. Denn sie hat magische Kräfte und gilt als die „Königin der Geistwesen".

Die Druiden und die Mantiker können aus ihren Träumen und Visionen die Schicksale der Menschen erkunden. Vorher essen sie giftige Pflanzen, um in Ekstase zu geraten. In ihren Träumen erkunden sie den Willen der Schutzgötter, aber auch der Ahnen. Häufig sind die Gräber der Vorfahren die Orte der Orakel, denn in der Nähe der Grabhügel wohnen deren Seelenkräfte. Sie leben dort ähnlich wie die Menschen, doch sie haben den magischen Kessel der Glückseligkeit. Die Helden der Kriege und die Druiden verfügen über magische Kräfte, damit können sie ihre Gegner lähmen und töten. Auch ihre Waffen sind mit unsichtbarer Zauberkraft geladen.

Die Inselkelten erzählen in ihren Mythen von großen Kriegshelden und Zauberern. Der Gott Dagda schenkt den Menschen das geheime Wissen, er spielt die Harfe, ordnet die Jahreszeiten und ruft die Menschen in den Tod. Die Insel Irland wird von der Muttergöttin Eriu geschützt, zwei andere Göttinnen (Banda und Fodla) begleiten sie auf ihren Reisen.

Zuerst haben die Riesen an den Küsten des Meeres gewohnt, doch dann wurden sie von den irischen Einwanderern auf das Meer hinaus getrieben. Erzählt wird von einem Land der Toten, das im Westen jenseits von Irland liegt. Es ist ein Land der Freude und der ewigen Jugend, allezeit blühen dort die Blumen. In den Flüssen fließen Met und Honig, die Helden feiern festliche Gelage mit großen Wettkämpfen und Siegen. Ihre Frauen freuen sich an ihrer Schönheit und Sinnlichkeit. Die Seelen der Toten leben unter der Erde in den Grabhügeln, deswegen heißen sie das „Volk der Hügel“. Bei ihnen sind viele Geistwesen (Sidhe) und Göttinnen.

Erzählt wird von den Helden Cuchlain und Setana, die mit den Schmieden zusammen gegen die Riesen und die großen Zauberer kämpften. Auch die große Zauberin Scatach nahm am Kampf teil. Sie heißt auch die „Königin der Nacht“ und lenkt bei den Menschen die magischen Künste. Auch die Tiere nehmen an den großen Kämpfen teil, die Raben bringen den Helden immer das Unglück. Oft kämpfen die Krieger in Ekstase und in heiliger Begeisterung. Nach ihrem Tod fährt ihre Seelenkraft auf schmalem Boot über das Meer zum „Land der Seligen“.

Es wird vom Helden Ossian berichtet, der für Ehrlichkeit und Barmherzigkeit im Land kämpft. Ein Mythos erzählt, dass die Toten wieder aufstehen, wenn ihre Nachfahren einen Tag lang nicht über sie sprechen. Im Westen von der Insel wird ein Reich der Riesen, der Zwerge, der Zauberer und der Feen vermutet; doch unheimliche Tiere bedrohen die Insel. Wir erkennen in diesen Mythen Kulturelemente der Jäger, der Sammler, der Fischer, der Hirtennomaden und der frühen Ackerbauern.

So spiegeln sich auch in der keltischen Mythologie verschiedene Stufen der Kulturentwicklung; wir erkennen die frühe soziale Schichtung und die Verteilung der Rollen. Viele der alten Lehren wurden von den christlichen Missionaren übernommen, aus der „Insel der Seligen“ wurde der christliche Himmel. Doch die keltischen Götter wurden von den Missionaren bekämpft, abgewertet und dämonisiert; sie durften fortan nicht mehr verehrt werden.

Das einfache Volk blieb noch lange Zeit bei den alten Vorstellungen und Weltdeutungen, viele der alten Riten wurden an geheimen Orten weiter ausgeführt. So leben Teile der keltischen Religion auch im Christentum weiter. Heute bekommen die Kelten für viele Zeitgenossen etwas Faszinierendes. Doch wir sollten uns hüten, diese Kultur auf naive Weise zu verklären.

2. Die Germanen

Der Name „Germanen“ ist ein Sammelbegriff für eine Vielzahl von indo-europäischen Stämmen und Völkern, die in der Jungsteinzeit und in der frühen Bronzezeit nach Nordeuropa, später nach Mittel- und Südeuropa eingewandert sind. Die Indo-Europäer haben noch gemeinsame Bezeichnungen für ihre Steinwerkzeuge, aber nicht mehr für die Werkzeuge aus Bronze und Eisen. Auch ihre Bezeichnungen der familiären Beziehungen (Vater, Mutter) haben gemeinsame Wurzeln. Ihnen gemeinsam sind außerdem die Feuerriten, die Pferdeopfer und die ekstatischen Trinkfeste.

Der Name „Germanoi“ findet sich im 6. Jh. v. C. zum ersten Mal beim griechischen Schriftsteller Tytheas, der von einer Bootsreise nach England und Skandinavien berichtet. Er schreibt von einem Land „Thule“, das weit im Norden liegt. Auch der römische Schriftsteller Strabon berichtet von diesen Völkern. Und auf den Marsilia-Listen werden „Germani“ im Jahr 222 v. C. unter den von den Römern besiegten Stämmen genannt.

Die germanischen Völker sind sprachlich miteinander verwandt. Wir unterscheiden drei große Sprachfamilien: a) zu den nordgermanischen Sprachen gehören: Norwegisch, Isländisch, Dänisch und Schwedisch. b) Zu den ostgermanischen Sprachen zählen: Gotisch, Vandalisch, Burgundisch. c) Und zu den westgermanischen Sprachen gehören: Altfriesisch, Angelsächsisch, Altsächsisch, Altfränkisch, Langobardisch und Althochdeutsch.

Es ist sinnvoll, zwischen einer nordgermanischen und einer südgermanischen Kultur und Religion zu unterscheiden. Die zweite hatte intensiven Austausch mit der römischen Kultur, was auf die erste kaum zutrifft. Daher ist auch die Quellenlage über beide Kulturen sehr verschieden.

Zu den Quellen der südgermanischen Kultur gehören: G. J. Cäsar, Tacitus (Germania), Poseidonios, Strabon, Plinius der Ältere, Prokopios von Cäsaräa, Jordanes, Cassiodorus, Gregor von Tours, Paulus Diakonus; dann die Gesetzessammlungen: Lex Salica, Lex Baiuvarorum, Lex Saxonum, Lex Langobardorum, Lex Frisiorum; dazu altgermanische Texte: Merseburger Zaubersprüche, Wessobrunner Gebet, Hildebrandslied, Nibelungenlied, Heliand, Beda Venerabilis, angelsächsische Chronik u.a..

Zu den Quellen der nordgermanischen Kultur gehören: der Rökstein in Schweden, die Skaldendichtung, die ältere Edda, die isländischen Gesetze, die isländische Geschichte von Ari Thorgilson, die jüngere Edda von Snorri Sturluson, die isländischen Königssagas, die norwegischen und die schwedischen Königssagas, die Lebensgeschichte der Missionare (z.B. Vita Ansgari), ein Reisebericht der Araber Abu Fadlan und Abu Ahmad, eine Chronik des Thietmar von Merseburg, die Geschichte der Bischöfe von Bremen, sowie der Däne Saxo-Grammaticus.

Mythen und Riten

Zu den Grundelementen der altgermanischen Religion gehört die Vorstellung von göttlichen Wesen, der Mythos von einem Unsterblichkeitstrank, das Pferdeopfer, der Feuerkult, ein Mythos vom Urmenschen, die Riten in den heiligen Hainen, zumeist ohne Bilder der göttlichen Wesen. Die „Götter“ sind die „Anrufbaren“ (guda; später: god, göd, Gott), die bindenden, die größeren und stärkeren Wesen. Sie leben von den Menschen getrennt, geben ihnen aber Rat und Führung.

Die alten Mythen erzählen von einem Trank, der bei den Menschen ein langes Leben und zuletzt „Unsterblichkeit“ bewirkt. Sie sprechen von Met (mehdu, madhu, medu, midus, meodo, mid, mjodr), der süß schmeckt und die Menschen trunken macht. Er wird bei den großen Kultfesten getrunken, um die Lebenskraft zu stärken. Das alte Pferdeopfer steht in Verbindung mit alten Riten der Fruchtbarkeit; Krieger opfern eines ihrer Kriegspferde und erbitten Fruchtbarkeit für die Tiere, die Felder und die Menschen.

Im Kult des Feuers werden göttliche Wesen angerufen, damit sie den Menschen Schutz und Kraft geben. Erzählt wird von einer „Feuermutter“, die den Menschen gute Gaben bringt. Weit verbreitet ist die Vorstellung, dass die Menschenwelt einmal in einem großen Feuer verbrennen wird. Die Mythen von den Urmenschen (z.B. Ymir) sagen, dass die Menschen eine gemeinsame Herkunft haben und mit den göttlichen Wesen in Verbindung stehen. Diese unsichtbaren, aber kraftvollen Wesen werden in den heiligen Hainen verehrt; in der Frühzeit wurden von ihnen keine Bilder angefertigt.

Auch bei den germanischen Stämmen und Völkern haben wir nur ein marginales Wissen über ihre Weltdeutung. Denn sie hatten kein vollständiges Schriftsystem entwickelt, sondern ihre Mythen mündlich weitererzählt. Aber wir können einige Grundelemente der Lebensdeutung erkennen.

Die Mythen unterscheiden zwischen dem verfügbaren Bereich des täglichen Lebens und dem großen unverfügbaren Bereich des Ausgegrenzten. Dieser zweite Bereich ist für die Menschen anrufbar (guda), er wird am heiligen Ort in der Form eines ausgegrenzten Bezirks symbolisch dargestellt. Die anrufbaren Mächte werden beim Kult herbeigerufen. Die Priester sind die großen „Anrufer“, die zu diesen Mächten eine Beziehung schaffen. Die Vorstellung von den „anrufbaren“ Mächten ist den indo-europäischen Völkern gemeinsam; „gud“ (anrufen) ist eine gemeinsame Sprachwurzel.

Die germanischen Stämme und Völker sind in der Zeit, in der wir von ihnen ein Wissen bekommen, zum Teil Jäger, Sammler und Fischer, zum Teil schon Hirtennomaden und Ackerbauern. Diese Lebensformen spiegeln sich in ihren Mythen. Wir kennen archäologische Funde von Gräbern und Grabbeigaben, von frühen Siedlungen und Kultorten, von Schiffsresten u.a. Diese Funde ergänzen die mythischen Erzählungen, die uns berichtet werden.

Eine einheitliche germanische Religion ist kaum erkennbar, wohl aber gibt es einige allen Stämmen ähnliche Mythen und Götternamen. So wird von einem Anfang der Welt erzählt: Da war ein leerer und nebeliger Raum, darin wirkten geheimnisvolle Kräfte; das war die dunkle Welt des Nebels (Niflheim). Ihr gegenüber lag die feurige Welt der schwarzen Riesen (Muspelheim), dort sprühten feurige Funken. Das Nebelland war kalt, die Flüsse zugefroren.

Nun sprangen aus dem feurigen Land Feuerfunken in das Eisland Niflheim. Die Funken verbanden sich mit dem Eis, daraus wurden die vielen Riesen. Sie trugen in sich das Heiße und das Kalte; einer von ihnen war der Riese Ymir. Er vermehrte sich zuerst ohne Paarung mit einer Frau, denn aus dem Schweiß seiner Achselhöhlen wurden ein Mann und eine Frau; diese paarten sich. Als er seine Füße aneinander rieb, entstand ihm ein Sohn. Nun war das Geschlecht der Reifriesen begründet.

Jetzt existierten aber auch schon göttliche Wesen; sie töteten den Riesen und brachten ihn als ein Opfer dar. Sie zerstückelten seinen Körper; aus seinem Blut wurde das große Meer, aus seinem Fleisch wurde das weite Festland, auf dem die Menschen wohnen; aus seinen Knochen bauten sich die Berge auf, aus seinem Schädel wuchs das Himmelsgewölbe; aus seinem Gehirn entstanden die vielen Wolken; aus seinen Augenbrauen wurde ein Schutzwall für die Welt der Menschen gebaut.

Wir haben es hier mit einem Zerstückelungsopfer zu tun, das hinter diesem Mythos steht. Forscher wiesen darauf hin, dass dieser Mythos auf Island entstanden sein könnte, weil dort ständig Feuerströme der Vulkane auf das Eisland strömen. Die große Welt wird in diesem Mythos in drei Teile geteilt: Es gibt die Welt der Götter (Asgard); die Götter heißen Asen und Vanen. Dieser Welt gegenüber liegt Midgard, die Welt der Menschen. Und ganz draußen am Rand liegt die Welt der Riesen Utgard. Diese drei Welten sind voneinander abgegrenzt, doch die Götter, die Menschen und die Riesen haben zueinander Beziehungen; sie können miteinander Kriege beginnen.

Aus den Feuerfunken und dem Eis entstand auch die heilige Kuh der Viehzüchter Audumla; sie heißt die Milchreiche und die Spenderin des Lebens. Sie nährte sich aus dem Eis, aus ihrem Euter strömten vier große Ströme von Milch. Der Riese Ymir trank von dieser Milch und wurde groß und stark. Dann formte die heilige Kuh mit ihrer Zunge aus dem Eis ein menschliches Wesen, den Urmenschen Buri: Zuerst zeigten sich seine Haare, dann der Kopf, zuletzt sein ganzer Körper. Der Mensch war also ein Geschöpf der heiligen Kuh der Viehzüchter. Auch er konnte sich zuerst ohne Frau fortpflanzen und bekam einen Sohn Bor.

Dieser Sohn heiratete die Tochter eines Riesen, denn bei den Riesen gab es schon Frauen. Sie verbanden sich in sexueller Liebe miteinander und hatten nun drei Kinder: Odin, Vili und Ve. Diese waren göttliche Wesen, denn die Übergänge zwischen den Göttern, den Menschen und den Riesen waren in der Urzeit fließend. Einige Mythen sagen, dass die Menschen schon vor den Göttern da waren. Bald waren es zwei Stämme von Göttern, nämlich die Vanen und die Asen. Die zweiten wohnten in der Burg Asgard, die der Gott Odin erbaut hatte; denn er war ihr Anführer. Dort war eine große Halle, wo sich alle Götter dieser Sippe versammelten. Sie lebten dort glücklich, bis ihnen die Schicksalswesen (Nornen) den ersten Krieg brachten.

Die Vanen, von denen in der nordischen Mythologie die Rede ist, spendeten den Menschen die Fruchtbarkeit der Felder und der Tiere, sie schützten den Wohlstand der Bauern und der Viehzüchter, sie unterstützten den Handel mit anderen Stämmen. Durch ein Ritual konnten sie in die Zukunft schauen. Doch eine Riesenfrau und eine Zauberin weckten in den Asen die unersättliche Gier nach dem Reichtum, folglich begannen sie einen Krieg gegen die Götter der Asen. Sie mussten drei Geiseln (Njörd, Freyr und Freya) an ihre Gegner übergeben, wie es bei den Menschen üblich ist. Wer sich von den Menschen den Vanen nähert, erlebt den heiligen „Wahn", bzw. den Wahnsinn, er gerät in Ekstase.

Der Mythos vom Weltenbaum Yggdrasil erklärt den Zusammenhang der verschiedenen Welten: Dieser Baum ist eine Esche und steht in der Mitte des Götterlandes Asgard. Seine Wurzeln reichen bis zu den Wohnungen der Schicksalsmächte, der Nornen. Sie bestimmen das Geschick aller Wesen, der Götter und der Menschen. Die Krone des Baumes reicht in den Himmel, seine Wurzeln gehen bis in das Menschenland Midgard, bis Utgard und bis Niflheim. Sie verbinden die Menschen mit den Reifriesen und den Seelen der Toten im Lande Hel. Die Wurzeln werden aus der Quelle der Weisheit gespeist, sein Tau schmeckt süß wie Honig.

Im Weltenbaum lebte ein Adler, das heilige Tier vieler Stämme. Dieser beobachtete auf seinen Flügen die ganze Welt. Dort lebte aber auch der magische Hahn mit seinem goldenen Kamm, er hielt nach den heranziehenden Feinden Ausschau. Ein großer Drache saß am Fuß des Baumes, er brachte den Neid zu den Göttern und Menschen. Hirsche und die heilige Ziege fraßen die Blätter des Baumes. Schlangen und Drachen versuchten, den Weltenbaum umzustürzen. Doch das gelang ihnen nicht, denn er erneuerte sich immer wieder. Als aber seine Äste und Zweige zu stöhnen und dröhnen begannen, da kündigte sich der Untergang der Welten an. Denn der große Krieg zwischen den Göttern und den Riesen hatte begonnen. Unter dem Weltbaum hielten die Götter ihre Gerichtsversammlungen ab. Auch die Menschen taten es ihnen nach und hatten ihre Gerichtsplätze unter heiligen Bäumen, zumeist unter Eschen.

Durch den großen Krieg der Götter gegen die Riesen kommt die Welt zu einem Ende, auch die Götter müssen untergehen. In der Edda (Völuspa) wird dieser große Weltuntergang geschildert (Ragnarök). Im großen Endkampf ringen die Götter mit den Riesen, die Dämonen mit den Geistwesen der Natur. Als der Lichtgott Baldr gestorben war, da begann der Niedergang der großen Weltordnung. Die Sonne wurde finster, der Winter dauerte drei Jahre, die Weltesche begann zu dröhnen und zu wanken. Als die Riesen gegen die Götter im Kampf lagen, da peitschte die Midgard-Schlange das Meer auf. Der Fenrir-Wolf sprengte seine Fesseln, auch der Gott Loki fuhr mit seinem Schiff in den großen Kampf.

Nun nahte aus Muspelheim das Totenschiff, auf ihm waren die Feuerriesen. Der Gott Heimdall blies zum Alarm in sein Kriegshorn, die Götter stürzten sich in den Kampf gegen die Riesen und die bösen Dämonen. Es kam zu wilden Zweikämpfen, der Gott Odin wurde vom Fenrir-Wolf verschlungen. Nun töteten sich die Riesen und die Götter gegenseitig, die große Himmelsbrücke brach zusammen. Erdbeben und Sturmfluten zerstörten das Leben, Feuer versengte alles. Schließlich brach die Erde auseinander, die Sonne und alle Sterne stürzten in das große Meer, alles war in Dunkel gehüllt. Das war das Ende der Welt, der Götter und der Menschen. Doch eine Seherin sah danach eine neue Welt entstehen, in der es mehr Frieden und Gerechtigkeit geben wird.

Weltdeutungen

Nach dem Glauben der Mythen wird alles Geschehen der Welt vom Schicksal (orlog) gelenkt und bestimmt. Die drei Schicksalsschwestern (Nornen) heißen Urd, Verdandi und Skuld; sie legen für die Menschen und Götter das Schicksal. Die eine ritzt Runen (magische Zeichen) in einen Holzstab, die zweite entscheidet über Leben und Tod. Alle drei sitzen unter einem großen Weltenbaum und erschauen die Zukunft, die Gegenwart und die Vergangenheit. Auch die Götter versammeln sich unter diesem Baum, denn sie sind dem Spruch der Nornen ausgeliefert. Das Unverfügbare begleitet also die Götter und die Menschen.

Die einzelnen Sippen verehren ihre Schutzgeister und die Seelen der Vorfahren; zumeist am gemeinsamen Feuer des Herdes. Sie bringen ihnen dort ihre Gaben dar und rufen sie um Schutz und Hilfe an. Eigene Geistwesen (Wichte, Zwerge, Elfen) beschützen die Felder und Weiden der Bauern, die Vorratsräume und die Vorräte. Zwerge kommen aus dem Inneren der Erde oder aus den Steinen heraus, sie können dann menschliche Gestalt annehmen. Die Elfen sind zumeist weibliche Geistwesen der Natur, die beim Mondschein tanzen. Wassergeister locken Menschen in das Wasser und damit in den Tod.

Allgemein verbreitet ist die Vorstellung, dass die Seelenkräfte (sjael) der Toten nach dem Tod des Körpers in einer Totenwelt weiterleben. Die Lebenskraft (ferah) des Menschen zieht aus dem Körper (lik) aus; der Geist (and) und der Atem (atun) hören auf und es tritt ein neuer Zustand ein. So wie im Erleben der Ekstase die Seelenkraft für kurze oder längere Zeit den Körper verlässt, so tut sie es beim Tod auf Dauer. Sie kehrt dann nicht mehr zurück, sondern wandert in das Seelenland (Hel), wo die Göttin Hel herrscht.

Auch Niflheim war ein Totenreich. Doch Hel hatte neun Welten, in denen jede Seele je nach ihren Verdiensten im Leben ihren Platz zugeteilt erhielt. In Niflheim und Hel fanden die Toten ein friedvolles Dasein. Dorthin kamen alle, die nicht im Kampf gegen Feinde gefallen waren. Wer einmal über die Brücke zum Totenland schritt, konnte nicht mehr zurück. Denn es gab einen Fluss, der die unüberwindbare Grenze zu den Lebenden zog. Der Hund Garm erwartete die Seelen und eine Magd empfing sie.

Ein anderes Schicksal erfuhren alle Krieger, die im Kampf ihr Leben verloren. Sie wurden von den Walküren, den Dienerinnen des Gottes Odin, auf den Schlachtfeldern aufgelesen und mit wilden Pferden durch die Luft in die göttliche Halle Walhalla gebracht, wo ihnen ein großes Festmahl bereitet wurde. Die Göttin Frigg, die Königin der Asen, ließ ihnen dort üppige Speisen und köstliche Getränke servieren. Doch auch die Göttin Freya sammelte die toten Krieger vom Schlachtfeld auf und brachte sie in ihr himmlisches Schloss Folkwang. Mit diesem Glauben zogen die Krieger freudig in den Kampf, denn sie hatten ein großes Schicksal zu erwarten.

Die Kultorte (alh) lagen in den Wäldern, an Quellen und unter heiligen Bäumen, sie waren mit einem Zaun umgeben. Dort wurden den Schutzgöttern und den Ahnen große Opfer (blot) dargebracht, um sie zu stärken und zu versöhnen. Es wurden Tiere und Menschen geopfert, um ein gutes Schicksal zu bekommen. „Alfenblot" wurde im Spätherbst gefeiert, um die Sippen miteinander zu verbinden. Viele Menschenopfer wurden in den Mooren versenkt, wie uns Hunderte Moorleichenfunde zeigen. Die Opferhandlungen wurden mit kultischem Trinken verbunden, dabei wurden die Seelen der Ahnen um Schutz angerufen.

Schwedische Mythen berichten vom Selbstopfer des Königs in der Frühzeit. Noch im 13. Jh. berichtet Snorri Sturlusen, dass bei den Kultfesten das Opferblut getrunken wurde. Die christlichen Missionare ersetzten diese Opfer durch das symbolische Trinken des „Blutes Christi" in der Form von Wein. Opfer wurden den Göttern gebracht, um vor den Feinden sicher zu sein und gute Ernten zu bekommen. Die Riten zu den Sonnenwenden drückten die Angst aus, die Sonne könnte „sterben" (Prokopios). Beim kultischen Drama wurden die Göttermythen gespielt und die Menschen stärkten dabei ihre Lebenskraft.

Berichtet wird auch von sexuellen Orgien, bei denen die patriarchalen Eheregeln für kurze Zeit aufgehoben wurden, um die Kräfte der Fruchtbarkeit für Mensch und Tier und Feld zu stärken (Adam von Bremen). Es wurden Opfertänze ausgeführt (laika) und kriegerische Wettkämpfe abgehalten. Bei den Pferderennen (herstaat) sollten sich die Krieger für den Kampf ertüchtigen. Beim Hochzeitsfest gab es ein Festmahl für die Seelen der Ahnen und eine Weihe des Hammers für den Gott Thor. Die sexuelle Vereinigung des Paares geschah öffentlich, um die Fähigkeit zur Fortpflanzung zu bezeugen.

Besondere Festzeiten waren die beiden Sonnenwenden und die Vollmonde. Bei der Wintersonnenwende (Jul) wurden Umzüge mit Tiermasken durchgeführt; es gab Feuerriten, um die Sonnenkraft zu stärken. Die Ahnen besuchten in der Julnacht die Häuser der Nachfahren, deswegen wurden ihnen Speisen und Getränke in die Fenster gestellt. Erzählt wird von der „wilden Jagd" der gefallenen Krieger und von der „rasenden Heerschar", die vom Gott Odin angeführt wurden. Im Herbst nach der Ernte gab es ein Fest des kultischen Trinkens, exstatische Tänzer verwandelten sich in Tiere, deren Masken sie trugen.

Viele Kultfeste wurden von Männerbünden organisiert, immer ging es um die Begegnung mit dem Unverfügbaren. Die Mantikerinnen saßen auf einem Gestell aus Holz und hörten dort die Stimme der Götter. Damit konnten sie die Ereignisse der Zukunft voraussagen. Die Seherin (seidkona) trug einen magischen Stab (volr) und tanzte sich in Ekstase. Ein Chor von Frauen sang magische Lieder (galdr). Auch das große Seid-Ritual wurde von den Frauen geleitet. Die Römer erkannten, dass die germanischen Krieger immer den Rat der weisen Frauen einholten.

Einige der Mantikerinnen sind uns mit Namen bekannt: Veleda, Ganna, Albruna. Sie können jeder Sippe ein gutes oder ein böses Schicksal senden. Sie raunen in Ekstase ein

Geheimnis, das sie von den Göttern vernehmen. Später wurden diese Geheimnisse durch Zeichen (Runen) dargestellt. Magisches Handeln konnte die Lebenskraft der Menschen stärken oder schwächen; der „böse Blick“ brachte immer Unheil. Die Geistwesen (z.B. Alfen) schickten mit ihren Pfeilen die Krankheiten zu den Menschen, sie mussten durch Amulette abgewehrt werden. Bei Gewittern wurde Mehl in den Wind gestreut, um den Gott Wotan zu besänftigen. Der König hatte die Rolle, für sein Volk das „heil“ zu erbitten und den Sippen den Wohlstand zu sichern.

Denn der König (kunig) ist ein Abkömmling des Schutzgottes und ein Sohn der Sippe (kunja). Die Menschen sind nach Sippen und nach Altersgruppen geordnet, Männerbünde und Krieger sind dominant. Ihnen untergeordnet sind die Freien (Bauern, Hirten, Handwerker und Händler). Die Krieger verfügen über Sklaven und Knechte. Dem Heer der Krieger zieht der Herzog voran; bei einigen Stämmen ist diese Rolle erblich. Der König wird gewählt und eingesetzt, danach vollzieht er die Hochzeit mit einigen der adeligen Frauen (Norweger).

Manche Stämme führten die Herkunft ihrer Könige auf den Gott Odin zurück (Ostangeln, Nothumbrier). Diese waren für das gute Leben, die Ernten, das Wetter und die Gesundheit der Menschen verantwortlich. Bei Missernten wurden frühe Könige abgesetzt oder sogar geopfert (Burgunder). Sie hatten heilige und heilende Hände, weil sie die Opfer leiteten. Die Priester hießen „Abwehrer“ (haruguari) oder „Opferer“ (blotere); die Priesterinnen wurden „Ruferinnen“ (gudja) genannt. Der oberste Priester (gode) eröffnete die Versammlung der freien Männer (allthing). Neben den Priestern gab es die Hüter der ewigen Ordnung (ewart) und die Verkünder der Gesetze (esago). Das Zusammenleben im Stamm folgte einer ewigen Ordnung (aiwo).

Göttliche Wesen

Die Götter sind für die germanischen Stämme unsichtbare und anrufbare Kräfte, die das Leben der Menschen begleiten, lenken und überwachen. Sie werden durch Riten und Opfer verehrt und gestärkt. Die Menschen sehen in den unverfügbaren Kräften der Natur (Blitz, Donner, Regen, Sonne, Gestirne) göttliche Wesen. Aber auch die Seelenkräfte der großen Helden und der Stammesgründer werden zu göttlichen Wesen. Es ist von geheimnisvollen Kräften die Rede, die in der kleinen und großen Welt überall wirksam sind.

Die Menschen stellen sich diese Wesen den Pflanzen, den Tieren und ihnen selbst sehr ähnlich vor. Götter verhalten sich deswegen wie Menschen aus den verschiedenen sozialen Schichten, vor allem wie die Krieger. Auf die Menschenwelt wirken sie zum einen wohlwollend und erhaltend, zum anderen aber störend und zerstörend. Alles, was auf der Menschenwelt geschieht, wird als Spiegelung einer größeren und göttlichen Welt gedeutet. Götter sind die unverfügbaren Lebenskräfte, von denen sich die Menschen abhängig wissen.

Einige göttliche Gestalten können wir aus der Mythologie näher erkennen. Da wird von einem „Allvater“ oder Walvater erzählt (Odin, Wotan), der als Urgeistwesen am Anfang der Welt im „gähnenden Nichts“ waltete. Er schuf das Land des Feuers (Muspelheim) und das Land des Nebels (Niflheim). Von Odin wird gesagt, er sei der Herrscher der Asen (Göttersippe) und der ganzen Welt. Er gilt als der Wütende, der im Sturm des „wilden Heeres“ daherzieht. In der Ekstase gibt er sich selbst auf, als einäugiger Wanderer durchstreift er die Menschenwelt.

Baldur ist ein Gott des Lichtes, der Reinheit und der Schönheit; er wird von bösen Träumen geplagt, sucht den Rat der Götter, wird getötet und kommt in die Unterwelt (Hel). Aber damit beginnt das Ende der Weltzeit. Freya ist eine Göttin des Überflusses, der sinnlichen Liebe, der Fruchtbarkeit und des Frühlings. Bei den Menschen schützt sie die Liebenden; die gefallenen Krieger brachte sie auf das himmlische Schloss Folkwang. Frigg gilt als die „Königin des Himmels" und als Herrin der Asen; sie kannte die Geheimnisse der Zukunft, schützte die Ehen und leitete die Frauen zur Erfüllung der ehelichen Pflichten an. Der Gott Freyr brachte den Menschen die Fruchtbarkeit, gute Ernten und den Wohlstand; er schützte auch die Eide der Menschen.

Die Göttin Gefjon nimmt alle verstorbenen Jungfrauen bei sich auf. Der Gott Heimdall wacht Tag und Nacht auf der Himmelsbrücke und erkennt alle heranrückenden Feinde. Die Göttin Hel herrscht über die Unterwelt im Land der Toten; mit dämonischer Kraft bereitet sie den Sturz der großen Götter vor. Der Gott Loki kann seine Gestalt verwandeln; er erlauschte die Geheimnisse der anderen Götter und brachte ihnen viele Gefahren. Der Gott Njörd schickte den Seefahrern den guten Wind, den Fischern zeigte er reiche Fischgründe. Die Göttin Skadi durfte zweimal ihren göttlichen Ehepartner wählen. Den Gott Thor sahen die Menschen im Blitz und im Donner; er schützte die anderen Götter vor den Angriffen der Riesen und der bösen Dämonen.

In der Mythologie ist immer von unsichtbaren Wesen die Rede, die auf die Menschen wirken: Riesen sind den Menschenkriegern sehr ähnlich, doch sie sind ungleich größer und stärker als sie. Als die Gegenspieler der Götter beginnen sie den Kampf gegen diese und bereiten deren Ende vor. Zwerge sind klein von Gestalt, sie wirken in der Erde und in den Felsen. Elfen leben im Wald, in den Wassern und auf den Bergen; sie haben ein gutes und ein böses Gesicht. Elfen tanzen in der Mondnacht und bringen den Menschen den frühen Tod. Nornen bestimmen das Schicksal aller Lebenden.

So spiegelt die germanische Mythologie immer die menschliche Lebenswelt, zumeist der Krieger, der Bauern, der Jäger, der Viehzüchter, der Fischer, aber auch der Sklaven. Sie drückten zum einen die Bedrohtheit des Lebens, zum anderen die feste Weltordnung und die Geborgenheit darin aus. Die sichtbare Lebenswelt hat eine unsichtbare Dimension, die Menschen wissen sich unverfügbaren Kräften ausgesetzt. Sie versuchen, Orientierung zu finden und sich mit dem Unverfügbaren zu verbinden. Reste der germanischen Mythologie leben in der christlichen Kultur weiter.

3. Die Slawen

Die slawischen Völker sind Indo-Europäer, sie wanderten aus Asien in Osteuropa ein. Die römischen Autoren (Plinius, Tacitus) nannten sie „Venedi". Die germanischen Völker nennen sie bis heute „Wenden" oder „Windische". Sie wurden von den Hunnen nach dem Westen gedrängt, von den Awaren wurden sie als Sklaven mitgeführt. Die griechischen Autoren Jordanes und Prokopios (6. Jh.) berichten über das Leben und die Kultur dieser Völker und Stämme. Sie wanderten im 6. Jh. bis zu den Ostalpen und zur Elbe und wurden dort als Ackerbauern und Viehzüchter sesshaft.

Slawen verbanden sich mit den Türken, Hunnen und Finn-Ugriern und bildeten das Bulgarische Reich. Im Westen siedeln die Westslawen (Slowaken, Tschechen, Polen), im

Süden die Südslawen (Kroaten, Serben, Slowenen) und im Osten die Ostslawen (Russen, Ukrainer, Bulgaren). Sie lebten in Großfamilien, zum Teil als Jäger und Fischer, später als Viehzüchter und Ackerbauern. Ihre frühen Siedlungen errichteten sie an den Flüssen und Seen sowie an der Südküste der Ostsee. Sie lebten in Hütten aus Lehm und Stroh, bauten aber schon Fluchtburgen aus Holz. Sie betrieben Handel mit Tierfellen, mit Wachs und Honig. Früh hatten sie eine einfache Kerbschrift entwickelt und benutzten Symbole für magische Riten.

Die archäologischen Funde zeigen uns Reste von Kultstätten und reichhaltigen Gräbern. Ab dem 7. Jh. werden die slawischen Stämme christianisiert, im Osten durch die byzantinische Kirche, im Westen durch die römische Christenheit. Seither wird die slawische Kultur durch zwei verschiedene Schriftsysteme getrennt: die kyrillische Schrift im Osten und die lateinische im Westen. Die Missionare Kyrill und Method schufen die kirchenslawische Schrift (Glagolithica) und das kyrillische Alphabet, das sich aus dem griechischen herleitet. Die russische Nestorchronik (11. und 12. Jh.) gibt uns wertvolle Hinweise auf die Geschichte der Christianisierung. Im Jahr 988 ließ sich der Kiewer Fürst Vladimir christlich taufen.

Andere schriftliche Quellen über die slawische Kultur sind das Igor-Lied, ein Heldenepos (um 1200), eine Chronik des Dietmar von Merseburg (11. Jh.), Berichte des Bischofs Adam von Bremen (11. Jh.), eine „Slawenchronik" des Pfarrers Helmold (12. Jh.), Berichte des Otto von Bamberg, sowie die Schrift „Gesta Danorum" des dänischen Schreibers Saxo Grammaticus (13. Jh.). Aus diesen Quellen erfahren wir Fragmente der Mythen und der Riten der slawischen Kulturen.

Spuren der Mythen

Die Mythologie zeigt uns eine alte Naturreligion, in der die Sonne, der Mond, die Gestirne, das Feuer und der Wind als göttliche Wesen verehrt wurden. Die Kultorte lagen an Quellen, an Flüssen und Seen, sowie in heiligen Hainen. Reste der Tempel (z. B. Kap Arkona auf Rügen) wurden ausgegraben, Statuen von Göttern wurden nicht gefunden. Die Menschen glaubten an viele göttliche Wesen, die ihr Leben begleiten, an unsichtbare Kräfte und an böse Dämonen. Durch Riten und Opfer wollten sie auf diese Kräfte Einfluss gewinnen.

Allgemein verbreitet ist die Verehrung der Ahnen, denn die Menschen glauben, dass die Seelenkräfte der Verstorbenen in einem Seelenland weiterleben. Von dort wirken sie in die Welt der Menschen hinein, sie können diesen in verschiedenen Gestalten erscheinen. Sie tun den Nachfahren Gutes und schenken ihnen reiche Ernten, aber sie strafen auch jedes Fehlverhalten. Denn sie wachen über die Einhaltung der Lebensregeln und Gesetze. Die Seelen der gewaltsam getöteten Mädchen leben als Wassernymphen (Rusalkas) weiter. Böse Dämonen (Navis) töten neugeborene Kinder und schädigen die schwangeren Frauen.

Ein unsichtbarer „Wassermann" zieht viele Lebende in das Wasser und damit in den Tod. Sturmgeister (Vilen) bedrohen die Ernten und die Häuser, Waldgeister erschrecken die Menschen im Wald. Die Wassergeister begegnen den Fischern und Seefahrern. Die Seelen der Ahnen wurden in jeder Sippe verehrt, sie hatten in jedem Haus ihren festen Platz; meist hinter dem Herdfeuer oder auf dem Dach. Die Lebenden nennen die Vorfahren „Großmütterchen" und „Großväterchen", sie geben ihnen regelmäßig Speisen und Getränke.

Wenn die Seelen der Ahnen von den Nachfahren vernachlässigt werden, dann schicken sie ihnen Krankheit, Unglück, Missernten und den frühen Tod. Bei der Bestattung geben die Menschen den Toten Werkzeuge und Gaben mit in das Grab; den Kriegern geben sie Waffen, den Bauern Geräte, den Frauen Schmuck. Die Ahnenseelen halten die Sippen zusammen, so bleibt die Verbindung zwischen den Lebenden und den Toten aufrecht. Doch die Seelen der Verbrecher können nicht zur Ruhe kommen, sie kehren als „Wiedergänger" und als blutsaugende Vampire zurück. Bei der Geburt bestimmen Geburtsgeister und Schicksalsdämonen den Lebensweg der Menschen.

Im Wald schützt ein unsichtbares Geistwesen (z.B. Borovit) die wilden Tiere; die Jäger und später die Viehzüchter bringen ihm Opfer dar. Er wird als „Herr der Wölfe" angerufen. Auch die Seelen der im Wald Getöteten leben als Waldgeister weiter, sie bedrohen die Menschen. Ein Sonnengott (z.B. Dabog) gilt als Geber und Beschützer des Feuers. Die Geistwesen des Hauses (Domovoj) schützen die Bewohner und ihre Vorräte; sie erhalten Opfergaben und heilen böse Krankheit; geopfert werden ihnen Tiere, Wein und Brot. Die bösen Geister sollen durch Riten der Abwehr und der Vertreibung vom Lebensraum der Menschen ferngehalten werden. Die guten Geistwesen bringen den Menschen reiche Ernten, Gesundheit und körperliche Kraft; sie werden durch Feuerriten verehrt und gestärkt. Viele unsichtbare Kräfte werden als göttliche Wesen angerufen. Borovit gilt als Beschützer der wilden Tiere und als Herrscher über die Wölfe. Den Menschen zeigt er sich in der Gestalt eines Wolfes oder eines Uhu. Die Hirten brachten ihm Opfer dar, damit er ihre Herden schütze. Einige sagten, in ihm seien die Seelen der im Wald getöteten Menschen. Ein Sonnengott Dabog galt als der Spender des himmlischen Feuers, einige Stämme nennen sich seine „Enkel".

Die Schicksalsgeister (Sudenica) erscheinen nach der Geburt eines Kindes, um sein Schicksal zu bestimmen. Oft treten sie zu dritt auf und stehlen den Müttern die neugeborenen Kinder. Die Schutzgeister des Hauses erhielten Speisen und Opfer, um das Glück für alle Bewohner zu wahren. Den Menschen zeigten sie sich in der Gestalt eines Vogels oder einer Katze. Jarovit galt den Pommern als heftiger und feuriger Geist und als Herr der Sippen. Sein Schild schützte die Krieger in der Schlacht. Sein Tempel auf Wolgast wurde von christlichen Missionaren zerstört.

Eine „Mittagsfrau" hielt sich in den Kornfeldern auf und ließ die Erntearbeiter Trugbilder sehen; sie stahl kleine Kinder aus den Wiegen und verursachte bei den Erwachsenen Lähmungen und den Hitzeschlag. Ein anderes Geistwesen (Mura) verfolgte die Schlafenden, rief Albträume hervor und saugte Blut aus den Adern. Die Rusalkas waren schöne Mädchen, die am Wasser tanzten (Wassergeister); sie lockten die Menschen in das Wasser und damit in den Tod. Die Geburtsgeister (Rodjanitzka) bestimmten das Schicksal der Kinder, in ihnen lebten die Seelen der verstorbenen Frauen fort.

Die Göttin Mokosch wurde von den Frauen verehrt, sie erschien ihnen als Schafhirtin oder als Schützerin beim Spinnen. Der Gott Pervan hieß der „große Schläger", er zeigte sich im Donner und im Krieg; ihm wurden Stiere geopfert. Sein Bild aus Holz stand in Kiew und wurde von den christlichen Missionaren zerstört. Svantevit ist ein starker Herrscher und Anführer der Krieger, doch er schützte auch die Felder der Bauern. Sein Holztempel stand in Arkona auf Rügen. Vor jedem Krieg wurde sein Wille durch ein Pferdeorakel erkundet.

Ein Sonnengott hieß Svarog, er schützte das Herdfeuer der Menschen und leitete die Arbeit der Schmiede. Der Gott Triglav hatte drei Köpfe und Gesichter, er sah in drei Richtungen und Zeiten; auch er tat seinen Willen den Menschen im Orakel der Pferde kund. Ein Schutzgott der Herden (Volos) stand den Hirten bei, er beschützte aber auch die Eide der Menschen. Vilen sind Geistwesen, die sich den Menschen im Sturm zeigen; oft haben sie die Gestalt von Falken oder Schwänen. In der Nacht ziehen sie pfeifend über die Wolken. Auch sie stahlen Kinder, brachten Krankheit und den frühen Tod. Sie tanzten in der Nacht und standen den Kriegern im Kampf zur Seite. Aber sie kannten auch die Heilkräuter und konnten viele Wunden heilen. Viele Geistwesen lebten im Wald und zogen mit den wilden Tieren; ein Wassermann bedrohte die Fischer bei ihrer schweren Arbeit.

Erzählt wird von „Wiedergängern", deren Seelen im Tod keine Ruhe fanden. Sie nehmen oft die Gestalt von Tieren an und saugen als Vampire den Schlafenden das Blut aus den Adern; sie heißen upir, upyr und upior und machen den Menschen Angst. Die Vorstellungswelt der Slawen ist voll mit unsichtbaren Wesen, sie tun den Menschen Gutes und Böses. Durch Riten und Opfer sollen sie beschwichtigt werden. An den Kultorten wurden die Orakel empfangen, um ein glückliches Leben zu haben.

Die Riten zur Bestattung der Toten, aber auch der Hochzeit dauerten mehrere Tage. Zur Sonnenwende im Sommer gab es Flurprozessionen, zur Erntezeit im Herbst wurden große Trinkfeste gefeiert. An den heiligen Bäumen wurden die Schutzgötter um Hilfe angerufen. Die Menschen hatten ein mystisches Verhältnis zur Natur, in der sie unsichtbare Kraftfelder wirken sahen. Viele der alten Riten leben im Christentum weiter, allerdings mit einer neuen Deutung.

4. Die Balten

Auch die Balten sind Indo-Europäer; zu ihnen zählen die Litauer, die Letten und die Altpreußen (Pruzzen). Sie siedelten seit der späten Bronzezeit an den südlichen Ufern der Ostsee und verdrängten die germanischen Stämme nach Westen. Die Christianisierung dieser Völker begann im 10. Jh. und wurde später vor allem durch den Deutschen Ritterorden mit Gewalt betrieben. Aus dieser Zeit haben wir historische Quellen über diese Kulturen: eine russische Malalas-Chronik, eine Reimchronik des Missionars Peter von Dusburg, ein Bericht des Bischofs Hieronymus aus Prag (14. Jh.).

Aus der Archäologie kennen wir die Gräber von Kriegern mit Grabbeigaben; darin finden sich Fibeln mit dem Symbol der Sonne. An den Kultorten wurden Altäre und Opfersteine gefunden; sie lagen an Quellen, an Flüssen und bei heiligen Bäumen. Verehrt wurden die Sonne, der Mond und die Gestirne, Blitz und Donner, aber auch Vögel und Kröten als heilige Tiere. Die Toten wurden verbrannt, doch die Priester sahen aus der Asche eine neue Gestalt aufstehen. Diese ritt dann auf einem Pferd in das Land der Ahnen. Es wurden viele Riten ausgeführt, um die Felder, die Tiere und die Menschen fruchtbar zu machen.

Die göttlichen Wesen

Die göttlichen Wesen tragen den indo-europäischen Namen Deives (indisch: deivas). Sie erscheinen den Menschen an den heiligen Orten und Steinen. Der Gott Dievs lebt wie ein großer Bauer, er trägt wertvolle Kleider aus Samt und Seide, behangen mit Silber und Gold. Mit seinem Pferd reitet er über seine himmlischen Felder und leitet die Arbeit der Ernte. Seine Söhne, die Dieva deli, helfen ihm bei der Arbeit. Er liebt die Sonnengöttin Saule, in deren Nachbarschaft er lebt. Bei den Hochzeiten im Himmel und auf der Erde ist er der Brautführer.

Dieser reiche Korngott hilft den Bauern auf der Erde beim Säen, beim Ernten und Dreschen des Getreides. Er ruft die Fruchtbarkeit der Felder hervor und nimmt an den Kultfesten der Menschen teil. Dort wird er mit Speisen und mit Bier versorgt und bewirtet. Seine Söhne bewerben sich um die schönen Töchter der Sonne, aber auch um deren Mutter. Sie gießen das Wasser auf die heißen Steine, wenn die Götter baden. Und sie jagen nach dem Eichhörnchen und dem Haselhuhn, dem Vater helfen sie beim Hausbau. Sie mähen das Heu auf den himmlischen Wiesen, die Sonnentöchter rechen es zusammen. So ist der Götterhimmel wie ein reicher Bauernhof.

Bei den Letten werden an die 60 Muttergöttinnen (Mates = Mutter) verehrt. Jede hatte einen besonderen Wirkungskreis bei den Menschen; etwa bei der Geburt der Kinder, bei der Aussaat, beim Wachsen des Getreides, bei den Seefahrern und im Schlaf der Menschen. Diese Mütter werden um Schutz und Hilfe in allen Situationen angerufen, besonders im Feuer waren sie den Menschen nahe. Es gab auch göttliche Mütter, die den Menschen die Krankheiten und den frühen Tod brachten (z.B. Pestmutter). Diese matriarchalen Reste in den Mythen der Letten lassen auf eine starke Stellung der Frauen in der Gesellschaft schließen.

Die große Himmelsgöttin aber war Saule, sie wurde in der Sonne gesehen. Mit ihrem Wagen fuhr sie über den Himmelsberg, am Abend hängte sie ihren magischen Gürtel an den Weltbaum. Und in der Nacht fuhr sie mit einem Schiff über das Weltmeer. Als reiche Frau erwartet sie ihre Freier zum Liebesspiel, und als große Bäuerin hält sie im Götterhimmel Hof. Bei den Hochzeiten ihrer Töchter ist sie die Brautführerin, die ihnen reiche Aussteuer mitgibt. Im Sommer verleiht sie den Feldern die Fruchtbarkeit. Als die Sonne von einem König in den Turm gesperrt worden war, da wurde sie von den Sternen wieder befreit, die den Turm mit einem Hammer zerschlagen hatten.

In den Häusern der Menschen lebten die unsichtbaren Hausgeister (Aitvaras), die sich als Hähne oder als schwarze Kater den Menschen zeigten. Sie schenkten den Bewohnern viele Reichtümer, wollten aber die Herrschaft über sie. Wenn sie beleidigt wurden, dann setzten sie das Haus in Brand. Der Morgenstern (Auseklis) war ein göttlicher Sohn, der die Sonnentöchter liebte. Die Todesgöttin (Giltine) wurde von den Menschen gefürchtet; denn sie kam in die Häuser und fragte nach kranken Menschen, denen sie den Tod brachte. Daher versperrten ihr die Bewohner den Weg zum Haus. Aber viele gute Geistwesen schützten die Höfe und die Ernten der Bauern, ihnen wurden regelmäßig kleine Opfer gebracht.

Der Fruchtbarkeitsgott Jumis lebte im Sommer mit seiner Familie in den Kornfeldern, im Winter in den Scheunen der Bauern. Nach der Ernte wurde er durch ein Ritual gestärkt. Die Schicksalsgöttin Laima erschuf und formte die Menschen, sie gab ihnen die Gestalt, das Aussehen und den Charakter. Sie entschied auch über ihren Lebensweg, sowie über die Art und die Stunde des Todes. Als Mutter des Glücks spendete sie den Bauern die reiche Ernte und die Gesundheit der Tiere. Sie stand den gebärenden Frauen bei und schützte die Menschen in den Badestuben. Aber sie brachte den Bewohnern auch das böse Schicksal.

Die Göttin Laume war sehr schön, sie nahm sich der Armen und der Waisen an; sie war eine gute Hausfrau und Weberin. Aber wenn sie einen Mann heiratete, dann verschwand sie plötzlich aus dem Haus und war nicht zu finden. Und wenn sie beleidigt wurde, dann rächte sie sich und raubte die neugeborenen Kinder. Der Gott des Mondes (Meness) war ein

Liebespartner der Sonnengöttin, mit ihr hatte er mehrere Söhne. Er beschützte auch die Krieger, wenn sie in den Kampf zogen, und schenkte ihnen die Siege. Seine Tochter war die Erde, auf ihr zeigte er sich als Königssohn; die Mutter der Erde war die Sonne.

Den Göttern und den Ahnen wurden viele Tiere als Opfer gebracht, um sie zu stärken und gütig zu stimmen: Rinder, Hühner und Pferde. Auch Mitmenschen wurden in der Frühzeit geopfert, später brachte man den Schutzgöttern Speisen und Getränke. In den verschiedenen Orakeln wurden der Wille der Götter und das Schicksal der Menschen erkundet. Schamanen beobachteten die Eier der Vögel, den Schaum des Bieres, das Fließen des Opferblutes; oder sie warfen die Losstäbe und die Orakelsteine.

Perkunas war ein alter Donnergott, er schickte den Blitz und brachte der Erde die Fruchtbarkeit und den Regen. Er beschützte die Ehen, welche zwischen den Sippen geschlossen wurden. Die Gesetze und das Recht setzte er durch, Verbrecher strafte er mit Blitz und Feuer. Er herrschte mit dem Schwert, dem Speer und der eisernen Rute. Als Schmied fertigte er die Waffen für die Göttersöhne sowie den Schmuck für die Töchter der Sonne.

Es wird von heiligen Frauen berichtet, die über magische Riten und Zauberkünste verfügen. Das Roggenweib (Rugia boba) war eine alte Getreidegöttin, die den Feldern die Fruchtbarkeit schenkte. Doch wenn Kinder in das Getreidefeld kommen, dann erwürgt sie diese. Auch Schlangen werden als Schutztiere verehrt, deswegen hat jeder Bauer seine Hausschlange. Ihr gibt er regelmäßig Milch, denn sie bringt ihm Glück und Reichtum. Eine Totenmutter (Velu mate) begrüßt die Seelen der Toten, wenn sie in das Reich der Ahnen kommen, und bereitet ihnen ein üppiges Mahl. Aber die Seelen böser Menschen kommen im Tod nicht zur Ruhe. Sie streifen in der Nacht umher und schädigen die Menschen. Doch die Seelen der guten Menschen (Velis) kommen nach ihrem Tod regelmäßig zu ihren Nachfahren und bringen ihnen gute Gaben und Reichtum. Deswegen werden sie zu den Gastmählern und großen Festen der Sippen eingeladen. Damit fühlen sich die Lebenden ständig mit ihren Ahnen verbunden. Wir erkennen in den Mythen der Balten ein altes Erbe der Ackerbauern und der Viehzüchter; einige Elemente weisen auch auf die Kultur von Jägern und Sammlern wie von Fischern hin.

5. Die Finn-Ugrier

Die Finn-Ugrier gehören zur Gruppe der samojedischen und uralischen Sprachen, sie sind keine Indo-Europäer. Sie wandern aus dem nördlichen Ural nach Finnland, in das Baltikum und nach Ungarn. Die Nordugrier wandern nach Osten, die Südugrier nach dem Westen. Zu diesen Kulturen gehören heute die Finnen, die Esten, die Liven, die Karelier, die Lappen und die Ungarn. Sie waren in der Frühzeit arktische Jäger und Sammler und lebten vom Fischfang. Später lernten sie die Viehzucht und den Ackerbau und wurden sesshaft. Durch die Berührung mit fremden Kulturen nahmen sie viele äußere Einflüsse bei sich auf.

Die Verehrung der Ahnen spielt in der Mythologie eine zentrale Rolle. Auch diese Völker glauben, dass die Seelenkräfte der Ahnen nach deren Tod außerhalb der Körper weiterleben. Sie erzählen von einem Totenreich (tuomi), wo die Seelen der Ahnen glücklich leben. Diese erscheinen den Lebenden als Geistwesen und als Gespenster, aber sie gehören weiterhin zur Sippe. Deswegen werden sie von den Nachfahren regelmäßig um Rat gefragt oder beschworen; zu den großen Festmählern werden sie eingeladen. Denn sie halten die Sippen zusammen und bringen ihnen das Glück und den wirtschaftlichen Erfolg. In schwierigen Situationen geben sie den Nachfahren wertvollen Rat, sie hüten die Moral und die Riten. Aber sie treten auch als Richter auf und bestrafen böse Taten.

Damit ist der Tod des Körpers nicht das Ende der menschlichen Existenz, sondern ihre Verwandlung. Die Seelenkräfte wechseln nur den Wohnort, sie ziehen in ein neues Land. Deswegen wird das Sterben mit vielen Riten begleitet, es werden viele Gebete und magische Formeln gesprochen. Die Toten werden durch mehrere Riten verabschiedet, es finden Gedenkfeiern für sie statt. Beim Begräbnis darf es keinen Lärm und keine Arbeit geben, es muss geschwiegen werden; auch die Klagefrauen müssen jetzt verstummen. Oft wird ein Fenster geöffnet oder es wird ein Stab zerbrochen, um der Seele den Totenweg zu erleichtern.

Der Schamane schützt den toten Leichnam, bis er begraben wird. Er schließt ihm die Augen, damit kein anderer aus der Sippe sterben muss. Es dürfen keine Tränen auf den toten Körper fallen; der Name des Toten darf nicht mehr ausgesprochen werden. Denn er hört alles und könnte zurückkommen. Es werden ihm viele Gaben mit in das Grab gegeben.

Einige sagen, seine Seele bleibe eine Zeitlang im Feuer des Herdes und weine dort. Das Bett des Toten wird verbrannt und sein Besitz wird verteilt. Oft werden Tiere geopfert, dann kommen deren Knochen mit in das Grab; auch Asche vom Herd kann in das Grab gegeben werden. Der Schamane bittet den Toten, das Glück in der Sippe zu belassen. Er zeigt ihm durch symbolische Handlungen, wie er sich in der Welt der Ahnen nun verhalten soll. Der Weg zum Grab wird durch viele Riten begleitet.

Dann singt der Schamane die Seelen der Toten in das andere Land, er bittet sie um Verzeihung aller Sünden und Verletzungen. Beim Totenmahl bleibt der Platz des Verstorbenen leer. Die Mythen sagen, dass die Totenseele sechs Wochen benötigt, um in das andere Land zu gelangen. Dann findet die „letzte Hochzeit“ statt, da feiert die Sippe wieder ein großes Fest. Oft werden Erntegaben an die Gräber getragen, sowie Beeren, Milch und Fische. Die Kleider des Toten werden einem Holzpflock angezogen, dieser wird dann begraben. Eine Totenpuppe wird im Haus aufgestellt und mehrmals neu bekleidet.

Themen der Mythen

Das Totenreich wird als große Wohnung vorgestellt, wo es kalt und dunkel ist. Es gibt dort Flüsse, in denen die Milch von Kühen fließt. Auch von einer Seelenwaage wird erzählt, auf der die Taten der Verstorbenen gewogen werden. Damit sichert der Ahnenkult den Zusammenschluss der Sippen, die Regeln des Zusammenlebens werden verstärkt. Doch die Menschen haben immer Angst vor den friedlosen Seelen, von denen sie sich bedroht wissen. Das sind die Seelen der Selbstmörder und der gewaltsam Getöteten.

Schamanen, Kriegshelden und Häuptlinge werden nach ihrem Tod in besonderer Weise verehrt. Für sie werden große Opfer gebracht, um ihren Schutz zu sichern, denn sie sind den Göttern nahe und schenken den Menschen die Früchte und das Vieh. Sie werden um Schutz angerufen, damit sie Gesundheit und Segen senden. In den Kulthainen werden Opferkreise eingerichtet, die von den Frauen nicht betreten werden dürfen. Opfer werden mit Bitten um

Heilung oder als Dank für gute Ernten verbunden. Die Kraft der Schamanen wächst oder verringert sich mit den Phasen des Mondes.

Viele Jägerstämme verehren den Bären als Totemstier. Sie erzählen, dieser sei im Götterhimmel geboren und dann auf die Erde gekommen. Den moralisch guten Menschen hilft er bei der Arbeit, die Bösen bedroht er mit Strafen. Vor der Jagd des Bären reinigen sich die Jäger. Und wenn sie ihn getötet haben, wollen sie sich mit seiner Seelenkraft versöhnen. Im Ritual stellen sie dann die „Hochzeit" und das Begräbnis des Bären dar. Dann essen sie sein Fleisch, seine Knochen bringen sie in den Wald, seinen Schädel hängen sie auf einen Baum. Zum Ritual gehört auch die Lüge, ein anderer Stamm habe den Bären getötet.

Bei den Kultorten (Lud) gibt es Räume für den Heilschlaf und für das Ablegen von Gelübden. Die Götter werden um Schutz und um gute Ernten gebeten, es wird ein Opferbaum aufgestellt. Dabei werden die Opfersteine mit Öl gesalbt. Auch in den Häusern gibt es Opferplätze, meist am Herdfeuer; Opferzweige werden in Körben aufgehängt. In der Vorstellung der Menschen ist die Welt voll mit unsichtbaren Geistwesen, welche die Gestalt von Tieren oder Menschen annehmen können. Die Schamanen erschauen in ihren Visionen die Geschehnisse der Zukunft. Alle Lebewesen haben eine Seele, denn in ihnen wirken unsichtbare Kräfte.

Ein Geist der Erde schenkt den Menschen die guten Ernten, ein Hausgeist hütet die Moral der Bewohner, der Stallgeist hält das Vieh gesund. Ein Badestubengeist schenkt beiden Geschlechtern die Gesundheit und Lebenskraft. Göttliche Wesen begegnen den Menschen in der Erde, in Blitz und Donner, in den Gestirnen. Den Feldern schenkt eine „Erdmutter" die Fruchtbarkeit, das Vieh erhält Gras in Fülle. Die göttlichen Wesen tragen Symbole mit sich, etwa die Axt, das Schwert, den Pflug und die Keule; denn sie sind in allem den Menschen sehr ähnlich.

Sie gelten als die Erhalter der Weltordnung, die das Tun der Menschen überall begleiten. Schamanen lernen die Sprache der Tiere, um zu den Göttern Zugang zu bekommen. Und die Opferpriester kennen das Geheimwissen über die Ausführung der Riten. Klagefrauen und Seelenführer begleiten die Seelen der Verstorbenen in das Totenland. So finden wir in den Mythen sehr alte Schichten der Kultur gespeichert. Es wird von einem Zauberer erzählt, der in das Meer taucht und von dort alle Lebewesen herausholt.

Andere erzählen von einem göttlichen Vogel, der ein goldenes Ei legt, aus dem dann alle Lebewesen entstehen. Ein anderer Mythos berichtet von einem göttlichen Schmied, der alle Geräte und Gegenstände aus dem Eisen fertigt. Die Welt der Toten wird wie ein menschliches Dorf gesehen, in dem die Sippen wieder vereinigt werden. Die Erde wird als Scheibe auf dem Wasser gedacht, der Himmel als Nomadenzelt, die Gestirne als Feuerbälle. Doch einmal wird die Welt zu Ende kommen, entweder durch ein großes Feuer oder durch das endlose Eis (Finnen).

Die Ungarn erzählen von einem Fürsten (Almos), der ihre Stämme im Krieg vereinigte. Seither schützt eine große Göttin und Herrin ihr Land in der Steppe, sie wird als Urmutter des Volkes verehrt. Böse Dämonen wirken in der Dunkelheit und schaden den Menschen. Doch ein heller Lichtgott führt die Krieger an, wenn sie in den Kampf ziehen; er schenkt ihnen Tapferkeit und viele Siege. Ein Weltbaum hält die ganze Welt zusammen; oben wohnen die Götter und Dämonen, unten sind die Tiere und die Menschen zu Hause. Der Schamane (Taltos) tanzt sich mit der Trommel in die Ekstase hinein, dabei fährt seine Seele in die Unterwelt zu den Ahnen. Von ihnen erfährt er die Geheimnisse der Zukunft.

Literatur

1. Kelten

Ashe, G.: *Kelten, Druiden, König Arthus,* Olten 1992.
Birkhahn, W.: *Die Kelten,* Wien 1997.
Cunliffe, B.: *Die Kelten und ihre Geschichte,* Frankfurt 1984.
Green, M.: *Die Druiden,* München 2000.
Green, M.: *Die Welt der keltischen Magie,* München 1998.
Herm, G.: *Die Kelten,* Stuttgart 1975.
Hope, M.: *Magie und Mythologie der Kelten,* Düsseldorf 1990.
Lehner, Th. (Hg.): *Keltisches Bewusstsein,* Frankfurt 1985.
Markale, J.: *Die keltische Frau,* München 1984.
Markale, J.: *Die Druiden,* München 1987.
Moreau, J.: *Die Welt der Kelten,* Stuttgart 1966.
Rees, A..: *Celtic Heritage,* London 1978.
Schertler, O.: *Die Kelten und ihre Vorfahren,* Stuttgart 1999.
Sills-Fuchs, M.: *Wiederkehr der Kelten,* München 1983.

2. Germanen

Beck, H. (Hg.): *Germanische Religionsgeschichte,* Berlin 1992.
Beck, H. (Hg.): *Germanen, Germania, germanische Altertumskunde,* Berlin 1998.
Ejersfeldt, L.: *Germanische Religion.* In: *Handbuch der Religionsgeschichte I* (Hg. C. Colpe), Göttingen 1971, 277–343.
Gottschalk, H.: *Lexikon der Mythologie,* München 1996.
Grappin, P.: *Die Mythologie der Germanen.* In: *Mythen der Völker* (Hg. P. Grimal) I, Frankfurt 1977, 45–104.
Holzapfel, O.: *Lexikon der abendländischen Mythologie,* Freiburg 2000.
Holzapfel, O.: *Die Germanen. Mythos und Wirklichkeit,* Freiburg 2001.
Lindow, L.: *Scandinavian Mythology,* New York 1988.
Malcolm, T.: *Die Germanen,* München 2000.
Ström, A. von und Biezais, H.: *Germanische und Baltische Religion,* Stuttgart 1975.
Vries, J. de: *Altgermanische Religionsgeschichte I-II,* Berlin 1957.

3. Slawen

Gieysztor, A.: *Die Mythologie der Slawen.* In: *Mythen der Völker I.,* Frankfurt 1977, 104–140.
Honko, L.: *Religion der slawischen Völker.* In: *Handbuch der Religionsgeschichte I.,* Göttingen 1975 225–245.
Meyer, K.H.: *Die slawische Religion,* München 1977.
Reiter, N.: *Mythologie der alten Slawen,* Stuttgart 1974.

4. Balten

Ström, A. von und Biezais, H.: *Germanische und Baltische Religion,* Stuttgart 1975.

5. Finn-Ugrier

Eisen, M.: *Estnische Mythologie,* Leipzig 1935.
Ganader, C.: *Mythologia Fennica,* Helsinki 1922.
Honko, L.: *Finnische Mythologie,* Stuttgart 1975
Honko, L.: *Religion der finn-ugrischen Völker.* In: *Handbuch der Religionsgeschichte I.,* Göttingen 1975, 173–225
Kandra, K.: *Magyar Mythology,* 1937.
Sauvageut, A.: *Die Mythologie der finn-ugrischen Völker.* In: *Mythen der Völker I,* Frankfurt 1977, 140–160.

Anton Grabner-Haider

V. Griechen

Religionen und Mythen sind nur von ihrem kulturellen Hintergrund her zu verstehen, aus denen sie wachsen. Die Griechen und Römer gehören zur indo-europäischen Sprachenfamilie, sie wanderten in mehreren Wellen im 2. und 1. Jt. v. C. von zentralasiatischen Steppen kommend im östlichen Mittelmeerraum ein. Alle indo-europäischen Völker haben drei große Rituale gemeinsam, nämlich Feuerriten, das Pferdeopfer und kultische Trinkfeste. Auch die Grundworte der Familienbeziehungen, der Götter und der Steinwaffen haben sie gemeinsam; z. B. pitar, pater, Vater; metar, mater, Mutter usw.

Diese Völker sind zur Zeit ihrer Einwanderung durchwegs Hirtennomaden mit starken Kampfwaffen und im Ansatz bereits sozial geschichtet und patriarchal organisiert. Sie leben mit großen Tierherden und suchen nach neuen Weideplätzen. Sie haben das Reitpferd und zum Teil schon Kampfwagen, ihre Waffen sind aus Bronze, später aus Eisen. Wenn sie auf sesshafte Ackerbauern treffen (z.B. anatolische Stadtkulturen), vermischen sie sich mit diesen, bilden die Oberschicht und werden sesshaft. Sie bringen die Riten der Ahnenverehrung mit.

1. Soziale Strukturen

Ab 2000 v. C. ist uns auf Kreta die *minoische Kultur* archäologisch fassbar und ab 1600 v. C. auf Teilen des griechischen Festlandes die mykenische Kultur. Diese Völker waren Ackerbauern, die im Austausch mit Hirten lebten. Sie gründeten Dörfer und kleine Städte, ein König (wanax) stand an der Spitze der Krieger. Sippen schlossen sich zu Stammesverbänden zusammen. In den frühen Städten gibt es den abgegrenzten Bezirk (temenos) für den König und die Schutzgötter. An den heiligen Orten wurden die Ahnen verehrt, die Tempel wurden bald zu wirtschaftlichen Zentren der Stadt.

Diese Kulturen hatten frühe Schriftsysteme entwickelt (Linear A und B), die auf Tontafeln eingeritzt wurden. Die Texte erzählen von Herren und Sklaven, vom Tempelbesitz und von Menschenopfern am heiligen Ort. Die Waffen der Krieger waren der Streitwagen, Speere und Lanzen, Schilde und Dolche – aus Bronze und aus Eisen. Eine Landverfassung der Stadt Pylos listet die Besitzer von Äckern und Viehweiden auf; neben dem privaten Besitz der Sippen gab es das Gemeinland für das Volk (damos). Nur Freie konnten Ackerland besitzen, Unfreie konnten es pachten.

Die Texte auf den Tontafeln berichten von Plünderungen und Kriegen gegen fremde Städte, die Besiegten wurden als Sklaven genommen. Der Ackerbau breitete sich aus, das Weideland nahm ab. Nach schriftlichen Quellen in Ägypten kam es ab 1200 v. C. zu großen Wanderungen der „Seevölker“, dabei wurden die minoische und die mykenische Stadtkultur weitgehend zerstört. Es folgte eine schriftlose Zeit von ung. 400 Jahren, aus der wir kein historisches Wissen haben. Allein archäologische Funde geben uns spärliche Aufschlüsse. Seit 1953 kann die Linear-B Schrift entziffert werden. Linear A, die kretischen Hieroglyphen und die krypto-minoische Schrift können noch nicht gelesen werden.

Seit dem 8. Jh. v. C. treten wir wieder in die historische Zeit ein, die Kultsänger Homer und Hesiod berichten uns Mythen und Heldentaten dieser Zeitepoche. Die Sozialstruktur hat sich nun verändert, Krieger übernehmen die Macht und die Verwaltung der Siedlungen. Viele Stämme sind noch auf Wanderschaft, Siedlungen werden zerstört und neu gebaut. In ihnen leben Freie (eleutheroi) und Sklaven (douloi), Bürger (politai) und Fremde (xenoi).

Die patriarchale Rechtsordnung sichert die Dominanz der Männer im öffentlichen Bereich. Krieger und Freie besitzen das Land; die Sklaven arbeiten als Bauern, Hirten, Handwerker; sie können heiraten und Kinder zeugen. Sklavinnen dienen den Kriegern als Zweitfrauen und Konkubinen. Freie ohne Grundbesitz arbeiten als Handwerker, Ärzte, Sänger, Seher und Händler gegen Entlohnung. Krieger hatten ihr Gefolge (therapontes), die ihre Güter verwalteten und mit ihnen in den Krieg zogen. Die Geschäfte der Stadt durften nur von Adeligen (Krieger, Priester) und Besitzbürgern erledigt werden. Die Besitzlosen, die Frauen, die Kinder und die Sklaven hatten kein Stimmrecht.

Der regelmäßige Krieg zog die Grenzen zwischen den Siedlungen und Besitztümern, die einen machte er zu Herren, die anderen zu Sklaven. Er sei der „Vater aller Dinge", sagte Heraklit von Ephesos. Die Besitztümer waren erblich. Die Adeligen und die Besitzbürger versammelten sich auf dem Marktplatz (agora), um die Geschicke der Stadt zu bestimmen. Der Rat der Ältesten (gerontes) fungierte als Ratgeber des Fürsten (basileus); jede Stadt war in Bezirke (phyle) und Sippen (phratria) unterteilt. Es gab Tischgemeinschaften, Kameradschaften und Freundschaften der Männer, also frühe Männerbünde.

Strenge Gesetze regelten das Zusammenleben in der Stadt, die Gesellschaft war sozial geschichtet (Oberschicht, Mittelschicht, Sklaven). Einzelne Städte gründeten Kolonien an fernen Küsten des Mittelmeeres, die ihre Seefahrer erreicht hatten. Ab 650 v. C. prägten einzelne Städte in Lydien und Jonien die ersten Münzen aus Metall, um den Handel zu erleichtern. Die Kriegstechnik wird verbessert, Reitertruppen und Bogenschützen gelten als Stützen. In den Städten kommt es zu sozialen Spannungen, weil die mittleren und unteren Schichten mit der Verteilung der Güter unzufrieden waren.

Ab 650 v. C. wurden in einzelnen Städten die Gesetze festgeschrieben, Drakon war ein früher Gesetzgeber. Und Solon hatte mit seinen Gesetzen die Konzentration des Besitzes auf wenige Sippen eingedämmt, Schuldsklaven konnten fortan frei gekauft werden; auf geliehenes Geld wurden erstmalig Zinsen eingeführt. Das Bürgerrecht einer Stadt konnten nun auch fremde Händler, Handwerker und Ärzte erlangen. Der freie Handel wurde gefördert, der Markt war das Zentrum der Wirtschaft. Es entstanden Vereine für den Kult, das Begräbnis und die Sozialhilfe für Arme; Handwerker bildeten Bünde.

Die Kriegspflicht und die Steuer wurden von der Menge der Getreideernte abhängig gemacht. Die Lenkung der Stadt unterlag zuerst einer einzigen Adelssippe (Tyrannis), dann ging sie auf mehrere Adelssippen über (Oligarchie). Ab 500 v. C. entstand in der Stadt Athen eine Frühform der Demokratie, an der alle freien und männlichen Besitzbürger und die Adeligen beteiligt waren. Es war eine Demokratie der freien Männer, nicht der Frauen und der Sklaven. Die Versammlung (ekklesia) der Stimmbürger fand auf der Agora statt, Rhetoren und Demagogen steuerten die Entscheidungen. Die Beamten der Stadt wurden jedes Jahr durch das Los ermittelt. Zu dieser Zeit lebte ung. ein Drittel der Bevölkerung als Sklaven, sie dienten dem Tempel oder den Adelssippen.

In dieser Zeit traten die ersten Philosophen (Sophisten) auf, die aus den mittleren und unteren sozialen Schichten kamen. Sie lehrten öffentlich, dass es „von der Natur her" (ek physei) keine Sklaven und keine Herren gäbe. Denn alle Menschen atmen dieselbe Luft, folglich sind sie von der Natur her gleichwertig. Dies sind die ersten Ansätze des griechischen Naturrechts und der allgemeinen Menschenrechte für alle. Auch zwischen den Frauen und den Männern sollte es keine sozialen Rangunterschiede geben. Doch diese Randstimmen einiger Philosophen wurden in den Städten noch lange Zeit nicht gehört.

Die neuen Stadtverfassungen und Gesetze sicherten die Besitzstände der Adelssippen und der Tempelwirtschaft. Eheverbote zwischen Stadtbürgern und Fremden wurden abgeschafft, zugewanderte Fremde erhielten die Bürgerrechte. Besitzlose Fremde (metoikoi und paroikoi) mussten sich ihren Lebensunterhalt durch Lohnarbeit verdienen. Sklaven konnten von Besitzbürgern freigekauft werden. Vor allem bei den Oberschichten galten die Tugenden der abgestuften Gerechtigkeit, der Tapferkeit, der Weisheit und der Mäßigung.

In der hellenistischen Zeit (ab 330 v. C.) begann eine Öffnung zu fremden Kulturen. Der Makedonierkönig Alexander hatte mit seinen Eroberungen ein großes Reich geschaffen, das von mehreren Königsdynastien verwaltet wurde. Die griechische Sprache (koine) wurde zur Grundlage der Verwaltung, der Bildung und des Handels. Es kommt zu einem umfassenden Wissensaustausch mit den Kulturen Kleinasien, Ägyptens, Persiens, Babyloniens. Verschiedene Schulen der Philosophie (Stoiker, Kyniker, Epikuräer) lehrten die Kunst des guten Lebens.

Nun wurden neue Städte gegründet (Alexandria, Antiochia), in allen größeren Städten wurden Gymnasien für die Bildung des Körpers und des Geistes eingerichtet; die Krieger übten sich in den Kampftechniken. Im Theater wurden die Leiderfahrungen des Lebens vertieft und verwandelt. Ärzteschulen erforschten den menschlichen Körper und verfassten Handbücher der Heilkunde. Die Bäder und Thermen ermöglichten eine sinnliche Kultur auf hohem Niveau.

In den oberen sozialen Schichten begann die Emanzipation der Frauen, das Eherecht wurde verändert. Männer konnten ihre Frauen nicht mehr ohne Angabe von überzeugenden Gründen verstoßen. Die Gesetze der Stadt wurden niedergeschrieben, die Gerichte geordnet, sie verhandelten öffentlich. Erstmalig wurden Berufungsverfahren von einem Gericht zum anderen möglich. In der Geschichtsschreibung kamen fremde Kulturen und Völker in das Blickfeld. In der Religion, den Riten und Mythen gelangen Austausch und Vermischung. Das Wissen über die Natur, die Mathematik und die Medizin wurde stark vermehrt und gesammelt.

Einige Philosophen fühlten sich nun als Bürger einer Weltkultur, sie gaben die entscheidenden Impulse für die schrittweise Humanisierung der antiken Kultur.

2. Religion, Mythos, Ritual

Die griechische Kultur hat uns eine Vielzahl von religiösen Zeugnissen hinterlassen; Heiligtümer auf Bergkuppen, an Flüssen und in Höhlen; dort wurden die Seelen der Ahnen und die Schutzgötter der Sippen verehrt. Archäologische Funde (Opfergruben) zeugen von Tier- und Menschenopfern. Der heilige Bezirk (temenos) war zuerst durch Steine abgegrenzt, später wurden auf ihm Bauten aus Steinen errichtet. Dort war der Ort der Feuerriten, der Weissagungen, der Trunkfeste und der kultischen Tänze. Die Krieger legten dort ihre Waffen nieder, um sie mit magischer Kraft aufzuladen.

Zu den Kultorten gab es Prozessionen, es wurden Stieropfer gebracht, um die Schutzgötter zu stärken. In der Vorstellung der Gläubigen waren die Götter (theoi) die größeren, die stärkeren und die lichtvollen Wesen, aber den Menschen sehr ähnlich. Sie lebten länger und glücklicher als Menschen, in späteren Mythen wurden sie unsterblich. Andere Mythen erzählten auch vom Sterben und Neuwerden der Götter. Nun spielten göttliche Wesen im Leben der Menschen eine wichtige Rolle, sie lenkten das Leben, gaben Schutz und verhängten Strafen. Jäger und Sammler hatten andere Götterbilder als Hirtennomaden und Ackerbauern.

Die Götter der Griechen spiegeln drei frühe Kulturstufen, von ihnen erzählen die Kultsänger und Priester in den großen Mythen. In der Frühzeit der Ackerbauern wurden vor allem weibliche Göttinnen verehrt, wie archäologische Funde zeigen. Mythen erzählten von einer göttlichen „Urmutter Erde“ (Gaia), die den Menschen die Pflanzen und das Getreide schenkt. Jäger erzählen von einer „Herrin der Tiere“, die etwa in der Jagdgöttin Artemis weiterlebt. Hirtennomaden rufen eine „Herrin der Pferde“ an.

Frühe Texte aus Pylos sprechen von einer „göttlichen Mutter“ oder einer „Mutter der Götter“, einer „Priesterin der Winde“ oder der großen „Herrin“ (Potnia). Die Gläubigen waren überzeugt, dass ihnen im kultischen Tanz und in der Ekstase die Göttin begegnet. In der patriarchalen Zeit der Hirtennomaden und der höheren Ackerbauern traten die männlichen Götter in den Vordergrund; sie hießen „Herren des Krieges“ und wurden mit großen Königen und Kriegern verglichen.

Durch die verschiedenen Riten wurden sowohl die „Seelen“ (psychai) der Ahnen als auch die Kräfte der Schutzgötter gestärkt. Tieropfer mit Prozession und Flötenspiel sollten die Götter versöhnen, im Opfermahl kam göttliche Kraft zu den Menschen. „Sündenböcke“ (pharmakoi) wurden geopfert, um die Gläubigen von Schuld zu befreien. Blutrituale wurden ausgeführt und die Opfernden wurden mit Opferblut besprengt, um ein langes Leben zu haben. Auch die Seelen der Verstorbenen wurden durch Opfer in das Seelenland begleitet.

Bei den Feuerriten suchten die Menschen die Verbindung zu den Kräften des Göttlichen, aber auch die Reinigung von Schuld. Die Ackerbauern brachten an den Steinaltären die Erstlingsfrüchte der Felder, oder sie gossen Wein vor einem Götterbild aus. Die Menschen sprachen gut zu ihren Göttern (euphemia), sie streckten die Hände nach oben und schrieen laut um Regen. Priester und Priesterinnen unterstützten diese Gebete mit ihren Rufen.

Der heilige Bezirk (temenos) war vom anderen Bereich (bebelon) getrennt, er war der Wohnort der Götter. Schon früh wurden Bilder der Götter aufgestellt, zuerst aus Holz, dann aus Stein. Seit dem 8. Jh. v. C. wurden bei den Kultfesten in Olympia die Sieger der Wettkämpfe in Stein abgebildet. Nach diesem Vorbild wurden bald die Götter in Stein dargestellt, etwa die „sitzende Göttin“. Nun bekommen die Götter menschliche Züge, das Furchterregende tritt in den Hintergrund. Seit dem 7. Jh. v. C. wurden Götter in der Technik des Bronzehohlgusses dargestellt, seit dem 5. Jh. v. C. auch in Elfenbein mit Goldbezug. Diese Bilder standen in den großen Tempeln, sie sollten den Menschen heilige Kräfte vermitteln.

In der Frühzeit gab es keinen eigenen Priesterstand, einzelne Sippen versahen den Opferdienst im Tempel. Später wurde ein Priesterdienst für Männer und für Frauen zum Beruf. Sie trugen lange Haare, weiße Gewänder, Kränze, Gürtel und Stäbe. Seit der Frühzeit gab es die Mantiker beiden Geschlechts, die den Willen der Götter erkundeten. Im

Tempel gab es das Ritual der „heiligen Hochzeit“ (hieros gamos), um die göttlichen Lebenskräfte in sich aufzunehmen. In feierlichen Prozessionen (pompe) wurden die Riten vorbereitet, die Kultgegenstände wurden mitgetragen.

Bei den großen Kultfesten trugen die Rhapsoden das Lob der Götter vor, sie erzählten von deren Heldentaten. Die Feiernden tanzten sich in Ekstase, um den göttlichen Wesen nahe zu sein. Mit verteilten Rollen spielten sie die Mythen, welche die Sänger erzählt hatten. Im Kult des Gottes Dionysos traten die Spieler und Sänger in Bocksgestalt auf (tragodia). Die Götterbilder wurden mit festlichen Kleidern geschmückt, die Feiernden trugen Kränze und Zweige; es wurden die Opfergaben (agermos) für die Götter eingesammelt.

Bei vielen Kultfeiern gab es Waffentänze der Krieger, sie wollten ihre Kampfkraft stärken. Tänzer trugen Masken von Schutztieren, um deren Kraft in sich aufzunehmen. Bei den Fruchtbarkeitstänzen wurden obszöne Worte gerufen (aischrologia), um die erotischen Lebenskräfte zu wecken. Durch Spottlieder wurden die Feinde der Stadt geschmäht und geschwächt. An vielen Kultorten gab es Wettkämpfe im Ringen, im Faustkampf, im Speerwurf, im Laufen, im Weitsprung und im Wagenrennen.

Die bekanntesten Kultfeiern mit Wettkämpfen fanden in Olympia statt (seit 776 v. C.); auch in Delphi, in Nemea, am Isthmos, in Athen und in Argos. Sie standen unter dem Schutz der Stadtgötter und waren ursprünglich mit dem Totenkult verbunden. Am Kultort feierten die Teilnehmer das „Göttermahl“ und die „Götterbewirtung“ (theoxenia), dadurch stärkten sie ihre Gemeinschaft und nahmen göttliche Kraft in sich auf. An vielen Kultorten wurde die „heilige Hochzeit“ gefeiert, um die Felder fruchtbar zu machen und viele Jungtiere zu erbitten. Frühe Ackerbauern paarten sich auf dem frisch gepflügten Feld, um die Kräfte des Wachstums zu wecken.

Bei vielen Kultfeiern tanzten sich die Teilnehmer in Ekstase, um sich mit den göttlichen Kräften zu vereinigen (enthousiasmoi) und in die Gottheit hineingenommen zu werden (entheioi). In der kultischen Berauschung (mania) erlebten sie das Schicksal des Schutzgottes, sie sprachen in ekstatischer Rede (glossolalia). Die Seher (mantes) warfen Lose oder beobachteten den Vogelflug, um den Willen der Götter zu erkunden. An den heiligen Orten gaben die Schutzgötter den Priestern ihre „Offenbarungen“ (apokalypsis). Oder es wurden die Seelen der Toten befragt, im Heilschlaf wurden göttliche Kräfte erfahren. Für die Gläubigen blieb das Göttliche immer das Stärkere und Unverfügbare.

In den Mythen der Sänger nahmen die göttlichen Wesen Gestalt an, Rhapsoden verherrlichten ihre großen Taten. In der Frühzeit der Ackerbauern wurden „große Mütter“ und „Herrinnen der Tiere“ im Gebet angerufen. In der patriarchalen Zeit wurde auch der Götterhimmel männlich bestimmt. Wenn Sippen und Stämme sich vereinigten, wurden auch deren Schutzgötter zu einer Sippe verbunden. Bei den Göttern des Olymps ist dieser Zusammenschluss deutlich zu erkennen. Dort spiegeln die Götter Homers und Hesiods die Lebensformen der oberen sozialen Schichten.

Zeus war ein früher Wettergott, später sollte er der Gott aller Griechen werden. Die alte Kriegsgöttin Athene wurde zu dessen Tochter degradiert, dies geschah auch mit der alten Muttergöttin Hera. Degradierungen im Götterhimmel zeigen die sozialen Veränderungen in der Menschenwelt. Poseidon war ein Schutzgott der Meere und der Reiter. Im Bild der Göttin Artemis ist noch die „Herrin der Tiere“ erkennbar. Apollon wurde bei den Pythischen Spielen als großer Kämpfer gefeiert; Aphrodite war eine alte Schutzgöttin der Fruchtbarkeit. Hermes war der Gott an der Grenze zwischen den Lebenden und den Toten.

Demeter schenkte den Ackerbauern das Getreide, deswegen wurden ihre Mysterien gefeiert. Die Wildheit des Ursprungs ist am besten bei Dionysos zu erkennen, der sich jeder Zähmung widersetzte. Andere Götter schützen das Herdfeuer oder ziehen den Kriegern voran. Viele göttliche Wesen treten in Gruppen auf, so die Pane und die Gorgonen, die Erinyen und Chariten, die Musen und viele andere. Mythen erzählen weiterhin von den wilden Kräften in der Natur des Göttlichen. Dämonen wurden als Geistwesen gefürchtet oder geschätzt, die Menschen wollten von einem guten Geist (eudaimonia) geleitet sein.

Beim Kult der Toten entstanden die großen Jenseitsmythen, die Seelenkraft (psyche) sollte in das Totenland geleitet werden. Totenopfer, Kultmahl und Wettkämpfe verabschiedeten die gefallenen Krieger. In der Unterwelt haben die Seelen ein stark vermindertes Leben, nur die Seelen der Helden leben an einem himmlischen Ort (elysion) weiter. Einige der Helden steigen in die Welt der Götter auf und erhalten kultische Verehrung. Viele der Helden gelten der Nachwelt als halb göttlich und halb menschlich. Es wird von „göttlichen Menschen“ (theios aner) erzählt, die Großes geleistet haben; zu ihnen gehören Dionysos, Herakles und Asklepios.

In der hellenistischen Zeit werden auch die Könige als göttliche Wesen verehrt, sie haben eine menschliche Mutter und einen göttlichen Vater. Nach ihrem Tod kommt auch ihre Mutter in den Himmel der Götter. In den Mythen erkennen wir eine zweifache Seelenlehre: Nach der einen zieht die Menschenseele in die Welt der Ahnen oder in das Elysion und bleibt dort. Nach der Lehre der Orphiker und Pythagoräer wird die Seele in vielen Leben neu geboren, bis sie zur Erlösung findet.

Das ganze Jahr wurde durch Kultfeste strukturiert. Der attische Kalender war ein Opferverzeichnis für das ganze Jahr aus dem 5. Jh. v. C. Für den Gott Apollon wurde das Hekatombenfest mit vielen Stieropfern gefeiert. Beim Panathenaienfest gedachte man der Gründung der Stadt Athen. Das Fest der Karneien wurde von den Dorern gefeiert, dabei wurden Hütten und Zelte errichtet. Das Blütenfest der Anthesterien stand im Schutz des Gottes Dionysos, es gab kultisches Weintrinken und die „heilige Hochzeit“. Die Frauen feierten das Fest der Thesmophoria, das mit der Initiation von Mädchen verbunden war; der Göttin Demeter wurden junge Schweine geopfert. Symbolisch stiegen die Frauen in die Unterwelt, um ihre Kräfte der Sexualität zu erneuern. Zum Fest gehörten unzüchtige Reden, Streitgespräche und ein Kultmahl. Die Frauen zogen drei Tage aus ihren Sippen weg, die Familien waren aufgelöst.

Viele Geheimkulte waren nur den Eingeweihten zugänglich. Das Eidritual war mit einem Tieropfer verbunden. Der Schwörende verfluchte sich selbst und wollte wie das Tier sterben, wenn er den Eid bricht. Die Rachegeister verfolgten den Eidbrecher an allen Orten. Die Initiation der Knaben begann mit dem Trennen von den Sippen, es folgte eine Zeit der Prüfungen und die Einführung in die Gruppe der Erwachsenen. In dieser Zeit wurde die Sexualität eingeübt, Tiere wurden geopfert, Krieger führten Waffentänze aus.

Die Kultsänger erzählten Mythen von der Unterwelt. Ein Sänger Orpheus habe die Lyra mit 9 Saiten erfunden, mit seinen magischen Liedern konnte er die Bäume zum Blühen bringen. Als seine junge Frau starb und in die Unterwelt kam, drang er mit der Kraft der Musik in das Reich des Hades ein und erbat seine Frau zurück. Sie sollte wieder zum Leben kommen, wenn der Sänger dem Wort des Gottes blind vertraute. Doch der Sänger zweifelte und die junge Frau blieb in der Unterwelt.

Der Philosoph Platon erzählt in seinem Dialog „Timaios“ einen Mythos von einer göttlichen Weltschöpfung. Ein göttlicher Handwerker (demiourgos) sei der „Vater des Kosmos“, er habe die Welt nach dem Modell der ewigen „Ideen“ geformt. Zuerst habe er das Sichtbare aus der Unordnung in die Ordnung geholt, es gab schon das gestaltlose Weltmaterial. Das Weltall sei nun beseelt und lebendig, in der Mitte sei die „Weltseele“. Diese erfülle und umfasse den ganzen Kosmos, sie habe an den ewigen „Ideen“ Anteil. Aus den vier Elementen Wasser, Feuer, Luft und Erde sei der Kosmos unendlich im Werden.

Zuletzt habe der göttliche Handwerker die göttlichen Wesen geschaffen. Diese wiederum erschufen die Menschen und die Tiere. Nur die unsterblichen Seelen habe der Demiurg selbst erschaffen, und zwar nach der Anzahl der Sterne. Die Seelen müssen mehrfach leben, bis sie an den himmlischen Ort der Gestirne zurückkehren. In diesem Mythos ist der göttliche Weltschöpfer höchster Geist und reine Vernunft, er freut sich über die Schönheit seines Werkes (Tim 37c).

3. Mysterienkulte

In der hellenistischen Zeit verbreiteten sich die Mysterienkulte, in denen sehr alte Traditionen weiterlebten. In diese Geheimkulte ließen sich Frauen und Männer einweihen, um für ihre Seele jenseits des Todes ein gutes Schicksal zu haben. Die Seele sollte vom Tod nicht berührt werden, sondern Unsterblichkeit (athanasia) erlangen. Zu den Riten gehörten die Prozession, das Stieropfer, die Einweihung in der Kulthöhle, das kultische Trinken und die „heilige Hochzeit“. Die Mysterien von Eleusis sind fast 1000 Jahre bezeugt.

Die Göttin Demeter suchte ihre Tochter Persephone, die vom Gott Hades in die Unterwelt entführt wurde. Im Ritual wurden der Abstieg in die Unterwelt und der Aufstieg zum neuen Leben nachgespielt. Die Feiernden (Mysten) zogen zu einer Grotte, die sie als Tor zur Unterwelt sahen. Sie mussten sich verhüllen; dann leuchtete ein großes Licht auf und die Priesterin verkündete eine göttliche Geburt. Es folgten ekstatische Tänze, Stieropfer, Kultmahl, Bitten um Regen und um ein gutes Schicksal der Seele nach dem Tod. Die Feiernden wurden selig gepriesen, denn sie lebten in der „Verwandlung“.

Beim Dionysoskult zogen ekstatische Frauen und Männer auf einen Berg, um ihre Einweihung und „Vollendung“ (telete) zu feiern. Die Mysten strebten die Erlösung von Leiden und Krankheit an, die Erde sollte kurzzeitig in ein Paradies aus Milch, Wein und Honig sich verwandeln. Rasende Frauen zerstückelten ein Reh und aßen das rohe Fleisch. Dionysos als der „Herr des Wahnes“ führte beide Geschlechter in höchste sexuelle Erregung, Satyrn und Mainaden begleiteten den Festzug. Die Feiernden gingen den Weg der „ewigen Seligkeit“, oder den „Weg des Zeus“; sie wollten zu den „Inseln der Seligen“ gelangen. So erwarteten sie ewiges Glück im Jenseits, denn es wurde ihnen verheißen: „Ein Gott bist du geworden statt eines Sterblichen“.

In den Mysterien wollten die Feiernden den göttlichen Wesen näher kommen und an deren Lebensform teilnehmen. Bei den Orphischen Mysterien gab es Reinigungsriten und Einweihungen in bestimmte Rollen. Platon spricht von „unmoralischen“, d.h. sexuellen Riten; die Mysten erwarteten die Erlösung von ihren Übeltaten. Durch Opfer und Beschwörung sollte alle moralische Schuld getilgt werden. Jede Menschenseele sei zur Sühne für frühere Schuld in einen Körper verbannt. Wenn alle Schuld getilgt ist, kann die Seele in die himmlische Welt heimkehren. Wenn sie sich in drei Leben bewährt hat, gelangt sie zur Erlösung (Pindar). Auch hier wird den Mysten verheißen, durch die Einweihung „dem Gott gleich" zu werden. Die Seele muss alle Bereiche des Kosmos durchwandern, um an ihr Ziel zu gelangen (Herodot, Empedokles).

Auch die Pythagoräer hatten Verbindungen zu den Mysterienkulten, der Schulgründer selbst sei eine Myste der großen „Urmutter" gewesen. Sie glaubten an die Unsterblichkeit der Seele, weil sie von den Göttern stamme. Allein die Einweihung und ein moralisches Leben (bios) können die Seele von Schuld reinigen. Deswegen verzichteten die Anhänger auf den Genuss von Fleisch, Wein, Eiern und Bohnen, in der Sexualität sahen sie moralische Befleckung. Die Luft sei voll von Seelen und bösen Dämonen. Ziel des Lebens sei es, die Seele aus den vielen Wiedergeburten zu befreien.

In der hellenistischen Zeit verstärkte sich die Mischung von Riten und Mythen, göttliche Wesen aus dem Alten Orient bereicherten die Religion. Bei den Gläubigen stieg die Sehnsucht nach Erlösung vom Leiden und von Schuld; viele „göttliche Menschen" wurden als Erlöser (soter) verehrt. Es wurde von „Jungfrauen" (parthenos) erzählt, die göttliche Söhne geboren haben; sie hießen dann „göttliche Mütter" (theotokos). Die Mythen erzählen von „Gottwerdungen" von Menschen (Alexander, Platon, Herakles, Dionysos, Asklepios), auch von „Menschwerdungen der Götter". Das frühe Christentum erbte genau diese Mythen.

In dieser Zeit wurden viele Götter aus fremden Kulturen übernommen. Die ägyptische Muttergöttin Isis wurde als „Königin des Himmels" verehrt, viele ließen sich in ihre Mysterien einweihen. Die Götter Sarapis und Osiris wurden als Erlöser von Blindheit und Krankheit angerufen. Aus Phrygien wurde die alte Muttergöttin Kybele verehrt, die Feiernden gerieten in Ekstase und verletzten sich selbst. Der jugendliche Kriegsgott Adonis wurde mit dem semitischen Baal verbunden, Frauen baten ihn um Liebeskraft und Fruchtbarkeit. Soldaten verehrten den alten Kriegsgott Mithras aus Persien, sie erwarteten Glück nach dem Tod.

Bei den Mysterien des Gottes Attis wurde eine Bluttaufe mit Stierblut durchgeführt, sie sollte Reinigung von Schuld und Unsterblichkeit bewirken. In dieser Zeit ließen sich Könige und Herrscher als Inkarnationen eines Gottes verehren, um ihre Herrschaft zu festigen. Für den Makedonier Alexander wurde ab 290 v. C. ein Reichskult eingerichtet, auch Frauen fungierten dort als Priesterinnen. Von ihm wurde gesagt, dass er ein Gott wurde, aber ein Mensch blieb. In ihm waren zwei Naturen, eine göttliche und eine menschliche. Auch Königinnen (Berenaike) wurden vergöttlicht.

4. Nähe des Göttlichen

Das Göttliche kam dem Menschlichen näher und löste sich beinahe auf. In dieser Zeit lebten viele Wundertäter und Zauberer, denen magische Kraft zugeschrieben wurde. Die meisten Philosophenschulen kritisierten diesen Volksglauben, denn er mache den Menschen unnötig Angst. Sie wollten den Zeitgenossen die Angst vor den Göttern nehmen. Deswegen lehrten einige, man könne gar nicht sicher sagen, ob es die Götter gäbe oder nicht (Protagoras). Wenn es sie gibt, dann kümmern sie sich nicht um die Menschen. Götterfurcht und Opferriten seien ohne Sinn. Einige (Theodoros Atheos) sagten, dass es keine Götter gäbe.

Die Epikuräer lehrten, die Menschen sollten vor dem Tod keine Angst haben, denn die Seele löse sich beim Sterben auf. Dagegen hielten die aristokratischen Philosophen an der alten Seelenlehre fest; Plato hat sie auf eine neue Ebene gestellt. Für ihn haben die Menschenseelen Anteil an der Welt der ewigen „Ideen“ (eidon). Weil sie sich aus eigener Kraft bewegen, sind sie unsterblich. Sie sind eine Zeitlang in einem menschlichen Körper gefangen und streben nach Erlösung. Für Aristoteles hat jede Seele drei Kräfte, eine vegetative, eine sensitive und eine kognitive; allein die dritte sei unsterblich.

Schon früh hatten die Philosophen in den Göttern die Urbilder der Vollkommenheit gesehen, deswegen dürfe man ihnen keine menschlichen Laster zuschreiben. Die Menschen werfen ihre eigenen Selbstbilder auf die Götter. Das eine Göttliche aber sei das Vollkommenste, das Unbewegte und das Unvergängliche; sei ganz Ohr und Auge und Gedanke (Xenophanes). Andere lehrten, ein göttliches „Weltgesetz“ (logos) habe den Kosmos geordnet, sein Wesen sei das Feuer (Heraklit). Andere sagten, der ewige Gott sei „heiliges Denken“ (hiere phren; Empedokles) oder das Denken seiner selbst. Ein ewiger Geist (nous) habe den Anstoß für den kosmischen „Urwirbel“ (perichoresis) gegeben, dadurch sei der Kosmos geworden (Anaxagoras).

Die Atomisten glaubten, dass auch die Götter und die Seelen aus feinsten stofflichen Teilen (atomoi) bestehen. Die Menschen hätten alles den Göttern zugeschrieben, was für sie gut sei. Oder sie hätten die großen Heerführer zu Göttern gemacht (Euhemeros). Ein kluger Gesetzgeber habe die Götter erfunden, um mit ihnen besser herrschen und die Einhaltung der Gesetze kontrollieren zu können (Kritias). Aristoteles sprach in seiner Ersten Philosophie über das Göttliche: Der Gott ist für ihn der „erste Beweger“ und damit die Einheit aller Naturphänomene. Das göttliche Sein ist reinstes Denken seines Selbst, volle Glückseligkeit und Lebendigkeit, reine Aktualität.

Die Philosophen dachten keinen persönlichen Gott, zu dem man sprechen kann. Doch sie waren überzeugt, dass hinter den vielen Götterbildern der Menschen und Kulturen nur ein einziges göttliches Wesen existieren kann. Diese eine Gottheit werde durch viele Riten verehrt, sein Wesen aber sei unerkennbar. Sokrates ging für die göttliche Stimme in seiner Seele in den Tod, obwohl er fliehen hätte können. Die philosophische Rede vom Göttlichen legitimiert fortan die Regeln des menschlichen Zusammenlebens, die Gebildeten verstehen sich als Bürger eines einzigen Reichs der Vernunft.

5. Wege der Gnosis

Die Koine als gemeinsame Sprache förderte den Austausch der Kulturen und Riten. In dieser Zeit entstanden Bewegungen, die nach Weisheit und Geheimwissen (gnosis) strebten, um vom leidvollen Dasein erlöst zu werden. Vor allem von den unteren sozialen Schichten, den Sklaven und besitzlosen Metoiken, wurde das Leben als leidvoll empfunden. Die in der Gesellschaft Marginalisierten fragten sich, ob eine so leidvolle und böse Welt tatsächlich von einem guten Gott erschaffen sein konnte. Und sie kamen zu der Ansicht, dass nur ein böser Gott eine solche Welt von Herren und Sklaven eingerichtet haben kann. Auch zu dieser Zeit lebte ung. ein Drittel der Gesellschaft als Sklaven.

Die Suchbewegung der „Gnosis“ strebte nach Erlösung aus einer leidvollen und ungerechten Welt, und zwar durch Erwerb von Geheimwissen, durch Einweihung und Riten. Die Gnostiker glaubten an eine gute Geistwelt, doch die Welt der Körper erlebten sie als böse. Sie fühlten sich fremd in dieser Welt, wie in der Finsternis erlebten sie Sehnsucht nach der Welt des Lichts. Diese leidvolle Welt sei durch einen „Unfall“ oder ein Missgeschick des göttlichen Schöpfers geworden. Jeder Mensch könne sich an den göttlichen Ursprung erinnern und zur Lichtwelt heimkehren.

In dieser Weltzeit kämpfen die Mächte der Finsternis gegen die Kräfte des Lichtes, alle Menschen sind in diesen kosmischen Kampf eingespannt. Durch Riten der Reinigung und die Erinnerung an die Lichtwelt kann jeder Gläubige zu Erlösung aus dem Leiden gelangen. Die Schule der Naasener, der Peraten, der Sethianer, der Kainiten, der Severinianer, der Valentiner, die Anhänger des Barbelo und des Hermes lehrten verschiedene Auswege aus der Finsternis und den Heimweg zum Licht. Alle Gnostiker fragten nach dem „Urmenschen", dem Himmel und der Unsterblichkeit. Da in jedem Menschen ein göttlicher Lichtfunke ist, können alle den Erlösungsweg gehen.

Zum Erlösungsweg gehören zumeist der Verzicht auf sexuelle Lust, die Ansammlung von Geheimwissen und die Einweihung in die Lichtwelt. Die Lichtseele muss sich aus vielen Hüllen befreien. Einige der gnostischen Schulen verbanden sich mit dem frühen Christentum und folgten den Lehren eines göttlichen „Offenbarers". Zumeist wollten sich die Gläubigen selbst und aus eigener Kraft aus der Schuld und dem Leiden befreien. Viele warteten auf eine göttliche „Mutter des Weltalls" oder auf den Gott Aion. In mehreren Stufen als Hyliker und Pneumatiker wollten sie den Lichtweg gehen.

In dieser Zeit kam die Religion der Manichäer aus Babylon in die hellenistische Welt. Auch der Lehrer Mani verkündete eine Lichtwelt, die gegen die Finsternis im Kampf steht. Die Menschen sind jetzt der Finsternis ausgesetzt, sie können aber von ihr erlöst werden. Die gute Seelenkraft kann sich nämlich durch Askese aus den Fesseln der bösen Materien befreien. Riten der Reinigung, die Wassertaufe und der Verzicht auf Sexualität bringen die Gläubigen auf dem Weg der Erlösung voran. Durch ein tägliches Kultmahl bestärken einander die Gläubigen. Auch diese Lehren fanden Eingang in das frühe Christentum, das viele Strömungen der antiken Religion erbte und weiterführte.

Literatur

Assmann, J.: *Das kulturelle Gedächtnis,* Frankfurt 1992.
Burkert, W.: *Wilder Ursprung,* München 1992.
Burkert, W.: *Griechische Religion der archaischen klassischen Epoche,* Stuttgart 1977.
Burkert, W.: *Kulte des Altertums. Biologische Grundlagen der Religion,* München 1998.
Demandt, A.: *Die Spätantike,* München 1989.
Graeser, A.: *Die Philosophie der Antike II,* München 1983
Gschnitzer, F.: *Griechische Sozialgeschichte,* Wiesbaden 1981.
Löwe, G. und Stoll, H.: *Lexikon der Antike,* München 1997.
Röd, W.: *Die Philosophie der Antike I,* München 1976
Schneider, C.: *Kulturgeschichte des Hellenismus. I und II,* München 1969–70.
Vivelo, F.: *Handbuch der Kulturanthropologie,* Stuttgart 1983.

Anton Grabner-Haider

VI. Römer

Über die frührömische Gesellschaft haben wir nur aus den archäologischen Funden Informationen, denn die historische Zeit beginnt erst im 3. Jh. v. C. Indo-europäische Hirtennomaden wanderten in die Region Latium ein, sie trafen dort auf sesshafte Ackerbauern. Ab 600 v. C. entstand eine erste Siedlung mit Mauern, hier lebten Bauern mit Viehzüchtern zusammen. Sie waren längere Zeit vom Volk der Etrusker abhängig, von dem sie viele Kulturtechniken lernten. Ab 508 v. C. befreiten sie sich von den Etruskern und bildeten einen eigenständigen Stadtstaat mit einem Rat der Ältesten (senatus) und dem König an der Spitze.

Die einzelnen Sippen (gentes) prägten das soziale Leben, sie schlossen sich zu Kurien und Stämmen (tribus) zusammen, um sich zu verteidigen. Die Krieger trugen die Waffen und schützten die Stadt, deswegen erhielten sie den größten Anteil am Besitz der Felder und Weiden. Ihnen zur Seite standen die Priester, welche die Riten für die Ahnen leiteten. In jeder Sippe waren die Väter (paterfamilias) dominant, sie hatten das Recht über Leben und Tod aller Sippenangehörigen. Männervereine (curia, convivia) vertraten die Sippen beim politischen Handeln der Stadt; auch das Heer der Krieger wurde nach Kurien geordnet.

1. Soziale Strukturen

Schon die frühere Stadtkultur war sozial geschichtet. Zur Oberschicht (patricii) gehörten der Besitzadel und der Kriegeradel (aequites); ihnen war die Heirat mit Personen der Mittelschicht (plebs) verboten. Die Oberschicht besaß einen Großteil der Felder, Weiden, Viehherden, Waffen und Sklaven. Im Rat der Ältesten (senatus) berieten sie die Geschicke der Stadt, die Ratsherren nannten sich „Väter“ (patres). Die beiden höchsten Verwaltungsämter waren der Prätor und der Konsul; später kamen ein Diktator und ein magister populi hinzu. Ein Priesterkönig (pontifex maximus) leitete die Riten der Ahnen und den Dienst an den Schutzgöttern.

Die freien Bürger (plebs) „erfüllten“ die Stadt, sie bildeten das „Volk“ (populus). Die Bauern, Hirten, Handwerker und Händler hatten Bürgerrechte in der Stadt, doch ihr Anteil am Besitz und an politischer Macht war gering. Als Gefolgsleute (clientes) standen sie unter dem Schutz der Krieger, auch sie bildeten Kampfgemeinschaften. Allein die Sklaven (servi) zählten nicht zur plebs, sie waren ganz ohne politische Rechte und galten als Besitzstücke (res) ihrer Herren. Versklavt wurden diejenigen, die ihre Schulden nicht bezahlen konnten (Schuldsklaven), oder die Bewohner der besiegten Städte (Raubsklaven). Sie wurden auf den Märkten gehandelt, auch ihre Kinder blieben Unfreie.

In der Frühzeit kämpfte das freie Volk gegen den Adel um mehr politische Rechte, auch die Sklaven erhoben sich oftmals gegen ihre Herren. Im 4. Jh. v. C. wurden neue Gesetze erreicht (Leges Licinae Sextiae), die den Freien mehr politische Rechte gaben und die gemeinsamen Felder (ager publicus) vergrößerten. Mit diesem mühsam erreichten Gleichgewicht zwischen dem Adel und dem freien Volk begann die Expansion der Stadt nach außen.

Fremde Stadtkulturen wurden nun erobert und abhängig gemacht. Im 2. Jh. v. C. wurde die Herrschaft über Karthago, Hispania, die Provinz Africa und Teile der Asia ausgedehnt.

Mit der gewaltigen Expansion nach außen schritt die gesellschaftliche Differenzierung innerhalb des Reiches fort. Die Adeligen gliederten sich in drei Ränge: den Senatorenadel, den Reiteradel und den Ämteradel. Die Mittelschicht der Bauern, der Hirten, der Handwerker und der Händler verlor einige der alten Rechte. Die Zahl der Raubsklaven nahm stark zu. Die Folge waren Aufstände der Sklaven und lange Bürgerkriege. Allein durch große Kriegsheere gelang es den Adeligen, die Aufstände niederzuzwingen und fremde Kulturen zu erobern. Die Bürgerkriege dauerten über 100 Jahre und wurden beendet, als Gaius Julius Cäsar 49 v. C. die Alleinherrschaft im Staat durchsetzte. Nun wurde die Herrschaft der wenigen Adelsfamilien (Oligarchie) durch die Herrschaft eines Feldherrn (Monarchie bzw. principatus) abgelöst.

2. Prinzipatszeit

In der Prinzipatszeit bzw. Kaiserzeit (ab 31 v. C.) wurde die zentrale Gewalt des Herrschers und des Militärs gestärkt, der Senat der Adeligen verlor an Einfluss. In der Politik wurde fortan das Gleichgewicht zwischen dem Kaiser und dem Senat gesucht, denn sie bildeten die zwei Säulen des Imperiums. Die zerstörerischen Kräfte des Bürgerkriegs wurden von den Heerführern nach außen getragen, so wurden Gallien, Ägypten, Noricum und andere Gebiete erobert. Die Folge waren große Massen von Raubsklaven, ung. ein Drittel der Bevölkerung des ganzen Reiches lebte zu dieser Zeit in der Sklaverei. In den Provinzen wurde die Verwaltung zentralisiert, im Reich gab es hohe soziale Mobilität. Viele Bürger konnten durch jährlichen Besitznachweis in hohe soziale Ränge aufsteigen (homines novi), Sklaven konnten freigekauft werden oder sich selbst durch Ansparen ihres Lohnes freikaufen.

Auch befreite Sklaven (liberati) konnten in hohe Ränge und Ämter aufsteigen. Im ganzen Reich wurden Tempel, Theater, Rennbahnen, Gymnasien und Thermen gebaut, die Wirtschaft erlebte einen gewaltigen Aufschwung. Die Besitzbürger hatten vor allem in den Städten Anteil an einer hohen Kultur des Alltags. Doch ung. 90 % der Bevölkerung lebten auf dem Land als Bauern, Viehzüchter, Handwerker und Landarbeiter. Im 2. Jh. n. C. kam die Expansion des Reiches zum Stillstand, der Grenznutzen war erreicht. In dieser Zeit lebten im Imperium zwischen 50 und 80 Millionen Menschen; in drei Städten (Rom, Alexandria, Antiochia) lebten mehr als eine Million. Überall waren die Städte die Zentren der Kultur, der Medizin, der Wissenschaft und des guten Lebens.

In der Religion gab es die grundsätzliche Toleranz aller alten und neuen Kulte, sofern sie nicht gegen die guten Sitten und das Grundgesetz des Staates verstießen. Aus diesem Grund wurden die ekstatischen Dionysoskulte schon früh verboten. Es gab einen zentralen Staatskult, der das Imperium zusammenhalten sollte. Die Situation der Sklaven verbesserte sich, sie bekamen mehr Rechte. Im 3. Jh. n. C. erhielten alle freien Bürger die vollen Bürgerrechte. Doch gleichzeitig kam es zu einer fortschreitenden Besitzkonzentration in den Händen weniger Familien und Sippen. Die breite Mittelschicht verlor an Besitz und an politischem Einfluss. Sie waren immer weniger bereit, die Verteidigung des Reiches mitzutragen.

Die Rechtsordnung war an die sozialen Schichten gebunden; Adelige, Freie und Sklaven hatten ihre je eigenen Gerichte. Die unteren sozialen Schichten wurden strenger bestraft als die Adeligen. Es gab keine Rechtsgleichheit, Frauen und Kinder hatten weniger Rechte als Männer. Im alten Stadtrecht zählten die Frauen, Kinder und Sklaven zu den „Sachen" (res), ebenso die Tiere; ihre Tötung war „Sachbeschädigung". Die Familienväter konnten die ihnen geborenen Kinder aussetzen, wenn sie wollten.

Allein in den Schichten des Adels begann die Emanzipation der Frauen, sie bekamen Besitz- und Personenrechte. Nun lehrten die verschiedenen Schulen der Philosophie, dass von der „Natur" her alle Menschen „Personen" seien und daher personale Rechte haben. Diese Lehren hatten in der Spätantike auch Folgen für die Politik, indem die Bürger mehr Personenrechte erhielten. Nur die Nichtbürger (peregrini) waren davon ausgeschlossen.

Die Landbevölkerung (plebs rustica) war deutlich schlechter gestellt als die Stadtbevölkerung (plebs urbana); dies galt auch für die Sklaven. Handwerker, Händler und Lohnarbeiter schlossen sich zu Vereinen (collegia) zusammen und veranstalteten gemeinsame Kultmähler. Auch Begräbnisvereine entstanden, ebenso Vereine zum Schutz vor Feuer. Sklaven und Soldaten schlossen sich zu Kultvereinen zusammen und ließen sich in die Mysterien einweihen. Diese Vereine waren der staatlichen Verwaltung suspekt, sie galten als Zellen möglicher Subversion. Durch die hohen Abgaben für das Militär verarmte vor allem die Bevölkerung auf dem Land, die mittleren sozialen Schichten näherten sich den Unfreien an. Die freien Bauern (colonae) wurden zu leibeigenen Sklaven der Patrone.

In der Spätantike erfolgte eine schnelle Besitzkonzentration auf wenige Sippen und Familien. Die Pächter der Latifundien wurden zu Leibeigenen, weil sie ihre Schulden nicht mehr bezahlen konnten. In den ländlichen Regionen gab es wenig Bildungschancen und geringe soziale Mobilität. Ein stehendes Heer mit ung. 400.000 bis 600.000 Mann musste versorgt werden, um die Grenzen des Reiches zu sichern. Die mittleren und die unteren sozialen Schichten waren nicht mehr bereit, dieses Reich zu verteidigen. So brauchte das Militär die Kriegsheere fremder Völker und Stämme (foederati), diese siedelten innerhalb der Grenzen des Reiches.

Ab 250 n. C. war das Reich zu einer Militärdiktatur geworden, sog. Soldatenkaiser regierten und kämpften gegeneinander. Fremde Völker und Stämme fielen in das Imperium ein und suchten neues Land und Sicherheit. Der alte Adel hatte gegenüber den Neureichen an politischer Macht verloren, der Senat trat gegenüber dem Kaiser in den Hintergrund. Die Städte wurden wirtschaftlich stark belastet, sie konnten die Kosten für Wasserleitungen, Thermen, Straßen und Theater kaum noch aufbringen. Unter den unteren sozialen Schichten entstanden große Protestbewegungen, Asketen verweigerten die Weitergabe von Leben. Im Jahr 380 n. C. übernahm das Christentum die Rolle der neuen Reichsreligion und damit auch Funktionen in der Verwaltung. Im Jahr 476 wurde der letzte weströmische Kaiser von germanischen Fürsten gestürzt. Viele Bewohner des Reiches erwarteten sich von den neuen Herrschern mehr an Menschlichkeit und Gerechtigkeit.

3. Religion und Mythologie

Die frühe römische Religion wurde von Hirtennomaden und von Ackerbauern bestimmt. Die Menschen hatten tiefe Ehrfurcht vor den unsichtbaren Kräften in der Natur (numina), sie traten ihnen mit Furcht und Zittern gegenüber. Sie waren überzeugt, dass diese unverfügbaren Kräfte an besonderen Orten zentriert sind; an Quellen und Flüssen, auf Bergkuppen und in Höhlen. Dort errichteten die Menschen ihre frühen Kultorte (fanum), die sie vom übrigen Bereich (profanum) abgrenzten. An diesen Orten führten die Sippen ihre Riten der Fruchtbarkeit aus, sie verehrten die Seelen ihrer Ahnen und die frühen Schutzgötter der Felder und Herden. Die göttlichen Wesen waren immer größer und stärker als Menschen; jede Sippe verehrte ihre besonderen Schutzgötter.

An den heiligen Orten leiteten Priester (flamen, sacerdos) die Opferriten. Sie galten als tabu und durften nicht verletzt werden, in ihnen wurden magische Kräfte vermutet. In der Frühzeit gab es noch keine Tempelbauten, die Priester lebten in den heiligen Hainen der Götter. Sie trugen besondere Kleidung, die nicht verknotet sein durfte. Ihr Liegeplatz wurde mit Erde bestrichen, um ihre Kraft zu mehren; ihre Haare wurden bei den heiligen Bäumen vergraben. Ihre Aufgabe war es, die Waffen der Krieger zu segnen und mit magischer Kraft aufzuladen. Sie selber nahmen nicht an Kriegen teil.

Die Zeit des Jahres war durch besondere Opfertage (feriatus) geordnet, an diesen Tabutagen durften keine Arbeiten auf den Feldern verrichtet werden. Die Bauern lebten in Angst vor den Numina, sie mussten alle Riten und Taburegeln einhalten. Sie waren den Göttern der Fruchtbarkeit zugetan (pii), die Frömmigkeit (pietas) sollte ihr Leben bestimmen. Die Verletzung der heiligen Gesetze (ius divinum) und der Aufruhr gegen die Götter (impietas) galten als ein Verbrechen. Alle sollten in Frieden mit den Schutzgöttern (pax deorum) leben, dann durften sie Glück und Segen erwarten. Sie mussten sich an die göttlichen Wesen binden (religio) und die Riten ausführen.

Der Friede der Götter war die Voraussetzung für das Glück der Menschen und ein gutes Zusammenleben in der Sippe, im Dorf und in der Stadt. Zu den großen Riten der Gemeinschaften gehörten das Opfer, das feierliche Versprechen, die Wallfahrt und der Eid. Den Göttern wurden Erntegaben übergeben (offerre), auch Mitmenschen und Tiere wurden geopfert. Durch Blutopfer sollte die Kraft der Götter vermehrt werden. Bei Kriegsbündnissen wurden weiße Rinder geschlachtet, ein Kultmahl verband die Feiernden.

Das zweite Ritual war das Versprechen (votum) an die Götter. Einzelpersonen, Sippen oder Kultverbände versprachen Opfergaben, wenn ihnen bestimmte Wünsche erfüllt wurden. Die neuen Amtsträger mussten jedes Jahr den Schutzgöttern ein Versprechen ablegen. Ein weiteres Ritual der Bauern war die Prozession (lustratio) über die Felder und Viehweiden. Es wurden Symbole der Fruchtbarkeit mitgetragen und die Schutzgötter angerufen. Die bösen Dämonen sollten vertrieben werden. Bevor die Bauern ein Haus bauten, pflügten sie nach einem Ritual den Bauplatz, um ihn vor bösen Dämonen zu schützen. Auch bei der Gründung von Dörfern und Städten gab es das kultische Pflügen. Die Bauern kannten viele Riten, die Regen und Fruchtbarkeit bringen sollten.

Ein anderes Ritual war die Weissagung (divinatio), dabei wurden göttliche „Offenbarungen" empfangen. Es gab die Auguren, die mit ihren Riten die Kraft der Schutzgötter vermehren sollten. Priester sprachen Segensformeln über die Felder, Weingärten, Viehweiden, über Menschen und Tiere. Andere heilige Personen erkannten die Zeichen der Götter (auspicia) in den Erscheinungen der Natur. Am heiligen Ort beobachteten sie den Flug der Vögel oder die Lage der Eingeweide bei den Opfertieren. Sie lasen das Schicksal der Zukunft ab. Die haruspices waren die Wahrsagepriester, welche den göttlichen Willen erkunden konnten.

In der Frühzeit wurden die unheimlichen Numina immer mehr zu ansprechbaren und göttlichen Wesen (dei). Von ihnen wurde angenommen, dass sie auf den Bergen, den Gestirnen, in den Bäumen und Wäldern, an Quellen und in Stein wohnten. Diese Wesen hatten Macht und Kraft wie Menschen; zu ihnen gehörten auch die unsichtbaren Geistwesen (genii) des Ortes und der Sippe. Gefürchtet waren die bösen Geistwesen, welche den Menschen Unheil, Krankheit und den frühen Tod brachten.

Die Bauern verehrten viele Schutzgötter der Viehherden und Äcker, auch die Vorratskammern wurden von göttlichen Wesen geschützt. Die Töchter mussten das Herdfeuer der Sippe hüten und die große Feuergöttin anrufen. An den Wegkreuzungen und den Rainen der Felder wurden die Flurgötter (lares) verehrt, an Steinaltären wurden ihnen Opfer gebracht. In jedem Haus stand ein Altar für diese Schutzgötter, ihre Bildzeichen wurden bei den Flurprozessionen mitgetragen. Besonders verehrt wurde der Gewittergott Jupiter, dem die Eiche heilig war. Er schützte die Kriegsheere und ihre Waffen; er zeigte sich in jedem Blitz.

4. Feste des Jahres

Ein alter Bauernkalender geht auf den frühen König Numa Pompilius zurück und wurde im Jahr 509 v. C. an einem Tempel aufgezeichnet. Den Jahresbeginn feierten die Krieger am 1. März, da riefen sie den Kriegsgott Mars an und weihten die Waffen. Auch die Schiffe wurden für den Kampf gesegnet.

Die Bauern feierten um den 15. April das Fest der fordicidia, dabei wurden trächtige Kühe für die Erdgöttin (tellus) geopfert. Ebenfalls im April feierten die Bauern das Fest der Korngöttin Ceres (Cerealia), da wurden junge Füchse mit brennenden Fackeln an den Schwänzen durch die Kornfelder gejagt, um die bösen Dämonen zu vertreiben. Die Hirten reinigten beim Fest der Parilia die Viehställe mit grünen Zweigen, Rauch sollte böse Dämonen austreiben. Die Weinbauern tranken am Fest der Vinalia den jungen Wein.

Beim Fest der Robigalia wurden Hunde und Schafe geopfert, um den Getreiderost abzuwehren. Im Monat Mai gab es viele Flurprozessionen (Ambarvalia) mit Bittrufen um die Fruchtbarkeit der Felder. Durch Tieropfer sollten die Menschen von Schuld gereinigt werden. Im Juni wurden die Festtage der Vorratskammer gefeiert, auch die Vestalinnen hatten zu dieser Zeit ihr Kultfest. Im Juli feierten die Fischer und Seefahrer ihr Opferfest für den Meeresgott Neptun. Die Hirten verehrten zu dieser Zeit ihre Schutzgötter in Laubhütten.

Im Monat August opferten die Weinbauern dem Donnergott ein Lamm, damit er die Weinberge vor Hagelschlag verschone. Im September feierten die Bauern das Fest der ersten Aussaat (feriae sementivae), die Rinder wurden mit Blumen und Blättern geschmückt. Beim großen Winterfest (Saturnalia), das sieben Tage dauerte, tauschten die Herren und die Sklaven ihre Rollen. Die Bauern feierten sexuelle Orgien, um die Felder und die Viehherden fruchtbar zu machen; die Regeln der patriarchalen Ehe waren kurzzeitig aufgehoben.

Mitte Februar feierten die Hirten ein Fest (lupercalia), bei dem sie in Wolfsfellen auf den Weiden tanzten, um die Raubtiere zu vertreiben. Am 23. Februar wurden die Grenzsteine zwischen den Feldern und Weiden neu eingeschworen; damit ging das Bauernjahr zu Ende. Die Krieger begannen mit dem 1. März ihr Kriegsjahr, da wurden die Reitpferde, die Waffen und die Trompeten geweiht. Mit Ende Oktober endete die Kriegszeit, da wurde ein Pferd geopfert, es fanden Pferderennen statt.

Die Götter waren ursprünglich Kräfte der Natur, sowie die Seelen von Ahnen und Kriegshelden. Später schützte eine Götterdreiheit die Stadt Rom, nämlich Jupiter, Juno und

Minerva. Für eine patriarchale Kultur sind zwei weibliche Gottheiten innerhalb dieser Trias auffallend. Diana wurde von den Jägern angerufen, Herkules von den Händlern und Handwerkern. Die große Göttin Venus schützte alle Liebenden; Ceres gab der Erde die Fruchtbarkeit; Apollo schickte den Sehern die Orakel; Isis begleitet die Seefahrer und Mithras gab den Soldaten die Unsterblichkeit.

Die obersten Priester galten als Brückenbauer zwischen den Göttern und den Menschen (pontifex maximus). Auch der König (rex) als Anführer der Krieger hatte kultische Funktionen. Der oberste Priester leitete mit einem Priesterkollegium den Staatskult und legte das göttliche Recht (ius divinum) fest. Die Priester und Schreiber verfassten die Annalen der Stadt und sorgten durch Opfer für ein gutes Verhältnis zu den Göttern.

Die unpersönlichen Numina wurden immer mehr zu ansprechbaren und göttlichen Wesen mit menschlicher Gestalt. Später wurden auch die Tugenden des Lebens als göttliche Wesen gesehen: Virtus, Honor, Fides, Spes, Pietas. In der Kaiserzeit übernahm der princeps auch die oberste religiöse Gewalt.

Insgesamt zeigt sich die römische Religion tolerant und lernbereit gegenüber fremden Kulten. Es war ein breiter Konsens, dass das unfassbare göttliche Geheimnis sich den Menschen auf vielerlei Weise zeigt. So wurden viele Mysterienkulte geduldet, sofern sie nicht gegen die guten Sitten verstießen. Das frühe Christentum wurde wegen seines Monopolanspruchs abgelehnt. Denn römische Denker konnten nicht glauben, dass sich die eine Gottheit den Menschen nur auf eine einzige Weise zeigt (Symmachus, Porphyrios, Galenus, Kelsos, Julian). Deswegen war diese Religion zeitweise verboten, doch im Jahr 312 wurde sie zu einer erlaubten Religion (religio licita). Und im Jahr 380 n.C. verfügte Kaiser Theodosius das Christentum als einzige Reichsreligion. Sie hat große Teile der römischen Frömmigkeit geerbt und weiterentwickelt.

Literatur

Alfödy, G.: *Römische Sozialgeschichte,* Wiesbaden 1984.
Burkert, W.: *Antike Mysterien,* München 1994
Carandini, A.: *La nascita die Roma,* Bologna 1997.
Dumezil, G.: *La religion romaine archaique,* Paris 1969.
Latte, K.: *Römische Religionsgeschichte,* München 1968.
Rose, H.: *Ancient Roman Religion,* London 1968.
Simon, E.: *Die Götter der Römer,* Frankfurt 1990.
Wissowa, G.: *Religion und Kultur der Römer,* Berlin 1912.

Johann Maier

VII. Judentum

1. Begriffsinhalte und Wertmaßstäbe

Der Begriff Kultur hat im völkischen Nationalismus des 19./20. Jh. eine Bedeutung erlangt, die ethnographisch-historisch und kulturgeschichtlich zwar unsinnig ist, aber gleichwohl von weitreichender Wirkung war, im Blick auf jüdische Kultur noch in besonderer Weise. Zugrunde lag die romantische und vom Ansatz her bereits rassistisch begründete Vorstellung einer unverwechselbaren Volksindividualität, die eine entsprechend eigentümliche, „art-reine" Kultur hervorbringt. Trotz des politischen Scheiterns dieser Ideologie blieben gewisse Grundüberzeugungen im Bewusstsein weiter Schichten verwurzelt und bestimmen noch derzeit mit den entsprechenden emotionalen Komponenten die Diskussionen um die „multikulturelle Gesellschaft", als deren schützenswertes Gegenstück sich eben die angebliche arteigene, „reine" Kultur darstellt. Es bedarf hier keiner Worte, um das Groteske dieses völkischen Kulturbegriffs aufzuweisen, weil auf dieser Basis ja der entlegenste Volksstamm mit den geringsten Umweltkontakten das positivste Kriterium für die Wertung für Kultur abgeben würde, an dem sich die vielfältigen orientalischen, antiken, mittelalterlichen und neuzeitlichen Grundlagen und Komponenten der mediterranen und europäischen Kultur zu einer als minderwertig einzustufenden Mischkultur erweist. Ganz abgesehen von der evidenten Tatsache, dass selbst regional so profilierte Hochkulturen wie die altägyptische stets Mischkulturen waren, und gerade auch die deutschsprachigen Regionen von früh an durch die Begegnung und Verschmelzung sehr unterschiedlicher ethnischer und kultureller Faktoren gekennzeichnet war.

Nun diente der völkische Kulturbegriff in der Rede von der „deutschen Kulturnation" offenkundig als Ersatz für ein Nationalbewusstsein, das sich im Sinne politischer Willensbildung auf Grund der Gegebenheiten nicht zu artikulieren und zu verwirklichen vermochte; ein Ersatz, der sich als weit wirksamer erwies, weil er eine naturgegebene ethnisch-rassische und kulturelle Identität als „Volk" oder „Nation" suggerierte, was von gar nicht wenigen Theologen auch flugs zu einer schöpfungsmäßigen Realität umgedeutet und theologisch abgesegnet worden ist, so dass sich auch die Kirchenmitglieder ohne grundsätzliche Bedenken derartige Vorstellungen zu eigen machen konnten. Um so mehr, als einflussreiche Kräfte die Gleichsetzung von Deutschtum und wahrer Christlichkeit propagierten. Hier liegt ein Schlüssel zum Verständnis jener verhängnisvollen Haltung, die der kulturstiftenden natürlichen Neugier zuwider dem „Fremden" a priori mit Gleichgültigkeit bis Feindseligkeit begegnet.

Die ideologischen Grundlagen dafür waren keineswegs auf die deutschsprachigen Bereiche beschränkt, denn grundlegende Rassentheorien stammen aus anderen Regionen. Doch sie erlangten dort politisch nicht diese Surrogatfunktion für nationale Selbstfindung, die sie im Rahmen der Volkstumskämpfe und Nationalitätenkonflikte des ausgehenden 19. Jh. für deutschtümelnde Kreise gespielt haben.

Nicht zu übersehen ist auch, dass derartige Werturteile häufig eine religiöse Komponente aufweisen. Christentum und Abendland sind Begriffe, die für das Bewusstsein vieler dasselbe bedeuteten. Und je inhaltsleerer die Begriffe des Christlichen wurden oder je mehr sie zu dogmatischen Formeln und pathetischer Moralrhetorik erstarrten, desto intensiver fanden ideologische Redeweisen Anwendung. Außerdem waren die Kirchen ebenso wie andere Religionsgemeinschaften – und nicht zuletzt auch das Judentum – stets bemüht, sich abzugrenzen und die eigenen Leute vor Infragestellungen zu bewahren. Auch im Rahmen solcher Bemühungen kamen Vorstellungen und Redensarten zum Zug, die nicht christlich-theologisch, sondern ideologisch begründet waren.

Im Übrigen war die Rede von „Rassen" bis in die Zeit der massiven NS-Propaganda allenthalben und auch unter Juden derart verbreitet und üblich, dass heutige Leser auf Publikationen jener Zeit meist beklommen reagieren. Und es geht nicht nur um eine Redensart. Selbstverständlich waren auch Juden, die sich zwar weiterhin als solche bekennen, aber nicht mehr nur religiös als Juden deklarieren wollten, vom Geist der Zeit erfasst und suchten nach neuen Möglichkeiten der Selbstdefinition. Daher wendete man im Rahmen der jüdischen Selbstdefinition als „Nation" eben jene Vorstellungen und Begriffe an, die zu der Zeit üblich waren. Folgerichtig brach gegen Ende des 19. Jh.s eine lebhafte Debatte über das „Wesen des Judentums" und über Möglichkeit und Eigenart einer spezifisch jüdischen Kultur und Kunst auf. Jüdische Apologeten bemühten sich in eigenartiger Parallelität zu antisemitischen Bestrebungen, möglichst überall Einflüsse jüdischer Kultur und „jüdischen Geistes" aufzuweisen, ohne das Selbstverständnis der Betroffenen zu respektieren. Dieselbe Tendenz verfolgen jüdisch-nationalistische Publikationen. Es ist kennzeichnend für die noch mangelhafte Aufarbeitung dieser ideologischen Grundlagen, dass derzeit ähnliche Formulierungen unter demonstrativ-philosemitischem Vorzeichen anzutreffen sind.

Die Auswüchse solcher Kriterien und Wertungen sind bekannt: die Rede von „jüdischer Physik", „jüdischer Chemie" und dergleichen Absurditäten. Doch gibt es Bereiche, wo die ideologischen Wurzeln nicht so klar zutage liegen. „Jüdische Philosophie" z.B. ist ein beliebter Buchtitel; und er hat seine Berechtigung, soweit abgehandelt wird, wann, wo und wie Juden philosophische Mittel zur Darstellung spezifisch jüdischer Belange verwendet haben. Die bloße Tatsache der jüdischen Abstammung macht aber niemanden zu einem jüdischen Philosophen im Sinne einer spezifisch Jüdischen Philosophie. Dasselbe gilt für die Bereiche der Kunst und Literatur, wo es ebenfalls Grauzonen dieser Art gibt. Maßgebliches Kriterium ist neben der Zweckbestimmung das persönliche Selbstverständnis. Erklärt ein Philosoph oder Künstler, sein Metier bewusst als Jude zu betreiben, ist dieses ebenso zu respektieren wie das Gegenteil, also wenn er erklärt, sein Metier hätte mit seiner Zugehörigkeit zum Judentum überhaupt nichts zu tun. Im Übrigen gilt ein Objekt natürlich auch als Teil der jüdischen Kultur, wenn es einem spezifischen jüdischen Zweck dient, aber durch einen Nichtjuden angefertigt worden ist.

Wirkungsgeschichtlich bedingt können die Grenzen jedoch verschwimmen, wenn nämlich etwas oder jemand für jüdisches Bewusstsein eine Bedeutung erlangt, die sich mit dem erklärten Selbstverständnis des Autors nicht mehr deckt. Dies ist gerade in der jüngeren Vergangenheit häufig der Fall, weil viele Personen, die sich selber nicht mehr als Juden verstanden hatten, infolge der antisemitischen Hetze und unter der NS-Verfolgungsmaschinerie dennoch als Juden etikettiert wurden und als Juden gelitten haben, somit für jüdisches Bewusstsein heute legitimerweise als jüdische Opfer und Märtyrer gelten. Oder wenn Personen jüdischer Herkunft für spätere Juden eine Bedeutung erlangen, die deren jüdisches Selbstverständnis unabhängig von der persönlichen Einstellung des Autors oder Künstlers mitbestimmt. Die besondere Geschichte des Judentums und die Tatsache, dass bis heute im Zusammenhang mit dem Judentum immer noch unpassende Begriffe verwendet werden, erfordern diesbezüglich ein kritisches Bewusstsein gegenüber ideologisch begründeten Redeweisen und gegenüber Verallgemeinerungen. Kultur ist vorrangig an ihrem Niveau zu bemessen, nicht an der Herkunft ihrer Schöpfer oder Träger. Kultur ist von Natur aus kein Mittel zur Abgrenzung, sie ist stets das Produkt von Kontakten. Und doch fordert gerade die jüdische Religion eine Bewertung, die dieser Forderung nur unter Bedingungen entspricht. Die beiden monotheistischen Tochterreligionen haben diese Vorbehalte übernommen und dank ihrer zahlenmäßigen Stärke auch für lange Zeit mehr oder minder durchzusetzen vermocht. In den traditionalistischen bzw. fundamentalistischen Flügeln aller drei Religionen sind diese Vorbehalte auch immer noch wirksam. Daher obliegt den verantwortlichen Repräsentanten monotheistischer Religionen eine besondere moralische Sorgfaltspflicht, um das im monotheistischen Absolutheitsanspruch verborgene Gewaltpotential unter Kontrolle zu halten.

2. Monotheismus und Kultur

Die biblischen Schriften bezeugen im Sinne historischer Quellen ein explizites monotheistisches Bekenntnis erst für relativ späte Zeit. Es war nämlich gerade im babylonischen Exil (596–538 v.C.) und angesichts der erfahrenen Übermacht des babylonischen Reiches, also in einer Situation politischer Ohnmacht, dass der Gott Israels explizit als einziger Gott, als Schöpfer der Welt und Herr der Geschichte proklamiert wurde. Dieser universale Anspruch wird aber durch einen partikularistischen Aspekt relativiert. Zwar soll jeder Mensch den Gott Israels als einzigen Gott anerkennen, bestimmte Grundforderungen Gottes („Noachidische Gebote") erfüllen, und so in die Lage versetzt werden, Heil zu erlangen. Aber Israel allein weiß sich zur Verwirklichung des vollen offenbarten Gotteswillens (der Torah) auserwählt. Die Torah ist nur für Israel allein verbindlich, und Torahstudium und Torahpraktiken stehen den Nichtjuden daher auch nicht zu.

Das klassische monotheistische Bekenntnis der Juden liegt im zweimal täglich als Pflichtgebet zu rezitierenden Schmaʿ Jisraʿel („Höre Israel!") vor. Es besteht aus einem Block von vier Bibeltexten, die von zwei Benediktionen davor und einer Benediktion danach gerahmt werden. Der erste Bibeltext (Dtn 6,4–9) enthält anfangs die bekannte Aufforderung: „Höre Israel, JHWH (ist) unser Gott, JHWH (ist) Einer. Und du liebst JHWH, deinen Gott, mit deinem ganzen Herzen und mit deiner ganzen Seele und mit deinem ganzen Vermögen." Darauf folgt das Gebot, die Torah den nächsten Generationen weiterzugeben, sie nach Möglichkeit immer und überall zu bedenken und sie durch Merkzeichen in Erinnerung zu rufen: durch die „Mezuzah" am Türpfosten und durch die „Gebetsriemen" am linken Arm und am Kopf. Letztere enthalten in einer Kapsel biblische Passagen, die Denkzeichen vorschrieben, die man anbringen soll, um stets an den offenbarten Gotteswillen, die Torah, erinnert zu werden. Im Schmaʿ Jisraʿel handelt es sich um Dtn 11,13–21 und Num 15,37–41. Das monotheistische Bekenntnis des „Höre Israel" ist also nicht bloß auf Israel bezogen, es ist unmittelbar mit den Torahdenkzeichen verknüpft. Die drei Benediktionen enthalten einen Abriss der jüdischen Glaubensgrundlagen. Die erste Benediktion preist Gott als Schöpfer, Erhalter und Bildner des Lichts. Der Begriff „Licht" dient in der Tradition auch als Metapher für die Torah, ebenso wie „Wasser" bzw. „Lebenswasser"; denn die Torah verheißt Leben, ihre Missachtung bedeutet Tod (vgl. Dtn 30,15.19). Die zweite Benediktion preist Gottes Treue in der Heilsgeschichte und nimmt auf die Torahoffenbarung Bezug. Die dritte Benediktion gilt dem Ausblick auf die Herrschaft Gottes („des Himmels") als der Vollendung der Heilsgeschichte. Diese Gottesherrschaft wird durch den davidischen „gesalbten König" (Messias) repräsentiert, weil er die Torah zur vollen Anwendung bringt. Die Heilszeit am Ende der Geschichte bedeutet also volle Torah-Durchsetzung und die ausnahmslose Anerkennung des Gottes Israels als des einzigen Gottes durch die Nichtjuden. Die Völker sollen dabei – freiwillig oder gezwungenermaßen – die Autorität der Torah anerkennen, ohne Juden werden zu müssen, sie brauchen nur die sieben „noachidischen Gebote" zu praktizieren.

In diesem kollektiven Rahmen „Israel" findet der einzelne Israelit nach traditioneller Auffassung seine Aufgabe und auch seine Erfüllung. Die traditionelle Vorstellung vom Heilsziel der Geschichte (Eschatologie) gipfelt in der „messianischen Zeit"; und erreicht wird dieses Ziel desto eher, je intensiver Israel – also jeder einzelne Israelit – seiner Erwählungsverpflichtung nachkommt. Israels Torahfrömmigkeit ist der Motor der Heilsgeschichte, und Israels Ungehorsam beeinträchtigt diesen Prozess. Die Religion und insbesondere die Sünde des Einzelnen ist folglich innerjüdisch gesehen keine Privatsache.

Der eine Gott erscheint im jüdischen religiösen Schrifttum nicht nur stereotyp mit der Torah verbunden, sondern auch mit zwei weiteren zentralen Vorstellungen: Der eine Gott, die Torah, das eine, zur Torahverwirklichung auserwählte Volk Israel und das Land Israel bilden einen integralen Vorstellungskomplex. Erst das Reformjudentum des 19./20. Jh. trennt zwischen Volkszugehörigkeit bzw. Nationalität und Religionszugehörigkeit und lehnte daher auch eine Rückkehr ins Land der Väter oder Staatsgründung im Land strikt ab. Es setzte an die Stelle der traditionellen Heils- und Enderwartung den Glauben an den moralischen Fortschritt der Menschheit, verstand sich als Bannerträger und Speerspitze dieses Prozesses; und wurde insofern durch den „Holocaust" auch entsprechend tief enttäuscht und theologisch irritiert.

3. Offenbarungsbegriff und Normensystem des rabbinischen Judentums

Bis zur Zerstörung des Tempels im Jahre 70 n. C. weist die Geschichte des Judentums eine im Vergleich zur Folgezeit weit größere Vielfalt auf. Zwar galt am Ende dieser Epoche bereits eine Anzahl von schriftlichen und später biblischen Überlieferungen für die meisten Juden als maßgebliche, verbindliche Tradition, aber der Gesamtumfang des jüdischen Normensystems und der verbindlichen Traditionen war unter konkurrierenden Richtungen und Gruppen umstritten. Selbst die Auffassung bzw. Anwendung gemeinsamer Rechtsnormen differierten teilweise beträchtlich; ganz zu schweigen von jenen jüdischen Gemeinschaften, die zu der Zeit bereits außerhalb des Mutterlandes im Orient oder im griechischsprachigen Westen lebten. Nach 70 n. C. setzte sich das auf pharisäischen Traditionen fußende rabbinische Judentum allmählich weitgehend durch; ab 200 n. C. auch in Babylonien, wo in den folgenden drei Jahrhunderten unter der Partherherrschaft große, gut ausgestattete Schulen die Traditionen auf viel effektivere Weise sichten und ausbauen konnten, als es im ärmeren, römisch-byzantinisch beherrschten Palästina möglich war. So errang der viel umfangreichere babylonische Talmud auch den Vorrang vor dem palästinensischen, doch blieb Palästinas Judentum für die Entwicklung der Liturgie, der synagogalen Poesie und der Bibelinterpretation (Midrasch) tonangebend.

Durch die Tempelzerstörung des Jahres 70 n. C. verlor die Priester- und Levitenkaste ihre institutionelle und damit auch ökonomische Basis; nicht zuletzt auch die damit organisatorisch verbundene oberste Kompetenz in Fragen der Torah-Erteilung und der Gerichtsbarkeit. Von nun an dominierte die rabbinische Offenbarungs-Definition, die mehrere Autoritätsgrade unterscheidet, nämlich „Torah", „Propheten" und „Schriften" (Hagiographen), ergänzt durch rabbinische Autorität und Brauch.

Die Torah gilt als absolut verbindliche Offenbarung und liegt in der Tradition zweigeteilt vor: als „Schriftliche Torah" in Form von Geboten und Verboten innerhalb des biblischen Pentateuchs, wobei man 613 Vorschriften (248 Gebote und 365 Verbote) zählt; und als „Mündliche Torah" im talmudisch-rabbinischen Schrifttum. Beide zusammen bilden die Basis für das jeweils als gültig definierte, angewendete Normensystem (die Halakah). Diese doppelte Torah wird als „Prophetie des Mose" als allein absolut verbindliche Offenbarung strikt von jeder anderen Form von Prophetie abgegrenzt, die keinerlei zusätzliche Gesetzesoffenbarung enthalten kann. Diese Gesamttorah ist also zum kleineren Teil innerhalb der Bibel im Pentateuch enthalten, zum weit größeren Teil in der alten rabbinischen Tradition. Die synagogale Schriftlesung betrifft aber nur die Schriftliche Torah und betrifft den gesamten Pentateuch in einem einjährigen Perikopenzyklus.

Als „Propheten" werden zwei Schriftkorpora der Bibel bezeichnet: Als „Frühe Propheten" die Geschichtsbücher Josua bis 2. Könige, und als „Spätere Propheten" die Prophetenbücher selbst. Diesem Bibelteil wird eine deutlich nachgeordnete Autorität zugeschrieben. Die biblische Prophetie enthält demnach Weissagungen und ethische Anleitungen zur richtigen Torah-Erfüllung, aber keine Torah. Für die synagogale Schriftlesung werden den Pentateuch-Perikopen auch nur Auswahlperikopen aus den Propheten zugeordnet.

Die „(übrigen) Schriften" (Hagiographen) der Bibel bilden eine weitere, untergeordnete Offenbarungsstufe. Nur die Psalmen haben einen Sonderstatus, insofern sie als inspirierte Dichtungen des Königs David gelten und daher ebenfalls prophetische Qualität haben.

Frühe und spätere bzw. aktuelle rabbinische Verordnungen, die über die rabbinische Kompetenz zur Halakah-Festlegung hinaus Sachfragen regeln, haben einen noch mehr nachgeordneten, aber doch verbindlichen Charakter. Dasselbe gilt für Verordnungen der einzelnen Gemeinden.

Prophetische Offenbarungen im Sinne der Weissagungsprophetie wurden im Lauf der jüdischen Religionsgeschichte immer wieder von Einzelpersonen in Anspruch genommen, sehr häufig im Rahmen messianischer Bewegungen oder zur Unterstreichung gelehrter bzw. kabbalistischer Prestige-Ansprüche. Sie spielen aber insgesamt eine relativ geringe Rolle und haben jedenfalls in Fragen der Torah und Halakah keine Bedeutung.

Das aufgeklärte Judentum, insbesondere das Reformjudentum, hat die traditionelle Abstufung der Offenbarungsautorität in einer dem Begriff der christlichen „Bibel" nahekommenden Weise verändert. Der Akzent verlagerte sich auf die „sittliche Botschaft der Propheten" in Verbindung mit dem monotheistischen Bekenntnis, wozu aus der Schriftlichen Torah noch der Dekalog auf betonte Weise hervorgekehrt wird. Gesetz und Brauch gelten als historisch bedingtes und daher auch änderbares Mittel zur Bewahrung der „Wahrheit".

Man hat die Formulierung „Die Torah des HERRN ist vollkommen“ in Ps 19,8 so verstanden, dass die Gesamttorah den ganzen Gotteswillen und somit auch alles Wissenswerte umfasst. In der Schriftlichen und Mündlichen Torah tritt diese Gesamttorah aber nicht in ihrer Vollkommenheit in Erscheinung, so dass jederzeit und jeden Orts die Gesamtheit und Tiefe der Torah erfasst werden könnte. Dem begrenzten menschlichen Fassungsvermögen, selbst den rabbinischen Autoritäten, bleibt vielmehr ein undefinierbarer Teil der ganzen, vollkommenen Torah verborgen. Aber im Bedarfsfall, wenn die entsprechenden Fragen auftauchen, ist es möglich, in und durch die offenbarte Torah auch die angemessenen Antworten und Regelungen zu finden oder zu erschließen. Schon Dtn 29,28 unterscheidet in diesem Sinn „Verborgenes“ und „Offenbares“; das Letztere ist das, was aktuell bekannt und verbindlich ist. Das Studium der Torah ist darum keine bloß theoretische oder erbauliche Tätigkeit, es dient dazu, aus der unerschöpflichen Torah das zu entdecken, was dem Bedarf der Stunde entspricht; und das nicht einfach dank exegetischer Verfahren, also Schriftauslegung, sondern viel häufiger durch juristische Deduktionsmethoden. Zwar ist dies vorrangig Aufgabe der rabbinischen Autoritäten, die dafür feste Regeln aufgestellt haben und deren Kompetenz durch eine Art Ordination (Semikah) dokumentiert wird. Aber auch jedem männlichen Laien obliegt es grundsätzlich, dem rabbinischen Bildungsideal nachzueifern, auch zu dem Zweck, konkret als Torah-Lehrer für die eigenen Söhne wirken zu können. Der tiefere Beweggrund ist jedoch der Glaube, dass die „vollkommene Torah“ durch den Menschen nie voll erfasst und ausgeschöpft werden kann und außerdem die Bedeutung eines Gesetzes theologisch weit übersteigt, so dass Torahkenntnis mit Torahpraxis zusammen die angemessene Form des Gottes-Dienstes ergeben. Die Torah gilt in der Tradition als Gotteswille schlechthin und als vorgeschöpflich, gilt als Schöpfungsplan und gottgewollte Ordnung der Schöpfung, also auch als Naturgesetz. Wer Torah praktiziert, lebt und handelt der göttlichen Bestimmung der Schöpfung gemäß, verfügt über die beste, weil schöpfungsplankonforme soziale und politische Ordnung und damit auch über die besten Voraussetzungen für Erkenntnis und insbesondere Gotteserkenntnis, gewinnt durch Torah-Studium Einsicht in Gottes Werk als Schöpfer und Erhalter. Für jüdische Frömmigkeit war es darum immer von hoher Bedeutung, dass Torahstudium und Torahpraxis nicht auseinanderfallen und dass sie stets mehr bedeuten als Gesetzeskunde und Gesetzesgehorsam. Es ist unsachgemäß, unter „Torah“ nicht auch „Gesetz“ zu verstehen, doch deckt der Begriff „Gesetz“ nur einen Teil der Bedeutung der Torah ab. Von einer ganz besonderen Bedeutung war im Zusammenhang mit dem Torah- und Bibelstudium die Auffassung der hebräischen Sprache. Sie gilt als Sprache der Schöpfung und selbst den Details der Schriftzeichen wurden kosmogene (schöpferische) Potenzen zugeschrieben. Und da die Buchstaben der hebräischen Konsonantenschrift zugleich als Zahlzeichen dienen, verbanden sich (wie im Griechischen) Buchstaben- und Zahlensymbolik mit dem Glauben an die Macht des gesprochenen und geschriebenen Wortes. Das Lesen heiliger Texte bekam dadurch einen besonders hohen spekulativen wie meditativen Stellenwert. Eben dies begründete auch die große Sorgfalt, mit der die sog. „Masoreten“ (Spezialisten für Bibeltextüberlieferung) bei der Überlieferung des Bibeltextes verfuhren.

Die Hochachtung vor der Torah überträgt sich auf ihre Repräsentanten: Unabhängig von der sozialen Herkunft oder den Vermögensverhältnissen kommt dem Torahgelehrten und Lehrer höchstes Ansehen zu, und das bestimmte auch das Verhältnis Lehrer – Schüler. Der erste Lehrer eines Menschen soll jedoch der Vater sein, dessen Grundpflicht gegenüber einem Sohn darin besteht, ihm einen Beruf und Torahkenntnis zu vermitteln. Da der Elternehrung schon durch das vierte Gebot des Dekalogs großes Gewicht zukommt, wird das Vaterbild durch eine tatsächliche Torah-Lehrerfunktion des Vaters noch ehrfurchtsgebietender und beherrschender; ein Umstand, der sich freilich in Generationenkonflikten der Moderne nicht nur positiv ausgewirkt hat.

4. Judentum und Judenheit im historisch-ethnographischen Rahmen

Das Englische unterscheidet sinnvoller Weise zwischen Judaism und Jewry, das Erste eine religiös-geistesgeschichtliche Erscheinung, das Zweite eine ethnographisch-statistisch erfassbare Größe. Im Deutschen entspräche dem Judentum und Judenheit, doch ist der zweite Ausdruck leider aus der Mode gekommen. Zur Judenheit zählen nach herkömmlicher Definition alle, die von einer jüdischen Mutter (nicht Vater!) herstammen oder rituell zum Judentum übergetreten sind. Diese an sich religionsgesetzliche und „orthodoxe" Definition ist aber auch Grundlage des Personenstandsrechtes des modernen Staates Israel, wo zwischen religionsunabhängiger Staatsbürgerschaft und religionsgebundener jüdischer Nationalität unterschieden wird. Dieser Umstand zeigt bereits, dass ein traditioneller Anspruch wirksam ist, nach dem die Judenheit als Träger des Judentums zu betrachten ist, während in der Realität in einem gewissen Maß, seit der Aufklärung und Emanzipation in größerem Ausmaß Teile der Judenheit sich nur mehr bedingt oder gar nicht mehr zum traditionellen Judentum zählen. Somit entstand das Bedürfnis nach neuen Definitionen des Judentums, die mit der traditionellen Definition aber mehr oder minder kollidieren.

Und unabhängig davon entstand angesichts der antisemitischen Bedrohung ein gesamtjüdisches Bedrohungs- und Solidaritätsbewusstsein, das innerhalb der Gesamtjudenheit (meist als „Weltjudentum" betitelt) auch zu entsprechenden organisatorischen Maßnahmen geführt hat, wobei das Judentum in seinen verschiedenen Ausprägungen je nach den Mehrheitsverhältnissen innerhalb dieser Organisationen zum Zuge kommt. Hält man sich vor Augen, dass es heute außer den Orthodoxen, für die Religions- und Volkszugehörigkeit nach wie vor ineins fallen, zahlreiche Personen jüdischer Herkunft gibt, die sich nur in religiöser Hinsicht als Juden verstehen, während andere, religiös indifferent oder gar religionsfeindlich eingestellt, sich nur als Mitglieder der jüdischen Nation betrachten, wird deutlich, dass Judentum und Judenheit teilweise auseinanderfallen und im Extremfall nur durch die negative Erfahrung des Antisemitismus zusammengehalten werden. Soweit allerdings noch ein gewisses Bewusstsein jüdischer Geschichte vorhanden ist, kommt ein positiver Integrationsfaktor zur Wirkung, der die überproportional gewichtige Rolle der Orthodoxie im heutigen Judentum erklärt. Sieht man nämlich von der abstammungsmäßigen Kontinuität ab, erweist sich das heute als „orthodox" bezeichnete traditionelle Judentum als äußerst wirksame integrierende Größe, obschon es weniger als 20% der Judenheit ausmacht.

Dieses traditionelle Judentum ist laut jüdischer Tradition in seiner monotheistischen Komponente mit Abraham und in vollem Umfang mit Mose und der Sinaioffenbarung begründet worden. Von da an sei es im Lauf von mehr als drei Jahrtausenden (innerhalb einer besonderen jüdischen Zeitrechnung, die bis 2003 genau 5763 Jahre seit der Schöpfung zählt) im Wesentlichen unverändert überliefert worden, jedoch den wechselnden Bedingungen und Erfordernissen angepasst; und zwar begleitet von ständigen Auseinandersetzungen über Maß und Zweckmäßigkeit dieser Anpassungen. Die auf der Aufklärung basierenden modernen jüdischen Richtungen und Spielarten werden daher von der Orthodoxie auch als Abirrungen bewertet und behandelt, Amtshandlungen nicht orthodoxer Rabbiner werden als ungültig gewertet.

Im Unterschied zu diesem ethno-religiös zentrierten, orthodoxen Geschichtsverständnis tritt das Judentum in seiner traditionellen Form aber historisch nachweisbar erst mit dem rabbinischen Judentum in dem Maße in Erscheinung, wie es sich zwischen der Zerstörung des Jerusalemer Tempels im Jahre 70 n.C. bis zur arabischen Eroberung Palästinas 638 n.C. herausgebildet hat. Auf dieser Basis entwickelte sich im Mittelalter im islamischen und im christlichen Bereich auf unterschiedliche Weise und mit besonderen Nachwirkungen der jüdischen Zentren in Palästina und in Mesopotamien jenes Bild der jüdischen Religion und Kultur, das in der Neuzeit als orthodoxes Judentum gilt.

Die ältere Geschichte des antiken Judentums wird meist im Sinne der biblischen Geschichtsdarstellungen beschrieben, doch handelt es sich dabei um Jerusalemer Traditionen, die ihre literarische Endgestalt erst 500–300 Jahre vor der Tempelzerstörung erhalten haben und ein dementsprechend einseitiges Bild vermitteln.

Die in Palästina im Lauf des 13. Jh. einsickernden Gruppen, die später als Zwölfstämmevolk auf den Ahnvater Jakob zurückgeführt wurden, haben im Verlauf der folgenden Eisenzeit unter den Königen David (ca. 1020–972 v.C.) und Salomo (ca. 972–932 v.C.) unter der Bezeichnung „Israel" eine politische Einigung mit territorialstaatlicher Integration der altansässigen Kanaanäer erfahren. In diesem Rahmen wurden gewisse ältere Traditionen als gesamtisraelitische Überlieferung adaptiert und ein Reichskult eingeführt, der naturgemäß in der Residenzstadt Jerusalem und am dort unter Salomo erbauten Reichsheiligtum seine maßgebliche Repräsentanz fand, aber auch an Provinzheiligtümern vertreten war. Daneben lebten, wie die archäologischen Funde belegen, die angestammten ethnisch oder lokal gebundenen Kulte der Volksreligion aber weiter. Erst im Lauf der weiteren Königszeit setzte sich die Jerusalemer Richtung des JHWH-Kultes, die v.a. in der prophetischen und deuteronomistischen Literatur bezeugt ist, mehr und mehr durch, schließlich auch dank staatlicher Maßnahmen. Nach dem Tod Salomos zerfiel das Reich unter seinem Nachfolger Rehabeam in zwei meist rivalisierende Teilreiche; das Königtum „Israel" im Norden und das Königreich Judah im Süden. Da das Nordreich Israel 722 v. C. von Assyrien erobert und einverleibt wurde und sich danach weder politisch noch ethnisch-kulturell als eigenständige Größe zu behaupten vermochte, fiel dem Reich Judah die exklusive Rolle als „Israel" zu. Folglich bestimmten die Jerusalemer Traditionen und der Jerusalemer Kult den weiteren Verlauf. „Israel" wurde und blieb bis heute die Selbstbezeichnung der ethno-religiösen Größe, die gewöhnlich als Judenheit/Judentum bezeichnet wird. Aber auch das Reich Judah ging 587/6 unter, wurde dem neubabylonischen Reich einverleibt und der erste Jerusalemer Tempel wurde bei der Eroberung Jerusalems 586 v. C. zerstört. Die meisten Angehörigen der Oberschicht und der Mittelschicht Jerusalems wurden nach Mesopotamien deportiert, wo sie allerdings relativ günstige Lebensumstände vorfanden, so dass sich nur ein Teil zur Rückkehr nach Jerusalem entschließen konnte, als 538 der Perserkönig Kyros mit einem Edikt die Rückkehr und den Wiederaufbau des Jerusalemer Tempels gestattete. Die Heimkehrer wurden dafür mit günstigen Privilegien versehen und insbesondere das Kultpersonal geriet in den Genuss vorteilhafter Regelungen, die in den folgenden Jahrhunderten die Umwandlung der Teilprovinz in einen ausgesprochenen Tempelstaat ermöglichten; zumal die davidische Restauration scheiterte und einer Hierokratie Platz machte, an deren Spitze der Hohepriester und ein Notablengremium standen. Der Zweite Tempel wurde 516 v. C. eingeweiht und damit entstanden in der Folgezeit eine ausgefeilte Kultordnung und eine weithin nach rituell-kultischen Gesichtspunkten gestaltete Sozial-, Rechts- und Lebensordnung. Zugleich wurden die alten Überlieferungen unter den neuen Gesichtspunkten gesichtet und neu formuliert; nicht zuletzt in Werken, die mehr oder minder dem Pentateuch der Bibel entsprachen, und im deuteronomistischen Geschichtswerk.

Diese neue Ordnung wurde von den Heimkehrern aus dem Exil nach Vorstellungen und Programmen gestaltet, die der deportierten Eliteschicht entsprachen und einen radikalen Bruch mit der herkömmlichen Volksreligion bedeuteten. Folgerichtig schloss die Heimkehrergruppe auch von vornherein von der neuen Kultgemeinschaft des zweiten Tempels alle aus, die sich ihrer Linie nicht fügten. Dabei kam es aber wohl schon früh zu Interessenskonflikten und persönlichen Rivalitäten, aber auch zu Differenzen in Bezug auf rituelle Fragen und hinsichtlich der Anwendung der beiden überlieferten Kalendersystemc. Es handelte sich um einen nach dem Sonnenlauf orientierten 364-Tage-Kalender, der auch einem Zeitrechnungssystem in Siebenerperioden (7, 49, 296, 343 und 490 Jahre) zugrundelag, und um einen interkalierten Mondkalender. Texte aus den Qumranhöhlen belegen, dass diese Streitpunkte schon vor dem 2. Jh. v. C. akut gewesen waren, nach 200 v. C. krisenhafte Bedeutung erlangten und eine Art Schisma in der Priesterschaft verursachten. Die Verlierer sonderten sich ab und verloren mit der Zeit an Bedeutung, weil neue Machtkonstellationen auftauchten. Die inneren Zwistigkeiten hatten gegen 175 v. C. in Jerusalem zu bürgerkriegsartigen Auseinandersetzungen geführt, in denen der Seleukidenkönig Antiochus IV. Epiphanes (175–164 v. C.) Partei ergriff, zugleich aber auch im Zug seiner Ägyptenfeldzüge den Jerusalemer Tempelschatz plünderte. Da die Wirren anhielten, kam es zu einer militärischen Konfrontation mit dem König, der energisch durchgriff und 168 v. C. im Jerusalemer Tempel einen syrischen Kult einführen ließ, wodurch in jüdischen Augen der Tempel geschändet und entweiht war. Im Widerstand gegen die seleukidische Besatzung Jerusalems und im Kampf gegen syrische Truppen profilierte sich die Priesterfamilie der Hasmonäer (auch „Makkabäer“ genannt) derart, dass 164 v. C. der Tempel wieder eingeweiht werden konnte und dann nach bitteren Rückschlägen schließlich 141 v. C. die Eigenstaatlichkeit Judäas mit den Hasmonäern als erblichen Fürsten und Hohepriestern erreicht werden konnte. Sie orientierten sich zunächst an den im Volk verankerten politisch-religiösen Richtungen, aus denen die Pharisäer hervorgingen, stützten sich aber schließlich mehr auf die Priesteraristokratie bzw. die elitären „Sadduzäer“. Die Pharisäer hingegen suchten Anhang im Volk und übten auf diese Weise einen wachsenden Einfluss aus.

Die Tradition der pharisäischen Gruppen bestimmte nach 70 n.C. das entstehende rabbinische Judentum. Ein besonders eigentümliches Merkmal dieses frühen Judentums ist die Vorstellung vom Zusammenhang zwischen der Erfüllung des offenbaren, absolut verbindlichen Gotteswillens (der Torah) und dem Geschichtslauf. Ging die ältere Vorstellung schon davon aus, dass Missachtungen bzw. Verletzungen der Torah automatisch Unheil nach sich ziehen, Toraherfüllung aber Leben und Heil bedeutet, so glaubten vor allem in der hellenistischen Periode (ab 332 v. C.) immer mehr Juden und nicht zuletzt die Pharisäer daran, dass die Gesamtgeschichte einem nicht mehr fern liegenden Ziel entgegeneile und dass es gerade in dieser Endzeitperiode besonders darauf ankommt, den Gotteswillen präzis und ernsthaft zu erfüllen. Diese endzeitorientierte („eschatologische“) Geschichtsauffassung bestimmte mit dem Glauben an die Geschichtsmächtigkeit der Torahpraxis Denken und Handeln der Jahrhunderte um die Zeitenwende auf schicksalshafte Weise, weil die Konfrontation mit der römischen Weltmacht, die seit 63 v. C. auch Palästina beherrschte, unter diesem Vorzeichen stand. Die Endzeiterwartung verleitete damals zu einer Fehleinschätzung der realen Machtverhältnisse und die Folgen waren drei verlustreiche Aufstände gegen Rom: a) 66–70 n.C. in Palästina (Judäa und Galiläa) mit dem Ergebnis der Zerstörung des zweiten Tempels. b) 115–117 n.C. in der griechischsprachigen Diaspora, mit dem Ergebnis einer derartigen Schwächung dieses Teils der Judenheit, dass seine reiche Kultur nur mehr in sehr beschränktem Maß zur Geltung kam und innerjüdisch überhaupt kaum mehr nachwirkte. c) 132–135 n.C. in Judäa (Bar-Kokba-Aufstand). Abgesehen davon kam es zu zahlreichen spekulativen bis spektakulären Versuchen, den Endtermin und damit den Beginn der vollkommenen Gottesherrschaft festzulegen. In diesem Rahmen dieser hochgespannten, aber keineswegs einheitlichen Gottesherrschafts-Erwartungen entstand auch das frühe Christentum als eine der innerjüdischen Bewegungen, die den Anspruch erhoben, die Gottesherrschaft sei nahe oder gar angebrochen. Das Besondere am Christentum und die Ursache für seine Loslösung vom zeitgenössischen Judentum war, dass es die Erfüllung der endzeitlichen Verheißungen und damit die Lösung der jüdischen Probleme an die Person des gekreuzigten und nach der christlichen Botschaft auferstandenen Jesus von Nazareth verband.

Zu den Besonderheiten der jüdischen Geschichte gehört, dass ein Großteil und meistens sogar die Mehrheit der Juden nicht im Land Israel lebte, sondern von früh an in der „Diaspora“, in einer geographisch bemerkenswert weitgespannten Zerstreuung. Palästina ist ja nur eine schmale Landbrücke zwischen Mittelmeer und Wüste, geologisch ungünstig gegliedert und mit seinen begrenzten Anbauflächen nicht in der Lage, einen stärkeren Bevölkerungszuwachs zu ernähren. So ergab sich die Abwanderung und die Gründung von Ansiedlungen im näheren und weiteren Umkreis von selbst. Einschneidende politische Ereignisse führten außerdem zu umfangreicheren Deportationen bzw. Exilierungen. Vor allem die Deportationen der Ober- und Mittelschicht Judäas und Jerusalems nach Mesopotamien beim Untergang des Reiches Judah um die Wende vom 7. zum 6. Jh. v. C. ist als „babylonische Gefangenschaft“ im Gedächtnis geblieben. Zwar erlaubte der Perserkönig Kyros 538 nach seinem Sieg über das babylonische Reich den Judäern die Heimkehr und den Wiederaufbau des Jerusalemer Tempels, aber nur ein Teil machte davon Gebrauch. So wuchs in Mesopotamien in den folgenden Jahrhunderten eine wohlhabende, ostaramäisch sprechende jüdische Bevölkerungsgruppe heran, die in der talmudischen Zeit kulturell den maßgeblichen Teil des Gesamtjudentums stellte; zwar stets in engem Kontakt mit dem palästinischen Mutterland, aber eben doch mit eigenen Formen der Selbstverwaltung und mit einem hoch entwickelten rabbinischen Schulwesen, wie es unter den dürftigeren Verhältnissen Palästinas nicht gestaltet werden konnte. Seit Alexander d. Gr. und unter den Ptolemäern entwickelte sich in Alexandrien neben der „griechischen“ Mehrheitsbevölkerung ein starker jüdischer Bevölkerungsanteil. Mit der Zeit kam es in zahlreichen Orten Ägyptens und der Kyrenaika zu jüdischen Ansiedlungen, die sich mit der Verwendung des Griechischen von der einheimischen Bevölkerung deutlich und bewusst abhoben und sich wie die „Griechen“ als Kolonisten verstanden; dadurch teils mit diesen konkurrierend, aber für die Landesbevölkerung eben auch Fremde. Auch in anderen Städten des östlichen und bald auch des westlichen Mittelmeerraumes entstanden – meist freilich nur kleine – jüdische Niederlassungen, die vor allem als Stützpunkte eines weit verzweigten Handelsnetzes dienten, dessen Effektivität erst voll in Erscheinung trat, als am Ende der Antike die christlich-syrischen Händler ihre Vorrangstellung verloren und eine intensive Nachfrage nach funktionierenden Fernhandelsunternehmen aufkam. Obschon aus Palästina zugewandert, erwiesen sich diese Einzelgemeinden im Vergleich zu den mesopotamischen als weit eigenständiger. Daher kam es in den Jahrhunderten nach der Zerstörung des Tempels im Jahre 70 n.C. zwischen den aramäisch-sprachigen und rabbinisch orientierten Juden des „Landes Israel" und dem „hellenistischen Judentum" der westlichen Diaspora zu einer tief reichenden Entfremdung und Konkurrenz, wobei das palästinisch-rabbinische Element nach langwierigen Auseinandersetzungen, die bis ins 5.–7. Jh. n. C. andauerten, den Sieg davontrug. Kaum etwas von der reichen Literatur und Kultur des griechischsprachigen Judentums wurde innerjüdisch weitertradiert; was erhalten blieb, ist christlichem Interesse zu verdanken. Dazu gehören die Schriften des hellenistisch-philosophisch gebildeten Philon von Alexandrien aus dem frühen 1. Jh. n. C. und vom Ende desselben Jahrhunderts die Werke des Flavius Josephus, dessen Geschichtswerken wir einen Großteil unserer Kenntnisse der jüdischen Geschichte zwischen 300 v. bis 70 n. C. verdanken.

Der Untergang des weströmischen Reiches in den Wirren der Völkerwanderung und die Entstehung der europäischen Nachfolgestaaten des Imperiums boten neue und günstige Möglichkeiten für weitere jüdische Handelsniederlassungen entlang der alten und neuen Handelsrouten, in Gebieten mit unterschiedlichsten Sprachen und ethnographischen Strukturen. Bis zum Ende des Mittelalters gab es fast in allen größeren Orten der christlichen und islamischen Welt jüdische Gemeinden. In der islamischen Welt gab es von alters her in Mesopotamien eine starke und gut situierte jüdische Bevölkerungsgruppe, die unter islamischer Herrschaft ihre talmudische Tradition uneingeschränkt weiterpflegen durfte und dank der Verbindung mit dem Machtzentrum des Kalifats auch in entsprechendem Maß durchzusetzen vermochte. Auch wenn die Juden ebenso wie die Christen v.a. im öffentlichen Leben gewisse Beschränkungen zu erdulden hatten, intern genossen sie eine weitgehende Autonomie. Kennzeichnend ist nun aber, dass in den islamischen Gebieten im Unterschied zum christlichen Bereich große Städte eine gewichtige Rolle spielten, was auch ein entsprechend starkes urbanes jüdisches Element mit großen Gemeinden und mit regionalen Selbstverwaltungsstrukturen bedingte. Die Schwerpunkte wechselten im Lauf der Jahrhunderte freilich im Zuge der Verlagerung der politischen Machtzentren. Das mesopotamische Judentum verlor mit dem Verfall des Kalifats rasch an Bedeutung, dafür entstanden in Spanien und Nordafrika neue Zentren jüdischer Kultur, die auch auf Südfrankreich und Italien ausstrahlten. Von Palästina/Ägypten aus, also von zunächst byzantinischem, dann islamischem Gebiet, wurde in erster Linie die Judenheit des byzantinischen Reiches geprägt, zu dem auch Teile Italiens gehörten, von wo aus derartige Traditionen mit Handelsleuten aus Italien über die Handelswege nach Norden in den Donauraum und an den Rhein gelangten, während gleichzeitig von Südfrankreich her die Rhone aufwärts ein zweiter Traditionsstrom einmündete. So entstand nördlich der Alpen das „aschkenasische" Judentum, während sich unter dem Einfluss des spanischen Zentrums der „sefardische" Zweig des Judentums auszuprägen begann.

Mit dem Spätmittelalter und im Lauf der Neuzeit verlagerte sich das Schwergewicht des aschkenasischen Judentums nach Polen und Litauen, wo zunächst analog zur deutschen

Ostsiedlung städtisch-bürgerlich geprägte jüdische Gemeinden mit deutsch-jüdischer Umgangssprache entstanden. Im 17./18. Jh. kam es hier aber zu einer Abwanderung in ländliche Gebiete und es entstanden jüdische Dorf- und Kleinstadtgemeinden (Schtetl), die neben den überdimensionalen Großstadtgemeinden die Besonderheit des osteuropäischen Judentums ausmachten. Blieben die Großstadtgemeinden auch weiterhin Zentren rabbinischer Gelehrsamkeit, so entwickelte sich im ländlichen Bereich ein rabbinisch unterversorgter Raum, in dem die traditionellen Hilfsfunktionen synagogalen Daseins religiös dominierten. Rituelle Schlachter, Kinderlehrer und Amulettschreiber, nicht zuletzt auch Wanderprediger bestimmten hier den religiösen Alltag, was den Nährboden für den osteuropäischen Chassidismus abgab, der im 18.–19. Jh. weite Bereiche des Ostjudentums mit Gemeinschaften überzog, die sich nicht an der traditionellen Gemeindestruktur und deren Autoritäten orientierten, sondern an Einzelpersonen, die zunächst als charismatische Figuren (Zaddikim) verehrt wurden, dann aber bald in familiengebundener Erbfolge die Spitzen einer autoritär geführten, überregionalen Gefolgschaftsstruktur darstellten. Obschon diese chassidischen Gemeinden hinsichtlich der Autoritätsansprüche und mancher Details im Brauchtum mit den rabbinisch kontrollierten Gemeinden konkurrierten, bildeten sie kultur- und religionsgeschichtlich ebenso wie diese ein massives orthodoxes Bollwerk gegen jedwede Neuerung, vor allem gegenüber der jüdischen Aufklärung, wodurch sich das „Ostjudentum" im 19. Jh. markant vom „Westjudentum" abhob. Dieses „Westjudentum" wurde in einem zunehmenden Maß von der modernen Umweltkultur bestimmt, es kam zu häufigen Übertritten zum Christentum und es entstanden säkularisierte Randschichten, die sich dem Judentum weder religiös noch ethnisch ernsthaft verbunden fühlten und erst durch den modernen Antisemitismus wieder auf ihr Judentum zurückgewiesen wurden.

Schon während des 19. Jh. wanderten neben Westjuden in ständig anschwellendem Ausmaß seit einigen gewaltsamen lokalen Ausschreitungen (Pogromen) im Zarenreich ab 1880/82 auch Ostjuden nach Nordamerika aus, wo sich v.a. in den USA bis zum Ende des 1. Weltkriegs ein neuer Diasporaschwerpunkt herausbildete, der zunächst die ostjüdischen Spielarten der jüdischen Religion und Kultur widerspiegelte. Dazu gehörten auch nichtreligiöse und antireligiöse Strömungen wie Anarchismus und Sozialismus. Vor allem aber erfuhr das orthodoxe Element eine beträchtliche Stärkung, auch durch chassidische Gruppen, während westjüdische Einwanderer in der Regel zu Bannerträgern des Reformjudentums wurden. Das osteuropäische Judentum selbst wurde durch die NS-Herrschaft vor allem in seinen polnischen Zentren nahezu vernichtet. Die nachfolgende kommunistische Gewaltherrschaft unterband eine freie religiöse und kulturelle Entfaltung der Überlebenden, von denen so viele in die USA und nach Israel auszuwandern trachteten, so dass nach dem Zusammenbruch der kommunistischen Herrschaft von der einstigen Vielfalt des Ostjudentums nur mehr geringe Spuren erhalten blieben und sein kulturelles Erbe hauptsächlich in den USA und in Israel weiterwirkt.

5. Sprache, Kultur und Religion

Zu den Postulaten des modernen Nationalismus gehört die These, dass eine Nation u.a. auch durch die gemeinsame Sprache konstituiert wird. Nun weist gerade das Judentum in dieser Hinsicht einen äußerst komplizierten Befund auf. Das Hebräische ist zwar die

Sprache der Tradition und wird religiös auch als „heilige Sprache“ der göttlichen Offenbarung (Ex 19–20) und wegen der 10 Schöpfungsworte Gottes in Gen 1–2 spekulativ über alle anderen Sprachen erhoben. Aber das war nicht die ursprüngliche Sprache der ins Land Kanaan einwandernden israelitischen Stämme, sie übernahmen im Land Kanaan mit der Kultur auch die Sprache des Kulturlandes. Schon ein halbes Jahrtausend v. C. sprachen die Israeliten aber Aramäisch, wenngleich das Hebräische in Kult und religiöser Tradition seinen Platz behauptete. Seit Alexander d. Gr. eigneten sich die Juden in der westlichen Diaspora, zunächst v.a. in Alexandrien und in anderen hellenistischen Städten des östlichen Mittelmeerraumes, das Griechische als Alltags- und Literatursprache an, während in Palästina und in Mesopotamien das Aramäische vorherrschte und das Hebräische weiterhin seinen hohen Rang behauptete, so auch in der talmudisch-rabbinischen Literatur. Die auf sie aufbauende rabbinische Gelehrsamkeit der folgenden Jahrhunderte bediente sich weiterhin des Hebräischen, das aber auch als gemeinjüdische Geschäftssprache Verwendung fand und insofern nicht einfach nur als synagogale Gottesdienst- und Gelehrtensprache zu betrachten ist. Von nachhaltiger Bedeutung für die kulturellen Entfaltungsmöglichkeiten einer ethnisch-religiösen Minorität ist das Maß der Zugänglichkeit der Umweltkultur. Das hellenistische Judentum der Antike war über die griechische Sprache in der Lage, sich auch die Umweltbildung anzueignen und diese den eigenen Traditionen und Bedürfnissen anzupassen und dienstbar zu machen. Während diese Entwicklung umständebedingt innerjüdisch wirkungsgeschichtlich im Sand verlief, ergab sich im Mittelalter eine ähnliche, weit folgenreichere Konstellation. Infolge der arabischen Eroberungen war das gesamte vorderorientalische Gebiet und der ganze östliche Mittelmeerraum ebenso wie Nordafrika und Spanien innerhalb kurzer Zeit zu einem politischen Großraum geworden, in dem das Arabische erstaunlich rasch zur allgemeinen Literatur- und (freilich regional dialektmäßig variierenden) Umgangssprache wurde.

Da nun der Islam vom jüdischen Religionsgesetz aus beurteilt einen reinen Monotheismus vertritt, galt er zwar als Fremdkult, aber nicht als Götzendienst. Die kulturgeschichtliche Tragweite dieses Urteils war enorm. Die zahlreichen, rituell bedingten und geregelten Beschränkungen, die gegenüber Götzendienern in sozialen und kulturellen Belangen zu beachten sind, sind gegenüber Moslems gegenstandslos. Dies ergab weite Bereiche von religiös neutraler Qualität, und die gemeinsame arabische Sprache ermöglichte den vollen Zugang zur Umweltkultur. Das bedeutete nicht eine selbstvergessene Assimilation. Man las Arabisch, schrieb aber für die eigenen Leute teils weiterhin Hebräisch, teils Arabisch mit hebräischen Buchstaben. Das Hebräische erlebte in diesem Raum eine Hochblüte, weil analog zur arabischen, auf dem Korantext fußenden Sprachwissenschaft auch eine auf dem masoretischen Bibeltext fußende Hebraistik entstand, deren Grundlagen bis heute maßgebend geblieben sind. Und wie sich im islamischen Bereich in höfischen und städtischen Zentren eine erstaunlich weit reichend säkulare Kultur entwickeln konnte, kam es auch im spanischen Judentum und davon beeinflusst in südfranzösischen und italienischen Gemeinden ebenfalls zu solchen Erscheinungen, wenngleich von den religiösen Autoritäten meist kritisch beobachtet und bis zu einem gewissen Grad altersgebunden.

So mancher hebräische Dichter jener Zeit versuchte sich in jungen Jahren auf dem Gebiet säkularer Dichtung und Bildung, um sich mit zunehmendem Alter wieder einer mehr traditionelleren Lebensweise zuzuwenden. Entgegen einem geläufigen Zerrbild vom „finsteren Mittelalter" weist die oft als „goldenes Zeitalter" des mittelalterlichen Judentums bezeichnete „maurische" Periode Züge auf, die ansonsten nur in der Renaissance und dann wieder in der Zeit der Aufklärung und der Romantik anzutreffen sind. Im aschkenasischen Bereich hingegen befanden sich die jüdischen Gemeinden in einer völlig anderen Lage. Das Lateinische, die Sprache des alten Imperium Romanum, war zu einer christlich gebundenen Bildungssprache geworden, die schließlich vorwiegend klösterlich kaserniert gepflegt worden ist und für Nichtchristen kaum zugänglich war. Im Alltag war es nötig, die neuen romanischen oder germanischen Volkssprachen zu übernehmen, die erst Jahrhunderte später zu Literatursprachen wurden. Die jüdische Volksliteratur machte diese Entwicklungsprozesse mit.

Der Zugang zur Umweltbildung war dadurch schon mehr oder minder verweht, und dazu kam der schwer wiegende Umstand, dass für das jüdische Religionsgesetz das Christentum entweder expressis verbis oder zumindest verdachtweise als Götzendienst galt und daher die Kontakte mit Christen und Christlichem einer Fülle von rituellen Beschränkungen unterlagen. Zwar gab es auch hier Bereiche, die sich der strengen rabbinischen Norm entzogen, im Alltagsleben galten die praktischen Erfordernisse des Handels und Wandels oft mehr als überkommene Normen und begründete Bräuche und Verfahrensweisen, die auch die rabbinischen Gelehrten nicht ignorieren konnten. Auf den unteren sozialen Ebenen, vor allem auf der Ebene der Gesinde-Kontakte und des Volksglaubens, war die Freizügigkeit ohnedies stets größer. Gleichwohl blieb für das aschkenasische Judentum eine vergleichsweise straffe Absonderung kennzeichnend; und ihr entsprach zudem eine ebenso strikte Absonderungstendenz auf kirchlicher Seite. Einzelne Ausnahmen wurden in beiderseitigem Interesse geduldet. Reiche Juden, die ihren christlichen Herren – gleich ob weltliche oder geistliche – nützliche Dienste zu leisten vermochten, genossen Privilegien, die ihnen eine Lebensführung ermöglichten, die jener ihrer christlichen Umgebung standesmäßig entsprach.

Dieses Phänomen vervielfachte sich in der Neuzeit mit der Zahl regionaler Herrschaftsbereiche mit Verfügungsgewalt über die Juden ihres Territoriums. Solche „Hofjuden" spielten in den Anfängen des modernen Heer- und Staatswesens und bei der Entwicklung frühindustrieller Unternehmungen eine führende Rolle und stellten das Modell für ein Reform-Leitbild dar, das den jüdischen Aufklärern vor Augen schwebte. Bis dahin waren solche im aschkenasischen Bereich freilich nur Einzelfälle, die in den Gemeinden zwar dann und wann geschätzt wurden, wenn sie bei der Obrigkeit etwas zugunsten der Judenschaft des Landes zu erreichen vermochten, aber ihr Lebensstil wurde durchwegs negativ gewertet und bestenfalls als funktionsbedingte Konzession entschuldigt. Unter diesen Umständen geriet das aschkenasische Judentum im 18. Jh. gegenüber der Umwelt kulturell ins Hintertreffen, was früher oder später eine umso dringlichere Anpassung erfordern musste. Von daher erklärt sich auch die überproportionale Bedeutung, die man der jüdischen Aufklärung in Deutschland für das Gesamtjudentum zuzuschreiben gewohnt ist. In Wirklichkeit waren die Zielsetzungen dieser Aufklärung in anderen Diasporagebieten schon längst selbstverständliche Bestandteile jüdischen Lebens. In Italien wiesen die kleinen, sprachlich und kulturell stark integrierten jüdischen Gemeinden eine relativ breite gebildete Mittel- und Oberschicht auf, die dank des Italienischen verhältnismäßig leicht Zugang zur lateinischen Bildungstradition fand und daher schon während der Renaissance und des Humanismus bemüht war, die zahlreichen neuen Erkenntnisse und Bildungsinhalte aufzuarbeiten und für das jüdische Selbstverständnis zu verwerten, die nach der Entdeckung Amerikas allenthalben eine geistig-kulturelle Gärung verursachten. Wie im islamischen Spanien kam es auch hier trotz solcher kulturellen Assimilation nicht zu einem Verlust jüdischer Tradition und jüdischen Bewusstseins, sondern – im Gegenteil – zu einer Hochblüte der hebräischen Literatur; wobei die hebräische Sprache in ihrem Wortschatz eine beträchtliche Modernisierung erfuhr, eine wichtige Voraussetzung für die spätere Ausbildung des Modernhebräischen. Auch in den sefardischen Gemeinden Italiens, Hollands, Frankreichs und Englands war die Adaptierung der Umweltkultur neben dem spanisch-portugiesischen und – nicht geringen – christlichen Erbe der Sefarden, von denen ja viele längere Zeit als Zwangsgetaufte gelebt hatten, bereits längst weit gediehen, als im aschkenasischen Judentum während der späten Lebenszeit Moses Mendelssohns (1729–1786) die jüdische Aufklärung Platz zu greifen begann und mit vergleichsweise bescheidenen Bildungsreform-Forderungen Hand in Hand mit aufgeklärt-obrigkeitlichen Reformwünschen den Weg für das moderne Westjudentum ebnete.

Auch der jüdische Nationalismus des 19./20. Jh. war von der Überzeugung bestimmt, dass eine jüdische Nation auch durch eine gemeinjüdische Sprache zu definieren sei. Während die im osteuropäischen Judentum gestarteten Bemühungen, das Jiddische durchzusetzen, nur begrenzte Wirkung zeitigten und die Verwendung des Jiddischen als Propagandasprache der Anarchisten und Sozialisten bei Konservativen in Verruf geriet, bot sich das Hebräische als jüdische Nationalsprache von selbst an. So stellen die hebräische Literatur und der mit wechselnder Intensität übliche Gebrauch des Hebräischen durch die Jahrhunderte hindurch einen roten Faden dar, an dem sich jede jüdische Literatur- und Kulturgeschichte vorrangig orientiert, also nicht nur die Religionsgeschichte. Die hebräischen Aufklärer haben daher das Hebräische neben den jeweiligen Umwelt-Literatursprachen als jüdische Literatursprache zu fördern versucht, was im Westjudentum fehlschlug, weil der Sog der europäischen Kultursprachen einfach zu stark war. Anders in Osteuropa, wo sich die Juden mit ihren jüdisch-deutschen bzw. jiddischen Idiomen von der slawischsprachigen Umgebung markant abhoben und daher für die aufkommenden säkularen Bildungsbedürfnisse das Deutsche von selbst als zweite Kultursprache anbot, während das Hebräische durch die Tradition weit stärker verankert blieb als im Westen, wo man im Reformjudentum den Gottesdienst und die Gebete in den jeweiligen Landessprachen formulierte. Der Zionismus hat mit Bedacht und aus guten Gründen das Hebräische als jüdische Nationalsprache betrachtet; seine Funktion als gesprochene Alltagssprache hat das Hebräische im Kreise der Palästinasiedler wiedergefunden. Dieses Anliegen wurde im Schul- und Bildungswesen der Palästinasiedler zielstrebig weiterverfolgt, bis nach drei Generationen aus der Kunstsprache eine Kindersprache und daher eine „normale“, lebendige Volks- und Literatursprache entstand, die ab 1948 im Staat Israel eine Basis hat, von der aus das weltweite zionistische Bildungswesen auch im Diasporajudentum die Jugend mehr und mehr dem Hebräischen zuführen konnte. Heute ist nicht bloß der Staat Israel ein zentraler Faktor jüdischer Selbstdefinition, sondern auch das Hebräische, das infolge der hohen Anzahl der für längere Zeit in den USA lebenden israelischen Bürger innerhalb der dortigen Diaspora ein bemerkenswertes Eigenleben entfaltet.

6. Kult, Ritus, Heiligkeit und Reinheit

Auf dem christlich-polemischen, aufklärerischen und romantischen Religionsbegriff gründet das Urteil, die traditionelle jüdische Religionsausübung erschöpfe sich in der Beobachtung von Vorschriften und Bräuchen und ermangle daher der Innerlichkeit und Sittlichkeit, die eine Definition als „Religion" rechtfertige. Für das (insbesondere protestantische) Christentum erschien die jüdische Religion auf „Gesetzeswerke" verkürzt. Für Immanuel Kant galt sie als Brauchtum, aber nicht als Religion, auf der Basis der Schleiermacher'schen Religionsauffassung nur soweit, als in jüdischen Kreisen mit dem Brauchtum dessen romantische Wertung und Bedeutung wirksam wurde. Das beruht beileibe nicht nur auf Vorurteilen auf nichtjüdischer Seite. Gegenüber dem christlichen Dogmatismus schirmte sich die jüdische Apologetik stets durch zwei Standardargumente ab: durch das Beharren auf dem Wortsinn der Heiligen Schrift, was einen rationalen und schließlich rationalistischen Eindruck vermittelte, zum andern durch die Hervorhebung der gesetzlichen Überlieferung (Halakah) als allein verbindlicher Offenbarung mit entsprechender Abwertung der nichtgesetzlichen Traditionen (Haggadah). Moses Mendelssohn hat in derselben Art die verbindliche Offenbarungsgrundlage auf das Gesetz beschränkt und die dogmatische Ungebundenheit des Judentums und dessen Offenheit für die universalmenschliche Vernunftreligion hervorgekehrt, was Kant zu seinem bekannten Urteil über das Judentum veranlasst hat. Und im modernen Judentum wird immer wieder unterstrichen, dass für die jüdische Religion in erster Linie „Orthopraxie", nicht aber „Orthodoxie" maßgebend sei. Dies trifft aber nur zu, wenn es gilt, einen unangemessenen Maßstab abzuwehren, nach dem dogmatisch fixierten Lehrmeinungen jene Verbindlichkeit zugesprochen wird, die im Judentum allein der Torah zukommt. Zugleich sollte man nicht übersehen, dass die jüdische Religionspraxis in der Tat in hohem Maß ritualgebunden ist. Sie wurzelt in der Vorstellungswelt des Tempelkults, die über die Zerstörung des Zweiten Tempels (70 n. C.) hinaus wirksam geblieben ist, weil man den Wiederaufbau des Tempels und die Wiederaufnahme des Kultes erwartete und im orthodoxen Judentum immer noch erwartet, jedenfalls für die „messianische Zeit"; und daher werden auch die Kultvorschriften der herrschenden rabbinischen Auffassung angepasst weitergepflegt. Dazu gehört eine bunte Vorstellungswelt, die teils mit dem gottesdienstlichen Raum der Synagoge, teils mit der häuslichen Frömmigkeit verbunden ist. Grundlegend und den Alltag wie das Verhältnis zur Umwelt maßgeblich mitbestimmend sind die Vorstellungen von Rein und Unrein, Heilig und Profan.

Prinzipiell ist Gott allein heilig, aber alles und jeder, was zu Gott gehört, ist es ebenfalls. Das impliziert je nach der Distanz zum Zentrum der Heiligkeit, also zu Gott bzw. seiner Einwohnung im Tempel zu Jerusalem, konzentrisch abgestufte Heiligkeitsbereiche, die eine jeweils angemessene rituelle Reinheitspraxis erfordern. Denn dem Heiligen darf man sich nur in einem angemessenen Zustand ritueller Reinheit nähern, indem man die vorgeschriebenen Reinheitsriten beobachtet. Dem gegenüber stehen Dinge und Bereiche der Unreinheit: Alles, was mit Götzendienst, mit dem Tod und mit unheimlichen Krankheiten zu tun hat, alles, was nicht ritualgerecht behandelt oder was durch Sünde zustandegekommen ist, ist unrein und macht zum Teil auch wieder selber unrein. Unreines profaniert Heiliges, aber auch Heiliges verunreinigt das, was nicht auf der angemessenen Reinheitsstufe liegt; denn „unrein" ist an sich keine Bezeichnung für Unsauberes, sondern für rituell Unzulässiges. Und rituelle Reinheit ist nur in manchen Details auch eine Frage der Hygiene, an sich eine Frage der rituellen Adäquatheit oder Inadäquatheit, Zulässigkeit oder Tauglichkeit. Dieses rituelle Normensystem ist zugleich ein Kontrollmechanismus und ein Machtinstrument in der Hand derjenigen, die darüber verfügen: In alter Zeit waren es die Priester, im rabbinischen Judentum sind es die rabbinischen Autoritäten. Und nicht zuletzt ist dieses rituelle Normensystem ein wirksames Mittel zur sozialen Abgrenzung im Interesse des Schutzes der eigenen Religionsgemeinschaft: Der „Fremdkult" ist als Götzendienst von höchster Unreinheit; alles, was mit ihm zusammenhängt, ist (und macht z.T.) genuss- und gebrauchsuntauglich; der Götzendiener ist daher in etwa wie der Träger einer ansteckenden Krankheit zu behandeln. Berührt er rituell reine („koschere") Nahrungsmittel, werden diese genussuntauglich; v.a. gilt dies für Flüssigkeiten, eben auch Wein, weshalb es zahllose Diskussionen über „Götzenopferwein" gab. Dazu treten als besonders wirksames Absonderungsmittel spezielle Speisevorschriften für Fleisch: Das biblische Blutgenussverbot hat grundsätzlich seinen Sinn in der Anerkennung der Verfügungsgewalt des Schöpfers über das Leben; praktisch erfordert es eine Schlachtmethode, die das völlige Ausbluten des geschlachteten Tieres gewährleistet; das „Schächten", bei dem durch einen Schnitt gleichzeitig Halsschlagader- und Luftröhre durchtrennt werden. Sozialgeschichtlich gesehen bewirkten diese Vorschriften mit zahlreichen anderen eine sehr effektive soziale Absonderung von allen Nichtjuden mit dem Ziel, vor Fremdkulten und sexuellen oder gar ehelichen Verbindungen mit Nichtjuden zu bewahren und so Israel als Erwählungsgemeinschaft zu erhalten.

„Rein" und „unrein" haben also zwar an sich nur dann und wann etwas mit Sauberkeit und Hygiene zu tun, aber die durchschnittliche Erziehungspraxis nahm stets die Chance wahr, Kinder und Heranwachsende auch emotional zur Befolgung der einschlägigen Vorschriften zu motivieren. Was rituell unrein ist, wird insofern eben doch auch als „pfui" gebrandmarkt. Dazu kommt, dass von der Bibel her alles, was mit Fremdkulten verbunden war, als „Gräuel für den Herrn" disqualifiziert worden ist, was von vornherein eine starke emotionale Komponente einbrachte.

7. Die Synagoge

Der jüdische Gottesdienst ist der kollektiven Erwählungsaufgabe entsprechend in erster Linie als Gemeindegottesdienst konzipiert. Voraussetzung dafür ist die Teilnahme von mindestens 10 kultfähigen Männern, denn wie einst im Tempel, so gelten auch in der Synagoge nach traditioneller Auffassung Frauen als nur eingeschränkt kultfähig. Die Gebete sind fast durchwegs in der 1. Person Plural oder als Rede der dramatisch personifizierten „Gemeinde Israels" formuliert; und darum weist die Gebetsliteratur weithin einen dialogisch-dramatischen Charakter auf. Die strikte Einbindung des Einzelnen in die Gemeinschaft Israels wird auch daran erkennbar, dass der Kern der so formulierten Liturgie aus den beiden Pflichtgebeten besteht, die jeder Einzelne Israelit täglich zu verrichten hat: das „Höre Israel", das am Morgen und Abend rezitiert werden soll, und das „Achtzehnbittengebet", das dreimal, nämlich am Morgen, zu Mittag (de facto nachmittags vor dem Abendgebet) und am Abend zu beten ist. Die Gebetszeiten soll möglichst jedermann in der Synagoge wahrnehmen, wo im Torah-Schrein die Heiligen Schriftrollen aufbewahrt werden, aus denen im Vormittagsgottesdienst an den alten Markttagen (Montag und Donnerstag), v.a. aber am Sabbat, die liturgische Schriftlesung vorgetragen wird. Dabei nimmt die Torah (im Sinne des Pentateuchs) den ersten Rang ein und wird durch eine Auswahl von Prophetenperikopen (Haftarot) ergänzt. Die heiligen Schriftrollen verleihen der Synagoge etwas wie Gottesgegenwart; dazu kommt, dass in Erinnerung an den Tempel die Synagoge als „Kleines Heiligtum" bezeichnet wird. Wie im Tempelkult tragen den Gottesdienst nur die Männer, für anwesende Frauen gibt es wie im Tempel einen begrenzten Bereich (Frauenempore), wo sie unauffällig und abgeschirmt den Gottesdienst verfolgen können, so dass die Männer nicht abgelenkt werden können. Die Synagoge ist aber dennoch kein „Gotteshaus" im Sinne der christlichen Kirche, sie ist auch ganz normale Versammlungsstätte der „Heiligen Gemeinde", das soziale Zentrum der Gemeinde; und heute bildet sie auch baulich meist den Hauptteil eines modernen Gemeindezentrums.

Die Grundtsruktur des liturgischen, öffentlichen und privaten Zeitrasters wird durch die Sabbate bestimmt. Die Monatsanfänge und die festen und beweglichen Feste und Fasttage des liturgischen Jahreszyklus stammen zum Großteil aus antiker Zeit und enthalten in ihren Gebetsordnungen massive Reminiszenzen an den Tempelkult, dessen Wiedereinführung die Orthodoxen für das Ende der Tage erwarten, was für Reformjuden wieder als unvorstellbar erscheint. Das Neue Jahr beginnt im Kultkalender der rabbinischen Tradition im Herbst, in alter Zeit gab es auch einen Frühjahrs-Jahresbeginn. Das Neujahrsfest ist mit der Vorstellung vom Gericht Gottes über die Menschen verbunden. Um Entsühnung des Volkes Israel bzw. Sündenvergebung geht es am Großen Versöhnungstag bzw. Jom (ha-)kippur(im), dessen Liturgie auf Lev 16 und dem Mischna- bzw. Talmudtraktat Joma fußt. Der Versöhnungstag ist ein strenger Fasttag und erfüllt auch heute noch für jüdisches Bewusstsein weit über die praktizierenden Religiösen hinaus eine gewisse Symbolfunktion. Das Laubhüttenfest, das erste der drei Wallfahrtsfeste aus der Tempelzeit, weist eine doppelte Symbolik auf. Einerseits ist es ein Erntefest, andererseits gilt es der Repräsentation der Heilstaten Gottes während der Wüstenwanderung nach dem Auszug aus Ägypten unter Mose. Darauf folgen das Torahfreude-Fest und der Beginn des jährlichen Schrift-Lesezyklus. Das Chanukkah-Fest im Dezember vergegenwärtigt die Wiedereinweihung des unter Antiochus IV. Epiphanes 168 v. C. entweihten Tempels, wobei in der Neuzeit gewisse Analogien zum Weihnachtsfest hinzukamen. Das Purimfest gedenkt in einem Freudenfest der Errettung der Juden des Perserreichs aus großer Gefahr. Das Passah/Mazzot-Fest trägt als altes Wallfahrtsfest wie das 50 Tage spätere Wochenfest einen Doppelcharakter. Einerseits handelt es sich um Erstlingsfeste (Gerste und Weizen), andererseits vergegenwärtigt es heilsgeschichtliche Daten; so das Passahfest den Auszug aus Ägypten, der auch die künftige Erlösung symbolisiert; und das Wochenfest wird mit der Torahoffenbarung am Sinai verbunden. Schließlich wird am Fasttag des 9. Ab der Zerstörung des ersten und des zweiten Tempels gedacht.

Bei alledem empfindet man nicht bloß eine Vergegenwärtigung des Vergangenen, man empfindet auch eine Gemeinschaft über die Generationen hinweg, mit den Vätern und Vorvätern: Man soll das Passahfest so feiern, als wäre man beim Exodus aus Ägypten persönlich mit ausgezogen. Eine solche Identifizierung über Jahrhunderte hinweg wird gern als besonders positives Merkmal jüdischer Frömmigkeit bewundert, hat aber – wie alles – auch eine Kehrseite. Wer sich so mit einer Größe der Vergangenheit identifiziert, reagiert oft überempfindlich gegenüber Aussagen, die das überlieferte Bild jener Zeit in Frage stellen, unterliegt also entsprechenden apologetischen Zwängen und muss ein gewissermaßen kanonisiertes Geschichtsbild gegenüber der historischen Forschung als wirklichkeitsgetreu verteidigen. Zwar wird häufig betont, dass es im Judentum keine Dogmen gibt, aber das schließt unverzichtbare Grundüberzeugungen nicht aus. Eine solche ist die Behauptung, dass die Sinaioffenbarung ein historisch bezeugtes, ja das am besten bezeugte historische Ereignis sei, weil 600.000 Israeliten dabei als Augen- und Ohrenzeugen zugegen waren. Das Bekenntnis des einen Gottes und die Annahme der Sinaioffenbarung und somit der Erwählungsaufgabe sind Grundüberzeugungen, die der jüdischen Religion erst die entscheidende Motivschicht liefern. Dazu kommen noch weitere, in gewisser Weise dogmatisch anmutende Überzeugungen hinsichtlich der Geschichtsauffassung, die sich nicht zuletzt in der Symbolik der eben erwähnten Feste manifestieren.

Neueren Datums sind der Unabhängigkeitstag des Staates Israel und der Jom ha-scho'ah, der Holocaust-Gedenktag. Beide haben inzwischen für das gesamte Judentum einen äußerst hohen Symbolwert, insbesondere die Veranstaltungen zum Jom ha-scho'ah demonstrieren ein gesamtjüdisches Bewusstsein. Das Rückgrat dieser Festfrömmigkeit bilden allerdings die Sabbate, sie markieren den jüdischen Lebensrhythmus durch die streng geregelte Arbeitsruhe. Damit verbunden ist ein feierlicher Rückblick auf die Vollendung der Schöpfung gemäß Gen 2,1–3, Dank für die Erhaltung (tägliche Neuschöpfung) und für die verlässliche Ordnung der Schöpfung insgesamt, und ein tröstender Ausblick auf die endzeitliche Vollendung aller Geschichte, auf den Weltensabbat. Die Sabbatfeier entrückt zwar nicht aus „Dieser Welt", taucht diesen Tag aber ins Licht der „Kommenden Welt" und nimmt etwas davon vorweg.

Alle diese Termine haben außer den Festtagsgottesdiensten in der Synagoge auch einen hohen Stellenwert für die häuslich-familiäre Religionspraxis, die im modernen Judentum allerdings recht unterschiedlich ausfällt und deren Wirkung an die traditionelle Familienstruktur gebunden ist. In kleinen Diasporagemeinden lebt diese erfahrungsgemäß stärker nach als in Reformgemeinden und insbesondere in den Großstadtgemeinden Nordamerikas mit ihren breiten säkularisierten Randschichten und zahlreichen Mischehen.

Abgesehen von den Gottesdiensten dient die Synagoge bzw. das oft vorhandene „Lehrhaus" traditionell als Ort gemeinschaftlichen Studiums, und hier liegt einer der zentralen Brennpunkte jüdischen Lebens. Im synagogalen Gottesdienst trifft sich – zumindest am Sabbat und an Festtagen, die Gemeinde. Als ein weit intensiveres spirituelles Erleben wird jedoch das traditionelle Lernen und Diskutieren der biblischen und rabbinischen Schriften erlebt. Abgesehen vom Studium im stillen Kämmerlein daheim wird bis heute dem gemeinschaftlichen Lernen hohe Bedeutung beigemessen, denn rabbinische Gelehrsamkeit lebt von der Diskussion. Der größte Teil der rabbinischen Literatur ist als literarischer Niederschlag von Diskussionen oder zumindest in dieser Form abgefasst worden. Für aufgeklärte, liberal-religiöse und säkularisierte Juden hat dieses alte Bildungsideal zwar inhaltlich seine Attraktivität und Aktualität verloren, aber der Impetus, der Anreiz zu lebenslanger Lernbereitschaft ist nach wie vor wirksam und verstärkt die ohnehin meist deutlichere Neigung einer Minorität zu kultureller Selbstprofilierung. Der Beitrag, den Personen jüdischer Herkunft für die Kultur ihrer jeweiligen Umgebung geleistet haben, ist daher überproportional hoch, was nicht direkt auf ihr – oft nicht mehr bewusstes – Judentum zurückzuführen ist, als viel mehr auf die Besonderheit einer Existenz außerhalb der überkommenen Normensysteme und Konventionen; zugleich in ständiger Abwehr einer judenfeindlich inspirierten Tendenz, alle auch gegen ihren Willen zu Juden zu stempeln. Gerade auf Gebieten, in denen wegen des sehr einseitig auf die Torah ausgerichteten rabbinischen Bildungsideals jüdischerseits ein Nachholbedürfnis vorhanden war, brillierten Kulturschaffende und Künstler jüdischer Herkunft dank der Freiheit von eingefahrenen Traditionen und Konventionen und der anerzogenen Lernbegier. Freilich war die Reaktion darauf bei Konservativen entsprechend ablehnend; und was man von diesem Blickwinkel aus nicht guthieß, wurde sehr rasch mit entsprechend negativen Beiklängen als „jüdisch" gebrandmarkt. Es war darum nicht selten das Gefühl, das Judentum sei letzten Endes ausweglos, das so manchen zur Tradition zurückführte, da die reformjüdische theologisch-religiöse Motivation häufig zu oberflächlich blieb, um eine überzeugende Alternative oder ein ausgewogen kritisches Verhältnis zur Tradition zu gewährleisten. „To be different", ein beliebtes Schlagwort amerikanischer Reformtheologen, reichte vielen als Motiv für die Wiederannahme einer religiösen jüdischen Existenz nicht aus. Und der Zionismus mit der Aufbauleistung des Staates Israel, seit dem Sechstagekrieg 1967 für eine gewisse Zeit Anlass für gemeinjüdische Solidarität, hat seine Brillanz verloren und wurde durch den nationalistischen Rechtszionismus abgelöst, der mit energischer Betonung des Antisemitismusproblems und des Holocaust-Themas zwar immer noch eine gesamtjüdische Solidarisierung nach außen hin erzwingt, aber innerlich letzten Endes eher polarisiert. Man hatte sich in der Ideologie des sozialistischen Pionierzionismus von der Verwirklichung des zionistischen Traums auch erhofft, dass der Staat Israel als kulturell-geistiges Zentrum der Judenheit insgesamt fungiert. Doch hat sich bald erwiesen, dass die Normalisierung der Lebensumstände zusammen mit dem Wechsel der Rolle von einer Minorität zu einer Mehrheit auch eine Normalisierung des Verhaltens nach sich zog. Bei allen großartigen Leistungen, die seit der Staatsgründung auf kulturellen Gebieten in Israel erbracht worden sind, ist nicht zu übersehen, dass die Diaspora mit ihren so diversen kulturellen Zentren nach wie vor ganz entscheidende Impulse für jüdisches Kulturleben zu geben vermag, wie eng oder wie weit man den Begriff „jüdische Kultur" auch fassen möchte. In jedem Fall zeigt sich, dass sich die jüdische Kultur in ihrer Vielfalt und in ihrem Reichtum nicht auf eine Nationalkultur im Sinne des 19./20. Jahrhunderts reduzieren ließ.

Literatur

Cohn-Sherbok, D.: *Atlas of Jewish History,* London 1993.
Frank (ed.), D.H.: *History of Jewish Philosophy,* London 1996.
Jacobs, L.: *The Jewish Religion. A Companion,* Oxford 1995
Maier, J.: *Geschichte der jüdischen Religion,* 2., völlig neubearbeitete Aufl., Freiburg i. Br., 1992 (mit Bibliographien).
Maier, J.: *Das Judentum, 3. Auflage,* München 1988.
Mayer G. (Hrsg.): *Das Judentum,* Stuttgart 1994.
Sed-Rajna, G.: *Jewish Art,* New York 1997.
Schreckenberg H., *Die Juden in der Kunst Europas. Ein historischer Bildatlas,* Göttingen – Freiburg i. Br. 1996.

Anne Jensen

VIII. Christentum

1. Die Anfänge

Das Christentum hat seine Wurzeln im Judentum. Sein Begründer, Jesus von Nazaret, hat selbst den Boden der Mutterreligion nie verlassen oder sich gar von ihr losgesagt. Er verkündete wie ein Prophet das unmittelbar bevorstehende Kommen der Gottesherrschaft, die zugleich Gericht und ewige Glückseligkeit bedeutete. In vielen Kreisen des Judentums wurde zu Lebzeiten Jesu der Messias erwartet, der „Gesalbte" (griechisch: Christos) des Herrn, der Erlöser Israels. Der ursprüngliche Messiastitel verschmolz später mit dem Eigennamen: Jesus Christus. Es ist wenig wahrscheinlich, dass Jesus selbst sich mit dem endzeitlichen Messias identifizierte, wohl aber wurde er nach seinem Tod von seiner Jüngerschaft so gesehen.

Die erwartete Gottesherrschaft war der wesentliche Inhalt der Predigt Jesu, die „Gute Botschaft", das eu-angelion. Eine historisch exakte Rekonstruktion seines Lebens ist kaum möglich, da wir, abgesehen von kurzen Notizen über seinen Tod, nur Zeugnisse seiner Anhängerschaft besitzen, die vier Evangelien nach Matthäus, Markus, Lukas und Johannes. Die synoptischen Evangelien haben eine ähnliche Struktur; das Johannesevangelium ist später verfasst und weist kaum direkte Parallelen zu Mt, Mk, Lk auf. Sie widersprechen sich auch in Fragen der Datierung: Die so genannten Synoptiker (Mt, Mk, Lk) legen das letzte Abendmahl Jesu mit seinen Jüngerinnen und Jüngern auf das Passahfest, Johannes dagegen auf den Tag davor. Nur ein Ereignis ist ziemlich genau datiert: Der Evangelist Lukas berichtet von der Taufe Jesu durch Johannes, der eine ähnliche Botschaft wie Jesus verkündete, wenn auch der Akzent bei ihm stärker auf der Buße lag. Sie fand im 15. Jahr des Kaisers Tiberius (27/28 n. C.) statt (Lk 3,1–22). Die Taufe durch Johannes war der Beginn öffentlichen Auftretens Jesu. Damals war er etwa 30 Jahre alt. Als Eltern Jesu werden in den Evangelien Maria und der Zimmermann Josef benannt, und es ist von Brüdern und Schwestern Jesu die Rede. In den Kindheitsgeschichten bei Matthäus und Lukas wird die Besonderheit Jesu durch die Geburt aus einer Jungfrau zum Ausdruck gebracht. Unter Pontius Pilatus (26–36 n. C.) wurde er gekreuzigt, was auch von Tacitus bezeugt ist (Annalen XV,44). Die Zeit nach seinem Tod ist von geheimnisvollen Begegnungen der Jüngerinnen und Jünger mit dem toten und doch lebendigen Jesus geprägt: Er ist von den Toten erstanden. Der Glaube an seine Auferweckung wird zum Fundament des christlichen Glaubens. Diese Auferweckung durch Gott ist als Vorwegnahme der endzeitlichen Auferstehung aller Verstorbenen zu sehen. In dieser Frage war das Judentum allerdings gespalten: Die Sadduzäer teilten den allgemeinen Auferstehungsglauben nicht.

Die Fakten des Lebens Jesu werden von den Evangelisten rückblickend im Licht des Auferstehungsgeschehens gedeutet und somit zugleich verklärt. Dennoch lassen sich charakteristische Verhaltensweisen wie auch wesentliche Punkte der Predigt Jesu festmachen, der wie ein jüdischer Rabbi (Lehrer) auftrat und auch so wahrgenommen wurde. Typisch für seine Art zu lehren ist die Verwendung von kurzen Gleichnissen, die aus der Natur oder dem Alltagsleben gegriffen sind und so für alle leicht verständlich waren. Der Inhalt seiner Verkündigung ist von Matthäus und Lukas in ähnlicher Weise als die so genannte „Bergpredigt“ festgehalten worden (Mt 5–7; Lk 6,20–49). Jesus erscheint hier als der neue Mose: Jener hatte die zehn Gebote auf den Sinai empfangen und an das Volk weitergegeben, Jesus steigert diese Botschaft: „Den Alten ist gesagt worden ... ich aber sage euch“. Man hat diese Predigt Jesu fälschlich im Gegensatz zum jüdischen „Gesetz“ gesehen. In Wirklichkeit handelt es sich aber um eine authentische Interpretation der göttlichen Tora (der göttlichen „Weisung“, wie Martin Buber treffend übersetzt), um ihre Verinnerlichung. Allerdings ist bei Jesus ein utopischer Zug zu erkennen, während die jüdische Tradition mehr an realistischer Umsetzbarkeit interessiert ist. „Liebet eure Feinde“ – hier wird etwas verlangt, das den Menschen überfordert und ihn doch zugleich befähigt, Hass zu überwinden. Menschen, denen dies gelingt, werden in der Bergpredigt seliggepriesen.

Es ist nicht zu bezweifeln, dass Jesus selbst aus dem Geist seiner Verkündigung gelebt hat. Eine Kraftquelle war für ihn offensichtlich die Innigkeit seiner Gottesbeziehung, die sich in der ungewöhnlichen Anrede „Abba“ niederschlägt (ein kindlich zärtlicher Ausdruck, etwa mit „Väterchen“ wiederzugeben). Auffällig ist auch sein unkonventioneller Umgang mit gesellschaftlich Marginalisierten (den „Zöllnern und Sündern“), der bei den gesetzestreuen Pharisäern Anstoß erregte (Mt 9,10–13). Sie erscheinen bald als eine der Parteien, die Jesus ablehnten – die Art, wie sie im Neuen Testament als „Heuchler“ dargestellt werden, ist allerdings kritisch zu hinterfragen. Zum gut bezeugten Bild Jesu gehört auch, dass er zahlreiche Krankenheilungen bewirkte – ob man sie als „Wunder“ bezeichnen will, ist eine andere Frage. Jedenfalls gingen von seiner Persönlichkeit ganz offensichtlich heilende Kräfte aus, die viele Menschen in seinen Bann zogen.

Nach der erwähnten Taufe durch Johannes zog Jesus predigend durch Palästina. Eine feste Anhängerschaft von Männern und Frauen begleitete ihn dabei. An einigen Stellen in den Evangelien ist die Rede davon, dass Jesus zwölf Männer besonders auswählte und aussendete (und sie werden namentlich aufgezählt Mt 10; Mk 3,13–19; Lk 6,12–16; Apg 1,12f.). Lukas kennt außerdem eine Aussendung von 72 JüngerInnen (10,1–20). Wahrscheinlich ist dies ein theologisches Konstrukt, das die Ausgesandten („Apostel“) mit den zwölf Stämmen Israels in Verbindung bringt. Jedenfalls sind im Neuen Testament „die Apostel“ und „die Zwölf“ nicht einfach identisch. Der Apostelbegriff ist umfassender und wird auch auf Frauen angewendet. Unter diesen hatte Maria von Magdala eine ähnliche führende Rolle wie Petrus.

Die Predigt Jesu und die Bewegung, die sie auslöste, führte bald zum Konflikt mit den jüdischen Autoritäten. Obwohl die Botschaft Jesu allem Anschein nach keine politischen Implikationen hatte, sorgte sie für öffentlichen Aufruhr. Auch hier sind die Einzelheiten schwer zu rekonstruieren. Jedenfalls wurde Jesus während des Passahfestes in Jerusalem von den jüdischen Autoritäten verhaftet, verurteilt und dann dem römischen Statthalter Pontius Pilatus übergeben, der ihn kreuzigen ließ, obwohl die Anklage ihn nach der Darstellung der Evangelisten wenig überzeugte.

Die Anhängerschaft Jesu drohte versprengt zu werden, aber sie fand bald durch die Botschaft von seiner Auferweckung einen neuen Zusammenhalt. Für die Auferstehungsberichte gibt es sehr verschiedene Traditionen. Eine ist mit Jerusalem verbunden und wird mit der Kunde vom „leeren Grab“ gleichsam materialisiert. Hier werden die Frauen, die unter dem Kreuz Jesu anwesend waren, zu Erstzeuginnen der Auferstehung, die die Botschaft an die übrigen, insbesondere die Apostel, weitergeben – so alle vier Evangelien. Andere Berichte kennen Erscheinungen des Auferstandenen an verschiedenen Orten (vgl. 1 Kor 15,3–8). Nach der lukanischen Apostelgeschichte enden sie vierzig Tage nach Ostern mit der Himmelfahrt (1,1–5). Außerkanonische Quellen kennen weitere Erscheinungen ohne zeitliche Grenze. So die gnostischen Evangelien; sie sind als Dialoge mit dem Auferstandenen konstruiert. Der Glaube an die Auferstehung ist vor allem die hoffnungsvolle Gewissheit, dass Weg und Botschaft Jesu richtig waren und durch Gott selbst bestätigt wurden. Diese Zuversicht wurde zur großen inspirierenden Kraft bei der nun folgenden Verkündigung des Evangeliums.

Eine weitere Initialzündung für die christliche Missionsbewegung war ein charismatisches Ereignis, das erste Pfingstfest mit seinem Sprachenwunder: Der Geist Gottes ergriff die versammelten Jüngerinnen und Jünger und diese „verkündeten die Großtaten Gottes". Obwohl sie Hebräisch sprachen, wurden sie von allen in Jerusalem versammelten Ausländern verstanden (die Umkehrung der Sprachverwirrung beim Turmbau zu Babel, Gen 11,1–9). Die allgemeine Prophetie der Söhne und Töchter des Volkes Israel war von Joël als Gabe der Endzeit angekündigt – nun schien sie verwirklicht zu sein und sollte daher allen Völkern mitgeteilt werden (Joël 3,1/Apg 2,17.).

Bald zeigte sich, dass das erwartete Ende ausblieb – die Naherwartung transformierte sich in eine Art antizipierte Eschatologie, eine Spannung zwischen „schon" und „noch nicht". In Jesus hatte das Reich Gottes bereits Gestalt angenommen, doch die definitive Erfüllung stand noch aus: Am Ende der Zeiten würde der Erlöser wiederkommen. Zunächst hatte die junge noch jüdische Christenheit für ihre Mission einen konkreten Konflikt zu lösen: Mussten Nicht-Juden, die die Botschaft Jesu annehmen wollten, sich dem mosaischen Gesetz unterwerfen? Viele befürworteten das, doch ein bekehrter Pharisäer, Paulus von Tarsus, vertrat den entgegengesetzten Standpunkt (vgl. Apg 15; Gal 2–5). Er konnte sich durchsetzen und wurde so zum „Völkerapostel". Diese Entscheidung war grundlegend für den Erfolg der christlichen Mission. Paulus, von dem viele Briefe erhalten sind, hat die erste Phase des Christentums entscheidend geprägt, allerdings nicht nur im guten Sinn. In seiner scharfen Abgrenzung von Juden und Griechen und mit seiner starken Betonung von Sünde und Kreuz (vgl. Röm 1,16–3,18; 1 Kor 1,17–2,5) kommen Töne in die christliche Theologie, die nicht der Botschaft Jesu entsprechen.

2. Die christlichen Kirchen

Es war keineswegs selbstverständlich, dass aus der Reich-Gottes-Bewegung um Jesus jene Institution hervorgehen würde, die wir Kirche nennen. Justin († 165) sah im Christentum eine Philosophie, die vollkommene Philosophie schlechthin. Eine große Bewegung im 2. Jh. nannte sich selbst Prophetie. Daneben gab es die Gnosis, die, wie der Name sagt, eine höhere Erkenntnis anstrebte. Doch je größer die Christenheit wurde, desto größer wurde auch das Bedürfnis nach tragfähigen Institutionen. Allerdings stand am Anfang nicht die Einheit, sondern die Vielfalt lokaler Traditionen.

Im Römischen Reich wurde die christliche Religion zuerst als jüdische Sekte wahrgenommen oder auch als einer der orientalischen Kulte, die in der Kaiserzeit sehr verbreitet waren. Allmählich entwickelte sich eine Gemeindestruktur, in der ein Einzelner als Oberhaupt gewählt wurde, der Bischof, dem die Presbyter für die Seelsorge und die Diakone für den Armendienst zugeordnet waren. Daneben gab es unterschiedliche andere Ämter. Für den Osten sind Frauen als Diakoninnen gut bezeugt, im Westen nur sporadisch. In der christlichen Spätantike entwickelten sich außerdem zahlreiche asketische Lebensformen, zunächst als spontaner Auszug in die ägyptische Wüste und andere Einöden, dann auch zunehmend in klösterlichen Gemeinschaften. Hier haben Frauen ebenfalls eine wichtige Rolle gespielt. Im Westen wurden Mönche und Nonnen unter Karl dem Großen auf die Benediktinerregel festgelegt, der Osten blieb vielfältiger in der Organisation seiner asketischen Kommunitäten.

Der christliche Gottesdienst hatte im 3. Jh. bereits feste Strukturen, sowohl in den täglichen Gebetszeiten wie in der feierlichen Taufe, die nach meist dreijähriger Vorbereitung möglichst in der Osternacht gespendet wurde. In symbolischen Riten wurde die Absage an Satan, die Personifikation des Bösen, vollzogen, und das Untertauchen im Wasser vermittelte zeichenhaft die Partizipation an Tod und Auferstehung Christi. Dann empfing der Bischof stellvertretend für die Gemeinde die Neugetauften mit dem Friedenskuss und salbte sie mit Öl, dem Siegel des Heiligen Geistes. Das festliche Mahl der Eucharistie vollendete die Initiation. Die Riten sind bereits in der *Apostolischen Überlieferung* des Hippolyt († 235) beschrieben und werden später in den Predigten der Kirchenväter (z. B. von Ambrosius) ausführlich kommentiert. Taufe und Eucharistie sind vom Anfang an bezeugt, entfalten sich aber immer mehr in Symbolhandlungen und Gebeten.

Doch zuvor waren dem Christentum die schwierigen Zeiten der Verfolgungen beschieden, die unter Nero ihren Anfang nahmen. Zunächst waren sie sporadisch und lokal begrenzt: Die Christen seien nicht aufzuspüren, hatte Trajan verordnet (Plinius, Briefe X, 97). Dann wurden sie häufiger und schärfer und hatten unter Diokletian ihren Höhepunkt: Nun wurde versucht, die Christenheit systematisch auszurotten. Dann erfolgt die Wende zur Toleranz: 311 stoppte das Edikt des Galerius die Verfolgung, 313 vereinbarten Konstantin und Licinius in Mailand allgemeine Religionsfreiheit. Die dramatischen Umstände der Verfolgungszeit führten zu einem innerkirchlichen Konflikt: Wie sollte man mit jenen verfahren, die in der Verfolgungszeit abgefallen waren? Eine Gruppe, die hier eine strenge Auffassung vertrat (d.h. die Abgefallene nicht mehr aufnehmen wollte), sind die Novatianer, die seit 251 eine eigene Kirche bildeten. Andere vertraten den Standpunkt der Milde, und so entstand allmählich das kirchliche Bußinstitut. In Afrika führte die Verfolgungszeit ebenfalls zu einem besonderen Konflikt: Kirchliche Amtsträger hatten christliche Bücher an die Behörden ausgeliefert und wurden daher von einem Teil der Gläubigen nicht anerkannt. Es entstand die nach Donatus benannte Kirche, die schließlich zu Anfang des 5. Jahrhunderts auf Befehl des Kaisers zur Konversion gezwungen wurde. Aus den Verfolgten werden nun Verfolger Andersdenkender! Voraus gegangen waren zwei kaiserliche Maßnahmen: Theodosios I. hatte 380 das Bekenntnis von Nikaia (s. u.) für verbindlich und 391 das Christentum zum Staatskult erklärt. Im 6. Jh. unter Justinian I. kam es zur systematischen und aktiven Verfolgung von anders denkenden Christinnen und Christen, den so genannten „Häretikern".

Etwa um 320 entbrannte ein erbitterter theologischer Streit in Alexandrien, der sich über Jahrhunderte fortsetzen wird. Längst war das alte Judenchristentum marginalisiert worden, und die Synthese biblischen und hellenistischen Denkens hatte begonnen. Dabei bekam das Bekenntnis zu Jesus als dem „Sohn Gottes" eine eigene Qualität: Es wurde nun als „physische“ Verwandtschaft verstanden, und der Sohn Gottes wurde mit dem Wort Gottes, dem göttlichen Logos, identifiziert. Ein anderes Denkmodell war die Identifizierung mit der göttlichen Weisheit, von der es im Buch der Sprüche sowohl heißt, sie sei vor aller Zeit aus Gott geboren, wie auch, sie sei von Gott geschaffen (8,22–31). Diese Termini hatte Arius, ein angesehener Presbyter in Alexandrien, in seinen Predigten auf Jesus Christus übertragen, um den Unterschied zum Vater deutlich zu machen. Doch der Anklang an Geschöpflichkeit stieß auf heftigen Widerstand. Da Konstantin um die religiöse Einheit seines Reiches fürchtete, lud er alle Bischöfe 325 nach Nikaia ein: Es war das erste „ökumenische Konzil“. Formal bedeutet „ökumenisches Konzil“ nur „Reichskonzil“. Die „ökumenischen Konzilien“ wurden die höchste Instanz für Fragen des Glaubens und der Kirchenordnung. Der Kaiser setzte durch, dass der umstrittene Begriff *„homoousios“* in das Glaubensbekenntnis aufgenommen wurde: Der Sohn ist mit dem Vater wesensgleich. Arius wurde abgesetzt. Später änderte der Kaiser seine Meinung, und Arius legte ein neues Bekenntnis vor; doch sein Tod verhinderte die bevorstehende Aufhebung der Exkommunikation.

381 wurde das Bekenntnis von Nikaia ergänzt: Auch die Gottheit des Geistes wurde definiert, allerdings nicht mit dem Begriff homoousios. Doch der Streit um die Christologie ging weiter: Wenn Christus Gott gleich war, was wurde dann aus der menschlichen Natur? Nach dem missglückten Konzil von Ephesus 431 und der noch schlimmeren „Räubersynode“ (Ephesus 449) brachte schließlich das Konzil von Chalkedon 451 einen gewissen Ausgleich mit der Formel: Der Menschheit nach ist Jesus uns wesensgleich. Rom und Konstantinopel (das „Neue Rom“) hatten sich geeinigt, aber der Preis war hoch. 431 war Nestorius verurteilt worden, ein Vertreter der antiochenischen Schule. Ein großer Teil der syrischen Christenheit folgte ihm und bildete nun die „nestorianische“ Kirche; ein Schisma, das bis heute nicht beigelegt wurde. 451 wurde der Bischof von Alexandrien, der die vorangegangenen Unruhen geschürt hatte, zwar nicht zu Unrecht abgesetzt – aber seine Kirche wollte sich Konstantinopel nicht unterwerfen und ging nun als „koptische“ (=ägyptische) Kirche ihren eigenen Weg. Heute sind die gegenseitigen Häresievorwürfe zwar aufgegeben, aber auch diese Kirchenspaltung besteht weiter. Außerdem gab es in der Antike außerhalb der Reichskirche die (ostsyrische) Assyrische Kirche (in Persien), die sich mit der westsyrischen „nestorianischen“ Kirche verband, die Armenische Kirche und die Äthiopische Kirche. Letztere verband sich mit den Kopten. Sie werden heute meist als altorientalische oder vorchalkedonensische Kirchen bezeichnet.

Mit der Gründung von Konstantinopel hatte sich das Zentrum des Reiches allmählich in den Osten verlagert, und es kam nun zu einer Konkurrenz zwischen dem alten und dem neuen Rom. Das Konzil von Chalkedon schrieb die Gleichrangigkeit beider Städte mit der Begründung fest, dass Konstantinopel Kaiserstadt und Sitz des Senates sei (Kanon 28) – aus unserer Sicht eine „politische“ Argumentation, aus der Sicht der Zeit aber eine theologische: Der eine christliche Kaiser des einen christlichen Reiches schien die gottgewollte Ordnung zu verkörpern. In der byzantinischen Tradition entwickelte sich daraus das Prinzip der *„symphonia“*, des guten Einvernehmens zwischen Patriarch und Kaiser, zwischen geistlicher und weltlicher Macht. Im Westen wird dieses System oft als Caesaropapismus bezeichnet. Es hat zwar Auswüchse gegeben, aber die Bezeichnung wird dem Ideal des byzantinischen Kirchensystems nicht gerecht. Der römische Bischof Leo I. erhob Einspruch gegen diesen Kanon 28: Er widerspreche der in Nikaia festgelegten Rangordnung Rom, Alexandrien, Antiochien, Jerusalem.

In der westlichen Reichshälfte hatte Karthago in den ersten Jahrhunderten theologisch und kirchenpolitisch eine wichtige Stellung. Der bedeutende Martyrerbischof Cyprian hatte im 3. Jh. die Eigenständigkeit der afrikanischen Kirche gegenüber Rom klar betont. Die Geschichte wäre vielleicht anders verlaufen, wenn Karthago nicht untergegangen wäre. Doch so blieb Rom das einzige primatiale Zentrum im Westen, während der Osten traditionell neben Konstantinopel noch drei weitere anerkannte Zentren hatte. Es entstanden aber zwei unterschiedliche Modelle von Kirche: die zentralistische Einheitskirche des Westens und die polyzentrische Gemeinschaft *(koinonia)* mehrerer eigenständiger Kirchen im Osten. Schon das Konzil von Ephesus (431) hatte Zypern die Eigenständigkeit zuerkannt und somit das System der „Pentarchie" durchbrochen. Die Christianisierung des Balkans vollzog sich in einem komplizierten Wechselspiel zwischen östlichem und westlichem Einfluss. Kyrill und Methodius, die „Erfinder" der kirchenslawischen Sprache, werden auch als Heilige der römischen Kirche verehrt. Eine entscheidende Machtverschiebung bahnte sich mit der Christianisierung Russlands an. Vladimir hatte sich 988 bewusst für das byzantinische Christentum entschieden. In den nächsten Jahrhunderten musste Konstantinopel sich gegen den Ansturm der Araber und Türken behaupten, während erst Kiew, dann Moskau erstarkte. Als 1453 Konstantinopel fiel, betrachtete Moskau sich als „Drittes Rom" und den russischen Zaren als den einzigen Erben des römischen Kaisers. Bereits 1448 hatte Russland seine Unabhängigkeit erklärt – zu einer Versöhnung mit Konstantinopel kam es erst 1589.

Im Osmanischen Reich wurde dem ökumenischen Patriarchen die Rolle eines Ethnarchen zugesprochen, des Führers einer ethnischen Minderheit. Dies erklärt die enge Verknüpfung der orthodoxen Kirchen mit nationaler Identität. Diese verstärkte sich noch, als im 19. Jh. die Balkanstaaten ihre Unabhängigkeit von den Türken erkämpften. Dennoch hat eine Synode von Konstantinopel 1872 das nationale Prinzip als Kriterium kirchlicher Identität verurteilt (den so genannten „Phyletismus"). Nach altkirchlicher Tradition gilt vielmehr das territoriale Prinzip („Kirche" sind alle Christen auf einem Territorium). In der Emigration ist es allerdings bisher kaum gelungen, die „faktische Häresie" des Nationalismus zu überwinden. Heute stehen 16 eigenständige Kirchen in Gemeinschaft mit Konstantinopel.

Im Westen verlief die Entwicklung ganz anders. Nach den Wirren der Völkerwanderung erstarkte schließlich das Frankenreich unter Karl dem Großen. Seine Kaiserkrönung im Jahr 800 stellte den traditionellen Anspruch Konstantinopels, allein Erbe des römischen Kaisertums zu sein, radikal in Frage. Dies verschärfte die schleichende Entfremdung zwischen Ost und West. Doch hatte im Osten das Symphonia-Prinzip zwischen geistlicher und weltlicher Macht gegolten, so entwickelte sich im Westen eine erbitterte Konkurrenz zwischen diesen beiden Mächten im so genannten Investiturstreit. Gregor VII. bekämpfte die Praxis, dass Bischöfe von Fürsten (d.h. „Laien") eingesetzt wurden, und behauptete, der Papst stehe über Kaisern und Königen (*Dictatus papae*, 1075).

Die Schwäche des orthodoxen Systems lag in einer allzu bereitwilligen Unterordnung unter den Kaiser; die positive Seite ist, dass die orthodoxe Kirche nie weltliche Macht für sich beanspruchte. Allerdings kam es im byzantinischen System – so der orthodoxe Theologe Alexander Schmemann – nie zu einer klaren Abgrenzung zwischen Kirche und Staat. Im Westen beanspruchte dagegen die Kirche die oberste Autorität auch gegenüber der weltlichen Macht, was zunächst zu gelingen schien, dann aber unter Bonifaz VIII. definitiv scheiterte, obwohl gerade er diesen Anspruch noch einmal ins Extreme steigerte (*Unam Sanctam*, 1302). Es kam zum „Exil" der Päpste in Avignon und schließlich zum abendländischen Schisma, bei dem drei Päpste gegeneinander standen. Das Schisma wurde auf dem Konzil von Konstanz (1414–1418) überwunden. Für kurze Zeit dominierte die „konziliare Idee", die dem Konzil höhere Autorität als dem Papst zusprach und die Abhaltung regelmäßiger Synoden forderte. Bald danach konnte das römische Papsttum allerdings zumindest innerkirchlich seine Macht wieder festigen.

3. Die Spaltung zwischen Ost und West

Aufgrund der historischen Umstände drifteten die Kirche des Westens unter römischer Führung und die Kirchen des Ostens unter Konstantinopel immer stärker auseinander. Im Osten fanden die christologischen Kontroversen eine Fortsetzung im Streit um die Bilderverehrung. Es ging dabei insbesondere um Christusdarstellungen. Für die einen war es Idolatrie, den in Jesus menschgewordenen Gott malen und in Bildern verehren zu wollen, für die anderen im Gegenteil die logische Konsequenz einer realistischen Theologie der Inkarnation. Unter der Kaiserin Irene wurde die Bilderverehrung auf dem 7. als ökumenisch anerkannten Konzil 787 sanktioniert, aber zugleich klar von der Anbetung, die nur der Gottheit gelten konnte, abgegrenzt. Es kam im Osten allerdings noch zu einer erneuten Kontroverse, die 842/843 endgültig beigelegt wurde. Diese endgültige Anerkennung der Bilderverehrung wird als „Triumph der Orthodoxie" in der orthodoxen Kirche am ersten Fastensonntag gefeiert. Es entstand die spezifische liturgische Kunst der Ikonenmalerei, für die genaue Regeln entwickelt wurden, sodass sich die ostkirchlichen Ikonen von der Subjektivität der religiösen Kunst des Westens deutlich unterscheiden. Zu einer kirchentrennenden Frage wurde dies allerdings nie.

Zu einem ersten Schisma zwischen Ost und West kam es, als Papst Nikolaus I. sich an kirchenpolitischen Streitigkeiten um die Besetzung des Thrones von Konstantinopel beteiligte und Photios, einen der bedeutendsten Theologen und Patriarchen des Ostens, 863 für abgesetzt erklärte. 867 kommt es zum Gegenzug: Die Synode von Konstantinopel setzte den Papst ab. In der Auseinandersetzung machte Photios nun nachdrücklich auf eine bedenkliche „lateinische Häresie" aufmerksam. Das Konzil von Konstantinopel (381) hatte den Artikel über den Heiligen Geist folgendermaßen formuliert: „Wir glauben an den Heiligen Geist, der vom Vater ausgeht, er wird mit dem Vater und dem Sohn zugleich angebetet und verherrlicht, er hat gesprochen durch die Propheten". Auf nicht ganz geklärte Weise war im Westen eine Variante aufgekommen: „Wir glauben an den Heiligen Geist, der vom Vater *und vom Sohn* (*filioque*) ausgeht ...". Das Ärgernis war doppelt: Einmal war hier der sakrosankte Text des Glaubensbekenntnisses verändert worden, zum anderen gab es nun zwei Ursprungsprinzipien für den Geist, nämlich den Vater und den Sohn. Nach griechischer Auffassung konnte jedoch nur der Vater ursprungsloser Ursprung sein. 869 verurteilte eine Synode Photios (sie wird im Westen als 8. ökumenisches Konzil gezählt), doch 879 gelangen die Rehabilitation von Photios und die Versöhnung mit Rom unter Papst Johannes VIII. auf einer weiteren Synode (das 8. ökumenische Konzil nach orthodoxer Zählung). Es wäre eine sinnvolle ökumenische Geste, wenn der Westen hier die Zählung des Ostens übernehmen würde.

Etwa zwei Jahrhunderte später kam es zu einer neuen erbitterten Konfrontation: Der Patriarch von Konstantinopel Michael Kerullarios hatte Stimmung gegen lateinische Traditionen als „Häresien" gemacht. Als Antwort listete der Kardinal Humbert de Silva Candida 90 griechische „Häresien" auf und deponierte 1054 die päpstliche Bannbulle vor dem Gottesdienst in der Hagia Sophia. Im Gegenzug wurden die päpstlichen Legaten exkommuniziert. Im Jahr 1054 ist die Einheit des ersten Jahrtausends zwischen Ost und West definitiv zerbrochen. (Die gegenseitigen Exkommunikationen wurden im Laufe des 2. Vatikanums durch Paul VI. und Athenagoras I. aufgehoben. Kommuniongemeinschaft zwischen der Ost- und der Westkirche wurde aber trotzdem nicht hergestellt.) Doch weit schlimmer noch als diese Ereignisse entfremdeten die Kreuzzüge den christlichen Osten vom christlichen Westen. Für den Osten erschien schließlich das Türkenjoch erträglicher als die lateinische Mitra.

Trotzdem erhoffte sich Konstantinopel Schutz vom Westen. Der Kaiser (nicht der Patriarch!) verhandelte mit dem Papst Innozenz III. Er musste ein Glaubensbekenntnis mit dem *filioque* unterschreiben, und 1274 wurde die Angelegenheit auf dem Konzil von Lyon ratifiziert. Es kam aber trotzdem zu keiner dauerhaften Versöhnung. Ein Faktor, der die Verständigung zwischen Ost und West schwierig machte, war ein Paradigmenwechsel in der Theologie der lateinischen Kirche. Die Patristik war weitgehend in der platonisch/neuplatonischen Philosophie verwurzelt und orientierte sich vorwiegend an der Liturgie. Im lateinischen Mittelalter dagegen wurde die „Schule" der Ort der Theologie: die Scholastik. Sie orientierte sich an Aristoteles und versuchte mit Hilfe seiner Denkkategorien die christlichen Überzeugungen in einem umfassenden System rational zu durchdringen. Die Aristotelesrezeption war heiß umstritten, aber ihr bedeutendester Vertreter, Thomas von Aquin, konnte sie schließlich durchsetzen. Er starb auf dem Weg zum Konzil von Lyon. Später erhielt er den Titel „doctor angelicus" und seine „Theologische Summe" wurde verbindliche Lehre. Die franziskanische Theologie, deren Hauptvertreter Bonaventura war, blieb stärker in der alten Tradition. Eine ganz eigene Entwicklung war im Mittelalter eine Richtung, die etwas pauschal als „Mystik" bezeichnet wird. Eine der bedeutendsten Persönlichkeiten war hier Hildegard von Bingen, die in theologischen Visionen eine Synthese des christlichen Glaubens entfaltete und ganz offiziell als „prophetissa teutonica" anerkannt wurde.

Ein weiterer Vorstoß zur Aussöhnung zwischen Rom und Konstantinopel wurde 1439 auf dem Konzil von Ferrara-Florenz vorgenommen. Hier wurde ausführlich über das *filioque* diskutiert. In der Einigungsformel wurde am *filioque* zwar festgehalten, aber es wurde definiert, dass dies nicht im Sinn von zwei Ursprungs-Prinzipien zu verstehen sei. Der zweite wichtige Streitpunkt war der römische Primat gewesen. An den Konzilstexten von Lyon und Florenz lässt sich deutlich die Verschiebung im römischen Primatsverständnis illustrieren. Obwohl das Papsttum in der Zeit vom 13.–15. Jh. an politischem Einfluss verloren hatte, war der innerkirchliche Machtanspruch deutlich gesteigert worden. Beim Konzil von Lyon hieß es noch, die römische Kirche habe den Primat über die gesamte katholische Kirche; beim Konzil von Florenz dagegen, der römische Bischof habe den Primat über den ganzen Erdkreis und er sei Nachfolger Petri, Stellvertreter Christi, das Haupt der ganzen Kirche und der Vater und Lehrer aller Christen. Die antike Rangordnung der Patriarchate (Rom, Konstantinopel, Alexandrien, Antiochien, Jerusalem) wird dann noch einmal bestätigt. Aufgrund ihrer schwachen Position haben bis auf einen Bischof – Markos Eugenikos – alle griechischen Teilnehmer die Konzilsbeschlüsse unterzeichnet, aber in der Heimat stießen sie auf erbitterten Widerstand, sodass auch dieses Konzil nicht zur Versöhnung führte. Wenige Jahre später kam dann mit dem Fall von Konstantinopel das Ende des christlichen Reiches im Osten.

4. Die Kirchenspaltungen des Westens

Schon früh wurde im Westen immer wieder der Ruf nach Reformen laut: Reichtum und Macht der Kirche und insbesondere der kirchlichen Hierarchie hatten Formen angenommen, die mit der Einfachheit der Botschaft des Evangeliums nicht zu vereinbaren waren. Auch die Klöster waren zu Zentren feudaler Macht geworden. Eine erste große Reformbewegung ging von Cluny aus (10./11. Jh.). Später erneuerten Zisterzienser und Trappisten die Tradition benediktinischen Mönchtums (11./12. Jh.). Weit radikaler war dagegen die Bewegung der Katharer, die weite Kreise, besonders in Südfrankreich erfasste und dort zu erbitterten Kriegen führte (1209–1229). Das Wort kommt von „katharoi", die „Reinen". Von diesem Wort leitet sich das deutsche Wort „Ketzer" ab. Ein Zentrum der Katharer war die Stadt Albi, wonach sie auch Albigenser genannt wurden. Ein Teil der Armutsbewegung, die Anhängerschaft von Petrus Waldes († 1217), konnte in Italien überleben und schloss sich später mit den reformatorischen Kirchen zusammen. Innerkirchlich wurden die Anliegen der Katharer von den Bettelorden, den intellektuell orientierten Dominikanern und den volkstümlichen Franziskanern, aufgegriffen. Dabei wurde eine radikal neue Form des Ordenslebens für Männer entwickelt. Den Dominikanerinnen und den Klarissen, dem jeweils weiblichen Zweig, wurde dagegen die strenge Klausur auferlegt. Im Kampf gegen die Katharer entstand die „Heilige" Inquisition, die mit allen Mitteln potentielle Ketzer (und später auch Hexen) aufzuspüren suchte, um sie dann dem weltlichen Arm zu überantworten, der sie hinrichtete. Diese brennenden Scheiterhaufen sind eines der düstersten Kapitel der Kirchengeschichte.

Zu Anfang des 15. Jh. machte in Böhmen ein Reformator von sich reden: Johannes Hus. Er strebte eine spirituelle Kirche an. Auch der „Laienkelch" gehörte zu seinen Forderungen. Das Privileg der Hierarchie, beim Abendmahl Brot und Wein zu empfangen, wie es der Schrift entsprach, während an die „einfachen Gläubigen" nur Hostien ausgeteilt wurden, war das Symbol für den Herrschaftsanspruch der Kleriker über die Laien, die bereits in der so genannten „devotio moderna" zunehmend ein neues Selbstbewusstsein entwickelt hatten. Johannes Hus, dem freies Geleit zum Konzil von Konstanz zugesichert war, wurde dort trotz dieser Zusage 1415 verbrannt. Dennoch konnte sich in Böhmen eine tief greifende Reformation entwickeln. 1485 wurde im Kuttenberger Religionsfrieden den Untertanen freie Konfessionswahl gewährt – eine exemplarische Entscheidung, erstmalig in Europa.

1517 wurden die Thesen Martin Luthers gegen den Ablass in Wittenberg zum Ausgang der Reformation in Deutschland. Die von ihm entwickelte Rechtfertigungslehre, die grundlegend für diese Reformation werden sollte, hatte persönliche wie theologische Hintergründe. Luther wurde von psychotischen Ängsten heimgesucht, die mit dazu beitrugen, dass er in den strengen Orden der Augustinereremiten eintrat. „Wie bekomme ich einen gnädigen Gott?" war die Frage, die ihn quälte. In der mittelalterlichen Scholastik hatte sich eine Lehre entwickelt, die Gnade quasi materiell quantifizierte und „verrechnete" in Kategorien des „Verdienstes". Diese ohnehin fragwürdige Theologie wurde im Ablasshandel schamlos missbraucht: Statt der Kirchenbuße, die für schwere Sünden verhängt wurde, konnte man sich nun mit Geld „loskaufen" – Geld, das von den verschwenderischen Medici-Päpsten für den Bau des Petersdoms benötigt wurde.

Luther hatte seinen Frieden schließlich in der Lektüre des Römerbriefes gefunden: Alle Menschen sind schuldig, aber sie werden durch die Gnade Gottes aufgrund der Heilstat Christi gerechtfertigt, wenn sie diese Gnade im Glauben annehmen (vgl. Röm 3). Für Luther war dieser Paulusbrief die Quintessenz des Evangeliums. Durch „gute Werke" kann der Mensch keinerlei Verdienst vor Gott erwerben. *„Sola gratia – sola fide"*: Allein durch die Gnade, allein durch den Glauben wird der Mensch erlöst und somit „gerecht". Nach Luthers Thesen gegen den Ablass kam es bald zum Konflikt mit Rom. 1520 erfolgte die Androhung des Kirchenbannes – Luther verbrannte die päpstliche Bulle öffentlich und verfasste drei Kampfschriften: 1. An den christlichen Adel deutscher Nation von des christlichen Standes Besserung; 2. De captivitate babylonica ecclesiae (Forderung nach dem „Laienkelch"; Kritik an der Sakramententheologie); 3. Von der Freiheit eines Christenmenschen (positive Darlegung des Rechtfertigungsverständnisses). Der Ruf nach einem Konzil, um die theologischen Streitfragen zu klären, verhallte ungehört. Stattdessen erfolgte 1521 die Bannbulle, und Luther wurde auf den Reichstag nach Augsburg zitiert, wo man – nach Anhörung – die Reichsacht über ihn verhängte. Dem Kurfürst Friedrich dem Weisen ist es zu danken, dass Luther sich seinen Verfolgern entziehen konnte: Er wurde auf der Wartburg versteckt und begann dort die Übersetzung der Bibel. Indem er dem Volk die Heilige Schrift zugänglich machte, entriss er dem Klerus ein Herrschaftsinstrument. Außerdem stellte er die Autorität der Schrift über die Autorität der Kirche und der Tradition. *„Sola scriptura"* – durch die Schrift allein erfährt der Mensch alles, was zu seinem Heil nötig ist; und er ist keiner anderen Autorität verpflichtet als seinem Gewissen.

Diese Sicht der Dinge hatte Konsequenzen für das Amtsverständnis. Während die Scholastik einen qualitativen („ontologischen") Unterschied zwischen Priestern und Laien machte, zählte für Luther das allgemeine Priestertum aller Gläubigen. Die Amtsträger unterschieden sich nur durch ihre besondere Aufgabe: Die Verkündigung des Evangeliums und die Verwaltung der Sakramente. Der Amtsträger war primär Prediger, wohingegen die Scholastik den Priester primär als jenen sah, der das „Messopfer" darzubringen hatte. In der Kirchenstruktur griff Luther auf die Ortsgemeinden zurück; die Landeskirche wurde in ihrer Gesamtheit dem Landesherren als dem *„summepiscopus"* anvertraut. Damit war die so genannte „apostolische Sukzession" – die ununterbrochene Kette der Ordinationen durch Handauflegung von den Aposteln bis zu den Bischöfen der Gegenwart – unterbrochen und die klassische Dreigliedrigkeit kirchlicher Ämter (Bischof-Presbyter-Diakone) war durch das eine Pastorenamt ersetzt worden.

Eine weitere einschneidende Maßnahme der Anhänger und Anhängerinnen der Reformation war die Aufhebung des Priesterzölibats und der Klöster. Die radikale Hinwendung zur Welt hatte viel Positives und für viele eine befreiende Wirkung, so etwa für die Zisterzienserin Katharina von Bora, die sich Luther zum Ehemann auserkor. Die Aufwertung der Ehe bedeutete auch eine Aufwertung der Ehefrau. Allerdings nahm die Schließung der Klöster Frauen die Möglichkeit, eine alternative Lebensform zu wählen. In der Reformation wurde den Frauen noch nicht das Recht zugestanden, Leitungsfunktionen in den Gemeinden zu übernehmen. Allerdings war die Rolle der Pfarrfrau als der Gestalterin des protestantischen Pfarrhauses eine sehr wichtige.

Luther verließ die Wartburg recht bald wieder, um das Schwärmertum einzudämmen und gegen die aufständischen Bauern zu predigen. Er, der die päpstliche Autorität so strikt ablehnte, mahnte immer wieder zum Gehorsam gegen die weltliche Obrigkeit. In seinen späten Jahren verunglimpfte er auch die Juden und schrieb so eine Tradition des christlichen Antijudaismus fest, der bereits in der Spätantike begonnen hatte und sich durch die Jahrhunderte in unterschiedlicher Intensität fortsetzte. Im Mittelalter kam es vielerorts zu Verfolgungen. Ein besonders trauriges Datum ist die Vertreibung der Juden und Araber aus Spanien im Jahr 1492, im Jahr der Conquista, in deren Verlauf die indianischen Kulturen zerstört, die Indianer als Untermenschen behandelt wurden und der Verkauf von afrikanischen Sklaven nach Amerika begann. Die Reformation war nicht mehr aufzuhalten, wenn es auch sehr lange dauerte, bis Möglichkeiten der Koexistenz zwischen Katholiken und Protestanten gefunden wurden. 1530 legte der maßvollere Kampfgefährte Luthers, der Humanist Philipp Melanchthon, auf dem Reichstag in Augsburg die *Confessio Augustana* vor – sie führte nicht zur Einigung, wurde aber die Grundlage des evangelischen Bekenntnisses. 1555 legte der Reichstag die Entscheidung über die Konfessionszugehörigkeit in die Hände der Landesherren: *cuius regio, eius religio* – ein fragwürdiges Prinzip!

In der Schweiz wurde durch den früh verstorbenen Ulrich Zwingli und durch Jean Calvin eine ähnliche Reformationsbewegung gestaltet. Ihr Höhepunkt ist die Einrichtung der Gottesherrschaft 1541 in Genf. Calvin hat sein reformatorisches Programm in seiner lebenslang immer wieder bearbeiteten „Institutio christianae religionis" niedergelegt. Er führte eine eigene Ämterstruktur ein: Es gab 1. Pastoren, die dem Magistrat Gehorsam versprechen mussten. Calvin kennt allerdings beachtlicherweise ein Widerstandsrecht gegen Tyrannen, die vom Willen Gottes abweichen. 2. Lehrer: Ihnen war die Unterweisung übertragen. In der calvinistischen Tradition spielte die Pflege von Bildung eine große Rolle. 3. Älteste: Sie mussten den Lebenswandel der Gemeindemitglieder beaufsichtigen. 4. Diakone: Sie waren für die Armenfürsorge zuständig. Düsterer noch als Luthers Menschenbild – der Mensch kann aus sich ohne die Gnade nichts Gutes vollbringen – ist die Prädestinationslehre Calvins: Der Mensch ist zum Himmel oder zur Hölle vorherbestimmt. Konkret befreite sie aber die Menschen vom Druck, sich den Himmel verdienen zu müssen, und vermittelte eine frohe Heilsgewissheit. Innerreformatorische Differenzen gab es im Abendmahlsverständnis. Luther hatte an der Realpräsenz festgehalten, allerdings ohne die scholastische Lehre von der Transsubstantiation als einen Glaubensartikel zu betrachten; Zwingli und Calvin betonten den symbolischen Charakter. 1566 wurde das Helvetische Bekenntnis verfasst. Die Reformation Calvins hat strengere Züge als die des lebensfreudigen Luther, aber sie wurde am weitesten verbreitet: über die Schweiz hinaus zunächst in Frankreich, dann über England auch in den USA. In unserem Jahrhundert haben die lutherischen und die reformierten Kirchen Kanzel- und Abendmahlsgemeinschaft beschlossen (Leuenberger Konkordie 1973).

In England kam es auf ganz andere Weise zur Reformation. Heinrich VIII. hatte zunächst Luther wegen seiner Sakramentenlehre heftig kritisiert. Luther anerkannte nur die Taufe und Eucharistie als eigentliche Sakramente. Die Firmung war Teil von Taufe und Abendmahl; Buße, Krankensalbung und Ordination waren kirchliche Riten, die Ehe dagegen ein „weltlich Ding". Als Heinrich jedoch seine Ehe mit Katharina von Aragon annullieren lassen wollte und der Papst sich nach langen Diskussionen weigerte, sagte er sich mitsamt der Klerusversammlung von Rom los: Laut der Suprematsakte von 1534 hatte der Papst keine

Jurisdiktion in der Kirche Englands – ihr *head* war der König. Später wurde *head* durch *governor* ersetzt, um deutlich zu machen, dass Christus das alleinige Haupt der Kirche ist. Der Erzbischof von Canterbury, Thomas Cranmer, führte zwar allmählich reformatorisches Gedankengut ein, insbesondere die Rechtfertigunslehre und das Schriftverständis, aber die alte bischöfliche Kirchenstruktur blieb erhalten. Klöster wurden aber aufgelöst und der Zölibat abgeschafft.

In der anglikanischen Kirche ist es – nach blutigen Kämpfen – schließlich gelungen, eine Art Synthese oder auch Koexistenz von altkirchlicher Tradition und reformatorischen Anliegen zu verwirklichen. Es gibt die katholisierende *high church* und die evangelisch geprägte *low church*, und dazwischen die *broad church*, aber alle bilden eine einzige Kirchengemeinschaft. Das „Common Book of Prayer“ (1549) ist die wichtigste Grundlage für den Zusammenhalt dieser Kirche. Dazu gehören auch die 39 Glaubensartikel, die unter Elisabeth I. (1558–1603) festgeschrieben wurden. In ihrer langen Regierungszeit festigte sich die „Kirche von England“ als eine eigene Spielart der Reformation. Zu ihren Besonderheiten gehört das stark spürbare Erbe des Humanismus, besonders durch Erasmus von Rotterdam und Thomas Morus. Letzterer wurde allerdings zum Märtyrer wegen seines Widerstands gegen den König, wie auch Thomas Cranmer, der von der katholischen Mary Tudor wegen seiner Abendmahlslehre hingerichtet wurde. Wichtig ist auch die Betonung von Vernunft und „common sense“ in der Theologie: Richard Hookers „Laws of ecclesial policy“ unter Elisabeth I. ist hier ein sehr wichtiges Werk.

1545 trat das immer wieder angemahnte Konzil endlich in Trient zusammen – seine Arbeit beendete es erst 1563. Die reformatorische Auffassung von der Rechtfertigung und der Schrift wurde verurteilt, die katholische Sakramentenlehre erneut festgeschrieben. Dann wurde die Ordnung der katholischen Kirche einerseits von Missbräuchen gereinigt, aber auch ins Detail verbindlich festgelegt. Der von Ignatius von Loyola (1491–1556) gegründete Jesuitenorden stellte sich ganz in den Dienst der Gegenreformation, die vielerorts zu Vertreibungen und Verfolgungen führte. Der tridentinische Katholizismus blieb, nicht zuletzt durch die Normen der Priesterausbildung mittels der Neuscholastik, für Jahrhunderte prägend. Erst durch das so genannte „aggiornamento“ im 2. Vatikanischen Konzil (1962–1965) erfuhr er eine entscheidende Veränderung.

5. Die Reformation nach der Reformation: Die Freikirchen

Die Spaltungen der westlichen Christenheit hatten entsetzliche Religionskriege zur Folge: etwa den dreißigjährige Krieg (1618–1648), die Hugenottenkriege (1562–1698) in Frankreich, die blutigen Verfolgungen unter Mary Tudor (1552–1558) oder Oliver Cromwell (1653–1658) in England, um nur einige Beispiele zu nennen.

Das macht es verständlich, dass sich in nachreformatorischer Zeit zahlreiche Christinnen und Christen enttäuscht von den protestantischen Kirchen abwandten, die nun ihrerseits zu mächtigen Großkirchen geworden waren und ein eigenes biblizistisches Lehrgebäude errichtet hatten. Schon in der Reformationszeit hatte die Täuferbewegung politisch radikalere Positionen vertreten und war deshalb grausam bekämpft worden (Thomas Münzer). Sie lehnten die Kindertaufe ab und forderten die Erwachsenentaufe. Aus ihrem gemäßigten Flügel gingen die Mennoniten hervor (benannt nach ihrem Führer Menno Simons). Im angelsächsischen Raum entstand Anfang des 17. Jh. unabhängig von der alten Täuferbewegung die Gemeinschaft der Baptisten. Etwa gleichzeitig begannen auch die „Quäker“ eine Religion des Inneren Lichtes zu predigen. Die Erfahrung des Inneren Lichtes war mit Zittern (to quake) verbunden. Sie standen allen äußeren Kirchenstrukturen wie der weltlichen Obrigkeit kritisch gegenüber. Die „Gesellschaft der Freunde“ wurde von George Fox begründet, der in Margaret Fell eine äußerst engagierte Mitstreiterin fand. Sie wurde schließlich auch seine Ehefrau, etliche Jahre nach dem Tod ihres ersten Mannes. In dieser Bewegung wurde zuerst und am eindeutigsten die Predigttätigkeit von Frauen legitimiert und praktiziert. Ein hierarchisches Geschlechterverhältnis sei Ausdruck der Unerlöstheit. Die Quäker vertraten auch einen radikalen Pazifismus.

Eine Erneuerungsbewegung innerhalb des reformatorischen Raumes war im 18. Jh. der Pietismus, im anglikanischen Bereich der Methodismus, der sich schließlich von der englischen Mutterkirche trennte. Es entstanden noch zahlreiche andere Freikirchen. Gemeinsam ist ihnen 1. das Prinzip der freiwilligen Mitgliedschaft; 2. die Unabhängigkeit von staatlichen Instanzen; 3. die Organisation in überschaubaren Gemeinden; 4. ein dezidiertes soziales und missionarisches Engagement. Die Freikirchen hatten und haben besonders in den USA große Bedeutung. Sie waren die ersten, die sich in der Christenheit für die Abschaffung der Sklaverei und die politische Frauenemanzipation einsetzten.

Auch im römisch-katholischen Bereich kam es im 19. Jh. zu einer neuen Abspaltung. Als 1870 das 1. Vatikanische Konzil gegen den Protest einer großen Minderheit das Dogma von der Unfehlbarkeit und vom universellen Jurisdiktionsprimat des Papstes definierte, gründeten die Gegner dieses Dogmas die altkatholische Kirche. Sie fühlten sich nur der Tradition des ersten Jahrtausends verpflichtet, als Katholizismus und Orthodoxie noch nicht getrennt waren. Die altkatholische Kirche schaffte den Zölibat ab und lässt seit 1996 auch Frauen zur Priesterweihe zu.

6. Die ökumenische Bewegung

Heute wird das Word „ökumenisch“ meist für die Verbesserung der zwischenkirchlichen Beziehungen verwendet. Zu Anfang des Jahrhunderts war die „Ökumene“ (wörtlich: die bewohnte „Erde“) das Terrain der weltweiten christlichen Mission, und eben für diese erwies sich die Gespaltenheit des Christentums als äußerst hinderlich. 1910 auf einer Missionskonferenz in Edinburgh entstand der Plan eines konkreten Zusammenschlusses der christlichen Kirchen. 1920, nach dem 1. Weltkrieg, machten sich sowohl der Ökumenische Patriarch von Konstantinopel wie der Primas der anglikanischen Kirchengemeinschaft das Anliegen zu eigen und sie riefen zur Gründung eines Kirchenbundes nach dem Muster des Völkerbundes auf. Die römisch-katholische Kirche dagegen lehnte den Plan ab. Für die Päpste war nur eine „Rückkehr“ der übrigen Kirchen als Einheitsmodell denkbar. Nach dem 2. Weltkrieg gelang es 1948, den Weltrat (oder Ökumenischen Rat) der Kirchen zu gründen. Rom dagegen verbot jede Beteiligung an ökumenischen Versammlungen und Gottesdiensten, obwohl viele Laien und Theologen den Dialog anstrebten. Heute gehören dem Weltrat mehr als dreihundert Kirchen an. Er ist keine „Überkirche“, sondern ein Werkzeug der Verständigung. Für die römisch-katholische Kirche trat mit dem 2. Vatikanischen Konzil eine Kehrtwende ein: Sie bejahte nun die Leistung der vorangegangenen ökumenischen Bewegung und verweigerte sich nicht länger dem Dialog (vgl. das Ökumenismusdekret des 2. Vatikanums „Unitatis redintegratio").

In den meisten Kontroversfragen ist inzwischen mittels zahlreicher bilateraler und multilateraler Dialoge theologische Einigung erzielt worden, wenn auch mit dem Streit um die Frauenordination ein neuer Störfaktor aufgekommen ist. 1982 wurden vom Weltrat der Kirchen die sogenannten „Lima-Papiere" veröffentlicht, an deren Erarbeitung auch die römisch-katholische Kirche beteiligt war. Es geht in diesem bisher wichtigsten Konsensdokument um die Taufe, die Eucharistie und die kirchlichen Ämter (ohne das Papstamt). 1999 wurde evangelischer- und katholischerseits eine „Gemeinsame Erklärung" über die Rechtfertigungslehre unterzeichnet. Das größte ökumenische Problem ist und bleibt der Jurisdiktionsprimat des Papstes – ein Petrusamt als Repräsentanz christlicher Einheit im Sinn eines Ehrenprimates wäre für die meisten Kirchen dagegen durchaus denkbar. Das wichtigste Symbol christlicher Einheit ist jedoch nicht das Papstamt, sondern die gemeinsame Feier des Abendmahls. In vielen Kirchen wird bereits selbstverständlich eucharistische Gastfreundschaft praktiziert. Ziel der ökumenischen Bewegung ist es nicht, die historisch gewachsenen konfessionellen Identitäten aufzuheben, sondern die gemeinsame christliche Überzeugung in „versöhnter Verschiedenheit" zu leben.

Literatur

Die „Heilige Schrift" des Christentums: Die Bibel. Altes und Neues Testament. Einheitsübersetzung, Katholische Bibelanstalt Stuttgart 1980.

Allgemeine Literatur: Die Geschichte des Christentums, hg. v. Mayeur Jean-Marie u.a. (Religion - Politik - Kultur 4-6), Freiburg-Basel-Wien; Handbuch der Kirchengeschichte, hg. v. Hubert Jedin, Herder, Freiburg u. a.; Kirchengeschichte in Einzeldarstellungen, hg. v. Gert Haendler u. a., Evangelische Verlagsanstalt, Berlin; Ökumenische Kirchengeschichte, hg. v. Raymund Kottje/Bernd Moeller, Kaiser/Grünewald, Mainz/München; Reihe: Die Kirchen der Welt, hg. v. Hans Heinrich Harms u. a., Evangelisches Verlagswerk, Stuttgart; Hans Küng, Das Christentum. Wesen und Geschichte, München/Zürich 1994.

Zu 1: Gerd Theißen/Annette Merz, Der historische Jesus. Ein Lehrbuch, Göttingen 1996; Gerd Theißen, Die Religion der ersten Christen. Eine Theorie des Urchristentums, Gütersloh 2201; Elisabeth Schüssler Fiorenza, Zu ihrem Gedächtnis ... Eine feministisch-theologische Rekonstruktion der christlichen Ursprünge, München 1988.

Zu 2: Christentum I. Von den Anfängen bis zur Konstantinischen Wende, hg. v. Dieter Zeller (Die Religionen der Menschheit 28), Stuttgart u. a. 2002; Karl Suso Frank, Grundzüge der Geschichte der Alten Kirche, Darmstadt 1993; Walter Bauer, Rechtgläubigkeit und Ketzerei im ältesten Christentum (Beiträge zur historischen Theologie 10), Tübingen (1934), 2. Aufl., 1964; Anne Jensen, Gottes selbstbewusste Töchter. Frauenemanzipation im frühen Christentum, 2203.

Zu 3: Handbuch der Ostkirchenkunde, hg. v. Wilhelm Nyssen u. a., Patmos, Düsseldorf; Johannes Meyendorff, Die orthodoxe Kirche gestern und heute, Salzburg 1963; Grigorios Larentzakis, Die Orthodoxe Kirche. Ihr Leben und ihr Glaube, Graz 2000; Élisabeth Behr-Sigel, Le Ministère de la Femme dans l'Église, Paris 1987; Arnold Angenendt, Geschichte der Religiosität im Mittelalter, Darmstadt 1997; Arno Borst, Lebensformen im Mittelalter (Ullstein Sachbuch 34004), Berlin 1995; Edith Ennen, Frauen im Mittelalter, München, 5. Aufl., 1994.

Zu 4: Bernhard Lohse, Martin Luther. Eine Einführung in sein Leben und sein Werk, München, 3. Aufl., 1997; Horst Jesse, Leben und Wirken des Philipp Melanchthon, Berlin 1998; Gottfried W.

Locher, Die Zwinglische Reformation im Rahmen der europäischen Kirchengeschichte, Göttingen 1979; Bernard Cottret, Calvin. Eine Biographie, Stuttgart 1998; The Study of Anglicanism, ed. by Stephen Sykes and John Booty, London, 2. Aufl., 1990; Diarmaid MacCulloch, Die zweite Phase der englischen Reformation (1547–1603) und die Geburt der anglikanischen Via Media, Münster 1998;

Zu 5: Reihe: Die Kirchen der Welt, s.o.

Zu 6: Ruth Rouse/Stephen Charles Neill, Geschichte der Ökumenischen Bewegung 1517–1948 (Theologie der Ökumene 6, 1+2), Göttingen, 2. Aufl., 1963/1958; Harold E. Fey, Geschichte der Ökumenischen Bewegung 1948–1968 (Theologie der Ökumene 13), Göttingen 1974; Peter Neuner, Ökumenische Theologie: die Suche nach der Einheit der christlichen Kirchen, Darmstadt 1997.

Adel Theodor Khoury

IX. Islam

1. Entstehung des Islams

Die altarabische Gesellschaft war zur Zeit des Auftretens Muhammads von einem Polytheismus der Stämme geprägt. Zwar war ein Hochgott bekannt, den man einfach „Gott“ (arabisch: *Allāh*), nannte, der jedoch in seinem fernen Himmel thronte und nur in schweren Zeiten oder bei besonders wichtigen Anliegen angerufen wurde. Er trug den Titel „Herr der Kaʿba“, des Zentralheiligtums der Araber in Mekka (vgl. Koran 106,3). Es gab jedoch tief religiöse Menschen, die sich von der Verehrung der Stammesgötter abgewandt hatten und den einen, einzigen Gott suchten. Außerdem gab es auf der Arabischen Halbinsel und an deren südlichem und nördlichem Teil Zeugen des biblischen Monotheismus, nämlich Juden und Christen.

Auf seinen Geschäftsreisen nach Palästina und Syrien hat Muhammad, der um das Jahr 570 in Mekka geboren wurde, Gelegenheit gehabt, das Christentum näher kennen zu lernen, und zwar durch Begegnung mit Mönchen und christlichen Gemeinden. Mit vierzig Jahren, als er am Lichtberg in der Nähe von Mekka Einkehrtage hielt, widerfuhr ihm ein erschütterndes Erlebnis: Gott habe ihm eine Offenbarung übermitteln lassen, ihn zum Propheten berufen und damit beauftragt, die Worte des Korans zu verkünden. Nach einer Zeit der Ungewissheit trat er im Jahr 610 als Moralprediger und religiöser Reformator auf. Er geißelte die Lebensweise und den falschen Glauben der Polytheisten und rief sie zur Bekehrung zum einen, einzigen Gott, dessen Gericht nahe bevorsteht, auf. Als der Widerstand der Mekkaner bedrohlich wurde, verließ er mit seiner Gemeinde Mekka und wanderte nach Medina im Jahr 622 aus. Dieses Jahr der Auswanderung *(Hidjra)* gilt als das erste Jahr der islamischen Zeitrechnung, die auf dem Mondkalender gründet.

Von Medina aus führte Muhammad den Kampf gegen die Widersacher des Islams und gestaltete seine Gemeinde immer mehr zu einer politischen Gemeinschaft *(umma)*. Schließlich gelang es ihm im Jahr 630, Mekka zu erobern und den Islam zur allein herrschenden Religion Arabiens zu proklamieren. Muhammad starb im Jahre 632.

Quellen des Islams

Der Koran (arabisch: *Qur'ān* = Lesung, Vortrag) ist das heilige Buch und die Hauptquelle des Islams. Seine 114 Suren (*sūra*: Abschnitt, Kapitel) enthalten die Worte, die für den Glauben der Muslime als Offenbarung Gottes gelten, welche dem Propheten Muhammad durch den Engel Gabriel übermittelt wurde. Die Redaktion des Korans erfolgte im Laufe der ersten zwanzig Jahre nach dem Tod Muhammads. Die Suren sind nicht chronologisch geordnet; die zehn ersten, im allgemeinen länger als die darauffolgenden, enthalten die meisten und wichtigsten Glaubensaussagen und Rechtsbestimmungen der islamischen Religion.

Als zweite Hauptquelle des Islams gilt die Tradition des Propheten Muhammad, d.h. sein verbindliches Verhalten und seine Entscheidungen und Vorschriften. Diese werden in den Berichten *(Hadīth)* seiner Gefährten überliefert und festgehalten.

Rechtsschulen

Bei der Festlegung der Rechtsnormen und ihrer Anwendung ist die Übereinstimmung (*idjmāʿ*) der Gelehrten der islamischen Gemeinschaft eine maßgebliche Richtschnur. Die Umsetzung der Normen in die Alltagspraxis erfolgt durch die Anwendung der Methode der Analogie (*qiyās*). Sonst gilt es, ein ausgewogenes Urteil (*ra'y*) zu bilden; dazu dient das persönliche Bemühen *(idjtihād)* der Gelehrten.

Außer den schiitischen gibt es im Islam vier sunnitische, als legitim betrachtete Rechtsschulen. Es sind die ziemlich liberale hanafitische, die eher konservative mālikitische, die systematisch ausgerichtete shāfiʿtische und die sehr konservative hanbalitische Schule.

Hauptgruppen

Die erste Spaltung im Islam erfolgte aus religiös-politischen Gründen. Es ging um die legitime Nachfolge des Propheten Muhammad. Die Schiiten ergriffen Partei für ʿAli, Vetter und Schwiegersohn Muhammads, während die Sunniten sich für die Wahl des Khalifen aussprachen. Nach mörderischen Auseinandersetzungen gewannen die Sunniten die Oberhand. Nach der Ära der ersten Rechtgeleiteten Khalifen (632–661: Abu Bakr, ʿUmar, ʿUthman und ʿAli) bildeten sich Dynastien: die Umayyaden (661–750) und die ʿAbbasiden (750–1250).

Die Sunniten stellen heute die überwältigende Mehrheit der Muslime in der Welt (fast eine Milliarde) dar, während die Schiiten (etwa 250 Millionen) sich selbst in verschiedene Gemeinschaften gespalten haben, von denen die größte die Imamiten oder Zwölfer-Schia sind (Iran, Süd-Irak, Libanon), neben den Zayditen (Jemen) und den Splittergruppen der Extremschiiten.

2. Absolutheitsanspruch

Der Islam ist durch die Verkündigung des Propheten Muhammad entstanden, und seine Entwicklung ist in seinen Anweisungen grundgelegt. Seine Botschaft stimme mit der der Propheten aller Zeit überein, denn sie alle erinnerten die Völker an die Urbotschaft Gottes an die Menschen: das Bekenntnis zum Monotheismus und die Pflicht, Gott allein zu dienen.

Unter diesen Propheten seit Adam und Noach ragen vor allem Abraham, Mose mit der Tora und Jesus Christus mit dem Evangelium heraus. Muhammad stehe in einer Reihe mit ihnen, er sei das „Siegel der Propheten" (33,40), der Koran bestätige die Tora und das Evangelium und der Islam sei die letztgültige Gestalt der Religion Gottes. Diesen Absolutheitsanspruch drückt der Koran in folgender Aussage aus: „Wer eine andere Religion als den Islam sucht, von dem wird es nicht angenommen werden. Und im Jenseits gehört er zu den Verlierern" (3,85).

Der Glaube an den einen, einzigen Gott ist die Mitte des Islams. Er bedeutet die uneingeschränkte Hingabe an Gott und die bedingungslose Unterwerfung unter seinen Willen.

Der Islam bekennt sich zu Gott, dem Einzigen. Er verurteilt den Polytheimus der Altaraber und weist den christlichen Glauben an die Trinität und an Jesus Christus als menschgewordenen Sohn Gottes und Erlöser zurück. Der Koran sagt von ihm, er sei ein begnadeter Mensch, Gesandter Gottes, Wort Gottes, Geist von ihm und Messias. All diese Titel werden jedoch nicht im christlichen Sinn verstanden, sondern betonen nur die besondere Aufgabe Jesu Christi in der Prophetengeschichte; Jesus selbst bleibt nur ein sterblicher Mensch. Denn Gott ist absolut transzendent, er bleibt für den menschlichen Verstand verborgen; „es gibt nichts, was Ihm gleich wäre“ (42,11).

Gott ist der Schöpfer von Himmel und Erde. Er ist Schöpfer des Menschen, den er zum Nachfolger auf Erden eingesetzt hat. Gott hat zwischen dem Menschen und der übrigen Schöpfung eine harmonische Abstimmung geschaffen, damit der Mensch sein Leben sichern und fördern und die Schöpfung benutzen und pflegen kann.

Gott begleitet den Menschen, zeigt ihm seine Wege, leitet ihn recht, setzt ihn Prüfungen aus und fordert ihn in seiner Allmacht auf, seine Entscheidungsfreiheit im Sinne der Gebote und Verbote Gottes zu gebrauchen. Am Ende der Zeit wird Gott die Menschen zur Rechenschaft ziehen und sie nach ihrem Glauben und ihren Werken fragen, und er wird ihnen entsprechend vergelten: im Paradies oder in der Hölle.

3. Totalitätsanspruch

Der Islam leitet den Menschen in allen Bereichen seines Lebens und zeigt ihm die Rechtsbestimmungen Gottes. Das Gesetz Gottes entsteht durch das Zusammenwirken seines umfassenden Wissens und seines barmherzigen Willens. Es nimmt Rücksicht auf die Schwachheit und die Lebensumstände der Menschen. Es ist ein Licht, das Einsicht bringt und die richtige Entscheidung und das richtige Handeln ermöglicht.

Die religiösen Pflichten der Muslime bilden das Kernstück des Gesetzes Gottes und werden daher die Hauptstützen bzw. Pfeiler des Islams genannt. Es sind das Glaubensbekenntnis, das rituelle Gebet (fünfmal am Tag und als Gemeinschaftsgebet am Freitag mittag), das Fasten im Monat Ramadan, die gesetzliche Abgabe und die Wallfart nach Mekka (einmal im Leben).

Der Moralkodex des Islams enthält Gebote und Verbote, die mit dem Dekalog des Alten und des Neuen Testaments vergleichbar sind (vgl. Koran 17,22–39; 6,151–153).

Der Glaube an Gott und der Gehorsam gegen seinen Willen, die Erfüllung der religiösen Pflichten sowie die Demut, die Dankbarkeit und die Geduld kommen an erster Stelle. Der Koran spricht sich gegen das leichtfertige Schwören beim Namen Gottes aus (2,224) und fordert die Erfüllung der Gelübde und die Einlösung der durch Eide bekräftigten Versprechen (16,9). Er gebietet, die Eltern zu ehren und sie mit Dankbarkeit und Fürsorge zu behandeln (17,23–24). Er tritt für den Respekt des Lebens ein und verbietet den Mord und das unberechtigte Töten (5,32); er bestätigt das ius talionis und lässt die Blutrache zu, empfiehlt jedoch, darauf zu verzichten (2,178); er wendet sich gegen die Gewalttätigkeit (16,90). Der Koran bejaht die menschliche Liebe und Sexualität (30,21; 2,187); er verurteilt Homosexualität (4,16; 7,80–81), Prostitution (24,33) und Unzucht (6,151). Bestraft wird die Unzucht durch hundert Peitschenhiebe (24,2–3), der Ehebruch durch Steinigung oder Ausschluss aus der Gemeinschaft. Der Koran erhebt die Gerechtigkeit zur besonderen Tugend der Muslime (5,8). Er verurteilt Betrug und Unehrlichkeit im Geschäft (6,152); schwerer Diebstahl wird mit dem Abhacken der Hand geahndet (5,38). Der Koran gebietet den Respekt der Wahrheit; er verbietet Mutmaßungen und Verdächtigungen (49,12), üble Nachrede (24,19) und Verleumdung (4,112).

Islamische Mystik

Obwohl die islamische Mystik im Laufe ihrer Geschichte für christliche, neuplatonische, buddhistische und hinduistische Elemente offen war, berief sie sich hauptsächlich auf den Koran, der die Vergänglichkeit der Welt betont und die beharrliche Suche nach dem Antlitz Gottes empfiehlt. Nach einer Zeit der Askese kamen die Sufi (die Wollbekleideten), die die größtmögliche Nähe zu Gott suchten, auf dem Weg der totalen Askese und der völligen Konzentration der Meditation oder auf dem Weg der totalen Liebeshingabe, oder auch auf dem Weg der intuitiven und spekulativen Meditation. Auch nach dem Versuch des Theologen Ghazzali (starb 1111), eine Versöhnung zwischen Orthodoxie und Mystik zu erzielen, blieb das Verhältnis zwischen ihnen gespannt. Später, vor allem ab dem 13. Jh., stellte die Bildung mystischer Bruderschaften ein herausragendes Phänomen in der islamischen Mystik dar.

Der Totalitätsanspruch des Islams erstreckt sich auch auf die Gesellschaftsordnung und die politische Struktur des Staates.

Der Koran bezeichnet die islamische Gesellschaft als die beste Gemeinschaft, weil sie das Rechte gebietet und das Verwerfliche verbietet und an Gott glaubt (3,110).

Islamische Familie

Ehe und Familie erfüllen einen vielfachen Zweck. Sie ermöglichen die Zeugung von Nachkommenschaft, befriedigen den Geschlechtstrieb der Menschen und helfen, diesen Trieb zu kanalisieren. Ehe und Familie sind Ort echter Lebensgemeinschaft, sie bieten Sicherheit und Geborgenheit, gegenseitige Liebe und Unterstützung, Erziehung und Vorbereitung auf die geeignete Aufgabe in der Gesellschaft. Die Ehe ist allgemeines Gebot für all diejenigen, die die Pflichten von Ehepartnern und Eltern erfüllen können.

Die Eheschließung erfolgt durch einen Vertrag zwischen den beiden Partnern bzw. ihren Rechtsvertretern. Ein muslimischer Mann darf mit mehreren Frauen (bis zu vier) in der Ehe leben, wenn er in der Lage ist, sie alle gleich und gerecht zu behandeln (Koran 4,3), was nach der Feststellung des Korans kaum gelingen kann (4,129). Ungültig und verboten ist die Heirat mit Nahverwandten, mit Polytheisten und Ungläubigen. Für den muslimischen Mann ist es erlaubt, eine jüdische oder eine christliche Frau zu heiraten (5,5), wobei diese Frau nicht zum Islam übertreten muss. Eine muslimische Frau darf nur einen Muslim heiraten.

Die Auflösung der Ehe kann durch Einvernehmen beider Partner, durch Richterurteil oder durch die Entlassung der Frau von Seiten ihres Mannes erfolgen. Eine geschiedene Frau muss eine Wartezeit (drei Menstruationsperioden) einlegen, damit eine eventuelle Schwangerschaft und somit auch die legitime Zugehörigkeit des Kindes festgestellt werden können. Das Familienleben soll von der gegenseitigen Liebe der Partner und von den guten Beziehungen zwischen Eltern und Kindern geprägt sein.

Die der Frau zugedachte Rolle beschränkt sich nach der Tradition auf ihre Aufgaben als Ehepartnerin, Hausfrau und Mutter. In der Öffentlichkeit muss die Frau eine anständige

Kleidung tragen, damit sie als ehrbare Frau erkannt und entsprechend behandelt werden soll (24,31; 33,59). Dies wird in einigen Ländern durch das Tragen von einem Kopftuch oder einem Schleier erreicht. Traditionstreue und islamistische Bewegungen achten mit Strenge auf die Einhaltung dieser Kleiderordnung, während Frauenbewegungen und diejenigen, die eine aktivere Rolle der Frau in der Gesellschaft befürworten, sich gegen die traditionelle Rolle der Frau und die entsprechenden Bräuche sträuben.

Islamische Gemeinschaft

Die islamische Gemeinschaft soll eine solidarische und auf Gerechtigkeit bedachte Gesellschaft sein. Die Solidarität der Muslime gründet auf ihrer Zusammengehörigkeit im Glauben und zeigt sich in der Bereitschaft der Muslime, sich miteinander zu versöhnen, ihr Eigentum in bestimmtem Maße mit den Armen zu teilen, in Strafsachen auf ihr strenges Recht gegenüber den Glaubensbrüdern und -schwestern zu verzichten (2,263), endlich zwischen streitenden Parteien Frieden zu stiften (49,9). Was die Gerechtigkeit betrifft, so hat der Koran den Muslimen eingeschärft, sie sollen für sie einstehen; dazu dienen die Vorschriften des Strafrechtes in Bezug auf die Wiedergutmachung beim Mord, auf den Diebstahl und das Geschäftsleben. Gerechtigkeit gilt es auch gegenüber Nicht-Muslimen zu üben, damit jeder das erhält, was ihm zusteht.

Politische Struktur

Das Gesetz Gottes mit seinen positiven Bestimmungen im Koran und in der Überlieferung des Propheten Muhammad ist die Richtschnur der Tätigkeit der Regierung im Staat und der Maßstab zur Bestätigung ihrer Autorität oder zur Verurteilung ihrer Willkür. Es ist die Grundlage der Rechtsprechung und der Ausübung der öffentlichen Ämter. Die Macht des Staates und die Organe der Gesellschaft haben die Aufgabe, die Herrschaft Gottes und die Vorherrschaft des Islam zu festigen und auszudehnen.

In der Vergangenheit stand an der Spitze des Staates der Khalif, der Imam oder der Sultan. Er muss andere Mitglieder der Gemeinschaft zu Rate ziehen. Der Koran präzisiert nicht, in welcher Form diese Beratung stattfinden soll. Zur Unterstützung der Regierung wirken die Rechtsgelehrten und die Richter.

4. Universalitätsanspruch

Der Islam will seinen Glauben, seine moralischen Normen, seine gesetzlichen Bestimmungen, allgemein seine umfassende Lebensordnung allen Menschen zugänglich machen. Das ist der Auftrag Gottes (Koran 9,33; 61,9; 48,28). Dazu dient, wie es das klassische System des Mittelalters verstanden hat, der Einsatz (*djihād*) der Muslime für die Errichtung der universalen Herrschaft des Islams in der Welt. Dieser Einsatz gilt zunächst einmal dem Schutz der Muslime gegen die Angriffe ihrer Gegner und die Gefahren, die sie bedrohen mögen (5,57; 9,23). Darüber hinaus geht es darum, den Islam positiv zu stärken und seine Verbreitung aktiv voranzutreiben, seinen Herrschaftsbereich notfalls mit militärischen Mitteln auszudehnen.

Für die Nicht-Muslime bedeutet dies, dass der Islam sie auffordert, sich zu seiner Religion zu bekennen oder sich als Schutzbürger unter seine Herrschaft zu stellen. Damit wird ihnen Schutz für ihr Leben, ihr Eigentum, ihre Religions- und Kultfreiheit, ihre Selbstverwaltung in religiösen Angelegenheiten, ihre Rechtszuständigkeit in Fragen des Ehe- und Familien- und Erbrechtes zugesichert. Dafür haben sie die Pflicht, den Islam zu respektieren, sich loyal zum islamischen Staat zu verhalten und Tribut in Form von Eigentums- und Kopfsteuern zu zahlen.

Heute streben einige militante Gruppen unter den Islamisten die Wiederherstellung dieses Systems in der Behandlung der Nicht-Muslime an, während andere sich eher für die Pflege des Friedens und die Sicherung der Gleichberechtigung aller Bürger in einem Staat aussprechen.

5. Islamische Kultur

Als die Araber den Islam in die frisch eroberten Provinzen des byzantinischen Reiches und Persiens sowie nach Nordafrika brachten, war die Literatur, geprägt durch die Sprache des Korans und vor allem in der Gestalt der Dichtung gepflegt, der wichtigste Ausdruck islamischer Kultur. Erst die engeren Kontakte mit der byzantinischen, persischen, indischen und chinesischen Kultur brachten einen Aufschwung in der materiellen Zivilisation und in der Kulturwelt des Islams. Später war es die islamische Kultur, die ihren Einfluss auf die westliche Welt nahm, und dies über Süditalien und Sizilien, vor allem aber über Spanien.

Die Muslime haben die Erfahrungen anderer Völker, mit denen sie in Kontakt kamen, übernommen, an die Verhältnisse ihrer eignen Länder angepasst und weiterentwickelt.

Landwirtschaft

In der Landwirtschaft haben die Muslime die Techniken der Bewässerung entwickelt, und dies durch den intensiven Gebrauch der Rinnsale, der mechanischen Beförderung des Wassers mittels riesiger Schaufelräder, wie man sie heute noch in der Stadt Hama am Orontes in Nordsyrien sehen kann. Auch die Technik der unbewässerten Plantagen wurde von den Muslimen perfektioniert. Neue Produkte erschienen in den europäischen Ländern zwischen dem 8. und dem 11. Jh., die von den Muslimen aus dem Orient gebracht wurden, darunter der Spinat, die Zitrusbäume, die Artischocke, der Aprikosenbaum, das Zuckerrohr und besonders der Reis, der aus Indien mitgebracht, von den Arabern nach Sizilien und Spanien und von den Türken in den Balkan eingeführt wurde.

Zu erwähnen sind noch die verschiedenen Gewürze, deren Verwendung zu einer exotischen Gastronomie in den Häusern der Aristokratie führte und mit der Zeit den kulinarischen Geschmack der Europäer beeinflusste.

Handwerk und Kleinindustrie

Das Handwerk und die Kleinindustrie wurden hauptsächlich in der Behandlung von Glasprodukten und in der Textilverarbeitung, vor allem nach der Einführung der Baumwolle, besonders gefördert. Auch die Stickarbeit und die feine Kunst auf diesem Gebiet sind berühmt geworden. Eine der größten Errungenschaften war jedoch die Einführung des Papiers, das, wie man sagt, erst in China entdeckt wurde (durch Ts'ai Lun im 2. Jh.). Unter dem Khalifen Harun al-Raschid wurde in Bagdad eine Papierfabrik gegründet (794–795). Im 9. Jh. wurde das Papier nach Nordafrika und um die Mitte des 10. Jh. nach Spanien gebracht; es ersetzte nun Papyrus und Pergament.

Architektur

Die islamische Architektur stand unter dem Einfluss des byzantinischen, syrischen und persischen Stils. Sie hat jedoch eigene Akzente gesetzt in der Kombination der Elemente und der Bearbeitung der inneren Ornamente der Gebäude, Moscheen und Paläste. Zeugen davon sind Moscheen wie der Felsendom in Jerusalem (691), die Großen Moscheen in Cordoba (786–787) und Qayrawan (862–863), die Moschee von Ibn Tulun in Kairo (878), die Moschee in Isfahan/Iran (persischer Stil), die Blaue Moschee in Istanbul/ Türkei (byzantinischer Stil) sowie die Paläste Mshatta (südlich von Amman, 744) und die Prachtbauten von Granada (al-Hambra), Cordoba, Sevilla, Fes in Marokko und viele andere in verschiedenen Ländern.

6. Wissenschaften und Medizin

Auf dem Gebiet der Naturwissenschaften, der Mathematik und der Medizin haben die Muslime den Christen in Europa wertvolle Entwicklungen überbracht. Sie trugen dazu bei, dass die Wissenschaften nicht mehr Domäne elitärer Kreise blieben, sondern sich in der Bevölkerung ausbreiteten. So bildete sich eine Art Corpus der Wissenschaften, die die Muslime aus den indischen, persischen, griechischen und syrischen Schriften zusammengestellt und weiterentwickelt hatten. In der Übersetzungsschule von Toledo wurden diese Schriften ins Lateinische übertragen. Der berühmteste dieser Übersetzer ist ohne Zweifel Gerhard von Cremona (1114–1187). Auch Sizilien, unter der Herrschaft der Normannen und der Schwaben sowie des deutschen Kaisers Friedrich II. von Hohenstaufen (1215–1250), war ein weiteres Zentrum der Verbreitung arabischer Schriften.

Astronomie

In der Astronomie hatten die muslimischen Autoren das klassische Werk von Ptolemäus, „Megiste Syntaxis" (arabisch: Almagest) in der arabischen Übersetzung aufgenommen. Sie fügten ihre eigenen Erkenntnisse, Beobachtungen und Schlussfolgerungen hinzu und haben damit die astronomischen Kenntnisse im Allgemeinen weiterentwickelt. Almagest wurde im Jahr 1175 von Gerhard von Cremona aus dem Arabischen ins Lateinische übertragen und verbreitete sich somit in der europäischen Welt. Bereits unter dem Sohn des Khalifen Harun al-Rashid, al-Ma'mun (813–833), der die Wissenschaften und das Geistesleben im Allgemeinen stark förderte, wurde das erste Observatorium des islamischen Reiches gegründet. Im Laufe der zwei nachfolgenden Jh. wirkten die großen Meister der arabischen Astronomie: al-Farghan (Alfraganus), al-Battani (Albategnius), al-Zarqal (Arza-chel), die auch in den christlichen Ländern bekannt waren. Al-Zarqal war im 11. Jh. im Observatorium von Toledo tätig, er stellte seine astronomischen Tafeln auf, bekannt unter dem Namen *Tabulae Toletanae.* Ein anderer Astronom, Djabir ibn Aflah (Geber Hispalensis), führte seine Beobachtungen vom Turm der Giralda in Sevilla aus. Im christlichen Westen sind ähnliche Observatorien erst ab Mitte des 16. Jh. zu finden.

Auch die *Astrologie* als Mittel, das individuelle Schicksal zu erfahren, sowie die politischen Zeitbewegungen und Änderungen vorauszusagen, schließlich den Ausgang von Einzelunternehmungen und Initiativen zu erfragen, war ein Mittelpunkt der Bemühungen mancher Kenner astronomischer Verbindungen. Es ist nicht von ungefähr, dass der Astrologe Abu Maʿshar im Westen berühmt war und dass die Namen verschiedener Sternbilder bis heute einfach aus dem Arabischen übernommen wurden.

Mathematik

In der Mathematik haben die Muslime einen großen Einfluss auf Europa ausgeübt. Man denke zunächst an die „arabischen Zahlen", die eigentlich von den Arabern aus Indien importiert wurden, von dem Italiener Leonardo Fibonacci aus Pisa (Liber Abbaci, 1202) als überlegenes System erkannt wurden und aufgrund seines Einsatzes ihren Einzug in die europäische Wissenschaft hielten. Die Einführung der Null erleichterte das Rechnen. Die muslimischen Mathematiker brachten aber nicht nur ein neues Zahlensystem, sondern auch eine entwickelte Wissenschaft, vornehmlich in der Algebra (das ist die arabische Bezeichnung für diese Disziplin) und im Algorithmus. Der Name des Mathematikers Muhammad ibn Musa al-Khwarizmi ist wohl bekannt, sein grundlegendes Werk (al-Mukhtasar fi hisab al-djabr wa l-muqabala) wurde von Gerhard von Cremona ins Lateinische übersetzt. Auch die Trigonometrie verdankt den arabischen Schriften entscheidende Fortschritte.

Medizin

Die Muslime haben die griechische Medizin übernommen und sehr erfolgreich weiterentwickelt. Die beiden klassischen Werke der arabischen Medizin wurden ins Lateinische übersetzt, nämlich al-Hawi von Razi (9.–10. Jh., übersetzt: Continens von Rhazes) und der Qanun von Ibn Sina (980–1037; Kanon von Avicenna). Das letztgenannte Werk beherrschte die Medizin im Westen lange Zeit und galt als Nachschlagewerk bis ins 18. Jh. hinein.

Auch im Bereich der Chirurgie haben muslimische Ärzte in Spanien – wie Abu l-Qasim al-Zahrawi aus Cordoba – einen beachtlichen Einfluss ausgeübt. Endlich sei noch die Entwicklung in der Augenheilkunde erwähnt. Das Buch Kitab al-manazir von Ibn al-Haytham wurde von Gerhard von Cremona übersetzt und vermittelte den Europäern neue Methoden der Heilkunde: den Gebrauch der dunklen Kammer, die Erforschung der Retina, der Netzhaut, Studien über das Licht und die Gesetze der Lichtbrechung usw.

Hermetismus und Alchemie

Hermetismus und Alchemie sind weitere Bereiche, in denen Muslime die griechische Tradition übernommen und weiterentwickelt haben. In der esoterischen Lehre des Hermetismus geht es vornehmlich um eine allgemeine Erklärung geheimer Zusammenhänge im

Kosmos und der Rolle des Menschen innerhalb des Ganzen als Herrscher von Zeit und Raum und als Mittelpunkt des kosmischen Geschehens.

Das grundlegende Werk hierzu ist der Trismegistos („dreimal groß"), das in der Antike dem Gott Hermes zugeschrieben wurde. Die großen Meister und Lehrer des Hermetismus im Mittelalter waren Muslime. Eine anonyme arabische Schrift, Mushaf al-djama'a (Buch der Versammlung), wurde im Westen unter dem Namen „Turba Philosophorum" bekannt. Am Ende des 9. und Anfang des 10. Jh. wurde in der islamischen Welt eine Art Corpus der hermetischen Spekulationen bekannt und einem gewissen Djabir Ibn Hayyan zugeschrieben. Unter diesem Namen zirkulierten sehr verschiedene Schriften, von denen einige in lateinischer Übersetzung die Kreise der europäischen Alchemisten beschäftigten, so z.B. außer dem oben genannten Titel die „Tabula smaragdina", die „Tabula chemica", die „Practica Mariae Prophetissae", der „Liber de compositione alchemiae", der „Liber secretorum alchemiae".

Neben dem Hermetismus entwickelte sich eine Art der geheimen Wissenschaft, die durch chemische Verbindungen eine grenzenlose Herrschaft über die Elemente der Natur zu erringen suchte. Aus der Symbolwelt des Hermetismus versuchte man, materielle Wirklichkeit zu erzeugen.

Geisteswissenschaften

Neben Geschichte und Geographie haben sich die Muslime auch mit der Interpretation der Geschichte befasst. Der bekannteste Autor ist der nordafrikanische Historiker, Soziologe und Geschichtsphilosoph Ibn Khaldun (1332–1406), der seiner Weltgeschichte eine Einleitung (muqaddima) voranstellte, die eine bahnbrechende, bis heute beachtete Geschichtstheorie darlegte.

Die Muslime haben viel Akribie verwendet, um die arabische Sprache linguistisch, lexikograhisch und grammatikalisch zu erschließen. Außerdem hat sich in der arabischen Welt und in den übrigen Ländern des Islams (Türkei, Iran, Pakistan, Indien, Indonesien u.a.) eine literarische Produktion entwickelt, die wertvolle Werke aller Gattungen hervorgebracht hat. Geniale Dichter säumen den Weg des Islams durch die Jahrhunderte bis heute. Namentlich erwähnt seien als Beispiel unter vielen anderen für die arabische Literatur des Mittelalters al-Buhturi, Ibn al-Rumi und der große Dichter al-Mutanabbi, für die moderne Zeit der Ägypter Ahmad Shauqi, und unter den Zeitgenossen neben dem genialen christlichen Libanesen Sa'id 'Aql der Muslim Nizar Qabbani aus Syrien.

Was nun die Musik betrifft, so hat sich im 20. Jh. in Ägypten und im Libanon eine künstlerisch anspruchsvolle Musik entwickelt und ein beachtliches Liedergut gebildet, das vor allem mit den Namen der Ägypter Sayyed Darwish, Muhammad 'Abd al-Wahhab, Riyad al-Sinbati und der Sängerin Umm Kulthum, des in Ägypten wirkenden Syrers Farid al-Atrash und der libanesischen Christen der zwei Brüder 'Asi und Mansur al-Rahbani und der Sängerin Fayruz.

Philosophie

Zur Entstehung der islamischen Philosophie hat in der ersten Hälfte des 9. Jh. die Übersetzung verschiedener Werke griechischer und hellenistischer Philosophen beigetragen. Es waren vor allem die Werke, die man Platon und Aristoteles zugeschrieben hatte. Die bedeutendsten Vertreter der Philosophie in der ersten Periode waren al-Kindi (starb 870), al-Farabi (870–950) und Ibn Sina (Avicenna: 980–1037). Sie befassten sich hauptsächlich mit folgenden Bereichen der Philosophie: Logik, Metaphysik, Ethik und Politik. Zum Teil unter dem Einfluss Ibn Sinas entstand auch eine illuministische Richtung, deren Hauptvertreter Suhrawardi (12. Jh.) ist. Der große Philosoph des Islams ist Ibn Rushd (Averroes: 1126–1189), der in Spanien wirkte und bestrebt war, die reine Lehre des Aristoteles festzustellen, mit dem islamischen Glauben zu vereinbaren, gegen die Einwände der Theologen (wie Ghazzali, starb 1111) zu verteidigen. Ghazzali hatte einige Thesen verurteilt: Leugnung des zeitlichen Beginns der Schöpfung und des zeitlichen Endes der Welt, Behauptung, dass Gott die Einzeldinge nicht kennt, Leugnung der Auferstehung des toten Leibes.

Ibn Sina fand im Westen eine solche Beachtung, dass man von einem „Ibn-Sina-orientierten Augustinismus" reden konnnte. Dessen Vertreter waren im 12. Jh. der Bischof Johannes von Toledo und im 13. Jh. Wilhelm von Auvergne, Bonaventura, Robert Grosseteste und Roger Bacon. Spuren davon finden sich bei Albert dem Großen und sogar bei Thomas von Aquin (1226–1274). Er schenkte aber Ibn Rushd mehr Beachtung und schätzte in ihm einen treuen Interpreten des Aristotelismus, sah in ihm aber auch einen Verfechter von Positionen, die mit der christlichen Lehre nicht vereinbar waren und daher widerlegt werden mussten. Mehrere Male wurde die Lehre des Averroes kritisiert und verurteilt, zuletzt von Raimundus Lullus, so dass die Zahl der Anhänger des Averroismus immer geringer wurde (der bekannteste von ihnen war Siger von Brabant: ca. 1235– ca. 1282). Das aber schmälert den Beitrag der Muslime zur Entwicklung des philosophischen und theologischen Denkens der Christen im Mittelalter keineswegs.

Während die islamische Philosophie dazu beitrug, das philosophische und theologische Denken der Christen im Westen zu entwickeln, ging sie unter den scharfen Attacken des Ghazzali zugrunde. Von diesem Untergang hat sich die islamische Philosophie bis heute nicht erholt.

Theologie

Die islamische Theologie, die heute offensichtlich weniger gepflegt wird als in den ersten Jahrhunderten der islamischen Geschichte, kennt neben der Ethik zwei Hauptdisziplinen, die Apologetik (*ʿ ilm al-kalam:* Wissenschaft vom Diskurs) und die Dogmatik.

Die Apologetik soll helfen, die Echtheit der prophetischen Sendung, die Wahrheit der Offenbarung und der islamischen Glaubensinhalte sowie die Bestimmungen des Rechtssystems gegen die Einwände der Nicht-Muslime und gegen die von den gegnerischen Schulen vertretenen Meinungen zu verteidigen. Außerdem mussten die Theologen die islamischen Glaubenslehren vertreten gegen die Thesen der Philosophen aus den eigenen Reihen, die sich dem hellenistischen philosophischen Erbe verschrieben hatten. Es stellte sich immer dringender die Frage, ob Glaube und Vernunft, wie sie sich im griechischen Erbe ausdrückte, vereinbar sind, ob Zweifel und Untreue zu den Vorschriften des Gesetzes den Glauben selbst so beeinträchtigen, dass der betreffende Sünder nunmehr als Ungläubiger zu gelten hat und daher des Abfalls vom Glauben bezichtigt werden darf. Solche Diskussionen brachten für die Apologetik die Aufgabe, erst den Standpunkt des Gegners zu definieren, um sie dann leichter zu widerlegen. Aus solchen Bemühungen entstanden etliche Formulierungen von Glaubensbekenntnissen, deren zusätzlicher Verdienst darin besteht, neben dem eigenen Glauben der Muslime auch die Meinungen und Argumente der Gegner zu liefern und somit einen Beitrag zur Religionsgeschichte zu enthalten.

Die meistgebrauchte Methode der Auseinandersetzung mit den Gegnern war die des Syllogismus in drei Sätzen, wie er in der aristotelischen Logik dargestellt wird. In der Frühzeit war der bevorzugte Beweis das Argument durch Analogie (*qiyās*): Er beruht auf Texten der Grundquellen des Islams (Koran und Überlieferung) und enthält folgende mögliche Schritte: vom Gleichen zum Gleichen, vom Gleichen zum Gegenteil, vom Mehr zum Weniger, vom Weniger zum Mehr.

Heute hat die islamische Fundamentaltheologie sich der Aufgabe anzunehmen, eine Neuorientierung der islamischen Gemeinschaft in der modernen Welt zu bieten und gegen die Angst vor einer seriösen Hermeneutik und einer aufklärerischen Bewegung anzukämpfen.

Die wichtigsten Arbeiten der Theologie sind die der Schiiten und der Sunniten. Die Sunniten verstehen sich als die Vertreter der islamischen Orthodoxie und haben im Laufe ihrer Geschichte drei Hauptschulen hervorgebracht.

Die Traditionalisten, auch Hanbaliten genannt (nach Ahmad Ibn Hanbal: 780–855), berufen sich ausschließlich auf den Koran und die Überlieferung als einzig zuverlässige und zulässige Quellen des Glaubens und der religiösen Praxis. Der Gebrauch der Vernunft gilt als unzulässig und birgt die Gefahr der Abweichung vom rechten Glauben in sich.

Die Muʿtaziliten (im 9. Jh.) vertreten eine Theologie, die sich der rationalen Beweisführung bedient. Der Mensch, ein von Gott mit Vernunft begabtes Wesen, habe die Pflicht, diese Vernunft zu gebrauchen und sich nicht mit der Feststellung der positiven Offenbarung zu begnügen. Dies gilt besonders, wenn es darum geht, sich mit den Argumenten der Nicht-Muslime und der Gegner auseinanderzusetzen, aber auch wenn die Angaben der Überlieferung und des Volksglaubens einer kritischen Kontrolle unterzogen werden sollen.

Die Ashʿariten, deren Gründer Ashʿari (873–953) war, suchen einen Mittelweg und plädieren für einen gemäßigten, begründeten und durch vernünftige Beweise unterstützten Traditionalismus. Der Koran gilt als absolute Autorität, die Angaben der auswuchernden Überlieferung müssen jedoch einer Kontrolle der Vernunft unterzogen werden. Gegen die Position und die Argumente der Gegner muss eine logisch einwandfreie Argumentation verwendet werden. Dieser „vernünftige Traditionalismus“ wurde jahrhundertelang zur herrschenden theologischen Schule der islamischen Orthodoxie. Heute kann man da und dort ein wachsendes Interesse für die Muʿtaziliten erkennen.

Rechtssystem

Neben den anerkannten Quellen des islamischen Rechtes, Koran und Sunna (Weg des Propheten Muhammad, wie er in der Überlieferung dokumentiert ist), und neben der Übereinstimmung der Gelehrten der islamischen Gemeinschaft gilt die eigene Meinungsbildung des Rechtsgelehrten auf der Grundlage der Analogie als weiteres Mittel zur Rechtsfindung. Ins Blickfeld geraten heute, da die Lage der Gemeinschaft sich anders darstellt als in früheren Zeiten, weitere Grundsätze der Urteilsbildung: das Für-gut-Halten (*istihsān*), das Interesse *(maslaha)* der Gläubigen unter Berücksichtigung der besonderen Lebensumstände der Menschen oder der Gesellschaft, das Prinzip der Billigkeit (*insāf*) und die Sorge um Erleichterung der auferlegten Pflichten.

Die Rechtslehre des Islams genießt heute größte Beliebtheit und scheint fast die einzige religiöse Disziplin, die wegen ihrer unmittelbaren Bedeutung für die Praxis der Gläubigen und die Bestimmung politischer Ziele und Mittel mit besonderer Zuwendung gepflegt wird, und dies auf Kosten einer Theologie, die der Vertiefung des Verständnisses des Glaubens und der Entfaltung religiöser Werte dient.

7. Islam und Christentum

Der Islam steht dem Christentum nahe und zugleich fern. Trotz vieler Gemeinsamkeiten (Monotheismus, biblische Tradition, Anerkennung Jesu als Propheten, Grundsätze der Ethik, manche Züge der mystischen Suche nach Gott u. a.) widersprechen sich die verbindlichen Lehren des Christentums und des Islams in zentralen Punkten: christlicher Glaube an die Trinität, an die Gottheit Jesu Christi, an seine Erlösungstat; – islamischer Glaube an Muhammad als den letzten Propheten mit totalem Anspruch.

Dennoch gibt es keinen Grund, auf den Dialog zwischen Christen und Muslimen zu verzichten. Ein offener und geduldiger Dialog kann wenigstens helfen, manche Missverständnisse auszuräumen und eine tiefere Kenntnis der jeweiligen Position zu erreichen. Der Weg des Dialogs ist lang und beschwerlich. Anfangen müssen wir gleichwohl. Die gemeinsame Suche nach der vollen Wahrheit kann von den Wahrheiten ausgehen, die anerkanntermaßen beiden Religionen wenigstens in ihrer Grundintention gemeinsam sind.

Außerdem soll eine Zusammenarbeit angestrebt werden, um die gemeinsame belastete Geschichte zu überwinden und einen gemeinsamen Beitrag zur Lösung der Probleme der Menschen zu leisten, zur Gestaltung einer humaneren Welt für heute und für morgen zusammen zu wirken

Könnten nicht Christen und Muslime sich in ihrem jeweiligen Land zum Anwalt der benachteiligten islamischen bzw. christlichen Minderheit machen und für ein gemeinsames Aufwachsen ihrer Kinder und für die Förderung des Zusammengehörigkeitsgefühls der Erwachsenen in derselben Gesellschaft einsetzen? Wäre nicht auch der weite Bereich der Entwicklungsarbeit in der Welt ein mögliches gemeinsames Tätigkeitsfeld? Solidarität und Hilfe für Hilfsbedürftige werden doch von beiden Religionen, Christentum und Islam, befürwortet. Ist es nicht angebracht, dass Christen und Muslime sich zusammenfinden, um gemeinsame kulturelle Projekte zu planen und durchzuführen?

Wenn Christen und Muslimen den Mut zur Versöhnung, zum Dialog und zur Zusammenarbeit finden, könnte es gelingen, dass sie ihre Gegnerschaft überwinden, nicht mehr nur Konkurrenten bleiben, sondern Partner und Freunde werden.

Literatur

Bsteh, A. (Hrsg.): *Der Islam als Anfrage an christliche Theologie und Philosophie* (Studien zur Religionstheologie 1), Mödling bei Wien 1994.

Bsteh, A.: (Hrsg.), *Christlicher Glaube in der Begegnung mit dem Islam* (Studien zur Religionstheologie 2), Mödling bei Wien 1996.

Ende, W./Steinbach, U. (Hrsg.): *Der Islam in der Gegenwart,* München 1989, 2. Aufl.

Endress, G.: *Einführung in die islamische Geschichte,* München 1981.
Haarmann, U. (Hrsg.): *Geschichte der Arabischen Welt,* München 1987.
Der Islam I, hrsg. von W. M. Watt/A. T. Welch (Die Religionen der Menschheit 25,1), Stuttgart 1980.
Der Islam II, hrsg. von W. M. Watt / M. Marmura (Die Religionen der Menschheit 25,2), Stuttgart 1985.
Der Islam III, hrsg. von A. Schimmel u. a. (Die Religionen der Menschheit 25,3), Stuttgart 1990.
Khoury, A. Th.: *Der Islam: sein Glaube – seine Lebensordnung – sein Anspruch,* Herder, Freiburg 1996, 4. Aufl.
Khoury, A. Th.: *Was ist los in der islamischen Welt? Die Konflikte verstehen,* Herder, Freiburg 1991 (3 Auflagen).
Khoury, A. Th./Hagemann, L./Heine, P.: *IslamLexikon, 3 Bände,* Herder, Freiburg 1991, 2. Aufl.

Heike Michael

X. Hinduismus

1. Begriff und Definition

Der Begriff Hinduismus geht auf das altpersische Wort *hindu* zurück, das seit den Eroberungen des persischen Königs Dareios I. (517 v. C.) belegt ist. Hindu bezeichnete den Fluss Indus (skt. *sindhu*) und den geographischen Raum um den Indus herum. Im Plural verwendet wurde „Hindu" auch auf die Bevölkerung des Indusgebietes übertragen. Nach der muslimischen Invasion im Jahre 712 n. C. wurde die Bedeutung des Wortes Hindu auf den Teil der indischen Bevölkerung eingeschränkt, der nicht zum Islam übergetreten war, und entwickelte sich etwa seit dem 15. Jh. zur üblichen Selbstbezeichnung der Inder, die nicht Muslime waren. Die englischen Kolonialherren im 19. Jh. hielten die Bezeichnung „Hindu" dann für einen religiösen Begriff und gingen irrtümlich davon aus, dass alle Hindus Anhänger einer Religion, des „Hinduismus", seien.

Nach der alle 10 Jahre in Indien durchgeführten Volkszählung im Jahr 1991 bezeichneten sich von 900 Millionen Einwohnern Indiens 700 Millionen als Hindus, etwa 110 Millionen als Muslime; Sikhs, Jainisten, Buddhisten und Christen bilden nur einen sehr kleinen Teil der indischen Bevölkerung.

Tatsächlich umfasst das, was man heute als Hinduismus bezeichnet, aber eine Vielzahl von religiösen Anschauungen und Kulten, die grundverschiedene Elemente wie Polytheismus und Monotheismus, Magie und Mystik enthalten. Einige Charakteristika sind aber dennoch zu nennen, die die Verwendung von Hinduismus als Sammelbegriff für heterogene religiöse Gruppen – nicht zuletzt aus pragmatischen Gründen – rechtfertigen:

Die Entstehung auf dem indischen Subkontinent;

Die Selbstbezeichnung ihrer Anhänger als „Hindu";

Die Zugehörigkeit zu einer Kaste (*jâti*).

Damit lässt sich der Hinduismus wie folgt definieren: Hinduismus ist ein Sammelbegriff für religiöse Kulte und Anschauungen, die historisch auf dem indischen Subkontinent gewachsen sind und deren Anhänger sich als Hindu bezeichnen.

Der Hinduismus ist im Gegensatz zu den anderen Weltreligionen keine Stifterreligion, sondern aus einer Vielzahl von verschiedenen Elementen und Einflüssen entstanden. Diese Entwicklung ist auch dafür verantwortlich, dass der Hinduismus keine allgemein verbindlichen Dogmen kennt, sondern unterschiedlichste Lehrinhalte als hinduistisch bezeichnet werden.

Auch macht es seine unauflösliche Verknüpfung mit dem indischen Kastensystem unmöglich, zum Hinduismus überzutreten, da man nur durch die Geburt in eine bestimmte Kaste Hindu werden kann. Insofern ist der Hinduismus eine Volksreligion, deren Anhängerschaft auf ein bestimmtes geographisches und soziales Umfeld beschränkt ist.

Bei aller Verschiedenheit gibt es einige grundlegende Anschauungen, die von fast allen Hindus geteilt werden. Dazu gehört die Anerkennung der Autorität der vedischen Literatur (Veda), der Glaube an die durch Karma verursachte Wiedergeburt und die Überzeugung, dass die Erlösung nur durch das Ausscheiden aus dem Kreislauf der Existenzen (*samsâra*) möglich ist.

Früheste Zeugnisse des Hinduismus finden sich ab der Mitte des 1. Jt. v. C., wo er sich als Reaktion auf die Reformbewegungen des Buddhismus und des Jinismus langsam deutlich zu formieren beginnt. Allerdings wäre seine Entstehung ohne seine Vorläufer, die man z.T. schon in der Induskultur und in der vedischen Zeit beobachten kann, nicht denkbar.

2. Die Anfänge

Die Industalkultur

Die Industalkultur, nach einer ihrer größten Ansiedlungen auch Harappâ-Kultur genannt, blühte etwa zwischen 2350 und 1750 v. C. und ist damit die älteste Hochkultur auf indischem Boden. Die beiden größten und am besten dokumentierten Städte der Industalkultur sind *Harappâ* und Mohenjo Daro, die etwa 640 km voneinander entfernt im heutigen Pakistan liegen. Es handelt sich bei ihnen um große Siedlungen mit einer Bevölkerung von ungefähr 35.000 Menschen, den Städten des Vorderen Orients vergleichbar. Ohne erkennbaren Grund ging die Industalkultur plötzlich unter. Die Schrift, die auf vielen Siegeln und Tongefäßen gefunden wurde, ist bis heute nicht entziffert worden.

Das religiöse Leben in Harappa und Mohenjo Daro lässt sich nur aus den Funden erschließen. Eine große Anzahl von weiblichen Terrakotten weist vielleicht auf einen Mutterkult hin, wie er sich in der Volksreligion bis heute gehalten hat. Als direkter Vorläufer des hinduistischen Gottes Shiva wird die Abbildung eines Gottes, der sich gemalt auf Keramik (Vergessene Städte am Indus, Abb. 88) und Siegeln (Vergessene Städte am Indus, 85, Abb. 119; C 83, Abb. 169) findet, gedeutet. Dabei handelt es sich um eine wahrscheinlich männliche Gestalt, die im „Lotossitz" mit verschränkten Beinen auf einer Art Hocker sitzt, die Hände auf die Knie gestützt. Dieser „meditierende" Gott trägt eine Kopfbedeckung mit Stierhörnern und Pipalblättern. Auf einigen dieser frühen Darstellungen ist er von verschiedenen Tieren wie Elefant, Tiger, Nashorn oder Stier umgeben. Auch gibt es Darstellungen eines Menschen, der mit zwei Raubtieren kämpft, was ebenfalls in späterer Zeit als ein Aspekt des Gottes Shiva gilt, der auch als Herr der Tiere (*pashupati*) auftritt. Ob diese Identifikation mit dem hinduistischen Gott Shiva wirklich stimmt, lässt sich nur vermuten, jedoch nicht beweisen.

Die vedische Epoche

Etwa um die Mitte des 2. Jt. v. C. drangen im Zuge der Völkerwanderung indoarische Nomadenstämme über den Nordwesten in mehreren Wellen entlang der beiden Flüsse Ganges und Yamunâ nach Südosten und unterwarfen allmählich ganz Nordindien. Diese Indoarier, die sich selber als „Edle" (*ârya*) bezeichneten, waren ein kriegerisches, nomadisches Volk, das von Rinderzucht und Raubzügen lebte. Sie trafen auf eine einheimische, sesshafte Bevölkerung, die sich von Ackerbau und Jagd ernährte. Die Indoarier waren die Träger der vedischen Kultur, die ihren Namen der Literatur ihrer Zeit, dem Veda (wörtl. „Wissen"), verdankt.

Die vedische Gesellschaft ist in vier Stände (*varna*) aufgeteilt, eine idealtypische Einteilung, die auf die Brahmanen als Träger der Überlieferung zurückgeht. Diese Stände sind von den sich später entwickelnden Kasten (*jâti*) zu unterscheiden. An der Spitze der Gesellschaft standen ursprünglich die Krieger (*kshatriya*), die die Herrschergewalt innehatten und deren Aufgabe der Schutz der Gemeinschaft war. Ihnen diente der Priesterstand (*brâhmana*), der für die richtige Durchführung der Opfer, mit denen die Götter günstig gestimmt werden sollten, zu sorgen hatte. Der Name *brâhmana* ist von skt. *brahman* „heiliges Opferwort" abgeleitet. Händler, Kaufleute und Bauern bildeten den „Nährstand" (*vaishya*) und sicherten die Versorgung. Der vierte Stand (*shûdra*) setzte sich aus Unfreien, Dienern und Sklaven zusammen, die allerdings auch Land und Vieh besitzen konnten. Die unterworfene Urbevölkerung stand außerhalb dieses Systems.

Mit dem Aufkommen des Buddhismus setzten die Brahmanen sich selbst an die Spitze dieser Ständeordnung und gliederten die Urbevölkerung in den vierten Stand ein. Dieses reformierte System spiegelte zwar niemals die gesellschaftliche Realität wider, war jedoch in religiöser Hinsicht von Bedeutung. Wichtiger jedoch als der Stand ist die Kaste (*jâti*). Kastenzugehörigkeit bestimmt sich durch die Geburt (*jâti*). Kasten sind endogame Gruppen, die sich durch Kommensalität, Heirat und Berufsausübung unterscheiden lassen. Das System ist aber nicht starr, sondern durchaus flexibel.

Die Quellen für die vedische Religion und Götterwelt sind der vierteilige Veda (von *vid* „wissen"): 1. Der Rigveda ist der älteste Teil und enthält die Preislieder, mit denen der Opferpriester (*hotar*) die Götter zum Opfer ruft, indem er ihre ruhmreichen Taten preist. 2. Der Sâmaveda ist eine Sammlung von Texten, die der Vorsänger (*udgâtar*) während des Opfers rezitiert. Es handelt sich dabei um Verse des Rigveda, die nach opfertechnischen Gesichtspunkten geordnet sind. 3. Der Yajurveda enthält die Opfersprüche, die der assistierende Priester (*adhvaryu*) während des Opfers spricht. 4. Der Atharvaveda steht nicht in direktem Zusammenhang mit dem vedischen Feueropfer, sondern enthält eine Sammlung von Zaubersprüchen, die volksreligiösen Ritualen entstammen.

Die einzelnen Vedateile bestehen jeweils aus einer Sammlung von Sprüchen (*mantra*) als Kernstück, auch *Samhitâs* genannt, an die (quasi als Erläuterung) im Laufe der Zeit *Brâhmanas*, *Âranyakas*, *Upanishaden* und *Sûtras* angegliedert wurden. Die Entwicklung der Kernstücke war vermutlich Ende des 2. Jt. v. C. abgeschlossen, die Entstehung der Brâhmanas wird auf etwa 1000 v. C. datiert, die älteren Upanishaden und Sûtras zwischen 800 und 500 v. C. Die Brâhmanas und Âranyakas sind Handbücher der Opferwissenschaft, die detailgenau die einzelnen Opferpraktiken und Legenden zu ihrer Entstehung schildern. Die Upanishaden enthalten die ersten Ansätze philosophischen Denkens.

Ritual: Kernstück des vedischen Kultes ist das Opferritual (*yajña*), als Hausopfer, das durch den Hausvater selbst oder einen Hauspriester durchgeführt wird, oder als öffentliches Opfer, das nur von einem brahmanischen Priester vollzogen werden konnte. Als ursprüngliches Nomadenvolk besaßen die Ârya keine Tempel, daher wurde für das Opfer stets ein anderer Opferplatz gewählt. Nachdem nach genau festgelegten Vorschriften der Altar errichtet worden war, rief man die Götter herbei. Das vedische Opfer war ein Gastritual, bei dem die Götter mit dem Fleisch von Opfertieren und mit Soma bewirtet wurden. Soma ist ein Saft, der durch das Auspressen einer bestimmten Pflanze, deren Identität bis heute nicht geklärt ist, bereitet wurde und berauschende Wirkung hatte. Auftraggeber war der Opferherr, der um persönlicher Vorteile willen einen Brahmanen beauftragte, der mit dem Ritual genauestens vertraut war. Für die sachgerechte Durchführung erhielt dieser einen Opferlohn (*dakshinâ*). Im Bemühen, ihren Lebensunterhalt zu sichern, gestalteten die Brahmanen die Opfervorschriften immer komplizierter und erreichten so, dass das Ritual und die Opfersprüche zunehmend an Bedeutung und magischer Wirksamkeit gewannen, während die Macht der Götter sank.

Dem offiziellen Opfer standen die häuslichen Riten gegenüber, die in regelmäßigen Abständen vom Hausherrn selbst durchgeführt wurden.

Das vedische Pantheon

Die ältesten Quellen nennen 33 Götter, von denen jeweils elf im Himmel, auf der Erde und im Wasser wohnen. Einige dieser Götter gehen auf personifizierte Naturmächte zurück, wie Vâyu (der Wind), Ushas (die Morgenröte), oder Sûrya (die Sonne). Diese Personifizierungen sind Versuche, das Weltgeschehen als ein Zusammenwirken verschiedener Kräfte zu deuten.

Indra ist als kriegerischer Gott sowohl König der Welt als auch aller Götter und steht damit an der Spitze des Pantheons. Seine Waffe ist der Donnerkeil (*vajra*), mit dem er seine Feinde zerschmettert, der aber auch ein Symbol für seine Funktion als Wettergott ist. Er liebt den Soma, den ihm der Opferpriester präsentiert. Begleitet wird Indra von den Maruts, den Winden, die mit den Vaishyas assoziiert sind.

Agni (lat. *ignis*) ist ursprünglich das Feuer selbst und dann der Gott des Feuers. Er ist der himmlische Opferbote und hat die wichtige Aufgabe, die Götter zum Opferplatz zu führen. Durch seinen Mund, d.h. die züngelnden Flammen, essen und trinken die Götter die Opfergaben; er sorgt dafür, dass ihnen die Speisen gefallen, und trägt so zum Erfolg des Opfers bei. Er steht im Zentrum des Opfers und ist der himmlische Opferpriester. Ebenso übt er eine Schutzfunktion aus und wird später mit dem Brahmanenstand identifiziert.

Vishnu, der kleinere Bruder Indras, ist der Gott der Vaishyas, speziell der Landvermesser, denn er misst mit seinen Schritten die Erde aus, um sie den Menschen zuzuteilen. In späterer Zeit wird er bedeutender als Indra und steigt zu einem Hochgott des Hinduismus auf.

Rudra ist als schrecklicher und furchterregender Gott ein Vorläufer Shivas. Seine Waffen sind Blitz und Gift, Fieber und Husten. So wie er zerstören kann, kann er allerdings auch verschonen, so dass man ihn um Schutz vor Not und Unglück bat und ihn bei Krankheiten als guten Arzt anrief. Daneben glaubte man auch an die Existenz von Dämonen und Geistern, deren böser Einfluss stets gefürchtet wurde.

Weltbild: Die Indoarier stellten sich die Erde als eine flache runde Scheibe vor, die von einem Ringozean (*rasâ*) umschlossen wird. Darüber wölbt sich das steinerne Firmament. Durch ein Loch im Firmament wird in Gestalt der Sonne am Tag der Feuerhimmel sichtbar. Im Süden liegt das Totenreich, über das der Totengott Yama herrscht. Dort leben die unsterblichen Väter (*pitar*), die Ahnen, die ein paradiesisches Leben führen. Wie die Götter wurden auch sie zum Opfer geladen und erhielten Nahrungsmittel, Kleidung und Salben als Opfergabe. Tief unter der Erdscheibe liegt die dunkle Höllenwelt, in die alle Übeltäter gestürzt werden. Den Indoariern war der Gedanke an Wiedergeburt noch fremd.

Anfänge der Philosophie: In spätvedischer Zeit finden sich in den Upanishaden, die zwischen 800–600 v. C. entstanden sind, erste philosophische Spekulationen. Die Bezeichnung

Upanishad ist von der Sanskritwurzel *sad,* „sitzen“, abgeleitet, denn man erlernte sie vor einem Lehrer sitzend. In diesen Texten finden sich erste Ansätze von zyklischem Denken, das später zu der Lehre vom Kreislauf der Wiedergeburten führen wird. Im Mittelpunkt des philosophischen Denkens standen der Mensch und die Frage nach dem Träger des Lebens. Indem man makrokosmische Vorgänge mit mikrokosmischen in Beziehung setzte, entwickelten sich aus Naturbeobachtungen drei Modelle, die das Wasser, den Wind und das Feuer als Träger der Lebenskraft ansahen.

Âtman-Brahman-Spekulation: Mit der Annahme des Âtman als Träger der Lebenskraft löste man sich von der stofflichen Vorstellung. Âtman bezeichnet das Selbst, sowohl physisch wie psychisch, und ist der Teil der Persönlichkeit, der die Individualität bestimmt. Der Âtman ist dem Menschen von Natur aus eigen und wird als das Subjekt der Sinneswahrnehmungen bezeichnet, als „Seele“. Gemäß der Entsprechung von Makrokosmos und Mikrokosmos wurde diese Einzelseele (*âtman*) nun mit der Weltseele (*brahman*) identifiziert und es wurde gelehrt, dass die Aufhebung der scheinbaren Trennung zwischen Âtman und Brahman Erlösung aus dem Kreislauf der Geburten bringe.

Die Erscheinungswelt, die uns umgibt, ist eine Illusion (*mâyâ*), einzig dem Âtman kommt Realität zu. Der Âtman ist ewig und unzerstörbar, man kann ihm keine Eigenschaften zuschreiben, denn er ist *neti neti,* „weder so noch so“ (Brihad-arenyaica-Upanishad 4.4.22). Denn wenn alles eins und ungeteilt ist, gibt es auch niemanden, der dies eine erkennen kann. Der Âtman ist also nicht mit den Sinnen zu erfassen, sondern er muss auf dem Weg der Meditation „realisiert“ werden. Der Moment der Identifikation mit der Universalseele wird als ein Gefühl der Fülle, der Allheit, der höchsten Wonne beschrieben. Es herrscht vollkommene Einheit, die Unterschiede zwischen innen und außen, Subjekt und Objekt sind verschwunden.

3. Grundbegriffe

Dharma

Ein zentraler Terminus des Hinduismus ist *Dharma.* Von den Hindus wird ihre Religion als der „ewige Dharma“ (*sanâtana dharma*) bezeichnet. Von der Wurzel *dhar,* „tragen“, abgeleitet, bezeichnet er ursprünglich das Tragende, die Grundlage der Welt. Makrokosmisch ist Dharma das Weltgesetz, das höchste Prinzip, das alle Abläufe steuert, und somit auch die Naturgesetze mit einschließt. Als solcher ist er absolut und nicht in Frage zu stellen. Mikrokosmisch bestimmt er das ordnungsgemäße Verhalten aller Dinge in dieser Welt. Jedes Wesen hat seinen „eigenen (speziellen) Dharma“ (*svadharma*), eine Pflicht bzw. eine Aufgabe innerhalb des Systems, der Natur oder der Gesellschaft. Dharma regelt auch das soziale Verhalten und die sozialen Pflichten des Einzelnen je nach Lebensstadium und Kastenzugehörigkeit und erfüllt damit die Funktion einer ethischen Norm. So ist es z.B. der Svadharma des Brahmanen, den Veda zu lehren und für andere Opfer durchzuführen.

Der Dharma ist religiös qualifiziert, denn wer seinen Dharma gewissenhaft erfüllt, der erwirbt sich Verdienst in Bezug auf die nächste Existenz. Der Dharmabegriff umfasst nicht nur den religiösen und ethischen Bereich, sondern schließt in späterer Zeit auch die weltlichen Gesetze, das gesamte Zivil- und Strafrecht, Staats- und Gewohnheitsrecht mit ein.

Die Quellen für den Dharma sind zum einen der Veda und zum anderen die Dharmasûtras und Dharmashâstras, die etwa ab 200 v. C. entstanden. Die frühesten Werke dieser Art konzentrieren sich rund um das Ritual und das sich daraus ergebende, sittliche Verhalten. Später weiten sich diese Regelwerke immer mehr aus. Das bekannteste unter ihnen ist die Manusmriti, die „Überlieferung des Manu", die in erster Linie detaillierte Darstellungen des Svadharma des Einzelnen, auf die jeweilige Lebenssituation zugeschnitten, aber auch juristische und religiöse Ge- und Verbote einschließlich der darauffolgenden Strafen und Belohnungen aufführt.

Neben dem Veda und den Dharmasûtras gibt es aber noch eine dritte, späte Autorität, die über Dharma oder Nichtdharma (*adharma*) entscheidet, nämlich die Meinung der rechtschaffenen Menschen, der allgemeine Konsens über das, was recht ist. „...was die Ârya loben, wenn es getan wird, das ist Dharma; was sie tadeln, das ist Adharma" (Apastamba-Dharmasûtra). Mit Ârya sind die Vertreter der ersten drei Stände gemeint.

Der Begriff Dharma ist eng mit der Vorstellung vom Schicksal verbunden, jedoch nicht damit gleichzusetzen, denn das Schicksal (*daiva*, von *deva*, „Gott", abgeleitet) ist nicht, im Sinne einer Prädestination, unabwendbar, sondern kommt von den Göttern. Auch die Götter haben ihren Svadharma, den sie erfüllen müssen. Verstoßen sie gegen diesen, indem sie einem Menschen ein ungerechtes Schicksal auferlegen, kann dieser sich durch die gewissenhafte Erfüllung seines Dharma erfolgreich gegen die Götter zur Wehr setzen.

Die Samskâras und die vier Lebensstadien

Eine wichtige Rolle im Leben eines männlichen Hindu spielen die Riten (*samskâra*), die ihn von der Zeugung bis zur Leichenverbrennung begleiten. Ihre Zahl wird üblicherweise mit 12 (Manusmriti II.27), manchmal auch mit 40 (Gautama-Dharmashâstra VIII.8) angegeben. Sie umfassen die Zeit von der Zeugung über Geburt, Kindheit, Studium, Heirat bis zum Tod und sind, bis auf Hochzeit und Leichenverbrennung, auf die Angehörigen der ersten drei Stände beschränkt. Sie bereiten durch das Schaffen von ritueller Reinheit den Übergang in einen neuen Lebensabschnitt vor.

Diese Riten leiten die Lebensstadien ein, die ein männliches Mitglied einer der drei höheren Stände nacheinander idealtypisch durchlaufen soll, nämlich: Schüler (*brahmacârya*), Hausvater (*grihastha*), Waldeinsiedler (*vânaprastha*) und Entsager (*samnyâsin*).

Diese beginnen mit der Initiation (*upanayana*), bei der einem Hindu die heilige Schnur umgelegt wird. Danach ist er ein Brahmacârin, Schüler, dessen Aufgabe das Vedastudium und ein keuscher Lebenswandel (*brahmacârya* „reiner Wandel") ist. Diese Initiation ist seine zweite Geburt, denn der Lehrer ist wie ein zweiter Vater, der das Kind in die spirituelle Welt führt. Darauf geht die Bezeichnung „Zweifach Geborene" (*dvija*) für die Angehörigen der drei oberen Stände zurück. Nach Abschluss des Studiums ist der Dvija ein vollwertiges Mitglied der Gesellschaft, das die Hausriten durchführen und somit auch heiraten darf. Mit der Hochzeit wird er ein Hausvater (*grihastha*), der einen Beruf ausübt und eine Familie gründet. Er strebt nach materiellem Wohlstand (*artha*), sexueller Befriedigung (*kâma*) und der Erfüllung seiner sozio-religiösen Pflichten (*dharma*). Als Hausvater muss er die drei Schulden (*rina*) gegenüber Göttern, Vätern und den Sehern (*rishi*) abtragen: Den Göttern schuldet er Opfer, den Vätern die Zeugung eines Sohnes, der das Ahnenopfer weiter durchführen kann, und den Sehern das Veda-Studium. Wenn er seine Kinder aufgezogen hat und

„die Söhne seiner Söhne sieht“, zieht er mit seiner Frau in den Wald und wird Waldeinsiedler (*vânaprastha*), der noch ein Hausfeuer unterhält und die Waldtexte (Âranyakas) studiert. Das Ziel dieses und des folgenden Lebensstadiums ist die Erlösung (*moksha*). Als letzte Stufe wandert er als Entsager (*samnyâsin*), der kein Hausfeuer mehr unterhält, durch das Land. Dabei ist er frei von allen sozialen Bindungen und Verpflichtungen.

Karman und Wiedergeburt

Die Lehre von Karman und Wiedergeburt gehört zu den zentralen Elementen des indischen Denkens. Taten (*karman*) hinterlassen materielle Spuren am Âtman, an der Seele, und bestimmen die Qualität der nächsten Existenz. Gute Taten führen zu einer guten Wiedergeburt, schlechte führen zu einer schlechten Wiedergeburt. Damit sind die unterschiedlichen „Schicksale“ der Menschen, scheinbar grundloses Leiden und soziale Ungleichheit als Folge der eigenen Taten in einer vergangenen Existenz erklärt. Deshalb spricht man auch von Kausalität oder Tatvergeltung. Gleichzeitig bietet die Lehre vom Karman auch die Möglichkeit, durch gute Taten eine bessere Existenz zu erlangen und so der Erlösung näher zu kommen. Das Karman ist also kein unabwendbares Schicksal, sondern im Gegenteil ein flexibles Konzept, in dem jeder Einzelne für sein jetziges und zukünftiges Leben selbst die Verantwortung trägt.

In vedischer Zeit stellte man sich die Zeit noch linear vor. In den Brâhmanas kam der Gedanke eines „Wiedertodes“ (*punarmrityu*) der Seele im Totenreich auf. Erst in den Upanishaden finden sich Anfänge des zyklischen Denkens, das jedoch noch als Geheimlehre betrachtet wurde. In den späteren epischen Texten, im Mahâbhârata und den Purânas, handelt es sich bei der Karman-Lehre um ein entwickeltes und fein verzweigtes System, das die alten linearen Vorstellungen von Himmelswelt und Hölle in ein zyklisches Weltbild integriert.

Man unterscheidet fünf Lebensbereiche, in denen die Seele wiedergeboren wird: entweder als Gott im Himmel, als Gandharva oder Apsaras (himmlische Musikanten und Nymphen) im Luftraum, als Mensch oder Tier auf der Erde, als Dämon in der Unterwelt oder als Folterteufel und Gequälter in der Hölle. In dieser Existenz verbleibt sie solange, bis das in der Seele gespeicherte gute oder schlechte Karman aufgebraucht ist. Erst dann gelangt sie in die nächste Existenz. Die Brahmanen lehren nun, dass die Erlösung nur als Mensch, und unter den Menschen nur als Brahmane möglich ist. Auch die Götter sind weder erlöst noch unsterblich. Sie genießen ihr Leben ohne Einsicht in die Mechanismen des Samsâra, bis ihr Karman verbraucht ist. Nur die Menschen sind zur Einsicht und damit zur Erlösung fähig.

Mit dieser Lehre verbindet sich ein dualistisches Menschenbild. Der Mensch besteht aus einem grobstofflichen Körper (*sthûlasharîra*), der sich aus den fünf Elementen Erde, Wasser, Feuer, Luft und Äther zusammensetzt, sichtbar ist und nach dem Tode vergeht. Sein feinstofflicher Körper (*vâyusharîra, sûkshmasharîra*) ist dagegen unsichtbar und besteht nur aus Luft (*vâyu*) oder subtiler Materie (*sûkshma*). Er nimmt verschiedene Existenzen an und ist Träger des Karman. Erst bei der Erlösung wird dieser Körper abgeworfen. Eine solch endlose Zahl von Existenzen ist für einen Hindu nicht erstrebenswert. Da das Leben stets mit Leiden verbunden ist, strebt man danach, diesen Kreislauf der Wiedergeburten (*samsâra*) zu verlassen. Erlösung besteht in der Befreiung von dem Zwang, wiedergeboren zu werden. Dies ist nur möglich, wenn das eigene Karman aufgebraucht ist.

Yoga und Meditation

Yoga bietet einen praktischen Weg zur Erlangung der Erlösung an. Der Begriff Yoga, wörtlich Anspannung, bezieht sich auf die Anspannung des Geistes, der sich auf die Erlösung richtet. Yoga als Methode ist in den Yogasûtras von Patañjali beschrieben worden.

Ziel des Yoga ist die „Eindämmung der Bewegung des Geistes" (Yoga-sûtras 1.2). Am Anfang stehen sittliches Verhalten und Selbstzucht, die den eigentlichen Yogaübungen vorangehen müssen. In fester und bequemer Sitzhaltung (*âsana*) kontrolliert der Yogi seinen Atem (*prânâyâma*). Darauf folgt das Zurückziehen der Sinne (*pratyâhâra*), das Festhalten (*dhârana*) des Denkens, die Meditation (*dhyâna*) als Konzentration auf nur ein Ding, die zur Versenkung (*samâdhi*) führt, in der der Geist getrennt von der Materie in Isolation (*kaivalya*) existiert. Dies ist die Erlösung, die der Heilsweg des Yoga anstrebt.

Auf diesem achtfachen Heilsweg beruhend entwickelten sich verschiedene Yoga-Richtungen mit verschiedenen Akzentsetzungen. So betont der Hathayoga vor allem die physischen und medizinischen Komponenten, während der Râjayoga vornehmlich den spirituellen Aspekt vertritt.

Meditation ist im Yoga die Bezeichnung für eine bestimmte Art des „Festhaltens", nämlich die Konzentration des Denkens auf nur einen Begriffsfaden, bis das Denkobjekt mit dem Geist verschmilzt. Diese Technik des Stillsitzens und der Konzentration aller geistigen Tätigkeiten auf einen Punkt, bis die Versenkung erreicht ist, findet sich in vielen indischen Religionen, auch im Buddhismus.

Askese

Mit Indien und dem Hinduismus verbindet sich die Vorstellung von Askese und das Bild vom Asketen auf dem Nagelbett. Askese (*tapas*) im indischen Sinn hat mit dem europäischen Begriff der Askese, der ethisch motiviert ist, wenig zu tun. Askese ist freiwilliges Leiden, das *tapas* „Erhitzung" bewirkt. Diese erzeugt „Glut" (*tejas*), die sich sowohl physisch – als Flamme, die vom Asketen ausgesandt wird – als auch psychisch in unerschütterlicher Willenskraft und charismatischer Ausstrahlung der Person zeigt. Diese Glut kann nicht nur den Menschen, sondern auch den Göttern gefährlich werden. Götter und hohe Persönlichkeiten besitzen von Natur aus *tejas*, das sie durch Askese noch steigern können. Ein Asket kann durch harte und andauernde Askese soviel *tejas* ansammeln, bis er den Göttern darin überlegen ist. Die Götter müssen sich seiner psychischen Macht beugen und sind gezwungen, seine Wünsche zu erfüllen.

Drei Ziele sind es, die vor allem mit der Askese verfolgt werden: 1. Die Entwicklung übernatürlicher Fähigkeiten, sog. *siddhi,* „Vollkommenheiten". 2. Die Erlangung neuer Einsichten und Erkenntnisse. 3. Die „Verbrennung" von schlechtem Karman, wenn auch nicht als Buße, sondern ethisch neutral, im Hinblick auf die spirituelle Selbstbefreiung aus dem Kreislauf der Wiedergeburten.

Asketen entsagen der Welt und leben außerhalb der Gesellschaft. Sie verlassen ihre Familien und ziehen sich in die Einsamkeit des Waldes zurück oder wandern durch das Land. Sie sind befreit von den drei Schulden. Ihr einziger Besitz besteht in einem Wanderstab, Holzsandalen, Bettelschale und Wassertopf. Sie arbeiten nicht, sondern ernähren sich von Almosen. Asketische Praktiken schließen Fasten bis zum vollständigen Verzicht auf Nahrung, sexuelle Enthaltsamkeit, Schlafentzug, Schweigen und Verzicht auf jegliche persönliche Bequemlichkeit ein. Viele Asketen reiben ihren Körper mit Opferfeuerasche, die als reine Substanz gilt, ein. Zudem üben sie sich im Erdulden von Schmerzen, indem sie z.B. lange auf einem Bein stehen, auf einem Dornenlager schlafen, sich eingraben lassen oder bis zur Erblindung in die Sonne starren.

Allgemein sind Asketen in Indien hoch angesehen, doch gab es auch immer Stimmen, die die Askese ablehnten und den Weg der sozialen Dharmaerfüllung der Weltflucht vorzogen. Im heutigen Indien sind die meisten Asketen Mitglieder einer Sekte (*pantha* „Weg" oder *sangha* „Gemeinschaft"). Sie unterscheiden sich äußerlich durch Haartracht, Kleidung und Utensilien, bevorzugen bestimmte Grußformen oder Askesepraktiken. Vishnuitische Asketen tragen ihr Sektenzeichen vertikal auf der Stirn, shivaitische dagegen horizontal.

Erlösungswege

Die Erlösung aus dem Kreislauf der Wiedergeburten ist auf drei Wegen möglich: Auf dem Weg der Taten (*karmamarga*), auf dem Weg der Erkenntnis (*jñânamarga*) und auf dem Weg der Hingabe (*bhaktimarga*).

Karma-marga ist der Weg der (rituellen) Handlung, die selbstlos und ohne Eigennutz verrichtet werden soll. Pflichtgemäßes Handeln und gewissenhafte Erfüllung des Svadharma wird dabei als heilvoll betrachtet und schafft religiöses Verdienst (*punya*). Dies umfasst vor allem die Opfer an die Götter und die Erfüllung aller anderen rituellen Handlungen, die das Leben eines Hindu besonders während seiner Zeit als Familienvater bestimmen.

Vishnuismus und Shivaismus sehen im Karma-marga eine Vorstufe, die der Reinigung dient. Die vedischen Opfer werden dabei durch die hingebungsvolle Verehrung (*pûjâ*) im Tempel oder vor dem Hausaltar ersetzt. In der Bhagavad-Gîtâ wird auch das allgemein weltliche Handeln miteingeschlossen, wobei die selbstlose Erfüllung der auferlegten Pflichten ausschlaggebend ist. Der Neohinduismus, inspiriert vom christlichen Gedanken der Nächstenliebe, bezieht auch soziales Engagement und humanitäres Handeln in den Karma-marga ein.

Jñâna-marga, der Weg der Erkenntnis, findet sich zuerst in den Upanishaden, wo die Überwindung der Unwissenheit (*avidyâ*), die das Selbst im Kreislauf der Wiedergeburten hält, gelehrt wird. Dies geschieht durch die Erkenntnis, dass die Einzelseele (*âtman*) mit der Allseele (*brahman*) identisch ist. Dadurch kehrt der Âtman zum Brahman zurück und erfährt keine neue Wiedergeburt mehr. Dieser Weg steht besonders im monistischen Vedânta und im Yoga im Vordergrund. Dabei bedeutet Erkenntnis nicht nur intellektuelles Erfassen, sondern auch gleichzeitiges spirituelles Erfahren bzw. Realisieren (*sâkshâtkriyâ)* dieser Einheit.

Bhakti-marga, der Weg der Hingabe oder Liebe, bildet den dritten Erlösungsweg, der, unabhängig von Kaste und Geschlecht, jedem Menschen offen steht. Allein durch bedingungslose Liebe und rückhaltlose Hingabe hat der Gläubige Teil an der Allmacht seines Gottes.

Es gibt fünf Grundhaltungen, die verwirklicht werden sollen: 1. Gelassenheit (*shânti*), 2. Dienstbereitschaft bzw. Unterwerfung (*dâsya*), 3. Freundschaft wie unter Gleichgestellten (*sâkhya*), 4. elterliche Zuneigung und Fürsorge (*vâtsalya*) und 5. erotische Liebe und

Leidenschaft (*shringâra*). Die fünfte und letzte ist die umfassendste Beziehung zum Gott und führt zur Einswerdung mit ihm. Dieser Erlösungsweg, der etwa im 7. Jh. n. C. in Südindien entstanden und damit historisch der jüngste ist, spielt vor allem in den monotheistischen Religionen eine Rolle und ist das vorherrschende Element im vishnuitischen Krishna-Kult. Die beiden anderen Heilswege werden diesem dabei untergeordnet.

Literarische Quellen des Hinduismus

Die literarischen Quellen des Hinduismus bestehen aus zwei großen Gruppen, die von fast allen Hindus anerkannt werden: Die „Offenbarung" (*shruti*), die den Veda umfasst, sowie die Überlieferung (*smriti*), mit der die großen Epen, die Shâstraliteratur, die Purânas und Mâhâtmyas bezeichnet werden. Je nach religiöser Gruppierung stehen verschiedene Texte im Vordergrund und werden als Heilige Schriften akzeptiert.

Die Dharmasûtras und die Manusmriti, die sich mit dem Dharma und seiner Einhaltung befassen, gehören zur Gruppe der Ritualtexte. Die Sûtras bestehen aus prägnant formulierten, aphoristischen Merksätzen, die ohne erläuternde Kommentare nahezu unverständlich sind. Die großen Epen, das Mahâbhârata und das Râmâyana, gehören ebenfalls zur religiösen Literatur. Das Mahâbhârata entstand aus der mündlichen Erzähltradition und erhielt erst gegen Ende der Gupta-Zeit (ca. 320–500 n. C.) seine endgültige schriftliche Gestalt. Es erzählt die Geschichte der Auseinandersetzung zwischen den fünf Söhnen des Pându und ihrer Vettern, der hundert Söhne des Dhritarâshtra, die in einer 18 Tage währenden Schlacht gipfelt. Eingeschoben sind verschiedene Erzählstoffe, wie die Geschichte von Nala und Damayantî, die auch selbständig überliefert wurden. Zu den philosophisch-religiösen Teilen, die in den Text eingeschoben wurden, gehört u.a. das 6. Buch, das die Bhagavad-Gîtâ enthält, oder das 19. Buch, Harivamsha, das die Kindheit Krishnas erzählt.

Das Râmâyana umfasst 24.000 Doppelverse und wird einem Autor Vâlmîki zugeschrieben. Das Werk ist stilistisch einheitlich und wird als der Prototyp der späteren Kunstdichtung angesehen. Es erzählt die Geschichte Râmas, der seine Frau Sîtâ, die von dem Dämon Râvana nach Lankâ entführt worden ist, mit der Hilfe des Affengottes Hanuman aus dessen Klauen rettet. Im Zentrum des Werkes stehen die Tapferkeit Râmas, der auch eine Inkarnation Vishnus ist, und die Gattentreue der Sîtâ. Dieser Erzählstoff ist über ganz Süd- und Südostasien verbreitet und bis heute sehr beliebt, jedoch mehr noch als in der Sanskritfassung in den vielen Nachdichtungen der jeweiligen Volkssprachen.

Die Purânas („alte Geschichten") lehnen sich eher an das Mahâbhârata an. Traditionell gibt es 18 Haupt- und 18 Nebenpurânas (*upapurânas*). Sie entstammen jeweils einer bestimmten religiösen Tradition und erzählen die Mythen des Gottes, der im Mittelpunkt ihrer Verehrung steht. Daneben enthalten sie Kosmologien, Heiligenlegenden, aber auch quasi-historisches Material wie Genealogien, Rechtliches und Wissenschaftliches. Sie bilden die wichtigste Quelle für die hinduistische Mythologie.

An die Purânas schließt sich eine umfangreiche religiöse Literatur an, die nicht aus brahmanischer Hand stammt und sich zunehmend der Regionalsprachen bedient. Es entstehen vishnuitische und shivaitische Überlieferungen (*âgama*), Lokaltraditionen und Pilgerführer (*mâhâtmya*), Handbücher und Leitfäden (*tantra, sûtra*), Sammlungen (*samhitâ*) und vieles mehr. Diese Texte sind theistisch und widmen sich der Verherrlichung eines Gottes wie Vishnu, Krishna, Shiva usw. Das moderne hinduistische Schrifttum bedient sich oft der englischen Sprache, wie es auch Gandhi tat. Seit der Unabhängigkeit 1947 werden auch moderne Medien zur Darstellung religiöser Inhalte genutzt.

Weltbild und Zeitvorstellung

Das hinduistische Weltbild lässt sich kaum einheitlich darstellen, da es eine Vielzahl von teilweise widersprüchlichen Auffassungen gibt. Allen Vorstellungen gemeinsam ist, dass die Welt nicht ewig besteht, sondern einem ständigen Wandel von Werden und Vergehen, Schöpfung und Vernichtung unterliegt. Ein Zyklus erstreckt sich über vier Weltzeitalter (*yuga*): 1. Kritayuga, 2. Tretâyuga, 3. Dvâparayuga und 4. Kaliyuga. Im Kritayuga leben die Lebewesen vergnügt, ohne Hass und ohne Müdigkeit, in den Bergen oder am Meer. Im Tretâyuga beginnt dann der Sittenverfall, die Menschen müssen lernen, den Göttern zu opfern. Regen fällt, und die Menschen wohnen auf Bäumen. Im Dvâparayuga sind die Menschen habgierig und streitsüchtig, der Dharma ist nur noch halb so stark wie im Kritayuga. Das Kaliyuga, in dem wir heute leben, ist das schlechteste der Zeitalter und führt zur Zerstörung der Welt. Die Menschen werden von Lüge, Hass, Habgier und Maßlosigkeit regiert, entsprechend werden Naturkatastrophen folgen, und die Lebensdauer des Menschen wird auf 23 Jahre herabsinken. Am Ende dieses Zeitalters erscheint Vishnu als Kalkin, um alle guten Menschen zu retten. Dann regnet es, und Vishnu versinkt in den kosmischen Schlaf bis zur nächsten Weltschöpfung. Diese Zeitspanne von der Entfaltung bis zur Zerstörung der Welt (*kalpa*) wird als ein Tag im Leben des Gottes Brahmâ betrachtet, dem eine ebenso lange Nacht folgt.

Die Menschenwelt liegt zwischen 7 Himmelswelten und 7 Unterwelten. In der Mitte der sieben konzentrischen Kontinente, die durch Ringozeane voneinander getrennt sind, liegt der Weltenberg Meru. Die Menschen wohnen auf dem innersten Kontinent Jambudvîpa.

4. Götter

Alle Dinge der Erscheinungswelt können als göttliche Mächte verehrt werden. Sie sind dabei sowohl impersonal als auch personal – Agni ist das Feuer selbst, aber auch der Feuergott. Alles hat Substanz, auch Abstraktes wie Kraft, Ruhm, Wahrheit kann wie eine Substanz einem Menschen oder einem Ding zugefügt oder entzogen werden. Dies gilt auch für die Götter, weshalb sie auf die Opferspeisung durch die Gläubigen angewiesen sind, um diese Substanz stets zu erneuern. Es besteht also eine Beziehung gegenseitiger Abhängigkeit zwischen Göttern und Menschen.

An der Spitze des hinduistischen Pantheons stehen Shiva und Vishnu als Hochgötter, die unter verschiedenen Namen und Erscheinungsformen verehrt werden. Zusammen mit Brahmâ bilden sie die Dreigestalt (*trimûrti*). In dieser Konstellation ist Brahmâ der Schöpfer, Vishnu der Erhalter und Shiva der Zerstörer. Ab dem 9./10. Jh. gibt es auch eine Gruppe von fünf Göttern (*pancâyatana*), die Vishnu, Shiva, Ganesha, Devî und Sûrya umfasst und auf vielen Hausaltären verehrt wird. Ein Hindu hat üblicherweise einen der drei Götter oder eine andere, ihnen zugeordnete Gottheit als Wunschgottheit (*ishtadevatâ*), der die anderen Götter untergeordnet sind.

Die großen Götter des Hinduismus haben stets ein Umfeld, in dem sie dominieren, auch die anderen Götter sind ihnen untergeordnet. Ikonographisch werden ihnen bestimmte Attribute zugeordnet, die einzelne Aspekte ihrer Persönlichkeit repräsentieren.

Brahmâ

Brahmâ ist der alte Standesgott der Brahmanen, der etwa um 500 v. C. Agni, das (Opfer-) Feuer, in dieser Funktion ablöste. Er ist das personifizierte *brahman*, das wirkmächtige, reine Opferwort im Veda. Später steht Brahman im Neutrum für die Allseele, das Absolute; im Maskulinum ist es Brahmâ, der Schöpfergott.

Brahmâ wird stets vierköpfig dargestellt, jeder Kopf entspricht einem Teil des Veda. In seinen vier Händen trägt er Requisiten, die für das brahmanische Opferritual vonnöten sind: ein Vedamanuskript, ein Wassergefäß mit dem Wasser des Flusses Gangâ, einen Opferlöffel, um Schmelzbutter ins Feuer zu gießen, und eine Schlinge, mit der er das Böse fesselt. Seine Handhaltung (*mudrâ*) ist üblicherweise die Geste der Wunsch- (*varada*) oder Schutzgewährung (*abhayada*). Er steht oder sitzt auf einem Lotus, gekleidet in ein Antilopenfell, mit Brahmanenschnur (*yajñopavîta*) und, als Schöpfergott und Vater der Welt, mit bärtigem Gesicht. Sein Reittier ist die weiße Gans (*hamsa*), die als rein und klug gilt.

Seine Gemahlinnen sind Sarasvatî, auch Sâvitrî genannt, und seine zweite Frau Gâyatrî, der Legende nach ein Hirtenmädchen. Beide sind personifizierte Opfersprüche. Sarasvatî ist die Göttin der Gelehrsamkeit, der Rede und der Künste. Deshalb wird sie meist mit der Vînâ, der indischen Laute, auf einem Pfau sitzend, dargestellt. Sein Sohn ist Nârada, der Götterbote, der stets Zwietracht zwischen Göttern und Menschen sät. Brahmâ hat noch viele andere Nachkommen, die aus seinen Gliedern entstanden sind.

Brahmâ ist das Wirkprinzip des Brahman, das absolut, ohne Gestalt und ohne Eigenschaften (*nirguna*) ist. Er ist Svayambhû, der „aus sich selbst Entstandene". Er ist der Ur-Poet (*âdikavi*), der den Sehern (*rishi*) der Vorzeit mit seinen vier Mündern den vierteiligen Veda offenbarte. Als der oberste der Opferpriester vollzieht er das Opfer für die Götter in vorbildlicher Weise. Der Brahmâismus existierte als eigene Kultform bis etwa 300 n. C. und wurde durch Shiva- und Vishnu-Kulte weitgehend verdrängt. Brahmâ wurde in einer dem jeweiligen Hauptgott untergeordneten Position in die Kulte integriert. Heute ist der Hauptkultort des Brahmâ Pushkara in Rajasthan.

Vishnu

Vishnu erscheint in vedischer Zeit als Begleiter Indras. Er war Standesgott der Vaishyas. Im Laufe der Jh. verdrängte er Indra zunehmend und nahm seinen Platz ein. Er ist ein junger, strahlender Held, der meist in königlicher Gestalt mit einer hohen Tiara auf dem Kopf und vierarmig dargestellt wird. Er trägt ebenfalls die Heilige Schnur, königliche Kleidung und Schmuck an Armen und auf der Brust. Seine Attribute sind der Diskus (*cakra*) als Symbol der Herrschaft, die Muschel (*shankhâ*), deren Klang alle Weltgegenden durchdringt, der Lotos (*padma*) als Symbol der Reinheit und die Keule (*gadâ*) als Waffe gegen die Dämonen. Eine Hand kann in Schutzgewährung (*abhayada*) erhoben sein. Sein Reittier ist Garuda, halb Mensch, halb Vogel und der König der Vögel.

Vishnus Gemahlin ist die Göttin Lakshmî, die Glücksgöttin, auch Shrî genannt. Als Nebenfrauen kommen Bhûmidevî, die „Erdgöttin", und selten Sarasvatî vor. Vishnu ist als Hochgott ewig und nicht dem Samsâra unterworfen. Er ist die Weltseele und in jedem Wesen als Einzelseele vorhanden. Er erhält das Universum und bleibt bestehen, wenn es vergeht. Zwischen den Weltzeitaltern, vor einer neuen Weltschöpfung, schläft Vishnu auf der Weltenschlange „Endlos" (*ananta*) im Urozean. Wenn Vishnu erwacht, um eine neue Welt zu schaffen, wächst aus seinem Nabel eine Lotosknospe, in deren Blüte Brahmâ sitzt. Als Nârâyana ist er der Schöpfer, der sich von seinem Lager erhoben hat. Ist die Schöpfung vollendet, sitzt er im Vaikuntha-Himmel.

Vishnu hat sich selbst in der Bhagavad-Gîtâ als der „Allgestaltige" (*vishvarûpa*) offenbart. Er ist alles, die Erlösung geschieht, indem der Erlöste in ihn eingeht, ohne jedoch seine Individualität zu verlieren. Als Bewahrer seiner Schöpfung ist er für die Ordnung und die Einhaltung des Dharma verantwortlich. Immer wenn dieser im Verlauf der Weltzeitalter in Gefahr ist, steigt er herab (*ava-tar*) und nimmt eine Erscheinungsform an, in der er den Dharma wiederherstellt. Die Zahl und Identität der Avatâras variiert im Laufe der Überlieferung. Kanonisch gibt es jedoch zehn Avatâras, „Herabstiege", auch Inkarnationen genannt, die chronologisch aufeinander folgen:

Fisch *(matsya):* In der Inkarnation als Fisch rettete Vishnu den Satyavrata und sieben Weise während einer Flut, die die ganze Welt zerstörte. Nach ihrer Rettung offenbarte er den sieben Weisen die heiligen Bücher (*purânas*) und das Wissen um die Unsterblichkeit des Âtman.

Schildkröte *(kûrma):* Einst verloren die Götter aufgrund eines Fluches ihre Jugend, die sie nur durch den Unsterblichkeitstrank (*amrita*), der aus dem Milchozean zu gewinnen ist, zurückerlangen konnten. Mit Hilfe der Asuras, ihrer Feinde, quirlten sie das Milchmeer mit dem Berg Mandara als Stab, aber es funktionierte nicht, da er immer im Boden versank. Da nahm Vishnu die Gestalt einer Schildkröte an, sprang ins Milchmeer und nahm den Quirlstab auf seinen Rücken.

Eber *(varâha):* Als die Zwillingsdämonen Hiranyakashipu und Hiranyâksha, denen Brahmâ Unbesiegbarkeit versprochen hatte, die Erde tyrannisierten, sagten sie den Göttern den Kampf an. Hiranyâksha forderte Vishnu heraus , der als Eber herabgestiegen war und gerade die zitternde Erdgöttin (*Bhûmidevî* oder *Prithivî*) auf einem seiner Hauer aus der Unterwelt emportrug. Vishnu besiegte den Hiranyâksha, der ihm nach oben gefolgt war, nachdem Brahmâ ihm die verwundbare Stelle des Dämonen verraten hatte.

Mannlöwe *(nrisimha):* Als Mannlöwe, einem Avatâra zwischen Tier und Mensch, besiegte Vishnu den zweiten der Zwillingsdämonen, Hiranyakashipu. Brahmâ hatte diesem die Gunst gewährt, dass er weder von Mensch noch Tier, weder bei Tag noch bei Nacht, weder im Haus noch außerhalb des Hauses getötet werden könne. Als Hiranyakashipu mit seinem Sohn Prahlâda, der ein glühender Vishnuverehrer war, in der Dämmerung auf der Türschwelle stand, trat Vishnu als Mannlöwe aus einer Säule und tötete ihn.

Zwerg *(vâmana* und *trivikrama):* Dieser Mythos knüpft an die vedische Funktion Vishnus als Landvermesser an. Als die Dämonen die Götter wieder einmal stark bedrängt hatten, erbat sich Vishnu in Gestalt eines Zwerges (*vâmana*) vom Dämonenkönig Bali („Kraft") ein Stück Land und zwar genau soviel, wie er mit drei Schritten ausschreiten könne. Diese bescheidene Bitte wurde vom Dämonenkönig gewährt. Daraufhin verwandelte der Zwerg sich in den Riesen „Dreischritt" (*trivikrama*) und durchmaß mit dem ersten

Schritt die ganze Erdscheibe, mit dem zweiten den Himmel und mit dem dritten Schritt setzte er seinen Fuß auf den Kopf des Bali und drückte diesen in die Unterwelt.

Râma mit der Axt *(parashurâma):* In der Legende um diesen Avatâra spiegelt sich der Konflikt zwischen Brahmanen als Priesterstand und Kshatriyas als Träger der weltlichen Macht. Als der König Kârtavîrya-Arjuna eines Tages bei dem Brahmanen Jamadagni zu Gast war, bewirtete dieser ihn mit allem, was er ihm bieten konnte. Der König war aber undankbar und stahl seinem Gastgeber die Wünsche gewährende Kuh. Vishnu, in Gestalt von Jamadagnis Sohn, Râma mit der Axt, tötete deshalb die Kshatriyas.

Râma: Dieser Avatâra, dessen Abenteuer ausführlich in dem Epos „Râmâyana" berichtet werden, erfreut sich auch heute noch größter Beliebtheit und wird darin höchstens noch von Krishna übertroffen. Als die Götter vom Dämon Râvana bedrängt wurden, baten sie Vishnu um Hilfe. Dieser erschien als Sohn des Königs Dasharatha von Ayodhyâ. Durch eine Intrige seiner Stiefmutter wurde er für 14 Jahre in den Wald verbannt, wo er mit seiner Frau Sîtâ und seinem Bruder Lakshmana lebte. Sîtâ wurde von dem Dämonen Râvana nach Lanka entführt, wo sie sich, als tugendhafte Ehefrau, den Annäherungen des Râvana widersetzte. Râma zog mit Hilfe des Affenkönigs Sugrîva und dessen Ministers Hanumân mit einem Affenheer nach Lankâ, besiegte den Râvana und erlangte Sîtâ zurück. Im späten zehnten Buch zieht Râma die Treue seiner Gattin in Zweifel, und sie beweist durch das Betreten eines Scheiterhaufens, dessen Flammen ihr nichts anhaben können, ihre Treue. Beide herrschen dann in Ayodhyâ. Dieser Erzählstoff wird bis heute immer wieder verarbeitet (als Theater, Puppenspiel, Film, Comic) und begeistert die Massen in Indien.

Krishna: Eine besonders wichtige Inkarnation des Vishnu ist die des Krishna, des „Schwarzen". Ursprünglich wahrscheinlich ein Hirtengott, wurde er dann später mit Vishnu identifiziert. Seine Legenden finden sich in der Bhagavad-Gîtâ, im Bhâgavata-Purâna und im Harivamsha, einem Anhang zum Mahâbhârata.

Krishna wurde als Sohn des Vasudeva und der Devakî in Mathurâ geboren, wo der böse Kansa die Herrschaft an sich gerissen hatte. Laut einer Prophezeiung sollte Kansa eines Tages von einem Kind des Vasudeva gestürzt werden, weshalb er alle Kinder der beiden umbringen ließ. Es gelang ihnen jedoch, das siebente und achte Kind, Balarâma und Krishna, zu retten. Beide wuchsen bei Zieheltern unter Hirten auf. Schon als Kind zeigte Krishna übermenschliche Fähigkeiten und wurde bald als Gott erkannt und verehrt. Während seiner Jugend verübte er stets Streiche, war als Butterdieb bekannt und führte die Hirtinnen (*gopî*), die für ihn eine mütterliche Liebe fühlten, an der Nase herum. Dies änderte sich, als er erwachsen wurde. Wenn er seine Flöte zum Reigen spielte, glaubte jede, dass er allein mit ihr tanze. Seine Gefährtin war Râdhâ, die ihn trotz seiner Tändeleien mit den Hirtinnen hingebungsvoll liebte. Diese Szenen dienten vielen Malern und Dichtern stets von neuem als Motiv.

Als Freund und Wagenlenker zog er mit Arjuna in den Krieg zwischen Pândavas und Kauravas, der im Mahâbhârata erzählt wird. In der Bhagavad-Gîtâ wird beschrieben, wie Arjuna, der unter den Feinden viele Verwandte entdeckte, zweifelte, ob er kämpfen solle. Es war Krishna, der ihn über die Standespflicht eines Kshatriya und die Unsterblichkeit der Seele belehrte. Arjuna, dessen Mut wiederhergestellt war, zog in den Kampf, den er für die Pândavas siegreich beendete.

Buddha: Etwa im 5. Jh. n. C. wurde auch der Buddhismus vom Vishnuismus vereinnahmt, indem man den Buddha zu einer weiteren Inkarnation des Vishnu erklärte. Seine

Aufgabe habe darin bestanden, die guten von den schlechten Hindus zu trennen – die guten blieben Hindus, die schlechten wurden Buddhisten – und die blutigen Tieropfer des Veda zu beseitigen.

Kalkin: Kalkin ist eine messianische Gestalt, die mit flammendem Schwert auf einem Schimmel reitend erscheint, um nach dem Zusammenbruch des Dharma, wenn das Ende des schlechten Zeitalters erreicht ist, die Barbaren (*mleccha*) zu vernichten. Zu diesen Barbaren zählen vor allem die Muslime und die Europäer.

Diese 10 klassischen Avatâras wurden in jüngerer Zeit erweitert. So wird Jesus im „Krista-Purâna" zu einem Avatâra Vishnus gezählt, auch Mahâtmâ Gandhi wird zumindest als avatâra-ähnlich angesehen.

In bestimmten Richtungen des Hinduismus ist Krishna an die Stelle Vishnus als Hochgott getreten, und sein Bruder Balarâma nimmt den Platz in der klassischen Avatârareihe ein. Die wichtigste Verehrungsform des Krishna-Kultes ist die Bhakti, die gläubige Hingabe.

Shiva

Shiva vereint zwei gegensätzliche Naturen in sich. Er ist sowohl gütig als auch schrecklich. Er ist aus dem vedischen Gott Rudra, dem „Schrecklichen", hervorgegangen. Seine Anhänger nennen ihn beschwichtigend den Freundlichen (*shiva*) und den Heilbringer (*shankara*). Trotz dieser Euphemismen ist er eher furchtbar-gewaltig, wobei sich seine Energie sowohl positiv, d.h. fruchtbar, wie auch negativ, d.h. zerstörerisch, zeigen kann. Als Familienvater ist er sanft, als Zerstörer furchtbar und als Asket von erschreckender Intensität.

Shiva ist der Asket par excellence und wird deshalb mit hochaufgetürmten Haarflechten, der typischen Haartracht eines Asketen, dargestellt. In seinen Haaren befinden sich die Mondsichel, Schlangen und die Gangâ, entweder als Fontäne oder als Göttin selbst. Auf seiner Stirn befindet sich waagrecht sein drittes Auge (*trilocana*), dessen Blick denjenigen mit einem Lichtstrahl tötet, auf den es schaut. In seinen Händen hält er Dreizack (*trishûla*), Trommel (*damaru*), Schlinge (*pâsha*) und Keule (*gadâ*). Seine Kleidung besteht aus einem Raubtierfell, und um seinen Nacken ist eine Kobra geschlungen. Sein Körper ist mit weißer Asche beschmiert, und er sitzt meditierend auf einem Tigerfell.

Als Herr des Tanzes (*Natarâjâ*) ist er dynamisch. Seine fünf Aktivitäten sind Schöpfung, Erhaltung, Zerstörung (bzw. Rücknahme), Verhüllung (des Absoluten in der Erscheinungswelt) und Gunsterweisung. Mit einem Fuß steht er dabei auf dem Dämon Apasmâra (Unwissenheit) und ist von einem Feuerkranz umgeben. Sein Symboltier ist Nandî, der Buckelstier.

Shiva ist der Herr der Zeit, wie Vishnu der Herr des Raumes ist. Da das eine nicht ohne das andere existieren kann, versuchte man im 9. Jh. beide Aspekte als Harihara zu vereinigen. Harihara ist ein Doppelgott, dessen linke Hälfte Vishnu (Hari) mit Diskus und Muschelhorn darstellt, während seine rechte Hälfte Shiva (Hara) mit Dreizack bildet. Dies führte jedoch nicht zu einer Verschmelzung von Shivaismus und Vishnuismus, beide blieben konkurrierende Glaubensrichtungen.

Im Gegensatz zum Vishnuismus, der die Erlösung als Aufgehen in der Allgestalt Vishnus unter Beibehaltung der eigenen Persönlichkeit lehrt, verschwindet die Individualseele, wenn sie in Shiva aufgeht, völlig und verschmilzt mit Shiva, der ebenfalls das All umfasst.

Seine Gattin Pârvatî, die „Tochter des Berges", auch Umâ genannt, ist die Tochter des Himâlaya. Sie ist die Weltmutter und kann Leben schenken, es aber auch zerstören. Ihr

Begleittier ist der Löwe (*simha*). Pârvatî kann als Aspekt der Devî, der Muttergöttin, ebenfalls schreckliche, furchterregende Züge tragen.

Zu Shivas Familie gehören Skandha und Ganesha. Skandha ist der alleinige Sohn Shivas, entstanden aus dem Samen, der in die Gangâ fiel. Nach seiner Geburt wurde Skandha von den Plejaden (*krittikâ*) aufgezogen, weshalb er auch den Namen Kârttikeya trägt. Sein Reittier ist der Pfau (*mayûra*). Als General der Götter ist er Herr des Krieges und wird als junger Krieger mit einer Lanze dargestellt. Zudem ist er der Beschützer kranker Kinder, da er die Dämonen besiegt, die diese befallen haben.

Der elefantenköpfige Ganesha, „Herr der Scharen", auch Ganapati genannt, ist der alleinige Sohn Pârvatîs, die ihn aus ihrem Badewasser und den Unreinheiten ihres Körpers formte, damit er ihr Bad bewache. Seinen Elefantenkopf erhielt er einer Legende nach, als Shiva ihn für einen Rivalen hielt und den Kopf abschlug. Als er seinen Irrtum erkannte, gab er ihm den erstbesten Kopf, der ihm unterkam, nämlich den eines Elefanten. Er wird, tanzend oder sitzend, als dickbäuchiger kleiner Mann mit Elefantenkopf dargestellt, ein Stoßzahn ist abgebrochen. In seinen Händen hält er den Zahn (*danta*), einen Stachelstock (*ankusha*) zum Lenken von Elefanten, eine Schlinge (*pâsha*) und Reisklöße (*pinda*) in einer Schale, denn er isst und nascht gern. Ganeshas Reittier ist die Ratte (*âkhu*).

Ganesha ist ein freundlicher Gott, der nicht nur für Intelligenz und Weisheit steht, sondern auch Hindernisse aus dem Weg räumt. Deswegen ruft man ihn vor jedem neuen Unternehmen, gleich welcher Art, um Beistand an und opfert ihm ein paar Süßigkeiten oder Räucherwerk.

Devî und Shaktismus

Es gibt unzählige Göttinnen (*devî*), die in Indien mit eigenständigen Kulten verehrt werden. Auch kann eine Göttin verschiedene Aspekte personifizieren, wie Pârvatî, die sowohl als die kriegerische Durgâ als auch die blutdürstige Kâlî auftritt. Als Durgâ reitet sie auf einem Löwen und besiegt den Büffeldämon Mahîsha nach einem zehntägigen Kampf mit einem langen Speer. Dies Ereignis wird besonders in Bengalen mit der Durgâpûjâ, die neun Tage dauert, gefeiert. Als Kâlî, die „Schwarze", zeigt sich ihr grausiger Aspekt. Sie ist vierarmig und hält u.a. eine Blutschale in der Hand. Ihre rote Zunge ist als Zeichen für ihren Blutdurst ausgestreckt. Ihr wurden früher Menschenopfer dargebracht, heute sind es meist Ziegenböcke, die zu ihrer Beschwichtigung geschlachtet werden. Kâlî wird hauptsächlich in Bengalen verehrt.

Die verschiedenen Erscheinungsformen der Devî lassen sich in freundliche und wilde trennen. Freundliche Göttinnen werden vornehmlich auf dem Wege der Bhakti, der Hingabe, verehrt. Man opfert ihnen Früchte und Süßigkeiten und erbittet ihren Schutz oder ihre Hilfe für persönliche Ziele. Wilde Göttinnen dagegen erhalten Tieropfer, mit deren Blut und rohem Fleisch man ihren Zorn zu beschwichtigen sucht, zudem Alkohol und Eier. Auch sie werden um Schutz des Gemeinwesens und die Vertreibung böser Geister gebeten. Welche Göttin und welcher ihrer Aspekte verehrt wird, kann regional sehr unterschiedlich sein.

Shaktismus ist die Verehrung einer Macht als weiblicher Gottheit, der eine entscheidende Rolle innerhalb der Welt und des Erlösungsweges zugesprochen wird. Shakti bedeutet wörtlich Energie und ist dasjenige, was allem Leben gibt. Reiner Shaktismus liegt im Durgâ-Kult vor, in der die Göttin mit dem Absoluten identifiziert und über alles erhoben wird. Aber auch die Auffassung, die die Shakti als einem Gott zugehörig ansieht, wird

Shaktismus genannt. Z.B. ist Pârvatî oder Devî die Shakti Shivas. Der Ursprung des Shaktismus wird im Kult der Großen Mutter gesehen. Dieser ist – im Gegensatz zu den brahmanisch geprägten Richtungen des Hinduismus – eher hedonistisch und predigt Erlösung durch Genuss (*bhuktimukti*). Shaktistische Elemente finden sich überkonfessionell sowohl im Vishnuismus als auch im Shivaismus.

Tantrismus

Eng mit dem Shaktismus verbunden ist der Tantrismus. Er ist ebenfalls überkonfessionell und findet sich auch im Buddhismus. Tantra bedeutet wörtlich „Gewebe" und bezeichnet eine Textgattung, die, wie auch der Veda, den Gläubigen als geoffenbart gilt und damit höchste Autorität besitzt. Als religiöses System sucht der Tantrismus die Verwirklichung der göttlichen Einheit durch die Überwindung der Gegensätze.

Der tantrische Kult vereinigt Elemente des vedischen Opferkultes und der hinduistischen Götterverehrung mit magischen Praktiken. Dazu gehört ein kompliziertes System von Mantren, denen eine theologische Bedeutung zugemessen wird. Eine besondere Form bilden die Keimsilben (*bîjamantra*), die nur aus einer einzigen Silbe bestehen, dafür aber umso wirkmächtiger sind. Körperliche Übungen, die dem Yoga entlehnt sind, also Meditation und Atemtechniken, werden in die Praxis einbezogen. Die tantrische Lehre wird nur von Lehrer zu Schüler überliefert, da sie magisch wirksame und deshalb für den Uneingeweihten gefährliche Elemente enthält. Nur ein Adept, der die Weihe (*dîkshâ*) erhalten hat, ist berechtigt und befähigt, tantrische Rituale zu vollziehen. Auch im Tantrismus werden alle Elemente des menschlichen Lebens in die Erlösungspraxis einbezogen. Der Genuß von Fleisch und Alkohol, Frauen als rituelle Partner sind Teil des Kultes. Die Vereinigung des Tantrikers mit einer Shakti, einer weiblichen Partnerin, bildet den Höhepunkt des Rituals. Während der linkshändige Tantrismus diese Vereinigung tatsächlich ausführt, wird sie im rechtshändigen nur symbolisch realisiert.

5. Kulte und Riten

Die religiöse Verehrung hinduistischer Gottheiten drückt sich vor allem im Gebet, durch Blickkontakt und Gottesdienst aus. Beides hat sowohl im Hausritual als auch im Tempel seinen Platz.

Gebet

Das Gebet ist eine direkte Form der Anrede eines Gottes, als Hymnus, als Preislied oder Bitte. Zudem gibt es devotionale Lieder und Gesänge (*bhâjana, vacana, kîrtana*), die von den Gläubigen oft eine ganze Nacht lang gesungen werden. Typisch sind auch Mantras, kurze feststehende Silben, denen eine übernatürliche Kraft und Wirkung zugesprochen wird. Als Mantra kann der oder die Namen einer Gottheit dienen, der immer wieder „gemurmelt" wird (*nâmajapana*), aber auch die Bîjamantras des Tantrismus. Auch Kombinationen aus Vedazitaten oder anderen Texten finden sich als Mantras. Die Wirkung eines Mantra wird freigesetzt, indem es fehlerfrei und mit richtiger Betonung artikuliert wird.

Deshalb wird ein Mantra üblicherweise erst nach einer Weihe vergeben, z.B. das Gâyatrî-Mantra bei der Initiation eines Brahmanenschülers.

Die Zahl der Mantra-Wiederholungen wird mit einer Mâlâ, einer Kette aus 108 Perlen, gemessen. Sie besteht bei den Vishnuiten aus dem Holz des Tulsî-Baumes, bei den Shivaiten dagegen aus stark gekerbten Samenkapseln (*rudrâksha*).

Blicke

Der Anblick (*darshana*) des Gottes ist der zentrale Teil der Gottesverehrung, denn dadurch wird der Kontakt zwischen dem Gläubigen und der Gottheit hergestellt. Im Tempel ist der Blick auf die Götterstatue, dem der Priester durch Aufmalen der Augen „Leben“ gegeben hat, der Höhepunkt. Die Bedeutung von Blicken zeigt sich auch in der weit verbreiteten Furcht vor dem „bösen Blick“, dem man durch das Aufmalen von Augen auf Wände, Türen, Autos, das Tragen von Amuletten oder das Sprechen spezieller Mantren zu begegnen sucht.

Gottesdienst

Gottesdienst (*pûjâ*) ist die regelmäßige Verehrung einer oder mehrere Gottheiten. Eine traditionelle Pûjâ umfasst 16 Respekterweisungen (*upacâra*), die Anrufung, Waschung, Salbung, Preisung und Bewirtung umfassen. Wie auch das vedische Opfer ist es ein Gastritual, die Gottheit wird eingeladen und wie ein willkommener Gast umsorgt, beschenkt und bewirtet. Dabei werden allerdings keine Tieropfer mehr, sondern Blüten, Früchte, Räucherwerk, Süßigkeiten und Geld als Geschenke dargebracht. Dafür erhalten die Gläubigen im Tempel vom Tempelpriester einen roten Punkt auf die Stirn gedrückt oder eine Frucht, eine Blüte oder Wasser, das mit der Gottheit in Berührung gekommen ist und deshalb deren Macht enthält.

Die Gottheit kann auch in der Natur wohnen, z.B. in bestimmten Bäumen, Flüssen, Steinen, oder in eigens für sie errichteten Wohnstätten, einem Hausaltar oder Tempel. Das Götterbild kann anthropomorph sein oder nur ein Symbol. Vishnu wird als anthropomorpher Gott oder in Gestalt eines seiner Avatâras dargestellt, während Shiva oft abstrakt in Form eines Phallus (*linga*) verehrt wird.

6. Die philosophischen Schulen

Ausgehend von den Upanishaden haben sich zwei Hauptströmungen entwickelt, das dualistische Sâmkhya und der monistische Vedânta:

Sâmkhya

Das klassische Sâmkhya-System, wie es etwa 400 n. C. von Îshvara-krishna in seiner Sâmkhyakârikâ dargelegt wird, erklärt die Welt dualistisch aus einem passiven, aber bewussten Geistprinzip (*purusha*) und einem aktiven, aber unbewussten Materieprinzip (*prakriti*), die ursprünglich beide voneinander unabhängig sind. Aus der Urmaterie entsteht die Bewusstheit (*buddhi*), die ihrerseits das Ich-Bewusstsein (*ahamkâra*) hervorbringt. Daraus entwickelt sich dann das Denken (*manas*), das als der höchste Sinn aufgefasst wird, und alle anderen sinnlichen Fähigkeiten. Diese bringen im weiteren die Elemente hervor, aus denen die Welt zusammengesetzt ist. Es handelt sich um einen Vorgang der Bewusstwerdung, der sich zur Materialisation verdichtet. Das Geistprinzip fühlt sich dabei eins mit der Materie. Erst wenn dieser Irrtum erkannt und der Geist von der Materie getrennt ist, kehrt er in seinen ursprünglichen, erlösten Zustand der Ruhe zurück. Das Mittel, um die ursprüngliche Getrenntheit des Geistprinzips von der Materie wiederherzustellen, ist der Yoga. Deshalb lässt sich die Praxis des Yoga, nämlich das Zurückziehen der Sinne, als Umkehr der Vorgänge deuten, die zur Entstehung der Welt führten.

Vedânta

Der Vedânta, „Ende des Veda“, beruft sich auf die Upanishaden, das heißt speziell auf die Âtman-Brahman-Spekulation. Sein erster Vertreter war Bâdarâyana (ca. 2. Jh. n. C.), der mit den Brahmasûtras die Grundlagen gelegt hat. Die bekannteste Richtung ist der Advaita-Vedânta des Shankara (ca. 7./8. Jh. n. C.). Shankara vertritt einen strengen Monismus. Nichts existiert außer dem Brahman, es ist „zweitlos“ (*advaita*), deshalb muss der Âtman, die Einzelseele, mit ihm identisch sein. Die Welt in ihrer scheinbaren Vielfalt ist demnach nicht real, sondern nur eine Illusion (*mâyâ*), die aus unserer Unwissenheit (*avidyâ*) entsteht. Um den offensichtlichen Widerspruch zwischen der Erscheinungswelt und der Alleinheit zu überbrücken, entlehnt er aus dem Buddhismus die Lehre von den beiden Realitätsebenen: Eine empirische Realität, in der uns die Welt vielfältig erscheint, und eine höhere Realität, in der es nur noch das eine Brahman gibt.

Ein Advaitin ist erlöst, wenn es ihm gelungen ist, meditativ die Einheit von Âtman und Brahman zu realisieren. Dadurch wird er ein „zu Lebzeiten Erlöster“ (*jîvanmukta*). Diese Lehre wurde durch Râmânuja im 11. Jh. theistisch modifiziert. Er lehrte einen „qualifizierten Monismus“ (*vishishtâdvaita*), indem er an die Stelle des Brahman einen mit positiven Eigenschaften versehenen Gott setzte. In der Moderne ist Shankaras Monismus erneut von Vivekânanda aufgegriffen und modern interpretiert worden.

7. Neohinduismus

Durch den Einfluss christlicher Missionsbewegungen und Sozialarbeit entstand im 19. Jh. eine Reformbewegung, die durch Rückgriff auf alte Quellen und Besinnung auf die eigenen Traditionen ein modifiziertes Selbstverständnis der Hindus entwickelte. Träger dieser neohinduistischen Strömungen war vor allem die indische Oberschicht, die damit dem Christentum eigene Traditionen entgegensetzte. Neu ist vor allem die Berücksichtigung sozialer Aspekte.

1828 wurde der Brâhma Samâj von Râm Mohan Roy gegründet, eine monotheistische Vereinigung, die sich auf einzelne Upanishadenstellen berief, Bilderverehrung ablehnte und eine durch Vernunft begründete Auswahl ethischer Kriterien vertrat. Der Ârya Samâj, 1875 von Swâmi Dayânanda Sarasvatî ins Leben gerufen, stützte sich allein auf den Veda und betrachtete alle später entstandenen Systeme als Fehlentwicklungen. Ebenfalls monotheistisch erhob er den Anspruch, eine Universalreligion zu sein, und stand allen Menschen, gleich welcher Kaste oder Nationalität, offen.

Vertreter des traditionellen Hinduismus versuchten zunehmend, religiöse Differenzen durch Eklektizismus und Anerkennung aller anderen Richtungen als gleichberechtigte Heilswege zu überwinden. Râmakrishna (1836–1886), Tempelpriester eines Kâlî-Tempels in Kalkutta, hatte verschiedenste religiöse Praktiken des Hinduismus, des Christentums und des Islams kennen gelernt. Aufgrund seiner Erfahrungen predigte er die Gleichheit aller Religionen, da jede zur Erkenntnis des Höchsten führe. Auf ihn geht die 1897 von Vivekânanda (1863–1902) gegründete Râmakrishna-Mission zurück; neben aller Weltoffenheit lehrte er einen modern interpretierten Vedânta.

Mohandâs K. Gândhî (1869–1948) dagegen nutzte religiöse Praktiken und etablierte den gewaltfreien Widerstand und das „Festhalten an der Wahrheit" (*satyâgraha*) als Mittel im politischen Kampf. Als Vertreter eines gewaltfreien, politischen Hinduismus fiel er dem Anschlag eines radikalen Hindu-Fundamentalisten zum Opfer. Hindu-fundamentalistische Strömungen, die die Durchsetzung ihrer Glaubensgrundsätze im säkularen Bereich fordern, gewinnen zunehmend an Bedeutung. Durch die Gründung von nationalen Parteien sind sie bestrebt, ihren Einfluss im politischen Bereich auszudehnen und die Regierungsgewalt an sich zu reißen.

8. Hinduismus im Westen

Seit den 50er Jahren dieses Jh. gibt es verstärkt missionarische Bewegungen im Hinduismus, die sich vor allem dem Westen zugewandt haben. Diese Mission war dem traditionellen Hinduismus fremd. Eine dieser Bewegungen stammt aus Bengalen und geht auf Râmakrishna und seinen geistigen Nachfolger Vivekânanda zurück, der schon 1893 durch seine Rede vor dem Weltparlament der Religionen in Chicago den ersten Schritt zur organisierten Verbreitung hinduistischen Gedankengutes im Westen getan hat. Ebenfalls aus Bengalen stammen Yogânanda (1893–1952), der Begründer der Self-Realization Fellowship, und Swâmî Prabhupâda (1896–1977), der Gründer der ISCON, der Bewegung für Krishna-Bewusstsein, die seit den 60er Jahren zunehmend bekannt wurde. Aus dem Nordwesten Indiens stammt die Divine Light Mission, die vor allem in Amerika Anhänger hat.

In den 70er Jahren gewann die 1958 von Mahârishi Mahesh Yogî gegründete Transzendentale Meditation zunehmend an Bedeutung. Mahârishi lehrt die Gesundung aller gesellschaftlichen Probleme durch seine aus dem Yoga entwickelte Meditationstechnik. Bhagwan Shree Rajneesh (1931–1990) hingegen hat verschiedene, auch tantrische Elemente und therapeutische Praktiken zu einer erlösungsbezogenen Selbsterfahrung verbunden. Diese religiösen Gruppierungen, die im Westen missionarisch tätig sind, gehören in Indien zur Minderheit und bewegen sich oftmals inhaltlich am Rande oder außerhalb der Orthodoxie.

Literatur

Meisig, Konrad: *Shivas Tanz. Der Hinduismus,* Freiburg i.Br. 1996.
Michaels, Axel: *Der Hinduismus. Geschichte und Gegenwart,* München 1998.
Schneider, Ulrich: *Einführung in den Hinduismus,* Darmstadt 1989. 2. Aufl. 1993.

Schreiner, Peter: *Im Mondschein öffnet sich der Lotos,* Düsseldorf 1996.
Schreiner, Peter: *Hinduismus – kurz gefasst.* Frankfurt am Main 1999.
Schumann, Hans Wolfgang: *Die großen Götter Indiens. Grundzüge von Hinduismus und Buddhismus,* München 1996.
von Stietencron, Heinrich: *Der Hinduismus,* München 2001.

Heike Michael

XI. Buddhismus

Die Bezeichnung Buddhismus geht auf seinen Stifter Buddha zurück und steht somit in einer Reihe mit den Stifterreligionen Islam und Christentum. Buddha ist ein Ehrentitel und bedeutet „der Erwachte“ (*budh* „erwachen“). Der Buddhismus ist eine Erlösungsreligion, die ohne zentrale Gottesvorstellung auskommt. Die angestrebte Erlösung ist jedoch nicht das Eingehen in ein Paradies, sondern der Austritt aus dem Kreislauf der Wiedergeburten, dem Samsâra. Das Erreichen des Nirvâna („Verlöschen“ der Existenz) ist dabei jedem Menschen möglich, gleich welcher sozialen Herkunft, ob Mönch oder Laie. Diese Offenheit für Menschen aller sozialen Schichten ist ein Grund dafür, dass sich der Buddhismus relativ schnell zuerst in Indien und dann in ganz Asien ausgebreitet hat. Auch heute gewinnt er in Europa und Amerika immer mehr Anhänger. Als Weltreligion hat er bei seiner Verbreitung verschiedene Modifikationen erfahren, jede Kultur hat ihm bei der Adaptation ihren Stempel aufgedrückt.

1. Der historische Buddha

Historizität und zeitliche Einordnung

Ob der Buddha eine historische Person war oder nicht, war lange umstritten. Erst eine Specksteinurne, die 1898 in der Nähe von Kapilavastu, der überlieferten Heimatstadt des Buddha, auf dem Boden des heutigen Nepal, gefunden wurde, brachte Gewissheit. Sie trägt folgende Aufschrift: „*Dies ist der (oder: ein) Behälter der Reliquien des Buddha, des Erhabenen, und zwar ist er eine Stiftung der Shâkyas, nämlich des Sukiti und seiner Brüder, samt Schwestern, Söhnen und Frauen.*“ (Schneider 1997, 21) Damit ist der archäologische Beweis geführt, dass der Stifter des Buddhismus, der Buddha, tatsächlich gelebt hat.

Darüber hinaus gibt es allerdings nur wenig zu seiner Person, was historisch belegbar wäre. Sein Name war Siddhârtha Gautama, wobei Siddhârtha sein persönlicher Name war, Gautama dagegen der Name der Sippe, der er angehörte. Er war Mitglied der Shâkyas, einer der Stammesdemokratien (*gana*), die zu seiner Zeit die Herrschaft über kleinere Territorien in Nordostindien innehatten. Sein sozialer Status war der eines Kshatriyas, eines Angehörigen des Kriegerstandes.

Seine genauen Lebensdaten sind bis heute ungeklärt. Die Tradition des südlichen Buddhismus in Sri Lanka rechnet die „Buddhist Era“ (B.E.) ab dem Tod des Buddha von 543 v. C. an. Die verschiedenen Datierungsansätze, die von westlichen Wissenschaftlern diskutiert wurden, lassen eine ungefähre Datierung um 560–480 v. C. zu, die hier aus praktischen Gründen beibehalten werden soll. Dies zeigt deutlich die Diskrepanz, die zwischen den verschiedenen Datierungen liegt. Keine von ihnen ist mit historischem Material zu beweisen, jedoch neigt man eher dazu, seine Lebensdaten später anzusetzen. Geht man für eine Datierung von der buddhistischen Lehre selbst aus, ergibt sich für ihr Entstehen ein wahrscheinlicher Zeitraum von 500 bis 350 v. C., da sie zur Zeit des indischen Herrschers Ashokas (268–233) bereits eine beträchtliche Entwicklung aufweist.

Die Buddhalegende

Wie bei allen hervorragenden Persönlichkeiten der Weltgeschichte hat die spätere Überlieferung durch Anhänger und Schüler das Leben des Lehrers mit legendären Berichten verbrämt. Seine Mutter hieß Mâyâ, sein Vater Shuddhodana, Râjâ der Shâkya-Republik, deren Hauptstadt Kapilavastu im heutigen Nepal lag. Der Überlieferung nach träumte seine Mutter, dass ein weißer Elefant in ihre rechte Seite eingetreten sei. Sie gebar den Knaben auf einer Reise in Lumbinî, ein beliebtes Thema in der buddhistischen Kunst. Lumbinî ist heute ein buddhistischer Wallfahrtsort. Schon kurz nach seiner Geburt wurde ihm geweissagt, dass er entweder ein weltlicher Universalherrscher (Cakravartin) oder im geistlichen Bereich ein Buddha werden würde, denn an ihm seien die Male eines „großen Mannes" zu erkennen. Seine Mutter starb wenige Tage nach der Geburt, deshalb wurde er von seiner Tante, Mahâprajâpatî Gautamî, zusammen mit ihrem Sohn Devadatta aufgezogen. Er führte ein unbeschwertes Leben in Luxus und wurde von seinem Vater, der fürchtete, sein Sohn werde tatsächlich der Welt entsagen, von allen schlechten Einflüssen ferngehalten. Er heiratete und zeugte einen Sohn mit Namen Râhula („Fessel"). In der Nacht, in der sein Sohn geboren wurde, traf er den Entschluss, seine Familie zu verlassen, um Wanderasket zu werden.

Die innere Entwicklung, die den Buddha zu dieser Entscheidung bewog, wird mit folgender Legende erklärt: Auf vier Ausfahrten trifft er nacheinander einen Greis, einen Kranken, einen Toten auf dem Weg zur Leichenverbrennung und einen Bettelmönch. Die ersten drei Begegnungen konfrontierten ihn mit Leiden, nämlich Alter, Krankheit und Tod, und der Erkenntnis, dass auch er selbst diesen dreien unterworfen ist. Dies ließ ihn nach dem Grund für das Leiden fragen. Die vierte Begegnung mit dem Mönch hingegen, der trotz seiner Armut glücklich schien, zeigte ihm den Weg, Erlösung vom Leiden zu suchen.

Siddhârtha verließ heimlich den Palast, ohne seinen Sohn vorher gesehen zu haben, und begab sich auf die Wanderschaft. Sieben Jahre lang war er unterwegs und schloss sich dabei verschiedenen Lehrern an, ohne jedoch die gewünschte Erkenntnis zu erlangen. Darauf versuchte er, auf sich allein gestellt, durch harte Askese sein Ziel zu erreichen. Dabei begleiteten ihn fünf Anhänger, die, von seiner Askese beeindruckt, hofften, durch ihn den Weg zur Erlösung zu erfahren. Als er jedoch die Askese bis zum äußersten getrieben hatte, ohne die Lösung gefunden zu haben, begann er, wieder Nahrung zu sich zu nehmen. Seine Anhänger hielten dies für Schwäche und verließen ihn. In Erinnerung daran, dass er vor vielen Jahren im kühlen Schatten eines Rosenapfelbaumes sitzend, die erste Stufe der Versenkung erreicht hatte, setzte er sich in der Nähe von Uruvelâ (des heutigen Bodh Gâya) unter einen Feigenbaum (Ficus religiosa) und beschloss, sich erst wieder zu erheben, wenn er die Lösung für das Problem des Leidens gefunden hätte. In dieser Nacht gelangte er zur Erkenntnis seiner früheren Existenzen, durchschaute das Karmagesetz, d.h. die Wirkung der guten und schlechten Taten, und erkannte die Natur des Leidens und den Weg zu seiner Aufhebung, die vier Wahrheiten. So erlangte er „das Erwachen" (*bodhi*) und wusste: *„Sicher ist meine Erlösung, dies ist meine letzte Geburt, ein Wiedererstehen gibt es nun nicht mehr!"* (Majjhimanikâya 26 I p. 167)

Der so Erwachte (*buddha*) verweilte noch sieben Tage an dem Ort der Erkenntnis und genoss das Gefühl der Erlösung. Im Zweifel darüber, ob er sofort ins Nirvâna eingehen oder der Welt seine Lehre verkünden sollte, traf er auf den Gott Brahmâ Sahampati, der ihn bat, sie mit

Rücksicht auf die anderen Wesen, die nicht solcher Erkenntnis teilhaftig waren, weiterzugeben. Buddha entschied sich, von Mitleid für diese Wesen bewegt, dafür und suchte nun die fünf Gefährten auf, die ihn bei Aufgabe seiner strengen Askese verlassen hatten, um ihnen seine Buddhaschaft zu verkünden. Er fand sie in dem Wildpark Rishipatana bei Benares (heute Sarnâth). Trotz ihrer anfänglichen Skepsis predigte er ihnen den Dharma (das Gesetz) und setzte so das „Rad der Lehre in Bewegung" (*dharmacakrapravartana*). In der „Predigt von Benares" legte er ihnen dar, dass weder übertriebene Askese noch Ausschweifungen, sondern nur der „mittlere Weg" zum Heil führen kann. Dieser beruht aber auf dem Wissen der vier edlen Wahrheiten und der Beachtung des achtfachen Pfades. Die Fünf ließen sich überzeugen und wurden so die ersten Bettelmönche (*bhikshu*) des buddhistischen Ordens (*sangha*).

In den folgenden 45 Jahren seines Lebens wanderte der Buddha durch Nordindien und lehrte den Dharma. Die Gemeinde seiner Anhänger, sowohl Mönche als auch Laien, wuchs stetig. Seine Wanderungen führten ihn in die großen Städte seiner Zeit, Râjagriha (bei Gayâ), Shrâvastî (etwa 30 km nördlich von Patna), Vaishâli usw. In den Sommermonaten, in denen der Monsun das Umherwandern über alle Maßen beschwerlich macht, hielt er sich in Klöstern (*vihâra*) auf, die reiche Laienanhänger dem Orden gestiftet hatten. Während dieser Zeit unterwies er die Mönche in der Lehre und schlichtete Streitigkeiten.

Auf einer Reise, die ihn wahrscheinlich in seine Heimatstadt Kapilavastu führen sollte, erkrankte der Buddha schwer und verstarb – im legendären Alter von 80 Jahren – in Kushinagara; dort erlangte er das Parinirvâna, das „Verwehen". Diese letzte Wanderung wird im „Großen Lehrtext vom endgültigen Verwehen" (*mahâparinirvânasûtra*) erzählt, wo sich historisches Material und fromme Überlieferung mischen. Von da an entwickeln sich, im Bemühen der Mönche, die Lehre des Meisters zu bewahren und weiterzutragen, verschiedene buddhistische Richtungen, die bis auf den heutigen Tag nebeneinander existieren.

2. Der Urbuddhismus

Buddhismus als Reformbewegung

In den letzten Jahren hat sich die Buddhismusforschung zunehmend darauf konzentriert, die Lehre des Buddha vor ihrer Kanonisierung mithilfe textkritischer Untersuchungen aus der schriftlichen Tradition, die in vielen verschiedenen Sprachen wie Pâli, Buddhistischem Sanskrit, Tibetisch, Chinesisch usw. vorliegt, herauszulösen.

Die bislang erforschte präkanonische Lehre des Buddha lässt sich der Gruppe der Reformbewegungen zuordnen, die um die Mitte des 1. Jt. v. C. in ganz Indien aufkamen. Sie wandten sich gegen soziale und religiöse Vorstellungen, die vor allem durch die Brahmanen, den Stand der Opferpriester, vertreten wurden. In seinen Predigten setzte der Buddha folgenden Ziele:

Antiklerikalismus: Die Übermacht der Brahmanen, die in der spätvedischen Gesellschaft ihre Funktion als Opferpriester dazu verwendet hatten, sich als den höchsten und damit als einzigen zur Erlösung fähigen Stand zu etablieren. In vedischer Zeit gab es vier Stände, die Kshatriyas als Krieger an der Spitze, dann die Brahmanen, die Opferpriester, dann die Vaishyas, den Nährstand und als letztes die Shûdras, den Dienststand. Als am Ende der vedischen Zeit, etwa um die Mitte des 1. Jt. v. C., dieses Ständesystem sich allmählich zum hinduistischen Kastensystem wandelte, hielten die Brahmanen an den vier Ständen fest, jedoch mit einem Unterschied: In ihrer, weitgehend fiktiven, Gesellschaftsordnung standen sie selbst an der Spitze, die Kshatriyas an zweiter Stelle. Der Buddhismus wehrte sich gegen dieses hierarchische Ständemodell, indem er betonte, dass die Erlösung jedem Menschen möglich sei, unabhängig von der Standeszugehörigkeit.

Antiritualismus: Das Opfer stand in vedischer Zeit im Zentrum der religiösen Praxis. Von den Brahmanen (*brahman* bezeichnete ursprünglich das wirkmächtige Opferwort), die für die ordnungsgemäße Durchführung, ohne die das Opfer nicht wirksam war, verantwortlich waren, wurden die einzelnen Vorschriften und magischen Rituale immer weiter ausgebaut und verfeinert, so dass nur noch Spezialisten nach langer Ausbildung in der Lage waren, die Opferriten zu vollziehen. Wenn also jemand ein Opfer ausrichten wollte, musste er einen Stab an Opferpriestern bestellen, die dieses für ihn ausführten. Dies sicherte den Brahmanen ihren Lebensunterhalt und erklärt ihr Festhalten an alten Traditionen. Ein Bestandteil der häufig sehr komplizierten Opferzeremonien, die mehrere Tage dauern konnten, war zumeist eine Tierschlachtung, die mit der buddhistischen Ethik nicht vereinbar war. Doch lehnten sie die brahmanische Opferpraxis nicht von vornherein ab, sondern unterzogen sie einer Umdeutung. Sie empfahlen die Verwendung eines tierischen Produkts für das Opfer, z.B. Milch statt der Kuh selber, sozusagen als pars pro toto, und umgingen so das Töten eines Tieres. Zudem boten sie Alternativen an, die mehr Verdienst (*punya*) als das vedische Opfer versprachen. Diese waren Almosenspende, Klosterbau, Übertritt zum Buddhismus, Einhalten der fünf Laien-Gebote und als höchstes der Eintritt in den Orden.

Antitheismus: Der Buddhismus entstand in einer religiösen Umgebung des Polytheismus. Denn das vedische Opferritual war nicht nur auf genaue Ausführung der Rituale und Opfersprüche angewiesen, sondern ebenso auf die Unterstützung der Götter, denen die Opfer galten. Neben dem Hochgott der Kshatriyas, Indra, gab es auch den Hochgott der Brahmanen, Agni (Feuer), der die anderen Götter zum Opfer herbeirufen sollte, und viele andere Götter, die hierarchisch geordnet im Götterhimmel residierten. Im Buddhismus hingegen hatten sie keinerlei Funktion mehr, da sie der Erlösung nicht förderlich waren. Dennoch wurden sie nicht etwa völlig abgelehnt, sondern zu Hilfsgeistern des Buddha degradiert, in manchen Fällen sogar offen verspottet. Viele Geschichten erzählen, dass Brahmâ, der vedische Hochgott, der aus der Personifizierung von *brahman,* dem „Opferwort“ entstanden ist, zum Buddha kommt, um ihn um Rat zu fragen.

Antimetaphysik: Die Ablehnung der Götter als Erlösungshelfer umfasste auch die Ablehnung aller mystischen Vorstellungen und wundersamen Erscheinungen. Vor allem die in den Upanishaden gelehrte Einheit von *Âtman* (der Seele des Einzelnen) und *Brahman* (der Allseele), die als mystisches Erleben erfahrbar sein sollte, aber auch alles Übersinnliche wurden vom frühen Buddhismus abgelehnt. Allerdings findet sich schon in den frühen Schriften Wunderglaube und Wunderkritik nebeneinander. Dem Buddha hingegen wird eine eindeutige Ablehnung dieser Zauberpraktiken in den Mund gelegt, das einzige Wunder, das er anerkenne, sei das der Lehrverkündung.

Ähnlich reagieren die Buddhisten auch auf die Auffassung der Upanishaden, welche die Seele als Träger des *Karmas*, der Taten ansahen, die eine bestimmte Wiedergeburt nach sich ziehen. Nach upanishadischer Vorstellung gibt es eine Seele, die immer wieder neue Existenzen durchlaufen muss. Erst die Erkenntnis, dass die Seele unveränderlich und mit dem Brahman identisch ist, macht die Erlösung aus dem Kreislauf der Wiedergeburten möglich.

Die Reaktion des Buddha war eine Gegenfrage: Wo befindet sich die Seele im Menschen? Nach buddhistischer Vorstellung besteht der Mensch aus den fünf „Gruppen des Ergreifens" (*skandha*), nämlich Körper, Gefühl, Wahrnehmung, unbewusste Einprägungen durch die Taten und Wachbewusstsein. Diese sind aber veränderlich und dem Leiden unterworfen, so dass sie keine Seele enthalten können, da diese nach Upanishadenlehre unveränderlich und ewig ist. Das hat Auswirkungen auf das buddhistische Verständnis der Wiedergeburt. Diese wird durch das Karma verursacht, das ein Mensch in seiner Existenz gesammelt hat und das nach seinem Tode weiterwirkt. Dadurch verursacht es eine neue Existenz, die zwar vermittels des Karma mit der alten verbunden, jedoch nicht mit ihr identisch ist. Die Wiedergeburt wird mit einer Kerzenflamme verglichen, die an einer anderen Flamme entzündet wurde; es besteht zwar keine Identität, aber sie hängen doch in ihrem Entstehen voneinander ab.

Antiasketizismus: Zur Zeit des Buddha waren vielfältigste Praktiken der Askese und Selbstquälerei weithin verbreitet. Die Methoden, z.B. die Weigerung, Kleider zu tragen, die Haare zu schneiden oder Nahrung aufzunehmen, sich bestimmten, schwer zu erfüllenden Regeln zu unterziehen, verschafften denjenigen, die sie praktizierten, ein hohes Ansehen und sicherte ihnen den Lebensunterhalt. Der Buddha selbst hatte die Askese und das Fasten bis zum Exzess betrieben, sie jedoch als Mittel zur Erlösung verworfen. Erst die Aufgabe der strengen Askese, der „mittlere Weg", ermöglichte ihm, Erlösung vom Leiden zu finden. Daher lehnte er alle Formen von Askese ab, da sie nur dazu dienten, das Leiden noch zu vermehren, nicht aber, es zu beenden.

Antihedonismus: Als Vertreter des „mittleren Weges" predigte der Buddha ebenso wie den Verzicht auf Selbstquälerei den Verzicht auf Genuss, da jedes Glück gleichzeitig schon neues Leid in sich trägt und daher zu vermeiden ist.

Die Lehre

Drei Axiome bilden die Basis, von der die buddhistische Lehre ausgeht. Das erste ist die Leidhaftigkeit allen Seins, das zweite der Glaube an die Wiedergeburt, deren Kreislauf zu durchbrechen zur Erlösung führt, und das dritte die Überzeugung, dass jeder Mensch, gleich welcher Herkunft und Geburt, zur Erlösung fähig ist.

Die vier edlen Wahrheiten

Die Erkenntnis der vier edlen Wahrheiten war es, die dem Buddha den Weg zur Erlösung zeigte. Diese legte er in der Predigt von Benares den fünf Gefährten, die ihn bei Aufgabe seiner Askese verlassen hatten, dar. Diese erste Lehrverkündigung wird als „Andrehen des Rades der Lehre" (*dharmacakrapravartana*) bezeichnet.

Sie beginnt damit, dass der Buddha vor den beiden Extremen der Genusssucht einerseits und der übertriebenen Askese andererseits warnt und stattdessen den mittleren Pfad empfiehlt, denn dieser „macht sehend, verleiht Einsicht und führt zur Ruhe, zum höheren Wissen, zum Erwachen und zum Nirvâna." (Schneider 1997, 72 f.) Die vier edlen Wahrheiten sind folgende:

1. Die Edle Wahrheit vom Leiden: Geburt, Alter, Krankheit, Sterben, mit Unlieben vereint, von Lieben getrennt sein, nicht zu erlangen, was man begehrt, alle fünf Gruppen des Ergreifens (*skandha*), also letztlich die gesamte menschliche Existenz, sind leidvoll.

2. Die Edle Wahrheit von der Entstehung des Leidens: Die Gier nach Sinnenlust, Werden und Vernichtung führt zu ständiger Wiedergeburt.

3. Die Edle Wahrheit von der Aufhebung des Leidens: Dieser Durst muss durch Gleichmut aufgehoben werden, bis man ganz frei davon ist.

4. Die Edle Wahrheit von dem zur Aufhebung des Leidens führenden Pfad: Der Weg zur Aufhebung des Leidens ist der edle achtgliedrige Pfad, d.h. rechte Sicht, rechte Gesinnung, rechte Rede, rechtes Handeln, rechte Lebensführung, rechtes Bemühen, rechte Achtsamkeit und rechte Konzentration.

Diese vier edlen Wahrheiten sind vielfach mit dem Vorgehen eines Arztes verglichen worden, nämlich zuerst die Diagnose, dann die Suche nach der Ursache, die Wahl der Therapie und das Verabreichen der Medizin. Die Diagnose lautet „Leiden“, ihre Ursache ist die Gier nach Leben und Sinnengenüssen, die Therapie ist das Entfernen dieser Gier und die Medizin, die die Gier vertreibt, bildet der edle achtgliedrige Pfad.

Der edle achtgliedrige Pfad

Der edle achtgliedrige Pfad, der mittlere Weg des Maßhaltens zwischen Askese und Sinnenfreude, bietet die Anleitung zu einem ethischen Lebensweg. Voraussetzung für diesen ist die rechte Sicht, nämlich die Einsicht in die vier Wahrheiten. Die drei folgenden, rechte Gesinnung, rechte Rede und rechtes Handeln, beziehen sich auf die drei Arten des Karmas: Gedanken, Worte und Werke. Wenn diese drei in buddhistisch rechter Weise praktiziert werden, haben sie auch Auswirkungen auf die Lebensführung, den fünften Punkt, zum Beispiel bei der Wahl des Berufes – alle Tätigkeiten, die mit dem Töten verbunden sind, sind für einen buddhistischen Laien nicht akzeptabel. Für den Mönch dagegen ist die einzig mögliche Form des Lebensunterhaltes das Bitten um Almosen. Das sechste und siebte Glied der Achterreihe, rechtes Bemühen und rechte Achtsamkeit, beziehen sich auf die ersten fünf Glieder, um deren Kontrolle man sich stets auf rechte Art bemühen soll. Mit Achtsamkeit wird im Buddhismus eine strenge Selbstbeobachtung bezeichnet, die in kleinen Schritten jeden Vorgang, sei er körperlich, emotional oder intellektuell, beobachtet und bewusst macht. Dieser Zustand der Bewusstheit ist stets beizubehalten. Rechte Konzentration bildet den Abschluss des mittleren Pfades, eine Meditationsform, bei der der Geist auf einen Punkt konzentriert wird, bis sich für den Meditierenden der Unterschied zwischen Subjekt und Objekt aufhebt und die Sinnenwelt für ihn verschwindet. In diesem Moment ist auch das Leiden, das in der Gier nach diesen Sinnenobjekten besteht, aufgehoben.

Laienethik

Die Erkenntnis der vier edlen Wahrheiten und das Befolgen des edlen achtgliedrigen Pfades bilden den Erlösungsweg für den buddhistischen Mönch. Aber im Buddhismus ist es auch den Laien möglich, der Erlösung näher zu kommen. Die beiden Tugenden, die dabei die wichtigste Rolle spielen, sind Sittlichkeit und Vernunft; das eine ist ohne das andere nicht denkbar. Diese Sittlichkeit besteht im Befolgen der folgenden fünf Verbote: 1. Nicht Töten. 2. Nicht Lügen. 3. Nicht Stehlen. 4. Nicht Ehebrechen. 5. Keinen Alkohol trinken. Der Verstand kontrolliert und „reinigt“ diese Sittlichkeit, wie auch der Verstand durch sittliches Verhalten gereinigt wird. Diese Gebote allein sind es, die für einen Laienanhänger verbindlich sind, Kenntnisse der buddhistischen Lehre dagegen sind nicht unbedingt erforderlich.

Wenn ein Laie gewillt ist, diese fünf Verbote zu beachten und zum Buddhismus überzutreten, spricht er die Zufluchtsformel: „Ich nehme meine Zuflucht zum Buddha, ich nehme meine Zuflucht zur Lehre (*dharma*), ich nehme meine Zuflucht zur Gemeinde (*sangha*)". Diese drei, Buddha, Dharma und Sangha, werden als die drei Juwelen (*triratna*) bezeichnet.

Neben diesen fünf Verboten gibt es eine weitere Tugend, die Laienanhänger üben sollten, nämlich die Almosenspende, durch welche der Spender selbst religiöses Verdienst erwirbt und dadurch der Erlösung in einem zukünftigen Leben einen Schritt näher kommt. Von den Mönchen, die ihren Lebensunterhalt durch Betteln bestreiten, ist diese Tugend Laien gegenüber stets betont worden.

3. Der kanonische Buddhismus

Nach dem Tod des Buddha versuchten seine Anhänger, die Lehre zu bewahren, und schufen einen Kanon, der uns heute, vielfach überarbeitet und erweitert, vorliegt. Auf drei Konzilen wurde das, was der Buddha gelehrt hatte, zusammengetragen, systematisiert und kanonisiert.

Das erste dieser Konzile (*sangîti* „gemeinsames Rezitieren") soll in der Regenzeit nach dem Parinirvâna des Buddha stattgefunden haben. In Râjagriha rezitierte ein Mönch namens Upâli die Ordensregel (*vinaya*) und Ânanda, der Lieblingsjünger des Buddha, die Lehrreden (*sûtra*). Das zweite Konzil fand in Vaishâli statt, um Streitigkeiten über die Frage der Ordensregeln zu klären. Das dritte Konzil von Pâtaliputra schließlich endete mit einer Spaltung der Buddhisten in die *Sthaviras*, die „Ältesten", und die *Mahâsânghikas*, die „der großen Gemeinde Zugehörigen". Streitpunkt waren die Eigenschaften des Arhats, eines buddhistischen Heiligen, der die Lehre durch Belehrung anerkannte. Während die Mahâsânghikas forderten, dass auch jemand, der noch nicht zur Erkenntnis erwacht ist, diesen Titel tragen dürfe, beharrten die Sthaviras darauf, dass erst die vollständige Erkenntnis zum Tragen dieses Namens berechtige. Über diese Meinungsverschiedenheit vollzog sich die Trennung der buddhistischen Gemeinde, die später zur Bildung einer südlichen Überlieferung, dem „kleinen Fahrzeug" (*Hînayâna*), und einer nördlichen Überlieferung, dem „großen Fahrzeug" (*Mahâyâna*), führte.

Dieses dritte Konzil fand zur Zeit des Kaisers Ashoka (ca. 268–233 v. C.) statt, einer Zeit, in der die buddhistische Mission weite Teile Indiens erreicht hatte. Ashoka selbst, der erste indische Universalherrscher, berichtet in seinen Inschriften, dass er Dharmaboten in alle Teile seines Reiches ausgesandt habe. Gleichzeitig entstanden viele Sekten, die eigene Traditionen begründeten.

4. Hînayâna-Buddhismus

Die einzige bis in die Gegenwart erhaltene Richtung des Hînayâna, besser als Shrâvakayâna, „Fahrzeug der Hörer" bezeichnet, ist der Theravâda (Pali: thera „alt"), der in Ceylon und Südostasien auch heute noch vorherrscht. Er entstand aus den Vibhajyavâdin, einer Sekte, die sich zu den Sthavira, den konservativen Buddhisten, zählte. In den Westen Indiens abgedrängt, begannen sie, ihre Texte ins Pâli, einen mittelindischen Dialekt, zu übersetzen und begründeten so die Pâli-Überlieferung, auf die sich der Theravâda-Buddhismus beruft. Diese Übersetzungen wurden mündlich ausgeführt und tradiert; erst als eine lückenlose Überlieferung nicht mehr gewährleistet war, ging man dazu über, den Kanon schriftlich festzuhalten. Dies geschah in den Jahren 89–77 v. C. Andere Richtungen, beispielsweise die Dharmaguptaka, sind nur durch ihre Texte, die Teil des chinesischen Kanons wurden, erhalten. Auch im tibetischen Kanon, der der Mûlasarvâstivâda-Richtung entstammt, finden sich Sûtras des Hînayâna.

Texte: Der buddhistische Kanon, wie er heute vorliegt, ist das Ergebnis der drei Konzile. Er ist in Pâli abgefasst und in drei Körbe (*pitaka*) aufgeteilt. Der erste ist das Vinayapitaka, das die Ordensregeln (*vinaya*) und Material zur Person des Buddha und der Geschichte des Ordens enthält. Das Suttapitaka enthält die Lehrreden des Buddha in fünf Sammlungen: Dîghanikâya (Sammlung der langen Lehrreden), Majjhimanikâya (Sammlung der mittleren Lehrreden), Samyuttanikâya (Sammlung der zusammengestellten Lehrreden), Anguttaranikâya (Sammlung der gestaffelten Lehrreden), Khuddhakanikâya (Sammlung der kleinen Texte). Der dritte Korb ist das Abhidhammapitaka, die Scholastik (*abhidhamma* „über dem Dharma"). Dieses enthält die Systematisierungen der Lehre, eine Sammlung all dessen, was im Laufe der Zeit als buddhistisch betrachtet wurde und in Listen und Tabellen aufgeführt wird.

Lehrsatz vom Entstehen in Abhängigkeit

Eines der Kernstücke der buddhistischen Lehre ist der „Lehrsatz vom Entstehen in Abhängigkeit" (*pratîtyasamutpâda*), auch Konditionalnexus genannt. Dieser wird von vielen Gelehrten für das philosophische Meisterstück des Buddha gehalten. Die Erkenntnis dieses Lehrsatzes soll der Moment der Erlösung (*bodhi*) gewesen sein. Die unterschiedliche Überlieferung des Lehrsatzes spricht aber für ein späteres Entstehen.

Der Lehrsatz besteht aus zwölf Teilen, die sich gegenseitig bedingen, nämlich 1. Nichtwissen (*avidyâ*), 2. Einprägungen (*samskâra*), 3. Bewusstsein (*vijñâna*), 4. Name und Gestalt (*nâma-rûpa*), 5. der Bereich der sechs Sinne (*shadâyatana*), 6. Berührung (*sparsha*), 7. Gefühl (*vedanâ*), 8. Durst (*trishnâ*), 9. Ergreifen (*upâdâna*), 10. Werden (*bhava*), 11. Geburt (*jâti*), 12. Alter und Sterben (*jarâ-marana*). Das Nichtwissen der vier edlen Wahrheiten, d.h. des Erlösungsweges, ist die Voraussetzung für das Entstehen von Einprägungen, die ihrerseits zum Bewusstsein führen. An dieser Stelle gibt es eine Wiedergeburt, denn das Bewusstsein ist für das Entstehen einer neuen Person (Name und Gestalt) verantwortlich. Eine Person ist die Voraussetzung für den Bereich der sechs Sinne, aus diesem entsteht die Berührung mit den Objekten, die ein Gefühl hervorruft. Dieses Gefühl erzeugt Durst, der wiederum zum Ergreifen, nämlich einer neuen Existenz, führt. Das Ergreifen erzeugt Werden, dieses führt zur Geburt, und Alter und Sterben sind die Folgen.

Auf diesem Weg erklärt der Lehrsatz vom Entstehen aus Abhängigkeit den Ablauf der Wiedergeburten aus Gegebenheiten, die sich gegenseitig bedingen, ohne eine Seele einzubeziehen.

Aufgrund seines engen inhaltlichen Zusammenhangs mit den vier edlen Wahrheiten spricht einiges dafür, dass der Konditionalnexus späteren Ursprungs ist, dennoch ist er von zentraler Bedeutung als Erklärungsmodell für den Geburtenkreislauf.

Der Weg zur Erlösung

Eine systematische Darstellung des Erlösungsweges für einen Mönch oder eine Nonne bietet die Tathâgata-Predigt. Sie gehört späteren Textschichten an und besteht aus einer Zusammenstellung von Aussagen, die sich überall im Kanon verstreut finden.

Tathâgata, der „So-Gekommene", ist ein Ehrentitel und gleichzeitig die Selbstbezeichnung des Buddha, z.B. in der Predigt von Benares. Der Beginn der Tathâgata-Predigt, ein Lobpreis auf den Buddha, spiegelt die Loslösung von der Gestalt des historischen Buddha wider, die Annahme von vielen Erlösern, die in allen Weltzeitaltern zyklisch auftreten, um den Dharma zu predigen. Ein Hausvater oder Hausvatersohn, der die Lehre hört, entschließt sich, vom Gehörten überzeugt, sein bisheriges Leben zu verlassen und den mönchischen Heilsweg zu gehen, der aus sittlich einwandfreiem Lebenswandel, meditativen Übungen und Ausübung von übernatürlichen Fähigkeiten besteht.

Der sittlich einwandfreie Lebenswandel stützt sich auf die fünf Verbote, die auch für den Laien Gültigkeit haben, nämlich Nicht-Töten, Nicht-Stehlen, Nicht-Lügen, kein Alkoholgenuss und absolute sexuelle Enthaltsamkeit. Der letzte Punkt ist die Verschärfung des Verbots des Ehebrechens, das für die Laien gilt. Für den Mönch gilt noch eine Reihe weiterer Verbote, z.B. der Verleumdung oder des Tanzes, deren Einhaltung zu Zufriedenheit führt.

Hat er diese sittliche Selbstbeherrschung geübt, beginnt er mit meditativen Übungen. Als erstes versucht er, sich von den Sinneseindrücken zu lösen, indem er „Wache am Tor der Sinne" hält. Darauf geht er zur Achtsamkeitsmeditation über, d.h. der ständigen bewussten Beobachtung aller intellektuellen, physischen und emotionalen Vorgänge, um sich ihre Vergänglichkeit zu vergegenwärtigen. Der nächste Schritt besteht in der Beseitigung der fünf Hindernisse, nämlich Verlangen, Bosheit, Schläfrigkeit, Aufregung und Zweifel. Dazu sucht er bevorzugt Orte auf, die ihm die Vergänglichkeit vor Augen führen, wie z.B. eine Leichenstätte. Hat er die Hindernisse erfolgreich beseitigt, folgen die vier Stufen der Versenkung (*dhyâna*), die dazu dienen, den Geist durch Konzentration, Achtsamkeit und Gleichmut von allen Sinnengelüsten und Emotionen zu reinigen. Hat der Mönch diese vier Stufen der Versenkung gemeistert, ist sein Geist unerschütterlich „wie ein Licht in einem gut abgedichteten Haus, durch das der Wind nicht pfeift".

Nun ist der Mönch fähig, übernatürliche Taten zu vollbringen, indem er meditativ einen Geistkörper entstehen lässt. Mit diesem kann er sich vervielfältigen, unsichtbar machen, sich übermenschlich groß bzw. klein machen usw. Er hört alle Geräusche, irdische und himmlische, und ist in der Lage, die Gedanken aller Menschen zu lesen. Diese Fähigkeiten verhelfen ihm dazu, zuerst seine eigenen früheren Existenzen, dann aber auch die Existenzen anderer Menschen zu erkennen, in all ihren Gegebenheiten. Als letztes macht er sich die Einprägungen, die durch Karma verursacht sind, bewusst und begreift ihre Natur, ihr Entstehen und den Weg zu ihrer Beseitigung. In diesem Moment wird sein Geist frei von diesen Einprägungen und er weiß, dass dies seine letzte Existenz ist. Damit ist er am Ziel seines Heilsstrebens.

Das Weltbild des Hînayâna

Die scholastische Tradition interpretiert das Weltgeschehen als ein Zusammenspiel unbeständiger Daseinsfaktoren. Diese Daseinsfaktoren, die Dharmas, sind vergänglich, leidvoll und wesenlos, d.h. sie enthalten keine Seele. Sie entstehen in Abhängigkeit voneinander und vergehen in dem Moment, in dem sie entstehen. Alle Dinge, die wir wahrnehmen, auch der Mensch, bestehen aus solchen momentanen Daseinsfaktoren. Durch die Scholastiker wurden diese Dharmas weiter unterteilt in bedingte und nichtbedingte. Der nichtbedingte Dharma ist das Nirvâna, das damit vom einfachen Aufhören der Wiedergeburt, wie der frühe Buddhismus lehrte, zu einem Zustand wird.

Diese Theorie der Daseinsfaktoren erklärt die Welt unpersönlich, ohne ein innewohnendes Wesen, einen Träger der Realität. So schließt sie sich an den Lehrsatz vom Entstehen in Abhängigkeit an, der ähnliches für die Wiedergeburt leistet. Die Welt wie auch der Mensch, der in ihr lebt, sind beide das Produkt von unpersönlichen, zusammenwirkenden Gegebenheiten, die vergänglich und leidvoll sind.

Der buddhistische Orden – Sangha

Die buddhistische Gemeinde, *sangha*, besteht aus vier Teilen: Mönche, Nonnen, Laienanhänger und Laienanhängerinnen. Die Laien erlangen religiöses Verdienst (*punya*), indem sie Mönchen und Nonnen Almosen spenden (*dâna*), im Gegenzug dazu wird ihnen von den Ordinierten die Lehre (*dharmadâna*) gepredigt und so ebenfalls Verdienst erworben. Während die Laien durch dieses Verdienst eine bessere Existenz erlangen, in denen ihnen die Erlösung möglich sein wird, bemühen sich die Ordinierten darum, in diesem Leben die Erlösung zu erfahren.

Die Regeln, nach denen der Klosteralltag geordnet ist, finden sich im Vinaya, dem Teil der buddhistischen Überlieferung, der sich mit der Ordenszucht beschäftigt. Am Anfang des Klosterlebens steht die Aufnahme in den Orden. Um Novize (*shramanera*) zu werden, muss man mindestens acht Jahre alt sein. Der Neuankömmling legt die gelbe Robe an, lässt sich Kopf- und Haupthaar scheren, wirft sich vor einem Lehrer nieder und spricht dreimal die Zufluchtsformel aus. Nach einer Probezeit von mindestens vier Monaten ist es möglich, ihn zum vollwertigen Mönch zu ordinieren (*upasampadâ*). Für die endgültige Aufnahme in den Orden muss der Novize mindestens zwanzig Jahre alt sein. Bei diesem Ritual müssen zehn bereits ordinierte Mönche anwesend sein, der Novize trägt dreimal seinen Wunsch vor, in den Orden aufgenommen zu werden. Wenn die Mönche durch Schweigen ihre Zustimmung gegeben haben, wird er über die Klosterregeln aufgeklärt und ist fortan ein buddhistischer Mönch (*bhikshu*). Die Rituale sind für Mönche und Nonnen die gleichen, auch bei der Aufnahme einer Nonne in den Orden entscheiden die Mönche!

Die Ausrüstung der Ordinierten ist auf das Nötigste beschränkt und wird vollständig von Laien gespendet. So dürfen sie neben der Robe, die aus drei Tüchern, Unter- und Übergewand und einem Umhang besteht, der Fußbekleidung, die dem Klima entsprechend zu wählen ist, nur Almosenschale, Gürtel, Schermesser, Nadel, Seihe, Stock und Zahnholz besitzen. Ihre Nahrung sollten sie morgens erbetteln und bis mittags gegessen haben. Fisch und Fleisch sind nicht verboten – bei Almosen darf man nicht wählerisch sein –, aber nur gestattet, wenn das Tier nicht für einen selbst geschlachtet wurde.

Jeweils am Voll- und Neumondstag wird das Uposatha gefeiert. An diesem Tag rezitieren die Mönche und Nonnen das buddhistische Beichtformular (*prâtimoksha*), während die Laien alle zehn Verbote, die sonst nur für die Ordinierten gelten, einzuhalten suchen.

In der Ordenshierarchie sind Nonnen grundsätzlich den Mönchen unterstellt. Das Beichtformular der Nonnen schließt sich an das der Mönche an, enthält jedoch weitere Vorschriften und Regeln. Trotz dieser Einschränkungen ist es auch Nonnen möglich, die Arhatschaft zu erlangen.

5. Mahâyâna-Buddhismus

Etwa im 1. Jt. v. C. entsteht im Süden Indiens der Mahâyâna-Buddhismus. Ebenso wie einst der Urbuddhismus versteht sich auch das Mahâyâna, die „zweite Drehung des Rades der Lehre", als eine Reformbewegung gegen den Hînayâna-Buddhismus. Vorläufer dieser Richtung waren u. a. die Mahâsânghikas, die sich nach dem dritten Konzil in Pâtaliputra von den Traditionalisten, den Sthaviras, abgegrenzt hatten. Beeinflusst durch den Hinduismus integrierten sie neue Formen der Verehrung und entwickelten neue Erlösungswege, die auch die Fremderlösung mit einschlossen. Dabei waren es die Laienanhänger, deren Einfluss in der buddhistischen Gemeinde immer größer wurde und die den Anstoß zur Weiterentwicklung und Öffnung der Lehre gaben.

Das Mahâyâna verstand sich nicht etwa als eine neue Lehre, sondern als eine Neuinterpretation auf höherer Stufe. Deshalb haben beide Richtungen, die stets nebeneinander weiterbestanden, dieselben Grundlagen: Glaube an die Wiedergeburt, Glaube an die Leidhaftigkeit aller Dinge und die Überzeugung, dass alle Menschen gleichermaßen die Möglichkeit zur Erlösung besitzen. Zudem erkennen beide das Prinzip der Konditionalität an, das die Bedingtheit aller Erscheinungen erklärt.

Texte

Die Literatur des Mahâyâna enthält ebenfalls Lehrreden (*sûtra*), aber diese sind wesentlich länger als die hînayânischen Texte und besitzen magische Kraft, wenn man sie rezitiert, selbst wenn ihr Inhalt nicht verstanden wird. Inhaltlich gibt es philosophische und devotionale Sûtras. Die philosophischen, deren Ursprung wohl in Andhra Pradesh, Südindien, liegt, beschäftigen sich vornehmlich mit der Leerheit, die devotionalen dagegen, die nordindischen Ursprungs sind, befassen sich mit dem Bodhisattvaideal und lehren Frömmigkeit und selbstlose Hilfe für andere. Viele dieser Texte sind im Sanskrit verloren gegangen aber in ihren tibetischen oder chinesischen Übersetzungen erhalten.

Lehre

Die Unterschiede zwischen beiden Schulen beziehen sich im Wesentlichen auf die Auffassung des Buddha als übermenschliches, ja göttliches Wesen, die Ablösung des Arhats durch den Bodhisattva und die damit verbundene Möglichkeit zur Fremderlösung und die Annahme eines Absoluten, nämlich der Leere (*shûnyatâ*), hinter allen Dingen.

Die Drei-Körper-Lehre

Während im Hînayâna der Buddha eine historische Person, ein Mensch und Lehrer ist, wird er im Mahâyâna zu einer Gestalt mit göttlichen Zügen, die kultisch verehrt wird. Die Idee der Überhöhung des Buddhas kam zuerst von den Lokottaravâdins: Sie lehrten, der Buddha sei transzendent und überweltlich (*lokottara*).

Ausdruck dieser Überzeugung ist die Drei-Körper-Lehre (*trikâya*), die etwa im 3. Jh. n. C. wahrscheinlich im Umfeld des Yogâcâra entsteht. Die Grundannahme besteht in der Auffassung, dass es eine unendliche Anzahl von Buddhas in einer ebenso unendlichen Anzahl von Welten und Zyklen gibt, die alle im Dharmakâya, dem „Körper des Gesetzes", zusammenfallen. Dieser verkörpert den Wesenskern der Buddhaheit (*buddhatâ*). Da er allen Buddhas gemeinsam ist, existiert nur ein Dharmakâya. Personifiziert ist er der Âdibuddha, der Urbuddha, der Schöpfer, aus dem alle anderen Buddhas entstanden sind. Gleichzeitig verkörpert er das Absolute, die letzte Seinsursache, in der alle Dinge zusammenfallen und neben der es keine Wirklichkeit mehr gibt, die Leere (*shûnyatâ*).

Dieser Dharmakâya entlässt verschiedene Sambhogakâyas, so genannte „Genusskörper". Diese transzendenten Buddhas, von denen es eine unendliche Zahl gibt, sind nicht mit den Sinnesorganen, sondern nur spirituell von Bodhisattvas, die ihre spirituellen Fähigkeiten bereits entwickelt haben, wahrnehmbar. Diese Buddhas genießen die Früchte ihrer Verdienste und gewähren durch ihren Anblick auch anderen Genuss. Einige von ihnen sind Herren über Paradiese, wo der dort Wiedergeborene sich im Hinblick auf die Erlösung weiter entwickeln kann. Sie werden mit verschiedenen Himmelsrichtungen identifiziert. So herrscht im Westen Amitâbha (von unermesslichem Glanz) über sein Paradies Sukhâvatî (das Glückliche), Akshobhya (der Unerschütterliche) im Osten über Abhirati (Freude). Diese beiden sind die wichtigsten. Ratnasambhava im Süden und Amoghasiddhi im Norden vervollständigen den Kreis (*mandala*). Diese transzendenten Buddhas haben neben ihrer Herrschaft über Paradiese noch zwei weitere Funktionen. Sie unterrichten die Bodhisattvas und sind die „Väter" der irdischen Buddhas, der Nirmânakâyas, die sie durch Meditation auf die Erde entlassen.

Der dritte Körper der „magischen Schöpfung", Nirmânakâya, bezeichnet alle irdischen Buddhas, die in menschlicher Gestalt erscheinen. Sie sind ebenfalls mit den 32 Kennzeichen eines Großen Mannes versehen, aber als irdische Wesen Alter und Tod unterworfen. Aufgabe des Buddhas als Nirmânakâya ist es, die Lehre zu predigen. Ähnlich wie beim Sambhogakâya werden auch hier die Buddhas den Himmelsrichtungen zugeordnet: Amitâbha entlässt den Gautama, Akshobhya den Kanakamuni, Ratnasambhava den Kâshyapa und Amoghasiddhi den Maitreya, den Buddha der Zukunft.

Diese Drei-Körper-Lehre des Mahâyâna erfüllte die Bedürfnisse seiner Anhänger auf drei verschiedene Arten. Dem intellektuellen Gläubigen bot der Dharmakâya eine monistische Vorstellung, die der des Hinduismus ähnelte. Die Sambhogakâya dagegen schufen Raum für Frömmigkeit, die in der Verehrung und Vergöttlichung der transzendenten Buddhas ihren Ausdruck finden konnte. Den rationalistischen Ansatz verkörperte der Nirmânakâya, der die Lehre im Historischen verankerte.

Das Bodhisattva-Ideal

Ein Hînayânin war stets bestrebt, ein Arhat zu werden, ein buddhistischer Heiliger, der die erlösende Erkenntnis besitzt. Im Mahâyâna ist es nun der Bodhisattva, das Wesen, dem in ferner Zukunft die Buddhaschaft vorbestimmt ist, das das Ziel aller Bemühungen wird. Im Gegensatz zum Hînayâna, wo der Buddha sich selbst erlöst, schiebt der mahâyânistische Bodhisattva aus Mitleid mit den Wesen, die sich noch im Wiedergeburtenkreislauf befinden, seine eigene Erlösung auf, bis alle anderen Wesen erlöst sind. Damit tritt an die Stelle der Selbsterlösung die Fremderlösung, die nur dadurch möglich ist, dass im Mahâyâna religiöses Verdienst (*punya*) übertragen werden kann. So gibt der Bodhisattva sein eigenes Verdienst an die Wesen weiter und hilft ihnen damit auf ihrem Weg zur Erlösung. Jeder Mensch kann Bodhisattva werden, denn jeder trägt den „Keim der Buddhaschaft" (*Tathâgatagarbha*) in sich. So gibt es unendlich viele Bodhisattvas, die in allen Welten und allen Zeiten existieren und den Menschen helfen.

Der zukünftige Bodhisattva legt vor Zeugen ein Gelübde ab, indem er verspricht: „Ich will in dieser blinden Welt, die führerlos und ohne Leitung ist, ein Buddha werden, ein Retter der ungeretteten Wesen, ein Erlöser der Nicht-Erlösten, Tröster der ungetrösteten, einer, der die noch nicht ins Nirvâna gelangten ins Nirvâna führt." (Avadânashataka 1.1)

Die größte Tugend des Bodhisattva ist das Mitleid (*karunâ*), das seine Motivation für den selbstlosen Aufschub der eigenen Erlösung ist. Das Mitleid muss aber von der Erkenntnis (*prajñâ*) kontrolliert werden. Ein Bodhisattva bemüht sich, wenn er das Gelübde abgelegt hat, um die Verwirklichung der 10 Vollkommenheiten (*pâramitâ*). Diese sind Spendefreudigkeit bzw. Opferbereitschaft (*dâna*), Sittlichkeit (*shîla*), Geduld (*kshânti*), Energie (*vîrya*), Meditation (*dhyâna*), Erkenntnis (*prajñâ*), Geschicklichkeit in der Anwendung der Mittel zur Bekehrung (*upâya-kaushalya*), Gelübde (*pranidhâna*), Kraft (*bala*) und Erkennen (*jñâna*). Die ursprünglichen sechs Vollkommenheiten, die mit der Erkenntnis oder Weisheit (*prajñâ*) schlossen, wurden später um vier erweitert, um sie mit einer anderen Reihe in Übereinstimmung zu bringen, nämlich den zehn Stufen oder Ländern (*dashabhûmi*), die ein Bodhisattva über einen sehr langen Zeitraum, der mehrere Weltzeitalter (*kalpa*) dauern kann, durchlaufen muss.

Die Bodhisattva fallen nach dem Grad der erlangten Vollkommenheiten in zwei Gruppen: irdische und transzendente. Die irdischen befinden sich auf den ersten sechs Stufen und unterscheiden sich von gewöhnlichen Menschen einzig durch ihr großes Mitleid und den selbstlosen Einsatz für die Erlösung anderer. Sie sind noch Alter, Tod und Wiedergeburt unterworfen. Die transzendenten Bodhisattvas hingegen haben schon die Weisheit erreicht und stehen auf der siebten bis zehnten Stufe. Sie befinden sich im „aktiven Nirvâna", d.h. sie sind nicht mehr dem Wiedergeburtenkreislauf unterworfen, können aber in ihm agieren. Ihre Gestalt ist feinstofflich, mit den Sinnesorganen nicht zu erfassen, es sei denn, sie wollen in Erscheinung treten. Unabhängig von irdischen Zwängen sind sie in der Lage, ihre Gestalt zu ändern und überall helfend einzugreifen. Ihre Macht geht weit über die irdischer Bodhisattvas hinaus, sie handeln wie Götter und erfahren entsprechende Verehrung. Sie werden als „Große Wesen" (*mahâsattva*) bezeichnet und in der Kunst mit Schmuck und einer fünfzackigen Krone dargestellt.

Einige dieser transzendenten Bodhisattvas werden besonders verehrt. Als wichtigster, vor allem für den nördlichen Buddhismus, gilt der Bodhisattva Avalokiteshvara, der „Herr, der (gnädig) herabblickt". Er ist die Emanation des Amitâbha. Ihm wird unermessliches Mitleid mit allen Wesen zugeschrieben, für deren Hilfe er alles tut. Er ist so zum Helfer schlechthin geworden, der in allen Notsituationen angerufen wird. Als Bodhisattva der 9. Stufe kann er in beliebiger Gestalt erscheinen, in Tibet kennt man 108 seiner Erscheinungsformen. Dieser Bodhisattva wird auch als Lokeshvara (Herr der Welt) oder Padmapâni (der einen Lotos in der Hand trägt) bezeichnet und in dieser Form als junger Mann dargestellt, der eine Lotosranke hält. In China hat er eine weibliche Gestalt angenommen und wird Guanyin, jap. Kannon, genannt. Er wird mit dem Mantra *Om mani padme hûm* („Om, Juwel im Lotos, hûm") verehrt.

Mañjushrî („von lieblicher Schönheit") ist der Bodhisattva, dessen Aufgabe es ist, Unwissenheit zu zerstören und Weisheit hervorzurufen. Deshalb wird er immer mit einem flammenden Schwert und dem Buch der transzendenten Weisheit, das auf einer Lotosblüte ruht, die er in der Hand trägt, dargestellt. Als Herr des Wortes (*vâgîshvara*) wird er besonders von Gelehrten verehrt.

Ein weiterer, wichtiger transzendenter Bodhisattva ist Maitreya („der Liebende"), der Buddha der Zukunft. Seine Haupttugend ist die Freundschaft (*maitrî*). Er ist der Nachfolger des Gautama, den dieser im Tushita-Himmel zurückließ, bevor er in seine letzte Existenz eintrat.

Maitreya hält in den Darstellungen ein Gefäß mit *Amrita*, dem „Nicht-Tod", das mit dem Nirvâna gleichzusetzen ist.

Im Mahâyâna gibt es etwa 50 transzendente Bodhisattvas, die mehr oder weniger häufig dargestellt sind oder um Beistand gebeten werden.

Erlösungswege

Im Gegensatz zum alten Buddhismus gibt es im Mahâyâna mehrere Wege, die Erlösung zu erlangen: Als erstes den Weg der Selbsterlösung durch Disziplin und das Befolgen des achtfachen Weges, wie er im Hînayâna beschrieben wurde. Dieser wird von einem Mahâyânin als zu schwer empfunden.

Der zweite Weg erfordert Weisheit. Erst die Einsicht in die Lehrinhalte, die Erkenntnis, dass alle Dinge gleichermaßen leer (*shûnya*) und damit bedeutungslos sind, hebt die Gier (*trishnâ*) und die Unwissenheit (*avidyâ*), die die Ursache für das Verbleiben im Wiedergeburtenkreislauf (*samsâra*) ist, auf, und es folgt keine weitere Wiedergeburt mehr.

Der dritte Weg erfordert vom Anhänger ein hohes Maß an gläubigem Vertrauen (*shraddhâ*). Wenn der Gläubige sein ganzes Vertrauen auf einen Buddha der Sambhogakâya-Ebene richtet, kann er dadurch eine Wiedergeburt in einem der Paradiese erreichen und dort so lange verweilen, bis er die Weisheit und den Gleichmut für die Erlösung erlangt hat.

Der vierte Weg ist der Bodhisattva-Weg, sowohl aktiv als auch passiv. Der passive Weg besteht in Fremderlösung durch die Übertragung des religiösen Verdienstes auf einen anderen Menschen. Aktiv bedeutet es, selbst den Bodhisattva-Eid abzulegen und den Menschen bei der Erlösung zu helfen. Dieses ist sicherlich der schwierigste Weg, den der Buddhismus bietet.

Der fünfte Weg ist der der Verehrung und des Kultes, dessen Handlungen selbst dann noch wirksam sind, wenn sie mit geteilter Aufmerksamkeit geschehen – der sicherlich einfachste Weg, zum Heil zu gelangen.

Philosophische Schulen

Das Prinzip der Leerheit (shûnyatâ)
Der alte Buddhismus lehrte, dass die Welt ohne Selbst (*anâtman*) und daher leer (*shûnya*) sei. Darauf aufbauend entwickelte Nâgârjuna im 3. Jh. n. C. seinen philosophischen Begriff der Leerheit (*shûnyatâ*), die Lehre des Madhyamaka („das Mittlere"), oder auch Shûnyatâvâda genannt. Mit den Acht Verneinungen: „weder Vergehen noch Entstehen, weder Vernichtung noch Ewigkeit, weder Identität noch Anderssein, weder Kommen noch Gehen" (Madhyamaka-Shâstra 1.1) leugnet er, dass die Gegebenheiten (*dharmas*) ein Eigensein (*svabhâvatâ*) haben, das ihnen ermöglicht, unabhängig zu existieren, weil sie sich gegenseitig bedingen. Sie sind also leer. Was durch etwas Leeres bedingt ist, muss aber ebenfalls leer sein und kann kein Eigensein besitzen. So setzt er das eigene Wesen der Dinge mit der Leerheit (*shûnyatâ*) gleich. Diese Leerheit ist absolut, alles geht in ihr auf. Um diese aber zu erkennen, muss man die verhüllte Wahrheit (*samvriti-satya*), die die alltägliche Welt real erscheinen lässt, hinter sich lassen und die höchste Wahrheit (*paramârtha-satya*) erlangen, die ihre Leerheit offenbar macht. Nâgârjunas Philosophie beeinflusste maßgeblich die weitere Entwicklung philosophischer Systeme in Indien.

Das Prinzip des Bewusstseins (vijñâna)
Die zweite große philosophische Richtung war der *Yogâcâra*, der „Wandel des Yoga", auch *Vijñânavâda* (Bewusstseinslehre) genannt. Seine Hauptvertreter waren Asanga und Vasubandhu. Kernstück der Lehre ist die Auffassung, dass die wahrnehmbare Welt nur Geist (*cittamâtra*) bzw. Bewusstsein ist, eine Reihe von Erkenntnisvorgängen, denen keinerlei Realität zukommt. Ebenso wie die Objekte der Wahrnehmung ist auch das Subjekt der Erkenntnis nur eine Vorspiegelung des Geistes. Sie wird durch das „Speicherbewusstsein" (*âlaya-vijñâna*) hervorgerufen, in dem sich die Keime des Karmas vergangener Existenzen sammeln und so neue Welten erschaffen. Allein die Kontinuität dieser Karmakeime ist die Ursache für die Wiedergeburt.

Dieses Bewusstsein ist für Asanga das Absolute, nicht zweifach und ohne Kennzeichen wie die Leerheit (*shûnyatâ*) des Madhyamaka.

Der Kult

Weiteres Kennzeichen des Mahâyâna-Buddhismus ist die kultische Verehrung, die Buddhas und Bodhisattvas entgegengebracht wird. Die rituellen Praktiken erinnern an die Rituale des Hinduismus und richten sich auf Statuen und Stûpas, Reliquien und auch Manuskripte der heiligen Texte. Diese werden gebadet, gesalbt, man bringt ihnen Nahrungsmittel, Schmuck und Kleidung dar und hält Prozessionen ab. Die berühmteste unter ihnen ist wohl die Prozession von Kandy, deren Kernstück eine Zahnreliquie ist, die vom historischen Buddha stammen soll. Die kultische Verehrung wird ebenfalls als Weg zur Erlösung gesehen. (Lotos-sûtra 2, 78–94)

6. Vajrayâna

Das „Diamantfahrzeug", auch die „dritte Drehung des Rades der Lehre" genannt, ist die tantrische, d.h. magisch-zauberische Richtung des Buddhismus. Der Vajra steht als Symbol für das Absolute, die Leerheit (*shûnyatâ*). Das Vajrayâna beruht auf alten magischen Vorstellungen, die stets in der Volksreligiosität vorhanden waren, und ist vom hinduistischen Tantrismus beeinflusst. Erste Vorläufer sind die Dhâranîs („Trägerinnen"), magische Formeln, die schon im 3. Jh. ins Chinesische übersetzt wurden. Als eigene Schule wird er ab dem 8. Jh. in den großen indischen Zentren buddhistischer Gelehrsamkeit, Nâlandâ und Vikramashîla, fassbar.

Texte

Die Texte des Vajrayâna werden als *tantra* („Faden") bezeichnet. Es gibt vier Gruppen: 1. Kriyâtantra, Tantra der Taten, die mit den äußeren Handlungen befasst sind; 2. Caryâtantra, die Tantras der Ausübung, die neben den äußeren Aktivitäten auch die inneren Yoga-Praktiken mit einschließen; 3. Yogatantra, die die inneren Übungen betonen, und 4. Anuttarayogatantra, die höchsten Yogatantras, die die tiefgründigsten inneren Praktiken enthalten. Der größte Teil der Überlieferung ist nur in chinesischen und tibetischen Übersetzungen erhalten geblieben.

Zwei Hauptwerke des Tantrismus sind das *Mahâvairocanasûtra,* „Sûtra des Großen Glänzenden", und das *Vajroshnîshasûtra*, „Sûtra des Diamant-Schädelauswuchses".

Lehre

Die Lehre des Tantra ist durch eine Betonung des Ritualismus und des Symbolismus gekennzeichnet. Da die richtige Ausführung dieser Praktiken entscheidend für ihren Erfolg war, entstand eine sehr ausgefeilte Ritualistik. Die grundlegenden Praktiken sind das Singen von Mantren bzw. magischen Formeln. Dies geht zurück auf die Mantren, die von den Brahmanen im vedischen Ritual verwendet wurden, um dem Opfer magische Wirkung zu verleihen. Mantren können aus ganzen Sûtratexten bestehen oder nur aus einer „Keimsilbe" (*bîjamantra*), die einer bestimmten Gottheit zugeordnet wird. Außerdem sind bestimmte Gesten (*mudrâs*) und rituelle Tänze Bestandteil des Kultes, da für eine erfolgreiche Kulthandlung im tantrischen Sinne Sprache, Körper und Geist gleichermaßen beteiligt sein müssen. Der Geist ist in der Meditation angesprochen, die auf die eigene Identifikation mit der Gottheit ausgerichtet ist.

Weltbild

Fünf Buddhas konstituieren das tantrische Weltbild: Vairocana, „der Strahlende"; Akshobhya, „der Unerschütterliche"; Ratnasambhava, „der Juwelengeborene"; Amitâbha, „das unendliche Licht"; Amoghasiddhi „„der sichere Erfolg". Diese sind, im Gegensatz zu anderen Buddhas, die geworden sind, immer schon vorhanden. Später wird Vairocana auch mit dem *Âdibuddha*, dem Urbuddha, identifiziert. Diese fünf bilden den Körper des Universums und bewohnen jeweils eine Himmelsgegend. Ihnen zugeordnet ist jeweils ein Bodhisattva, z.B. gehört der Avalokiteshvara, der Herr über unsere Welt ist, zu Amitâbha, ein irdischer Buddha (Gautama) und eine weibliche Shakti, die einen Aspekt Buddhas verkörpert. Ebenso gibt es Entsprechungen, die Farben, Zahlen, Buchstaben, Töne usw. mit ihnen in Verbindung bringen. Im Gegensatz zu allen anderen buddhistischen Schulen tauchen hier zum ersten Mal auch weibliche Gottheiten, Tathâgatîs, auf, z.B. eine Buddhalocanâ „Buddha-Auge" oder Târâ u.a. Auch der fürchterliche Aspekt ist personifiziert z.B. als Mahâkâla, „der große Schwarze".

Die Mönche des Tantrismus heißen *Siddha* „Vollkommener". Man spricht ihnen übernatürliche Fähigkeiten und Zauberkräfte zu. Da der Vajrayâna auf Vorstellungen des Yogâcâra fußt, der die Welt für eine Illusion des Geistes hält, haben Gut und Böse keine Bedeutung mehr. So werden von den Siddhas selbst die schauerlichsten Taten berichtet.

Shaktismus

Shaktismus ist die Form des Tantrismus, der – wie im hinduistischen Tantrismus – zu den magischen Ritualen auch die Ausübung von erotischen Handlungen zählt. Er wird auch als linkshändiger Tantrismus bezeichnet. Hier geschieht die Erleuchtung durch die Verbindung der dualistischen Elemente im rituellen Beischlaf. Das weibliche Element, die Shakti, ist die personifizierte Macht eines Gottes. So gibt es die Târâ, die „Retterin", die Vidyâ, „das Wissen" oder die Prajñâpâramitâ, „die höchste Weisheit", die als weibliche Bodhisattvas das Pantheon ergänzen. Ihren bildlichen Ausdruck finden sie in der yab-yum-Darstellung (Vater-Mutter) der tibetischen Götter mit ihrer Gefährtin.

Im Ritual geht es darum, durch rituellen Beischlaf die Dualität zu überwinden und die Einheit zu gewinnen. Dies geschieht entweder tatsächlich oder durch magische Handlungen, die diese Vereinigung symbolisieren. Der Shaktismus fand in China und Japan wenig Anklang und verbreitete sich vor allem in Tibet.

7. Die Ausbreitung des Buddhismus

Buddhismus in China

Der Überlieferung nach ließ im Jahre 67 n. C. der Han-Kaiser Mingdi aufgrund eines Traumes buddhistische Mönche an seinen Hof holen, die die Texte der neuen Religion ins Chinesische übersetzen sollten. Es ist jedoch wahrscheinlich, dass der Buddhismus auch schon früher durch Kaufleute ins Land kam. In den ersten Jahren seiner Verbreitung hielt man ihn fälschlich für eine Form des Taoismus, da Laozi, sein Begründer, der Legende zufolge nach Westen gegangen sein soll. Diese Identifikation führte dazu, dass in den frühen Übersetzungen unterschiedslos taoistischer Sprachgebrauch für buddhistische Lehrinhalte verwendet wurde, eine Methode, die man als *gé-yì* „Ziehen von Analogien" bezeichnete. Erst Kumârajîva (344–413) schuf Übersetzungen, die ein eigenständiges Verständnis des Buddhismus ermöglichten. Xuanzang (602–664) schließlich gründete nach seiner Indienreise in Chang'an eine Übersetzerschule, die nicht nur Texte neu übersetzte, sondern auch die alten Übersetzungen überarbeitete und die Begriffe standardisierte – beispielsweise die Wiedergabe von Sanskritbegriffen, die früher oft ad hoc von jedem Übersetzer anders ins Chinesische übertragen wurden. Viele Texte, die in Indien inzwischen verloren gegangen sind, haben sich heute nur noch in der chinesischen Übersetzung erhalten.

Die Schulen

Alle drei „Fahrzeuge“ fanden in China Verbreitung, wurden rezipiert und eigenständig weiterentwickelt. Es entstanden neue philosophische Schulen, die sich vor allem durch die Konzentration auf einen bestimmten Text und seine Auslegung voneinander unterschieden. Einige der wichtigsten sind:

1. *Tiantai-Schule:* Ihr Begründer ist Chiyi (538–597). Auf der Basis des Lotossutra (*Saddharma-pundârika-sûtra*) entwickelte er – zurückgezogen auf dem Berg Tiantai – eine Meditationsform, die er als *zhiguan,* „Ruhe und Einsicht“, bezeichnete. Mit seinem Versuch, Theorie und Praxis, Wissen und Meditation gleichermaßen zu betonen, übte er einen großen Einfluss aus.

2. *Sanlún-Schule:* Sie wurde von Jizang (549–623) gegründet. Ihr Name, „Schule der drei Erörterungen“, bezieht sich auf die drei grundlegenden Schriften des Madhyamaka und steht der indischen Tradition nahe.

3. *Huayan-Schule:* Sie entstand im 7. Jh. und stellt das Avatamsaka-sûtra in den Mittelpunkt ihrer Lehre. Sie lehrte das abhängige Entstehen vom Tathâgatagarbha („Keim der Buddhaschaft“) und die Existenz des Tathâgata in jedem Wesen.

4. *Jingtu-Schule:* Diese Schule des „reinen Landes“ lehrte die Wiedergeburt im Paradies des Amitâbha, die allein durch die gläubige Rezitation und Meditation zu erlangen ist. Grundlage ihrer Lehre waren u.a. das Sukhâvatîvyûha-Sûtra. Sie entstand während des 6. Jh. im Norden Chinas und zog aufgrund ihrer volksreligiösen Züge viele Anhänger an.

5. *Chan-Schule:* Traditionell auf Bodhidharma (470–516) zurückgehend, stützte sich diese Schule nicht auf ein bestimmtes Sûtra, sondern postulierte eine Überlieferung außerhalb der Lehre und betonte die direkte Vermittlung von Lehrer und Schüler. Statt der kanonischen Texte entwickeln sich Sammlungen von Aussprüchen und Rätseln, die *yulu* und *gongan*.

Während der Sui- und Tang-Dynastie (589–906) gewann der Buddhismus zunehmend an Einfluss und die neuen Ideen befruchteten die chinesische Gedankenwelt. Etwa in der Song-Zeit (1279–1368) entstand im Neokonfuzianismus eine neue Geistesströmung, die die buddhistischen Elemente aufnahm und zu neuen Ansätzen verarbeitete. Damit war die kreative Phase des Buddhismus in China beendet.

8. Buddhismus in Japan

Der offiziellen Geschichtsschreibung nach gelangte der Buddhismus im Jahre 552 nach Japan, jedoch ist wohl damit zu rechnen, dass schon früher über Korea buddhistisches Gedankengut aus China verbreitet wurde. Neben den schon erwähnten Schulen, die alle auch in Japan belegt sind, waren es vor allem zwei, die in Japan zu eigenständigen Strömungen weiterentwickelt wurden und seitdem mit dem japanischen Buddhismus verbunden sind: der Amida- und der Zen-Buddhismus.

Amida-Buddhismus

Diese Form der Verehrung des Buddha Amitâbha (jap. *Amida*) hat seine Wurzeln in der Jingtu-Schule, der Schule des „Reinen Landes". Amitâbha ist einer der transzendenten Buddhas und residiert im Westen, im Land Sukhâvatî. Durch Konzentration auf den Buddha selber oder das Aussprechen seines Namens gewährt dieser die Wiedergeburt in seinem Paradies, das auch das „Reine Land" genannt wird. Der Aufenthalt dort ermöglicht ein müheloses Verwirklichen des Nirvâna. Der Grundtext des Amida-Buddhismus, das Sukhâvatîvyûha-Sûtra, soll um 640 das erste Mal am japanischen Hofe rezitiert worden sein, aber erst Hônen gründete im 12. Jh. die Jôdo (chin. *jingtu*)-Schule. Diese lehrt, dass allein das Aussprechen der Formel *nembutsu,* „Verehrung", dem Buddha genüge, um ins Paradies Sukhâvatî zu gelangen, jedoch muss es mit gläubiger Hingabe geschehen. Spätere Schulen vertraten die Auffassung, dass schon das einmalige Denken oder Hören des Namens Amida, auch wenn er von einem Ungläubigen ausgesprochen wird, für den Eintritt in sein Paradies genüge. Heute ist die „wahre Schule des Reinen Landes" (*Jôdô Shinshû*) am weitesten verbreitet, die auf Hônens Schüler Shinran (1174–1268) zurückgeht und ihren Mönchen die Heirat erlaubt.

Zen-Buddhismus

Kurz nach der Einführung des Buddhismus in Japan gründete Dôshô (598–670) die erste japanische Zenhalle in Nara. Der Name Zen geht auf das chinesische *chan* zurück, das eine lautliche Wiedergabe des Sanskritterminus *dhyâna,* „Meditation", ist. Kernstück der Lehre ist die Selbsterlösung ohne weitere Hilfsmittel, allein durch Innenschau, den Blick in die eigene Natur. Das Ideal ist Gleichmut, Extreme wie Askese oder Hingabe werden abgelehnt. Der Geist wird oft mit einem Spiegel verglichen, der die höchste Wahrheit wiedergeben soll und deshalb rein und klar erhalten werden muss.

Die Ablehnung jeglicher Autorität führt so weit, dass selbst die Position des Lehrers schwindet, denn dieser soll dem Schüler nur den Weg weisen, an der innersten Wahrheit festzuhalten. Begründet wird dies mit der Leerheit, der nicht-dualen letzten Wahrheit.

Die Erleuchtung, das Satôri, kommt plötzlich und findet sich oft in Banalitäten. Von Hakuin (1685–1768) wurde das Koan (chin. *gongan*) eingeführt. Dabei handelt es sich um ein Rätsel, dessen Lösung die Dualität im Paradoxon aufheben sollte, eines der bekanntesten ist die Frage nach dem Klatschen einer Hand.

Der Einfluss, den das Zen auf die japanische Kultur hatte, ist nicht zu überschätzen: Malerei und Kalligraphie sind von ihm inspiriert, die Teezeremonie wäre ohne Zen nicht denkbar. Die starke Disziplin, die Zen erforderte, wurde zudem eingesetzt, um die Samurai auszubilden und für den Kampf tauglich zu machen.

9. Buddhismus in Tibet

Die Verbreitung des Buddhismus in Tibet soll den Quellen nach mit König Srong btsan sgam po (ca. 620–649) begonnen haben. Dieser heiratete eine chinesische und eine nepalesische Prinzessin, die beide Buddhistinnen waren und jeweils eine buddhistische Statue mit nach Tibet brachten. Für diese ließ er Tempel erbauen und schickte seinen Minister Thönmi Sambhota nach Indien, der nach seiner Rückkehr die tibetische Schrift nach indischem Vorbild entwickelte und buddhistische Texte mitbrachte. Fünf Generationen später, unter seinem Nachfolger Khri srong lde btsan (756–797), wird das erste Kloster in Samye gegründet.

Shântarakshita, der eine Synthese aus Yogâcâra und Madhyamaka lehrte, wurde als Lehrer nach Tibet geholt. Dieser war jedoch erfolglos und empfahl, den Tantriker Padmasambhava einzuladen. Etwa um 750 gelang es diesem, der Überlieferung nach, die Dämonen Tibets, die sich der Einführung des Buddhismus in den Weg gestellt hatten, mit seinen Zauberkräften zu besänftigen. Der von Padmasambhava gelehrte Tantrismus hat bis heute den tibetischen Buddhismus nachhaltig geprägt.

Im Folgenden verlor der Buddhismus wieder an Einfluss und wurde erst durch eine zweite Verbreitung im 11. Jh. neu belebt. Aus Indien lud man Atisha (ca. 980–1055) ein, der die letzten Jahre seines Lebens in Tibet lehrte und dort den Buddhismus vollständig reformierte. Die nun entstehenden Schulen erhielten zunehmend politischen Einfluss, bis unter dem fünften Dalai Lama die gesamte Staatsgewalt auf ihn überging.

Schulen

Im Laufe der Zeit entstanden auch in Tibet buddhistische Schulen, die sich auf verschiedene Überlieferungsstränge zurückführen lassen. Vier Hauptströmungen sind zu unterscheiden:

Die rNying-ma-pa, „die Alten", gehen auf die tantrischen Lehren des 8. Jh., also Padmasambhava und seine Schüler, zurück. Sie verstehen sich als außerhalb der orthodoxen Überlieferung stehend, da sie die Reform des 11. Jh. nicht anerkannten. Sie behielten viele der später verpönten tantrischen Praktiken bei und nahmen auch Elemente der Bon-Religion in ihr System auf. Sie werden als Rotmützen bezeichnet.

Die Kagyüpa-Schule wurde von dem großen Übersetzer Mar pa (1012–1098) begründet, der nach Studien in Indien vor allem die Texte des Vajrayâna übersetzte und in Tibet verbreitete. Ihm schloss sich der Dichter Milaraspa (1040–1123) an, der sein Nachfolger werden sollte.

Die Sa-skya-Schule war die erste, die politische und religiöse Aspekte vereinte. Meister Sa-skya Pandita gelang es, diplomatische Beziehungen zum mongolischen Hof aufzunehmen und seine Vertreter hatten bald die politische Vorherrschaft über weite Teile Tibets.

Die Gelugpa-Schule, die von Tsong kha pa (1357–1419) gegründet wurde, geht auf die von Atîsha begründete Kadampa-Schule zurück. Ihre Anhänger werden Gelbmützen genannt. Sie betonen die Ordenszucht und haben viele Klöster, darunter Drepung, Tashilhunpo und Sera gegründet. Das Oberhaupt der Gelugpa ist der Dalai Lama, der als Inkarnation des Bodhisattva Avalokiteshvara gilt. Dem fünften Dalai Lama gelang es 1642, Tibet mit Hilfe der Mongolen zu einen. Seitdem ist der Dalai Lama nicht nur politisches, sondern auch spirituelles Oberhaupt Tibets. Der Panchen Lama, der Abt des Klosters Tashilhunpo und die wichtigste Gestalt nach dem Dalai Lama, ist sein Lehrer und wird als Inkarnation des Amitâbha betrachtet.

Lamaismus

Eine weitere Besonderheit des tibetischen Buddhismus ist die Betonung der Stellung des Lehrers (*bla ma*), weshalb man ihn auch als Lamaismus bezeichnet. Ein Lama ist ein Lehrer. Alle Mönche folgen einem solchen Lehrmeister, der ihnen die Lehre gemäß der Tradition vermittelt. Das Lehrer-Schüler-Verhältnis ist sehr eng und eine lückenlose Traditionskette wichtig für die richtige Überlieferung. Die Autorität des Lama ist höher zu bewerten als die schriftliche Überlieferung, die ohne Erläuterung wertlos ist.

Ein Lama, der das Bodhisattva-Gelübde geleistet hat und sich willentlich reinkarniert, wird Tulku genannt. Daher wird nach dem Tod eines Lamas stets nach seiner Reinkarnation gesucht, die, selbst wenn es sich erst um ein Kind handelt, die Nachfolge antritt. Diese Praxis ist seit dem 13. Jh. in Tibet verbreitet.

10. Buddhismus heute

Heute gibt es in aller Welt buddhistische Zentren und Klöster, die die Lehre des Buddha in den verschiedenen Schulrichtungen lehren und leben. Das Shrâvakayâna lebt in Form des Theravâdabuddhismus in Sri Lanka, Birma, Thailand, Laos und Kambodscha fort. Der Mahâyâna-Buddhismus ist besonders in China, Korea, Japan, Vietnam, Tibet und der Mongolei vertreten, ebenso wie das Vajrayâna, das Diamantfahrzeug, der tantrische Buddhismus, in Tibet, der Mongolei, China, Korea und Japan seine Anhänger hat. Auch in Indien, wo es seit dem 12. Jh. praktisch keinen Buddhismus mehr gab, haben sich inzwischen neobuddhistische Bewegungen gebildet, die auf den buddhistischen Modernismus in Sri Lanka zurückgehen.

Die Entwicklungen des Buddhismus heute sind vor allem durch zwei Tendenzen geprägt: Zum einen wird er zunehmend mit staatlichen Interessen verbunden, in manchen Fällen auch mit dem Nationalbewusstsein identifiziert und für politische Ziele eingesetzt. Dieser politische Buddhismus, der sich auch mit dem Marxismus als niederer Wahrheit zum Erlangen der Erlösung verbinden kann, proklamiert in Burma z.B. die Erlösung vom Leiden in der diesseitigen Welt (*lokka nibban*). Zum anderen entwickeln sich unter dem Einfluss der jeweils ansässigen Volksreligionen und Kolonialherren synkretistische Strömungen, die Elemente des Hinduismus, des Christentums oder auch des Islams in die Lehre integrieren.

Seit dem 18. Jh. verbreitete sich die Kenntnis des Buddhismus auch in Europa und stieß zuerst auf wissenschaftliches Interesse, das vor allem der Pali-Überlieferung galt. Anfang des 20. Jh. kam es auch zu aktivem Übertritt zum Buddhismus, eines der berühmtesten Beispiele ist Nyânatiloka, ein deutscher Musiker, der später zu einem angesehenen buddhistischen Gelehrten wurde. Es bilden sich privat organisierte Gemeinschaften, die ihrem Verständnis des Theravâda-Buddhismus folgten. In den fünfziger Jahren kam der Zen nach Europa und Amerika, durch die Hippie-Bewegung der sechziger Jahre wurden schließlich auch tantrische und mahâyânische Traditionen importiert.

Schon in den sechziger Jahren gab es offizielle Gründungen der Exiltibeter in Deutschland und England, der Dalai Lama selbst schickte Mönche in das Rikon-Institut in der Schweiz. Auch die anderen Schulrichtungen gründeten eigene Zentren in der westlichen

Welt. Seit den achtziger Jahren ist vor allem der tibetische Buddhismus durch das Ansehen des Dalai Lama und seine vermehrte Präsenz in den Medien und der Filmindustrie zunehmend in den Vordergrund getreten.

Im Unterschied zu Europa ist in Amerika die Gründung buddhistischer Zentren überwiegend von Einwanderern ausgegangen, die ihre eigene Religion weiterhin ausüben wollten. Zen-Buddhismus und Mahâyâna-Schulen ebenso wie tibetischer Buddhismus sind stark vertreten, während der Theravâda-Buddhismus unterrepräsentiert ist.

Literatur

Bareau, André: *Der indische Buddhismus.* In: *Die Religionen Indiens III, Buddhismus – Jinismus – Primitivvölker,* Stuttgart 1964, 1–215.

Bechert, Heinz/Gombrich, Richard (Hrsg.): *Die Welt des Buddhismus*, München 1984.

Bechert, Heinz/Bronkhorst, Johannes u. a.: *Der Buddhismus I. Der indische Buddhismus und seine Verzweigungen.* In: *Die Religionen der Menschheit*, Bd. 24.1. Stuttgart / Berlin / Köln 2000.

Conze, Edward: *Der Buddhismus. Wesen und Entwicklung,* Stuttgart 1953.

Golzio, Karl-Heinz: *Wer den Bogen beherrscht*, 1997.

Meisig, Konrad: *Klang der Stille. Der Buddhismus,* Freiburg 1995.

Mylius, Klaus (Hg.): *Die vier edlen Wahrheiten.* Texte des ursprünglichen Buddhismus. Stuttgart 1998 (Lesebuch).

Schneider, Ulrich: *Einführung in den Buddhismus*, Darmstadt 1997.

Schulemann, Günther: *Geschichte der Dalai-Lamas*, Leipzig 1958.

Schumann, Hans Wolfgang: *Der historische Buddha. Lehre und Leben des Gotama,* Köln 1982.

Schumann, Hans Wolfgang: *Buddhismus. Stifter, Schulen und Systeme*, München 1995.

Schumann, Hans Wolfgang: *Mahâyâna-Buddhismus. Das Große Fahrzeug über den Ozean des Leidens,* München 1995.

Snellgrove, David Llewellyn: *Indo-Tibetan Buddhism*, Boston, London 1987.

Snelling, John: *The Buddhist Handbook. A Complete Guide to Buddhist Teaching and Practice,* Reprint, London 1995.

Anton Grabner-Haider

XII. China

Religionen wachsen aus Kulturen heraus, ihre Mythen spiegeln konkrete Kulturstufen. In China erkennen wir den Übergang von der Jungstein- zur Bronzezeit um 2000 v. C. Diejenigen Stämme, die zuerst Bronzewaffen herstellen konnten, gewannen eine Überlegenheit über Stämme mit Steinwaffen. In den großen Flusstälern bildeten sich früh Kulturen von niederen, bald auch höheren Ackerbauern; es entstanden kleine Siedlungen. Die Bauern lebten im wirtschaftlichen Austausch mit den Viehzüchtern.

1. Soziale Strukturen der Frühzeit

Nun bildeten die sesshaften Bauern frühe Sozialstrukturen: Eine Oberschicht von Kriegern verteidigte die Felder und Siedlungen; Priester leiteten die Riten der Ahnenverehrung. Zur mittleren Schicht gehörten die Landarbeiter, die Handwerker und die Händler. Unfreie und in Kriegen versklavte Personen bilden die Unterschicht.

Auch die Stämme der Hirtennomaden hatten ähnliche Sozialstrukturen, auch wenn sie nur zeitweise sesshaft waren. Krieger verteidigten mit Waffen die Herden und die Sippen. Diese verehrten die Seelen der Ahnen und Schutzgötter der Tiere; weil sie beschützt sein wollen, brachten sie ihnen Opfer. In ihren Mythen erzählten sie von unsichtbaren Geistwesen, die sich in den Tieren zeigen. Schamanen beanspruchten die Fähigkeit, Krankheit zu heilen, die Fruchtbarkeit zu mehren, das Leben zu deuten. In der patriarchalen Ordnung waren Kinder und Frauen den Männern untergeordnet.

Die Bauern erzählten in ihren Mythen von Schutzgöttern des Getreides, von den Reisfeldern der Götter, von heiligen Hochzeiten und Kämpfen der Urkräfte. Ihre Schamanen und Priester brachten den Ahnenseelen regelmäßig die Opfer. Zuerst siedelten die Menschen in Erdgruben; später bauten sie Häuser aus Erde, Steinen und Holz. Jedes Haus hatte eine Opfergrube, wo die Überreste der Tier- und Menschenopfer aufbewahrt wurden. Der Hund war ein frühes Wachtier der Häuser.

Die frühen Siedlungen hatten einen Opferplatz, wo die Ahnen und Schutzgötter des Dorfes geehrt wurden. Seit ca. 2000 v. C. gibt es in China die Verwendung von Schriftzeichen, um die Orakelsprüche der Priester festzuhalten. Orakeltexte wurden in Knochen der Opfertiere eingeritzt; die frühe Bilderschrift wurde immer mehr vereinfacht und formalisiert. So wurden Kalender für die Opfertage angelegt, die sich an den Zahlen 10 und 12 orientierten. Diese sind auch die Grundzahlen der chinesischen Mythologie, die von 10 Sonnen und 12 Monden erzählten.

Die Oberschichten und Herrensippen (Shang) erzählten andere Mythen als die Untergebenen (Bauern, Handwerker, Händler). Jene berichteten von großen Kriegen und Siegen, diese von reichen Ernten und fruchtbaren Tieren. Allgemein verbreitet war der Glaube, dass die Seelenkräfte (hun) der Ahnen nach dem Tod ihrer Körper weiter leben. Kultorte für die Ahnen hielten die Sippen zusammen. Die Gräber der Krieger wurden mit Grabbeigaben versehen: Pferde, Sklaven, Waffen, Schmuck, Hunde, Geräte.

Die männlichen Ahnen wurden zum Schutz vor Feinden angerufen, von den weiblichen Vorfahren wurden Nachwuchs und Heilung von Krankheit erbeten. Die Riten wurden ausgeführt, um die Ahnen zu stärken und sie gütig zu stimmen. Doch wie entstanden die Vorstellungen von göttlichen Wesen? In der Frühzeit wurden in der Natur unsichtbare Kräfte angenommen, die alles Leben bestimmten. Beeindruckend waren die Kräfte des Wachstums in der Erde, aber auch die Gestirne. Zum Teil wirkten diese Kräfte lebenserhaltend, sie wurden als göttliche Wesen angerufen. Zum anderen Teil wirkten die Kräfte der Natur als Leben zerstörend, aus ihnen wurden böse Geistwesen. Die Menschen lebten folglich in zwei gegensätzlichen Kraftfeldern.

Götter entstanden zum Teil aus der Vorstellung von unsichtbaren Naturkräften, zum andern aus dem Glauben an die Ahnenseelen. So hatten die Sippen und Siedlungen ihre Schutzgötter, ihnen brachten sie Opfer. Jene waren den Menschen ähnlich, weiblich und männlich, nur größer und stärker. Auch die Unterworfenen und Besiegten hatten ihre Schutzgötter und Mythen. Schamanen und Priester erzählten von den Wirkungen der göttlichen Wesen.

Deswegen spiegeln Göttermythen immer konkrete Kulturstufen und soziale Entwicklungen. Aufgeschrieben wurden fast nur die Mythen der oberen sozialen Schichten, die der Untergebenen wurden nur marginal erwähnt. Die Kriegerfürsten hatten ihre besonderen Schutzgötter, von ihnen erbaten sie Siege und langes Leben. Die Unterlegenen mussten immer die Götter der Sieger anerkennen. Als es der Shang-Dynastie gelang, mehrere Fürstentümer zu erobern, wurde ihr Schutzgott Shang ti zum obersten Schützer des neuen Reiches. Die Priester brachten diesen Gott bald mit dem Himmelszelt und der Sonne in Verbindung. Wie der siegreiche Fürst nun andere Stämme beherrschte, so gebot der Himmelsgott über die anderen Götter. Religion und Mythologie wurden immer zu einem Instrument der Herrschaft. Aus den mündlich tradierten und später geschriebenen Mythen erahnen wir die frühe Weltdeutung dieser Kultur: In einer Himmelswelt lebten die Schutzgötter und die Ahnen der Fürsten. Dabei wurde der Himmel wie ein Nomadenzelt vorgestellt oder wie eine Nussschale (Bauern), die von 4 oder 5 Säulen getragen wird. Unter dem Himmel lebten die Menschen, die Tiere und die Pflanzen. Und unter der Erde lebten die Seelen der Toten, bis sie in die Himmelswelt aufsteigen durften.

2. Mythen und Rituale

Die Jägerkulturen brachten viele Tiergötter und Totenkulte in ihre Mythologie. Ackerbauern erzählten von den „Urmüttern" der Erde und den Göttinnen der Fruchtbarkeit, die das Getreide schenkten. Hirtennomaden verehrten Schutzgötter der Weiden und der Tiere. In den Phänomenen der Natur (Sonne, Gestirne, Wind, Regen) wurden weiterhin göttliche Wesen gesehen; Schamanen mussten mit ekstatischen Tänzen Regen herbeizwingen. Priester opferten Tiere und Mitmenschen, um die Wachstumskraft zu stärken.

Mantiker beiden Geschlechts befragten die Ahnen und Schutzgötter über Ereignisse der Zukunft. Sie tranken berauschende Getränke oder tanzten sich in Ekstase. Mit Tierfellen bekleidet suchten sie Zugang zu den göttlichen Kräften. Ihre Kunst (wu) wurde vor allem von den Kriegern zu Beginn eines Kampfes genutzt.

Der Schamane (wu) hielt mit seinen magischen Kräften die Sippen zusammen; er konnte Träume deuten, Jagdglück schenken, Regen herbeizwingen, Krankheiten heilen. Viele seiner Sprüche wurden später aufgezeichnet. Als ein neuer Herrscher über die anderen Fürstentümer siegte (Chou-Dynastie), setzte dieser seinen Schutzgott Tien über die anderen Götter und Ahnen. Auch dieser neue Gott wurde mit dem Himmel und der Sonne in Verbindung gebracht.

Die einzelnen Sippen hatten weiterhin ihre mythischen Stammbäume und bezogen sich auf konkrete Himmelsgötter. Damit legitimierten sie ihren sozialen Status. Doch allein der oberste Herrscher verteilte die Felder und Viehweiden an die Sippen; die Krieger verteidigten sein Monopol der Gewalt. Den Handwerkern stand es nur zu, die Waffen herzustellen. Die Sozialordnung war patriarchal, das Erbe an Gütern ging an die ältesten Söhne, sie leiteten die Verehrung der Ahnen. Bei Gericht entschieden „Gottesurteile“ über Lüge und Wahrheit.

Strenge Strafen dienten in der Frühzeit zur Abschreckung von Übeltätern. Dieben wurden die Hände abgehackt, zum Tod Verurteilte wurden in Flüssen versenkt oder lebendig begraben. Jede Übeltat war ein Verstoß gegen die göttliche Weltordnung, Todesstrafen wurden als Opfer an die Ahnen gedeutet. Bei den Opferplätzen wurde Gericht gehalten, dort wurden die Waffen der Krieger mit magischer Kraft aufgeladen. Die „Urmutter Erde“ (Hou tu) wurde um gute Ernten angerufen.

Auf den heiligen Bergen und an Flüssen wurden Geistwesen verehrt, dort wurden auch „heilige Hochzeiten“ gefeiert. Nach der Lehre der Priester waren in den Menschen zwei Seelenkräfte wirksam, nämlich a) die Po-Seele, die den Körper bewegt und lebendig erhält; und b) die Hun-Seele, die das Denken und Erkennen erzeugt. Die erste Seelenkraft haftete im Dunklen und Erdhaften und kehrte nach dem Tod des Körpers zur Erde zurück. Die zweite Seelenkraft aber stieg zum Licht und zur Himmelwelt auf.

Nach dieser Lehre hatte jeder Mensch einen Himmelsanteil (Yang) und einen Erdanteil (Yin). Diesen alten Mythos tragen die Daoisten bis zur Gegenwart weiter. Sie erzählen von einem weiblichen „Uranfang“ des Kosmos, der alle Gegensätze noch in sich vereint. Dieses „Urweib“ teilte sich und erschuf nun die weiblichen Kräfte (Yin) und die männlichen Kräfte (Yang). Seither wirken diese beiden Urkräfte im ganzen Kosmos und im Leben jedes Menschen. Aber sie kämpfen nicht gegen einander, sondern ergänzen sich.

Dies sind die Lebensdeutungen der unteren sozialen Schichten. Der Drache galt als Totemstier der Jäger, er schenkte ihnen Lebenskraft. Alle mussten lernen, sparsam mit ihrer Kraft umzugehen. Von den Schamanen lernten sie die verschiedenen Techniken der Lebensverlängerung. Vor allem die sexuelle Vereinigung der Geschlechter gilt als Stärkung der Lebenskraft, sich paarende Schlangen als Symbole für ein langes Leben. Wenn ein Mensch sein Leben geschehen lässt, wie es kommt (wu wei), dann vergeudet er am wenigsten Lebenskraft.

Auf den heiligen Bergen wurden Schutzgötter angerufen und Dämonen abgewehrt. Die alten Mythen teilten das Land nach diesen Kultbergen ein; einer stand in der Mitte, die anderen gaben die Himmelsrichtungen an. Das ganze Land ruhte auf vier Säulen, die im Meer schwammen. Durch den Kampf mit einem bösen Dämon sei eine Säule beschädigt worden; seither neige sich die Erde nach Osten, wohin die Flüsse ziehen.

Im Meer lebten viele Chaosdrachen, Seefahrer und Fischer hatten vor ihnen große Angst. Mit verschiedenen Riten versuchten sie, diese unheimlichen Mächte zu zähmen. Die Ekstase der Schamanen wurde als „Hochzeit“ mit Ahnen und Schutzgöttern gedeutet. Wenn ihre Riten keinen Erfolg hatten und kein Regen kam, konnten Schamanen getötet werden.

Viele weise Frauen, die böse Ereignisse voraussagen konnten, wurden als böse „Hexen" verfolgt. Ihnen wurde zugetraut, mit magischen Sprüchen und Gesten Böses zu bewirken.

Das Leben konnte verlängert werden durch die Stärkung der Lebenskräfte Yin und Yang, durch Riten der Fruchtbarkeit, durch gesunde Ernährung, durch magische Tänze. Der daoistische Weise zentrierte sich auf die Kräfte des Uranfangs, mit Gewalt wollte er nichts erzwingen. Vielmehr ließ er sein Leben geschehen und hielt nichts fest, was er geschaffen hat. Er stärkte seine Mitmenschen und benötigte nicht viele Worte, denn durch sein Tun war er ihnen ein Vorbild. Mit seinem Leben bildete er die Urkraft des Kosmos ab.

3. Mythische Daseinsdeutungen

Nach der Zeit der „streitenden Reiche" gelang es dem Fürsten von Chin, andere Fürstentümer und Stämme zu erobern und zu einem frühen Reich zu vereinen (um 221 v. C.). Dieses Fürstentum hat dem Land später den Namen gegeben. Nun musste die Verwaltung neu geordnet werden, die Krieger wurden gestärkt. Es traten Lehrer auf (Legalisten), die sagten, jetzt müssten die Gesetze sehr streng sein. Härteste Strafen sollten mögliche Übeltäter von Raub und Diebstahl abschrecken. Der neue Großfürst müsse von allen Untertanen gefürchtet werden, dann sei das Reich sicher (Chang).

Der neue Fürst von Chin gab sich mythische Titel, um seine Macht zu sichern. Der Schutzgott seines Fürstentums wurde nun oberster Reichsgott, die Priester organisierten den Kult des Herrschers. Dieser sah sich als „oberster Anrufer" (ta chu), „höchster Opferer" (ta tsai), „Vorsteher der Schreiber" und „Leiter der Orakel". Seine Herrschaft wurde nicht allein durch Waffen gesichert, sondern auch durch Mythen und Riten. Priester und Krieger mussten sich ihm unterordnen.

Auch wenn die Priester einen zentralen Reichskult einrichteten, blieben die verschiedenen Kultzentren in den alten Regionen bestehen. Die Ahnen der Krieger und Priester mussten sich den Ahnen des Herrschers unterordnen. Dieser hatte göttliche Vorfahren und durfte von keinem Menschen abgesetzt werden. Der Himmel wurde benötigt, um irdische Herrschaft zu sichern. Der „erhabene Fürst" (Huang) hielt alle Stämme zusammen und gab die Gesetze, er war oberster Richter und Kriegsherr. Seine Untertanen mussten ihm blind folgen.

Die Priester gaben den Menschen die Tugenden vor, alle mussten die Ahnen verehren und die Riten ausführen. Jeder sollte sich an die Götter hingeben und die rechte Beziehung zu den Mitmenschen leben. Diese alten Grundsätze wurden von den Lehrern der Weisheit weiter entwickelt.

Viele der alten Mythen fragten nach den Anfängen der Welt. Zuerst sei große Unordnung (huen tuen) gewesen, ein langhaariger Hund habe alles beherrscht. Dieses unheimliche Tier sei von Jägern getötet und zerstückelt worden. Aus seinen Teilen seien alle Dinge und Lebewesen geworden (Opfermythos). Andere erzählen, das Urtier des Anfangs habe sich selbst geteilt, aus ihm seien die Kräfte Yin und Yang geworden. Oder es wird von einem göttlichen Urvogel erzählt, der mit seinen vier Flügeln überall sein konnte; aus seinem Ei seien Yin und Yang geworden.

Oder es wird von einem „leeren Sack" erzählt, aus dem die vielen Dinge und Wesen geworden seien. Ein Opfermythos sagt, aus dem göttlichen Urei sei der Gott Panku geschlüpft; dieser wurde von Jägern getötet und zerstückelt. Aus seinem Kopf seien die vier großen Berge geworden, aus seinen Augen seien Sonne und Mond entstanden; aus seinem Fett seien die Meere geflossen, aus seinen Kopfhaaren wurden die Pflanzen, aus seinen Tränen die Flüsse, aus seinem Atem der Wind, aus seiner Stimme der Donner.

Dieser Mythos erzählt von einem Zerstückelungsopfer der Jäger, dem magische Kraft zugeschrieben wurde. In der Frühzeit wurden Menschenopfer zerstückelt, um die Felder und Tiere mit Kraft aufzuladen. Ein anderer Mythos erzählt von einem Drachen, der am Himmelszelt lebte; sein Körper war feuerrot, sein Gesicht war wie das eines Menschen. Wenn er die Augen schloss, war Nacht. Mit seinem Atem erzeugte er den Wind und den Sturm. Theriomorphe Mythen deuteten die Phänomene der Natur.

Ein weiterer Mythos erzählt, wie die Menschen kamen und warum es Adelige und Nichtadelige gibt. Die große Urmutter Nui Kua war eine geschickte Töpferin, sie formte aus gelber Lehmerde die Menschen mit ihren Händen. Bei dieser Arbeit ermüdete sie. Da fand sie ein Hanfseil, zog es durch den Lehm, ließ es in der Sonne trocknen. Dann zerschnitt sie mit einem Steinmesser das Seil, aus den einzelnen Stücken entstanden die Menschen der mittleren und der unteren sozialen Schichten. Die einzeln gefertigten Menschen waren fortan die Adeligen, zu denen sich auch die Priester zählten.

Manche Mythen sprechen über den Himmel und die Erde. Der Himmel sei wie eine Nussschale, die sich um ihre Mittelachse dreht. Auf dieser Schale kleben als Lichter die Gestirne. Die Erde hat die Form eines Quadrats, sie wird von Säulen getragen, die auf Schildkröten ruhen. Oder der Himmel sei wie ein Baldachin des Fürsten, wenn er mit seinem Prunkwagen fährt. Das Land China liege am Mittelpunkt der Erde, jedes Dorf bilde diesen Mittelpunkt ab.

Andere Mythen sprechen von neun Himmelsgebäuden übereinander, Tiger und Panther bewachen die Himmelstüren. In der Unterwelt, bei den „gelben Quellen" leben die Seelen der Ahnen weiter, die nicht in den Himmel der Schutzgötter aufsteigen. Ein großer Sonnenmythos erzählt von 10 Sonnen, die hintereinander über das Himmelszelt fahren. Ihr Wagen wird von wilden Pferden und Drachen gezogen. Jeden Tag schickt die Sonnenmutter ein anderes ihrer 10 Sonnenkinder auf die große Fahrt, jeden Morgen wäscht sie ihm im See des Ostens den Kopf.

Nach der Waschung klettert das Sonnenkind auf dem Berg des Ostens auf einen Maulbeerbaum und steigt von dort in den Sonnenwagen. Dann fährt es über das Himmelszelt, landet auf dem Berg des Westens und steigt über einen Feigenbaum zur Erde ab. Unsichtbar fährt der Wagen in der Nacht zurück nach Osten. Einmal bestiegen alle 10 Sonnenkinder gleichzeitig den Sonnenwagen, jetzt gab es auf der Erde Dürre und Feuer. Ein Jäger musste mit seinen Pfeilen 9 Sonnenkinder abschießen, dann konnten die Bauern wieder ihre Felder bestellen.

Wenn eine neue Fürstenfamilie die Herrschaft antritt, fahren kurzzeitig zwei Sonnen über den Himmel. Einmal lief ein Riese mit dem Sonnenwagen um die Wette, doch er brach vor Durst zusammen. Ein anderer Mythos erzählt von 12 Mondkindern, die jede Nacht mit dem Mondwagen über den Himmel fahren. Auch sie haben eine Mondmutter, die sie auf die Reise vorbereitet. Die Fürsten sagen, die Mondmutter sei in ihrer Erstfrau gegenwärtig.

Der Himmel wird als der Wohnort der göttlichen Wesen betrachtet, auf den vielen Sternen wohnen die Schutzgötter der Sippen und die Seelen der Ahnen. Ein oberster Götterfürst herrscht dort, ein himmlischer „Hofstaat" sichert seine Macht. Er wohnt im Sternbild des „großen Bären", sein Palast ist mit Purpurstoffen ausgekleidet; ein Wolf bewacht den

Eingang. Herrschermythen projizieren das Leben der Fürsten in den großen Himmel, um ihre Macht zu festigen.

Bauern und Hirten erzählen von einer himmlischen „Weberin“ (Sternbild), die sich zu Sommerbeginn zur Hochzeit mit dem „Rinderhirten“ (Sternbild) aufmacht. Dabei zieht sie über einen Milchozean mit vielen Brücken, sie kommt zum Haus des Hirten und feiert die heilige Hochzeit. Nun ist auch bei den Bauern und Hirten die Zeit der Hochzeiten, die Felder werden fruchtbar und die Tiere bekommen Nachkommen. Viele Paare überschreiten eine symbolische Brücke, um von himmlischen Mächten geschützt zu sein.

In der Frühform des Mythos zog der Hirt in das Haus der Weberin (uxorilokale Wohnform); in der späteren Zeit kehrten sich die Rollen um (virilokale Wohnform). Fischer und Seefahrer erzählten von großen Meeren, die das Land Chin umgaben. Sie glaubten an einen Meeresgott, der den Leib eines großen Fisches hat und auf einem Meeresdrachen reitet. Dieser Gott konnte sich in einen mächtigen Vogel verwandeln, der mit seinen Flügeln die Stürme auslöste. Den Menschen zeigte er immer ein Menschengesicht.

Andere erzählen von 5 geheimnisvollen Inseln im Meer des Ostens, dort wächst das Kraut der Unsterblichkeit; 15 Schildkröten bewachen die Inseln. Als ein Meeresdrache diese Inseln angriff, schwammen zwei nach Norden, drei blieben im Osten. Seither suchen die Menschen mit ihren Schiffen nach diesen Inseln, um ein langes Leben zu haben. Doch bisher konnten sie diese nicht finden.

Viele Mythen erzählen von den heiligen Bergen, die als Säulen des Himmels gedeutet werden. Dort entspringen die heiligen Flüsse, die den Menschen das Leben schenken. Auf den Bergen wohnten die alten Schutztiere der Jäger, halb Tiger, halb Löwe. Auch die göttliche Mutter des Fürsten wohnte auf den heiligen Bergen, sie hatte die Gestalt eines Tigers und ein Menschengesicht. Sie schickte viele Krankheiten auf die Erde. Die Zauberer riefen sie an, um den Trank der Unsterblichkeit zu bekommen.

Die Göttin Niu Kua, welche die Menschen aus Lehm geformt hatte, war halb Tier und halb ein Mensch. Mit dem Menschenkrieger Fuhi feierte sie die heilige Hochzeit. Als „Mutter der Menschheit“ stellte sie die Eheregeln auf; den Feldern schenkte sie Fruchtbarkeit, die Dörfer schützte sie vor Überschwemmung. Wenn Krieg war, dann stellte sie den Frieden wieder her. Sie tötete wilde Tiere, führte Liebespaare zusammen und schenkte ihnen viele Kinder. Nach den Stürmen flickte sie das Himmelszelt.

Der Mythos von der göttlichen „Urmutter“ lebt in den daoistischen Lehren weiter. Der weibliche „Urgrund“ (dao) des Kosmos erschafft die kosmischen Kräfte Yin und Yang, damit vereinigt er alle späteren Gegensätze. Alle Wesen stammen von ihm ab und kehren zu ihr zurück. Er schützt die Schwächeren vor den Stärkeren, den Frauen schenkt er die Kraft des Gebärens. Dieser alte matriarchale Mythos wird vor allem von den unteren sozialen Schichten der Bauern, der Hirten, der Handwerker, der Fischer, der Unfreien weiter erzählt. Er gibt ihnen Trost in schwierigen Lebenssituationen.

Die Mythen der Herrscher sprechen von göttlichen Wesen, die ihre Sippen gegründet haben. Sie gaben den Vorfahren die Herrschaft in die Hand, nun müssen die Krieger ihnen folgen. Als Kulturbringer lehrten sie die Bauern, Dämme und Deiche zu bauen, um die Felder vor Wasser zu schützen. Sie gaben den Kriegern die Siege und verbanden Fürstentümer zu Reichen. Mit magischer Kraft bändigten sie wilde Flüsse, sie kämpften gegen Drachen, trockneten Sümpfe aus und vermaßen das Ackerland. Sie lehrten die Menschen, Boote und Schiffe zu bauen.

Die göttlichen Kulturbringer hatten in der Frühzeit gegen gefährliche Drachen gekämpft, jederzeit konnten sie sich in wilde Tiere verwandeln. Jetzt schützen sie die Fürsten und ihre Herrschaft, sie geben die Gesetze und unterdrücken die Aufständischen. Die Mythen sagen, dass die Fürsten von den göttlichen Wesen eingesetzt wurden, dass aber die Aufständischen von bösen Dämonen geleitet werden.

Auch in dieser Kultur spiegeln die Mythen immer konkrete Lebenssituationen, Kulturstufen und soziale Schichtungen. Dominant waren die patriarchalen Mythen, welche die Herrschaft der Männer sicherten. Im breiten Volk wurden immer noch die matriarchalen Mythen tradiert, die den unteren sozialen Schichten Kraft und Orientierung gaben. Menschenwelt und Kosmos wurden zum Teil theriomorph (tiergestaltig), zum Teil anthropomorph (menschengestaltig) gedeutet.

4. Lehren der Daoisten

Die Daoisten folgen der Lebensdeutung der unteren sozialen Schichten, sie haben ihre Wurzeln im alten Schamanenglauben. Durch ekstatische Tänze wollten die heiligen Personen beiden Geschlechts sich mit den Urkräften des Kosmos verbinden. Dort wirkten weibliche (wu) und männliche (hsi) Kräfte, sie schenkten den Menschen ein langes Leben. Es kam zur Zwiesprache zwischen der menschlichen Seele und den göttlichen Geistwesen. Die Menschen mühten sich, von den niederen Seelenkräften (po) zu den höheren Kräften des Geistes (hun) aufzusteigen. Wenn göttliches Licht zu den Seelen strömte, bereiteten sie sich für den Weg zu den Ahnen vor.

Die Gläubigen stellten sich viele Geistwesen vor, denen sie in der ganzen Natur begegneten. Sie verehrten Schutztiere, die ihnen Lebenskraft vermittelten. Durch eine Vielzahl von magischen Riten wollten sie ihr Leben verlängern. Um dieses Ziel zu erreichen, gaben sie sich dem „Gesang des Kosmos“ hin, den sie in der ganzen Natur erahnten. Vor allem wollten sie der weiblichen Urkraft der Erde nahe kommen, bei der sie sich geborgen wussten.

Immer wollten sie ihre beiden Seelenkräfte mit göttlicher Weisheit aufladen. Deswegen wollten sie weise und heilig (hsien) leben, indem sie ihr Leben geschehen ließen (wu wei). Weil sie vom göttlichen Ursprung her lebten, wollten sie den Mitmenschen kein Unrecht tun. Den Krieg mieden sie, weil er immer Leiden schafft. Auf schöne Worte gaben sie wenig, weil diese selten wahr sind. Sie wollten nahe bei der Natur und den göttlichen Gesetzen leben, damit ihre Hun-Seele in die Welt der Ahnen gelangen konnte.

Diese Grundlehren der Daoisten wurden im Buch „Dao teh ching“ (3. Jh. v. C.) aufgeschrieben und mit dem Lehrer Lao tzu in Verbindung gebracht. Der Lehrer Han Fei tzu (3. Jh. v. C.) zitiert dieses Buch bereits, doch Kung fu tsu kannte es noch nicht. Dao gilt als der „Urgrund“ des Kosmos, der weiblich ist; von dort kommen das ewige Weltgesetz und der Weg zum guten Leben. Träger dieser Lehren waren die Unterworfenen, die Yin-Bevölkerung. Sie nannten sich „Volk der Milden“ und des Nicht-Widerstands. Nach ihrer Lehre gehen aus dem kosmischen Urgrund die beiden gestaltenden Kräfte Yin und Yang hervor; beide formen den Kosmos, die Welt, die Einzelwesen, die Dinge, die Menschen.

Der göttliche „Urgrund“ erzeugt und nährt alle Wesen, er gibt Form und Gestalt, durchdringt alles. Aber er bleibt selbst leer und gestaltlos, unfassbar und dunkel; kein Weiser kann ihn ergründen. Dieser „Urquell“ aller Wesen verbindet die Welt der Vielheit zur großen Einheit, er ist das „Umgreifende“ (K. Jaspers) und verbindet das Sein mit dem Nichtsein, das Leere mit dem Vollen, das Weiche mit dem Harten. Dieser „Urahn“ aller Wesen ist weiblich, nur das Wasser ist ihm ähnlich.

Denn Wasser ist weich, höhlt aber auf Dauer jeden Stein. Es ist unten und sucht immer den tiefsten Punkt. Es begleitet das Leben, während alles Harte dem Tod näher ist. Folglich ist Weibliches näher beim Leben als Männliches. Das Sein und das Nichtsein gebären einander, das Lichte und das Dunkle gehen ineinander über. Das Dao ist ewig und unbegreiflich, die „Mutter“ aller Wesen und der „Urgrund“ von Himmel und Erde.

Der Weise orientiert sein ganzes Leben an diesem göttlichen Urgrund, er sieht das Offenbare im Verborgenen. So lebt er nahe bei der Natur und lässt sein Leben geschehen. Was er erzeugt, das hält er nicht fest. Keinem Mitmenschen fügt er Schaden zu, den Krieg verachtet er. Doch wenn er von anderen angegriffen wird, verteidigt er sich mit geeigneten Mitteln. Eher nimmt er Unrecht auf sich, als es selbst zu tun. Er folgt einem inneren Licht und lebt in absichtsloser Güte.

Da er nicht viele Worte macht, ist er durch sein Tun den Mitmenschen ein Vorbild. Immer strebt er nach Ruhe und Gelassenheit, seine Wünsche sind gering, seine Begierden weiß er zu zähmen. Mit seiner Lebenskraft geht er sparsam um, denn er sucht ein langes Leben. Mit wenig Kraft will er viel bewirken. Weil er nahe beim göttlichen Urgrund lebt, bleibt nichts ungetan. Da er mit wenigen Gütern glücklich leben kann, hortet er keine Reichtümer.

Der „Weg des Himmels“ besteht darin, nicht zu streiten, die natürlichen Hindernisse zu überwinden, den Mitmenschen zuzuhören und ihnen zu helfen. „Denn die höchste Liebe vergisst die Liebe“, sagt ein alter Kernsatz. Der Weise strebt nach der Leere der Namenlosigkeit und folgt dem Weg der göttlichen Ordnung. Sein und Nichtsein sind für ihn zwei Sichtweisen des Kosmos. Er sucht nicht das Lob der Demut, denn er ist bei den Kleinen und Niedrigen, das Geringe macht er zur „Wurzel des Lebens“. Folglich stellt er sich nicht zur Schau und überhebt sich über keinen. Er folgt den kindlichen und weiblichen Kräften, gerade in einer patriarchalen Kultur.

Auf die Dauer werden die Kleinen oben und die Großen unten sein, es bedarf keines gewaltsamen Umsturzes. Wer den Kräften der Natur folgt, sucht den Weg des Schweigens und der Stille. Daoisten glauben an die ewige Wiederkehr der beiden Urkräfte Yin und Yang. Denn der Mensch gehorcht der Erde, sie folgt dem Himmel, dieser richtet sich nach dem Dao. Wer zum Ursprung zurückgeht, lebt in Einfachheit und Demut.

Das Weiche überwindet das Harte, das Göttliche zeigt sich im Loslassen der Dinge. Das Leben überwindet den Tod, es ist bei den Schwachen und Biegsamen. Diese Lehre wurde in vielen Bildern und Symbolen dargestellt, Philosophen haben sie weiter gedacht. Sie ist bis heute die Lebensorientierung des einfachen Volkes.

5. Lehren des Kung fu tse

Die Lebenslehren der oberen sozialen Schichten (Krieger, Priester, Beamten, Herrscher) hat der Lehrer Kung fu tse (5. Jh. v. C.) zusammengefasst. Er stammte aus einer verarmten Kriegersippe und verlor früh seinen Vater. Mit 15 kam er auf eine Kriegerschule und lernte die alten Traditionen, die Riten und Lieder, sowie die verschiedenen Kampftechniken:

das Bogenschießen, den Schwertkampf, die Ahnenriten, die Geschichte des Fürstenhauses, die Kunst des Tanzes und der Musik, das Malen und Schreiben bzw. Lesen von Texten, das Rechnen mit Zahlen, die Regeln der Verwaltung. Bei der Initiation erhielt er den neuen Namen (Tschung Ni) und die Männlichkeitsmütze.

In der Kriegerschule hatte er die drei Grundtugenden der Oberschicht gelernt, nämlich Treue zum Vater, zum Lehrer und zum Fürsten. Mit 19 durfte er heiraten. Dann bekam er bei einem Fürsten das Amt eines Wächters der Viehherden und eines Aufsehers über die Kornspeicher. Mit 22 durfte er eine eigene Kriegerschule leiten, die Schüler zahlten mit Getreide und Vieh. Jetzt unterrichtete er die alten Fürstenannalen und die Geschichte des Staates Lu, dazu die Kunst des Wagenlenkens und des Bogenschießens. Bald kam er an den Hof des Fürsten Tschou im Land Lo.

Auch dort unterrichtete er die Söhne der Krieger und Beamten in den Annalen des Landes, in den Riten für die Ahnen, in der Kriegerkunst und in der Musik. Denn nach der alten Tradition begann jedes Lernen mit Musik und endete mit ihr. Die Tugenden und Weisheiten des Lebens wurden in Liedform weitergegeben. Sie lauteten: strikter Gehorsam, Demut vor dem Fürsten, dem Vater und dem Lehrer; Höflichkeit und Unterordnung unter die Beamten; Dienst am Staat bis zum Lebensende. Auf dieser Rechtsordnung bauten die feudalen Fürstentümer auf.

Diese waren noch zu keinem Staat oder Reich vereinigt, sie waren untereinander in Konkurrenz und führten Kriege. Da der Fürst von den Göttern eingesetzt ist, müssen ihm alle dienen. Als Lehrer der jungen Krieger war Kung fu tse auch der Berater vieler Fürsten, kurzzeitig hatte er Ämter übernommen. Er lebte streng und asketisch und war an mehreren Fürstenhöfen tätig. Als er in seine Heimat zurückkehrte, schrieb er deren Geschichte auf. Mit 73 starb er und wusste sich am Ziel seiner Lehre angekommen. Seither gilt er als großer Lehrer der Weisheit, mehrere Schulen berufen sich auf ihn.

Er hatte die feudale und aristokratische Gesellschaftsordnung festgeschrieben, sie prägte in China die Politik bis ins 20. Jh. Nach diesem Modell muss der Fürst seinen Untertanen ein moralisches Vorbild sein, dann wird der Staat gedeihen. Dieser ist streng hierarchisch geordnet, alle sozialen Schichten müssen ihre Pflichten erfüllen. Gehorsam und Unterordnung sind die Grundregeln des Zusammenlebens, die Gesetze müssen genau erfüllt werden. Die Strafen sollen vor Übeltaten abschrecken, aber sie sollen maßvoll sein.

Zur Zeit dieses Lehrers entstanden die fünf klassischen Schriften der altchinesischen Kultur, ihre Lehren wurden gesammelt und niedergeschrieben. Im „Buch der Wandlungen“ (I ching) wird über das Orakelwesen, die Wahrsagekunst und den Umgang mit den magischen Kräften gehandelt, alte Mythen klingen an. Es werden auch die verschiedenen Wandlungen in der Natur gedeutet. Die Welt sei nach Zahlen geordnet und der Mensch sei ein Abbild des großen Kosmos. Wer in Übereinstimmung mit der kosmischen Ordnung lebt und sein wahres Ich sucht, habe ein gutes Leben. Alle sollen die Opfer für den Himmel und die Erde bringen, die Ahnen ehren und den moralischen Gesetzen folgen.

Eine Sammlung von alten Chroniken und Annalen bringt das „Buch der Urkunden“ (Shu ching). Dort wird die soziale Ordnung (li) als Abbild der kosmischen Ordnung gedeutet, sie sei folglich unveränderlich. Die Menschen müssen das Gesetz der Menschlichkeit (jen) befolgen, die Unteren müssen den Oberen gehorchen. Alle folgen den Gesetzen des Himmels, welche die Priester hüten und auslegen. Alle sollen ihren Charakter ordnen, die Ahnen verehren und den Traditionen folgen. Frauen und Kinder müssen sich den Vätern unterordnen.

Die Fürsten sollen ihr Volk lieben und ihm ein Vorbild sein, so werden sie den Wohlstand und den Frieden sichern.

Die Ahnen sehen und kontrollieren alles, was Menschen tun. Auch die Beamten müssen das Verhalten der Menschen überwachen, um sie von bösen Taten abzuhalten. Das „Buch der Lieder" (Shi ching) überliefert alte Gedichte und Gesänge, die mit Musik vorgetragen wurden. Denn Musik spiegelt die Gesetzte des Kosmos und bildet den menschlichen Charakter. Jedes Lernen beginnt und endet mit ihr, in den Liedern werden moralische Weisheiten vermittelt. Alle sollen das Lob des Himmels, der Fürsten und der Natur singen, Musik kommt aus dem Herzen.

Erziehung beginnt mit der Dichtkunst, sie schreitet fort zur Musik, geht dann weiter zur Moral und endet mit Musik. Besonders in den Liebesliedern freuen sich die Menschen an der Schönheit des Lebens und der Natur, die Blüten des Pfirsichbaumes sind Symbole der Schönheit. Ein „Buch der Riten" (Li chi) listet die heiligen Handlungen auf, die bei der Ahnenverehrung zu vollziehen sind. Da die Ahnen weiterleben, müssen ihre Forderungen genau erfüllt werden. Nun werden genaue Bewegungen, Körperhaltungen und Atemtechniken vorgeschrieben, Musik begleitet die heiligen Handlungen.

Regelmäßig müssen die Opfer für die Ahnen dargebracht werden, denn sie vermitteln den Nachfahren Glück, Reichtum und Sicherheit. Alle sollen nach den Regeln der abgestuften Gerechtigkeit leben. Die Moral ist ein Teil der kosmischen Ordnung, sie darf nicht verändert werden. Durch die Dichtkunst soll das Volk sanft werden, die Musik regt zur Freigebigkeit an, die alte Weisheit macht die Menschen nachdenklich. Durch die Riten werden alle demütig und dankbar. Das Pflichtgefühl muss gestärkt werden, damit ein gutes Zusammenleben gelingt.

Ein Werk verfasste der Meister Kung selbst, nämlich die Annalen des Fürstentums Lu, in dem er lebte; es trägt den Titel „Frühling und Herbst" (Tschun tsiu). Darin ist von den Rechten und Pflichten des rechtmäßigen Herrschers die Rede, der vom „Himmel" (tien) eingesetzt wurde. Er muss den Gesetzen des Himmels folgen, um gerecht zu regieren. Das Buch beschreibt alle Herrscher bis ins 8. Jh. v. C. und berichtet von vielen Kriegen. Die Fürsten sollen nach den Regeln der Menschlichkeit (jen) regieren und den alten Traditionen folgen. Die Untertanen freuen sich ihrer guten Herrscher.

6. Schulen des Kung fu tse

Die Schüler des Meisters Kung überliefern „Gespräche mit dem Meister" (Lun yü). Es ist von vielen tausend Schülern die Rede, 62 gelten als seine besonderen Jünger. Diese sahen die Seele des Lehrers bald nach seinem Tod in das Land der Ahnen ziehen (Vergöttlichung). Den Kern seiner Ethik sahen sie in der Tugend der Menschlichkeit und in einer abgestuften Liebe zu den Mitmenschen. Die Mitglieder der eigenen Sippe sollten mehr an Hilfe und Liebe erhalten als Mitglieder fremder Sippen. Im Idealfall soll dort sogar Böses mit Gutem vergolten werden. Die Schüler verstehen sich als besonnene Menschen, die nach dem rechten Maß streben.

Ein Werk, „Die große Lehre" (Ta hio), fasst die Ideen des Meisters zusammen. Wir erkennen eine optimistische Sicht des Lebens, der ganze Kosmos sei wunderbar und harmonisch geordnet. Wenn die Menschen in der sozialen Harmonie leben, gelingt ihnen ein „goldenes Zeitalter" des Friedens. Wenn viele nach der Wahrheit und Gerechtigkeit streben, sind Kriege überwindbar. Jeder soll sein Innenleben ordnen und nach Wahrhaftigkeit streben. Wenn die Sippen zusammenhalten, gibt es den Wohlstand für alle. Denn wenn die „große Wahrheit" siegt, dann gehört die Erde allen gemeinsam.

Die Schüler tradierten auch ein Buch, „Die richtige Mitte" (Tschung yung), das von einem Enkel des Meisters Kung verfasst wurde. Darin soll der Weise in allen Lebensbereichen nach der rechten Mitte streben und die Extreme meiden. Er lässt sich nicht vom Zorn und nicht von der Freude hin und her reißen, Trauer und Schmerz werfen ihn nicht zu Boden. Er hat gelernt, seine Gefühle zu lenken und dem Weg des Himmels zu folgen. Musik soll helfen, die Stille und Gelassenheit zu finden und die Gesetze des Himmels zu erkunden. Der Weg der Mitte ist allen sozialen Schichten zugänglich.

Der Weise sucht ein Leben lang den Einklang mit den Gesetzen des Himmels und des Kosmos. Er lernt, das Unveränderliche anzunehmen, die Mitmenschen zu lieben und der Natur Ehrfurcht zu zeigen. Wer aus der Mitte heraus lebt, sucht die Einfachheit des Lebens und ist mit beiden Füßen in der Erde verwurzelt. Er kann seine Wünsche und Strebungen beherrschen, steht zu seiner Überzeugung und ist entschlossen, zu handeln. Immer steht die konkrete Tat über der theoretischen Weisheit, Nächstenliebe ist mehr wert als mystische Gefühle.

Ein Denker aus dieser Schule, *Meng tse* (3. Jh. v. C.), führte diese Lehren weiter und setzte neue Akzente. Für ihn sind alle Menschen von Natur aus gut und zum Guten fähig. Keiner ist zum Bösen bestimmt, auch nicht die Verbrecher. Allein durch widrige Umstände und den Missbrauch der Natur werden Menschen zu Übeltätern. Auch sie können es lernen, der Natur zu folgen und den Mitmenschen Gutes zu tun. Keiner muss ein Leben lang ein Verbrecher bleiben. Die Weisen wollen das Herz eines Kindes bewahren, sie haben Mitgefühl mit allen Menschen. Deswegen speisen sie Hungernde und geben den Obdachlosen ein Zuhause.

Es ist die Kraft der Vernunft, welche die Menschen zu seinem sozialen Verhalten anleitet. Sie zeigt uns, dass es sinnvoll ist, einander in Not zu helfen. Die egoistischen Genussmenschen folgen nicht den Gesetzen des Kosmos und des Himmels. Wer sein inneres Gleichgewicht sucht, gewinnt ein Herz für Notleidende. Vor allem innerhalb der Sippen sind die Menschen verpflichtet, einander zu helfen. Der Fürst muss allen ein Vorbild sein.

Der große Vordenker der allgemeinen Menschlichkeit war *Mo ti* (5. Jh. v. C.), auch er folgte der Schule des Meisters Kung. Mo ti lehrte seine Schüler die aktive Teilnahme an der Politik des Staates. Er unterrichtet auch technische und praktische Fähigkeiten der einzelnen Berufe. Im Dienst des Fürsten sind alle zur Pflichterfüllung berufen, denn alle haben daraus einen Nutzen. Die Forderung der Nächstenliebe sollte über alle Sippengrenzen hinaus gelten. Denn auch Menschen fremder Sippen geraten in Not und brauchen Hilfe.

Diese Lehre der allgemeinen Menschlichkeit über alle Sippengrenzen hinweg ist ein Meilenstein in der menschlichen Kulturentwicklung. Weise Lehrer erkannten, dass alle einen Vorteil aus diesem Prinzip haben. China hat diese Lehre früher als andere Kulturen formuliert. Für Mo ti besteht die Tugend im gegenseitigen Wohlwollen und in der Pflichterfüllung. Es sei der Wille des Himmelgottes, dass dieses Wohlwollen auf alle Sippen und Fürstentümer bezogen wird. Kriege darf es nur zur Verteidigung, nicht aber zum Angriff geben. Wichtiger als die Riten und die Musik sind die sozialen Einstellungen zu den Mitmenschen.

Meng tse und Mo ti gelten als die beiden Vordenker des chinesischen „Humanismus“ in der Schule des Meisters Kung. Doch in dieser Schultradition steht auch die Schule der „Legalisten“. Sie folgen dem Lehrer Chang Yang (4. Jh. v. C.) und gehen von der Annahme aus, dass von der Natur her alle Menschen böse sind. Weil das so ist, gibt es ständig Kriege. Um die Übeltat zu verhindern, müssen die Herrscher und ihre Krieger alle Untertanen von den Übeltaten abschrecken.

Dies ist nur möglich durch strenge Gesetze und harte Strafen. Ein großes Reich kann nur durch einen grausamen Fürsten regiert werden. Er darf sein Volk nicht lieben, sondern muss es hart lenken. Das Volk darf auch den Fürsten nicht lieben, es muss vor ihm zittern. Viele Todesstrafen sollen verhängt und öffentlich ausgeführt werden, um Übeltäter zu erschrecken. Nur wenn die bösen Menschen in Angst zittern, werden sie auf böse Taten verzichten. Nur durch totale Überwachung kann ein großes Reich regiert werden. Die Zeit der „streitenden Reiche“ wurde als Bedrohung angesehen, sie soll jetzt vorbei sein.

Auch diese konfuzianische Schule prägt lange Epochen der chinesischen Geschichte. Im 20. Jh. hat die Kommunistische Partei des Mao tse tung auf diese Lehren zurückgegriffen. Im „Buch des edlen Herrn Chang“ werden apodiktische Rechtssätze aufgestellt, für geringe Vergehen werden hohe Strafen festgelegt. Das Verhalten jedes Menschen muss von den Beamten kontrolliert werden. Alle werden zur Denunziation von Übeltätern aufgefordert. Die Herrscher dürfen keine Gnade kennen, nur so gibt es Rechtssicherheit für alle. Die Weisen bestimmen die Gesetze, das ungebildete Volk ist daran nicht beteiligt. Die Schule der „Legalisten“ liefert für China bis in die Gegenwart das Modell des totalitären Staates.

7. Lehren des Buddhismus

Im 3. Jh. n. C. kamen buddhistische Wandermönche aus Tibet nach China, sie brachten die Lebensform des Mahayana mit. Von kleinen Klöstern aus begannen sie, die neue Lehre zu verbreiten; gebildete Daoisten wurden auf sie aufmerksam. Nach dieser Lehre ist das Leben von Grund auf leidvoll. Das Leiden kann überwunden werden, wenn die Menschen die Gier nach Leben überwinden. Die menschlichen Seelen müssen durch eine Reihe von Geburten wandern.

Die Vorstellung von der Ahnenwelt ersetzten die Buddhisten durch die Lehre vom Nirvana. Dort werden die Menschenseelen Heimat finden oder sich in nichts auflösen. Die Menschen sollen sich des Lebens freuen, aber nicht an ihm hängen. Es gelten die Verbote des Tötens von Leben, der Lüge, des Raubs, der berauschenden Getränke und unerlaubter sexueller Beziehungen.

Die buddhistischen Lehrer verbanden sich mit daoistischen Weisen und gründeten Klöster und Zentren der Meditation. Als auch reiche Sippen die neue Lehre förderten, konnten neue Klöster entstehen. Bald wurden auch Nonnen in Klöstern zugelassen. Die Mönche nannten sich „Lehrer des Himmels“. Sie lehnten die Blutopfer im Staatskult entschieden ab, deswegen wurden sie von den konfuzianischen Weisen bald bekämpft. Diese warfen ihnen vor, sie würden die Bereitschaft zur Verteidigung schwächen.

Im Volk wurden die buddhistischen Lehrer wegen ihrer Friedfertigkeit geschätzt, Meditationen wurden als Weisen der Lebensverlängerung gesehen. Verringerung von Leiden war ein Ziel, doch Askese wurde abgelehnt. Menschen der unteren sozialen Schichten schätzten die Sanftheit der Lehre und die einfachen Lebensformen. Die Konflikte mit den Konfuzianern blieben bestehen, zeitweilig wurden Buddhisten verfolgt.

Im 3. Jh. v. C. war es zur ersten Bildung eines großen Reiches gekommen, das wieder zerfiel. Im 6. Jh. n. C. bildete die Sui-Dynastie ein neues Reich, die konfuzianische Lehre war das tragende Fundament. Es gab eine hierarchische Ordnung, die oberen sozialen Schichten folgten der buddhistischen Ethik. Bauern, Hirten, Händler, Handwerker und Unfreie folgten teils buddhistischen und teils daoistischen Lehren.

Im 7. Jh. n. C. kamen nestorianische Christen aus Byzanz auf dem Weg der Seidenstraße nach China. Sie nannten ihren Weg die „leuchtende Lehre" und verbanden sich mit Daoisten und Buddhisten. In Jesus sahen sie einen gütigen Menschen, der hilft, Leiden zu verringern. Ab dem 7. und 8. Jh. kamen persische Mazdäer und Moslems nach China. Im 10. Jh. entstanden mehrere buddhistische Schriften, welche den kleinen Leuten Orientierung gaben.

Auch in der Zeit der Mongolendynastie (ab 1200) rückten die Daoisten und die Buddhisten eng zusammen. Jetzt kamen fremde Mythen aus Zentralasien in das Land; Schamanenkulte, Ahnenverehrung und Orakel wurden integriert. Im 16. Jh. kamen christliche Missionare nach China (Matteo Ricci um 1552), doch ihr Monopolanspruch war ein Hindernis. Allein am Kaiserhof wurden die Missionare geschätzt, denn sie brachten westliche Technologie und Wissenschaft. Nun begann eine Begegnung mit europäischer Naturwissenschaft. Einige konfuzianische Lehrer fingen an, auch die christliche Ethik zu schätzen.

Die Chang-Dynastie aus der Mandschurei (1644–1912) brachte Elemente der zentralasiatischen Volksreligion und integrierte sie in den Staatskult. Im neuen Festkalender fanden Opfer für die große Erdgöttin, Regenriten und Ernteopfer ihren Platz. Riten der Sonnenverehrung, des Mondkults und Ahnenopfer wurden mit schamanischen Kulten verbunden. Auch aus Tibet und der Mongolei kamen Riten nach China.

8. Situationen der Neuzeit

Im 17. und 18. Jh. wurde die christliche Mission verstärkt, denn die Erkenntnisse der Naturwissenschaft und der Astronomie waren hoch geschätzt. Die katholische Kirche war nicht bereit, ihre Riten an das Land anzupassen. Im 19. Jh. verstärkten lutherische und anglikanische Kirchen ihre Missionen im Land, sie errichteten Schulen, Krankenhäuser und Gemeinden. Mit dem Ende der Monarchie 1912 wurde der konfuzianische Staatskult beendet. Doch die konfuzianische Ethik blieb weiterhin das Fundament des Staates unter Sun Yat Sen. Die sozialen Pflichten blieben dieselben, auch wenn es keinen Kaiser mehr gab. Im breiten Volk wurden daoistische und buddhistische Lebensformen gelebt. Aus Angst vor einer möglichen Überfremdung wurde westliche Kultur zunehmend mit Distanz gesehen.

Ein chinesischer Nationalismus lehnte Fremdes ab und wollte allein den alten Traditionen folgen. Seit dem 1. Weltkrieg nahm der westliche Kultureinfluss in China ab, denn

Christen hatten ihre Grundwerte ins Gegenteil verkehrt. Mit dem europäischen Kolonialismus sollte auch die christliche Religion wieder verschwinden.

Doch die christlichen Freikirchen verstärkten ihre Mission, sie belebten die Ethik Jesu und betonten die Nähe zu Daoismus und Buddhismus. Allein die chinesischen Oberschichten orientierten sich weiterhin an der konfuzianischen Ethik. Sie wussten um ihre eigenen Traditionen der Menschlichkeit.

Mit der kommunistischen Revolution und Machtergreifung (1948) verband sich die marxistische Ideologie mit dem alten Nationalismus. Die Religionen sollten schrittweise überwunden werden, denn sie haben für das Volk Opiumfunktion und behindern den Fortschritt. Die Daoisten und Buddhisten wurden geduldet, um sie zum Aufbau der neuen Gesellschaft zu gewinnen. Erst mit der sog. „Kulturrevolution" (1966–1976) begann die systematische Zerstörung der alten religiösen Traditionen. Die Roten Garden vertrieben buddhistische und daoistische Mönche aus ihren Klöstern, Tempel und Kulturorte wurden systematisch zerstört.

Erst nach der Kulturrevolution erhalten Buddhisten und Daoisten wieder mehr Raum zur Entfaltung. Auch christliche Gemeinden dürfen sich wieder bilden, sofern sie nicht an europäische Institutionen gebunden sind.

China ist ein Land mit 1,3 Milliarden Menschen, es öffnet sich für die westliche Kultur und Wirtschaft. Die Kommunistische Partei möchte eine relativ freie Wirtschaft mit zentraler Verwaltung verbinden. Alte konfuzianische Werte werden weiter entwickelt, China ist stolz auf seine eigene Form der Menschenrechte. Der Ausgang dieses Prozesses ist nicht abzusehen, nämlich die Verbindung von freier Wirtschaft und Gewinnmaximierung auf der einen Seite, zentraler Verwaltung und Einheitspartei auf der anderen Seite. Doch die Kräfte der wirtschaftlichen Globalisierung tragen auch zu tiefen Lernprozessen im Bereich der Politik, der Ideologie und der Ethik bei. Religion wird in China nicht generell verfolgt, nur Fehlformen des religiösen Fanatismus werden eingedämmt, weil sie das soziale Leben gefährden. Die Unterscheidung zwischen gutartigen und bösartigen Formen von Religion drängt sich heute global auf.

Die konfuzianische Ethik prägt auch das moderne China, Fleiß bei der Arbeit und Zusammenhalt der Sippen gelten als Werte. Die Verbundenheit zu alten Traditionen hilft auch, neue Probleme auf kreative Weise zu lösen. Das Verlangen nach Sicherheit, Ruhe und Ordnung ist stark ausgeprägt. Die Kommunistische Partei wurde schon 1921 in Shanghai gegründet, um die feudalen Strukturen im Land aufzubrechen. 1949 hatte Mao tse tung den „langen Marsch" auf Peking beendet und die Kommunistische Diktatur errichtet. Seither wird der Staat einheitlich regiert, das Militär ist die Stütze der Partei. Einige Rechtsreformen haben die Verwaltung dezentralisiert. Die Wirtschaftspolitik strebt nach einem Gleichgewicht zwischen zentraler Planung und freiem Markt. Die soziale Absicherung der Einzelnen durch den Staat wird schrittweise abgebaut.

Die Bevölkerung hat sich seit 1950 verdoppelt, seither gelten strenge Geburtenkontrollen. Die patriarchale Familienstruktur verändert sich, Frauen sind dem Gesetz nach den Männern gleichberechtigt. Seit 1950 ist die monogame Ehe allgemein eingeführt, Scheidungen sind jederzeit möglich. Durch die Erziehung soll das Wir-Gefühl des Staates verstärkt werden. Die allgemeine Schulpflicht gibt es seit 1983, sie dauert 9 Jahre. Die Bürger werden zu einem lebenslangen Lernen angehalten, was sich vor allem auf die neuen Kommunikationstechnologien bezieht.

Literatur

Bauer, W: *China und die Hoffnung auf Glück,* München 1983.
Bekey, G.: *Die Welt des Tao,* Freiburg 1987
Cavon, A.: *Der Konfuzianismus,* Genf 1988.
Eichhorn, W.: *Die Religionen Chinas,* Stuttgart 1983.
Granet, M.: *Das chinesische Denken,* München 1990.
Lao tze: *Tao teh ching,* Stuttgart 1990
Mall, R. und Hülsmann, H.: *Die drei Geburtsorte der Philosophie,* Bonn 1995
Reiter, F.C.: *Religionen in China,* München 2002.
Reiter, F.C.: *Taoismus zur Einführung,* München 2000.
Schleichert, H.: *Klassische chinesische Philosophie,* München 1989.
Shaoping Gan: *Die chinesische Philosophie,* Darmstadt 1997
Vivelo, F.: *Handbuch der Kulturanthropologie,* Stuttgart 1983.
Zürcher, E.: *The Buddhist Conquest of China,* Oxford 1978

Peter Knecht

XIII. Japan

1. Die frühe Kultur

Da Japan nur vom Meer begrenzt ist, sehen viele seine Kultur als etwas Einheitliches und Einzigartiges. Andere betonen, dass das Inseldasein allein keine Abgeschlossenheit bedeute. Für sie ist japanische Kultur eine hybride Kultur, die verschiedene Elemente aufgenommen und verarbeitet hat. Beide Auffassungen haben etwas für sich. Das Inseldasein hat Kontakte mit der Außenwelt nicht ausgeschlossen, dafür hat es die Möglichkeit belassen, Kontakte zu regulieren. Neuere Forschungen weisen auf die Möglichkeit kultureller Kontakte zu Südostasien und dem Pazifik hin, doch am tiefgehendsten waren Impulse, die Japan über die koreanische Halbinsel von China erreichten. Sie haben dem Land nicht nur die Schrift gegeben, sondern das Denken, die Religion und die sozio-politischen Institutionen entscheidend mitgeformt. Manche der Einflüsse lassen sich historisch ziemlich genau datieren, wie etwa der erste Kontakt mit dem Buddhismus im 6. Jh.; andere kann man nur vermuten wie in dem Fall, wo das ziemlich unvermittelte Auftreten der Grabhügelkultur im 4. Jh. als Folge der Invasion eines Reitervolkes zu erklären versucht wird.

Auch innerhalb des Landes lassen sich zum Teil deutliche lokale Kulturunterschiede erkennen, obwohl sie heutzutage in Folge einer einheitlichen Erziehung und Sprache und unter dem Einfluss der Massenmedien zunehmend nivelliert werden. Abgesehen von solchen lokalen Kulturen lassen sich bis in die Mitte des 19. Jh. zwei kulturelle Welten unterscheiden, die voneinander zwar nicht völlig unabhängig waren, deren Kommunikation untereinander aber durch soziale Regelungen stark eingeschränkt war. Es ist einerseits die verfeinerte Kultur des kaiserlichen Hofes, der Adligen, und später auch der Krieger, reichen Kaufleute und Landbesitzer. Vieles von dem, was heute als Früchte der japanischen Kultur bewundert wird, von der Literatur bis zu Tempelriten und Teezeremonien, entstammt dieser Welt. Daneben aber gab es die Kultur des Dorfes, der Bauern, Fischer und Jäger, die oft unbeachtet blieb, obwohl ihr Einfluss auf die Kultur der Wohlhabenden, in manchen Riten etwa, sich heute nachweisen lässt. Da die Freizügigkeit der Bauern über Jh. sehr eingeschränkt war, haben sich gerade in dieser Welt örtlich spezifische Eigenheiten entwickeln können, in der Sprache wie auch in Sitten und Gebräuchen, die oft heute noch deutlich feststellbar sind und in neuester Zeit wieder neu entdeckt werden. Diese verschiedenen Welten spielen auch in der Religion ihre entsprechende Rolle.

Oft wird gesagt, in den gesellschaftlichen Beziehungen der Japaner sei die Zugehörigkeit zu einer Gruppe wichtiger als individuelle Unabhängigkeit. Individualität wird zwar nicht einfach unterdrückt, aber Loyalität der Gruppe gegenüber hat größeres Gewicht, sowohl in der alten Gesellschaftsordnung als auch etwa in der modernen Wirtschaftswelt, die sich alte Modelle zunutze macht. Als Lohn der Loyalität garantiert die Gruppe Geborgenheit, ja sie ist die letzte Zuflucht jener, die in der Trennung von ihr Widerwärtigkeiten erlitten. So bieten das Haus und die Familie, wo man geboren ist, immer die Möglichkeit einer Rückkehr. Demgegenüber wird erwartet, dass der Einzelne ohne Täuschung und mit offenem und ehrlichem (jap. *makoto*) Herzen seinen Mitmenschen begegne. Es gibt aber auch Situationen, in denen solche Offenheit allein eher zum Schaden als zum Nutzen des Ganzen sein kann. Da kann es notwendig werden, seine eigentlichen Gedanken und Gefühle (*honne*) hintanzustellen und in der verlangten Weise wenigstens der Form nach (*tatemae*) mitzumachen, um des allgemeinen Friedens (*wa*) willen. Aus diesem Grunde ist es wichtig, dass man eine Situation in ihrer jeweiligen Bedeutung richtig einschätzen kann, um ihr entsprechend richtig zu handeln. Reischauer drückt dies etwas extrem aus, wenn er sagt, es gäbe in Japan keine Prinzipien, aber viele Regeln. Heute ist die Bezugsgruppe oft die Gemeinschaft des Arbeitsplatzes, doch traditionell war es die Familiengruppe (*ie*) oder eine ihrer erweiterten Formen, bis hin zum Dorf. Das Bewusstsein, zu einer Familiengruppe zu gehören, unterscheidet sich aber in wenigstens einem Punkte deutlich vom Zugehörigkeitsgefühl zu einem Betrieb: Das erstere schließt nicht nur die Lebenden ein, sondern ebensosehr auch die Toten, die Vorfahren, deren Bemühen man verdankt, was man jetzt besitzt, und deren fortdauernder Schutz Gesundheit und Wohlergehen verleiht. Die Zugehörigkeit zu einer Familiengruppe beschränkt sich also nicht auf soziale Bande, sondern schließt wesentlich eine religiöse Dimension ein. Die starke Orientierung zur Gruppe, vor allem zur Familiengruppe, ist zudem für die Zugehörigkeit zu einer Religion und deren Ausübung von nicht zu übersehender Bedeutung, kann sie doch z.B. die Entscheidung eines Einzelnen, die Religionszugehörigkeit zu ändern, erleichtern oder schlicht unmöglich machen.

2. Formen der Religion

Das Reden über japanische Religion bringt eine Reihe von Schwierigkeiten mit sich. Vorerst wird man eher von Religionen im Plural (etwa Shinto, Buddhismus, Konfuzianismus etc.) als von *einer* Religion sprechen wollen. Trotz dieser Vielgleisigkeit, die auch einem Außenstehenden gleich auffällt, handelt es sich aber nicht um Wege, die sich gegenseitig ausschließen müssten, sondern eher um solche, die je nach dem jeweiligen Bedürfnis ausgewählt und begangen werden, ohne dass man sich endgültig auf einen verpflichten müsste. Freilich gibt es auch Wege, d.h. Religionen, die Ausschließlichkeit beanspruchen, doch sie werden nicht selten mit deutlichem Misstrauen betrachtet. Diese Situation wirft für einen Betrachter aus einer Kultur, wo die Religion (wie etwa das Christentum) ausschließliche Ansprüche stellt und ihre Gläubigen auch bewusst in einer bestimmten Gedankenwelt erzieht, eine grundsätzliche Frage auf. Wie kann man religiösem Denken gerecht werden, das sich weniger in formulierbaren Lehren ausdrückt als in rituellem Tun, wenn die eigenen Vorstellungen von formulierten Lehren geprägt sind und sich durch Formeln relativ präzise ausdrücken lassen? Wenn z.B. Religion als „persönliche Hinwendung zu Gott" formuliert wird, mag ein Christ eine recht gute Vorstellung von der Bedeutung dieser Aussage haben, soweit sie seine eigene Religion umschreibt. Es ist aber nicht so leicht zu sagen, ob ein solches Verständnis, selbst wenn es nur in analoger Form geschähe, sich problemlos auf das japanische Verständnis von Religion übertragen lässt. Wenn daher der liebende und allwissende Gott des Christentums mit *kami*, dem japanischen Wort für „Gottheit" bezeichnet wird, kann man sich mit gutem Grund fragen, wie wohl ein Japaner aus seiner Tradition heraus dieses Wort verstehen wird, wenn er es aus dem Munde eines Christen hört.

Ein weiteres Problem ist, was man sich angesichts der genannten Vielgleisigkeit japanischer Religion konkret unter dieser Religion vorzustellen hat. Diese Situation wird noch dadurch erschwert, dass der überwiegende Anteil von Studien über japanische Religion auf jene Religionen entfällt, die sich durch ihre Texte erfassen lassen. Das heißt aber nicht, dass selbst eine so fassbare Religion so verstanden wird, wie die meisten Japaner, die Experten ausgenommen, sie verstehen. So kommt es, dass ein Ausländer, der etwa das Herz-Sutra eingehend studiert hat, den Text erklären kann, während die Leute, die das Sutra mit Hingebung rezitieren, seinen Text nicht verstehen, es aber dennoch für unendlich kostbar halten, weil es, wie sie sagen, den Kern von Buddhas Lehre darstelle. Auch wenn manche wenigstens ein vages Wissen davon haben, was dieser „Kern" ist, so ist das Wissen darum weniger wichtig als die Überzeugung, dass der Text an sich einen religiösen Wert hat, dessen man durch frommes Rezitieren teilhaftig werden kann. Von da aus lässt sich annähernd verstehen, dass Religion für viele Japaner etwas anderes ist als einfach Shinto oder eine bestimmte Form von Buddhismus. Formulierte und nicht formulierte Religion stehen aber in einem vielfältigen Wechselverhältnis zueinander.

Die Mythen

Die beiden bedeutendsten japanischen Mythensammlungen sind zugleich die ältesten Schriftdokumente Japans: die „Aufzeichnungen alter Geschehnisse" (*Kojiki*) von 712 und die „Annalen Japans" (*Nihon shoki*) von 720. Beides sind in chinesischer Schrift verfasste Darstellungen der mythischen Anfänge, der kaiserlichen Dynastie und anderer Ereignisse bis ins 7. Jh. Beide erfüllen in weithin parallelen Darstellungen, jedoch auch mit charakteristischen Unterschieden, eine doppelte Funktion. Einerseits sind sie eine politische Legitimation des Machtanspruches der kaiserlichen Dynastie und der einiger Familienclanes im nun etablierten Staat Yamato. Anderseits haben sie aber auch eine religiöse Funktion, indem sie nicht nur die göttlichen Ahnen der irdischen Mächtigen vorstellen, sondern auch das Werden dieser Welt und ihres Zustandes erläutern. Die Mythen erzählen vorerst, dass sowohl die Gottheiten als auch die himmlische und irdische Welt nicht erschaffen, sondern geworden sind. Laut *Kojiki* entstanden im Himmelsgefilde nacheinander fünf einzelne Gottheiten, während gleichzeitig auch Himmel und Erde sich entfalteten. Es folgen sieben weitere Generationen von Gottheiten, deren letzte das Elternpaar Izanagi und Izanami ist. Diesem Urelternpaar wird der Auftrag gegeben, das noch auf dem Wasser herumtreibende Land zu festigen. Von der himmlischen Brücke aus stoßen sie einen Juwelenspeer in die Flut und rühren sie bis zum Gerinnen. Die Tropfen, die danach vom herausgezogenen Speer fallen, gerinnen zur Insel Onogoro, auf der sie sich niederlassen, den Himmelspfeiler errichten und eine Halle bauen. Diesen Himmelspfeiler in sich je entgegengesetzter Richtung umwandelnd begegnen sie sich und gebären der Reihe nach die hauptsächlichsten Inseln Japans und eine Reihe von Gottheiten. Bei der Geburt des Feuergottes verbrennt sich Izanami ihr Geschlechtsteil, worauf sie in die Totenwelt geht. Voller Gram folgt ihr Izanagi, um sie zurückzuholen. Da er jedoch sein Versprechen, beim Warten auf sie sich nicht umzublicken, nicht einhält, entdeckt er ihren von Maden zerfressenen Körper und muss daraufhin vor ihr, der zur zürnenden Gottheit Gewordenen, fliehen. An die Grenze zur Oberwelt gelangt, beantwortet er ihre Drohungen, täglich tausend Menschen zu töten, mit dem Versprechen, täglich tausendfünfhundert Gebärhütten errichten zu wollen. Danach versperrt er den Zugang zur Totenwelt mit einem Felsen.

In die Oberwelt zurückgekehrt reinigt er sich an einem Fluss von den Unreinheiten der Totenwelt. Mit jeder Waschung entstehen neue Gottheiten, darunter vor allem Amaterasu, die Sonnengöttin, und ihre Geschwister. Ihnen vertraut Izanagi die Herrschaft über den Tag, die Nacht und das Meer an. Da der Gott des Meeres, Susanoo, seine ihm zugeteilte Herrschaft nicht antreten will, wird er verbannt. Später aber steigt er zu Amaterasu auf, verärgert sie durch sein unflätiges Benehmen aber derart, dass die Sonnengöttin sich in eine Felshöhle zurückzieht und die Welt in Dunkel versinken lässt. Daraufhin stellen die Myriaden von Gottheiten vor der Höhle einen geschmückten Baum auf und eine Göttin tanzt einen Besessenheitstanz. Dies lockt Amaterasu aus ihrer Höhle und es wird wieder Licht. Die Erzählungen um Amaterasu schließen damit, dass sie ihren Enkel zum Zeichen seiner Macht mit himmlischen Krummjuwelen, einem Spiegel und einem Schwert ausstattet und als Herrscher auf die Erde schickt. Der Enkel steigt auf den Berg Takachiho nieder. Auf ihn folgt die lange Reihe der irdischen Kaiser.

In diesen Mythen wird die Herrschaft der irdischen Kaiser legitimiert, indem deren Linie bis zu den Anfängen der Welt selbst zurückgeführt und somit unterstrichen wird, dass der Kaiser in einem wörtlichen Sinne der Sohn des Himmels und das Zentrum des Kosmos ist. Die am Kaiserhof ausgeführten Riten untermauern diesen Gedanken immer wieder, vor allem das Ritual des ersten „Kostens des neuen Reises“ (*Daijôsai*), das den Abschluss der Inthronisationsfeierlichkeiten eines neuen Kaisers bildet. In diesem höchst geheimen Ritus genießt der neue Kaiser zusammen mit seiner Ahnin Amaterasu den neuen Reis und wird dadurch auch religiös als Kaiser legitimiert. Dieser Ritus ist bei der Inthronisation des gegenwärtigen Kaisers offiziell durchgeführt worden, obschon sein Vater nach dem Krieg dem Anspruch auf Göttlichkeit entsagt hatte. Dies scheint zu zeigen, dass die Herrschaft des Kaisers auch heute noch, selbst wenn ihr nur Symbolcharakter zugeschrieben wird, auf der Autorität seiner himmlischen Ahnen beruht.

Es ist auch bezeichnend, dass das ganze übrige Volk von diesen geheimen Riten ausgeschlossen ist. Das bedeutet jedoch nicht, dass die im Ritus angesprochenen Mythen für die Religion des Volkes keine Bedeutung hätten. Erstens tritt darin wenigstens ein Teil jener Gottheiten auf, die in den Heiligtümern des Landes vom Volke verehrt werden. Zweitens aber klingen auch Themen an, die für seine Religion von Bedeutung sind. Es wird vom ersten Auftreten des Todes erzählt und von der rituellen Verunreinigung, die er mit sich bringt. Es wird aber auch berichtet, dass solche Verunreinigung durch Abwaschen getilgt werden kann. Rituelle Unreinheit sich zuzuziehen, und die Möglichkeit, durch Waschen oder Abreiben ihrer ledig zu werden, dies sind Themen, die auch heute noch die Menschen beschäftigen und ihr rituelles Tun bestimmen.

Von den in den Mythen auftretenden Gottheiten sind die meisten unpersönlich und farblos dargestellt. Ihr Name mag auf eine ihnen zugewiesene Aufgabe hinweisen, doch was dies im Einzelnen bedeuten mag, bleibt oft unausgesprochen. Es stellt sich damit die Frage, was das Wort *kami* oder andere eine Gottheit bezeichnende Ausdrücke bedeuten.

Kami und Shinto

Da das Wort *kami* gleichlautend ist mit etwas, das „oben“ oder „erhaben“ bedeutet, soll es nach einer Erklärung zur Bezeichnung von „Gottheit(en)“ geworden sein. Diese Erklärung ist jedoch aus sprachgeschichtlichen Gründen als unhaltbar bezeichnet worden. So wie sein Ursprung ist auch seine Bedeutung nicht leicht zu fassen. Ganz allgemein jedoch bezeichnet *kami* etwas, dem eine außergewöhnliche, Ehrfurcht einflößende Kraft innewohnt. An sich ist diese Kraft geheimnisvoll, unsichtbar und unpersönlich, doch kann sie sich in Dingen der Natur (z.B. dem Donner, einem mächtigen Baum, einem Berg oder einem Tier) oder auch in einer menschlichen Form, etwa der eines ehrwürdigen Greises oder eines kleinen Kindes, offenbaren. Es mag ihr dann auch ein Name gegeben werden, was aber nicht unbedingt bedeutet, dass dadurch ihre Gestalt oder ihr Wesen deutlicher fassbar würde. Die *kami* offenbaren sich meist selbst durch ungewöhnliche Ereignisse, die *post factum* als ihr Wirken erkannt werden; durch den Mund von Medien, von denen sie zeitweilig Besitz ergreifen, oder durch Träume. Es ist auch möglich, dass ein außergewöhnlicher Mensch schließlich als *kami* verehrt wird.

Ein *kami* kann gut und für die Menschen hilfreich sein, kann sich aber auch als eine Schaden bringende Kraft offenbaren, wenn etwa seine Riten nicht eingehalten oder ein ihm heiliger Ort profaniert wird. Ein *kami* ist weder allwissend noch allmächtig, sondern ist meistens für einen ganz bestimmten Ort (für ein bestimmtes Dorf oder einen Berg) oder für einen bestimmten Bereich (für leichte Geburt, Erfolg in Schule oder Geschäft, Hausfrieden) zuständig. Es kann auch sein, dass sein Wirkungskreis von Menschen umschrieben und eingeschränkt wird, oder dass Menschen ihm etwas vormachen, um sich vor seinem sonst drohenden Zorn zu schützen. Ein *kami* ist auch nicht notwendig immer gegenwärtig, sondern kann zu einem Schreinfest gerufen werden und nach dem Fest wieder zu seinem gewöhnlichen Aufenthaltsort zurückgesandt werden. Einem *kami* mögen alle menschlichen Reaktionen zugeschrieben werden, dennoch bleibt er oft unberechenbar und erlaubt keine deutliche Vorstellung von sich. Unter dem Einfluss des Buddhismus sind auch von *kami* figürliche Darstellungen gemacht worden. Es genügt aber oft, dass sein „ehrbarer Leib“ (*goshintai*) ein Naturstein, ein Schwert, ein Spiegel oder sonst ein einfacher Gegenstand sei. Nicht selten hat nie jemand, nicht einmal der Priester des Schreines, in dem die Gottheit verehrt wird, diesen Gegenstand gesehen. Es wäre auch zu gefährlich, ihn mit menschlichen Augen sehen zu wollen, denn, so wird gesagt, man würde dadurch erblinden.

Heute wird Shinto als die Religion verstanden, für die die *kami* Gegenstand des Glaubens und der Riten sind. Gegenüber dem Buddhismus wird Shinto oft auch als die einheimische Religion Japans vorgestellt, die mit dem Leben und den Bräuchen des Landes identisch sei. Beide Aussagen treffen jedoch nur in bedingter Weise zu. Wenn man unter Religion ein System von Lehren versteht, dann ist der Begriff *shintô* erst seit der Zeit des so genannten Yoshida Shinto (Mitte 15. Jh.) in diesem Sinne gebraucht. Es ist daher auch nicht verwunderlich, dass vor dieser Zeit Shinto unter den „Drei Religionen“ Japans nicht genannt wird. Trotzdem sind schon lange vor dem Yoshida Shinto die Gottheiten sowohl vom Kaiser als auch vom Volk verehrt worden. Wenn dort aber von *shintô* die Rede ist, bezeichnet das Wort buchstäblich den „Weg der Gottheiten“, das heißt, deren Wirken und Handeln und dessen charakteristische Eigenheiten. Es bezieht sich also auf das, was die Gottheiten tun, und nicht auf das, was sich die Menschen darüber gedacht haben. Da der Gründer des Yoshida

Shinto (Yoshida Kanetomo) und seine Nachfolger die Lehren und Riten ihres Hausschreines recht eigenmächtig anderen Schreinen aufgedrängt haben und der heutige Shinto in der Zeit nach der Restauration von 1868 unter bestimmten staatspolitischen Rücksichten gebildet wurde, ist es nur bedingt zutreffend, Shinto kurzerhand die einheimische, traditionelle Religion Japans zu nennen. Dabei soll aber keineswegs geleugnet werden, dass der heutige Shinto als Lehre sich Gedankengut und Riten zu eigen gemacht hat, die über sein eigenes Entstehen hinaus in die Geschichte zurückreichen und zum Teil auch auf Traditionen des Volkes zurückgehen.

Seit der Meiji-Zeit (1868–1912) sind verschiedenste Anstrengungen gemacht worden, Shinto als eine selbstständige und vor allem japanische Religion zu etablieren. Seit dem Aufblühen des esoterischen Buddhismus in der Heian-Zeit (ca. 8. bis 12. Jh.) sind die einheimischen *kami* im Sinne buddhistischer Theologie erklärt worden. Ihr Gottsein, d.h. der Weg der Götter, ist demnach zwar die den Sinnenwesen mögliche höchste Seinsstufe, doch da sie durch *karma* bedingt ist, müssen auch die Gottheiten noch erlöst werden und sehnen sich gar nach dieser Erlösung. Das unveränderlich Eigentliche, der sogenannte „Urstand" (*honji*), ist die Seinsart als Buddha oder Bodhisattva (jap. *bosatsu*); die Gottheiten hingegen sind deren Manifestation, ihre „herabgelassene Spur" (*suijaku*). Es war nun das Bestreben der Meiji-Regierung, diese enge Verbindung der einheimischen Gottheiten mit dem Buddhismus zu lösen, um dadurch nicht nur Shinto als die eigentliche Religion Japans einzusetzen, sondern gleichzeitig auch die Idee des japanischen Staates als eine Einheit von *kami,* natürlicher Landschaft und Volk, mit dem Kaiser an seiner Spitze, religiös zu unterbauen. Dieser Staat ist somit in jenem Land verwirklicht, das die Sonnengöttin Amaterasu ihrem göttlichen Enkel anvertraute und das seither in ununterbrochener Folge von dessen Nachfahren, den Kaisern, verwaltet wird, und dessen Riten von ihnen zum Wohl des Ganzen ausgeführt werden. Diese Verbindung von Staat und Shinto hat dem Nationalismus religiösen Rückhalt gegeben, obwohl die damalige Regierung erklärte, diese Form von Staats-Shinto sei keine Religion, sondern Ausdruck der vom Volk dem Staat geschuldeten Loyalität. Nach der Niederlage von 1945 wurde dieser Staats-Shinto als für den Krieg mitverantwortlich in der sog. „Shinto Direktive" von der amerikanischen Besatzungsmacht verboten. Schon vor dem Krieg wurden jedoch von diesem offiziellen Staats-Shinto andere Formen des Shinto unterschieden, einerseits um den Anspruch des Staats-Shinto, keine Religion zu sein, zu unterstreichen; und anderseits, um als heterodox betrachtete Lehren vom offiziellen Shinto zu unterscheiden.

Vor der Meiji-Zeit gab es eine Reihe großer und alter Schreine, die zusammen mit den von ihnen abhängigen Zweigschreinen zum Teil große Systeme bildeten (z.B. der Hachiman-Schrein von Usa). Die meisten *kami*-Heiligtümer aber dienten den Bedürfnissen der lokalen Bevölkerung als Dorfschreine. Die Meiji-Regierung hat den weitaus größten Teil dieser Schreine zu einem landesweiten hierarchischen System zusammengeschlossen. Auch nach der Auflösung des Staats-Shinto besteht dieses System in etwas veränderter Form weiter als Organisation des Schrein- oder religiösen Shinto. Heute zählt man zum Shinto verschiedene Zweige; etwa den für das Wohl des Staates verantwortliche Zweig des Kaiserhauses, dessen Riten der Kaiser unter Ausschluss der Öffentlichkeit befolgt. Wenn jedoch von Shinto allgemein gesprochen wird, so ist damit meist der Schrein-Shinto gemeint, der sich auch als der eigentliche Shinto versteht. Daneben gibt es den so genannten Sekten-Shinto, vor dem Krieg eine lose Gruppierung von dreizehn Religionen, die sich entweder ihre traditionelle Unabhängigkeit bewahren wollten (wie die Ôyashirokyô von Izumo) oder die Zugehörigkeit zum Sekten-Shinto als Überlebenschance für ihre Religion sahen (so etwa Tenrikyô oder Kurozumikyô), da sie sonst Gefahr liefen, als Aberglauben verboten zu werden. Schließlich ist auch noch der Volksshinto zu nennen, der allerdings offiziell nicht beachtet wird, aber als Ausdruck der religiösen Gefühle des Volkes den *kami* gegenüber eine nicht zu übersehende Bedeutung hat, dient er doch dazu, Segnungen aller Art zu erlangen oder drohendes Unheil abzuwenden.

Nach eigener Aussage liegt beim Shinto die Betonung nicht auf theologischen Überlegungen, sondern auf der von mystischen Riten und vom Naturerleben vermittelten Sinneserfahrung. Das Tun und das im Tun vermittelte Erleben ist wichtiger als das Wissen. Das Tun aber setzt die richtige Verfassung dafür voraus, d.h. rituelle Reinheit: Reinheit des Körpers, die durch ein Bad, durch Wassergüsse oder Stehen unter einem Wasserfall erlangt wird; innere Reinheit durch die Haltung von *makoto,* der inneren und von Selbstinteresse ungetrübten Aufrichtigkeit. Dabei geht man oft davon aus, dass die äußere Reinigung mit der inneren Einstellung zusammengeht, bzw. deren sichtbares Zeichen ist. Die Sorge um rituelle Reinheit verbietet bestimmte Kontakte wie den mit einer menstruierenden Frau oder mit einem Toten. In der heute ziemlich durchgehend praktizierten Aufgabenteilung zwischen Buddhismus und Shinto fällt dem Buddhismus die Sorge für die Toten zu, während sich Shinto vor allem des keimenden oder neuen Lebens annimmt. So geht eine schwangere Frau zum Schrein, um für eine gute Geburt zu beten, und stellt nach einer angemessenen Periode das Kind dem *kami* des Schreines vor. Nicht wenige Feste feiern unverhüllt das Sexuelle als den Urquell des Lebens. Obwohl „Verknüpfen" (*musubi*) als Wortteil im Namen der ersten Gottheit der Mythen schon vorkommt und auch sonst als Bezeichnung für die lebengebende Verbindung im Shinto eine wichtige Rolle spielt, sind die deutlichen Darstellungen der geschlechtlichen Vereinigung bei manchen Festen doch eher als Frucht des Volksshinto empfunden und von offizieller Seite missbilligt.

3. Der Buddhismus

Laut „Annalen Japans" (*Nihon shoki*) soll im Jahre 552 der König von Paekche in Korea dem Herrscher in Yamato (Japan) eine Buddhastatue und buddhistische Schriften zum Geschenk gesandt haben. In einem Begleitbrief soll er erklärt haben, dass der Gott alles erfülle, worum man ihn bitte. Das Datum dieser Episode mag fiktiv sein, das Geschenk hatte jedenfalls weit reichende Folgen für Religion, Staat und Kultur in Japan, bedeutete es doch den ersten Kontakt mit einer Religion, die nicht nur eine Glaubensform mit sich brachte, sondern auch ein Denksystem zur Erklärung der Welt.

Die Einführung der neuen Religion verursachte zum Teil blutigen Widerstand von Seiten der Vertreter der einheimischen Religion. Dennoch wird bereits in der dem kaiserlichen Prinzen Shōtoku zugeschriebenen „Verfassung in siebzehn Artikeln" von 604 zur Verehrung Buddhas aufgefordert. Mit der neuen Lehre wurde auch ein neues Verwaltungssystem aus China übernommen. Beides wirkte sich in der Etablierung des Staates Yamato mit der Hauptstadt Nara aus (8. Jh.). Die vier Schulen des Buddhismus, die in Nara beherrschend wurden, stellten vor allem Denksysteme dar, die nicht zuletzt der Festigung des Staates dienten. Die Mönche waren ebenso Staatsdiener wie Vertreter ihrer Religion. In religiöser

Hinsicht zeigt sich bereits ein Denken an, das in Zukunft stark an Bedeutung gewinnen sollte. Das wohl augenfälligste Ereignis dieser Zeit war die Errichtung und Einweihung der großen Statue des Buddha Vairocana im Tôdaiji von Nara durch den Kaiser Shômu. Zur Einweihung hatte sich Amaterasu (die Gottheit des Kaiserhauses) eigens in einem Orakelspruch vernehmen lassen, um mitzuteilen, dass sie mit diesem Buddha identisch sei. Das ist eine frühe Blüte jenes Denkens, das die einheimischen Gottheiten im Rahmen buddhistischen Erlösungsdenkens begreift. Während dieser Zeit wurden im ganzen Land vom Staat Tempel gegründet, dennoch blieb der Buddhismus hauptsächlich eine Angelegenheit der Elite und der Beamten.

794 brach mit der Verlegung der Hauptstadt nach Kyoto auch für den Buddhismus ein neues Zeitalter an. Bereits in der Nara-Zeit hatten sich buddhistische Asketen in die Berge zurückgezogen, wo sie durch strenge Übungen besondere magische Kräfte zu erlangen hofften. In der jetzt anbrechenden neuen Heian-Zeit suchten die Gründer der bedeutendsten Sekten für ihre Zentren ebenfalls die Abgeschiedenheit der Berge: Kûkai, der Begründer des Shingon-Buddhismus, zog sich auf den Berg Kôya, und Saichô, der Gründer des Tendai-Buddhismus, auf den Berg Hiei zurück. Beide hatten in China studiert, wo sie in jene Form des esoterischen Buddhismus eingeführt wurden, die sie nach ihrer Rückkehr in Japan einpflanzten.

Tendai lehrt, dass alle Wesen an der Buddha-Natur teilhaben und die Erreichung der Vollkommenheit darin bestehe, diese Teilhabe an der Buddha-Natur in seinem eigenen Tun und Denken Wirklichkeit werden zu lassen. Tendai wird auch der „Quellgrund japanischer Religion" genannt, weil sich die meisten der Gründer späterer buddhistischer Sekten des Landes in ihrer Jugend eine Zeitlang in den Klöstern des Hiei-Berges aufgehalten und dort studiert haben.

Das religiöse Zentrum von Kûkais Shingon-Buddhismus ist Dainichi, der „Große Leuchtende", ein mystischer Buddha, der den ganzen Kosmos in sich beschließt. Dieser geheimnisvolle Kosmos wird in Symbolen und vielen eindrucksvollen Ritualen dargestellt, seine Kraft in geheimen Worten (*dhâranî* oder *mantra*) ausgedrückt. Kûkai hat diesen Kosmos in zwei graphischen Symbolen, *mandala* genannt, dargestellt. Das Diamant-Mandala stellt die unveränderliche und ideale Welt des Dainichi, das Mutterschoss-Mandala aber die dynamische Seite des Kosmos dar. Das letztere schließt auch die einheimischen Gottheiten ein, geordnet nach den ihnen zugedachten Kräften und Funktionen. Das Mandala ist somit auch eine systematische Darstellung der Idee von „Urstand und herabgelassener Spur" (*honji suijaku*), in der die japanischen Gottheiten als Manifestationen des unveränderlichen Buddha verstanden werden. Diese Idee wird bis zur erzwungenen Trennung von Shinto und Buddhismus zu Beginn der Meiji-Zeit eines der Grundelemente japanischen religiösen Denkens bleiben.

Der esoterische Buddhismus hat viel zur Vertiefung religiösen Denkens beigetragen. Da er jedoch viel Studium und strenges Training verlangte, kann man noch kaum von einem volksnahen Buddhismus reden. Dafür stand er beim hochgebildeten Adel in hohem Ansehen. Er war zumindest anfänglich nicht mit dem Staat verknüpft, doch war er in seinem Denken eher auf das Erlangen greifbarer Resultate in diesem Leben ausgerichtet als auf ein künftiges Dasein. Um die Jahrtausendwende gewann der Gedanke, dass das letzte Zeitalter anbreche, mehr Gewicht und ließ die Menschen zunehmend bei einem Buddha Zuflucht suchen, der mächtig genug war, auch im Jenseits zu helfen, selbst wenn seine Anhänger ihn erst im letzten Moment des Lebens angerufen haben sollten. Das ist Amida, der Buddha des westlichen Reinen Landes, der Helfer der Frommen. Man glaubte, Amida habe ein Gelübde gemacht, alle Wesen zu erlösen, sodass man ihm nur vertrauen müsse, um der Erlösung vom Leiden und eines Daseins in seinem Reinen Lande teilhaftig zu werden.

Die „Zeit des Friedens" (Heian-Zeit) endete in kriegerischen Wirren. Mit der Wiederherstellung der Ordnung brach auch eine neue Zeit an, die nicht mehr vom Hofadel, sondern von den Kriegern geprägt war. Die Umstellung fand ihren augenfälligen Ausdruck darin, dass das neue Zentrum des politischen und zum Teil auch des religiösen Lebens nach Kamakura, einem Ort im Osten, weit weg von Kyoto, verlagert wurde. Es war eine unruhige Zeit, da die Kriegerclanes sich um die Macht bekriegten. Neues Denken zeigte sich, da diese Clanes vor allem ihren eigenen Ahnen Ehrfurcht und Respekt zollten. Das Handwerk der Krieger brachte es zudem mit sich, dass der Gedanke an den Tod und die Bereitschaft, ihm zu begegnen, eine wichtige Rolle zu spielen begann. Das spiegelt sich in den neuen buddhistischen Sekten, die in dieser Zeit entstehen und teils weiten Anklang finden. Buddhismus wurde nun zu einer Religion des Volkes. Der fromme Glaube an den Erlösungswillen Amidas findet starke Verbreitung in den Formen des Buddhismus des Reinen Landes, in denen Hōnen und sein Schüler Shinran lehren, dass die Anrufung von Amidas Namen genüge, um beim Tod von Amida ins Reine Land abgeholt zu werden. Sowohl Hōnen als auch Shinran haben in der Schule des Tendai auf dem Hiei-Berg begonnen, bevor sie ihren eigenen Weg fanden.

Unzufriedenheit mit dem älteren Buddhismus, wie er auf dem Hiei-Berg gepflegt wurde, veranlasste auch Eisai und nach ihm Dôgen, auf der Suche nach einem befriedigenderen Weg nach China zu gehen. Von dort brachten sie den Zen Buddhismus zurück. Das scholastische Interesse an Lehren hatte ihnen nicht zugesagt, jetzt brachten sie eine Meditation zurück, die eventuell zu intuitiver Erleuchtung führt, ohne sie je direkt anzustreben. Die Erleuchtung bringt es mit sich, dass die Seele in ihrer darin erreichten Ruhe durch nichts mehr gestört werden kann und so zu jedem Handeln bereit ist. Diese Haltung hat besonders die Krieger angesprochen, da sie ihnen Ruhe und Gleichmut im Angesicht des immer drohenden Todes verlieh. Zudem ließ sich Zen überall ohne großen Aufwand praktizieren.

Die bisher genannten buddhistischen Schulen und Sekten sind zum Teil als Kritik an anderen entstanden, oder sie haben sich untereinander kritisiert oder gar sich gegenseitig zu unterdrücken gesucht. Trotzdem haben sie sich auf ein Nebeneinander eingespielt. In der gleichen Kamakura-Zeit entstand aber noch eine Sekte, die Anspruch auf Alleingültigkeit erhebt und die anderen als falsche Religionen ausgeschaltet sehen möchte. Für sie ist zudem Japan wichtig als das heilige Land, denn allein von ihm aus kann die Erlösung der Welt kommen. Das ist der Buddhismus von Nichiren, der allein das Lotus-Sutra als Quelle seiner Lehre anerkennt. Nichiren ist ein strenger Prophet, der dem regierenden Shôgun eine programmatische Schrift unterbreitet, in der er darlegt, was in Japan geschehen soll, um das Land zu retten angesichts der sehr realistischen Drohung eines Mongolen-Einfalls. In dieser Endzeit gibt es nach Nichiren keine Rettung außer im Lotus-Sutra, das die einzig wahre Lehre des Buddhismus darstellt. Die Essenz des Sutra ist in seinem Titel gegeben und kommt dem Gläubigen durch das wiederholte Aussprechen des Titels zu. Nichiren hat seine Auffassung über das Lotus-Sutra in einer graphischen Darstellung ausgedrückt, in der der heilige Titel umgeben ist von den Titeln aller anderen Seinsformen. Diese *gohonzon* genannte Darstellung ist auch heute noch der zentrale Gegenstand der Verehrung für seine Nachfolger.

Die neuen buddhistischen Sekten der Kamakura-Zeit bilden bisher den Schlusspunkt im Entstehen neuer Richtungen buddhistischen Denkens. Nachdem 1600 Tokugawa Ieyasu über seine Rivalen unter den Feudalherren gesiegt und den Grundstein zu einem über zweihundert Jahre währenden Frieden gelegt hatte, wurden die buddhistischen Tempel eingebaut in ein landesweites System, das wenigstens in der Theorie durch jährlich durchgeführte Kontrollen die Bewohner des Landes erfassen und sie als Glieder einer Tempelgemeinde ausweisen sollte. Das vorgängige Ziel des Systems bestand darin, der sich dem allgemeinen Verbot entziehenden Christen habhaft zu werden. Es half aber auch mit, den Tempeln eine Gemeinde zu sichern, die zu deren wirtschaftlichem Auskommen beitrug. Außerdem wurde es zur Aufgabe der Tempel, für die religiösen Bedürfnisse ihrer Gemeinden zu sorgen, was insbesondere die Sorge um die Toten bedeutete. Dies ist ein weiterer Aspekt der Arbeitsteilung zwischen Shinto und Buddhismus. Während ersterer für das keimende und blühende Leben verantwortlich ist, kümmert sich der Buddhismus darum, dass die Menschen im Tod die notwendige Hilfe erhalten; das so sehr, dass der Buddhismus mit dem nicht selten etwas despektierlichen Titel „Begräbnis-Buddhismus“ bedacht wird. Doch hinter dieser Aufgabe verbirgt sich eine Bedeutung, auf die weiter unten noch etwas eingegangen werden soll.

4. Neue Religionen

Dass eine Gottheit sich durch den Mund eines menschlichen Mediums offenbart, ist von alters her eine nicht bezweifelte Realität japanischer Religion. Meist waren dies aber ad hoc Erfahrungen eines Einzelnen und richteten sich meist auch an eine ganz bestimmte Situation. Seit aber Kurozumi Munetada 1814 das mystische Erlebnis hatte, mit der Sonnengöttin eins geworden zu sein, haben solche Erfahrungen einen zusätzlichen Sinn bekommen. Seither treten bis heute immer wieder Persönlichkeiten auf, die sich auf dergleichen mystische Erfahrungen berufen. Sie glauben, dass diese Erfahrungen ein Zeichen sind, dass eine Gottheit sie als Werkzeug auserkoren hat, um ihre heilbringende Botschaft an die Menschen weiterzugeben. Durch die Verkündungstätigkeit der auserwählten Person bildet sich eine Gruppe von Menschen, die die Botschaft annehmen, und im Laufe der Zeit entsteht eine Schar von Gleichgesinnten, die sich als Träger einer „neuen Religion“ ausweist. Solche seit dem frühen 19. Jh. bis heute entstandenen Religionen werden „Neue Religionen“ genannt. Sie selbst verstehen sich als „neu“, weil sie sich mehr oder weniger bewusst und gewollt von den bisherigen Religionen wie Shinto, Buddhismus oder auch Christentum abzusetzen trachten und glauben, im Besitze einer bisher nicht offenbarten neuen Botschaft zu sein. Trotz solchen Anspruches aber machen sie sich ein Gedankengut zu eigen, das sie entweder in den offiziellen Religionen oder im Glauben des Volkes finden.

Die ältesten dieser „neuen Religionen“ entstehen noch im Laufe des 19. Jh. In der Zeit des erstarkenden Nationalismus vor und während des Krieges übt die Regierung auf diese Gruppen starken Druck aus, sodass sie sich zum Teil in ihrer Lehre anpassen, um so offiziell als Sekten-Shinto Anerkennung zu finden und überleben zu können. Mit der nach Kriegsende gewährten Religionsfreiheit bricht die „rush hour of the gods“ an, neue Religionen entstehen nun in großer Zahl. Auch heute noch entstehen (oder verschwinden) neue Gruppen, sodass es schwierig ist, ihre Zahl statistisch zu erfassen.

Als Besonderheit dieser Religionen gilt vorerst ihr Ausgerichtetsein auf Glück und Erfüllung im Diesseits, wobei körperliches wie materielles Wohlergehen bedeutend ist, ja geradezu als Gradmesser des Erlöstseins gelten kann. Der Weg zu solchem Wohlergehen sind der Glaube an die besondere Botschaft und vorgeschriebene Gebete, denen oft eine magische Wirkkraft zugesprochen wird. Allerdings bei den neuesten, seit den siebziger Jahren entstandenen Gruppen wird auf ein „wissenschaftliches Suchen" nach dem Glück (z.B. bei der Kôfuku no Kagaku, was „Wissenschaft vom Glück" heißt) mehr Wert gelegt als auf rein magische Handlungen. Da das gesuchte Wohlergehen auch das körperliche miteinschließt, bieten viele dieser Religionen Heilpraktiken an. Ferner zeichnen sie sich meist durch eine leicht verständliche Lehre aus, die in schlagwortartigen, einprägsamen Formulierungen wiederholt werden kann. Und schließlich fällt die wichtige Rolle auf, die sie den Laien, vor allem auch den Frauen, zuteilen. Meist sind die Gründer Frauen und Männer des Volkes, vor allem aber sind die missionarischen Aktivitäten fast gänzlich und oft mit großem Enthusiasmus von den Laien getragen.

Man hat das Auftreten dieser neuen Religionen nicht zuletzt mit der sozialen oder wirtschaftlichen Unsicherheit der Zeit in Verbindung gebracht. Vor allem in der Zeit nach der Niederlage 1945 dürften diese Religionen vielen einen neuen Halt in dem allgemeinen geistigen Vakuum geboten haben. Es fällt aber auch auf, dass nicht wenige ein starkes Nationalbewusstsein pflegen, das Japan eine zentrale Rolle in der politischen und religiösen Zukunft zuspricht. Dadurch, dass ihre Gottheit sich in Japan offenbart hat, wird deutlich, dass dieses Land für den Rest der Welt eine wichtige geistliche Sendung hat, da von ihm die Erlösung ausgehen wird. Schließlich kann nicht übersehen werden, dass diese Religionen auf viele einen Reiz auszuüben scheinen, weil sie ihren Mitgliedern innerhalb dieser besonderen Welt soziale Aufstiegsmöglichkeiten und damit verbunden ein gewisses Ansehen ermöglichen, die die betreffenden Personen in der übrigen Gesellschaft nicht genießen können.

5. Christentum

Schon etliche Jahre bevor 1853 Commodore Perry's amerikanische Flotte vom Shôgun die Öffnung des Landes erzwang, hatten russische und französische Missionare versucht, über Hokkaido im Norden und die Ryukyu-Inseln im Süden die christliche Mission wieder zu beleben. Doch erst die Aufhebung der Isolationspolitik und etwas später auch die Aufhebung der Verbote gegen das Christentum machten ihr Kommen wieder möglich. Schon 1865 hatte der französische Missionar Petitjean zu seinem großen Erstaunen entdeckt, dass es um Nagasaki und auf den Kyushu vorgelagerten Inseln Gruppen von Gläubigen gab, die im Verborgenen durch die jahrhundertelangen Verfolgungen in der Edo-Zeit hindurch den christlichen Glauben und einen Teil der Riten bewahrt haben, die ihnen die Jesuiten und andere Missionare im 16. Jh. vermittelt hatten. Allerdings hatten das lange Verborgensein und manche Kompromisse mit traditionellen religiösen Formen des Landes sich so ausgewirkt, dass manche nun glaubten, ihre so kostbar gehütete Religion sei nicht die der neu angekommenen Missionare. Andere hingegen glaubten, dass sie die Quelle ihres eigenen Glaubens wiedergefunden hätten, und schlossen sich der katholischen Kirche an. Die katholischen Missionare wandten ihr Augenmerk dem gewöhnlichen Volke zu, doch hielt sich die Mission vorerst in bescheidenem Rahmen. Dem gegenüber entfalteten amerikanische und englische protestantische Kirchen schon bald eine rege Tätigkeit in der Übersetzung der Bibel und in der Gründung von Schulen. Das neue Japan hungerte nach westlicher Wissenschaft und Technik, doch diese Schulen vermittelten nicht nur Wissen, sondern auch eine strenge ethische Weltanschauung, die nicht zuletzt eine Reihe junger Leute aus der Kriegerklasse anzog, die mit dem neuen Staat nicht zufrieden waren. Etliche dieser jungen Männer haben sich später selber als Gründer von Universitäten, als Denker oder Lehrer hervorgetan. Das Erstarken des Staats-Shinto bedeutet aber für das Christentum eine schwierige Zeit, da es nicht nur für seine Lehre Ausschließlichkeit beanspruchte, sondern zugleich auch eine ausländische Religion war.

Nach dem Kriegsende, begünstigt durch die neue Religionsfreiheit, schien es, als wäre nun die Chance des Christentums gekommen. Doch bald zeigte sich, dass dem nicht so war. Heute machen die Christen nur knapp 1% der Gesamtbevölkerung aus. Neben den eigentlich kirchlichen Aktivitäten sind es vor allem Schulen aller Stufen, die der breiteren Bevölkerung christliches Gedankengut vermitteln. Da die öffentlichen Schulen kaum weltanschaulichen Unterricht anbieten, werden die christlichen Schulen dafür geschätzt, dass sie den jungen Leuten ein grundsätzliches ethisches Wissen vermitteln. So genießt christliches Gedankengut ein relativ hohes Ansehen, in den Augen vieler aber erscheint das Christentum als eine elitäre und intellektuell bestimmte Religion. So ist es kaum verwunderlich, dass es sich in den Städten und über seine Bildungsstätten eher ausbreitet als auf dem noch stärker den traditionellen Bindungen verpflichteten Land.

6. Konfuzianismus

Als Religion hat der Konfuzianismus in Japan nur eine beschränkte Bedeutung. Zusammen mit anderen Elementen chinesischer Kultur ist er schon früh als Staatsideologie und ethische Richtlinie für das Verhalten von Regierenden und Regierten übernommen worden. In etwas vereinfachter Form hat er aber auch das Leben des Volkes geprägt und es in der Ausübung der Religion beeinflusst. Schon die bereits genannte „Verfassung in siebzehn Artikeln" des Prinzen Shōtoku ist fast ganz von konfuzianischem Denken geprägt. Der Herrscher ist danach wie der allumspannende Himmel, die Untertanen sind wie die Erde. Es ist die Pflicht der Untertanen, auf den Herrscher zu hören und an dem ihnen zugewiesenen Ort ihre Aufgabe zu erfüllen. Alle haben dahin zu wirken, dass Harmonie herrscht. Obwohl hier chinesisches Gedankengut ausgedrückt wird, zeigt sich doch im Lauf der Geschichte das Besondere des japanischen Verständnisses. Um sich als „Sohn des Himmels" zu legitimieren, musste der chinesische Kaiser sich als tugendhafter Herrscher erweisen. In Japan dagegen ist der Kaiser auf Grund seiner Abstammung ein „Sohn des Himmels", sodass die Untertanen ihm Loyalität schulden, ob er nun ein tugendhafter Herrscher sei oder nicht. Seine Abstammung legitimiert ihn zu seinem Amt. Konfuzianismus ist denn vorerst auch das Mittel, den Adligen um den Kaiserhof mit chinesischer Bildung eine politische Theorie und zivile Ethik zu vermitteln, die das bestehende System in seinem Weiterbestand sicherten. Mit dem Erstarken der lokalen Kriegerclanes erlebte dieses System und mit ihm der Konfuzianismus einen Niedergang. Es waren nun Zen-Mönche und Anhänger des Shinto, die im Konfuzianismus eine praktische Ethik sahen, die ihre Religion nicht bot. Durch ihre Vermittlung wurde der Konfuzianismus in der Edo-Zeit die orthodoxe Ethik des Tokugawa-Staates in der Form des Neokonfuzianismus von Chu Hsi (*shushigaku*). Danach ist Tugend die Verwirklichung der Ordnung des Himmels im Leben. Nach dieser Ordnung ist jedem Wesen sein Platz zugeteilt, die Ordnung selbst ist unwandelbar. Die Haupttugenden sind Ehrfurcht vor den Eltern (oder ihnen ähnlich gestellten Personen mit Autorität), Loyalität und Gehorsam; dies alles als Ausdruck der Dankbarkeit für das, was man Eltern, Herrschern und Lehrern verdankt. Eine der neokonfuzianischen Schulen, die von einer Nebenlinie der Tokugawa getragene Schule von Mito, betonte vor allem Loyalität gegenüber dem Kaiser als dem Oberhaupt eines Staates, der wie eine Familie verstanden wurde. Die Ideen dieser Schule, „Nationale Lehre" (*kokugaku*) genannt, trugen 1868 schließlich zum Sturz der Tokugawa und zur Wiedereinsetzung des Kaisers als Oberhaupt des Staates bei. Sie bilden auch die Grundlage für den Staat, wie er sich bis zum Kriegsende verstand, als ein „Nationalwesen" (*kokutai*) kulminierend in einem Kaiser göttlicher Abstammung; und als eine Staatsfamilie, deren Kinder (Volk) dem Oberhaupt (Kaiser) Ehrfurcht und unbedingte Loyalität schulden.

Über die Tempel-Schulen (*terakoya*), die der Bevölkerung eine Grundausbildung vermittelten, und durch „Familien-Regeln" (*kakun*), die vorerst in den Kriegerfamilien, in der Edo-Zeit aber auch in wohlhabenden Handels- und Bauernfamilien weitergegeben wurden, drang die konfuzianische Ethik auch ins Volk. Daneben traten Lehrer auf, die dem Volk eine praktische Ethik geben wollten, deren Elemente sie zum Teil aus konfuzianischem Gedankengut schöpften. Ishida Baigan (1685–1744) wandte sich an die Geschäftsleute der Städte und lehrte, man müsse durch Meditation die „Natur" oder das „Herz" (*shin, kokoro*) der Welt erkennen, dann fließe aus diesem Erkennen und Wissen alles ethische Handeln. Im Wissen um die „Natur" ist der Mensch mit Himmel und Erde vereint und weiß um seine Aufgabe. Wenn er diese in aufrichtiger Gesinnung erfüllt, dann ist dies der Ausdruck von Ehrfurcht und Loyalität gegenüber dem Himmel. Ninomiya Sontoku (1787–1856) wandte sich in ähnlicher Weise an die Bauernbevölkerung, betonte aber besonders, dass der Mensch gegenüber der Natur, von der er lebt, und gegenüber den Mitmenschen, in deren Gemeinschaft er sich bewegt, in vielfacher Weise für deren Wohltaten verschuldet ist und diese Schuld als Dank zurückzahlen muss. Das geschieht durch eine bescheidene Lebenshaltung im Gebrauch der erhaltenen Güter und durch ein aufrichtiges Annehmen der gegebenen sozialen Ordnung. In diesen Lehren ist bemerkenswert, dass sie religiöses Denken mit einbeziehen, sich aber auf keine bestimmte Lehre festlegen, sondern einen für alle in Aufrichtigkeit gangbaren Weg weisen.

7. Religion und Kultur

Das bisher Gesagte bedeutet nicht, dass im Allgemeinen die Japaner um die Eigenheiten der verschiedenen Traditionen wüssten oder ihnen besondere Bedeutung beimäßen. Es kann sein, dass in einem Dorf, das nur einen Tempel hat, dem fast alle angehören, die Leute nicht wissen, zu welcher Sekte der Tempel gehört. Obwohl man Gottheit (*kami*) und Buddha (*hotoke*) als Begriff unterscheidet, so vermischen sich beide in dem oft gehörten Wort: „Wenn es einem schlecht geht, betet man zu Gott." Hier wird zwar *kami* gesagt, doch in Wirklichkeit wendet man sich an die Gottheit oder den Buddha, von dem man sich die beste Wirkung verspricht. Der Gegenstand religiösen Interesses wird von der Aussicht auf Erfolg in der jeweiligen Situation bestimmt. Christen oder Anhänger anderer ausschließlicher Religionen können nicht so freizügig sein. In solchen Fällen wird unterschieden, indem man einen

Glauben, dem jemand auf Grund einer persönlichen Entscheidung anhängt, „Religion" (*shûkyô*) nennt, von Shinto oder Buddhismus aber sagt, sie seien „Kultur" (*bunka*) oder „Tradition" (*dentô*) und gehörten zum alltäglich Selbstverständlichen.

Dennoch bestehen gewisse Unterschiede, wie sie in der genannten Arbeitsteilung zwischen Shinto und Buddhismus erkennbar sind. In einem traditionellen Haus findet sich säuberlich getrennt ein *kamidana,* ein für die Gottheiten bestimmtes Brett oder eine Vertiefung in der Wand, und ein *butsudan,* ein ebenfalls in die Wand eingelassener, mit Türen verschließbarer schrankartiger Altar, der die Totentäfelchen der Verstorbenen des Hauses enthält. Das *kamidana* ist in der Höhe, gleich unter der Zimmerdecke, angebracht. Der *butsudan* aber befindet sich meist auf Ellbogenhöhe, sodass er leicht zugänglich ist. Mögen auch vor dem *kamidana* täglich kleine Opfergaben hingestellt werden, so ist es doch ziemlich von den normalen Vorgängen des Tages ausgeschlossen. Den *butsudan* aber wird man besuchen, bevor man eine Reise unternimmt. Man legt ein Geschenk hin, das ein Gast gebracht hat, und sagt dabei, wer es gebracht hat. Oder man legt das Schulzeugnis oder die erste Lohntüte eines Kindes hin. Vor dem Frühstück der Familie wird vielerorts ein wenig vom frisch gekochten Reis in ein kleines Schälchen gefüllt, das zusammen mit Tee und Wasser vor dem *butsudan* aufgestellt wird, wobei die darbringende Person kurz betet. Erst danach wird die Familie sich zu Tische begeben und es wird der Reis verteilt. So ist der *butsudan* in die täglichen Abläufe einbezogen. Es genügt aber, wenn eine Person aus der Familie sich seiner annimmt, denn sie tut das als Vertreter des ganzen Hauses (*ie*). In solchem Tun wird eine wichtige Seite japanischer Religion sichtbar, nämlich die Auffassung, dass die Toten auch nach ihrem Weggehen noch immer Teil der Familie sind, der sich für die Lebenden interessiert und sie beschützt, dafür aber auch die Befolgung bestimmter Riten erwartet.

Es wird aber auch gesagt, die Toten wohnten in den Bergen oder im Grab. Von dort kommend besuchen sie am Totenfest *o-bon* ihre Familie, werden formell empfangen und für ein paar Tage als Gäste mit besonderen Speisen bedient, bis sie wieder in ihre Wohnung zurückgeschickt werden. Trotzdem werden sie weiterhin täglich am *butsudan* verehrt, als wären sie dort. Beim Nachdenken über diese Situation entdecken die Leute den Widerspruch; aber wenn man sich an die Toten wendet, denkt man nur an eine, die nahe liegende Möglichkeit. Wichtig ist, dass die Toten noch für geraume Zeit als in der Nähe der Lebenden sich aufhaltende und an deren Leben regen Anteil nehmende Wesen verstanden werden. Solange man sich ihrer noch erinnern kann, sind sie keine farblosen Seelen, sondern mitfühlende Personen.

Die Lebenden sehen es als eine Pflicht der Dankbarkeit, für ihre Toten zu sorgen; denn alles, was sie jetzt nutzen und genießen können, haben ihnen die Vorfahren bereitet. Wenn man den Toten gegenüber aber nachlässig ist, dann können sie sich rächen und so eine Bedrohung für ihre eigene Nachkommenschaft wie auch für andere werden. Sie können allerhand Missgeschick über die Familie kommen lassen. Wenn die Lebenden solche Zeichen der Verstimmung seitens der Toten verstehen und Versäumtes nachholen, dann lassen sich die Toten wieder umstimmen. Aus diesem Grunde ist es wichtig, dass immer jemand für die Toten sorgen kann. D.h. man muss zusehen, dass das Haus nicht ausstirbt oder die Toten nicht vernachlässigt werden, weil die Nachfahren zu einer Religion übergegangen sind, die solche Pflege nicht zulässt.

Obwohl man sich vorstellt, dass sich die Toten noch längere Zeit in der Nähe ihres früheren Wirkens aufhalten, hilft man doch durch regelmäßig abgehaltene Riten mit, dass sie langsam von den irdischen Banden gelöst werden und nach einer bestimmten Zahl von

Jahren in die Schar anonymer Ahnen eingehen können. Tote, für die niemand sorgt, die ohne Bindungen sind, oder solche, die zu früh gestorben sind und Gefühle des Neides oder Hasses hegen mögen, weil sie die erwartete Fülle des Lebens nicht erreicht haben, können zu gefürchteten Plagegeistern (onryô) werden und die Menschen bedrohen. Um einen solchen Geist zu besänftigen, kann es sein, dass er zu einer Schutzgottheit gemacht wird. Dadurch, dass der Buddhismus seine eigene Philosophie hintanstellte und sich der Riten für die Toten annahm, hat er sich einen wichtigen Platz im religiösen Denken der Japaner erobert.

Die Toten sind aber nur eine Art aus einer Vielzahl von geistigen Wesen (*tama*), die im religiösen Denken des Volkes eine große Rolle spielen; und zwar als Kräfte, die im Guten oder Bösen das Leben der Menschen beeinflussen können. Solche Wesen können sich aus eigenem Antrieb bemerkbar machen, oder sie können dazu veranlasst werden. So wird ein *kami* bei einem Schreinfest gerufen und in eine Göttersänfte (*mikoshi*) übertragen, in der er dann durch seine Gemeinde getragen wird. Daraus erwartet man Segnungen für die Gemeinde. Doch kann es auch sein, dass die Träger, angefeuert von der Gottheit (oder auch vom reichlich genossenen *sake*), unvorhergesehen vom Weg abweichen, ausschwenken und an Häusern Schaden anrichten. Da dies als Strafe der Gottheit für solche, die sich nicht genügend am Fest beteiligen, angesehen wird, kann es nicht geahndet werden. Es kann aber auch vorkommen, dass ein *kami* plötzlich von einem Menschen Besitz ergreift und durch dessen Mund seinen Willen kund tut. Im Rahmen eines Festes ist dies ein einmaliges Geschehen, wodurch man von der Gottheit etwa eine Aussage über die zu erwartende Ernte erhält. Eine solche Offenbarung kann aber auch der Beginn einer neuen Religion sein. In solchen Ereignissen zeigt sich jedenfalls, dass Wesen wie Gottheiten oder Totenseelen, selbst wenn sie sich normalerweise in einer anderen Welt aufhalten, jederzeit in der Menschenwelt wirksam werden können. Diese jenseitige Welt (in den Bergen, jenseits des Meeres) ist immer auch nahe, die Grenze zu ihr ist äußerst durchlässig.

Vielleicht ist das Diesseitsgerichtetsein japanischer Religion im Verbund mit der Nähe der „jenseitigen" Welt zu sehen. Wenn man die Wünsche betrachtet, die in den Tempeln und Schreinen des Landes auf Täfelchen (*ema*) niedergeschrieben den Gottheiten vorgetragen werden, so beziehen sich alle auf Diesseitiges: Erfolg, Wohlergehen, Frieden in dieser Welt; nichts etwa von einem Wunsch, ins Paradies zu kommen. Dennoch gibt es Vorstellungen von einem Paradies, und auch von einer Hölle. Wenn man das Unglück haben sollte, in die Hölle zu stürzen, gibt es immer noch die Möglichkeit, mit Hilfe der Menschen daraus befreit zu werden. Die das menschliche Dasein bestimmende Grundlage ist nicht der Gedanke an ein Jenseits, in dem Gut und Böse endgültig vergolten werden, sondern es ist die irdische Gemeinschaft, der natürliche Quell des Lebens. Es ist die Gemeinschaft des Dorfes (oder einer dorfähnlichen Organisation wie eine Religionsgemeinschaft), in der Leben und Sterben sich folgen und wo Gottheiten und Buddhas zum Wohle des Ganzen sich ihre Aufgaben teilen. In dieser Welt beherrscht keine Religion alles, dennoch ist es nicht einfach eine tolerante Welt. Da in ihr Religion und Gemeinschaft eine enge Lebensgemeinschaft bilden, wird eine neue von außen kommende Religion als eine Bedrohung empfunden; es sei denn, dass sie die ganze Gemeinschaft zu sich bekehren kann. Daher ist es für Religionen, die ausschließliche Ansprüche stellen wie das Christentum, schwierig, wenn nicht gar unmöglich, in einer einigermaßen intakten dörflichen Welt Fuß zu fassen. Für solche Religionen bieten die Städte fruchtbareren Boden, da dort Religion und Gemeinschaft sich nicht mehr gegenseitig tragen.

Literatur

Brüll, L.: *Japanische Philosophie,* Darmstadt 1991.

Die Historischen Quellen der Shinto-Religion, aus dem Altjapanischen und Chinesischen übersetzt und erklärt von Dr. Karl Florenz, Berlin 1919.

Die Mythen des alten Japan, übersetzt und erläutert von Nelly Naumann, Stuttgart 1996.

Hammitzsch, Horst: *Japanische Geisteswelt,* Hanau 1986.

Hoover, Thomas: *Die Kultur des Zen,* 5. Aufl., München 1991.

Kracht, K. (Hg.): *Japanische Geistesgeschichte,* Wiesbaden 1988.

Moore, C.: *The Japanese Mind,* London 1987.

Pörtner, P. u. Heise, J.: *Die Philosophie Japans,* München 1995.

Pye, M.: *Japanische Religionen,* Freiburg 1991.

Suzuki, Daisetz T.: *Zen und die Kultur Japans,* Freiburg 1994.

Witte, J.: *Japans Kulturen,* Wiesbaden 1998.

Anton Quack

XIV. Nordasien

Im Gegensatz etwa zu „Nordamerika“ oder „Nordafrika“ hat sich der Begriff „Nordasien“ im deutschen Sprachgebrauch kaum durchgesetzt. Als Bezeichnung für den nördlichen Teil des riesigen asiatischen Kontinentes findet sich sehr viel häufiger der Name „Sibirien“. Gemeint damit ist die weite, größtenteils russische Landmasse (10 Mio. km²) vom Ural bis zu den nordwestlichen Randmeeren des Pazifik (Beringmeer, Ochotisches Meer, Japanisches Meer) und vom Nordpolarmeer bis zu den Steppen und Bergregionen Zentralasiens, vom nördlichen Kasachstan bis zu den Grenzen der Mongolei und Chinas. Geographisch wird dieses Gebiet meist untergliedert in West-Sibierien (vom Ural bis zum Jenissei) und Ost-Sibirien (vom Jenissei bis zum Pazifik); von letzterem wird gelegentlich Mittel-Sibirien abgetrennt (vom Jenissei bis zur Lena).

Tiefländer prägen den Westen und Norden der Region und das Gebiet um die Untere Lena, Gebirgsländer den Süden, Südosten, Osten und den mittleren Teil des Gebietes; wobei im Nordostsibirischen Gebirgsland Höhen über 3000 m ü. M., in den Gebirgen Südost-Sibiriens Höhen gar bis 4500 m ü. M. erreicht werden. Große Stromsysteme durchschneiden die Landmasse in nördlicher Richtung zum Nordpolarmeer (z.B. Ob/Irtysch, Jenissei/Angara, Lena/Aldan, Indigirka, Kolyma). Von West nach Ost ziehen sich zwei Landschaftsgürtel durch das nördliche Asien: Im Norden entlang der Küste erstreckt sich die Tundra mit ihrer kurzen Vegetationsperiode von maximal 2 Monaten, die nicht mehr als Moose und niedrige Pflanzen und Gestrüpp gedeihen lässt; daran schließt sich im Süden die Taiga an, ein sehr viel breiterer bewaldeter Landstreifen, in dem vor allem Nadelbäume (z.B. Lärche) gedeihen, wo sich im südlichen und südöstlichen Teil aber auch Mischwälder finden. Die Vegetationsperiode der Taiga kann 5 Monate und mehr erreichen, einträglichen Garten- und Ackerbau lässt aber auch sie kaum zu; jedenfalls hat sich die einheimische Bevölkerung nie dazu hingezogen gefühlt.

Die im Großen und Ganzen recht unwirtlichen klimatischen und landschaftlichen Verhältnisse sind für die ausgesprochen dünne menschliche Besiedlung verantwortlich. Die Gesamtbevölkerung Sibiriens wird auf ca. 26 Mio. geschätzt, von denen mindestens 90% zu den Russen, Ukrainern, Weißrussen gezählt werden, die seit dem 17. Jh. in die Region gekommen sind und sich zu Herren des Landes gemacht haben. Entsprechend gering ist also der Anteil der einheimischen Völker, also der ursprünglichen asiatischen Bevölkerung, deren traditionelle Kultur und Religion das Thema dieses Beitrags ist.

1. Volksgruppen und Sprachen

Sind auch alle diese sibirischen Völkerschaften seit der russischen Kolonialisierung mit dem orthodoxen Christentum in Verbindung gekommen, konnte von einer tief greifenden Christianisierung wohl in keinem Fall die Rede sein. Die überlieferten Religionen mit ihren stark schamanistischen Elementen haben bis weit ins 20. Jh. überdauert, wenigstens in manchen Einzelzügen (für die Tungusen vgl. etwa Chichlo 1987, 86). Allerdings war auch die spätere sowjetische Ideologie der Bewahrung einheimischer religiöser Traditionen nicht sonderlich förderlich. Wie viel aber von der Substanz der traditionellen Religionen und Kulturen den Untergang des sowjetischen Imperiums überlebt hat und sich zu neuer Vitalität entfaltet, lässt sich heute kaum abschätzen.

In der sibirischen Weite fanden im Lauf der Jh. vor dem Eindringen der Europäer viele unterschiedliche Völker und Volksgruppen Platz und Entfaltungsmöglichkeiten; man rechnet sie drei großen Sprachgruppen zu: den Uralischen oder Finnisch-ugrischen Sprachen; den Altaischen Sprachen (Turksprachen, Mongolisch, Tungusisch-mandschurisch); und den Paläoasiatischen Sprachen, wobei die paläoasiatische (besser vielleicht: paläosibirische) Sprachgruppe nicht viel mehr ist als ein Sammelbecken für Sprachen, die sich keiner der beiden anderen großen Gruppen zuordnen lassen. Doch Bevölkerungsbewegungen, sprachliche, wirtschaftliche, kulturelle Assimilierungen an Nachbarpopulationen und Kulturwandel allgemein erschweren es, jeweils exakte Grenzen ethnischer Identität der einzelnen Gruppen zu finden und zu benennen. In der physischen Anthropologie ordnet man die einheimische sibirische Bevölkerung von ihrem somatischen Erscheinungsbild her den Mongoliden zu, die im Westen unter europiden Einfluss kam.

Neben den beiden großen Völkern der Jakuten und Burjaten, von denen nach dem sowjetischen Census von 1989 in Sibirien 382.000 bzw. 421.000 Personen siedeln, übersteigt die Zahl aller übrigen 25 identifizierten einheimischen Völker kaum 180.000 (vgl. Pika 1999, 178); ihre Mitgliederzahl reicht von maximal 34.500 (Juraken) bis 100 (Oroken).

Diese 25 kleinen und kleinsten Völker gehören zu den sog. „Kleinen Völkern des Nordens“, wie sie in den 20er Jahren des vorigen Jh. von der sowjetischen Verwaltung identifiziert wurden (ein 26. Volk, die Saamen, wohnt im europäischen Teil Russlands). Ethnographisches Material über die Kleinen Völker des Nordens findet sich vor allem in russischsprachigen Quellen. Durch neuere Publikationen sind sie heute auch z.T. im Westen zugänglich, etwa durch Publikationen wie „Die Völker Nordsibiriens“ (Weiser 1989), die zur Identifizierung der sibirischen Völker für die deutschsprachigen Leser einen guten Beitrag leistet; „The Arctic Mirrors“ (Slezkine 1994) oder „Neotraditionalism in the Russian North“ (Pika 1999). Einen guten Überblick gibt immer noch der Beitrag „Nordasien“ von U. Johanssen (1959), wenn er auch nicht mehr ganz aktuell ist. Aktuellere Informationen zu den einzelnen sibirischen Völkern finden sich natürlich wiederum im 6. Band („Russia and Eurasia/China“) der „Encyclopedia of World Cultures" (Friedrich and Diamond 1994); auf die einzelnen Beiträge, oft aus der Feder von russischen Autoren, wird hier gelegentlich zurückgegriffen. Eine gute und recht vollständige Zusammenfassung des ethnographischen Wissens über die Religionen sibirischer Völker bietet Ivar Paulson in seinem Beitrag „Die Religionen der nordasiatischen Völker“ (1962) in der Reihe „Die Religionen der Menschheit“.

Nach ihrer Sprachzugehörigkeit lassen sich folgende Ethnien nennen und grob lokalisieren: Zur uralischen Sprachgruppe gehören die Juraken oder Nenzen (34.6000), die Selkupen oder Ostjak-Samojeden (3600), die Enzen oder Jenissei-Samojeden (200) und die Nganasanen oder Tawgy-Samojeden (1200); zur gleichen Sprachgruppe gehören ferner die Ostjaken oder Chanten (22.500) und die Wogulen oder Mansen (8400). Sie alle siedeln größtenteils in Westsibirien, zwischen Ural und Jenissei.

Zum tungusischen Teil der altaischen Sprachgruppe gehören die Evenken (30.100) – sie leben so weit verstreut in Mittel-, Südost- und Nordost-Sibirien, dass man ihre ethnische

Einheit erst spät in den Blick bekam; und die Evenen oder Lamuten (17.100) an der Unteren Lena und in Nordost-Sibirien; dazu kommt das kleine Volk der Negidalzen (600) am Unterlauf des Amur. Zum mandschurischen Teil der altaischen Sprachgruppe zählt man die Nanai (Nanajzen, Ultschen) oder Golden (3200) und die Orotschen (900), beide Ethnien siedeln im südlichen Amurbecken; ebenso die Oroken (100) auf Süd-Sachalin, die Udehe oder Odegejzen (2000), ebenfalls am Unterlauf des Amur. Zwei der Kleinen Völker des Nordens werden heute den Turksprachen zugeordnet: die Dolganen (6900) auf der Taimyr-Halbinsel am Nordpolarmeer und die Tofalaren (700) in der Provinz von Irkutsk.

Zur paläoasiatischen Sprachgruppe zählen die meisten in Nordost-Sibirien siedelnden einheimischen Völker, deren Gesamtzahl nur wenige 10.000 erreicht: Dazu gehören zunächst die sprachlich enger miteinander verwandten Tschuktschen (15.100), Korjaken (9200) und Itelmenen oder Kamtschadalen (2400), dann die Jukagiren (1000), die Nivchen oder Giljaken (4600) am Unteren Amur und auf Sachalin, schließlich einige Eskimo (1700) und Aleuten (700).

2. Kulturformen

Soweit sich die Geschichte der einheimischen Bevölkerung zurückverfolgen lässt, war ihre Wirtschafts- und Lebensform das Fischen, das Jagen und Sammeln, zu dem in späterer Zeit auch Tierhaltung, z. B. Rentierzucht (seit dem Ende des 1. Jt.), kam. Das Fischen spielte die Hauptrolle in der traditionellen Wirtschaft der ugrischen Völker an den Flüssen West-Sibiriens; in Ost- und Nordost-Sibirien kam dazu die Jagd auf Seesäugetiere. Die Jagd prägte überall da die Lebensweise, wo die Wälder der Taiga ihr unerschöpfliches Reservoir anboten. Rentierhaltung und -zucht findet sich vor allem im Innern Sibiriens, aber auch in der Tundra, wobei den Rentieren selbst eine unterschiedliche Rolle zukam. Während bei den Tungusen der Taiga etwa Rentiere vor allem als Milch-, Pack- und Reittiere dienten, waren Rentiere bei einigen Tundrabewohnern die Grundlage der gesamten Wirtschaft, Nahrung eingeschlossen. Rentierhaltung zwingt zu einer nomadischen Lebensweise, da die Herden immer neue Weidegründe suchen müssen. Es versteht sich von selbst, dass das Vordringen sowjetbürokratischer Verwaltung, moderner Industrie und der Ausbeutung der natürlichen Ressourcen in den letzten Generationen das physische und kulturelle Überleben der traditionellen Bevölkerung Sibiriens extrem bedrohte. Von den Menschen der Kleinen Völker des Nordens sind heute kaum mehr als 40% der traditionellen Wirtschafts- und Lebensweise verpflichtet, wie die russischen Ethnologen Pika und Prokhorov 1988 in einem aufrüttelnden Aufsatz (Pika and Prokhorov 1999, XXXII festhielten.

Bei der näheren Darstellung der Religion dieser Völker werde ich drei Beispiele aus den Kleinen Völkern des Nordens herausgreifen; wobei die drei großen Sprachgruppen und die wichtigsten Regionen berücksichtigt werden, ohne dass dabei vollständige Repräsentativität erreicht werden kann oder soll. Immerhin sollte es gelingen, wesentliche Unterschiede und Gemeinsamkeiten der Lebensweise und der Religionen herauszufinden. Die ausgewählten Ethnien sind die Juraken, die Tschuktschen und die Tungusen. Die beiden großen Völker der Jakuten und Burjaten brauchen hier nur kurz gestreift zu werden, da die Religionen ihrer kulturellen Gruppen (Turkvölker bei den Jakuten und Mongolen bei den Burjaten) im Beitrag „Religion und Kultur Zentralasiens“ ausführlich zur Sprache kommen.

Die Jakuten bilden das nördlichste der Turkvölker; im 12. und 13. Jh., oder noch früher, wurden sie aus ihrem angestammten Siedlungsgebiet um den Baikal-See nach Nordost-Sibirien abgedrängt. Sie passten ihre seminomadische Lebensweise als Rinder- und Pferdezüchter dem rauheren und kälteren Klima an der Lena an. Von den Evenken übernahmen sie dazu die Rentierzucht. Jagd und Fischfang tragen zusätzlich zum Lebensunterhalt bei. Ackerbau und Industrialisierung haben seit dem 19. Jh. Lebens- und Wirtschaftsweise der Jakuten stark verändert. Seit dem 17. und 18. Jh. gelten die Jakuten als christianisiert, doch haben sich wichtige Züge der traditionellen Religion unterschwellig erhalten (Geisterglaube, Bärenkult, Schamanismus) oder bildeten mit christlichen Elementen neue synkretistische Strukturen (vgl. Delaby 1987, 493).

Westlich und östlich vom Baikal-See siedelt der überwiegende Teil des mongolischen Volkes der Burjaten (kleinere Gruppen finden sich in der Mongolei und in Nord- und Nordost-China), die Cisbaikal-Burjaten und die Transbaikal-Burjaten. Während bei ersteren Jagd und Fischfang, dazu etwas Ackerbau die Wirtschaftsweise bestimmen, gelten letztere als nomadische, bzw. halbnomadische Viehzüchter (Pferde, Rinder, Kamele, Schafe). Den beiden Arten der Lebensweise entsprechen in der traditionellen Religion zwei unterschiedliche Formen des Schamanismus (vgl. Hamayon 1987). Lamaistischer Buddhismus überlagerte oder verdrängte in einigen Regionen den Schamanismus der Burjaten.

Die größte Völkerschaft der Samojeden, die zur uralischen Sprachgruppe gehören, bilden die Juraken oder Nenzen (Jurak-Samojeden), die sich auf mehrere räumlich weit getrennte lokale Gruppen verteilen, von der Jenissei-Bucht im Osten bis zur Kanin-Halbinsel im europäischen Teil Russlands, vom nördlichen Eismeer bis zur südlicheren Waldzone. Entsprechend kann man nach Lebensweise und Dialekt Tundra-Juraken und Waldgürtel-Juraken unterscheiden. Während bei ersteren großviehzüchterischer Rentier-Nomadismus als Wirtschaftsform vorherrscht, spielt die Rentierzucht bei den Waldgürtel-Juraken, die in erster Linie Jäger und Fischer sind, nur eine geringe Rolle.

3. Mythologie und Weltbild

In ihrer Mythologie und in ihrem Weltbild heben sich die Juraken kaum von den übrigen nordsibirischen Vorstellungswelten ab, wo sich kosmogonische, kosmologische und eschatologische Bilder eigener und fremder Herkunft aneinanderreihen (Paulson 1962, 37). Die ethnologische Forschung hat seit je bei den Juraken ausgesprochen reiche Hochgottvorstellungen gefunden und aufgezeigt. Im Zentrum steht dabei Num, eine Art Himmelsgottheit; sie gilt als gütig, gewaltig, herrlich, allwissend, ist Schöpfer des Lebens, gestaltlos. Als eher numinose Gottheit ist sie dem menschlichen Leben fern, deren Leitung sie untergeordneten Gottheiten und Geisterwesen, etwa den Hilfsgeistern der Schamanen, überlässt. Neben die Himmelsgottheit Num tritt die Wildgottheit Ilibem-Berti, Herr über alle wilden Rentiere der Tundra, wobei nicht selten – in den Augen der Juraken, aber auch mancher Ethnologen – beide zu einer Gottheit verschmelzen. In den beiden großen Jahresfesten der Tundra-Juraken, Frühlings- und Herbstfest, steht Num im Zentrum der Verehrung.

Bei den Jägern und Fischern, den Waldgürtel-Juraken, sind „Wildgeistvorstellungen“ mit der sie begleitenden kultischen Verehrung des Wildes und seiner Schutzwesen stärker ausgeprägt. Auch der Lebensbereich des Hauses wird mit einer großen Anzahl von Haus-,

Familien- und Sippengeistern assoziiert, die in Holz- und Steinfiguren an verschiedenen Kultplätzen der Familien verehrt und um Jagd- und sonstigen wirtschaftlichen Erfolg angegangen werden. In synkretistischen Formen der Juraken-Religion nehmen inzwischen z.T. Heiligenbilder des russisch-orthodoxen Christentums den Platz der alten Hausgeister ein, etwa das Bild des Hl. Nikolaus (Paulson 1962, 105). Wie in den übrigen sibirischen Kulturen und Religionen nehmen auch bei den Juraken Schamanen die Rolle der Mittler zwischen Menschen und übermenschlichen Wesen wahr.

Zur paläoasiatischen Sprachgruppe gehören mit heute ca. 15.000 Leuten die Tschuktschen in Nordost-Sibirien, die sich als ethnische Einheit recht gut erhalten haben; ihr Siedlungsgebiet reicht vom Omolon-Fluss im Westen bis zum Beringmeer im Osten, vom Nordpolarmeer bis ca. 65° südlicher Breite. Auch sie lassen sich der Wirtschafts- und Lebensweise nach in zwei Gruppen teilen: Die Küsten-Tschuktschen im Norden, die wohl unter dem Einfluss benachbarter Eskimo sich auf die Jagd auf Seesäuger spezialisiert haben; andererseits die Rentier-Tschuktschen, die ihrerseits unter tungusischem Einfluss als nomadisierende Rentierzüchter in der Tundra und im Binnenland siedeln. Ursprünglich waren wohl alle Tschuktschen Wildbeuter, also Jäger und Fischer. Die Ausdifferenzierung ihrer Wirtschaftsweise setzte auch in anderen Bereichen der Kultur neue Akzente, etwa in der Religion.

In den Vorstellungen der Tschuktschen setzt sich die Welt aus mehreren Schichten zusammen, die durch eine Öffnung am Polarstern zueinander durchlässig werden bzw. miteinander verbunden sind; Wege zwischen den Welten, die von Geistern und Schamanen benutzt werden. Eine einheitliche alles überragende Welt- oder Himmelsgottheit scheint nicht bekannt zu sein. Eine Gruppe von 22 übermenschlichen Wesen wird mit den Himmelsrichtungen assoziiert; Sonne, Mond und Polarstern gelten als die wichtigsten Himmelswesen, denen auch Opfer dargebracht werden. Die reichhaltige Mythologie der Tschuktschen kennt noch viele andere himmlische Wesen, denen kein Kult gewidmet ist.

Wie in anderen Teilen Nordasiens werden die Tiere als Wesen mit übermenschlicher Macht angesehen und verehrt. Den einzelnen Tierarten werden kollektive Schutzgeister, „Herren der Tiere", mit theriomorph-anthropomorpher Gestalt zugeordnet. Eine herausragende Rolle als Jagdgottheit spielt Pičvu'čin, „der Eigner der wilden Rentiere und allen Landwildes", aber auch des Seewildes bei den Küsten-Tschuktschen, schreibt I. Paulson (1962:70), der sich vor allem auf die große, mehrbändige Monographie von W. Bogoras über die Tschuktschen stützt (1904–1909). Pičvu'čin sendet den Menschen das Wild, fordert die Einhaltung der Jagdbräuche, fordert und erhält Jagdopfer. Man denkt ihn als von winziger, maskuliner Gestalt; er wird gelegentlich mit dem Polarstern identifiziert, „der als himmlischer Hirt die Tiere hütet". Die Tschuktschen kennen und verehren dazu noch weitere Schutzwesen des Wildes, nämlich ungezählte Naturgeister und -gottheiten, oft mit bestimmten Orten verbunden.

Das Pantheon der beiden Tschuktschen-Gruppen enthält dazu auch jeweils eigene Götter und Geister, etwa bei den Küsten-Tschuktschen die „Wesen des Meeres" (z.B. die Walgroßmutter) oder die Meeresgottheit Keret'kun, deren Verehrung auf Eskimo-Einfluss zurückzugehen scheint und die im Zentrum der Jagdzeremonien im Herbst steht, auch bei den Eskimos.

Schamanen spielen auch bei den Tschuktschen die Mittlerrolle zwischen der Welt der Menschen und der unüberschaubaren Welt der Geister und göttlichen Wesen. Sie fehlen bei kaum einer Feier und Zeremonie. Dabei haben sie keine besondere Kleidung und außer einer Trommel keine besonderen Paraphernalia. Hauptziel schamanistischer Seancen war immer die Krankenheilung.

Als drittes Beispiel der Einzeldarstellung werden die Evenken (Ewenken, Jewenken, eigentliche Tungusen, nördliche Tungusen) gewählt, die in der Literatur oft einfach als „Tungusen“ angesprochen werden. Wie kein anderes der 25 Kleinen Völker des Nordens, deren zahlenmäßig größtes sie auch sind, leben sie über weite Teile Sibiriens verstreut: von Ob und Irtysch im Westen bis zum Ochotischen Meer im Osten, vom Nordpolarmeer bis zum Baikal-See und zum Amur, ja bis zur Mongolei und China im Süden. Ihre Sprache, das Tungusische, gehört mit dem Mandschurischen zusammen zur Familie der Altai-Sprachen, zu der wiederum auch die Turksprachen (z.B. die Sprache der Jakuten) und das Mongolische (z.B. die Sprache der Burjaten) gehören.

Auch die Evenken lassen sich ihrer territorialen Verbreitung und ihrer Lebens- und Wirtschaftsweise nach in zwei Gruppen einteilen: in Jäger, Fischer und Rentierzüchter in der Taiga im Norden, im Wesentlichen noch einer wildbeuterischen Lebensweise verhaftet, und im Süden in Pferde- und Viehzüchter mit ihrer nomadischen Wirtschaftsweise einerseits, in sesshafte Bauern andererseits. Die Zerstreuung über ein so riesiges Gebiet führte letzten Endes auch zu sprachlichen und sonstigen kulturellen Ausdifferenzierungen der Volksgruppe, ohne dass die ethnische Einheit dadurch in Frage gestellt wurde.

In der Sicht der Evenken lässt sich die Welt in mehrere (drei) Schichten vorstellen: die Oberwelt mit bis neun Himmelssphären, die Erde, schließlich die zweischichtige Unterwelt. Die drei Weltschichten sind miteinander verbunden durch den Weltenbaum Tuuruu oder den mythischen Fluss Engzekit. Es ist das Privileg der Schamanen, diese Verbindung zwischen den Welten zu nutzen.

Eine überragende Stellung nimmt in der Weltsicht der Transbaikal-Evenken z.B. der Himmel ein mit Buga, einer Gottheit, die freilich nicht nur den Himmel, sondern den gesamten Kosmos repräsentiert; eine Art höchstes Wesen, das sich allerdings einer vollständigen Personifizierung und Anthropomorphisierung entzieht, wie Paulson mit Bezug auf Shirokogoroff (1935 bzw. 1999), den großen Erforscher der Religion und Gesellschaft der Tungusen, festhält (1962, 39). Buga übt als Schöpfer und Herr über alles, als Weltenlenker, eine gewisse Oberhoheit über die übrigen Gottheiten und Geister aus, dem Alltag der Menschen jedoch ist er fern. Die Jenissei-Evenken nennen die oberste Welt- und Himmelsgottheit Mayin; ihr wird eine besondere Beziehung zu den gezüchteten Rentieren nachgesagt.

Neben den erwähnten und ähnlichen Himmelsgottheiten kennen die Evenken zahlreiche, meist wohlwollende Gottheiten und Geister, die als Herren und Schutzwesen des Wildes, als Jagdgottheiten fungieren und denen auch Opfer dargebracht werden und Zeremonien gewidmet sind. Haus- und Sippengeister bilden einen anderen Komplex der göttlichen Wesen der Evenken. Sie werden in Abbildern dargestellt und vor allem mit Verursachung und Heilung von Krankheiten in Verbindung gebracht. Nicht selten aber opfert man ihnen auch, um Erfolg bei der Jagd zu erlangen. In den Mythen und Erzählungen der Evenken, aber auch in den Riten spielt der Bär eine zentrale Rolle, der auch als Kulturheros verehrt wird.

4. Schamanische Riten

Wie bei den übrigen nordasiatischen Völkern ist auch die Religion der Evenken so sehr von schamanistischen Elementen geprägt und durchdrungen, dass man von einer schamanistischen Religion sprechen kann. Aus der Sprache der Tungusen fand übrigens der Begriff

Schamane (*šaman, saman, haman*) über die russischen Ethnographen des 17. Jh. Eingang in den Sprachgebrauch der Ethnologen und Religionswissenschaftler (Shirokogoroff 1999, 268ff.). Man kann also mit einigem Recht die Religion der Tungusen als den *locus classicus* des Schamanismus überhaupt ansehen. Betont werden muss dabei freilich immer wieder, dass Schamanismus selbst keine eigene Religion ist, sondern sich mit vielen, unterschiedlichen Religionen und Kulturen verbinden kann.

Jeder Klan der Evenken und der übrigen Tungusen hatte in traditionellen Zeiten einen oder mehrere Schamanen, die nicht selten im Klan auch die politische Leitungsfunktion innehatten. Das Schamanenamt wird durch Berufung vererbt, gelegentlich in alternierenden Generationen. Der Geist eines verstorbenen Schamanen sucht sich unter seinen Nachkommen eine Person als Nachfolger aus. Gelegentlich suchen sich auch andere der zahllosen Geister eine Person als neuen Schamanen aus, als dessen Hilfsgeister sie fungieren. Diese Erwählung manifestiert sich bei den Auserlesenen oft als Berufungskrankheit, die durch Annahme der Berufung und entsprechende Initiationszeremonien geheilt wird. Das Amt kann von Männern wie von Frauen wahrgenommen werden. Wichtigste Funktion dieses Amtes ist es, zwischen den Geistern und Mächten der übermenschlichen Welt und den Menschen die Verbindung herzustellen. Bei seinen Trägern wird eine physische und psychische Disposition für diese Aufgabe vorausgesetzt. Es ist nicht nur die Fähigkeit, Geister in sich aufzunehmen, also besessen zu werden, es ist vielmehr die Fähigkeit, Geister in sich aufzunehmen und sie sich gefügig zu machen, d.h. über sie zu herrschen, die den Schamanen auszeichnet (Shirokogoroff 1935, 50).

Im Laufe eines langen Lebens und erfolgreichen Agierens gewinnt ein Schamane Macht über immer mehr Geister, die er kennenlernt und als Hilfsgeister für sein Schamanieren einsetzen kann. Das Heer der denkbaren Schamanengeister ist unüberschaubar groß und je nach Herkunft und Naturell höchst unterschiedlich. Es reicht von den Ahnengeistern, d.h. den Seelen verstorbener Schamanen und anderer Angehöriger des Klans bis zu den diversen Natur-, Tier- und Wildgeistern. Während des Schamanierens macht sich der Schamane die Fähigkeiten und Kräfte seiner Hilfsgeister zu eigen, um so die ihm gestellten Aufgaben zu lösen.

Kern und Zentrum allen Schamanierens ist die Ekstase, in die sich der Schamane versetzt. Sie erlaubt ihm, seine Mittlerrolle zur übermenschlichen Welt zu spielen. Das kann grundsätzlich auf unterschiedliche Weise geschehen: 1. In der Ekstase verlässt die Seele des Schamanen den Körper des Schamanen und die Welt der Menschen und begibt sich auf eine „Seelenreise" (Seelenflug) zu der oder zu den Welten der Gottheiten und Geister, wo sie z.B. die Seele eines Kranken aus der Macht übelwollender Geister befreit und zurückholt. 2. In der Ekstase inkorporiert sich der Schamane die Seele bzw. Seelen von Hilfsgeistern, um mit ihrer Hilfe seine Aufgabe zu lösen. 3. Beide Weisen, Seelenreise und Besessenheit, können miteinander kombiniert sein oder aufeinander folgen, etwa indem der Schamane erst Geister in sich aufnimmt und seine Seele dann im Gefolge dieser Geister sich auf die Seelenreise begibt. Die zuletzt genannte Weise des Schamanierens scheint bei den Tungusen vorherrschend zu sein.

Ein schamanistisches Heilungsritual kann nach Shirokogoroff bei den Tungusen etwa so ablaufen: 1. Der Schamane ergreift die Initiative, er wendet sich an seine Hilfsgeister und ruft sie herbei; 2. so erkundet er mit deren Hilfe z.B. die Ursache der Krankheit, etwa den Aufenthaltsort der Seele des Kranken, deren Verschwinden die Krankheit ausgelöst hat; 3.

mit den genannten oder weiteren Hilfsgeistern fängt der Schamane die Seele des Kranken ein; 4. er befreit den Kranken von fremden Geistern; 5. er bringt dem Kranken die Seele zurück; 6. der Schamane entlässt seine Hilfsgeister mit Dank für ihre Dienste (nach Paulson 1962, 137).

Der Schamanismus der Tungusen lässt nach Shirokogoroff (1935, 94–96) folgende Voraussetzungen und Wesensmerkmale erkennen: Wichtigste Voraussetzung sind bestimmte Seelenvorstellungen, die das Schamanentum erst ermöglichen. Die Fähigkeit, auf eigene Initiative in Ekstase zu fallen, dabei mit Geistern in Verbindung zu kommen und diese zu beherrschen, zeichnet den Schamanen aus. Das Schamanieren geschieht in einem bestimmten Ritual, mit bestimmter Kleidung und bestimmen Paraphernalia und in einem bestimmten sozialen Umfeld für einen gesellschaftlichen Zweck – in der Regel Krankenheilung –, also im Rahmen und für den Klan. Dem Schamanen der Tungusen erwächst so in seinem Klan oft auch eine einflussreiche Position von persönlicher und politischer Macht.

Schamanismus und die traditionelle Religion der Tungusen sind nicht vollständig untergegangen oder verschwunden, wie interessierte sowjetische Berichte lange Zeit glauben machen wollten, sondern geben gelegentlich Zeichen fortdauernder Vitalität. Sie mögen, wie ein Autor formuliert, vitaler und lebensfähiger sein, als man gemeinhin vermutet (Chichlo 1987, 86; Fondahl 1994, 123). Von der Kraft der Tradition in heutiger Zeit gibt der opulente Text- und Bildband von R. Hamayon und M. Garanger, „Taïga – Terre de chamans", über Jakuten und Evenken ein beredtes Zeugnis (1997). Gleichwohl ist die Religion von den Änderungen der Lebens- und Denkweise eines Volkes und den daraus sich ergebenden Bedingungen immer mitbetroffen. Und die Kultur der Evenken hat sich wie die aller nordasiatischen Völker im vergangenen Jh. in außerordentlich großem Maße verändert.

Literatur

Bogoras, Waldemar: *The Chukchee; 4 vols.* Leiden 1904–1909.

Chichlo, Boris: *Tunguz Religion,* in: *EncRel(E) 15* (1987) 83–86.

Delaby, Laurence: *Yakut Religions.* in: *EncRel(E) 15* (1987) 493–496.

Fondahl, Gail: *Evenki (Northern Tungus),* in: P. Friedrich and N. Diamond 1994, 120–124.

Friedrich, Paul, and Norma Diamond (eds.): *Encyclopedia of World Cultures; vol. VI: Russia and Eurasia/China.* Boston 1994.

Hamayon, Roberte: *Buriat Religion,* in: *EncRel(E) 2* (1987) 571–574.

Hamayon, Roberte, et Marc Garanger: *Taïga – Terre de chamans.* Ph. de M. Garanger. Paris 1997.

Heyne, F. Georg: *Frauen, die Geister beherrschen. Geister und Schamaninnen bei den Rentier-Ewenken in den Großen Hinggan Bergen (Nordostchina).* Anthropos 98 (2003) 319–340.

Johansen, Ulla: *Nordasien,* in: H. Tischner (Hrsg.), *Völkerkunde;* pp. 148–162, 344–345. Frankfurt 1959.

Kerttulla, Anna M.: *Antler on the Sea. The Yup'ik and Chukchi of the Russian Far East.* Ithaca 2000.

Paulson, Ivar: *Die Religionen der nordasiatischen (sibirischen) Völker,* in: I. Paulson, Å. Hultkrantz und K. Jettmar, *Die Religionen Nordeurasiens und der amerikanischen Arktis;* pp. 1–144. Stuttgart 1962.

Pika, Aleksandr: *Neotraditionalism in the Russian North. Indigenous Peoples and the Legacy of Perestroika.* Edmonton 1999.

Pika, Aleksandr, and Boris Prokhorov: *The Big Problems of Small People,* in: A. Pika 1999:XXIX-XI.

Shirokogoroff, S. M. (Širokogorov, S. M.): *Versuch einer Erforschung der Grundlagen des Schamanentums bei den Tungusen.* Baessler-Archiv 18 (1935) 41–96. [Russisches Orig. 1919]
Psychomental Complex of the Tungus. New ed. Berlin 1999 [Orig. 1935]
Slezkine, Yuri: *Arctic Mirrors. Russia and the Small Peoples of the North.* Ithaca 1994.
Weiser, Adelheid: *Die Völker Nordsibiriens unter sowjetischer Herrschaft von 1917–1936.* Hohenschäftlarn 1989.

Anton Quack

XV. Zentralasien

Zentralasien umfasst die weite Landmasse in der Mitte des riesigen eurasischen Kontinents; es erstreckt sich vom Kaspischen Meer im Westen bis zur Mandschurei im Osten, entlang von Grassteppen, Gebirgsketten und Hochebenen, der alten Seidenstraße folgend. Es betrifft ganz oder zum großen Teil die aus der früheren Sowjetunion entstandenen islamischen Staaten Turkmenien, Kasachstan, Usbekistan, Tadschikistan, Kirgisien, Teile von Afghanistan, von Nordwest- und Nord-China, schließlich die Mongolei. Bei aller Vielfalt der lokalen Besonderheiten, die ein so weit gespanntes geographisches Gebiet naturgemäß mit sich bringt, haben doch alle seine Teile das aride Kontinentalklima gemeinsam. Das gilt für die Wüsten und Steppen Turkmeniens, die etwa auf Meeresniveau liegen, ebenso wie für mongolischen Steppen in mehr als 1500 m Höhe.

1. Völker und Sprachen

Eine weitere Gemeinsamkeit erlaubt es auch, von einer einigermaßen geschlossenen Kulturregion zu sprechen: Die Bewohner gehören überwiegend zu einer einzigen großen Sprachfamilie, den altaischen Sprachen, die in Zentralasien die beiden großen Untergruppen der Turksprachen und der mongolischen Sprachen umfassen. Ausgenommen davon sind die Russen, in den ehemaligen sowjetischen Gebieten, und die Tadschiken, deren Sprachen bzw. Dialekte der indoeuropäischen Sprachfamilie zugeordnet werden. In dieser sprachlichen Verbundenheit spiegelt sich auch die gemeinsame Geschichte wider, die die Bewohner Zentralasiens durch viele Jh. verband. Die Bewohner Zentralasiens gehören dem physischen Erscheinungsbild nach zu den Mongoliden, wobei im Westen ein kaukasider Einschlag bemerkbar ist. Wenn die Wirtschaft der Völker in Zentralasien als nomadische Weidewirtschaft charakterisiert wird, stimmt dies nur zum Teil. Denn Sesshaftigkeit und Ackerbau fanden sich fast immer und überall parallel dazu, eingeschränkt jeweils durch die herrschenden lokalen Klimabedingungen.

Wichtiger Teil dieser Geschichte ist auch die frühe Annahme des Islam, der den westlichen Teil Zentralasiens bereits im 8. Jh. erreichte und heute in den genannten ehemaligen Sowjetrepubliken offizielle Religion ist; fast alle Muslime hier sind Sunniten. Lamaistischer Buddhismus dagegen prägt die Völker und Kulturen der Mongolen. Wiederum gemeinsam ist allen diesen Völkern, seien sie muslimisch, seien sie buddhistisch, dass sich jeweils starke Züge von präislamischer bzw. präbuddhistischer Volksreligiosität erhalten haben.

Einen guten Überblick über die Völker Zentralasiens und ihre Kulturen bieten der 6. Band („Russia and Eurasia/China") der „Encyclopedia of World Cultures" (Friedrich and Diamond 1994) und für den islamischen Teil die etwas ältere Ausgabe des zweibändigen Werkes „Muslim Peoples. A World Ethnographic Survey" (Weekes 1984), die auf die Veränderungen nach dem Zusammenbruch der Sowjetunion noch nicht eingehen kann. Etwas älter ist der Beitrag von U. Johansen über „Mittelasien" in der regionalen „Völkerkunde", herausgegeben von H. Tischner (1959), der die einschlägige Literatur der russischen Ethnographie erschließt und vor allem für Nichtfachleute gedacht ist. An eine ähnliche Leserschaft wendet sich der neue Text- und Bildband „Zentralasien – Welt der Nomaden" von P. Gentelle (2002). Über die Völker der Mongolen gibt gute Auskunft der umfangreiche und reich illustrierte Band „Die Mongolen", herausgegeben von Walther Heissig und Claudius C. Müller (1989). Zur Geschichte der Mongolen finden sich zahlreiche nützliche Angaben im von M. Weiers herausgegebenen Sammelband „Die Mongolen" (1986). Als Quelle für knappe deutschsprachige Informationen nützlich ist auch der Band „Völker der vierten Welt", herausgegeben von W. Lindig (1981). Zu den Sprachen informieren immer noch kompetent und zuverlässig die Bände „Turkologie" und „Mongolistik" des „Handbuchs der Orientalistik" (von Gabain et al. 1963; Poppe et al. 1964).

Zwei Drittel der 4 Mio. *Turkmenen* leben heute in Turkmenien (Turkmenistan; die deutsche Schreibweise ist wie im Fall von „Kirgisien" nicht einheitlich) um das kaum besiedelte Wüstengebiet von Karakumy herum, eine große Anzahl jeweils in den Nachbarstaaten Iran und Afghanistan. Ihre Sprache wird zum Südwest-Zweig der Turksprachen (Türksprachen) gerechnet; damit steht sie dem Aserbaidschanischen und dem Türkeitürkisch näher als den anderen benachbarten Turksprachen in Zentralasien. Die Zweiteilung der traditionellen Wirtschaft in Hirtennomaden und sesshafte Ackerbauern zog sich durch die gesamte Gesellschaft, durch alle Gruppen und Familien; ja viele Individuen wechselten immer wieder zwischen beiden Wirtschafts- und Lebensformen hin und her. Eigentliches Herdentier war durch lange Zeit das Dromedar, das erst im 19. Jh. in seiner Bedeutung durch das Schaf abgelöst wurde. In jüngerer Zeit wurde Baumwoll-Anbau, oft als Monokultur betrieben, zu einem wichtigen Wirtschaftszweig; eine nennenswerte Industriekultur gibt es nicht. Die traditionellen patrilinearen Familien- und Stammesstrukturen haben bis in die Moderne überlebt. Nicht selten waren etwa die Kolchosen der Sowjetzeit nach Verwandtschaftsverbänden organisiert.

Östlicher Nachbar von Turkmenien ist Usbekistan, die Heimat der *Usbeken,* die mit ca. 15 Mio. das größte unter den turksprachigen Völkern Zentralasiens bilden; ein substantieller Teil (ca. 1,3 Mio.) lebt in Afghanistan, kleinere Gruppen in China und der Mongolei. Einige Dialekte des Usbekischen (kiptschakische Mundarten) gehören zum Nordwest-Zweig der Turksprachen; andere, nicht-kiptschakische Mundarten werden zum Südost-Zweig gerechnet (von Gabain 1963a, 4, 1963b, 139) und sind eng verwandt mit den Turksprachen in Xinjiang/Nordwest-China. Steppe und Wüste prägen das Bild des Landes im nördlichen Teil, gebirgige Landschaften im Süden. Mit ähnlichen klimatischen Bedingungen wie in Turkmenien hat auch die Landwirtschaft in Usbekistan zu rechnen, das ebenfalls unter der Monokultur des Baumwoll-Anbaus und verfehlter Bewässerungspolitik leidet. Die alten islamischen Kulturzentren im Süden (Samarkand, Buchara, Taschkent) profitierten durch die Jahrhunderte vom Handel der Seidenstraße.

Das Volk der *Kasachen* stellt die größte Gruppe in der großen nun selbständigen Republik Kasachstan, wo sie mit ca. 7 Mio. fast die Hälfte der Gesamtbevölkerung bilden; kleinere Gruppen von Kasachen siedeln in Afghanistan und der Mongolei, ca. 1 Mio. in Nordwest-China. Das Kasachische (Kazakische) gehört zum Nordwest-Zweig der Turksprachen. Die Kasachen gelten als die Nachkommen von Turksprachen und Mongolisch sprechenden Reiternomaden, die durch viele Jh. Zentralasien beherrschten. Eine eigene Identität als Volk und Kultur entwickelte sich erst im 15./16. Jh., eine staatliche, politische Einheit kam selten zustande. Während des größten Teiles der kasachischen Geschichte lassen sich drei von je einem Khan geführte „Horden" lokalisieren. Die traditionelle Wirtschaftsform der Kasachen war die nomadische Weidewirtschaft mit großen Pferde-, Schaf- und Kamelherden; Rinder spielen erst seit Mitte des 19. Jh. eine Rolle. Die Zeit der Sowjetherrschaft brachte einen verstärkten Zwang zur Ansiedlung und störte damit die nomadische Lebensweise mit den ihr angepassten Gesellschaftsstrukturen empfindlich.

Der Staat Kirgisien (Kirgistan, Kirgisistan) in den Hochgebirgsregionen von Pamir und Tienshan ist die Heimat des größten Teils der *Kirgisen,* die mit ca. 2 Mio. zu den kleineren Völkern Zentralasiens gehören; eine große Gruppe siedelt in Usbekistan, eine andere große Gruppe in Westen von Xinjiang. Kirgisisch zählt wie Kasachisch zum Norwest-Zweig der Turksprachen. Im unwirtlichen Siedlungsgebiet der Kirgisen war nomadisierende Herdehaltung (Schafe, Pferde, Yaks) die prägende Lebens- und Wirtschaftsweise. Sesshaftigkeit und Ackerbau sind jüngeren Datums. Die traditionelle Kultur kannte keine den Stamm übergreifende politische Einheit mit Zentralgewalt und gemeinsamer Politik.

Unter dem Namen *„Uiguren"* werden seit Anfang des 20. Jh. die Turksprachen sprechenden Muslime in der chinesischen autonomen Region Xinjiang (Ostturkestan) zusammengefasst, unter denen immer wieder Bewegungen entstanden sind, die die volle kulturelle und staatliche Unabhängigkeit anstreben und die mit ca. 6 Mio. eine beachtliche kulturelle Minderheit darstellen. Die Uiguren siedeln als Bauern in den Oasengebieten von Xinjiang. Ethnogenetische Beziehungen zu den Bewohnern des alten Uiguren-Reiches (8.–12. Jh.) gibt es nicht.

Von den genannten Völkern heben sich die *Tadschiken* ab, deren Siedlungsgebiet von Iran und Afghanistan, bis nach Usbekistan, Tadschikistan und Nordwest-China reicht. Ihre Gesamtzahl wird auf ca. 9. Mio geschätzt; ihre Sprache (westiranische und dem Neupersischen eng verwandte Dialekte) gehört zum Indoeuropäischen und ist das wichtigste Bindeglied der Volksgruppe. Eine ethnische Identität darüber hinaus gibt es kaum. Die traditionelle Kultur der Tadschiken stützt sich auf Bodenbewirtschaftung, die den jeweiligen lokalen Bedingungen (Wüstengebiete bis Hochgebirgszonen) angepasst war; Viehzucht spielte eine untergeordnete Rolle. Ein beträchtlicher Teil der Tadschiken wohnte in den großen Städten Zentralasiens (z.B. Buchara, Kabul) und lebte von Handwerk und Handel.

Als letzte große Volksgruppe Zentralasiens sind die *Mongolen* zu nennen, von denen ein Teil (2 Mio.) ca. 87% der Einwohner der Mongolei stellen, deren größerer Teil (5,5 Mio.) jedoch in China (vor allem in der Inneren Mongolei und in Nordwest-China), ein substanzieller kleinerer Teil (knapp 1 Mio.) in Russland (z.B. in Sibierien) wohnen. Mongolisch gehört wie die Turksprachen zum Altaischen und damit zur großen Familie der Ural-altaischen Sprachen. Somit gehören fast alle Völker Zentralasiens zu einer einzigen Sprachfamilie (Ausnahme: Tadschiken). Man unterteilt die mongolischen Sprachen in einen kleineren Westzweig (Kalmückische und Oiratische Gruppe) und einen großen Ostzweig (Südmongolische, Zentralmongolische und Nordmongolische Gruppe). Nicht eindeutig zuordnen lässt sich eine Reihe anderer mongolischer Idiome (z.B. Monguor in Qinghai; die Quellen bleiben unsicher in ihren Angaben, sowohl was die Gliederung aber auch was etwa die Zahl der Sprecher angeht, vgl. Weiers 1986, 66–69; Doerfer 1964, 35ff.).

Der Siedlungsraum der Mongolen erstreckt sich also über Zentralasien hinaus: von der sibirischen Taiga im Norden bis zur Wüste Gobi und dem Huangho im Süden, vom Altai im Westen bis zur Mandschurei im Osten. Die großen geographischen und klimatischen

Unterschiede im Siedlungsgebiet ließen entsprechend unterschiedliche Formen des Nomadismus sich herausbilden, der traditionellen Lebens- und Wirtschaftsweise der Mongolen, wobei als klassische Herdentiere galten: Ziege, Schaf, Rind bzw. Yak, Kamel und Pferd. Die Gesellschaft der Mongolen bildete sich aus Großfamilien, den eigentlichen Wirtschafts- und Lebenseinheiten, die zu exogamen Sippen, diese wiederum zu Stämmen zusammengefasst wurden bzw. werden konnten; sie befand sich in einem ständigen ethnogenetischen Prozess. Im Lauf der Geschichte entwickelten sich mehr oder weniger akzentuierte „feudalistische Strukturen"; ein reiner Feudalismus war nicht möglich, da Grund und Boden sich immer in Gemeinschaftsbesitz befanden.

2. Historische Erinnerungen

Zentralasien hat trotz der unglaublichen Weite seines Raumes eine bewegte Geschichte. Immer wieder formten sich aus den Nomadenvölkern der Steppe Bewegungen, die ihre sesshaften Nachbarvölker militärisch bedrohten, eroberten, immer wieder neue Staatsgebilde organisierten und regelmäßig in die großen Zivilisationsgebiete Europas, Westasiens und Ostasiens einbrachen.

Das erste Volk nomadischer Reiterkrieger, von dem europäische Geschichte berichtet, waren im 1. Jt. v. C. die indo-iranischen *Skythen* der südrussischen Steppe, die als gefürchtete Reiterkrieger galten und gegen die der Perserkönig Darius erfolglos kämpfte. Im östlichen Teil Zentralasiens, in der mongolischen Steppe, lag das Machtzentrum der *Hsiung-nu,* die seit dem 3. Jh. v. C. für einige Jh. die chinesischen Grenzen bedrohten und ins chinesische Reich einfielen. Die nomadischen Hsiung-nu gelten in den chinesischen Quellen als geschickte und disziplinierte Reiterstämme, die sich zu Kriegs- und Eroberungszwecken immer wieder zu Konföderationen zusammenschlossen. Ethnische oder linguistische Verbindungen zwischen den Hsiung-nu und ihren späteren Nachfolgern, den Mongolen, lassen sich nicht ausmachen. In ihrer Machtstellung in der mongolischen Steppe wurden die Hsiung-nu im 2. Jh. n. C. abgelöst von dem Nomadenvolk der Hsien-pei, die 400 Jahre später den Juan-juan weichen mussten.

Unter dem Druck der Hsiung-nu verließ im 2. Jh. v. C. das indoeuropäische Volk der *Tocharer* (chin. Yüeh-chih) seine Weidegebiete in Nordwest-China (Gansu) und zog nach Westen bis zum oberen und mittleren Amurdarja (Oxus) in Nord-Afghanistan, wo sie das hellenistische Baktrien unter ihre Kontrolle brachten. Unter dem Stamm der Kuchan überquerten sie bald den Hindukusch nach Süden bis Nordwest-Indien, wo sie unter buddhistischen Einfluss kamen. Die herrschenden Nomadenstämme nahmen den Buddhismus an, der sich seit dieser Zeit von hier über Zentralasien nach Ostasien hin ausbreitete.

Gegen Ende des 3. Jh. n. C. tauchte an den Ostgrenzen Europas erneut ein Nomadenvolk aus den innerasiatischen Steppen auf, die *Hunnen;* auch sie möglicherweise auf Druck der Hsiung-nu, mit denen sie wohl keine ethnische Verbindung hatten. Über ihre Sprache ist nichts bekannt. In Europa lösten sie die Völkerwanderung aus und haben damit in der europäischen Geschichte tiefe Spuren hinterlassen. In wenigen Jahrzehnten eroberten sie ein Einflussgebiet von Mittelasien und dem Kaukasus bis zu Donau und Rhein; ein Reich, das nach dem Tod Attilas 453 so schnell zerfiel, wie es entstanden war. Die Hunnen gingen in anderen Völkerschaften auf.

Im 6. Jh. n. C. entsteht in Zentralasien ein Reich, dessen Träger die *Türken* sind und deren Sprache ein türkisches Idiom ist. Der Herrschaftsbereich des Reiches hatte zwei Schwerpunkte: Der östliche lag in der mongolischen Steppe, dieser Teil des Reiches löste sich Mitte des 8. Jh. auf; der Westteil reichte bis zu den Grenzen Persiens und Ostroms, seine Macht zerfiel bereits im 7. Jh. Die Türken beherrschten zeitweise den Handel der Seidenstraße zwischen China und Europa und Westasien. Das türkische Reich war wohl ein Konglomerat von Stämmen unterschiedlicher Herkunft, doch verwandter Sprache und Kultur, wie ihre Ursprungslegenden zeigen (vgl. Meserve 1987, 243). Verdrängt von den West-Türken, suchten im 6. Jh. die nomadischen *Awaren* Schutz in Ostrom und siedelten sich schließlich in Pannonien an, wo sie zu Großviehzüchtern und Ackerbauern wurden und für 250 Jahre die Alleinherrschaft ausübten. Nachfahren der West-Türken kamen im 11. Jh. unter der Führung der bereits islamisierten *Seldschuken* nach Anatolien, die heutige Türkei.

Während aus dem zerfallenden Westtürkischen Reich die *Khazaren* und die *Bulgaren* sich als selbständige Völkerschaften herausschälten, traten im Osttürkischen Reich die *Uiguren* die Nachfolge der Herrschaft an. Im 8. Jh. nahm der Uiguren-Herrscher den manichäischen Glauben an und machte den Manichäismus zur Staatsreligion. Ein großer Teil des Volkes hing allerdings dem Buddhismus an, ein kleiner Teil war nestorianisch. Das Reich der Uiguren wurde 840 von den nördlich und westlich der mongolischen Steppe lebenden Kirgisen angegriffen und zerstört. Der größte Teil der *Uiguren* wurde zum Tarim-Becken abgedrängt, wo mit der Hauptstadt Chotscho (Turfan-Oase) ein neuer Staat entstand, der 400 Jahre bestehen blieb und in dem sich eine multikulturelle Zivilisation entwickelte. Die Uiguren wurden zu sesshaften Bodenbauern mit komplizierter Bewässerungstechnik. Manichäismus und Buddhismus lebten nebeneinander, es entwickelte sich ein ausgeprägtes Bildungsbürgertum.

War Zentralasien durch viele Jh. immer ein Raum gemeinsamer und verwandter Sprachen und Kulturen, so brachte der Aufstieg der *Mongolen* zur Macht eine bisher nicht gekannte Einheit des weiten Gebietes. Seit dem 11. Jh. kämpften westlich der Mandschurei mongolische Stämme um die Vorherrschaft. Es entstand ein 1. mongolisches Reich, das vom Klan der Bordschigid geführt wurde, sich aber Mitte des 12. Jh. wieder auflöste. Erst Temüdschin, ein niederrangiger Nachkomme des Bordschigid-Klans, brachte es nach mehreren erfolglosen Anläufen fertig, die zerstrittenen Mongolenstämme zu einigen und sich an ihre Spitze zu setzen. 1206 wurde er zum „Dschingis Khan" gewählt. Er organisierte eine neuartige Wehr- und Sozialstruktur, mit der er die bisherige Steppenaristokratie der Mongolen überwand und ein straff organisiertes Großreich errichten konnte, das mongolische wie nichtmongolische Völkerschaften umfasste und mit unglaublicher Geschwindigkeit expandierte und 40 Jahre lang als Großreich mit seiner Hauptstadt Karakorum in der Mongolei und seinem Machtanspruch vom Gelben Meer bis zur Ostsee reichte.

Die einverleibten Gebiete und Reiche, etwa das Reich der Uiguren, behielten in der Regel eine Teilautonomie, so dass das mongolische Imperium übernationalen Charakter hatte. Übernational war auch das Heerwesen, in dessen Einheiten sich viele Völkerschaften wiederfanden. Für den Zusammenhalt des Reiches wichtig war das gut organisierte Post- und Kurierwesen, von den Chinesen übernommen und auf das ganze Reich ausgedehnt. Als weitere Klammer der Einheit wird schließlich die religiöse Toleranz bzw. Indifferenz genannt, die Buddhismus, Islam, Christentum, traditionelle Volksreligionen nebeneinander wirken und bestehen ließ, ihnen sogar relative Freiheit gewährte.

Der dritte Nachfolger Dschingis Khans, Kubilai Khan, der letzte der bedeutenden Großkhane, verlegte die Hauptstadt des Großreiches nach China, das er unter seine Kontrolle brachte und wo er die Yüan-Dynastie begründete (1264–1368). Die ungeregelte Nachfolgefrage und Zwistigkeiten im Herrscherhaus führten bald dazu, dass das mongolische Weltreich in vier Teilreiche zerfiel, von denen jedes ein eigenes Schicksal und eine eigene Geschichte hatte (deren letztes, das nordwestliche, Anfang des 16. Jh. zu Ende ging): a) das chinesische Khanat mit der Hauptstadt Khanbalyk (dem späteren Peking); b) das Khanat Dschagatai im Tienschan-Gebiet mit der Hauptstadt Almalyk; c) das Reich der Ilkhane in Persien mit der Hauptstadt Täbris; d) schließlich das Reich der Goldenen Horde oder Khanat Kiptschak im Gebiet nördlich von Aralsee, Kaspischem Meer und Schwarzem Meer mit der Hauptstadt Saraj.

3. Religionen und Mythen

Im Lauf ihrer abwechslungsreichen Geschichte sind die zentralasiatischen Völker den meisten großen Religionen der Welt begegnet: Judentum, nestorianischem Christentum, Manichäismus, Islam, Buddhismus. Während die Turkvölker schließlich den Islam übernahmen, an dem sie bis heute festhalten, ist der Buddhismus bei den mongolischen Völkern die vorherrschende Religion geworden. Für alle der genannten Völker und Kulturen aber gilt, dass parallel dazu traditionelle Volksreligionen lebendig geblieben sind und praktiziert werden, deren gemeinsames Charakteristikum der Schamanismus ist. Islam und Buddhismus ließen und lassen weiten Spielraum für Synkretismus jeder Art.

Über die traditionellen Religionen der Völker Zentralasiens existiert eine reichhaltige Fachliteratur neueren und älteren Datums. Neben den einschlägigen Beiträgen in „The Encyclopedia of Religion", 1987 herausgegeben von Mircea Eliade, wobei vor allem „Turkic Religions" und „Mongol Religions" zu nennen sind (von Jean-Paul Roux und Walther Heissig), können die Monographien „Die religiösen Vorstellungen der altaischen Völker" (Harva 1938), „Die Religionen der Mongolei" (Heissig 1970), „La religion des Turcs et des Mongols" (Roux 1984) und „Animal and Shaman" (Baldick 2000) zur Konsultation empfohlen werden. Aus der Feder von Jean-Paul Roux stammen schließlich auch die empfehlenswerten Beiträge über die Religionen der Turkvölker und der Mongolen im zweibändigen Sammelwerk „Mythologies" (Bonnefoy 1991, 1089–1113). Nennenswert ist schließlich auch der Aufsatz „Die Religion der Mongolen" von Rudolf Kaschewsky (1986).

In seiner Analyse über die Religionen der *Turkvölker* unterscheidet J.-P. Roux (1987) zwei Zweige der traditionellen Religion, die einander teils durchdringen, teils bekämpfen oder sich zumindestens antagonistisch gegenüberstehen: Die Volksreligion („popular religion") einerseits, wie sie sich bei den einzelnen Nomadenstämmen herausgebildet hat; und die Herrscherreligion („imperial religion") andererseits, wie sie die großen Reiche der Steppe prägt.

Zum gemeinsamen Erbe beider Zweige der Religion gehört die Offenheit für Innovationen; unter manichäischem Einfluss verstärkten sich vorhandene dualistische Ideen, aus dem Buddhismus entlehnt sind Vorstellungen von Hölle und Unterwelt. Gemeinsam sind beiden Teilen der traditionellen Religion auch die Vorstellungen über Tod und Leben nach dem Tod, entsprechend auch die Totenriten, das gesamte Weltbild schließlich.

Das Universum besteht aus drei parallelen Ebenen: Erde, Himmel, Unterwelt. Miteinander verbunden sind die drei durch eine kosmische Achse (ein Berg oder ein Baum), die gleichzeitig als Stütze des Himmels und als Weg zu ihm dient. Beobachtung und Deutung der Gestirne spielen eine große Rolle. Von den vier Elementen, die das Universum ausmachen, sind Wasser und Feuer die wichtigsten; sie ergänzen sich und sie widerstreiten sich. Allem, was es im Universum gibt, wohnt eine Kraft inne, in allem gibt es eine „Seele“, in Bäumen, in Steinen, in Tieren, in Menschen usw. Diese Kraft kann in untergeordnete Teile zerfallen, sie kann sich aber auch mit anderen dieser Kräfte zu einer kollektiven großen Macht verbinden. Ein komplexes Wesen wie der Mensch z.B. hat mehrere Seelen.

Die Tiere haben zwar alle einen numinosen Charakter, doch einige heben sich hier besonders hervor, etwa der Adler, der als Götterbote gilt. Auch der Hirsch gilt als heilig; der Bär wird mit dem Mond verbunden wie das Pferd mit der Sonne usw. Der Kampf mit einem Tier gilt als zentraler Teil des Übergangsritus, der den Burschen zum Mann macht.

4. Schamanische Kulturen

Zentrum der traditionellen Volksreligion ist der Schamanismus. In ihm geht es um Stärkung und Bewahrung des Lebens (Heilung), um Erkennung und Sicherung der Zukunft (Divination), schließlich um Verbindung mit den Göttern und Geistern (in Trance, in der Himmelsreise des Schamanen). Unter Schamanismus versteht man die institutionelle und formgebundene ekstatische Verbindung von Menschen mit übermenschlichen Wesen im Dienste ihrer sozialen Gruppe (Schröder 1955, 879). In Ekstase oder Trance nimmt der Schamane oder die Schamanin Verbindung mit jenseitigen Wesen auf: Es kommt entweder zur Jenseitsreise der Seele des Schamanen/der Schamanin oder zum Abstieg jenseitiger Wesen in die Person des Schamanen/der Schamanin (Besessenheit). Schamanismus ist keine eigene Religion, sondern ein religiöser Komplex, der sich in verschiedenen Religionen und Kulturen realisieren kann und dessen konkrete Formen und Ausprägungen daher von der jeweiligen Kultur und Tradition abhängen. Man findet also auch in den Volksreligionen der Turkvölker unterschiedliche Ausprägungen von Schamanismus.

Bei all seinen Funktionen und Aufgaben stand der Schamane allerdings in Konkurrenz zu anderen religiösen Funktionären wie Astrologe, Wahrsager, Regenmacher usw. Eine gewisse Rolle spielten in der Volksreligion der Stammeskulturen auch totemistische Vorstellungen; Glaubensvorstellungen also, nach denen zwischen einem Individuum oder einer Gruppe von Menschen und bestimmten Tier- oder Pflanzenarten oder Gegenständen (Totems) dauerhafte, verwandtschaftsähnliche Beziehungen bestehen. Die Götter und Geister dieser Stammesreligionen blieben durchweg im Bereich „menschlicher Dimensionen“ (Roux 1987:91), Himmelsgötter waren ohne größere Bedeutung. In zoomorphen oder anthropomorphen Idolen fixierte man die Anwesenheit dieser Götter und Geister.

Kennzeichnend für die Herrschaftsreligionen der Turkvölker (Reichsreligionen) war der ständige Kampf gegen den Schamanismus; nicht zuletzt deshalb, weil die Schamanen nicht nur priesterliche Funktionen hatten, sondern auch auf Stammesebene Führungs- und Leitungsaufgaben wahrnahmen. Vor allem aber störte am Schamanismus, dass er den Schamanen einen privilegierten Zugang zur übermenschlichen Welt reservierte und damit in Konkurrenz kam zum Khan, der seinerseits besondere Beziehungen zur Überwelt für sich reklamierte. Auch die totemistischen Strukturen der Stammesgesellschaften ließen sich nur schlecht mit der Reichsideologie verbinden, die nur die Totems der herrschenden Dynastie gelten ließen, wie sie in den eigenen Ursprungslegenden begründet waren. Hauptgottheit der Reichsreligion war Tengri, der Himmelsgott, der in der Götterwelt herausgehoben war wie in der Welt der Menschen der Khan.

Wie die traditionellen Religionen der zentralasiatischen Turkvölker war auch die Volksreligion der *Mongolen* im Lauf der Geschichte zahlreichen Einflüssen von außen ausgesetzt, die in synkretistischen Formen ihre Spuren hinterlassen haben; etwa die manichäischen Ideen des Dualismus von Gut und Böse, Hell und Dunkel; oder die zoroastrische Gottheit Ahura Mazda, die bei den Mongolen zu Khormusta Tengri mit seinem dreiunddreißigköpfigen Gefolge von Himmelswesen wurde. Doch aus den historischen Quellen geht eindeutig hervor, dass vor solchen Einwirkungen von außen, vor allem auch vor buddhistischem Einfluss, bereits eine mongolische Volksreligion existierte, die vor allem schamanistisch geprägt war, die sich weiterentwickelte und die durch alle Fährnisse hindurch bis heute überlebt hat.

Nach W. Heissig stand in einer ersten Entwicklungsphase des mongolischen Schamanismus die Verehrung von Ahnengeistern im Vordergrund, die zum Schutz gegen widrige Kräfte angerufen wurden (1987, 54). Die Schamanen (männlich oder weiblich) waren Mittler zwischen den Menschen und den übermenschlichen Wesen und Kräften, etwa den Totengeistern von unglücklich Gestorbenen. Die Hilfsgeister der Schamanen manifestierten sich in den *ongons,* Götter- und Geisterfiguren, von denen ein Schamane im Lauf seines Lebens zahlreiche ansammeln konnte, was seine Wirksamkeit erhöhte. Wie im verwandten Schamanismus der Turkvölker ging es auch hier vor allem um Sicherung, Schutz und Stärkung des Lebens, um diesseitiges Heil.

Der Schamane kann sich in Ekstase, in Trance, versetzen, während der er sich seine Hilfsgeister inkorporiert und mit ihrer Hilfe eine Himmelsreise unternimmt; etwa um im Dienst einer Krankenheilung mit übelwollenden Geistern zu kämpfen. Die Schamanentrommel, als wichtigstes der Paraphernalia, dient ihm dabei als Vehikel oder „Reittier". Man wird Schamane durch Berufung durch einen älteren Schamanen, bei dem man in die Lehre geht. Schamanen sind also immer ein Glied, ein Teil einer langen Reihe von Kollegen. Eine Berufungskrankheit mit mentaler Instabilität, wie sie andere Formen des Schamanismus charakterisiert, ist bei den Mongolen kaum bekannt; im Gegenteil, Schamanen waren oft politische und militärische Führergestalten mit entsprechend physisch und psychisch stabiler Konstitution.

Unter der Herrschaft des Kubilai Khans (1260–1294) wurde das Amt des Schamanen staatlich organisiert und reglementiert; ein Versuch, Schamanen eng in den Dienst des Herrscherhauses zu stellen. Verstorbene Mitglieder des Herrscherhauses wurden in die Schar der Ahnengeister der Schamanen eingegliedert. Diese Institutionalisierung war einerseits eine Form der Einengung und Unterdrückung; sie trug andererseits dazu bei, viele Gesänge und Anrufungen der Schamanen literarisch festzuhalten und der Nachwelt zu überliefern. Der Buddhismus der ersten Jh. (ab 12. Jh.) hatte wenig Einfluss auf Schamanismus und Volksreligiosität der Mongolen. Das änderte sich erst im 16. Jh., als der Lamaismus, die tibetische Form des Buddhismus, nach und nach das gesamte Gebiet der Mongolen eroberte und es auch zu regelrechten Verfolgungen des Schamanismus kam, die mit Unterbrechungen bis ins 20. Jh. dauerten.

Eine der Antworten der Volksreligion war, dass sie buddhistische Formen der religiösen und liturgischen Verehrung, etwa des Inzenses (Weihrauchopfers) adoptierte und sich inkorporierte. Auch das Pantheon der Götter und Geister wurde entsprechend angereichert. Ein Wesenszug der Volksreligion, gleich welche Geister und Götter angerufen wurden, war immer die Sorge um Heil und Leben. Die Themen waren immer die gleichen: Gesundheit, Fruchtbarkeit von Menschen und Tieren und Pflanzen, Schutz vor Naturgewalten, Schutz vor üblen Geistern und Gefahren, Schutz vor Krieg und Raub. In das Zentrum schamanistischer Aktivitäten rückten zunehmend Heilungsriten. Auf dem Gebiet der Krankenheilung hatten Schamanen freilich immer mit Heilern anderer Provenienz zu konkurrieren.

Die Resistenz der schamanistisch geprägten Volksreligion der Mongolen wurde gerade im 20. Jh. auf eine besonders harte Probe gestellt. Mit der Bildung der Mongolischen Volksrepublik 1924 etwa wurde der Schamanismus durch die Verfassung verboten. Die politischen und ideologischen Entwicklungen der letzten Jahrzehnte in der Mongolei und in China geben Bewegungen der Volksreligion inzwischen wieder mehr Spielraum. Das gilt nicht zuletzt für den Schamanismus in den ländlichen Gebieten der Mongolei.

Zitierte Literatur

Baldick, Julian: *Animal and Shaman. Ancient Religions of Central Asia.* London 2000.

Bonnefoy, Yves (ed.): *Mythologies; 2 vols.* Chicago 1991.

Doerfer, Gerhard: *Klassifikation und Verbreitung mongolischer Sprachen,* in: N. Poppe et al., *Mongolistik;* pp. 35–50. Leiden 1964.

Friedrich, Paul, and Norma Diamond (eds.): *Encyclopedia of World Cultures; vol. VI: Russia and Eurasia/China.* Boston 1994.

Gabain, Annemarie von: *Charakteristik der Türksprachen,* in: A.v. Gabain et al., *Turkologie;* pp. 3–26. Leiden 1963a.

Die Zentralasiatischen Türksprachen, in: A.v. Gabain et al., *Turkologie;* pp. 139–160. Leiden 1963b.

Gabain, Annemarie von, et al.: *Turkologie.* Leiden 1963 (Handbuch der Orientalistik 1. Abt., 5. Bd., 1. Abschnitt).

Gentelle, Pierre: *Zentralasien – Welt der Nomaden.* Vevey 2002.

Harva, Uno: *Die religiösen Vorstellungen der altaischen Völker.* Helsinki: Suomalainen Tiedeakatemia Helsinki. 1938 (FF Communications, 125).

Heissig, Walther: *Die Religionen der Mongolei,* in: G. Tucci und W. Heissig, *Die Religionen Tibets und der Mongolei;* pp. 293–428. Stuttgart 1970.

Mongol Religions, in: *EncRel(E) 10* (1987) 54–57.

Heissig, Walther, und Claudius C. Müller (Hrsg.): *Die Mongolen.* Innsbruck, Frankfurt 1989.

Jettmar, Karl (†), und Ellen Kattner (Hg.): *Die vorislamischen Religionen Mittelasiens.* Stuttgart 2003.

Johansen, Ulla: *Mittelasien,* in: H. Tischner (Hrsg.), *Völkerkunde;* pp. 99–113, 344–345. Frankfurt 1959.

Kaschewsky, Rudolf: *Die Religion der Mongolen,* in: M. Weiers (Hrsg.), *Die Mongolen. Beiträge zu ihrer Geschichte und Kultur;* pp. 87–123. Darmstadt 1986.

Lindig, Wolfgang (Hrsg.): *Völker der vierten Welt. Ein Lexikon fremder Kulturen in unserer Zeit.* München, Paderborn 1981.

Meserve, Ruth I.: *Inner Asian Religions,* in: *EncRel(E) 7* (1987) 238–247.

Poppe, Nikolaus, et al.: *Mongolistik.* Leiden 1964 (Handbuch der Orientalistik 1. Abt., 5. Bd., 2. Abschnitt).

Roux, Jean-Paul: *La religion des turcs et des mongols.* Paris 1984.

Turkic Religions, in: *EncRel(E) 15* (1987) 87–94.

The Religion and Myths of the Turks and Mongols (and other articles), in: Y. Bonnefoy (ed.), *Mythologies;* vol. 2; pp. 1089–1113. Chicago 1991.

Schröder, Dominik: *Zur Struktur des Schamanismus.* Anthropos 50 (1955) 848–881.

Weekes, Richard V. (ed.): *Muslim Peoples. A World Ethnographic Survey.* 2nd, revised and enlarged ed. London 1984.

Weiers, Michael: *Zur Herausbildung und Entwicklung mongolischer Sprachen,* in: M. Weiers (Hrsg.), *Die Mongolen. Beiträge zu ihrer Geschichte und Kultur;* pp. 29–69. Darmstadt 1986.

Weiers, Michael (Hrsg.): *Die Mongolen. Beiträge zu ihrer Geschichte und Kultur.* Darmstadt 1986.

Anton Quack

XVI. Südostasien

1. Geografische Strukturen

Südostasien ist der zwischen Indien im Westen, China im Norden, Australien im Süden gelegene Teil des riesigen asiatischen Kontinents. Geografisch lässt er sich in zwei große Teile ordnen: den Festlandteil und den insularen Teil. Ersterer ist auch unter den Namen Hinterindien oder Indochina im weiteren Sinne bekannt und umfasst politisch das Staatsgebiet von Birma (Burma, Myanmar), Thailand, Laos, Kambodscha und Vietnam. Zum insularen Teil Südostasiens zählt man den südlichen Teil der Malaiischen Halbinsel (Malakka), die indonesischen und die philippinischen Inseln, schließlich oft auch Taiwan. Borneo (indones. Kalimantan), Sumatra, Sulawesi (früher Celebes), Java, Luzon, Mindanao gehören zu den größten Inseln der Welt. Von den weit über 20.000 Inseln und Eilanden des Archipels gehören 13.677 zu Indonesien, 7107 zu den Philippinen; wenig mehr als ein Drittel davon ist permanent besiedelt.

Dieser Malaiische oder Indonesische oder Südostasiatische Archipel – auch bekannt unter den Namen Australasien, Insulinde, Insulindien – beherbergt die Staaten Malaysia, Singapur, Brunei, Indonesien, Osttimor, die Philippinen und Taiwan. Die Terminologie folgte offenbar schon früher den Moden der Zeit (vgl. Loofs 1964, 15ff.), und daran hat sich auch bis heute nichts geändert. Der Begriff „Südostasien" wurde übrigens 1923 von dem Wiener Ethnologen und Prähistoriker Robert von Heine-Geldern geprägt. Südostasien erstreckt sich von Norden nach Süden über 3200 km und von Osten nach Westen über 5600 km. Die Bevölkerungszahl wird für den Anfang der 90er Jahre mit ca. 450 Mio. angegeben (Nohlen und Nuscheler 1994), sie dürfte inzwischen auf über 500 Mio. angewachsen sein.

Im südostasiatischen Festland setzt sich der östliche Himalaya mit zahlreichen Gebirgszügen fort, er bildet im nördlichen Hinterindien Berghochebenen und Hochtäler, fächert sich nach Süden hin auf und umfasst hier breite Aufschüttungsebenen. Hinterindien reicht mit seiner südlichen Spitze auf Malakka fast bis zum Äquator. Der größte Teil wird bestimmt von tropischem Monsunklima mit dem Jahreszeitenrhythmus von sommerlichem, feuchtem Südwestmonsun und winterlichem, trockenem Nordostmonsun. Entsprechend können sich tropische Regen- und Bergwälder ausbreiten. Vier große Ströme zerteilen die Großregion von Norden nach Süden: Irawady und Saluen im Westen, Menam (Chao Praya) in Thailand, schließlich der Mekong in der Mitte und im Osten; bleibt noch zu erwähnen der kürzere, nach Osten fließende Rote Fluss im Norden Vietnams. Die von den Flüssen durchzogenen fruchtbaren Täler und Tiefländer bilden mit ihren Nassreisanbauflächen die wichtigsten Siedlungsgebiete.

Die Inseln des Malaiischen Archipels sind gegliedert und geprägt von komplizierten Gebirgssystemen, die in verschiedenen Phasen sich gebildet und aneinander gefügt haben. Die zahlreichen Vulkane gehören zur jüngsten dieser Gebirgsbildungen. Die ganze Region liegt in den Tropen. In einem 5° Streifen längs des Äquators herrscht feuchtheißes Tropenklima mit Regenfall im ganzen Jahr und gleichmäßiger Durchschnittstemperatur. Die Zonen nördlich und südlich davon kennen eine Gliederung in tropische Regen- und Trockenzeit. Der Malaiische Archipel war früher von immergrünem tropischem Regenwald einerseits, von laubabwerfenden Monsunwäldern andererseits bedeckt. Unter dem Druck explosionsartiger Vermehrung der Bevölkerung und wirtschaftlicher Ausbeutung wurde in den letzten Jahrzehnten die ursprüngliche Vegetation immer mehr zurückgedrängt (über Geografie und Geologie der Region informiert zuverlässig Uhlig 1988).

2. Völker und Kulturen

Der geografischen Vielfalt Südostasiens entspricht die kaum überschaubare Vielfalt der Völker und Kulturen, die diesen Teil der Welt besiedeln. In Festland-Südostasien sind allein fünf der großen Sprachfamilien der Welt zu Hause mit Hunderten von unterschiedlichen Sprachen und Dialekten; davon solche mit vielen Millionen Sprechern, aber auch kleine Gruppen mit kaum 100 Sprechern. Ob und wieweit die Gemeinsamkeiten, die diese Sprachfamilien gelegentlich zeigen, auf genetische Verwandtschaft oder auf Entlehnungen zurückgehen, ist bei den Linguisten bis heute umstritten.

Zur Sprachfamilie des Sino-Tibetischen gehören die Sprachen der Birmanen, der Karen, Kachin und Chin in Birma; natürlich auch die zahlreichen ethnischen Chinesen in der gesamten Region, die in Singapur und Taiwan die Bevölkerungsmehrheit stellen. Zur Familie des Austroasiatischen mit insgesamt ca. 150 Sprachen zählen vor allem die Mon-Khmer-Sprachen mit dem Vietnamesischen und dem Khmer in Vietnam und Kambodscha, mit dem Muong, der Sprache der Montagnards in Vietnam, und mit dem Mon in Birma und Thailand. Die Sprachfamilie des Tai-Kadai umfasst die Lao und Thai in Laos und Thailand, dazu kommen als wichtige Gruppe die Shan-Völker in Birma und Thailand. Zur Familie des Miao-Yao zählen vor allem die Hmong oder Meo im gebirgigen Norden Hinterindiens. Der Zahl der Sprecher nach ist Austronesisch die weitaus größte der Sprachfamilien Südostasiens (insgesamt ca. 1200 Sprachen; vgl. Lynch et al. 2002, 1). Bis auf wenige Ausnahmen (Negritos auf Malakka, Papuas auf den Molukken und auf Osttimor) gehören alle einheimischen Sprachen des Malaiischen Archipels zu ihr. Auf dem südostasiatischen Festland dagegen gibt es nur wenige Gruppen, die eine austronesische Sprache sprechen (z.B. die Cham und einige Bergvölker in Vietnam).

Die ungeheure Vielfalt der Völker und Sprachen Südostasiens heute kann als ein Hinweis gesehen werden, dass diese Region der Welt seit je, wenn nicht eine Wiege der Menschheit, so doch im Laufe vieler Generationen ein Siedlungs- und Durchzugsgebiet der Völker zahlreicher Rassen, Sprachen und Kulturen war. Spuren frühester menschlicher Besiedlung in Südostasien werden von Prähistorikern bis auf das frühe Pleistozän (1,6 Mio – 700.000 Jahre zurück) zurück datiert. Funde auf Java etwa belegen dort die Anwesenheit von Hominiden (Homo erectus) für diese frühe Zeit, aber auch eine durchgehende Besiedlung bis zum Ende des Pleistozäns (120.000 – 10.000 zurück). Der Verbreitung der Menschen in dieser Gegend kam entgegen, dass der westliche Teil des Malaiischen Archipels (Sumatra, Java, Borneo) durch Sinken des Meeresspiegels im Pleistozän immer wieder durch Landbrücken mit dem Festland verbunden war; zuletzt während der Eiszeit vor 20.000 Jahren – eine wichtige Voraussetzung wohl für die frühe Besiedlung Australiens und Neuguineas, die über den Malaiischen Archipel erfolgte. Eine gründliche und gut abgewogene Diskussion über den neuesten Wissensstand zu dieser Thematik findet sich in „Prehistory of the Indo-Malaysian Archipelago“ von P. Bellwood (1997; vgl. auch Bellwood 1992).

Archäologische Funde (Werkzeuge) belegen in Hinterindien menschliche Kultur bis zurück in die frühere und mittlere Altsteinzeit. Bedeutendste der Steinzeitkulturen in dieser Region war das Hoabinhien im Norden Vietnams (ab 10.000 v. C.). Bereits ab dem 4. Jt. v. C. entfaltete sich in Nord-Thailand eine metallverarbeitende Kultur. Das Dongson in Nordvietnam war der Höhepunkt bronzezeitlicher Kultur in Hinterindien (1. Jt. v. C.).

Ob und wieweit die heutige Bevölkerung Südostasiens genetisch oder kulturell mit den Bewohnern des Pleistozäns verwandt ist, bleibt allerdings offen. Nach der Besiedlung Australiens und Neuguineas vor mehr als 50.000 Jahren hat sich die Bevölkerung Südostasiens unter dem ständigen Einfluss von Einwanderern aus nördlicheren Gegenden des Festlandes sowohl physisch als auch kulturell eigenständig weiterentwickelt. Relikte dieser Entwicklung, von Rasse und Phänotyp her also mit Australo-Melanesiern verwandt, stellen etwa die Negritos in Malakka und auf den Philippinen dar, bei denen sich übrigens eine eigene Sprache nicht erhalten hat. Dazu gehören auch einige kleinere Gruppen mit Papua-Sprachen in Ostindonesien.

Eine letzte große Bevölkerungsentwicklung entstand mit der Zuwanderung von Sprechern austronesischer Sprachen, die dem physischen Erscheinungsbild nach zu den Mongoliden gerechnet werden (Südmongolid, Palämongolid) und die die Vorbewohner zurückdrängten, sie aufsogen, sich mit ihnen vermischten.

Der Ursprung des Austronesischen wird heute von den Linguisten mehrheitlich in Taiwan lokalisiert, wobei kein Zweifel daran besteht, dass die frühen Vorfahren der Austronesier auf dem südchinesischen Festland angesiedelt waren. Der Begriff „Austronesisch“, der sich heute allgemein durchgesetzt hat, wurde von Wilhelm Schmidt geprägt (1899). Der gelegentlich noch synonym gebrauchte Begriff „Malayo-Polynesisch“ wird heute vor allem als Bezeichnung einer Unterfamilie des Austronesischen gebraucht (Bellwood 1997, 105). Der Beginn der Ausbreitung des Austronesischen nach Süden (Philippinen, Ost- und Westindonesien, Mikronesien, Melanesien, Polynesien, Madagaskar) wird für eine Zeit spätestens vor 5000 Jahren angesetzt. Die frühen Austronesier waren Pflanzer und Seefahrer; sie kultivierten Getreidearten, hielten Haustiere (Schweine, Hühner, Hunde); Nassreisbau entwickelte sich in dieser Region erst vor ca. 3000 Jahren.

Bevor ich auf die kulturgeschichtlichen Zusammenhänge im Einzelnen eingehe, möchte ich auf die wichtigste Literatur verweisen, soweit sie noch nicht eingeführt wurde. Einen guten aktuellen Überblick über die Länderprofile geben das „Südostasien-Handbuch“ (Dahm und Ptak 1999) und das „Handbuch der Dritten Welt“ (Nohlen und Nuscheler 1994). Bd. 5 der „Encyclopedia of World Cultures“ stellt die wichtigsten Völker und ethnologischen Gruppen vor (Hockings 1993). Etwas älter, doch immer noch sehr nützlich und zuverlässig sind die beiden Bände „Ethnic Groups of Insular Southeast Asia“ (LeBar 1972, 1975). Einige Jahre früher war der von LeBar mit herausgegebene Band „Ethnic Groups of Mainland Southeast Asia“ erschienen (1964). Eine Einführung in die Kunst Südostasiens bietet der opulente Bildband „Südostasien – Kunst und Kultur“, dessen Textteil allerdings weniger empfohlen werden kann (Girard-Geslan et al. 1995).

Über die traditionellen Religionen Südostasiens geben umfassend Auskunft die Bände 5/1 und 23 der Reihe „Die Religionen der Menschheit“ (Stöhr und Zoetmulder 1965, Höfer et al. 1975). Ausschließlich mit den Religionen des Malaiischen Archipels befasst sich der

Band „Die Altindonesischen Religionen“ von W. Stöhr (1976). Kürzer, aber ein wenig aktueller sind die entsprechenden Beiträge der „Encyclopedia of Religion“ (Endicott et al. 1987, Keyes 1987, Fox 1987).

3. Historische Erinnerung

Etwa um die Zeitenwende vor 2000 Jahren fanden indische und chinesische Händler den Weg nach Festland- und Insular-Südostasien; sie brachten ihr Wissen, ihre Denk- und Lebensweise, ihre Religionen mit. Damit begannen die beiden großen Zivilisationen am Rande der Region ihren bestimmenden Einfluss auf die noch teils steinzeitlichen Kulturen auszuüben. Während sich der kulturelle, religiöse und politische Einfluss Chinas vor allem auf das nördliche Vietnam beschränkte – im gesamten 1. Jt. n. C. standen die Vietnamesen unter chinesischer Herrschaft –, zeigte sich indische Präsenz vor allem in Birma, Südthailand, Kambodscha, Südvietnam, an der Westküste von Malakka, in Ostsumatra, an der Nordküste Javas. Mit der zunehmenden Ausweitung der Handelsbeziehungen wuchs bis zur Mitte des 2. Jt. auch der kulturelle und politische Einfluss Indiens. Es entstanden hier Reiche mit teils hinduistischer, teils buddhistischer Orientierung, die miteinander um die wirtschaftliche und politische Macht konkurrierten.

Spätestens mit dem 14. Jh. beginnt der Einfluss des Islam in dieser Region, vor allem im Malaiischen Archipel von Sumatra bis Mindanao. Arabische und indische Muslime übernahmen allmählich die Vorherrschaft im Seehandel. Nach und nach breiteten sich islamische Lebensweise und Religion aus, verwurzelten sich und gingen synkretistische Verbindungen mit lokalen traditionellen Kulturen Insular-Südostasiens ein. Mit dem Anfang des 16. Jh. beginnt schließlich die Präsenz europäischer, christlicher Kolonialmächte in Südostasien. Die Philippinen kamen früh unter spanischen Einfluss, die Blütezeit der Kolonialisierung und Christianisierung durch Europäer begann allerdings erst im 19. Jh.

Indische Kultur und Religionen kamen zunächst auf dem Seeweg, vor allem von Südindien und Sri Lanka, nach Südostasien und prägten seit dem Anfang des 1. Jt. n. C. die vielen Fürstentümer und Reiche Hinterindiens, die durch fast 2000 Jahre miteinander konkurrierten, einander bekämpften, einander aufsogen oder einander folgten. Macht, Größe und Einfluss solcher Herrschaftsgebiete unterlagen ständiger Veränderung; sie nahmen zu oder ab, verlagerten ihr Zentrum und ihre Reichweite, je nach dem konkreten historischen Kontext mit seinen wechselnden Loyalitäten.

Im 1. Jt. waren hinduistische Einflüsse vorherrschend: 1) Im Reich Champa mit seinem Zentrum im mittleren Vietnam; Träger des Reiches waren die austronesischen Cham; entstanden im 2. Jh. konnte es seine Macht einigermaßen halten, wenn auch nicht immer unangefochten, bis es im 15. Jh. an das nördlichere Reich Annam fiel. Die Cham übernahmen später den Islam. 2) Die Reiche Funan (2.–6. Jh.) am unteren Mekong und Zhenla (6.–8. Jh.) am mittleren Mekong, das 1. Reich der Khmer. 3) Das Khmer-Reich Angkor in Kambodscha bis zum 12. Jh. 4). Die Reiche der Mon in Südbirma in ihren Anfängen zu Beginn des 1. Jt.

Hinayana-Buddhismus (hier in der Form des Theravada-Buddhismus) begann bereits im 5. Jh. die hinduistischen Strömungen zurückzudrängen und/oder abzulösen, so dass sie heute keine Rolle mehr spielen: 1) Zunächst in den Mon-Reichen in Birma und Thailand (5.–16. Jh.). 2) Seit dem 12. Jh. im Reich Angkor. 3) Im birmanischen Reich von Pagan (11.–13. Jh.). 4) In den Shan-Staaten im Norden Birmas und Thailands (14.–16. Jh.). 5) In den Reichen der Thai von Sukhothai (13.–14. Jh.), von Lan Nan (13.–16. Jh.), schließlich von Ayutthaya (14.–18. Jh.).

Hinduismus wie Buddhismus gingen mit den lokalen religiösen Traditionen eine Art Symbiose ein, die bis heute wirksam und greifbar ist. Folgendem Urteil wird man auch heute noch zustimmen können: „Stark vereinfacht könnte dies dahin pointiert ausgedrückt werden, dass im Alltag animistischer Geisterglaube aktuell bleibt, in Festen und Zeremonien brahmanische Überlieferungen das Ende von Hindu-Göttern huldigenden Dynastien bis in die Gegenwart überlebt haben, während der Theravada-Buddhismus als Lehre von der Erlösung aus der Vergänglichkeit die Religion und Kultur der Birmanen, Kambodschaner, Thais (Siamesen und Laotier) am bleibendsten geprägt und das Vergehen der hinduisierten Reiche überdauert hat“ (Sarkisyanz 1975, 387).

Während Hinduismus und Buddhismus auf Völker und Stämme mit autochthonen religiösen Traditionen abfärbten, geschah dies natürlich auch in umgekehrter Richtung. So werden z. B. in Birma viele Geisterwesen verehrt, zusammengefasst unter dem Begriff „Nat“, die „oft geradezu kunstvoll in die dominierende buddhistische Kosmologie eingewoben“ sind und „die auf Erlösung ausgerichtete Religion um eine stärker diesseitsbezogene Komponente“ ergänzen (Höllmann 1999, 48).

4. Einfluss großer Kulturen

Stämme und Völker abgelegener Gegenden Hinterindiens waren bis heute hinduistischen und buddhistischen Einflüssen weniger ausgesetzt; so konnten ihre Kulturen und Religionen traditionelle Züge in größerem Umfang bewahren, als die Bewohner in den dichtbesiedelten Gebieten im Tiefland.

Der chinesische Einfluss erstreckte sich in Hinterindien im Wesentlichen auf Vietnam. Unter der frühen Han-Dynastie eroberten im 2. Jh. v. C. die Chinesen das vietnamesische Reich Nam Viet. Die chinesische Herrschaft in Nordvietnam dauerte bis ins 10. Jh. n. C. Im Laufe dieser langen Zeit wurden die Vietnamesen kulturell sinisiert. Konfuzianismus, Taoismus und Buddhismus (Mahayana) wurden integraler Bestandteil vietnamesischer Kultur und Religion. Dabei blieb allerdings auch viel Platz für die älteren, eigenen religiösen Traditionen mit ihrer Vielzahl von Göttern und Geistern, vor allem in der Volksreligion. Für vietnamisische Religion und Weltanschauung bestimmend bis heute ist die große Rolle, die nach chinesischem Vorbild die Ahnenverehrung spielt.

Insular-Südostasien war schon früh indischem Einfluss ausgesetzt. Indische Händler und Seefahrer beherrschten schon um die Zeitenwende den Seehandel durch die Straße von Malakka nach China. An der Nordküste von Sumatra und Java entstanden in der 1. Hälfte des 1. Jt. kleine Königreiche und Fürstentümer, deren Herrscher entweder indisierte Indonesier oder Inder waren und die hinduistische Kulte praktizierten. Im 7. Jh. entstand in Nordostsumatra das Großreich Srivijaya, das bis zum 14. Jh. den Seehandel im gesamten Malaiischen Archipel dominierte; es wurde vor allem als buddhistisches Zentrum bekannt, das Mönche aus ganz Südostasien anzog. Von den Dynastien in Mitteljava ist Shailendra erwähnenswert, unter denen um 800 die gewaltige Tempelanlage von Borobodur entstand. Die Shailendra hingen dem Mahayana-Buddhismus an. Im 9. Jh. übernahmen sie die Herrschaft über das Reich Srivijaya. Dieses Großreich kam im 14. Jh. unter die Herrschaft des ostjavanischen Reiches Majapahit (1293–1520). Von Ostjava aus erreichte der Einfluss indischer, vor allem hinduistischer, Kultur spätestens im 11. Jh. die Insel Bali.

In all diesen Reichen, ob klein oder groß, spielten Hinduismus und Buddhismus eine bedeutende Rolle. In ihrer Vormachtstellung wechselten beide Religionen oft einander ab, vielfach aber lebten sie neben- und miteinander. Ob und in welchem Umfang sie die einheimische Bevölkerung im jeweiligen Landesinneren erreichten, ist ungewiss, auch in welchem Maße sie sich mit autochthonen religiösen Traditionen mischten. Bali, das sich dem Islam versperrte, zeigt bis heute das Beispiel eines Synkretismus, in dem die traditionelle Religion von Hinduismus und Buddhismus überlagert wurde. Es „entstand ein Konglomerat von hinduistischen und buddhistischen Prinzipien auf dem Fundament des Ahnenkultes und den Göttern der Erde, des Wassers, des Feuers und der Fruchtbarkeit“ (Helfritz 1984, 201).

Im Gefolge von arabischen, persischen und indischen Kaufleuten erreichte der Islam im 13. Jh. Nordsumatra, von wo er sich entlang der Handelsstraßen allmählich weiter nach Osten ausbreitete. Im 16. Jh. bekannten sich die meisten Fürsten in Java zum Islam; es entstanden die Sultanate von Demak, Bantam und Mataram, die die Herrschaft des hindujavanischen Majapahit ablösten. Bereits Ende des 15. Jh. waren auf den Molukken die muslimischen Sultanate von Ternate und Tidore entstanden. Die seefahrenden Makasar und Buginesen von Südsulawesi trugen viel zur Verbreitung des Islams bei. Im Norden Borneos entstand im 15. Jh. das islamische Sultanat Brunei, das im 16. Jh. fast ganz Borneo beherrschte und dessen Einflussbereich bis zur philippinischen Insel Palawan reichte.

Heute ist Indonesien mit einer Gesamtbevölkerung von ca. 212 Mio. (2000) das größte islamische Land der Erde; 90% seiner Bevölkerung bekennen sich zum Islam. Wie auch in anderen Teilen der Welt, erwies sich hier der Islam als von außerordentlich großer synkretistischer Kraft. In seiner Praxis ist er alles in allem weit weg von orthodoxeren Formen des Islam, wie sie etwa in Westasien vorherrschen. Islamische Denk- und Lebensweise integrierte in Indonesien offenbar problemlos hinduistische und buddhistische Elemente ebenso wie die vielfältigen Formen einheimischer indonesischer Traditionen.

Im ländlichen, dörflichen Java etwa gilt auch heute noch: „Harmoniestreben und Doppeldeutigkeit in Sprache und Verhalten, Uminterpretation von Riten und Festen, Privatisierungsbestrebungen fallen ins Auge, wenn Muslime versuchen, das ‚sowohl als auch‘ zu leben, also Islam und traditionelle Werte vielleicht nicht in der Form eines Synkretismus, sondern in der Form eines Parallelismus zu verbinden“ (Quack 2001, 584).

Bei den Minangkabau mit Westzentralsumatra als Heimat, einem Volk von mehr als 8 Mio. Leuten, von denen die Hälfte in den indonesischen Städten außerhalb des Heimatterritoriums lebt, brachte die Islamisierung ungewöhnliche Formen hervor. Obwohl seit dem 16. Jh. unter islamischem Einfluss, hielten sich vorislamische kulturelle Elemente bis heute. Streng matrilinear und matriarchalisch organisiert, verband sich die Minangkabau-Gesellschaft mit der eher patriarchalisch orientierten Kultur des Islam zu einer ungewöhnlichen Synthese. Einerseits gilt: „bis zum heutigen Tag ist Mĕngangkabau eines jener Gebiete Indonesiens, wo man die überzeugtesten Islam-Anhänger findet“; andererseits: „dessen ungeachtet ist dort aber ebenfalls das meiste der alten Adat bewahrt geblieben“ (Zoetmulder 1965, 285).

Einige Gegenden Indonesiens, dünn bevölkerte Landstriche, wurden vom Islam weniger berührt (z.B. das Batak-Gebiet von Sumatra, das Innere Borneos und Sulawesis, Bali, Sumba, Flores, Timor, Ambon). Hier haben katholisches oder evangelisches Christentum die größte Zahl ihrer Anhänger. Auch hier gilt, dass die traditionelle Adat mit christlicher Lebens- und Denkweise eine Art Symbiose eingeht, synkretistische Formen ausbildet, etwa bei der Heirat in der Manggarai/Flores, wo man sowohl der Tradition als auch dem Christentum gerecht werden will (Erb 1991).

Anders verlief die Entwicklung auf den Philippinen. Der Islam erreichte Mindanao und den Sulu-Archipel bereits vor Beginn der spanischen Kolonialisierung der Philippinen (1521); und die Muslime errichteten hier islamische Sultanate. Bis in die Gegenwart dauert der politische und kulturelle Konflikt der südwestphilippinischen Muslime, Moros genannt, mit der christlichen Staatsmacht im übrigen Teil des Landes. Bis Ende des 19. Jh. waren die Philippinen spanische Kolonie. In dieser Zeit wurde fast die gesamte einheimische Bevölkerung christianisiert, nicht selten mit rigorosen Missionsmethoden. Heute sind 90% der Gesamtbevölkerung von über 73 Mio. (2000) Christen, 80% davon Katholiken.

Aus den genannten Zahlen ergibt sich, dass der Anteil der Bevölkerung im Malaiischen Archipel, der sich zu keiner der großen Universalreligionen bekennt, sondern einer der traditionellen Stammesreligionen angehört, weniger als 10% beträgt. Ob allerdings die offiziellen Zahlen zuverlässig sind, kann bezweifelt werden; zumindestens für Indonesien, da hier unter der Staatsphilosophie der „Panca sila" (fünf Grundwerte) nur die sog. Hochreligionen mit „Eingottglauben" anerkannt werden, also Islam, Christentum, Hinduismus, Buddhismus. Indonesier chinesischer ethnischer Provenienz werden von der offiziellen Religionspolitik den Buddhisten zugerechnet.

Altindonesier z.B., so bezeichnet die deutschsprachige Ethnologie vielfach die Mitglieder von Stammeskulturen im gesamten Malaiischen Archipel, deklarieren sich in Indonesien nicht selten als Hindus, um auf Staatsebene einen gleichberechtigten Status zu bekommen; etwa die Ngaju-Dayak auf Borneo oder die Karo-Batak auf Sumatra (Ramstedt 1999, 410 ff.). Zu den „Jungindonesiern" rechnet man die übrigen der Austronesier im Malaiischen Archipel, die große Mehrheit also, die einer der großen Universal- und Weltreligionen angehören bzw. zugeordnet werden.

Die Grenzen zwischen Altindonesiern und Jungindonesiern sind naturgemäß vage oder fließend, die Unterscheidung ohnehin nur von praktischer Bedeutung; sie erhebt keinerlei Anspruch auf tiefere kulturhistorische Aussagen (Stöhr1976, 6). Auch den großen Universalreligionen der Jungindonesier liegt ein altindonesisches Substrat zugrunde, das zur Ausbildung vieler lokaler Varianten führt. Die Religionen der zahlreichen größeren und kleineren altindonesischen Kulturen ihrerseits (ca. 360) sind Volks- und Stammesreligionen. Umfang und Grenzen der Religionsgemeinschaft decken sich nahtlos mit Umfang und Grenzen des Volkes oder Stammes. Religion und Kultur bilden eine untrennbare Einheit. Aus diesem Charakter der Volks- und Stammesreligionen folgt die ungeheure Vielfalt der altindonesischen Religionen, von denen jede ihre unverwechselbare Individualität und Identität hat. Gleichwohl finden sich in ihrer Struktur auch viele Ähnlichkeiten und Gemeinsamkeiten, so dass die sprachliche Verwandtschaft in der Familie des Austronesischen sich in diesem Bereich der Kultur widerspiegelt (vgl. Stöhr 1965, 1976).

5. Strukturen der Weltdeutung

Immer wieder haben Autoren versucht, die Ähnlichkeiten, Gemeinsamkeiten, Übereinstimmungen in den traditionellen altindonesischen Religionen zu erfassen und einigermaßen übersichtlich darzustellen, ein System zu finden, das den unendlich vielen verschiedenen Formen und Ausprägungen der Volks- und Stammesreligionen gemeinsam ist. James Fox, auf den ich mich im Folgenden vor allem stütze, nennt vier für alle autochthonen Religionen der Region wichtige Grundkonzeptionen und Vorstellungskomplexe mit ihren Konsequenzen in der Praxis. Er versucht mit ihrer Hilfe einen knappen und gedrängten Überblick über wesentliche Teile dieser Religionen zu geben (1987, 523ff.): 1) Dualismus und Komplementarität; 2) Glaube an die Immanenz des Lebens; 3) Rituale des Lebens und des Todes; 4) Bekennen zur Differenzierung und Verschiedenheit. Diese Themenbereiche überschneiden sich, und nicht selten lassen sich religiöse Erscheinungsformen mehreren dieser Grundkonzepte zuordnen.

Formen des Dualismus und der Komplementarität sind kennzeichnend für die altindonesischen Religionen. Paare, die einander ergänzen, finden sich immer wieder in der Mythologie. Etwa in den Schöpfungsmythen, wenn aus der Heirat von Himmel und Erde das Universum entsteht; oder wenn aus der Heirat von Himmel und Erde der erste Berg, die ersten Bäume und Felsen, die ersten Menschen entstehen. Götter und Geister und Ahnenwesen werden vielfach als Paare gesehen. Der Raum, sakral und profan, wird in Oppositionspaaren definiert: z.B. Oberwelt/Unterwelt, stromaufwärts/stromabwärts, bergwärts/seewärts, innen/außen. In vielen Riten findet die Komplementarität der Paare einen sichtbaren Ausdruck. Parallelismus der Form ist das hervorragende Merkmal der sakralen Texte (Gebete, Lieder, Mythen) vieler dieser Religionen.

Fast alle altindonesischen Religionen gründen auf der Vorstellung von der Immanenz des Lebens, auf dem Glauben von der Belebtheit des gesamten Kosmos: Allem wohnt Leben inne, alles ist belebt, alles ist Teil eines lebendigen Kosmos. Das Leben konkretisiert sich in einer unendlichen Vielzahl von Formen und Wesen. Wie diese Wesen in den einzelnen Religionen kategorisiert, klassifiziert und geordnet werden, ist höchst unterschiedlich. Entsprechend unterschiedlich ist die Art und Weise, wie man etwa die Geister einschätzt: als gut, als böse, als ambivalent. Davon hängt ab, wie man mit der Geisterwelt umgeht, mit welchen rituellen Spezialisten man Kontakt zu den übermenschlichen Wesen aufnimmt. Allen traditionellen Religionen ist gemeinsam, dass man jeder Kategorie von Leben ihren Platz lässt. In diesen Vorstellungskomplex gehört auch der Glaube, dass Tod und Leben untrennbar zusammenhängen, dass Leben aus dem Tod ersteht, dass Schöpfung aus Zerstörung und Auflösung erwächst, wie es z.B. im Hainuwele-Mythos von Ceres/Molukken sichtbar wird (Jensen 1966).

Ein weiterer großer Komplex von ähnlichen Vorstellungen und Praktiken der altindonesischen Religionen betrifft die Rituale des Lebens und Todes. Rituale der Lebenszyklen sind in dieser Region allgegenwärtig. Sie begleiten den Menschen von der Geburt über Initiation und Heirat und Gründung des Hausstandes bis zum Tod. Totenriten sind vielfach ausgesprochen aufwändig und kompliziert. Sie beginnen mit dem Begräbnis und dessen Vorbereitung und ziehen sich oft über Jahre hin, wie etwa die Totenfeiern der Toraja/Sulawesi mit ihren Opferfesten. Totenriten erlauben den Verstorbenen, zu Ahnen zu werden, die ihren Nachfahren deren Aufmerksamkeit vergelten können. Rituale des Jahreszyklus sind ein wesentlicher Teil des kulturellen Erbes der agrarischen Austronesier. Aussaat, Ernte, Fruchtbarkeit sind die Anliegen und Themen dieser Riten. Auch die Kopfjagd mit ihren Riten, die bis Anfang/Mitte des 20. Jh. in einigen Gebieten der Region praktiziert wurde, gehörte zu diesem Komplex (Borneo, Taiwan; vgl. Schröder und Quack 1979).

In einem letzten großen Komplex geht es um die Differenzierung und Verschiedenheit, die den autochthonen Religionen der Region wichtig ist. Das Leben manifestiert sich in unendlich vielen Formen und Lebewesen in der Welt der Menschen und der Geister, im gesamten Kosmos. Und fast alle diese Religionen personalisieren, was immer sie an Erscheinungen und Formen des Lebens finden: die Sphäre des Himmels mit Sonne, Mond und Sternen; die Naturgewalten wie Donner, Blitz, Winde; Orte auf der Erde wie Berge, Vulkankrater, Wasserfälle, Höhlen, alte Bäume; bedeutende Orte und Plätze; aber auch bildliche und figürliche Repräsentationen von Leben wie Gegenstände aus dem Nachlass der Ahnen; Amulette, Dinge, denen man innere Kraft zuschreibt. Allen diesen personalisierten Manifestationen von Leben und Lebenskraft begegnet man mit den geschuldeten Riten und Ritualen.

Die traditionellen Religionen Südostasiens sind seit langem dem Assimilationsdruck der großen Universalreligionen Buddhismus, Islam, Christentum ausgesetzt; ein Druck, der in der jüngeren Zeit mit ihrer Säkularisierung, ihrer Modernisierung, ihrer Globalisierung eher noch zunimmt. Welche der Elemente und Grundkonzepte der autochthonen Religionen in eine künftige Zeit hinein überleben werden, lässt sich kaum vorhersagen. Nur soviel kann man festhalten: „traditionelle Weisen zu denken und zu handeln zeigen immer noch eine bemerkenswerte Unverwüstlichkeit, eine feste Verankerung in der Vergangenheit" (Fox 1987, 526).

Literatur

Bellwood, Peter: *Southeast Asia before History,* in: N. Tarling (ed.), *The Cambridge History of Southeast Asia; vol. 1*; pp. 55–136. Cambridge 1992.

Prehistory of the Indo-Malaysian Archipelago. Rev. ed. Honolulu 1997.

Endicott, Kirk, et al.: *Negrito Religions;* in: *EncRel(E) 10* (1987) 347–350.

Erb, Maribeth: *Stealing Women and Living in Sin. Adaptation and Conflict in Morals and Customary Law in Rembong, Northeastern Manggarai.* Anthropos 86 (1991) 59–73.

Dahm, Bernhard, und Roderich Ptak (Hrsg.): *Südostasien-Handbuch. Geschichte, Gesellschaft, Politik, Wirtschaft, Kultur.* München 1999.

Fox, James F.: *Southeast Asian Religions. Insular Cultures,* in: *EncRel(E) 13* (1987) 520–527.

Girard-Geslan, Maud, et al.: *Südostasien. Kunst und Kultur.* Freiburg 1995.

Heine Geldern, Robert von: *Südostasien,* in: G. Buschan (Hrsg.), *Illustrierte Völkerkunde;* Bd. 2, Teil 1:689–968. 2. und 3. Aufl. Stuttgart 1923.

Helfritz, Hans: *Indonesien. Ein Reisebegleiter nach Java, Sumatra, Bali und Sulawesi (Celebes).* Köln 1984.

Hockings, Paul (ed.): *Encyclopedia of World Cultures; vol. 5: East and Southeast Asia.* Boston 1993.

Höfer, Andras, et al.: *Die Religionen Südostasiens.* Stuttgart 1975.

Höllmann, Thomas O.: *Die Völker und ihre traditionellen Lebensformen,* in: B. Dahm und R. Ptak (Hrsg.), *Südostasien-Handbuch. Geschichte, Gesellschaft, Politik, Wirtschaft, Kultur;* pp. 34–53. München 1999.

Jensen, Adolf E.: *Die getötete Gottheit. Weltbild einer frühen Kultur.* Stuttgart 1966.

Keyes, Charles F.: *Southeast Asian Religions. Mainland Cultures,* in: *EncRel(E) 13* (1987) 512–520.

LeBar, Frank M. (ed.): *Ethnic Goups of Insular Southeast Asia; vol. 1: Indonesia, Andaman Islands, and Madagascar.* New Haven 1972.

Ethnic Goups of Insular Southeast Asia; vol. 2: Philippines and Formosa. New Haven 1975.

LeBar, Frank M., Gerald C. Hickey, and John K. Musgrave (eds.): *Ethnic Groups of Mainland Southeast Asia.* New Haven 1964.

Loofs, Helmut H.: *Südostasiens Fundamente. Hochkulturen und Primitivstämme, Geisterglauben, Religionen, Große Politik.* Berlin 1964.

Lynch, John, Malcolm Ross, and Terry Crowley: *The Oceanic Languages.* Richmond 2002.

Nohlen, Dieter, und Franz Nuscheler (Hrsg.): *Handbuch der Dritten Welt; Bd. 7: Südasien und Südostasien.* Bonn 1994.

Quack, Anton: *Die vielen Gesichter des Islam.* Anthropos 96 (2001) 583–586.

Ramstedt, Martin: *Hinduismus und Naturkulte,* in: B. Dahm und R. Ptak (Hrsg.), *Südostasien-Handbuch. Geschichte, Gesellschaft, Politik, Wirtschaft, Kultur;* pp. 403–414. München 1999.

Sarkisyanz, Manuel: *Die Religionen Kambodschas, Birmas, Laos, Thailands und Malayas,* in: A. Höfer et al., *Die Religionen Südostasiens;* pp. 383–560. Stuttgart 1975.

Schmidt, Wilhelm: *Die sprachlichen Verhältnisse Oceaniens (Melanesiens, Polynesiens, Mikronesiens und Indonesiens) in ihrer Bedeutung für die Ethnologie.* Mitteilungen der Anthropologischen Gesellschaft in Wien 29 (1899) 245–258.

Schröder, Dominik, und Anton Quack: *Kopfjagdriten der Puyuma von Katipol (Taiwan). Eine Textdokumentation.* Sankt Augustin 1979.

Stöhr, Waldemar: *Die Religionen der Altvölker Indonesiens und der Philippinen,* in: W. Stöhr und P. Zoetmulder, *Die Religionen Indonesiens;* pp. 1–221. Stuttgart 1965.

Die altindonesischen Religionen. Leiden 1976 (Handbuch der Orientalistik, 3. Abt., 2. Bd., 2. Abschnitt).

Stöhr, Waldemar, und Piet Zoetmulder: *Die Religionen Indonesiens.* Stuttgart 1965.

Uhlig, Harald: *Südostasien.* Frankfurt 1988 (Fischer Länderkunde, 3).

Zoetmulder, Piet: *Die Hochreligionen Indonesiens,* in: W. Stöhr und P. Zoetmulder, *Die Religionen Indonesiens;* pp. 223–345. Stuttgart 1965.

Peter Ramers

XVII. Religion und Kultur Tibets

Tibet als politische Einheit umfasst Gebiete, die bis zur chinesischen Invasion 1950 mehr oder weniger unmittelbar der tibetischen Regierung in Lhasa unterstanden. Der Raum, der deutlich von tibetischer Kultur und Religion geprägt ist, ist jedoch viel größer; zu ihm gehören Länder wie Bhutan und Sikkim, die Mongolei, Teile von Chinesisch-Turkestan, zentralasiatische Länder und Teile des heutigen Russlands. Der Buddhismus als kulturprägender Faktor und die Politik sind in Tibet seit jeher eng miteinander verwoben, so dass jede Darstellung der Religionsgeschichte ganz von selbst mit den gleichen grundlegenden Perioden zusammenfällt, welche auch die verschiedenen Entwicklungsstadien des tibetischen Staates als Ganzes kennzeichnen.

Die tibetische Geschichte lässt sich in fünf Perioden einteilen, die jeweils tiefgreifende religiöse wie kulturelle Einschnitte markieren: (1) die Periode der tibetischen Frühgeschichte (bis ca. 6./7. Jh. n. C.), (2) die Zeit des tibetischen Großreiches und der sog. „Früheren Verbreitung [der Buddha-Lehre]“ (*snga-dar*) unter den großen Königen (ca. 600–842 n. C.), (3) die Zeit der sog. „Späteren Verbreitung [der Buddha-Lehre]“ (*sphyi-dar*) und der Ausbildung der verschiedenen Schulrichtungen (ab 10./11. Jh. n. C.), (4) die Gründung der Gelugpa-Schule und die Dalai Lamas (ab 15. Jh.) und (5) die Periode, die mit der „friedlichen Befreiung“, d.h. Annektion Tibets durch die Truppen der Volksrepublik China im Jahre 1950 zur Ausrufung der „Autonomen Region Tibet“ im Jahre 1965 führte.

1. Die Periode der tibetischen Frühgeschichte (bis ca. 6./7. Jh. n. C.),

Informationen über die Geschichte Tibets und die für seine kulturelle Entwicklung entscheidende Einführung des Buddhismus bieten neben Quellen der Frühzeit (z.B. Inschriften, chin. Annalen) vor allem spätere literarische Werke (zumeist ab dem 14. Jh.), wobei letztere stark von Gedanken und Erwartungen ihrer Autoren geprägt sind.

Zwar kann vor dem Ende des 6. Jh. n. C. von datierbarer Geschichte keine Rede sein, doch existieren für diese Zeit alte Mythen und Legenden, die nicht nur von der Entstehung der sechs Stämme des tibetischen Volkes aus der Verbindung eines Affen – in der buddhistischen Version eine Inkarnation des Avalokiteśvara, dem Bodhisattva des Mitleids und Schutzpatron Tibets – mit einer Felsendämonin berichten, sondern auch über die Anfänge des tibetischen Königshauses, dem für die Ausbreitung des Buddhismus eine zentrale Bedeutung zukommen sollte.

Zu den Volksgruppen, die in der Periode der tibetischen Frühgeschichte eine wichtige Rolle gespielt haben, gehören nach dem Zeugnis der alten Quellen u.a. die Qiang, die Tuyuhun (tib. A-zha) und die Böpa (*bod-pa*). Nach chinesischen Beschreibungen aus der Tang-Zeit waren die nomadisierenden Qiang eine Volksgruppe, die ihren Lebensunterhalt hauptsächlich durch Schafzucht bestritt und in ihrer Lebensweise den Bewohnern Zentraltibets sehr nahe stand. Möglicherweise kann man davon ausgehen, dass die im sino-tibetischen Grenzgebiet – der heutigen Provinz Qinghai – lebenden Qiang schon im 4./5. Jh. n. C. mit dem Buddhismus in Berührung kamen.

Die A-zha bildeten noch in der Zeit des tibetischen Großreiches im Nordosten des zentralen Tibet ein mächtiges Reich, wurden jedoch schließlich infolge des großen Expansionsdranges der tibetischen Zentralmacht absorbiert.

Die Böpa, die Vorfahren der Zentraltibeter, besiedelten vor allem das gTsang-po-(Brahmaputra-)Tal mit den Nebentälern des sKyid-chu (wo im 7. Jh. n. C. die Hauptstadt Lhasa gegründet wurde) und Phyong-rgyas. Ihre Fürsten waren es, die im späten 6. Jh. n. C. die Stämme Zentraltibets zu einer Konförderation einten, aus der sich im 7. Jh. das tibetische Großreich entwickelte.

Was die Anfänge des tibetischen Königshauses betrifft, so war Nyatri Tsenpo (gNya'-khri-btsan-po) der erste Herrscher der ältesten Dynastie Tibets, deren Hauptstadt und Herrschaftsbereich südöstlich des heutigen Lhasa im Yarlung-Tal lag. Nach alter Tradition war er, ebenso wie seine sechs Nachfolger, von himmlischer Herkunft, während spätere lamaistische Quellen von seiner Abstammung aus einem indischen Königshaus sprechen. Schon zur Regierungszeit des 28. tibetischen Königs Thothori Nyentsen (Tho-tho-ri-gnyan-btsan, 6. Jh. n. C.?) soll es zu einer ersten, gleichwohl folgenlosen Berührung mit dem Buddhismus gekommen sein. Spätere literarische Quellen berichten, dass eines Tages ein goldener Stūpa und ein buddhistischer Text (das dem Avalokiteśvara geweihte *Karaṇḍavyūhasūtra*), dessen Sinn man jedoch noch nicht verstand, auf das Dach des Königspalastes gefallen sein sollen. Die Schilderung, die ähnlichen chinesischen Berichten über die Einführung des Buddhismus in China nachgebildet sein mag, verdeutlicht die Neigung der überlieferten Quellen, sogar die vorbuddhistische Geschichte Tibets in eine der Ausbreitung des Buddhismus dienende Vorbereitungsphase umzudeuten.

2. Die Zeit des tibetischen Großreiches und der „Früheren Verbreitung [der Buddha-Lehre]" unter den großen Königen (ca. 600–842 n. C.)

Mit dem Regierungsantritt des Songtsen Gampo (Srong-btsan-sgam-po, ca. 617–649/650), dem Sohn und Nachfolger des 32. Yarlung-Königs Namri Songtsen (gNam-ri-srong-btsan, Ende des 6. Jh. n. C.), tritt Tibet zu Beginn des 7. Jh. n. C. endgültig ins volle Licht der Geschichte. Unter seiner Herrschaft entwickelte sich das Land zu einer Großmacht, die aufgrund der vielen erfolgreichen militärischen Operationen innerhalb kurzer Zeit auf kultureller, ökonomischer wie technologischer Ebene einen gewaltigen Aufschwung nahm. Die Stadt Lhasa wurde der neue zentrale Regierungssitz. Wohl in erster Linie aus politischen Gründen heiratete Songtsen Gampo u. a. die in späteren historiographischen Quellen genannte nepalesische Prinzessin Bhṛikutī und die chinesische Prinzessin Wencheng, die Tochter des Tang-Kaisers Taizong (reg. 626–649), denen auch eine wichtige Rolle bei der Einführung des Buddhismus in seiner indisch-nepalesischen und in seiner chinesischen Form zugeschrieben wurde. Im Gepäck der Bhṛikutī soll sich die heute im Ramoche-Tempel in Lhasa stehende Statue des Buddha Akṣobhyavajra (tib. Mi-bskyod-rdo-rje) befunden haben. Wencheng brachte als Mitgift eine Statue des historischen Buddha, des Jobo Śākyamuni, mit, die nach Überzeugung der tibetischen Gläubigen die Zeiten überdauert hat und noch heute im Jokhang, dem Nationalheiligtum Tibets in Lhasa, verehrt wird.

Dass König Songtsen Gampo gläubiger Buddhist war, ist zu bezweifeln. Wahrscheinlicher ist, dass ihm der Buddhismus als einende Ideologie für das aufstrebende tibetische Großreich geeignet erschien und er durch dessen Vermittlung wichtige Errungenschaften der indischen Kultur, so vor allem die Kunst des Schreibens, einführen konnte.

In der Tat wurde die Schaffung der tibetischen Schrift und Literatursprache im 7. Jh. n. C. von besonderer Bedeutung für die politische Verwaltung und Einigung Tibets sowie für seine kulturelle Entwicklung, nicht zuletzt natürlich für die Einführung des Buddhismus durch Übersetzung der indischen buddhistischen Schriften.

Nach der Tradition war es der tibetische Minister Thönmi Sambhota (Thon-mi Sam-bhoṭa), der das tibetische Alphabet mit seinen 30 Grundbuchstaben (Konsonanten, denen jeweils der Vokal „a“ inhäriert) und vier Vokalzeichen schuf, das bis heute in verschiedenen Varianten in Gebrauch ist.

Die tibetische Sprache gehört innerhalb der sino-tibetischen Sprachfamilie zur Gruppe der sog. tibeto-burmesischen Sprachen. Sie ist eine monosyllabisch-isolierende Sprache, d. h. sie basiert auf einsilbigen Wortwurzeln, die unveränderlich sind, also keine Flexion von Nomen und Verben kennt. Seit dem 7. Jh. ist die in den Texten verwendete Orthographie – von einer Schriftreform Anfang des 9. Jh. abgesehen – unverändert in Gebrauch, wobei die Schreibweise des Schrifttibetischen von der heutigen Aussprache stark abweicht. So wird die Zentralprovinz Tibets „dBus“ geschrieben, aber „Ü“ ausgesprochen. Daneben gibt es eine Reihe von Dialekten, die besonders von in den osttibetischen Randgebieten und in Amdo lebenden Volksgruppen gesprochen werden.

Mit König Tison Detsen (Khri-srong-lde-btsan, reg. 755–797) kam nicht nur ein geschickter Politiker, sondern auch ein großer Förderer des Buddhismus an die Macht. Erst in dieser Zeit erscheint der Buddhismus in amtlichen Dokumenten. Außenpolitisch war Tibet inzwischen zur vorherrschenden Macht Zentralasiens aufgestiegen und verfügte über die größte geographische Ausdehnung seiner Geschichte (763 eroberte die tibetische Armee sogar für wenige Tage Chang'an, die damalige Hauptstadt Chinas), innenpolitisch hingegen stand der König vor großen Problemen. Gegenüber seiner buddhismusfreundlichen Politik, die darauf aus war, mit Hilfe der buddhistischen Missionare die königliche Macht zu stärken, formierte sich zunehmend eine Opposition aus Adelsfamilien und einheimischen Priestern, die um ihren Einfluss fürchteten; letztere trugen die Bezeichnung Bönpo (*bon-po*) und bildeten eine Priesterklasse in der vorbuddhistischen Religion Tibets, deren Hauptaufgabe mit den Bestattungsfeierlichkeiten der Könige und dem anschließenden Grabkult verbunden gewesen zu sein scheint, der aus genau festgelegten Ritualen und der – für Buddhisten natürlich inakzeptablen – Opferung vieler Tiere bestand.* Von daher wird verständlich, warum das Wirken großer indischer Gelehrter wie Śāntarakṣita (ca. 705–788) oder Kamalaśīla (ca. 740–795), die von Tison Detsen nach Tibet eingeladen worden waren, auf erbitterten Widerstand stieß.

* Zwar verschwanden mit dem Sieg des Buddhismus die Bönpo als organisierte Priesterschaft. Viele Bestandteile der vorbuddhistischen Religion haben jedoch die Einführung des Buddhismus überdauert und leben in vielen volksreligiösen Vorstellungen und Praktiken unter den Tibetern, einschließlich der Mönche, weiter.

Von großer Bedeutung für die weitere Entwicklung war die Errichtung des Klosters Samye (bSam-yas) nordöstlich von Lhasa. Um der Opposition von Adel und Bön-Priestern wirksam zu begegnen, lud Tison Detsen nach Darstellung der tibetischen Geschichtsschreibung auf Anraten des Śāntarakṣita den aus dem nordwestlichen Indien stammenden Tantriker Padmasambhava („Der Lotosgeborene") ein, dem es offenbar gelang, den Widerstand der Bönpos zu überwinden, so dass es im Jahre 775 zur Gründung des Klosters Samye kommen konnte.

Während Śāntarakṣita das auf die Ordensregeln (Vinaya) des Hīnayāna gestützte und der philosophischen Tradition des Mahāyāna (Madhyamaka) folgende Mönchtum verkörpert, steht Padmasambhava für die hauptsächlich der tantrischen Vajrayāna-Schule entstammende Praxis in Meditation und Ritual. Dass gerade der tantrische Buddhismus in Tibet einen so großen Erfolg hatte, beruht wohl auf seiner Fähigkeit zur Integration einheimischer volksreligiöser Vorstellungen einer von Geistern und dämonischen Mächten aller Art belebten Welt, gegen deren negative Einwirkungen man sich durch Ausbildung eines differenzierten Ritualwesens zu schützen bzw. deren günstigen Einfluss man sich zu sichern versuchte. So verwundert es nicht, dass magische Rituale, exorzistische Riten, Heilungsrituale und Riten zur Befriedung von Lokalgottheiten von Anfang an das äußere Erscheinungsbild des tibetischen Buddhismus prägten.

Das Kloster Samye war auch Austragungsort eines innerbuddhistischen Disputs, der nach späteren Quellen zwischen 792 und 794 stattgefunden hat. Als Sieger aus dieser „Debatte von Samye" gingen die Vertreter des indischen Buddhismus (Śāntarakṣita und Kamalaśīla) hervor. Sie lehrten entsprechend der herkömmlichen Mahāyāna-Anschauung die Buddhaschaft als Resultat einer in unzähligen Leben zu praktizierenden ethischen und geistlichen Schulung, wohingegen die unterlegene Partei unter Führung des Mönchs Hva-shan Mahāyāna den chinesischen Ch'an-Ansatz einer plötzlich (spontan) erfolgenden Erleuchtung verteidigte. Die chinesischen Mönche mussten Tibet verlassen, wobei sicher auch politische Erwägungen eine gewichtige Rolle gespielt haben.

Unter den Nachfolgern des Tison Detsen etablierte sich der Buddhismus immer stärker als politische Kraft. Besonders förderlich wirkte sich dabei die buddhismusfreundliche Politik des Rälpacen (Ral-pa-can, reg. 815–838/842 ?) aus, was andererseits jedoch die Spannungen zwischen König und Adel weiter verstärkte und schließlich zur Ermordung des Königs führte. Unter seinem älteren Bruder und Nachfolger Langdarma (Glang-dar-ma; nach einer Quelle herrschte er nur eineinhalb Jahre, andere Quellen sprechen von sechs oder sogar dreizehn Jahren) kam es, so die spätere Überlieferung, zu einer gnadenlosen Verfolgung der buddhistischen Mönche und einer Zerstörung von Tempeln und Bildwerken, die auch nach seiner Ermordung durch den buddhistischen Mönch Pälgi Dorje (dPal-gyi-rdo-rje) im Jahre 838/842 (?) andauerte.

Die 150 Jahre, die nun folgten, waren eine Zeit politischer Wirren. Die starke tibetische Zentralmacht mit einem König an der Spitze zerfiel in zahlreiche Kleinfürstentümer. Dem Buddhismus war damit der ideelle wie materielle Rückhalt genommen, und er verschwand als organisierte Religion (zumindest aus Zentraltibet). Damit endete die Zeit der sog. „Früheren Verbreitung [der Buddha-Lehre]" (*snga-dar*). Gleichwohl soll es einigen nach Westtibet (mNa'-ris) und in die östlichen Grenzgebiete (Khams) geflüchteten buddhistischen Mönchen gelungen sein, auch während dieser dunklen Zeit die für den tibetischen Buddhismus so wichtige ununterbrochene Überlieferung von Lehrer zu Schüler aufrechtzuerhalten.

3. Die Zeit der „Späteren Verbreitung [der Buddha-Lehre]“ und der Ausbildung der verschiedenen Schulrichtungen (ab 10./11. Jh. n. C.)

Die in der tibetischen Tradition „Spätere Verbreitung [der Buddha-Lehre]“ (*phyi-dar*) genannte Wiederbelebung des Buddhismus in Tibet ist eng mit dem westtibetischen Königshaus verbunden. Besondere Verdienste erwarben sich der König und spätere Mönch Yeshe Ö (Ye-shes-'od; gest. vor 1040 n. C.) und sein Neffe Jangchub Ö (Byang-chub-'od), die den Übersetzermönch Rinchen Sangpo (Rin-chen-bzang-po, 958–1055) zusammen mit anderen jungen Männern zum Studium nach Kashmir und Indien geschickt hatten. Rinchen Sangpo trug nach seiner Rückkehr nach Tibet maßgeblich zur Wiederbelebung des Buddhismus bei, die im 11. und 12. Jh. zur Entstehung der großen buddhistischen Schulrichtungen mit ihren je eigenen Lehrüberlieferungen, Hierarchien und klösterlichen Organisationen führte. Diese haben – nicht selten recht konfliktreich – das politische und religiös-kulturelle Leben Tibets bis ins 20. Jh. bestimmt und geprägt.

Die sich seit dem 11. Jh. n. C. immer stärker herausbildende Form des tibetischen Buddhismus wird oft als Lamaismus bezeichnet. Auch wenn dieser im Westen kreierte Begriff keine Entsprechung im Buddhismus hat, so weist er doch auf die zentrale Rolle hin, welche im tibetischen Buddhismus dem geistlichen Lehrer, dem „Lama“ (tib. *bla-ma*, „Oberer“), als Führer auf dem Weg zur Erleuchtung bis heute zukommt. Mit der Entstehung der verschiedenen Schulen bildete sich auch die religiöse Nachfolge durch Wiederverkörperung aus, die zu einem weiteren zentralen Zug des Lamaismus werden sollte.

Von großer Bedeutung für die Entwicklung des Buddhismus in Tibet war das Wirken des aus Bengalen stammenden Mönchsgelehrten Atiśa *alias* Dīpaṃkaraśrījñāna (ca. 982–1054), der nach der Überlieferung im Jahre 1042 nach Tibet kam. Der Verfasser des berühmten Lehrgedichts „Lampe auf dem Weg zur Erleuchtung“ (*Bodhipathapradīpa*) und großer Förderer der Übersetzung buddhistischer Sanskrit-Schriften ins Tibetische legte in seiner Verkündigung ein Schwergewicht auf das Studium der Mahāyāna-Philosophie und die strenge Einhaltung der Ordensregeln als Voraussetzung tantrischer Ritualpraxis.

Atiśas Schüler Domtön ('Brom-ston, 1005–1064) gründete im Norden von Lhasa 1057 n. C. das Kloster Rateng (Rva-sgreng), das zum Zentrum der Kadampa (bKa'-gdams-pa)-Schule wurde, deren Anhänger ein zurückgezogenes Leben in Studium und Meditation führten.

Auf den tibetischen Übersetzer Marpa (1012–1098), einem Schüler des indischen Meisters des Vajrayana-Buddhismus Nāropa (956–1040), geht die Kagyüpa (bKa'-rgyud-pa)-Schule, die „Schule der mündlichen Überlieferung“, zurück, die verschiedene Zweige ausgebildet hat und für die die ununterbrochene geistige Überlieferungslinie bis zurück zum Buddha Vajradhara von entscheidender Bedeutung ist. Berühmtester Schüler des Marpa und einer der bekanntesten tibetischen Mystiker und Dichter ist der Einsiedler Milarepa (Mi-la-ras-pa, 1040–1123). In seinen Liedern, in denen er den buddhistischen Glauben gemeinverständlich zu vermitteln versuchte, finden sich beispielsweise bereits die für die einzelnen Naturbereiche typischen Tiere, die sich auch in den Volksliedern der Neuzeit finden, so der auf den Gletschern wohnende weiße Löwe oder der in den Wäldern lebende „buntscheckige“ Tiger. Auch verwendet Milarepa in seinen Liedern all die Stilmittel, die die tibetischen Volkslieder, das Epos und die Theaterstücke bis heute auszeichnen.

Das Wirken von Milarepas Schüler Gampopa (sGam-po-pa, 1079–1153) sollte für die weitere Entwicklung der Kagyüpa-Schule von besonderer Bedeutung sein. Eine wichtige

Kagyüpa-Schule ist die Dugpa ('Brug-pa)-Schule, gegründet von Pema Dorje (Pad-ma-rdo-rje, 1128–1188). Seit dem 17. Jh. ist ein Zweig dieser Schule in Buthan bis heute vorherrschend. Die wohl bedeutendste Untergruppe ist die Karma-Kagyüpa mit ihrem Hauptkloster und heutigem Sitz des Karmapa in Tsurpu (mThsur-phu, gegr. 1189) in Zentraltibet; diese von Düsum Khyenpa (Dus-gsum-mkhyen-pa, 1110–1193) gegründete Schule hat heute in den U.S.A. und Europa viele Anhänger.

In der Tradition des Padmasambhava und anderer großer Lehrer der Zeit der „Früheren Verbreitung" des Buddhismus stehen die Nyingmapa (rNying-ma-pa), die „Anhänger der alten [Tantras]". Bei ihrer Ausübung tantrischer Praktiken berufen sie sich vor allem auf Übersetzungen alter tantrischer Texte, die in der Zeit des Königs Tison Detsen gemacht wurden, sowie auf „Terma" (*gter-ma*, „Schatz") genannte apokryphe Schriften, die von Padmasambhava als Schätze für die Nachwelt versteckt worden sein sollen, weil die Menschen seiner Zeit noch nicht für weitere fortgeschrittene Lehren vorbereitet waren. War die Zeit reif, wurden sie von „Tertöns" (*gter-ston*, „Schatzfinder") entdeckt. Termas konnten in Bergen, Felsen, Seen, Statuen, Stūpas, Tempeln, aber auch direkt im Geist des Schatzfinders verborgen worden sein.

Nicht mit den alten Bön-Priestern verwechselt werden darf eine etwa gleichzeitig mit den verschiedenen buddhistischen Schulen im 11. Jh. (oder früher) auftretende Religion, die sich selbst als Bön (*bon*) und ihre Anhänger als Bönpo (*bon-po*) bezeichnet und die wie die Nyingmapa ihre Geschichte auf die Zeit der Einführung des Buddhismus im 8. Jh. zurückverfolgt, allerdings als den wahren Buddha einen gewissen Tönpa Shenrab (sTon-pa-gshen-rab) betrachtet, der lange vor dem Buddha Śākyamuni im Lande Tazig (sTag-gzig) westlich von Tibet (Iran) gelebt haben soll. Die tatsächliche Frühgeschichte dieser Bönpo liegt jedoch noch weitgehend im Dunkeln. Seit dem 15. Jh. organisieren die Bönpo ihr klösterliches Leben in derselben Weise wie die buddhistischen Schulen.

Die Sakyapa (Sa-skya-pa)-Schule leitet ihren Namen vom Kloster Sakya ab, das von Khön Könchog Gyelpo ('Khon dKon-mchog-rgyal-po, 1034–1103) 1073 gegründet wurde. Schulgründer ist Dogmi ('Brog-mi, 992–1072), der in Indien tantrische Initiationen empfing, u.a. das wichtige *Hevajratantra*, das er ins Tibetische übersetzte.

Unter Tschinggis Khan (1167?–1227), der sich 1206 zum Herrscher über alle Völker der Mongolei hatte ausrufen lassen, wurde diese neue Großmacht Zentralasiens mit ihrem Expansionsdrang auch zu einer Bedrohung für Tibet. Um einer Eroberung zuvorzukommen, unterstellten sich fast alle tibetischen Fürstentümer der mongolischen Oberherrschaft. Die Mongolen waren damit nominell die Herrscher des Landes, überließen die tatsächliche Verwaltung aber den Tibetern selbst, wobei den Sakyapa-Hierarchen bis zur Mitte des 14. Jh. die führende Rolle zukam.

Als der Mongolen-Khan Göden (gest. kurz nach 1251) den Sakya-Hierarchen Sakya Pandita (Sa-skya-paṇḍi-ta, 1182–1251) im Jahre 1244 an seinen Hof rief und dieser 1247 die Oberherrschaft der Mongolen über Tibet anerkannte, erreichte die Macht der Sakypas ihren Höhepunkt. Parallel zur politischen Einflussnahme der Mongolen in Tibet vollzog sich eine kulturell-religiöse Einflussnahme seitens des tibetischen Lamaismus auf die Mongolei. Sakya Panditas Neffe und Nachfolger Pagpa ('Phags-pa, 1235–1280) gewann schließlich das Vertrauen des Mongolen-Khans und späteren chinesischen Kaisers Khubilai (1215–1294), der sich als mächtiger Gönner des Buddhismus erwies. Beide schufen den Begriff der „Beiden Ordnungen" (mong. *qoyar yosun*) und eine Theorie des harmonischen

Verhältnisses zwischen geistlichem und weltlichem Bereich, zwischen organisierter Religion (Lamaismus) und Staat.

Im 14. Jh. schwand die Macht der Sakyapa zugleich mit dem Ende der Mongolendynastie in China. Für Tibet begann eine Zeit der Machtkämpfe zwischen den verschiedenen buddhistischen Schulen. Die Sakyapa-Schule wurde von der Pagmodupa (Phag-mo-gru-pa)-Dynastie unter Janchub Gyeltsen (Byang-chub-rgyal-mtshan, 1302–1364) abgelöst, die von der Mitte des 14. bis zur Mitte des 15. Jh. herrschte, gefolgt von den Karmapa, die bis zum Sieg der Gelugpa im 17. Jh. an der Macht blieben.

Das 14. Jh. ist auch die Zeit der Zusammenstellung der gewaltigen Zahl von Übersetzungen indischer Texte ins Tibetische. Insgesamt sind aus der Zeit zwischen dem 7. (?) und 14. Jh. etwa 4500 Texte erhalten, die in gedruckter deutscher Übersetzung einem Gesamtumfang von ca. 400.000 Seiten entsprechen würden. Diese Texte sind zur kanonischen Sammlung des Kanjur (bKa'-'gyur, 108 Bde.), „Übersetzung des [autoritativen] Wortes" (d. h. an erster Stelle die Predigten des Buddha und Offenbarungen seiner Schüler und übernatürlicher Wesenheiten) und des Tenjur (bsTan-'gyur, 225 Bde.), „Übersetzung der Lehr[schriften]" (d. h. Kommentare zum Kanjur und andere von zumeist indischen Autoren verfasste Lehrtexte) kompiliert worden. Besondere Verdienste bei der Redaktion dieser Sammlungen erwarb sich der berühmte tibetische Mönch, Lehrer, Übersetzer und Historiograph Butön Rinchen Dub (Bu-ston rin-chen grub, 1290–1364). Die große Verehrung, die dem buddhistischen Schrifttum gezollt wurde, führte im Bereich der Schrift- und Buchkunst zu bedeutenden Schöpfungen.

4. Die Gründung der Gelugpa-Schule und die Dalai Lamas (ab 15. Jh.)

Die Gelugpa (dGe-lugs-pa), die „Anhänger des Weges der Tugend", bilden die letzte in Tibet entstandene buddhistische Schule. Ihr Gründer ist Tsongkhapa Losang dragpa (bTsong-kha-pa-blo-bzang-grags-pa, 1357–1419), eine der überragenden religiösen Gestalten Tibets. Tsongkhapa vertrat die Ideale des strengen Mönchslebens – Einhaltung der sittlichen Ordensregeln als Grundlage tantrischer Ritualpraxis – und schloss sich dabei eng an die Lehren der alten Kadampa-Schule an, die schließlich in der Gelugpa-Schule aufging. Von besonderer Bedeutung war für ihn die Madhyamaka-Philosophie des indischen Philosophen Nāgārjuna (um 200 n. C.) und die Rolle der Logik bei der Erörterung philosophischer Sachverhalte. 1409 gründete er in der Nähe von Lhasa sein erstes eigenes Kloster, das große Lehrzentrum Ganden (dGa'-ldan). Lhasa und die umliegende Provinz wurden schließlich zu einer Gelugpa-Hochburg.

Tsongkhapa war es auch, der im Jahre 1409 das „Große Gebet", das Mönlam chenmo (*smon lam chen mo*) einführte, das im Rahmen der tibetischen Neujahrsfeierlichkeiten (*Losar*, tib. *lo gsar*) vom dritten bis zum 25. Tag des ersten Monats des tibetischen Mondkalenders gefeiert wird. Im traditionellen Tibet strömten Tausende von Gläubigen vor allem nach Lhasa, um mit den Mönchen der großen Klöster für das Wohlergehen aller Lebewesen zu beten und den in diesem Anliegen abgehaltenen Zeremonien beizuwohnen, die als besonders segensreich geglaubt wurden. In kleinerem Umfang wird das Fest auch im Kloster Tashilhünpo (bKra-shis lhun-po), dem Sitz des Panchen Lama, gefeiert. Die heutzutage abgehaltenen Feierlichkeiten lassen aufgrund der durch die chinesischen Behörden erlassenen Restriktionen allerdings nur noch schwach ihre einstige Größe und Pracht erahnen.

Während des Mönlam werden traditionellerweise auch die öffentlichen Disputationen und Examina der Mönchskandidaten der Gelugpa-Schule zur Erlangung des sog. Gesche-Titels (*dge bshes*), der mit unserem westlichen Titel eines Doktors der „Theologie" bzw. Philosophie verglichen werden kann, durchgeführt.

Ein weiteres Fest ist das am fünfzehnten Tag des ersten Monats gefeierte Butterfest. Neben Lhasa ist es vor allem das in Osttibet am Geburtsort des Tsongkhapa errichtete große Kloster und alte Handelszentrum Kumbum, das für die anlässlich dieses Festes errichteten und bis zu 15 Meter hohen, bunt bemalten Butterskulpturen berühmt war. Die bis zur öffentlichen Aufstellung geheimgehaltenen Kunstwerke stellten Geschichten aus dem Leben des Buddha Śākyamuni dar, bezogen ihre Motive aber auch aus tibetisch-buddhistischen Volkserzählungen oder nahmen Situationen und Personen des Klosterlebens aufs Korn.

Tsongkhapas Nachfolger war Gedün Dub (dGe-'dun-grub 1391–1475), der u.a. im Jahre 1447 das berühmte Kloster Tashilhünpo bei Shigatse gründete und rückwirkend als der erste „Dalai Lama" (zumeist mit „Lama, [dessen Mitleid so groß wie] der Ozean ist" paraphrasiert), angesehen wurde; rückwirkend deshalb, weil dieser Titel erst seinem zweiten Nachfolger Sönam Gyatso (bSod-nams-rgya-mtsho 1543–1588) im Jahre 1578 von Altan Khan (1507–1583), dem Herrscher der Tümed-Mongolen, verliehen wurde. Mit diesem Ereignis setzte eine buddhistische Missionierung der Ostmongolen ein, die sog. „Zweite Bekehrung" der Mongolen. Sönam Gyatsho betrachtete man darüber hinaus als irdische Manifestation des Avalokiteśvara, was die geistliche und politische Vorrangstellung der Institution des Dalai Lama vom 17. Jh. an bis heute begründete.

Mit Hilfe des westmongolischen Herrschers Gushri Khan (reg. 1642–1655) gewann schließlich der „Große Fünfte" Dalai Lama Ngawang Losang Gyatso (Ngag-dbang-blo-bzang-rgya-mtsho, 1617–1882), ein überragender Staatsmann und Gelehrter, die unumstrittene politisch-religiöse Macht über Tibet mit Lhasa als Mittelpunkt. Nach seinen Plänen wurde zwischen 1644 und 1692 der weltberühmte Potala-Palast mit seinen unermesslichen Kunstschätzen erbaut.

Die 200 Jahre, die auf seinen Tod folgten, waren dem beständigen Druck und dem Versuch der Einflussnahme benachbarter Mächte unterworfen – von allem durch die seit 1644 (bis 1911) als Qing-Dynastie über China herrschenden Mandschus, die seit 1723 ein *de facto*-Protektorat über Tibet errichteten.

Ohne dauerhafte Konsequenzen blieben die Berührungen mit europäischen Missionaren im 17./18. Jh., wie z.B. den Jesuiten Antonio de Andrade und Ippolito Desideri oder den Kapuziner-Missionaren; auch zeigten die Bemühungen der Briten um Handelsbeziehungen nicht den gewünschten Erfolg. Tibet verschloss sich im 19. Jh. für Fremde immer mehr.

Nachdem im Jahre 1911 das Ende der Qing-Dynastie gekommen und in China die Republik ausgerufen worden war, proklamierte der dreizehnte Dalai Lama Thupten Gyatso (Thub-bstan-rgya-mtsho, 1876–1933) feierlich die Unabhängigkeit Tibets, das sich in der Folgezeit jedoch erneut politisch isolierte, da die unter dem dreizehnten Dalai Lama begonnene Öffnung und Modernisierung bei den konservativen, auf Erhalt des *status quo* bedachten Mönchen auf eine heftige Opposition stieß.

5. Die Autonome Region Tibet

Im Oktober 1950 ließ das kommunistische Regime Chinas unter Mao Zedong seine Armee in Tibet einfallen, um das Land „von ausländischen Imperialisten zu befreien“ und „ins Mutterland zurückzuführen“. Im gleichen Jahr wurde der erst fünfzehnjährige vierzehnte Dalai Lama, Tendzin Gyatso (bsTan-'dzin-rgya-mtsho, geb. 1935) zum religiösen und weltlichen Oberhaupt Tibets gewählt, musste jedoch im Jahre 1959 nach Indien fliehen; ca. 80.000 Tibeter folgten ihm ins indische Exil. Im Jahre 1965 wurde dann seitens der Chinesen die sog. „Autonome Region Tibet“ ausgerufen, was zu einer Halbierung des tibetischen Territoriums führte, da nun weite Gebiete des ost- und nordwesttibetischen Raumes der Verwaltung der chinesischen Provinzen Qinghai, Sichuan, Yunnan und Gansu unterstanden.

Am 25. August 1966 begann auch in Tibet die auf Betreiben Mao Zedongs in China ausgerufene Kulturrevolution (1966–1976). Rotgardisten folgten dem Aufruf des Großen Vorsitzenden und begannen, das „Vierfache Alte“ – d.h. die alten Ideen, die alte Kultur, die alten Traditionen und die alten Sitten und Gebräuche – zu zerstören. Für Tibet bedeutete dies die vollständige Unterdrückung traditioneller Lebensformen und kultureller Werte, die erneute Ermordung zehntausender Tibeter und die fast vollständige Zerstörung der religiösen Infrastruktur. Von einst ca. 4000 Klöstern, Tempeln, Stūpas (tib. Tschörten, *mchod-rten*) und historischen Bauten blieben nur wenige unzerstört. So waren im Jahre 1973 von früher 2711 Klöstern Zentraltibets noch ganze dreizehn intakt. Dabei wurde nicht nur eine einzigartige Sakralarchitektur Opfer dieses Vandalismus, sondern auch unzählige im Laufe der Jahrhunderte als religiöse Auftragskunst geschaffene kostbare Ausgaben des buddhistischen Kanons, Plastiken, Kultbronzen, Thanka-Malereien (in Seidenstoff eingefasste Rollbilder), Stickereien und Applikationen von Seiden-/Brokatstoffen, aber auch Werke der „Volkskunst“ (Architektur- und Möbelmalerei, Kunstschnitzen, Gold-, Silber- und Eisenschmieden) wurden verunstaltet, entweiht oder völlig vernichtet.

Die religiöse Kunst Tibets mit ihrer komplexen Symbolsprache, ikonographischen Vielfalt und ästhetischen Ausstrahlung greift auf Vorbilder zurück, die in der Tradition Indiens, und zwar den heutigen Landschaften von Bengalen und Bihar, bereits vorgeformt waren und zusammen mit dem Buddhismus im 7. Jh. nach Tibet gelangt sind. So haben sich die in der Zeit der mächtigen Pāla-Dynastie (8.–11. Jh.) geschaffenen Skulpturen lange Zeit in der tibetischen Bildhauerei und die indischen Buchillustrationen auf die tibetische Malerei ausgewirkt. Neben nepalesischen Malern, die die Bildhauerei Süd- und Zentraltibets anregten, ist es vor allem die Kunst Kashmirs, deren Einfluss noch heute an der Tempelarchitektur Westtibets (Tabo, Alchi) ablesbar ist. Daneben gab es Einwirkungen der zentralasiatischen Kunst auf die tibetische Malerei, und seit der mongolischen Yuan-Dynastie (1279–1368) ist auch ein chinesischer Einfluss erkennbar, der sich unter der Ming-Dynastie (1368–1644) noch verstärkte und während der Regierungszeit des Qing-Kaisers Qianlong (1736–1796) einen Höhepunkt erlebte. Bei der Darstellung von Gottheiten orientierten sich die Künstler an einer über Jahrhunderte entwickelten und dem Ideal der jeweiligen künstlerischen Tradition verpflichteten Ikonographie und Ikonometrie.

In diesem Zusammenhang ist es sicher interessant zu vermerken, dass im traditionellen Tibet zwischen Handwerkern, Kunstmalern, Bildhauern oder Kunstgewerblern prinzipiell keine großen Unterschiede gemacht wurden. Alle galten als „Besitzer einer Handfertigkeit“.

Je direkter jedoch ein angesehenes Handwerk wie die religiöse Thanka-Malerei, das Skulptieren in Holz und Ton, Bildhauerei, der Bronzeguss und das Kopieren von Texten oder ihre Vervielfältigung nach dem Blockdruck- oder Holztafeldruckverfahren mit religiösen Themen zu tun hatte, desto verdienstvoller war es und stand in der Rangfolge der verschiedenen Handwerke an erster Stelle. Auf einer mittleren Stufe rangierten Berufe wie etwa der des Schreiners, Webers, Schnitzers oder Gießers, während alle Tätigkeiten, die in direkter oder indirekter Weise mit dem Töten von Lebewesen zu tun hatten – z.B. die des Schusters, Metzgers, Gerbers, Fischers oder Jägers –, in der religiös motivierten Rangskala an letzter Stelle standen; diese Handwerker gehörten zu den Ärmsten und sozial Schwächsten, die man mied – nicht zuletzt aufgrund der wohl durch den Buddhismus aus Indien mitgebrachten Vorstellung der Übertragung von schlechten Eigenschaften und Unreinheit durch sozialen Kontakt.

Auch die persönliche Sphäre der Tibeter erfuhr durch die Kulturrevolution tiefgreifende Veränderungen. So wurden alle traditionellen, meist religiösen Feste und Zeremonien bis hin zu tibetischen Tänzen und Opernaufführungen als „reaktionär“ gebrandmarkt und verboten, lebten aber in Klöstern außerhalb Tibets und unter den Exiltibetern fort, während sich in Tibet selbst erst langsam wieder ein Bewusstsein für die identitätsstiftende Bedeutung entwickelt, die den an den traditionellen Daten gefeierten Festen zukommt (sofern sie aufgrund der Genehmigungspflicht aller Festveranstaltungen überhaupt termingerecht abgehalten werden können).

Neben den Feierlichkeiten im Familienkreis und in dörflicher Gemeinschaft war der Jahreslauf der Tibeter durch viele religiöse Feste und Feiertage strukturiert, deren Datierung auf dem im Jahre 1027 eingeführten tibetischen Kalender beruht und der das Jahr in 12 Monate zu je 30 Tagen aufteilt, wobei die jahreszeitliche Progression durch einen alle sieben/acht Jahre eingeschobenen Schaltmonat ausgeglichen wird.

Anlässe für religiöse Feste sind vor allem wichtige Ereignisse aus dem Leben des Buddha Śākyamuni, beispielsweise seine Geburt am siebten Tag des vierten Monats und seine Erleuchtung und sein endgültiges Eingehen ins Nirvāṇa am 15. Tag desselben Monats, der deshalb auch den Namen „Śākya-Monat“ (tib. *sa ga zla ba*) trägt. Oder am vierten Tag des sechsten Monats das Gedenken der ersten Predigt des Buddha in Sarnath, durch die er das „Rad der Lehre“ in Bewegung setzte.

Im Mittelpunkt des am 15. Tag des 5. Monats (3. Juli) gefeierten Dzam Ling Chi Sang (tib. *'dzam-gling-sphyi-bsang*) steht die Verehrung der zahlreichen Lokalgottheiten. Gefeiert wird auch der Geburtstag des derzeitigen XIV. Dalai Lama Tendzin Gyatso (geb. 6.7. 1935). Natürlich hat jede der vier Hauptschulen des tibetischen Buddhismus ihre besonderen Festtage. Auf das im Rahmen der Neujahrsfeierlichkeiten veranstaltete „Große Gebet“ (Mönlam chenmo) und das Butterfest wurde oben schon kurz eingegangen.

Auch die in zahlreichen großen Klöstern (vor allem außerhalb der Autonomen Region Tibet) bis heute abgehaltenen farbenprächtigen Tscham-('cham-)Maskentänze, deren Ziel neben der religiösen Erbauung und Unterhaltung in ihrem Kern die rituelle Vernichtung des Bösen in Gestalt einer zum Abschluss symbolisch vernichteten kleinen Teigpuppe ist, ziehen nach wie vor viele Menschen an.

Sehr beliebt sind schließlich die von Laien aufgeführten sog. Lhamo-Opern, deren Ursprung auf den berühmten tibetischen Brückenbauer Thangtong Gyelpo (Thang stong rgyal po, 1385–1464?) zurückgeführt wird. Der Besuch solcher Aufführungen ist reiner Zeitvertreib, obwohl ihr Inhalt immer auch religiös konnotiert ist.

Bis zur Annektierung Tibets durch die Volksrepublik China lebten die Tibeter unter den Bedingungen einer vormodernen, hierarchisch gegliederten Bauern- und Nomadengesellschaft mit feudalistisch-theokratischen Zügen. Theoretisch war der Dalai Lama als geistliches wie weltliches Oberhaupt Tibets auch Besitzer des Landes, das er an die Mitglieder der Regierung, an Adelsfamilien und an die Klöster vergab. Zum Land gehörten die Bauern, die entweder als sog. „Steuerzahler" (*khral-pa*) das Land vererben, aber nicht verkaufen konnten, oder zur Gruppe der Kleinpächter (*dud-chung*) gehörten, von denen es wiederum verschiedene Kategorien gab. Das Land selbst war in Distrikte eingeteilt, die durch einen weltlichen und geistlichen Distriktsvorsteher (*rdzong-dpon*) regiert wurden. Sie waren auch zuständig für die Rechtsprechung und die Erhebung der Abgaben – sei es vor allem in Form von Naturalien, aber auch Geld oder Arbeitskraft –, für die von den Bauern bewirtschafteten Ländereien, die je nach Grundherrn entweder ins Kloster oder ins Dzong (*rdzong*), dem Verwaltungssitz eines Distriktes, gebracht wurden und von dort weiter nach Lhasa oder direkt in Speicher eines Ministeriums, eines Beamten oder in die Schatzkammer des Dalai Lama persönlich. Es ist davon auszugehen, dass im traditionellen Tibet die Geistlichkeit, die Beamtenschaft und der Adel ca. die Hälfte des Landbesitzes und der Abgaben kontrollierten, während den Regierungsämtern die andere Hälfte unterstand. Dabei lag es auch im Interesse der Grundherren, in einem solch empfindlichen, auf Naturalwirtschaft ruhenden Staatsgebilde gerade in Notzeiten oder nach schlechten Ernten die Pachtbauern nicht zu überfordern.

Es verwundert nicht, dass auch das tibetische Familiensystem und die Kindererziehung seit der Eingliederung Tibets in die Volksrepublik China einem radikalen Wandel unterworfen war. Traditionell praktizierte man zahlreiche, gleichberechtigt nebeneinander stehende Eheformen, wobei jede einzelne Form nur für eine bestimmte Gruppe innerhalb der Gesellschaft galt bzw. in einzelnen Territorien Tibets bevorzugt wurde. Die am weitesten verbreitete Eheform war die nur aus Eltern und Kindern bestehende monogame Gattenfamilie, die jedoch jederzeit durch die Aufnahme der Großeltern zu einer Mehrgenerationenfamilie erweitert werden konnte, was als ideal angesehen wurde. Demgegenüber war für den Adel die Polygamie in den Formen der Polygynie und Polyandrie nicht nur Statussymbol, sondern auch Mittel, um den politischen wie wirtschaftlichen Einfluss der Familie zu vergrößern. Jede einzelne der Ehefrauen konnte wiederum mit anderen Männern verheiratet werden, was zu sehr komplexen Verwandtschaftsstrukturen (Gruppenfamilie) führen konnte. In nichtadeligen Kreisen war die zumeist praktizierte Form der polyandrischen Ehe die fraterale Ehe, bei der eine Frau mehrere Brüder aus der eigenen Familie heiratete.

Die Erziehung der Kinder orientierte sich an den traditionellen Werten und war von den konkreten Lebensnotwendigkeiten bestimmt, zu denen das Kind gewöhnlich ab dem vierten Lebensjahr durch Viehhüten oder Holz- und Dungsammeln seinen Beitrag leisten musste. Gewaltlosigkeit und Ehrlichkeit figurierten unter den religiösen und ethischen Werten an erster Stelle. Zwar gab es in jedem Dorf einige Alte, die Kinder in der Kunst des Lesens und Schreibens unterrichten konnten; „Bildung" im engeren Sinn vermittelten jedoch einzig die zahlreichen Klöster.

Während innerhalb Tibets das tibetische Volk nach wie vor vom kulturellen und physischen Genozid bedroht ist, leben der tibetische Buddhismus und die tibetische Kultur unter den Flüchtlingen im indischen Exil weiter; auch in Europa, den USA und Australien gibt es Hunderte von Klöstern und Zentren des tibetischen Buddhismus, die eine wachsende Anziehungskraft ausüben.

Literatur

Barraux, Roland: *Die Geschichte der Dalai Lamas. Göttliches Mitleid und irdische Politik,* Solothurn – Düsseldorf 1995.

Brück, Michael von: *Religion und Politik im tibetischen Buddhismus,* München 1999.

Everding, Karl-Heinz: *Tibet. Lamaistische Klosterkulturen, nomadische Lebensformen und bäuerlicher Alltag auf dem »Dach der Welt«,* Köln 1999.

Golzio, Karl-Heinz – Pietro Baudini: *Die vierzehn Wiedergeburten des Dalai Lama,* Bern u. a. 1997.

Powers, John: *Religion und Kultur Tibets. Das geistige Erbe eines buddhistischen Landes,* Bern u. a. 2000.

Shen Weirong: *Leben und historische Bedeutung des ersten Dalai Lama dGe 'dun grub pa dpal bzang po* (1391–1474). Ein Beitrag zur Geschichte der dGe lugs pa-Schule und der Institution der Dalai Lamas. Monumenta Serica Monograph Series XLIV, Sankt Augustin 2002.

Stein, Rolf A.: *Die Kultur Tibets,* Berlin 1993.

Anton Quack

XVIII. Ozeanien

Ozeanien im weiten Sinne umfasst vier große Regionen: Australien, Melanesien, Mikronesien und Polynesien. Zu Ozeanien im engeren Sinne zählt man gemeinhin jedoch nur die weite Inselwelt der Südsee östlich der Philippinen und Indonesiens, des süd-westlichen Pazifik also, einschließlich der großen Inseln Neuguinea und Neuseeland; der Kontinent Australien wird dabei ausgeklammert. Wenn auch in Publikationen der Ethnologie und Religionswissenschaft immer wieder die größere Einheit Ozeaniens vertreten wird, etwa im Band „Oceania" in der Reihe „Encyclopedia of World Cultures" (Hays 1991), so sieht man doch auch Gründe genug für eine separate Behandlung Australiens. Der entsprechende Band in der Reihe „Die Religionen der Menschheit" trägt den bezeichnenden Titel: „Die Religionen der Südsee und Australiens" (Nevermann, Worms und Petri 1968); sein jüngeres, englischsprachiges Pendant, „The Religions of Oceania", untergliedert den Text in die Hauptteile „Australia" und „Pacific Islands" (Swain and Trompf 1995).

1. Geografische Strukturen

Der geografische Raum, der durch Ozeanien im engeren Sinne abgedeckt wird, auf das hier der Hauptakzent gelegt wird, ist riesig. Er erstreckt sich in Nordsüd-Richtung vom Wendekreis des Nordens (Marianen, Hawai) bis zum Wendekreis des Südens (Neukaledonien, Tonga, Französisch-Polynesien) und darüber hinaus fast bis zum 50. südlichen Breitengrad (Neuseeland), und in Westost-Richtung vom 130. östlichen Längengrad (Westteil Neuguineas) bis zum 110. westlichen Längengrad (Osterinseln). Somit liegt der größte Teil der Inselwelt Ozeaniens im tropisch-maritimen Klimabereich. Auf den kontinentalen Inseln wie z. B. Neuguinea entwickelt sich natürlich ein eigenes Klima, das den örtlichen geografischen Bedingungen entspricht (Tiefland, Hochland) .

Die etwa 7500 Inseln Ozeaniens (einschließlich der Riffe und Atolle) sind kaum zu einem Drittel bewohnt; mit den großen kontinentalen Inseln Neuguinea und Neuseeland zählt ihre Landfläche 1,3 Mio. km², verteilt über ein Meeresgebiet von ca 70 Mio. km². Von den ca. 12 Mio. Bewohnern Ozeaniens leben mehr als zwei Drittel in Neuguinea und Neuseeland; nicht viel mehr als ein Drittel der Gesamtbewohner (4,5 Mio.) gehört zu den Nachfahren der ursprünglichen Bewohner Ozeaniens, der große Rest rekrutiert sich aus Zuwanderern und ihren Nachkommen.

In der Geografie des Pazifik unterscheidet man drei Arten von Inseln: Die kontinentalen Inseln, im westlichen Pazifik gelegen, wie Neuguinea, Bismarckarchipel, Neuseeland usw. mit Bergen bis zu 4000 m und größeren Flusssystemen. Die Vulkaninseln, über den gesamten Pazifik verstreut, die ebenfalls beachtliche Höhen erreichen können (3900 m in Hawai). Schließlich die Koralleninseln, die oft nur wenige Meter an Höhe erreichen. Die Land- und Bodenformen Ozeaniens sind zu unterschiedlich, als dass man ihre Flora und Fauna mit wenigen Verallgemeinerungen beschreiben könnte. So viel lässt sich allerdings festhalten: Sie haben ihren Ursprung in Asien und suchten ihren Weg in östlicher Richtung, wobei sie sich im Laufe vieler Jahre jeweils vor Ort eigenständig weiter entwickelten. Größere Wirbeltiere fehlen ganz.

Die seit fast 200 Jahren übliche Dreiteilung der ozeanischen Inselwelt folgt geografischen, linguistischen und kulturellen Kriterien, wie sie das zeitgenössische Wissen sah. Sie ist allerdings so grob und ungenau, dass sie heute durchaus nicht mehr überall in der Fachwelt akzeptiert wird. Aus Konvenienzgründen soll hier jedoch mit einigen Modifikationen daran festgehalten werden.

Melanesien erstreckt sich in einem Bogen von Neuguinea bis nach Neukaledonien, es umfasst dazu die Admiralitätsinseln, die Inseln des Bismarckarchipels, die Salomon-Inseln und die Insel von Vanuatu (die Neuen Hebriden). Mikronesien, nördlich von Melanesien gelegen, umschließt die weit verstreuten Inseln der Karolinen, die Marianen, die Marschall-Inseln und Kiribati (Gilbert-Inseln). Flächenmäßig den weitesten Raum nimmt Polynesien ein, das sich in einem großen Dreieck von Hawai im Norden zu Neuseeland im Südwesten und den Osterinseln im Osten erstreckt. Zu ihm gehören außerdem die Marquesasinseln, die Cook- und die Tubuai-Inseln, die Gesellschaftsinseln, die Tuamotuinseln, Tuvalu (Ellice-Inseln), Samoa und Tonga. Als polynesische Außenposten gelten die „melanesischen" Tikopia und Ontong Java; Fiji, zwischen Melanesien und Polynesien gelegen, wird mal der einen, mal der anderen Region zugeordnet.

2. Sprachen und Kulturen

Diese überkommene Einteilung und Zuordnung wird am wenigsten den Völkern und Kulturen Melanesiens gerecht. Den Ausbreitungsphasen und der Verteilung der Sprachen folgend, fand man vor einigen Jahren eine neue, vielleicht bessere Aufteilung: das Nahe Ozeanien (Near Oceania) mit Neuguinea und den vorgelagerten Inseln (Admiralitätsinseln, Bismarckarchipel, Salomon-Inseln) und das Ferne Ozeanien (Remote Oceania) mit dem übrigen Melanesien, mit Mikronesien und Polynesien. Vor allem der Prähistoriker Roger Green, Auckland, und der Ethnologe Patrick Kirch, Berkeley, stellen in ihren jüngeren Publikationen diesen Diskussionsansatz vor (vgl. Green 1991; Kirch 1997, 2000; Kirch and Green 2001).

Auch die Besiedlung Ozeaniens nahm ihren Ausgang im südöstlichen Asien. Sie geschah in vielen Wellen, beginnend gegen Ende der letzten Eiszeit vor 30.000 bis 80.000 Jahren mit der ersten Besiedlung Australiens und Neuguineas, die damals noch zu einem Kontinent verbunden waren (Sahul), und endend mit dem 14. Jh. n. C., als die Maori Neuseeland besiedelten. Die Besiedlung erfolgte also in einem langen Prozess, an dem viele unterschiedliche Gruppen beteiligt waren. Sie führte im Ergebnis zu einer fast unüberschaubaren Vielfalt an biologisch-physisch, sprachlich und kulturell höchst unterschiedlichen Einheiten von Bevölkerungsteilen.

Die erste große Phase der Besiedlung Ozeaniens betraf Australien und große Teile Melanesiens (das Nahe Ozeanien) und zog sich über viele 10.000 Jahre hin. Die Einwanderer benutzten Stein- und Holzwerkzeuge, sie lebten vom Jagen, Sammeln und Fischen; die frühesten Einwanderer mussten darüber hinaus Seefahrzeuge benutzt haben. Ein Blick auf das heutige Australien und Neuguinea zeigt, dass es keinerlei sprachliche und kulturelle Beziehungen zwischen ihren Völkern (mehr) gibt. Sehr viel später, vor ca. 4000 Jahren, setzte die zweite große Phase der Besiedlung ein (des Fernen Ozeaniens). Sie nahm ihren Ausgang von der südostasiatischen Inselwelt, erreichte die Küste Neuguineas und die übrigen Inseln Melanesiens, schließlich Mikronesien und Polynesien. Diese Neusiedler sprachen austronesische Sprachen, sie waren Träger der Lapita-Kultur mit ihrer charakteristischen Töpferware, waren Dorfbewohner und Gartenbauern. Sie waren aber auch geübte Seefahrer, die mit ihren Booten mühelos die riesigen Entfernungen des Pazifik bewältigen konnten, damit Handel zwischen den Inseln betrieben und auch zur weiteren Verbreitung von Flora und Fauna beitrugen. T. E. Hays fasst diese Entwicklung zusammen: „Man kann mit einiger Sicherheit festhalten, dass der Pazifik über einen langen Zeitraum kolonialisiert wurde, wobei einige Plätze, aus welchen Gründen auch immer, zufälligen oder bewussten, erst viel später erreicht wurden als andere. Höchst unterschiedliche Gruppen von Menschen waren daran beteiligt, sowohl was den biologisch-physischen Typos, als auch die Sprache und die Kultur angeht. Und ein guter Teil dieser Verschiedenheit verstärkte sich im Folgenden weiter in Prozessen der Mischung wie der Isolierung der Bevölkerungen und ihrer Anpassung an die jeweiligen lokalen Bedingungen, die selbst wiederum höchst unterschiedlich waren“ (XXVII).

Im physischen Erscheinungsbild der Völker Ozeaniens finden sich Merkmale der Europiden (Kaukasiden), der Mongoliden und der Negriden, ohne dass man diese auseinander dividieren könnte. Die Ureinwohner Australiens etwa – in der deutschen Fachliteratur spricht man zunehmend von „Aborigines“ – können von der physischen Anthropologie ihrer Rasse nach weder den Negriden noch den Mongoliden zugerechnet werden; so erfand man für sie die Kategorie der Australiden.

Der Sprache nach lassen sich die Völker Ozeaniens, bei denen immerhin etwa ein Viertel der Sprachen der Welt zu Hause sind, drei großen Gruppen zuordnen, die durch keinerlei genetische Beziehungen miteinander verbunden sind: 1) Die kleinste Gruppe bilden die australischen Sprachen (ca. 150) mit zwischen 50.000 und 100.000 Sprechern heute. 2) Die zweite Gruppe bilden die austronesischen (malayo-polynesischen) Sprachen, deren Verbreitung von Madagaskar über Südostasien bis zu den Osterinseln reicht und von denen in Ozeanien ca. 450 (oder bis ca. 600; vgl. Lynch et al. 2002, IX) gezählt werden; einige dieser Sprachen haben mehr als 200.000 Sprecher (Fidschi, Samoa), die meisten aber nicht mehr als 10.000. 3) Schließlich folgen die Papua-Sprachen mit mehr als 700 Einzelsprachen in Neuguinea und in einigen Teilen Melanesiens, die im Gegensatz zu den beiden anderen Gruppen nicht durch gemeinsame Abstammung eine eigene Gruppe oder Sprachfamilie bilden, sondern nur als „nicht-austronesisch“ charakterisiert werden können. Auch hier gibt es Sprachen mit mehr als 200.000 Sprechern; doch die meisten zählen nicht mehr als ein paar 100 bzw. 1000 Sprecher. Die Komplexität der sprachlichen Situation Ozeaniens wird noch erhöht durch zahlreiche Pidgin- und Verkehrssprachen, die den Kontakt der unterschiedlichen Gruppen erleichtern. Den besten, gründlichsten und genauesten Überblick über die linguistischen Verhältnisse Ozeaniens gibt wohl immer noch der „Language Atlas of the Pacific Area“ (Wurm and Hattori 1981). Für den austronesischen Teil der Sprachen Ozeaniens bildet der neu erschienene Band „The Oceanic Languages“ ein unverzichtbares Referenzwerk, soweit Einblicke in die Grammatik einzelner Sprachen gesucht werden (Lynch et al. 2002).

Der sprachlichen Vielfalt entspricht eine nicht weniger ausgeprägte Vielfalt der traditionellen Kulturen. Zwar haben die Völker manche Kulturzüge gemeinsam (z.B. Subsistenzwirtschaft, Gartenbau mit Jagen, Sammeln, Fischfang, Landbesitz auf verwandtschaftlicher Basis, Fehlen von Getreideanbau und Metallbearbeitung), doch weit zahlreicher als die Gemeinsamkeiten sind die Unterschiede. Als typisch für mikronesische und polynesische Kulturen gelten die soziale Schichtung der Gesellschaft und erbliches Herrschertum; kognatische Verwandtschaftssysteme mit großer Wertschätzung von genealogischen Zusammenhängen; ausgefeilte Religionssysteme mit einem reich bestückten Götterhimmel, einer umfangreichen Priesterschaft und einem großen Mythenschatz; Handwerk (Schnitzerei) und Kunstgewerbe (Körperschmuck); schließlich eine ausgeprägte Seefahrtskunst (Navigation und Segeln).

Weniger leicht lassen sich die melanesischen Kulturen typologisieren. Allein für Neuguinea unterscheidet man drei große Kulturbereiche: die Kulturen des Hochlandes, die Kulturen des Sepik und des nördlichen Tieflands, die Kulturen des südlichen Tieflands und seiner Küstengebiete. Patrilineare Abstammung mit Klan, Subklan oder Lineage als wichtigste politische Organisationseinheit, Süßkartoffelanbau und Schweinehaltung als Basis für die zeremonialen und komplizierten rituellen Tauschsysteme sind charakteristisch für das Hochland Neuguineas. Die Kulturen des Sepik und des nördlichen Tieflands kennen patrilineare wie matrilineare Gesellschaftsstrukturen, sie sind bekannt für ihre Kunst (z.B. Zeremonialhäuser). Im südlichen Tiefland dagegen überwiegen patrilineare Strukturen, man findet große Fluss- und Küstendörfer, aber auch Siedlung in riesigen gemeinsamen Langhäusern. Eine vierte Kulturregion (*massim*) umfasst die Inseln um die Südostspitze Neuguineas, vor allem bekannt durch die Einbindung der Inseln in das zeremoniale Tauschsystem des Kula-Rings.

Auch die übrigen Gebiete Melanesiens zeichnen sich durch ihre kulturelle Vielfalt aus. Die Größe der Siedlungen variiert, sie sind teils matrilinear, teils patrilinear organisiert; Macht, Herrschaft und Status werden erworben und nicht ererbt; zeremonialer Tausch spielt eine große Rolle, graphische und plastische Kunst ist hoch entwickelt. Was Ann Chowning für Melanesien feststellt, gilt wohl für ganz Ozeanien: Die außerordentlich große kulturelle Vielfalt lässt Verallgemeinerungen eigentlich nicht zu. Man kann nur Merkmale suchen und hervorheben, die immer wieder auftauchen; doch man darf dabei nicht vergessen, dass es immer wieder Kulturen gibt, bei denen eben diese Merkmale überhaupt nicht zu finden sind (1987, 350).

Wenn von traditionellen Kulturen Ozeaniens die Rede ist, darf natürlich die vierhundertjährige Geschichte der Begegnungen mit Europäern nicht vergessen werden; angefangen vom ersten Aufkreuzen der Spanier im 16. Jh. bis zum Eindringen der Weißen in die letzten unerforschten Gebiete im Hochland Neuguineas im 20. Jh. Diese Begegnungen und Berührungen haben die ozeanischen Kulturen und ihre Entwicklungen beeinflusst und geprägt. Das gilt ganz besonders für die Religionen, denen natürlich das ganze Augenmerk christlicher Missionare galt, die gegen Ende des 18. Jh. zum Pazifik kamen. In ganz Ozeanien überwiegen heute christliche Bekenntnisse. Doch ozeanische Gesellschaften waren nie rein passive Empfänger europäisch-christlicher Ideen, wie die Missionsgeschichte zeigt (vgl. Boutilier et al. 1978). In vielen Fällen kam es zur Übernahme von Elementen einheimischer Religionen in den neuen Glauben. Traditionelle Religionen, wie sie sich heute etwa in weiten Teilen Melanesiens darstellen, sind ihrerseits in großem Umfang synkretistisch, doch sie lassen oft die Grundstrukturen der traditionellen Denkweisen und Weltanschauungen durchblicken. Jean Guiart jedenfalls ist überzeugt, dass die autochthonen

Glaubensvorstellungen auch im nominell christlichen Ozeanien immer noch die Denk- und Lebensweise der Menschen bestimmen (1987, 42).

3. Mythen und Religionen

Zu den Gemeinsamkeiten ozeanischer Religionen gehört zweifelsohne der Glaube an eine Welt der Götter und Geister (d.h. über- und außermenschlicher Wesen, die z. T. menschlichen Ursprungs sind, z. T. auch nicht), die auf den menschlichen Lebensbereich Einfluss ausüben und mit denen Menschen ihrerseits in Kontakt treten können, um auf eine solche Einflussnahme zu reagieren.

Eine große Rolle spielen in *Melanesien* die Totengeister, die Seelen Verstorbener. Man hält sie teils für wohlwollend, teils für schadenstiftend; doch die Angst vor ihrem schädlichen Einfluss überwiegt wohl, und man meidet Begegnungen mit ihnen nach Möglichkeit. Toten- und Begräbnisriten haben nicht zuletzt die Aufgabe, den Seelen der Toten den Weg zum Land der Toten und Ahnen zu erleichtern. Geister länger Verstorbener bilden in manchen Gesellschaften die Gruppe der Ahnen, denen oft ein eigener Kult gewidmet ist; ihre Bedeutung ist von Gesellschaft zu Gesellschaft verschieden. Nicht immer lässt sich eine klare Grenze ziehen zwischen Ahnen, die historisch greifbar sind, und Vorfahren, deren Spuren sich im Reich der Mythen verlieren. In einigen Gegenden Melanesiens kennt man Dämonenwesen (*masalai*), eine Art Buschgeister, die den Menschen lästig fallen. Sie sind nicht menschlichen Ursprungs, daher auch nicht einzelnen Verwandtschaftsgruppen zugeordnet; ihre Zahl geht in die Hunderte.

Von Himmelswesen und ähnlichen Geistern und Göttern nichtmenschlichen Ursprungs, deren Einfluss eher auf die Gesamtgesellschaft als auf einzelne Menschen oder Gruppen zielt, berichtet gelegentlich die Mythologie. Insgesamt aber bleiben sie in Melanesien Randphänomene. Mythische Vorfahren gelten als Kulturheroen, die den Menschen die wichtigsten Errungenschaften der Kultur gebracht haben (die ersten Pflanzen, das erste Schwein, die ersten Geräte für Jagd, Fischfang, Gartenarbeit). In den Pflanzerkulturen Melanesiens beheimatet ist ein mythisches Wesen, das in der Ethnologie als Dema-Gottheit bekannt wurde: Ein mythisches Wesen wurde in vormenschlicher Zeit getötet und begraben; aus den Gliedern des Körpers kamen Pflanzen (z.B. die erste Kokosnuss, Knollenfrüchte), das Schwein usw. hervor.

Zwischen der Welt der Geister und Ahnen und der Welt der Menschen vermitteln religiöse und/oder rituelle Spezialisten. Sie kennen wirkungsvolle Riten und Zeremonien, oft verbunden mit magischen Praktiken, mit denen übermenschliche Wesen besänftigt und befriedet werden können. Es geht also dabei nicht eigentlich um Verehrung oder gar Anbetung von Göttern und Geistern. Die Riten sind oft nicht mehr als pragmatische Reaktionen auf Krisensituationen, die man als von diesen übermenschlichen Wesen verursacht sieht. Zweck der Riten ist es, den Schaden einzudämmen oder zu beseitigen, indem man diesen Wesen entgegenkommt, sie beruhigt, sie versöhnt, sie sich in irgendeiner Weise vom Leibe hält. Magie steht nicht immer im Zentrum der Riten, ja viele kommen ganz ohne sie aus; doch oft genug ist sie integraler Bestandteil des rituellen Geschehens. Das Amt des religösen Spezialisten wird oft vererbt, und mit ihm der ganze Schatz des magischen Wissens und der Erfahrung, soweit diese übertragbar ist.

Beim Vergleich der Weltanschauungen Melanesiens mit denen Polynesiens und Mikronesiens finden einige Autoren einen wichtigen Unterschied: Melanesische Weltsicht konzipiert den Kosmos eher horizontal als vertikal (Trompf 1995:121ff.); melanesische religiöse Grunderfahrung wird gelegentlich als „biokosmisch" charakterisiert (Mantovani 1984, 31ff.), wobei das Leben selbst als die Grundwirklichkeit erfahren wird, an der alles im Kosmos partizipiert. Demgegenüber würde eine solche Sicht polynesische und mikronesische Weltanschauungen eher als geprägt von einer theistischen religiösen Grunderfahrung sehen.

Denn die Religionen *Mikronesiens und Polynesiens* zeichnen sich vor allem durch ihren Reichtum an Göttern aus. Das Universum, gefüllt mit Myriaden von Göttern, Menschen, Pflanzen und Tieren, entstand in einer Kette von Schöpfungsakten. Im Unterschied zu vielen Gegenden Melanesiens spielen hier Kosmogonien eine große Rolle. Am Anfang steht in vielen Mythen die Gestalt eines ungeschaffenen Schöpfergottes. Andere Mythen sehen einen männlichen Himmel und eine weibliche Erde am Anfang der Schöpfung, aus deren Vereinigung die wichtigsten Götter des polynesischen Pantheons entstanden. Weitere Stadien der Schöpfung, oft in genealogischen Begriffen festgehalten, füllen das Universum, die Welt der Götter und die Welt der Menschen. Zum Reich der Götter gehören unendlich viele Wesen, von denen einige, wie z.B. die Ahnengeister, ursprünglich aus der Welt der Menschen stammen. Unüberschaubar sind ihre Interessen, Zuständigkeiten, Verantwortlichkeiten (Schöpfergottheiten, Kulturheroen, Kriegsgottheiten, Naturgötter usw. – Götter also für alle Bereiche der Natur und des menschlichen Lebens). Wie polynesische Kulturen großen Wert auf soziale Rangfolge und Hierarchisierung der Gesellschaft legen, so kennt auch ihr Pantheon ganze Hierarchien von Göttern und Ahnenwesen. Götterwelt und Menschenwelt scheinen einander widerzuspiegeln, oder, um es mit A. L. Kaeppler zu formulieren: Die polynesische Religion erwächst aus den Strukturen der polynesischen Gesellschaft (1987, 435).

F. A. Hanson sieht fünf Grundelemente polynesischer Religionen (1987:424): 1) die Götter wohnen in einem eigenen Reich, getrennt vom physischen Bereich der Menschen; 2) sie kommen oft zur Menschenwelt als Besucher; 3) sie sind verantwortlich für vieles, was bei den Menschen geschieht, Positives wie Negatives; 4) Menschen können mit ihren Riten Einfluss auf die Besuche der Götter und ihr Wirken ausüben; 5) schließlich können die Götter durch Riten dazu gebracht werden, den menschlichen Bereich wieder zu verlassen, wenn ihr Einfluss nicht mehr erwünscht ist. Es geht also um ein großes Pantheon von aktiven und agilen Göttern einerseits, um den dauernden Versuch der Menschen andererseits, über die Aktivitäten der Götter die Kontrolle zu gewinnen und zu behalten.

4. Mana und Tapu

Personen, Plätze, Dinge, die von Gottheiten besessen sind oder unter ihrem Einfluss stehen, sind in einem Zustand, den man in Ozeanien, vor allem aber in Polynesien, mit Begriffen wie *mana* und *tapu* fasst. Dauert ein solcher Einfluss für immer oder für eine lange Zeit an, spricht man von Mana; dieses bringt seinem Träger Erfolg. Ist umgekehrt jemand als Krieger, als Seefahrer, als Künstler, als Priester usw. außergewöhnlich erfolgreich, so glaubt man, dass er Mana besitzt. Ranghohe Menschen zeichnen sich durch ihre direkte genealogische Beziehung zu den Göttern aus, daher ihr intensives Mana. Schöpferische Kraft, Wachstum, Vitalität werden mit Mana assoziiert; Versagen, Niederlagen, Schwäche werden dem Fehlen oder dem Verlust von Mana zugerechnet.

Tapu ist dem Mana-Konzept verwandt. Auch Tapu hat mit dem Einfluss von Göttern auf Menschen, Plätze und Dinge der irdischen Welt zu tun. Wenn ein solcher Einfluss an einem bestimmten Ort, in einer bestimmten Situation, bei einer bestimmten Person wirksam ist, ist größte Vorsicht am Platz. Ist jemand oder etwas im Tapu-Zustand, nimmt er/es „sakralen“ Charakter an, wird er/es mit Gefährdung assoziiert, sollte man ihn/es meiden. Der Tapu-Zustand ist oft kurz oder zeitlich limitiert (Festzeiten, Wachstum von Pflanzen, Jagdexpeditionen, Kriegszüge usw.), Tapu ist leicht übertragbar, flüchtig, manipulierbar; polynesische Rituale befassen sich daher auch weit mehr mit Tapu als mit Mana.

Die Vorstellungen, die sich mit der Konzeption von Mana und Tapu verbinden, sind tief in der Vergangenheit der polynesischen Gesellschaften verwurzelt, wie sprachhistorische Untersuchungen zeigen (vgl. Kirch and Green 2001, 239ff.). Sie haben den ozeanischen Kulturen bis heute ihr charakteristisches Gepräge gegeben, auch wenn sie nicht an jedem Ort und in der gleichen Weise präsent sind. Sie haben Kolonialisierung und Christianisierung überdauert und zeugen von der Flexibilität und der Überlebensfähigkeit dieser traditionellen Kulturen. Doch es geht ihnen wie anderen Konzepten der Ethnologie (wie etwa auch Dema-Gottheit): Es muss dringend davon abgeraten werden, sie übereilt auf andere kulturelle Kontexte zu übertragen.

Sinn und Zweck polynesischer Rituale ist es, den Einfluss der Götter so zu bewegen und zu leiten, wie es den Wünschen der Menschen entspricht. Hanson wiederum identifiziert drei Phasen polynesischer Rituale (1987, 427ff.): Die erste ist die Einladung der Götter zum Platz des Rituals. Es folgt der Versuch, den Einfluss der Götter auf das gewünschte Ziel des Ritus zu lenken (z.B. Fruchtbarkeit der Pflanzen, Sieg im Streit, glückliche Reise usw.). Den polynesischen Riten charakteristisch aber ist die dritte, oft besonders ausgeprägte Phase, in der am Ende des erfolgreichen Ritus die Götter entlassen werden und dafür gesorgt wird, dass ihr wirkender Einfluss auch aufhört; Wasser- und Feuerzeremonien gelten dabei als besonders wirksam.

Der Überblick über Religionen in Ozeanien, Melanesien wie Polynesien und Mikronesien zeigt überdeutlich, dass ein Aspekt alle zu verbinden scheint: Ozeanische Religionen sind vor allem pragmatisch. Es geht den Menschen nicht zu allererst und besonders um Verehrung oder gar Anbetung von Göttern, Geistern und Ahnen. Es geht um Kontrolle, um den Versuch, außer- und übermenschlichen Einfluss zu kanalisieren und beherrschbar zu halten. Es geht um Sicherung und Mehrung von Lebenskraft und Heil, um die Suche nach umfassendem Heil, das die dynamische Grundlage ist für viele Ausdrucksformen traditioneller Religionen ebenso wie neuerer religiöser Bewegungen (Cargo-Kulte, Heilig-Geist-Bewegungen usw., vgl. Gerdes 1994).

Literatur

Boutilier, James A., Daniel T. Hughes, and Sharon W. Tiffany: *Mission, Church, and Sect in Oceania,* Ann Arbor 1978.

Chowning, Ann: *Melanesian Religions. An Overview,* in: *EncRel(E) 9* (1987) 349–359.

Gerdes, Stephan: *Cargo-Kulte und Heilig-Geist-Bewegungen in Melanesien als Ausdrucksformen der traditionellen Kulturen auf der Suche nach Heil.* Diplomarbeit an der Philosophisch-Theologischen Hochschule SVD Sankt Augustin (unveröffentlicht) 1994.

Green, Roger C.: *Near and Remote Oceania. Disestablishing „Melanesia" in Culture History,* in: A. Pawley (ed.), *Man and a Half. Essays in Pacific Anthropology and Ethnobiology in Honour of Ralph Bulmer;* pp. 491–502, Auckland 1991.

Guiart, Jean: *Oceanic Religions. An Overview,* in: *EncRel(E) 11* (1987) 40–49.

Hanson, F. Allan: *Polynesian Religions. An Overview,* in: *EncRel(E) 11* (1987) 423–432.

Hays, Terence E. (ed.): *Encyclopedia of World Cultures; vol. II: Oceania,* Boston 1991.

Kaeppler, Adrienne L.: *Polynesian Religions. Mythic Themes,* in: *EncRel(E) 11* (1987) 432–435.

Kirch, Patrick Vinton: *The Lapita Peoples. Ancestors of the Oceanic World,* Cambridge 1997.

On the Roads of the Winds. An Archaeological History of the Pacific Islands Before European Contact, Berkeley 2000.

Kirch, Patrick Vinton, and Roger C. Green: *Hawaiki, Ancestral Polynesia. An Essay in Historical Anthropology,* Cambridge 2001.

Lynch, John, Malcolm Ross, and Terry Crowley: *The Oceanic Languages,* Richmond 2002.

Mantovani, Ennio: *What Is Religion?,* in: E. Mantovani (ed.), *An Introduction to Melanesian Religion;* pp. 23–47, Goroka 1984.

Nevermann, Hans, Ernest A. Worms und Helmut Petri: *Die Religionen der Südsee und Australiens,* Stuttgart 1968.

Swain, Tony, and Garry Trompf: *The Religions of Oceania,* London 1995.

Trompf, Garry: *Pacific Islands,* in: T. Swain and G. Tompf: *The Religions of Oceania;* pp. 119–222, London 1995.

Wurm, S. A., and Shirô Hattori (eds.): *Language Atlas of the Pacific Area; part 1: New Guinea Area, Oceania, Australia,* Canberra 1981.

Anton Grabner-Haider

XIX. Afrika

Der afrikanische Kontinent ist reich an verschiedenen Kulturen und Religionen. Sehr wahrscheinlich liegt die Wiege der Menschheit auf diesem Kontinent, vor mehr als 4 Millionen Jahren. Afrika wird durch die Wüste Sahara kulturgeschichtlich in zwei Teile gespalten. Die Länder nördlich der Sahara und der Sahelzone haben schon frühzeitig Schriftkulturen gebildet. So kennen wir die Schrift der Ägypter seit ung. 3000 v. C. Später folgen in Nordafrika die phönikische, dann die griechische, die römische und zuletzt die arabische Schrift.

Hingegen haben die Stämme und Völker südlich der Sahara und Äthiopiens keine umfassende Schriftkulturen ausgeprägt, bis sie mit den Arabern (9. Jh.) und den Europäern (15. Jh.) in Berührung kamen. Sie hatten einfache Zeichensysteme für ihr Verhalten; doch damit konnten sie keine sprachlichen Texte darstellen. Daher waren die Afrikaner in diesen Regionen Meister der mündlichen Erzählung. Sie haben ihre Mythen, ihre Lebensregeln und ihre Riten durch viele Jahrhunderte weiter gegeben, ohne Schriftsysteme zu benutzen.

1. Zivilisationen und Kulturen

Hier soll hauptsächlich von den *schriftlosen Kulturen* Afrikas die Rede sein. Ihre Lebensdeutungen sind erst durch die Begegnung mit den Arabern und den Europäern aufgezeichnet worden. Es waren christliche Missionare und westliche Ethnologen, die seit dem 16. Jh. diese frühen Weltdeutungen aufgezeichnet und der internationalen Wissenschaft zugänglich gemacht haben. Im 19. Jh. haben Wissenschaftler noch frühe Kulturen der Jäger und Sammler, aber auch der Viehzüchter und der niederen Ackerbauern studieren können. Freilich taten sie es wie die Missionare zumeist aus der Sichtweise der Kolonialherren.

Das rudimentäre Wissen wird durch archäologische Funde ergänzt. Seit langem werden frühe Felszeichnungen, Reste von Siedlungen, Kultgegenstände, Werkzeuge und Waffen ausgegraben. Die europäischen Kolonialherren trafen auf eine Vielzahl von Stämmen und Kulturen, denen sie aber mit ihren Waffentechniken überlegen waren. Daher unterjochten sie seit dem 15. Jh. afrikanische Stämme und Völker in großer Zahl und beuteten ihre Bodenschätze und ihre Arbeitskraft exorbitant aus. Die christliche Monopolreligion gab ihnen die Legitimation dafür. Sie holten unvorstellbare Mengen an Sklaven (in 300 Jahren ca. 60 bis 80 Millionen) aus Afrika und verkauften sie auf den Märkten in Europa und Amerika.

Der Sklavenhandel wurde mühsam erst im 19. Jh. beendet. Die europäischen Kolonialherrschaften zerfielen im Gefolge des Ersten und des Zweiten Weltkrieges, in denen die Herren gegen einander bis zur gegenseitigen Zerstörung kämpften. Viele afrikanische Stämme lebten noch bis ins 20. Jh. als Jäger und Sammler, meist in den Savannen und am Rand der großen Wälder (z.B. Buschmänner). Andere waren bereits Hirtennomaden und niedere Ackerbauern, als die Europäer auf sie trafen. Es gab Dörfer und frühe Stadtsiedlungen, sogar kleine Königreiche, die Herstellung von Eisen war ihnen bereits bekannt.

Heute unterscheidet die Forschung a) *Zivilisationen der Jäger* (z.B. Buschmänner, Pygmäen, Hottentotten); das sind Jagdgemeinschaften ohne feste Häuptlinge und mit einer egalitären Struktur unter den Erwachsenen; b) *Zivilisationen der Ackerbauern,* die sich in den Lichtungen der Wälder und in den Savannen gebildet haben; sie haben kleine Felder und Dorfsiedlungen, mit einer frühen sozialen Schichtung und sesshaften Gruppen. Dann folgen c) die *Zivilisationen der Speicher;* das sind die Hackbauern, die Knollenfrüchte Maniok, Yamswurzeln kultivieren; dazu Hirse und Reis. Sie bauen ihre Häuser bereits aus Lehm, aus Gras und aus Flechtwerk und bilden kleine Dörfer und Städte. Sie haben fixe Häuptlinge und Könige, sie kennen das Orakel und den Ahnenkult.

Es folgen d) die *Zivilisationen der Hirtennomaden;* das sind Rinderzüchter und Krieger, die ihre Viehherden mit starken Waffen verteidigen; sie betreiben auch den Viehraub; sie haben feste Ränge in ihren Gesellschaften, Häuptlinge und Könige; die Krieger haben ihre Riten der Initiation. Die Menschen verehren ihre Schutzgötter und Seelen der Ahnen. Dann gibt es e) die *Zivilisationen der Stadtkulturen* auf der Basis des höheren Ackerbaues; mit festen Siedlungen, sozialer Schichtung, Handwerk, Handel. Die Arbeitsteilung ist fortgeschritten, neben den Bauern und Handwerkern gibt es die Krieger; sie haben die soziale Macht und Kontrolle, sie stellen den Häuptling oder den König. Diese Kulturen entwickeln das Handwerk und die Künste, sie stellen Eisen her und können Gold und Silber verarbeiten.

Zuletzt entwickelten sich in Afrika unter dem Einfluss der Europäer f) *Zivilisationen der Industrie.* Ung. seit 1900 wurden Maschinen gebaut, Eisenbahnen und Straßen errichtet, Schulen und Krankenhäuser eingerichtet. Die Eisenindustrie sowie der Abbau von Erzen (Kupfer, Zinn, u. a.) wurde gefördert. Doch damit bildete sich unter den arbeitenden Menschen ein Proletariat, die Städte und ihre Slums wuchsen an. Neue Sozialstrukturen wurden erkennbar, die Entwurzelung aus der alten Kultur schritt rapide voran.

2. Daseinsdeutungen

Hier lassen sich Grundstrukturen der afrikanischen Weltdeutungen erkennen. Allgemein verbreitet ist das animistische Weltbild, dass hinter allen sichtbaren Dingen und Ereignissen unsichtbare Kräfte und Kraftfelder am Werk sind. Die Menschen haben eine besondere Beziehung zu den Tieren, mit denen sie leben; sie sehen auch in ihnen geheimnisvolle Kräfte. Allgemein glauben sie an eine unsichtbare Seelenkraft bzw. an mehrere Seelen, die im Körper des Menschen lebendig sind. Diese Kräfte leben nach dem Tod des Körpers weiter, zumeist ziehen sie in ein Land der Ahnen. Deswegen ist die Verehrung der Ahnen in ganz Afrika allgemein verbreitet. Die Menschen haben ihre Schutztiere (Sasa), die ihnen in gefährlichen Situationen zu Hilfe kommen (z. B. die Spinne, die Elefanten, die Antilopen u. a.). Sie führen eine Vielzahl von magischen Riten aus, um ihre Lebenskraft zu stärken und sich von bösen Wirkungen zu schützen.

Der Glaube an die Seelenkraft gehört zu den frühen Daseinsdeutungen der afrikanischen Kulturen. Zumeist wird die Seele mit dem Atem in Verbindung gebracht; es werden mehrere Zustände der Seele unterschieden; manche sagen, es seien bis zu fünf Seelenzustände bzw. Seelenkräfte möglich: ein Zustand des Wachseins, des Schlafens, des Traumes, des Lichtes und des Schattens. Der letzte Seelenzustand werde mit dem Tod des Körpers erreicht; denn wenn der Körper stirbt, wandert die freie Seelenkraft aus. Sie muss dann viele Hindernisse überwinden (z. B. Flüsse), bis sie in das Land der Ahnen gelangen kann.

Unterwegs wird sie bei einem Gericht befragt, ob sie Zauberei, Mord oder Diebstahl begangen hat.

Auf alle Fälle leben die Seelen der Menschen nach dem Tod ihrer Körper weiter. Sie ziehen dann auf den Mond oder in den Wald, auf Berge und Hügel, auf Flüsse und Seen, in Wälder und in Tiere (z.B. Schlangen) oder in Termitenhügel. So gehört die Verehrung der Ahnen zum Allgemeingut der afrikanischen Kulturen. Die Seelen der zu jung Verstorbenen werden wieder geboren, damit auch sie zu fertigen Ahnenseelen werden können. Folglich leben in den Kindern der Sippe immer die Ahnen weiter. In einer „Seelenheimat" lebt eine „Seelenmutter", welche die Seelen wieder auf die Erde schickt (Ewe-Stämme).

Aber die Seelen, die nicht nach den vorgeschriebenen Riten bestattet wurden, kommen nicht zur Ruhe. Sie irren als dämonische Wesen umher und bedrohen die Menschen. Die Afrikaner glauben an viele Geistwesen, die unsichtbar überall in der Welt wirken. Sie werden im Wind, in der Luft, im Wald, im Wasser, auf den Bergen vermutet. Einige dieser Geistwesen schützen die Häuser der Menschen, die Felder, die Sippen, die Handwerker, die Tiere. Jeder Stamm hat sein besonderes Schutztier, das ihm Kraft und Schutz vermittelt. Doch vor bösen Dämonen haben die Menschen immer Angst, deswegen vollziehen sie viele Riten der Abwehr.

Die göttlichen Wesen sind eine besondere Art der Geistwesen. Sie hören die Sprache der Menschen und beschützen die Sippen, ihre Häuser und die Tiere. Die Menschen glauben, dass sie ihnen ähnlich sind, nur größer und stärker. In ihrer Vorstellung leben die Götter in Sippen und Paaren zusammen, sie erschaffen die Pflanzen und Tiere. Den Handwerkern schenken sie die Werkzeuge, den Bauern schützen sie die Felder und Haustiere. Im Mond, der Sonne und den Sternen zeigen sich göttliche Wesen. Erzählt wird auch von Göttern, die getötet wurden und aus deren Körpern die Pflanzen wuchsen.

Wie die Menschen so haben auch die Götter eine soziale Ordnung; die niedrigen müssen den höheren zu Diensten sein. So wie es in der Menschenwelt einen Häuptling gibt, so regiert unter den Göttern ein höchster Herr oder eine Herrin. Oft werden die göttlichen Wesen als die „Urahnen" der Menschen gesehen, die den Reichtum, den Erfolg, den Regen und den Jägern die Wildtiere schenken. Doch auch menschliche Helden und Stammesgründer können zu göttlichen Wesen aufsteigen.

In Notsituationen treten den Menschen Helfer auf, die als göttliche Wesen verehrt werden. Oft sind es historische Gestalten, die den Mitmenschen viel Gutes getan haben. Kulturbringer zeigten den Menschen die Töpferkunst, die Technik der Eisenherstellung, das Fischen und den Ackerbau. Oder es waren himmlische Menschen oder heilige Tiere, die den Menschen diese Künste gebracht haben. Viele Stämme verehren ein Schutztier (Chamäleon, Spinne, Schlange, Leopard u.a.), dessen Namen sie tragen und das ihnen Lebenskraft schenkt. Sie glauben, dass sie mit diesen Tieren sprechen und ihre Lebenskraft in sich aufnehmen können.

Auch heilige Pflanzen werden verehrt, die nicht gegessen werden dürfen. Dabei handelt es sich um ein Vermeidungstabu. Die Jäger versöhnen sich mit der Seelenkraft der von ihnen gejagten Tiere durch ein Ritual (z.B. Elefantenjagd). Denn sie haben Angst vor den unsichtbaren Kräften, die sie in den Tieren vermuten. Allgemein sehen sie die Tiere als ihre „Geschwister" bzw. Verwandten an; so nennen sie bestimmte Affenarten „Waldmenschen". Bei den Riten tragen sie die Masken ihrer Schutztiere; sie schmücken sich mit deren Federn, Schwänzen, Fellen und Klauen. Den Häuptlingen geben sie fast immer den Namen von Tieren. Immer suchen die Menschen den Schutz vor den bösen Dämonen.

Die Afrikaner kennen viele heilige Personen, die ihnen tabu sind. Dazu gehören die Schamanen, welche die Sprache der Tiere lernen. Sie verfügen über magische Kräfte und können den Regen herbeirufen, Krankheiten heilen, böse Dämonen vertreiben. Denn sie haben eine besondere Verbindung zu den unsichtbaren Geistwesen. Sie kennen die Geheimnisse der Pflanzen und der Kräuter, sie tanzen sich in Ekstase. Dann schauen sie die göttlichen Wesen oder die Seelen der Ahnen und empfangen von ihnen Botschaften. Auch die Mantiker geraten durch das Schlagen der Trommel in Trance und schauen die zukünftigen Ereignisse, die eintreten werden.

Die Ackerbauern kennen einen „Herrn der Erde", der unter ihnen als Häuptling und Richter fungiert. Er muss die Kräfte der Fruchtbarkeit wecken und die Erdgeister versöhnen, wenn diese beleidigt worden sind. Er verteilt die Felder an die Sippen und muss Frieden stiften, wenn unter diesen Streit ausgebrochen ist. Ein „Herr des Busches" führt die Jäger an und schützt die Wälder, in denen sie jagen. Die Häuptlinge und die Könige sind die Hüter der Lebensregeln der Ahnen, aber sie sind auch für das Überleben des Stammes verantwortlich. Oft werden sie getragen, denn sie dürfen mit den Füßen die Erde nicht berühren. Bei manchen Stämmen werden sie nach einer bestimmten Zeit (z.B. 7 Jahre) den Ahnen geopfert (Königsopfer).

Ekstatiker beiden Geschlechts überbringen die Botschaften der Schutzgötter. An den heiligen Orten werden die unverfügbaren Kräfte des Lebens und des Todes erlebt und verehrt. Die Menschen führen dort die Riten der Reinigung, der Abwehr böser Dämonen, der Vereinigung mit den Kräften des Lebens aus. Sie bringen sowohl den Ahnenseelen als auch ihren Schutzgöttern und -tieren viele Opfer dar. Alle Ereignisse und Übergänge des Lebens werden mit rituellen Handlungen begleitet: die Schwangerschaft und die Geburt, die erste Menstruation und die Hochzeit, Krankheit und Tod. Die Menschen tragen Amulette und Talismane, um sich vor den bösen Kräften des Lebens hinreichend zu schützen. Die unverfügbaren Manakräfte begegnen ihnen in den Träumen, im Tanz, in Visionen und Gehörerlebnissen; vor allem in der Ekstase, in Bildern der Mythen, in die sie sich hinein tanzen.

3. Themen der Mythen

In ihren Mythen deuten die Menschen ihre Welt und ihr Leben. So erzählen sie, dass in der Frühzeit die Menschen näher bei den Göttern waren. Doch eine alte Frau schoss auf den Mond, oder die Menschen befolgten nicht die Verhaltensregeln der Götter. Deswegen zogen sich diese von den Menschen zurück. Oder in der Frühzeit waren der Himmel der Götter und die Erde der Menschen durch eine Bambusstange oder mit einem Seil aus Hanf verbunden. So konnten sich die Götter und Menschen gegenseitig besuchen. Doch dann verletzten die Menschen ein Tabu, das ihnen die Götter gegeben hatten. Nun zogen die Götter das Seil und die Stange zum Himmel hinauf, die alte Verbindung wurde unterbrochen.

Andere sagen, am Anfang tanzte sich ein Geistwesen in Ekstase, doch dann zerbrach es voller Energie und Kraft. Aus seinem Körper entstand nun die ganze Welt mit den Bergen, den Wäldern, den Flüssen und den Tieren (Bambara-Stämme). Oder ein göttlicher Geist war am Anfang nur Wort; und aus diesem Wort wurden die Erde, das Wasser, die Luft und das Feuer (Ewe-Stämme). Zuerst waren der Himmel und die Erde unsichtbar, doch dann haben sie sichtbare Gestalt angenommen.

Am Anfang war eine „goldene Zeit“, da waren alle Menschen wie die Tiere, denn sie hatten Schwänze und große Geschlechtsorgane. Die Tiere und die Menschen konnten miteinander sprechen, es gab unter ihnen keine Kriege und keinen Tod. Die Früchte der Felder wuchsen von selbst, die Menschen mussten keine Arbeit leisten. Doch dann brach eine alte Frau eine Taburegel, und so kam die Urzeit zu Ende. Jetzt kam der Tod über die Menschen, nur ihre Seelenkräfte leben unsichtbar weiter.

Früher konnten sich die alten Menschen wie die Schlangen häuten und verjüngen. Jetzt war dies zu Ende. Andere erzählen, dass die Götter den Menschen die Botschaft vom Leben senden wollten. Das Chamäleon sollte diese Botschaft überbringen. Doch es wurde auf dem Weg von der Schildkröte überholt, welche die Botschaft vom Tod zu überbringen hatte. So kam die Schildkröte früher bei den Menschen an, seither müssen diese sterben.

Oder die Götter beneideten die Menschen um ihr großes Glück, deswegen schickten sie ihnen den Tod. Dieser kommt als alter Mann zu ihnen (Basa-Stämme). Andere sagen, die Götter schickten deswegen den Tod zu den Menschen, weil das Getreide nicht für alle reichen würde (Kono-Stämme). Viele Mythen warnen vor einem Erdbeben oder einer großen Flut, welche die Felder der Bauern zerstören könnten. Andere sagen, wilde Tiere könnten die Menschen verschlingen, weil auch die Sonne täglich von jenen verschlungen wird. Doch in jeder Not wird ein Retter kommen, der die Menschen vor dem großen Unglück bewahrt.

4. Tabus und Riten

Die einzelnen Stämme haben viele Tabus, die sie nicht verletzen dürfen: Die Bauern sollen nicht gegen die untergehende Sonne säen; niemand soll rücklings in eine Hütte eintreten; bestimmte Gesten und Blicke sind untersagt, sie bringen Unglück; an manchen Tagen darf nicht geheiratet werden; Schwangere dürfen bestimmte Speisen nicht essen; bei der Rückkehr vom Grab darf man sich nicht umsehen. Die rechte Hand bringt uns Menschen Glück, die linke trägt das Unglück mit sich. Durch jede Berührung werden unsichtbare Kräfte übertragen. Bei der Initiation lernen die jungen Menschen geheime Silben und Zeichen, die ihnen Lebenskraft vermitteln und in Not helfen.

Die Menschen lernen die Riten, mit denen sie Gewitter oder böse Dämonen abwehren können. Manche Stämme kennen das Menschenopfer. Als Kopfjäger essen sie das Hirn der Getöteten und trinken aus deren Schädel. Vor allem die Jäger haben viele Riten der Reinigung, durch die sie ihre verlorene Lebenskraft wieder auffüllen wollen. Vor Beginn der Jagd oder vor Kriegszügen beachten sie Sexualtabus, um nicht Kampfkräfte zu verlieren. Frauen unterziehen sich nach der Geburt mehreren Ritualen der Reinigung, um wieder zum Kult zugelassen zu werden. Durch genaue Symbolhandlungen werden böse Tiere und Dämonen abgewehrt oder vertrieben; Krankheiten sollen ferngehalten werden. Gefürchtet wird der magische Blick, der viel Unglück bringen kann.

Auch das heilige Wort der heiligen Personen hat magische Kraft; denn es bewirkt immer das, was es ansagt. Besonders das Wort der Schamanen ist voll unsichtbarer Wirkkraft. Man sagt, das Wort der Alten falle nie zu Boden, sondern es erfülle sich immer. Bei den Riten werden magische Formeln mit symbolischen Handlungen vereinigt. Auch das Schlagen der Trommel und der ekstatische Tanz wirken auf die Kräfte des Lebens und des Todes. Die Götter verstehen die Sprache der Menschen, sie werden durch die Riten herbeigerufen.

Immer haben die Menschen Angst vor bösen Dämonen, die sie überfallen könnten. Es können die Seelen der Ermordeten oder der nicht gemäß dem Ritual bestatteten Toten sein, die als böse Dämonen umherziehen. Kinder müssen durch magische Symbole geschützt werden, damit sie nicht entführt werden. Mit Rauch und Lärm wollen die Menschen böse Kräfte aus ihrer Lebenswelt vertreiben. Sie nennen den Namen des Dämons, um über ihn Macht zu bekommen. Bei den Riten der Vertreibung werden immer die Seelen der Ahnen zu Hilfe gerufen. Schamanen zeichnen das Bild des bösen Dämons und werfen ihn dann mit dem Bild in das Wasser.

Oft werden Tieropfer gebracht, um das Leben der Gruppe zu stärken. Über den Mond darf nicht gelacht werden, sonst verfinstert er sich. Die Jäger bitten den Mond um reiche Beute, die Viehzüchter bitten ihn um junge Kälber und viel Milch. Die Bauern rufen die Sonne um Regen und gute Ernte an. Die großen Riten der Stämme werden in Kulthütten, an Opferplätzen oder unter heiligen Bäumen ausgeführt. Die Kultzeiten folgen dem Lauf des Mondes, dem Stand der Sterne, der Zeit der Ernte, der Aussaat, der Jagd und des Fischfangs. Bei den Riten haben die Geschlechter unterschiedliche Rollen auszuführen.

Die Mantiker befragen oft die Toten, oder sie werfen die Lose; sie beobachten den Flug der Vögel, das Verhalten der Wildtiere, das Fließen des Wassers, um die zukünftigen Ereignisse zu erkunden. Sie schauen auf die Knochen der geopferten Tiere und sagen den Ahnen Lob und Dank. Bei Streitfällen wird ein Gottesurteil ausgeführt: Die Angeklagten müssen dann Gift oder heißes Wasser trinken; oder sie müssen mit den Händen heißes Eisen angreifen oder siedendes Wasser ertragen. Oder sie müssen ihre Unschuld durch Eide beschwören. Wenn sie falsch schwören, werden sie getötet. Die Träume werden allgemein als Offenbarungen der Schutzgötter und der Ahnenseelen verstanden.

Allgemein verbreitet sind die Riten der einzelnen Lebensphasen (rites des passages). So werden schwangere Frauen mit Pflanzenöl oder mit Farbe bestrichen; um ihre Körper werden Bänder und Schnüre gewickelt, um das werdende Kind zu stärken und zu schützen. Die Geburt eines Kindes wird mit Trommelschlag, mit Gesängen, mit Tanz und mit Abwehrriten begleitet. Die Frauen gebären ihre Kinder beschützt. Es werden die Ahnen angerufen, den Kindern werden Amulette zum Schutz vor bösen Dämonen umgebunden; oder es werden ihnen magische Formeln in das Ohr geflüstert.

Bei den Initiationsriten werden die Jugendlichen in die Regeln und Pflichten des Erwachsenenlebens eingeführt; sie müssen den Umgang mit der Sexualität lernen, aber auch die Mythen des Stammes wissen. Knaben müssen für das Kämpfen ertüchtigt werden, deswegen werden ihnen viele Mutproben abverlangt. Viele Stämme kennen die Beschneidung der weiblichen und männlichen Sexualorgane sowie die rituelle Ritzung der Haut. Es handelt sich dabei um ein Teilopfer, das den Ahnen und den Schutzgöttern dargebracht wird. Ca. 120 Millionen Frauen sind heute in Afrika von der Beschneidung der Klitoris betroffen.

Die Riten der Initiation bedeuten die Verabschiedung vom Kindesalter und den Eintritt ins Erwachsenenleben. Vielfältig sind die Riten zur Verlobung und zur Hochzeit. Die Ehen werden zwischen den Sippen ausgehandelt, der Brautpreis wird festgelegt; zumeist wird sippenexogam geheiratet. Dann folgt eine Probeehe, die ung. ein Jahr dauert. In dieser Zeit muss das junge Paar unter Beweis stellen, dass es genügend Arbeit leistet und friedlich in der Sippe lebt und dass es Kinder bekommen kann.

Zum Ritual der Hochzeit gehören Symbolhandlungen der Reinigung, Opfergaben an die Ahnen und Schutzgötter, kultische Tänze und das große Festmahl der Sippen. Mit einer

Hochzeit verbinden sich zwei Sippen, das Leben soll weitergegeben werden. Auch bei Krankheit kennen die Afrikaner eine Vielzahl von Riten. Es ist die Aufgabe des Schamanen, eine Krankheit zu heilen und die bösen Dämonen zu vertreiben. Wenn ein Mensch auf den Tod zugeht, dann wird er von der Sippe begleitet und verabschiedet. Es werden Gebete gesprochen und symbolische Handlungen ausgeführt. Wenn der Tod eingetreten ist, wird der Körper des Toten rituell gereinigt und mit Öl gesalbt, er wird für das Begräbnis vorbereitet. Die Klagefrauen beginnen, den Schmerz der Trennung aus sich herauszuschreien. Denn der Tod eines Menschen ist ein tiefer Einschnitt im Leben der Sippe.

Nun wird die Seele des Toten durch den Schamanen mit vielen Riten in das Seelenland geleitet. Der tote Körper wird zumeist in Hockerstellung begraben, das Gesicht ist zur alten Heimat gerichtet. Bei einigen Stämmen wurden die alten Menschen in den Wald geschickt, wo sie von wilden Tieren gefressen wurden. Bei allen Stämmen gab es Schutzrituale gegen den Blitzschlag, dabei wurden Holzpfähle mit Blut und Tierfett bestrichen. Felszeichnungen deuten auf alte Jagdrituale, mit denen die Jäger die Tiere bannen wollten. Um die Felder fruchtbar zu machen, wurde die Erde mit Ruten geschlagen und mit viel Wasser besprengt. Die Viehzüchter reinigten durch Symbolhandlungen ihre Ställe vor bösen Dämonen.

Wenn eine Hütte gebaut wurde, suchte der Schamane den richtigen Platz aus; dabei folgte er oft einem Vogelorakel. Durch Tieropfer wurde der Wohnplatz vor bösen Dämonen geschützt. Die Hütte bildete die große Welt ab. Jedes Dorf hatte seinen Kultplatz für die gemeinsamen Riten. Die Bewohner fühlten sich durch die gemeinsamen Ahnen verbunden und verwandt, sie befolgten gemeinsame Taburegeln. Die Sippen verbanden sich zu Stämmen, sie folgten einem Häuptling oder Clanführer. Im Stamm gab es den Rat der Ältesten, die Schamanen und Mantiker, die Lehrältesten und die weisen Frauen. Die Häuptlinge waren für das Überleben und die Verteidigung des Stammes zuständig, sie führten die Fehden gegen feindliche Stämme an. Viele Kriege wurden durch den Raub der Herden und der Frauen ausgelöst.

Sippen und Clanes bildeten Kultgemeinschaften, oft verehrten sie ein gemeinsames Schutztier. Krieger schlossen sich zu Kampfbünden zusammen, bei ihren Riten trugen sie die Masken der Schutztiere. Alte Sprachen wurden oft tabuisiert, weil in ihnen besondere Kräfte vermutet wurden. Auch mit den Zahlen wurde eine vielfältige Symbolik verbunden: 2 steht für die Polarität der Geschlechter; 3 ist die Zahl der Männer; 4 die Zahl der Frauen; 5 ist eine Zahl des höchsten göttlichen Wesens; 6 bezieht sich auf weibliche und 8 auf männliche Zwillinge; 9 wird häufig mit den Gottesurteilen verbunden, meint aber auch die Fülle.

Auch den Farben wird magische Kraft zugeschrieben: Weiß soll die bösen Dämonen abhalten und die guten Kräfte herbeirufen; Schwarz ist die Farbe der Opfertiere, sie soll Böses fernhalten; Rot ist die Farbe des Lebens, sie soll die Gruppe stärken. Beim großen Ritual erzählen die Kultsänger und Dichter die alten Mythen, sie singen Gebete an die Ahnen und Schutzgötter. Viele Lieder begleiten die Symbolhandlungen. In veränderten Lebenssituationen werden die Mythen von den Schamanen und Kultsängern verändert. Immer werden sie bei den großen Jahresfesten vorgetragen und mündlich weiter gegeben.

Die Lehrältesten und der Stammesrat beschließen die Regeln des Lebens und die Gesetze des Stammes. Dabei müssen sie den Vorgaben der Ahnen folgen, dadurch gewinnen sie Stabilität und Kontinuität. Die Riten und die alten Bräuche werden mündlich tradiert, alles wird von den Ahnen überblickt. Wer gegen die alten Lebensregeln verstößt, gefährdet das Leben der Gruppe.

5. Begegnung mit fremden Kulturen

Die afrikanischen Kulturen sind frühzeitig mit fremden Kulturen zusammengestoßen. Bereits im 5. Jh. v. C. gab es jüdische Gemeinden in Ägypten (Elephantine-Papyri); doch wurde das Judentum nachhaltig von der ägyptischen Kultur geprägt, wie neue Forschungen zeigen. Ab 330. v. C. wurden Teile Nordafrikas von der griechischen und hellenistischen Kultur geformt. Doch schon vorher gab es an den Küsten Nordafrikas die Kultur der Phönikier (Semiten). Die Römer eroberten Teile Nordafrikas seit dem 3. Jh. v. C. (Karthago) und prägten das Land bis ins 7. Jh. n. C., bis sie von den Moslems abgelöst wurden.

Christen gab es in Nordafrika seit dem 1. Jh. Alexandria war eine religionsprägende Stadt. Doch die christliche Herrschaft in Westafrika begann im 14. Jh., als europäische Seefahrer in das Land kamen. In Ostafrika gab es seit dem 15. Jh. Handelsbeziehungen mit Indien. Die Europäer und die Moslems haben den Kontinent am stärksten mitgeprägt, die Kolonialherrschaft der Europäer dauerte bis in die zweite Hälfte des 20. Jh.

Afrikaner hatten einen anderen Umgang mit der Zeit als Europäer. Die Bauern teilten den Tag nach den Tätigkeiten ein, die sie zu tun hatten. Es gab die Zeit zum Melken, zum Tränken der Tiere, zum Weiden und zum Ruhen. Auch die Monate wurden nach den Arbeiten der Ackerbauern bezeichnet. Das Jahr wurde in die Regenzeit und die Trockenzeit eingeteilt; aber auch nach der Aussaat, der Bewässerung, dem Pflanzen, dem Ernten und dem Trocknen der Früchte. Die vergangene Zeit (Samani) wirkt immer in der gegenwärtigen Zeit (Sasa) weiter. Jeder Stamm hat seine eigene Geschichte, die mündlich erzählt wird. Erst in der Zeit der europäischen Kolonisation begann in Afrika die Geschichtsschreibung.

6. Themen der Lebensdeutung

Hier sollen kurz mythische Themen der einzelnen Stämme dargestellt werden, die mündlich erzählt werden. Die Pygmäen und die Bantu-Stämme erzählen von einem „Herrn der Tiere und des Waldes" (Chovum), den sie in Tiergestalt verehren. Für sie stirbt die Sonne jeden Tag und lebt am Morgen aus den Samen der Felder wieder auf. Sie verehren ein höchstes Geistwesen, das über die vielen Geistwesen herrscht und viele Gegner hat. Auch von Trickgeistern (trickster) ist die Rede. Die Initiation der Jugend wird als symbolischer Tod der Kindheit und als Auferstehung zum neuen Leben gedeutet.

Die Damara-Stämme erzählen von einem höchsten Geist (Gamab), der im oberen Himmel über den Sternen lebt und die Menschen mit seinen Pfeilen tötet, wenn er es will. Die Hottentotten sagen, der Mond bringe ihnen die Lepra und den Tod. Doch die Menschen sollen sagen, dass sie wieder aus dem Tod auferstehen. Die Bantu-Völker erzählen von einem Chamäleon, das zu den Menschen die Lebensbotschaft verspätet gebracht hat. Es wurde von der Eidechse mit der Todesbotschaft überholt, deswegen müssen die Menschen jetzt sterben. Sie wissen von einem Ungeheuer, das die Menschen verschlang und nur eine Frau übrig ließ.

Die Hereros wissen von einer Hochzeit zwischen dem Himmelsgott und dem Gott der Erde, von ersten Menschen und Kulturbringern. Die Hamitischen Hirtenstämme erzählen von einer göttlichen Urmutter, die vier Söhne geboren hatte. Die Söhne teilten sich das Land und herrschten über die Menschen. Auch die Massai-Stämme wissen von einem Urmann, der eine „Himmeltochter“ heiratete. Sie brachte als Mitgift die Haustiere und die Nutzpflanzen zu den Menschen.

Kongo-Stämme erzählen von ersten Menschen, die übermütig wurden und die Erde zerstörten. Nach ihnen wurden die zweiten Menschen erschaffen, die vorsichtig mit der Erde umgingen. Sie berichten von göttlichen Söhnen, welche den Menschen die Güter der Kultur brachten: das Feuer, die Beschneidung und die Giftprobe. Die Baluba-Stämme sagen, dass die alten Menschen früher ihre Haut wechseln konnten, wie die Schlangen es tun; deswegen mussten sie nicht sterben. Doch eine Frau wurde beim Wechseln der Haut von einer anderen Frau gesehen, was verboten war. Deswegen kam nun der Tod zu den Menschen.

Die Bamabala-Stämme sagen, dass die frühen Menschen mit Bambusstangen zum Himmel der Götter hinaufklettern wollten. Doch ihre Stangen zerbrachen und es kam über sie der Tod. Die Schilluk-Stämme glauben, dass ein Schutzgott die Tiere in Menschen verwandelt hat, damit diese die Felder bebauen konnten. Denn das können die Tiere nicht. Dinka-Stämme sagen, der Hund sei der Kulturbringer, denn er habe das Feuer aus dem Himmel der Götter geholt.

Die Dogon-Stämme erzählen von einer „Erdmutter“, von den Heiratsregeln, vom Inzestverbot und den Riten der Beschneidung. Die Menschen stammen von den Göttern ab, der Regenbogen ist die Brücke zur himmlischen Welt. Die Bambara-Völker sagen, ein Urgeist ließ eine Kugel auf die Erde fallen, aus dieser Kugel wurden das Wasser und ein Baumstamm. Eine Frau lernte, die Bäume zu pflanzen. Doch sie verletzte sich mit einem Dorn an der Klitoris. Seither gibt es bei den Menschenfrauen die Beschneidung der Geschlechtsteile.

Die Songhai-Stämme sehen in der Kuh die Bringerin der Kulturgüter, denn sie lehrte die Menschen die Viehzucht. Die mittleren Sudan-Stämme sagen, in der Frühzeit seien die Menschen und die Tiere mit einem Seil aus Hanf vom Himmel der Götter auf die Erde hinab gelassen worden. Ostsudan-Stämme erzählen von einem Schelmengott, der den Menschen das Wasser und das Feuer schenkte.

Die Ashanti-Stämme sagen, die Spinne (Ananse) habe den Körper der Menschen gesponnen, ein Himmelsgott habe ihm dann die Seele eingehaucht. Seither ist die Spinne Mittlerin zwischen den Menschen und den Göttern. Sie hat den Bauern das Getreide und die Hacke gebracht, damit sie den Boden umgraben können. Auch den ersten König hat sie eingesetzt. Die Fon-Stämme berichten von einem „Vater der Götter“ und von göttlichen Zwillingen, die sich im Regenbogen und in der Schlange zeigen.

Nach den Mythen der Juruba-Stämme wird ein göttlicher Sohn vom Himmel auf die Menschenwelt geschickt; er brachte den Bauern die Ackererde und das Huhn. Er trank aber Palmenwein und schlief danach ein. Dabei verstreute er die Erde und das Huhn über dem Meer, doch daraus wurde dann das Menschenland. Seither vermählt sich der Himmel mit der Erde und die Felder werden fruchtbar. Aber der Menschenkönig bringt sich den Göttern als Opfer dar; er erhängt sich mit einem Strick, doch seine Seelenkraft geht in das Land der Götter ein. Auf der Erde hatte er drei Frauen, eine musste ein Ohr opfern.

Für die Madagaskar-Stämme vermählen sich der Erdgott und die Himmelsgöttin. Die Sonne schickt das Feuer auf die Erde, nun streiten dort der Donner und der Blitz. Die Wolken löschen das Feuer, doch dieses verbirgt sich in den Vulkanen, aus denen es hervorbricht. Bei der Erschaffung der Menschen wirken viele Götter zusammen; sie legen das Fleisch um die Knochen und ziehen dann die Haut darüber; einer der Götter haucht dem neuen Wesen eine Seelenkraft ein. Auf ähnliche Weise wurden auch die Wild- und Haustiere erschaffen, die Bienen und der Honig wurden den Menschen geschenkt.

Auch der Schelmengott war bei der Erschaffung der Menschen beteiligt. Den Tod aber haben die Menschen frei gewählt. Denn sie hatten die Wahl, entweder Kinder zu bekommen oder ewig zu leben. Sie entschieden sich für die Kinder, deswegen müssen sie sterben. Eine Himmelstochter zog von der Götterwelt zu den Menschen. Dort gab es nur Maniok und Mais zum Essen, aber keinen Reis. Da gab ihr die Göttermutter ein Huhn mit auf die Erde, das Reis im Magen hatte. Die Menschen schlachteten das Huhn, holten die Reiskörner aus dem Magen und bauten sie auf den Feldern an. Jetzt war die Göttertochter zufrieden, doch der Vater hatte ihr Reis verboten.

Die Mythen legitimieren das Verhalten der Menschen in den Sippen, die Welt wird in zwei Dimensionen gedeutet. Der große Kosmos und die kleine Menschenwelt hängen eng zusammen, die Dörfer der Menschen spiegeln die große Welt. Nun geht aber die Erschaffung der Welt weiter und die Menschen lernen die Unterscheidung zwischen Gut und Böse. Mit ihren Riten ahmen sie das kosmische Geschehen nach und festigen damit die Weltordnung. Die Schamanen erinnern an die frühe Zeit und stellen die erlebte Geschichte der Sippen auf symbolische Weise dar.

7. Lebensformen und Lebensphasen

Die Menschen leben in Sippen und Clanes, Cousins und Cousinen werden wie Geschwister gesehen. Durch das Zusammenleben in der Gemeinschaft wird das Verhalten der einzelnen geregelt, Ehre und Ansehen gelten als hohe Werte. Jeder gesunde Mensch hat die Verpflichtung, das Leben in der Sippe weiterzugeben. Wer keine Kinder hat, kann nicht dem Ritual gemäß bestattet werden. Deswegen kommt seine Seele nach seinem Tod lange Zeit nicht zur Ruhe, sie irrt rastlos umher. Unfruchtbarkeit gilt als Strafe der Schutzgötter und der Ahnen. Geheiratet wird zumeist sippenexogam, die Ehe ist eine Verbindung zwischen zwei Clanes. Dabei bleibt die Frau immer Eigentum ihrer Geburtssippe, sie kann dorthin jederzeit zurückkehren.

Männer und Frauen leben auch in der Ehe weitgehend getrennt, auch bei der Arbeit, beim Essen und beim Schlafen. Sie treffen sich nur kurz zur sexuellen Vereinigung. Das Frauenhaus steht in einiger Entfernung vom Männerhaus. Manche Stämme heiraten polygam; dann kann ein Mann mit mehreren Frauen Kinder haben, er muss sie alle ernähren können. Häufig gibt es die Probeehe für ein Jahr, in der die Arbeitsfähigkeit, die Verträglichkeit mit der Sippe und der Kindersegen erprobt werden. Die Jugend bekommt zumeist viel Zeit eingeräumt, um Sexualität zu lernen und einzuüben. Nach dieser Lehrzeit folgen beide Geschlechter festen Regeln.

Mit der Geburt eines Kindes wird ein Paar voll erwachsen, kinderreiche Familien genießen hohes Ansehen in der Sippe und im Stamm. Auch Fehlgeburten gelten als versuchte Lebensweitergabe. Der Schamane begleitet die kinderlosen Paare mit vielen Riten, um die Götter zu versöhnen. Wenn ein Ehemann zeugungsunfähig ist, muss einer seiner Brüder einspringen und der Frau Kinder zeugen. Denn jede Frau hat das Recht auf Nachwuchs. Kinder sind das Glück der Sippe, die Erwachsenen geben ihnen viel Zuwendung und Körperkontakt. Sie werden von den Müttern auch bei der Arbeit eng auf der Haut getragen. Gefeiert wird in der Sippe das Fest des ersten Milchzahnes, aber auch der ersten Menstruation. Die Töchter werden deswegen geschätzt, weil sie der Sippe viele Brautgeschenke einbringen. Die Männer müssen hart dafür arbeiten, um diese Geschenke aufbringen zu können. Bei einer Scheidung, die auch die Frau beantragen kann, geht diese wieder in ihre Geburtssippe zurück.

Auch Kinder, die außerhalb einer Ehe geboren werden, gelten als ein Segen für die Sippe. Neugeborene Kinder sollen nicht ausgesetzt werden, außer sie sind verkrüppelt. Bei der Zeugung fließen die Lebenssäfte der Männer und Frauen zusammen. Die Männer öffnen den Frauen den Schoß, damit die Seelenkräfte der Ahnen dort einziehen können. Einige sagen, das Blut der Kinder komme von den Müttern, die Knochen und das Fleisch stamme von den Vätern (Galwa-Stämme). Oder die sozialen Fähigkeiten seien von den Frauen, die geistigen Fähigkeiten aber von den Männern (Ashanti-Stämme).

Eine Schwangerschaft ist mit viel Hoffnung, aber auch mit großen Ängsten verbunden. Die bösen Dämonen sollen durch verschiedene Riten abgewehrt und vertrieben werden. Daher soll die schwangere Frau keine Leiche sehen, das Fleisch bestimmter Tiere darf sie nicht essen. Sexualität während der Schwangerschaft ist sehr erwünscht, weil der Mann das werdende Kind mit seinen Wassern nähren muss. Oft wird die Schwangere von anderen Frauen gesalbt, um dem Kind Kraft zu geben. Den bösen Blick der Mitmenschen muss sie fliehen.

Die Geburt wird von mehreren Frauen begleitet, zumeist in einer Gebärhütte. Die Nabelschnur und die Plazenta werden an einem geheimen Ort vergraben, doch das Kind erfährt später diesen Ort. Er bleibt für jeden Menschen ein Platz, um Lebenskräfte zu stärken. Die neugeborenen Kinder werden mit Pflanzenöl gesalbt, um ihr Leben zu stärken. Oft werden sie mit einer magischen Schnur umwickelt, um Böses von ihnen abzuwehren. Während der Geburt muss ein Feuer in der Hütte brennen, um wilde Tiere und böse Dämonen fernzuhalten. Nach der Geburt wird den Ahnen ein Opfer dargebracht und die Sippe feiert ein großes Festmahl.

Die Frauen begleiten manchmal singend und tanzend die Geburt eines Kindes; oder sie schlagen dazu die Trommel, um die Mutter zu beruhigen. Zwillinge und verkrüppelte Kinder wurden zumeist getötet, sie galten als Strafe der Götter und der Ahnen. Die Tage nach der Geburt ist eine Mutter unrein, sie darf nicht am Kult teilnehmen. Sie vollzieht 10 bis 12 Tage nach der Geburt ein Reinigungsritual, dann ist sie wieder voll kultfähig. Das Kind erhält zumeist zwei Namen, einen öffentlichen und einen geheimen. Der erste folgt meistens einem Vorfahren, der zweite ist nur dem engsten Kreis der Sippe bekannt. Denn wer diesen Namen kennt, hat Macht über seinen Träger.

Den Kindern wird viel an Körperkontakt vermittelt, sie können relativ frei in der Sippe aufwachsen. Aber ständig müssen sie durch Riten von bösen Dämonen geschützt werden, der böse Blick soll sie nicht treffen. Sie erhalten Amulette, um bösen Zauber abzuwehren. Wenn das Kind den ersten Zahn bekommt, dann darf die Mutter wieder schwanger werden. An der Erziehung beteiligt sich die ganze Sippe, Kinder lernen durch Nachahmung und durch Erzählen. Im Spiel ahmen sie das Verhalten der Erwachsenen nach, beide Geschlechter üben früh ihre Rollen ein.

Mit der späten Kindheit beginnen die ersten Pflichten für beide Geschlechter. Oft gibt es das Zahnopfer, wenn die Kinder erwachsen werden. Kinder lernen früh, ihre Sexualität zu erleben. Wenn ihre Geschlechtsorgane gestreichelt werden, dann werden sie gute Liebespartner. Aber erst durch die Riten der Initiation werden sie in die Welt der Erwachsenen voll eingeführt. Oft werden sie an der Penisvorhaut bzw. an der Klitoris beschnitten, was als Opfer an die Ahnen und die Schutzgötter gedeutet wird.

Die Rollen der Geschlechter sind genau verteilt, früh werden die Jugendlichen in die Ehe gegeben, denn das Lebensalter ist im Schnitt kurz. Die Sippen handeln aus, welche Jugendlichen heiraten sollen. Die händische Arbeit wird in Afrika zu 80 % von den Frauen und nur zu 20 % von den Männern verrichtet. Die Hochzeit wird mit vielen Riten der Reinigung, der Abwehr böser Dämonen und mit Opfern für die Ahnen gefeiert. Männer werden als Sendboten ausgeschickt, um eine Braut zu finden. Wenn der Brautpreis vereinbart ist, wird zwischen den Sippen die Verlobung gefeiert. Nach einiger Zeit erfolgt dann die Heimholung der Braut in die neue Sippe, sie wird dort festlich empfangen. Sie wird den Ahnen vorgestellt und erhält einen neuen Namen. Der Schamane leitet die Riten der Vereinigung, es folgen Tieropfer und das große Festmahl. Die Braut wird oft von ihrer Mutter und den Tanten mit Öl gesalbt, um sie fruchtbar zu machen.

Manche Stämme kennen Polygamie der Männer, einige auch der Frauen. Dann gibt es im Dorf eine „Dorffrau", die mit mehreren Männern Kinder hat und von allen ernährt wird. Bei der Hochzeit werden Orakel gegeben, um die Zukunft zu erkunden. Das junge Paar bekommt ein älteres Paar als Ehebegleiter, an das es sich mit allen Problemen wenden kann. Die Lehrältesten übermitteln die Weisheit und die Gesetze des Stammes. Allgemein gilt ein Inzesttabu zwischen den Geschwistern und Cousins bzw. Cousinen mütterlicherseits.

Die Ehe wird immer als Bündnis zwischen zwei Sippen verstanden. Auch in den patriarchal organisierten Stämmen hat die Frau einen hohen Stellenwert, wenn sie Kinder bekommt. Die kinderlose Frau ist niedrig eingestuft. In den islamischen Ländern Afrikas werden die Frauen stärker abgewertet, was mit der Religion legitimiert wird. Die Scheidung einer Ehe ist in allen Stammeskulturen möglich, in den islamischen Ländern kann sie nur der Mann fordern. Bei einer Scheidung muss der Ältestenrat der Sippen über die Rückerstattung des Brautpreises verhandeln; wenn sich beide Sippen nicht einigen können, kann es zu Konflikten und Kriegen kommen. In den islamischen Ländern haben allein die Männer das Recht, die Scheidung zu verlangen.

Die Witwen bleiben zuerst in der Sippe, in die sie geheiratet haben. Nach dem Tod des Mannes müssen sie eine Trauerzeit von einem halben Jahr einhalten. Die alten Menschen gelten in den Sippen zumeist als Ratgeber, denn ihre Weisheit und Lebenserfahrung werden geschätzt. Als Lehrälteste geben sie die Mythen und die Regeln der Moral weiter. Sie leisten Versöhnungsdienst und schlichten Streitfälle. Da sie schon näher bei den Ahnen sind, wird ihnen zugetraut, dass sie von diesen Botschaften bekommen. Der Tod wird allgemein als Übergang ins Land der Ahnen gedeutet.

8. Geschichte der Kulturen

Ein altes Königreich ist Äthiopien; ein König Menelik soll schon um 1000 v. C. eine Verbindung zum arabischen Königtum von Saba und zum Land der Juden gepflogen haben. Die Griechen nannten die Menschen aus diesem Land „verbrannte Gesichter" (Aithiopoi). Die Sprache der Abessinier ist mit den semitischen Sprachen verwandt. Das Rote Meer war seit langem ein Handelsplatz zwischen den Afrikanern und den Arabern (Semiten). Ein

Königreich von Axum und ein Reich von Meroe trieben Handel mit den antiken Griechen; gehandelt wurden Elfenbein, Ebenholz, Straußenfedern, Tierfelle und Sklaven.

Auch Handelsbeziehungen mit Persien, Indien und Ceylon sind in der Antike nachzuweisen. Getauscht wurden Perlen, Seide, Sesam, Smaragde und Weihrauch. Die Könige von Axum hatten von den Griechen das Prägen von Goldmünzen gelernt. Im 4. Jh. wurde dieses Land christlich, ein König Erzana ließ sich taufen. Doch durch die Ausbreitung des Islam im 7. Jh. wurde das Königreich von der griechischen Welt abgeschnitten. Es blieben aber auch danach einige christliche Königreiche in Ostafrika bestehen.

In Westafrika bildeten die Nok-Stämme eine alte Töpferkultur, die um 100 v.C. bereits die Eisenverarbeitung gelernt hatte. Auch die Tschad-Kultur und die Ife-Kultur kannten die Töpferkunst und die Metallverarbeitung (Eisen, Kupfer, Zinn, Messing). Die Bantu-Stämme stießen nach dem Süden vor und trafen dort auf steinzeitliche Jägerkulturen; die Pygmäen, die Hottentotten und die Buschmänner. Bantu-Stämme siedelten im östlichen Afrika und lebten mit hamitischen Stämmen zusammen bzw. in einem Austausch.

Das Königreich Ghana wurde von Ackerbauern und Hirtennomaden getragen, dort wurden das Pferd und das Kamel domestiziert. Die Königreiche von Mali, von Songhai und von Kanem waren mit dem Reich von Ghana in enger Wirtschaftsbeziehung; gehandelt wurde mit Salz, Gold und mit Sklaven. Dem König wurden Waffen und Sklaven mit ins Grab gegeben.

Kleinere Stadtkulturen gab es am Fluss Niger, etwa die Reiche von Gao und Bumba; dort wohnte auch das Fischervolk der Sorko. Die islamischen Omaiyaden trugen den „heiligen Krieg“ im 8. Jh. bis in den Sudan, um Gold und Sklaven zu bekommen. Sie vertrieben die Tuaregs und die Berber an die Ränder der Wüsten. Das Königreich von Ghana zerstörten sie im 11. Jh. Doch das Reich von Mali lieferte den moslemischen Kriegern große Kamelherden. Zum König wurde dort der Sohn der ältesten Schwester des Königs erhoben, was eine weibliche Linie der Thronfolge ergibt. Teile des Volkes nahmen den moslemischen Glauben an, Krieger nahmen sogar an der Wallfahrt bis nach Mekka teil.

Das Königreich von Songhai trieb Handel mit den Arabern, es wurden Gold und Sklaven geliefert. Die Handelswege führten über Timbuktu bis nach Nordafrika und nach Spanien, das von Moslems beherrscht war. Ab dem 9. Jh. gab es die kleinen Reiche von Sosso, von Tekuri, von Mossi und von Bambara. Südlich der Sahara bildeten die Yoruba-Stämme eine kleine Stadtkultur, von ihr sind Königslisten überliefert. Dort hatte der König einen Harem von neun Frauen. Wenn er alt war, wurde er den Ahnen geopfert (Königsopfer).

Die Stämme von Benim, der Nupe, der Haussa und der Kanem bildeten Hirten- und Nomadenkulturen, sie kannten bereits die Verarbeitung von Eisen zu Waffen. Auch sie trieben Sklavenhandel mit den Moslems. Auch bei den Haussa-Stämmen gab es das Königsopfer; jeweils im 7. Jahr seiner Regierung wurde er getötet, weil seine Lebenskraft abnahm. Die Fulbe-Stämme waren zum Teil Hirten und Viehzüchter, zum Teil aber schon Ackerbauern. In Ostafrika bestanden die Königreiche von Nubien, von Kusch, von Dongola, von Kardofan und von Aloa. Diese wurden früh christlich und konnten von den Moslems nicht erobert werden.

Die Äthiopier schickten im 13. Jh. eine Delegation zum Papst nach Rom, und im 15. Jh. sogar zum Konzil nach Florenz. Die Stämme der afrikanischen Ostküste trieben seit der Antike Handel mit den Arabern und dem Byzantinischen Reich, wie Münzfunde belegen. Ihr Eisen verkauften sie auf dem Seeweg bis nach Persien, Arabien und Indien. Andere

Handelsgüter waren Elefanten, Bernstein, Tierfelle und Gold. Im 12. Jh. ist sogar der Handel mit China auf dem Seeweg bezeugt (Chinesische Schriften).

Südlich des Äquators siedelten die schon genannten Steinzeitjäger: die Hottentotten, die Pygmäen und die Buschmänner. In ihrer Nähe siedelten die Bantu-Völker, die sich mit den Hamiten aus Ostafrika vermischten. Die Kitwara-Kultur wurde von Hirten und von Ackerbauern geprägt, sie konnten das Eisen, das Kupfer und Zinn verarbeiten. Gefunden wurden Reste von Siedlungen und von Schmiedeöfen, sowie Straßen mit Steinheiligtümern. Die Felder waren bereits in Terrassen angelegt, es gab dorthin Bewässerungskanäle; die Brunnen waren bis zu 12 m tief.

Die Könige waren die Herren über die Erzgruben, sie lebten mit mehreren Frauen zusammen. Die Untertanen näherten sich ihnen nur auf den Knien. Doch wenn der König krank oder verletzt war, dann wurde er rituell getötet (Königsopfer), denn er musste für sein Land der Garant der Gesundheit sein. Die Königreiche der Luba-Stämme und der Kongo-Stämme wurden ebenfalls von Hirtennomaden und von frühen Ackerbauern geprägt. Auch ihnen war dic Eisenverarbeitung bekannt.

Die Europäer suchten im späten Mittelalter einen Seeweg nach Indien, um den Arabern keinen Tribut zahlen zu müssen. Bereits im 14. Jh. fuhren sie mit ihren Schiffen bis zu den Kanarischen Inseln und zur Elfenbeinküste. Die Portugiesen gelangten mit ihren Schiffen bis zur Mündung des Senegalflusses. Sie handelten zuerst mit Gold, mit Elefanten und mit Sklaven. Im 15. Jh. stießen die europäischen Seefahrer über den Äquator vor, die Spanier erreichten die Mündung des Kongoflusses und bald danach das Kap der Guten Hoffnung.

Seit 1497 segelten die Portugiesen bis an die Ostküste Afrikas. Sie begannen nun den Handel mit den Reichen von Äthiopien, mit den Arabern und den Persern. Nun bauten sie ein Netz von Handelsstationen auf, die sie mit ihrem Militär verteidigten. Ihnen folgten bald die christlichen Missionare, um die Völker Afrikas zum Christentum zu bekehren. In ihrer Gier nach dem Gold, dem Elfenbein der Großtiere, nach Pfeffer und nach Menschensklaven zerstörten die Europäer nun ganze Dörfer, Städte und alte Kulturen. Sie begannen die Jagd auf Menschen, um Sklaven zu gewinnen.

Die portugiesischen Kolonien lagen an der Goldküste, am Kongofluss und Missionare unterstützen den Handel. Die obersten Handelsherren waren die Könige vor Portugal, später die von Frankreich und von England. Ab 1641 beteiligten sich auch die Holländer am Sklavenhandel, später auch die Schweden, die Dänen, die Belgier und kurzzeitig auch der Kurfürst von Brandenburg. Afrikanische Krieger beteiligten sich an der Menschenjagd, um die Sklaven nach Europa und Amerika zu verkaufen. Die großen Häfen für den Sklavenhandel waren Lissabon, Liverpool und Nantes.

Erst die Denker der europäischen Aufklärung sahen im Menschenhandel ein schweres Verbrechen gegen die allgemeine Menschlichkeit und gegen die Menschenrechte. Es waren die Freidenker und die Freimaurer, die sich vehement gegen den Sklavenhandel einsetzten. Sie gründeten 1765 in England eine „Gesellschaft gegen die Sklaverei". Als erste religiöse Gruppe hatten die Quäker im Jahr 1727 die Sklaverei verurteilt und beendet. Ab 1772 wurden im Britischen Empire die ersten Gesetze gegen den Handel mit Menschensklaven durchgesetzt. 1807 verbot das britische Parlament den Handel mit Sklaven in allen Kolonien.

Im Jahr 1833 beschloss das Britische Parlament die Freilassung aller Sklaven im Empire. In dieser Zeit hatten auch die Vereinigten Staaten von Amerika die Einfuhr neuer Sklaven verboten. Doch die katholischen Länder Portugal und Brasilien betrieben den Handel mit Menschensklaven bis 1888. Frankreich hatte im Revolutionsjahr 1848 den Handel mit Menschen beendet. Nach dieser Zeit wurden befreite Sklaven zum Teil wieder in Afrika angesiedelt (Sierra Leone). Die Zahl der aus Afrika von den Europäern gehandelten Sklaven wird von Historikern auf 60 bis 80 Millionen geschätzt. Denn zwei Drittel starben bei der Überfuhr nach Europa und Amerika, ca. 30 Millionen kamen lebendig an.

Der Sklavenhandel ist eines der düstersten Kapitel der europäischen und der christlichen Kultur. Doch fairerweise muss gesagt werden, dass die Araber schon 1000 Jahre länger den Sklavenhandel aus Afrika betrieben. Doch die europäischen Kolonialmächte haben auch zum wirtschaftlichen Aufschwung des afrikanischen Kontinents beigetragen. Denn sie bauten ca. 58.000 km an Eisenbahnen; sie errichteten Straßen, die es auf dem Kontinent nie in dieser Form gab. Sie richteten Industrien und Handelsplätze ein, bauten Schulen und Krankenhäuser und richteten eine zentrale Verwaltung ein.

Damit wurde den Afrikanern der Anschluss an die europäische Kultur aufgezwungen. Doch im Gefolge der beiden Weltkriege, die die Kolonialherren gegeneinander führten, kam die Kolonialherrschaft in Afrika zu Ende. Ghana war das erste Land, das 1957 die Selbständigkeit erhielt. Zu den positiven Folgen der Kolonialzeit zählen auch nach Sicht der heutigen Afrikaner: die neue Einteilung der Ländergrenzen, die zentrale Verwaltung, die Bildungseinrichtungen der Schulen und Universitäten, die Errichtung von Krankenhäusern, die teilweise Übernahme europäischer Sprachen (Englisch, Französisch, Portugiesisch, Holländisch, Deutsch). Europäische Forscher kamen auf den Kontinent und begannen, die alten Kulturen und Stämme systematisch zu erkunden. Die christlichen Missionare brachten christliche Lebenswerte, doch zugleich zerstörten sie die alte afrikanische Mythologie und Riten. Der Übergang von den alten Stammeskulturen zu den modernen Formen der Wirtschaft kam für die meisten Afrikaner zu plötzlich. Was sich in Europa durch viele Jahrhunderte langsam entwickeln konnte, wurde in Afrika in wenigen Jahrzehnten durchgesetzt. So entstanden moderne Städte und Industrieanlagen, Bergwerke wurden modern ausgebaut. Die Afrikaner lernten das Lesen und Schreiben, die moderne Medizin ergänzte das alte Heilwissen der Schamanen. Die Agrartechniken wurden verbessert, denn es sollte weniger Hunger auf dem Kontinent geben. Krankheiten und Epidemien wurden bekämpft, die Sterblichkeit der Säuglinge ging wesentlich zurück; die Lebenszeit der Menschen konnte verlängert werden.

Doch die heutigen Probleme der afrikanischen Kulturen sind unübersehbar. Denn alte Stammesfehden brechen wieder auf und werden mit modernsten Waffen ausgetragen. Die Übergänge zu demokratischen Staatsformen kamen zu plötzlich und sind im Volk oft noch nicht verankert. Gewählte Politiker verhalten sich wie alte Stammeshäuptlinge, sie verschwenden Geld und fördern die Korruption. Die meisten Staaten sind gegenüber den Industrieländern hoch verschuldet, was die Wirtschaft enorm belastet. Das Problem des Hungers ist auch mit modernster Agrartechnologie bis heute nicht lösbar. Der Kontinent erfuhr einen Modernisierungsschub, der nur schwer zu verarbeiten ist.

Heute ringen afrikanische Politiker, Wissenschaftler und Denker um die kulturelle Identität ihres Kontinents. Sie wollen selbst ihre erfahrene Geschichte schreiben und nicht die Denkmodell ihrer europäischen Herren übernehmen. Deswegen ringen sie um eine eigenständige Philosophie und Lebensweisheit, um ihren Beitrag zur Menschheitskultur zu leisten. Die christliche Religion sucht nach Inkulturation und den Austausch der Lebenswerte.

Seit einiger Zeit haben Europäer und Amerikaner begonnen, von den afrikanischen Kulturen zu lernen.

Manche afrikanischen Denker orientieren sich an der Kultur Japans, denn sie hat trotz optimaler Modernisierung ihre kulturelle Identität voll gewahrt. Die alten Werte der Solidarität und des Mitgefühls sollen nicht verloren gehen, der kulturelle Wandel soll maßvoll vorankommen.

Literatur

Baumann, H.: *Die Völker Afrikas und ihre traditionellen Kulturen,* Berlin 1991.
Bohannan, P.: *Social anthropology,* New York 1973.
Cambell, J.: *Die Wahrheit der Mythen,* München 1997.
Collins, J.J.: *Anthropology,* Englewood/Cliffs 1986.
Dammann, E.: *Die Religionen Afrikas,* Stuttgart 1963.
Goodenough, W.H.: *Culture, Language and Society,* Reading/Mass. 1981.
Grabner-Haider, A.: *Strukturen des Mythos,* Frankfurt 1993.
Grimal, P.: *Mythen der Völker I–III,* Frankfurt 1969.
Hick, J.: *Religion,* München 1996.
Ki-Zerbo, J.: *Die Geschichte Schwarzafrikas,* Wiesbaden 1989.
Knappert, J.: *Lexikon der afrikanischen Mythologoie,* München 1995.
Küng, H.: *Spurensuche,* München 1999.
Lee-Kossodo, B.: *Die Frau in Afrika,* Frankfurt 1980.
Marx, H.: *Das Buch der Mythen,* München 1999.
Mbiti, J.: *Afrikanische Religion und Weltanschauung,* Frankfurt 1976.
Nishitani, K.: *Was ist Religion?,* München 2001.
Nnandi, R.N.: *Afrikanisches Denken,* Leipzig 1994.
Service, E.R.: *The Hunters,* New York 1979.
Thiam, A.: *Die Stimme der schwarzen Fau,* Frankfurt 1988.
Vetter, G.B.: *Magic and Religion,* New York 1985.
Vivelo, F.R.: *Handbuch der Kulturanthropologie,* Stuttgart 1981.
Williams, T.R.: *Introduction to Socialization,* St. Louis 1980.
Wolf, E.R.: *Peasants,* Englewood/Cliffs 1980.
Zanzig, H.: *Die Rolle der Frau in Afrika,* München 1986.

Manfred Hutter

XX. Alt-Amerika

Die Darstellung der präkolumbischen Kultur- und Religionsgeschichte Amerikas wirft mehrere Fragen auf: in chronologischer und in geographischer Hinsicht, hinsichtlich des Verhältnisses zwischen eventuellen gemeinsamen religiösen Konzepten, die in kulturell unterschiedlicher Ausprägung in den Kulturarealen des Doppelkontinents vorhanden sind, sowie hinsichtlich der jeweiligen lokalen Ausprägung innerhalb der präkolumbischen Hochkulturen. In Fragen der Einwanderung der autochthonen Bevölkerung nach Amerika herrscht insofern Einigkeit, als davon auszugehen ist, dass eine erste Einwanderung über die Beringstraße zwischen Nordostasien und Alaska geschehen ist. Möglich war dies deswegen, weil bei den einzelnen Höhepunkten der Eiszeiten der Meeresspiegel um bis zu 150 Meter tiefer lag als heute, so dass die Beringstraße eine bis zu 2000 Kilometer breite Landverbindung zwischen Asien und Nordamerika darstellte. Wegen der trockenen Kälte im Gebiet Alaskas gab es zwar praktisch völlige Eisfreiheit und eine Steppentundra-Vegetation mit reichem Tierbestand, jedoch war der weitere Weg nach Süden durch Eismassen abgeschlossen. Erst im Verlauf einer Zwischeneiszeit war die Weiterwanderung möglich, wahrscheinlich östlich des Küstengebirges; nach einer anderen Theorie jedoch westlich des Gebirges, so dass Wanderwege unter dem heutigen Meeresniveau liegen würden. Eine solche „westliche" Wanderung könnte dabei die große Zahl ethnisch und sprachlich isolierter Gruppen an der nordamerikanischen Pazifikküste erklären. Beide Einwanderungswege haben Für und Wider, sicher sind lediglich der Ausgangspunkt und die Tatsache, dass man mit mehreren Einwanderungsschüben rechnen muss. Vertreter einer Spätdatierung gehen davon aus, dass die ersten Einwanderer bereits auf einem relativ hohen technischen Niveau standen und erst etwa um 11.000 v. C. Amerika betreten hätten. Die größere Gruppe von Forschern rechnet jedoch bereits mit ersten Einwanderern um etwa 35.000 v. C. Die in mehreren Schüben geschehene Besiedlung findet mit der letzten Gruppe, den Vorfahren der heutigen Eskimo (Inuit) etwa zwischen 4000 und 3000 v. C. ihren Abschluss. Die Einwanderungswellen schoben dabei die früheren Gruppen immer weiter vor sich her in den Süden, so dass die ersten Einwanderer bis nach Feuerland gekommen sind.

1. Kulturareale als Ausdruck der Vielfalt

Schätzungen der Zahl der Einwohner Amerikas zur Zeit der Eroberung sind schwierig: Im Jahr 1500 dürfte Amerika etwa von 80 Millionen Menschen bewohnt gewesen sein. Um die Mitte des 16. Jh. ist diese Zahl auf etwa 10 Millionen gesunken. Andere Zahlen gehen lediglich von etwa 58 Millionen Einwohnern aus, wobei bis 1570 diese Zahl auf 9 Millionen gesunken sein soll. Trotz dieser Unsicherheit zeigen die Statistiken einen eindeutigen Bevölkerungsrückgang. Auf Grund der Besiedelungsgeschichte des amerikanischen Kontinents gibt es keine einheitliche übergeordnete „indianische Kultur", die allen Einzelethnien gemeinsam wäre, obgleich es gewisse z.T. gemeinsame Strukturen und auch gelegentlich einzelne überregionale Kontakte gegeben hat. Dementsprechend haben Archäologie und

Ethnologie – zunächst ausgehend von nordamerikanischen Gegebenheiten – eine Methode entwickelt, durch die vergleichbare indianische Gruppen in der Beschreibung zu Kulturarealen zusammengeschlossen werden. Solche zusammenfassende Beschreibungsmodelle können dabei eine großräumige Gliederung darstellen, innerhalb derer immer wieder mit Einsprengseln und ethnisch-kulturellen Enklaven zu rechnen ist.

In Nordamerika kann man geografisch und kulturell wenigstens sieben größere Bereiche unterscheiden, deren materiell-kulturelles Niveau und historische Rolle äußerst verschieden ist: subarktischer Bereich; nordöstliches Waldland; südöstliches Waldland; Prärien und Plains; Nordwesten; Kalifornien und das Plateau-Gebiet mit dem Großen Becken; Südwesten. Letzteres Kulturareal umfasst v. a. den Bereich der heutigen US-Bundesstaaten Arizona und New Mexico, z.T. auch Utah, Colorado und Teile des heutigen Nordmexiko. Der tiefer gelegene Süden ist klimatisch sehr trocken und heiß; gegen Norden nehmen Niederschlagsmengen etwa zu und die Temperatur ab, so dass Winterfrost möglich ist. Die ursprünglichen Bevölkerungsgruppen (Uto-Azteken/Hopi, Keres, Tano, Hoka) haben bereits im 1. Jt. n. C. verschiedene Kulturtraditionen hervorgebracht, deren südlichster Ausläufer sind – nach Mesoamerika transferiert – die Azteken. Auch die Anasazi-Kultur und die Pueblovölker mit ihren kompakten Siedlungen aus mehrstöckigen Lehm- und Steinziegelbauten und ihrer hochstrukturierten Gesellschaftsform seien wenigstens erwähnt.

Für die Darstellung der Religionen der präkolumbischen Kulturen ungleich bedeutsamer ist Mesoamerika als eigenes Kulturareal. Es umfasst das Gebiet des größten Teiles des heutigen Mexiko, Belize und Guatemala und reicht bis Honduras und Nicaragua. Klimatisch gehört dieses Areal zu den Tropen, die Vegetation wird jedoch von der unterschiedlichen Höhenlage bestimmt. Mittelamerika als Ganzes hat mehrere Hochkulturen hervorgebracht, wobei die ersten fassbaren Kulturträger, die *Olmeken,* bereits im ersten vorchristlichen Jahrtausend eine hochstehende Kultur zeigen, von der entscheidende Impulse auf die spätere Maya-Kultur, aber auch an die Kulturen im Hochland von Mexiko-Stadt ausgegangen sind, die in den letzten vier Jahrhunderten vor der Ankunft der Spanier mit Tolteken und Azteken ihren Höhepunkt und ihre flächenmäßig größte Ausdehnung erreicht haben. Meist ebenfalls zu Mesoamerika gerechnet, aber in kultureller Hinsicht eigene Wege gegangen ist der Westen Mexikos (Colima).

In Südamerika ist grundsätzlich zwischen den Hochlandindianern und den Tieflandindianern zu unterscheiden, wobei das Hochland insofern homogener ist, als dieser Raum von der Hochkultur der Inkas – um nur die letzte Phase zu nennen – geprägt wurde. Insgesamt sind geographisch geordnet fünf Areale zu benennen: zirkumkaribischer Raum; Nordvenezuela mit den Antillen; Andengebiet; Amazonasgebiet; Patagonien. Für die präkolumbische Religionsgeschichte besonders hervorzuheben ist das Gebiet der Anden mit dem Zentrum in den heutigen Staaten Peru und Bolivien, auch Teile von Kolumbien, Ecuador und Nordchile gehören zu diesem Kulturareal. Die letzte Kulturphase dieses Gebietes, die kaum länger als 90 Jahre, davon 50 Jahre als Imperium der Inka gedauert hat, nahm von der Stadt Cuzco ihren Ausgang; wobei unter den Inka die quechuasprachigen Bevölkerungsteile immer mehr expandierten und die aymarasprachigen Bereiche zurückdrängten, so dass die Aymara bereits im Inka-Imperium auf das Gebiet des heutigen Bolivien verdrängt wurden. Das Tahuantinsuyu („die vier vereinigten Länder“) genannte Imperium der Inka erstreckte sich auf einer Breite von nur 16 bis maximal 160 Kilometern über eine Länge von mehreren Tausend Kilometern. Diese staatliche Hochkultur verdient Achtung, immerhin findet sich hier auf einer Höhe von 3800 Metern in Tihuanaco die höchstgelegene Stadtsiedlung Altamerikas; genauso hat das Inkareich ein etwa 40.000 km langes Straßennetz aufzuweisen. Solche Leistungen sind dabei umso erstaunlicher, wenn man sich die klimatischen Bedingungen mit allen Landschaften des geographischen Spektrums kurz vor Augen führt, wobei innerhalb kürzester Entfernungen die größten Gegensätze festzustellen sind. Dass es den Menschen in diesen unwirtlichen Gegenden immer wieder gelungen ist, sich den Bedingungen der Natur anzupassen, ist an sich schon bemerkenswert. Zugleich haben diese geographischen und klimatischen Bedingungen des Andengebiets dazu beigetragen, dass es aufgrund der natürlichen Gegensätze mit den sehr unterschiedlichen Ressourcen notwendig war, im Zentralandengebiet frühzeitig nach Ansätzen größerer politischer Einheiten zu streben, um durch bessere Organisation die Lebensbedingungen zu verbessern.

Insgesamt war die präkolumbische Zeit äußerst vielfältig: Wir finden unterschiedliche Hochkulturen genauso wie Kulturareale, die primär von Wildbeutern bzw. ackerbautreibenden Ethnien bevölkert blieben. Die materielle Hinterlassenschaft ist archäologisch v.a. bezüglich der Hochkulturen erfasst, so dass die Beschreibung der präkolumbischen Religionsvorstellungen hier auf diese Kulturen beschränkt bleiben soll, d.h. auf Mesoamerika mit der Kultur der Maya bzw. den Kulturen im Hochtal von Mexiko-Stadt sowie auf den Bereich der Anden und den dort vorhandenen Kulturen. Wo diese Kulturen Berührungen mit benachbarten Kulturen zeigen bzw. wenn vergleichbare religiöse Vorstellungen auch in anderen Kulturarealen vorkommen, wird darauf verwiesen werden.

2. Die Durchdringung des Kosmos von göttlichen Mächten

Den Religonen der präkolumbischen Kulturen fehlt eine durchgängige Systematisierung oder Dogmatisierung dessen, was als verbindlich zu glauben ist. Dementsprechend gibt es eine nicht zu übersehende Fülle von Göttern – teilweise durchaus miteinander vergleichbar, aber unter verschiedenen Namen lokal unterschiedlich verehrt. Charakteristisch für diese polytheistischen Panthea ist dabei, dass die Einzelgötter konkrete (Teil)-Ausprägungen jener göttlichen Mächte sind, die den Kosmos durchdringen.

Fragt man nach einem Oberbegriff für das Göttliche und Machtvolle, so ist im Maya-Bereich der Begriff *ch'u (k'u)* zu nennen. Im Unterschied zu anderen Maya-Wörtern wie *itz* oder *ch'ulel*, die die göttlichen Kräfte im Kosmos bezeichnen, kann *ch'u* eine konkrete Personalisierung erfahren, wobei diese „Götter" nicht immer ganz eindeutig von Lebenden oder v.a. von Ahnen zu unterscheiden sind. Im zentralmexikanischen Bereich der Azteken entspricht dem der Begriff *teotl*. Einige mit dem Wortstamm verwandte oder davon abgeleitete Ausdrücke haben etwa Bedeutungen wie „Segen erteilen" (*teo-china*), „sterben" (*teo-ti*), „überaus kränken" (*teo-poa*) oder „kerngesund" (*teo-patic*). D. h. *teotl* umschreibt im Aztekischen zweifellos das Machtvolle, Intensive oder Heilige, in personifizierter Form haben wir somit auch hier einen Oberbegriff für „Gott". Ein entsprechendes Wort im Andenhochland der Inka ist *huaca* (*waq'a*): Im Inkabereich deckt *huaca* u.a. Folgendes ab: Götterstatuen und Tempelanlagen, auffallende Steine, Bäume oder Quellen, Opfergaben für die Götter, aber auch Gräber und Ahnen. All dies kann Ausdruck und Erscheinungsform des Göttlichen in der sichtbaren Welt sein. – Als erstes systematisches Ergebnis hinsichtlich präkolumbischer Vorstellungen vom Göttlichen zeigt sich, dass man sich in einem Kosmos wusste, der weitgehend von göttlichen Kräften durchdrungen war, die man als „heilig" und „mächtig" empfunden hat; wobei die Welt der Ahnen genauso wie ein großer Teil der die Lebenden umgebenden Natur in diesen göttlichen Rahmen eingebettet war.

Als nächstes Charakteristikum ist hervorzuheben, dass ein dualistischer Zug die Gottesvorstellungen durchzieht. Jede Gottheit kann zwei Seiten haben, eine positive bzw. negative. Positiv sind Züge, die in Verbindung mit Blitz, Donner oder Regen Fruchtbarkeit oder Fülle bringen; als schlecht sind Tod und Zerstörung anzusehen. Erst aufgrund solcher positiver oder negativer Züge, die sich den Menschen offenbaren, wird die Gottheit fassbar; der Dualismus kann dabei so weit gehen, dass das Göttliche in seiner Erscheinungsform in zwei geschlechtlich differenzierte Gestalten gespalten werden kann. Dieser Dualität entsprechend finden sich beispielsweise im aztekischen Bereich das mit der Schöpfung verbundene Götterpaar Ome-tecuhtli und Ome-cihuatl oder das für den Totenbereich zuständige Paar Mictlan-tecuhtli und Mictlan-cihuatl. Solche Polaritäten sind dabei weniger als Gegensätze, sondern eher als komplementär zu verstehen. Die Komplementarität ermöglicht zugleich, die im Laufe der Geschichte durch die Bindung von lokalen Panthea an das Pantheon der Hauptstadt immer größer werdende Götterwelt zu systematisieren, indem zunächst lokal völlig voneinander unabhängige Götter nicht in eine hierarchische Ordnung, sondern in eine aspektuelle Beziehung gestellt wurden; indem verschiedene Götter zu konkreten (Teil)-Aspekten der göttlichen Kraft wurden. Am weitesten in dieser Hinsicht sind die Priester des Staatspantheons im Inka-Reich gegangen, wenn sie z.B. den alten andinen Schöpfergott Viracocha mit ihrem eigenen Hauptgott Inti, der ursprünglich ein Sonnengott war, unter dem Aspekt der Komplementarität verbunden haben, und darin auf dem Höhepunkt der Inka-Staatsreligion in erster Linie die Manifestation aller göttlichen Kräfte im Kosmos gesehen haben. Auch unter den Maya auf der Halbinsel Yucatan lässt sich in der nachklassischen Periode (12.–15. Jh. n. C.) ein weitgehendes Streben nach Komplementarität beobachten. Beeinflusst von der Vorliebe für die – kosmisch begründete – Vierheit unter den Maya kommt es dazu, dass der Himmelsgott Itzamna (bzw. der manchmal mit ihm parallel gesetzte Sonnengott Kinich Ahau) mit der Mondgöttin Ix Chel, dem Regengott Chac und Kukulcan zu einer „Vierfaltigkeit" zusammengestellt werden konnte, was ebenfalls als Versuch zu verstehen ist, das allumfassende Göttliche nicht in Vielfalt auseinanderbrechen zu lassen.

Die Durchdringung des Kosmos mit göttlichen Kräften wirft die Frage nach der Verbindung der Gottheiten mit Naturkräften auf. Mit den vorhin aus dem andinen Bereich genannten *huaca* werden z.B. auch Naturerscheinungen bezeichnet, im Maya-Bereich werden mit *ch'ulel* jene göttlichen Kräfte umschrieben, die auch in der Natur zu finden sind. Dass konkrete Gottesgestalten ebenfalls einen klaren Bezug zu Naturphänomenen haben, ist ebenfalls unübersehbar; etwa der Berg- und Regengott Tlaloc im Zentralmexiko, sein Pendant Chac bei den Maya, der Blitz- und Gewittergott Illapa bei den Inka sind zweifellos die auffälligsten. Genauso sind Erdgöttinnen oder Wassergöttinnen hier zu erwähnen: Aus dem aztekischen Bereich kann man Teteo-inan, die „Göttermutter", nennen, die nach einer Schöpfungstradition inmitten entzwei gerissen wurde, damit aus ihrem Leib die Erde entsteht. Im andinen Bereich finden wir Pachamama als Mutter Erde und als fruchtbarkeitsspendendes Naturprinzip schlechthin. – Fragt man dabei, ob die Verehrung von unpersönlichen Naturkräften oder von konkreten Gottheiten, deren Funktionen mit Naturerscheinungen korrespondieren, ursprünglich war, so lassen ikonographische Hinweise bereits aus dem ersten vorchristlichen Jahrtausend erkennen, dass – obgleich mangels schriftlicher Überlieferungen aus dieser Zeit die Namen der Gottheiten unbekannt bleiben – die Verehrung von individuellen Gottheiten in den verschiedenen präkolumbischen Kulturen bereits gegenüber der Ehrfurcht vor numinosen Naturkräften die Oberhand hatte, man allerdings überall in der Natur das Wirken der göttlichen Kräfte erfahren hat. Daher wäre es verfehlt, die präkolumbischen Religionen einseitig als Naturreligionen zu charakterisieren.

Da Religionen immer in einem geschichtlichen und gesellschaftlichen Kontext stehen, ist als letztes im Zusammenhang mit der Götterwelt auf einige Einzelgötter hinzuweisen, denen innerhalb ihrer Ethnien eine besondere Rolle zugebilligt worden ist. Zunächst sei hier Quetzalcoatl, die „Gefiederte Schlange", genannt, der schon im frühklassischen Zentrum des zentralmexikanischen Hochlandes, in Teotihuacan (3.–7. Jh. n. C.), eine führende Position in der Götterwelt eingenommen hat, die auch unter der nachfolgenden Kultur der Tolteken (9.–11. Jh.) bewahrt geblieben ist. Ursprünglich scheint er mit dem Regengott verbunden gewesen zu sein, gewinnt schließlich immer mehr Bedeutung als Schöpfergott, wobei in der zweiten Hälfte des 1. Jt. seine überregionale Verehrung in ganz Zentralmexiko zunimmt. Am Ende des Jt. findet er als zentralmexikanischer Gott auch im nachklassischen Maya-Bereich Eingang, sowohl auf der Halbinsel Yucatan mit dem Zentrum Chichen Itza, als auch unter den Hochland-Maya in Guatemala; wobei aus diesem Bereich mit dem Popol Vuh eine literarische Quelle stammt, die die Verehrung und Funktion des Gottes – analog zu den toltekischen Traditionen – beschreibt. Auf Yucatan ist der Gott (unter dem Übersetzungsnamen Kukulcan) hingegen als „fremder" Gott nur am Rand in das lokale Pantheon integriert worden, teilweise wurde gegen ihn (und die in den Maya-Bereich importierte toltekische Kultur) auch Kritik formuliert.

Eine andere erwähnenswerte Einzelgestalt ist Huitzilopochtli, der Nationalgott der Azteken, der den zunächst kleinen Stamm aus dem trockenen Kulturareal des Südwestens Nordamerikas nach Zentralmexiko geführt hat. Mit der Expansion des aztekischen Volkes ab dem 13. Jh. gewinnt der Gott immer mehr an Ansehen, da er als derjenige gilt, der alle Feinde seines Volkes siegreich überwunden hat, so dass er der eine tragende Pfeiler der Staatsideologie der Azteken in ihrer Hauptstadt Tenochtitlan (heute: Mexiko Stadt) mit seinem Haupttempel wird. Dass er in diesem Tempel gemeinsam mit dem Regengott Tlaloc verehrt wird, trägt einerseits dem Prinzip der Dualität Rechnung, das historische Entwicklungen deutend aufzugreifen vermag: Denn Tlaloc war schon seit der Epoche von Teotihuacan der in Zentralmexiko weit verehrte Regengott als Grundlage landwirtschaftlichen Lebens. Da diese wichtige Rolle auch von den militärisch siegreichen Azteken nicht in Frage gestellt werden konnte, bot sich als Lösung das Prinzip der dualistischen Komplementarität an, indem Tlaloc als Geber von Regen und Fruchtbarkeit als zweiter Pfeiler gemeinsam mit dem kriegerischen Huitzilopochtli in die Staatsideologie integriert wurde.

Auch Inti, als Sonnengott ursprünglich der Stammesgott des unbedeutenden Inka-Volkes in der Gegend von Cuzco, gewann erst mit dem historischen Aufstieg der Inka ab dem Ende des 14. Jh. seine überregionale dominierende Bedeutung. Einerseits führten sich die Inka-Herrscher auf den Sonnengott zurück, wobei diese Gottheit – auch mit dem Hauptfest Intip Raymi zur Zeit der Wintersonnenwende im Juni – nicht nur die Stärke der Inka repräsentieren sollte, sondern zugleich mit dem schon in der wesentlich älteren Tihuanaco-Kultur (ca. 500 n. C.) am Titicaca-See verehrten Schöpfergott Viracocha, der unter mehreren Namensformen als lebenspendendes Prinzip überregional verbreitet war, als Einheit gesehen wurde. Dadurch war es möglich – wiederum unter Rückgriff auf ein Denken der Komplementarität der einzelnen Götter –, religionspolitisch die eigene Gottheit als staatstragend zu etablieren, ohne in einen Konflikt mit älteren Glaubensvorstellungen zu geraten.

Der ganze Kosmos ist nach den Vorstellungen der präkolumbischen Kulturen vom Göttlichen durchdrungen, wobei nicht nur die einzelnen Bereiche des Kosmos in gegenseitiger Wechselwirkung stehen, sondern auch der Mensch in diesen Kosmos eingebunden ist. Auf die Götterwelt bezogen zeigt sich dies sowohl daran, dass die Ahnen (und z.T. Lebenden) Anteil an Göttlichen haben, als auch daran, dass Naturerscheinungen in die göttliche Sphäre integriert sind. Genauso aber wirken politische und gesellschaftliche Ereignisse insofern auf die Gestaltung der Götterwelt, als Einzelgottheiten – bedingt durch gesellschaftlichen Wandel – ihre Position innerhalb des „Pantheons“ verändert haben.

3. Die kosmischen Zusammenhänge und die Funktion des Menschen

Ausgangspunkt des Maya-Weltbildes ist der erste Tag der jetzigen Schöpfung; schon zuvor hat es andere Schöpfungen und Welten gegeben. Mehrfach ist von drei vorherigen Welten die Rede, die durch Wasser zerstört wurden. Bildlich ist dies etwa im Codex Dresden dargestellt, wenn sich aus dem Krug der Mondgöttin und aus dem Rachen des Himmelsdrachen Wassermengen auf die Erde ergießen. Ein Sintflutmotiv als Ende einer vorläufigen Schöpfung kennen verschiedene mesoamerikanische Traditionen, aber auch im andinen Raum und bei nordamerikanischen Ethnien ist die Vorstellung zu finden. Die Erschaffung der gegenwärtigen Welt deuten verschiedene Maya-Inschriften (z. B. aus Palenque oder Quirigua) aus dem 7.–9. Jh. an, ausführlich beschreibt dies das jüngere Popol Vuh: Darin rufen der „Erste Vater“ und die „Erste Mutter“ als Maisgott bzw. Mondgöttin die Schöpfung ins Dasein. Über dem Wasser, das Erde und Unterwelt voneinander trennt, wird der ursprünglich flach über der Erde und dem Urwasser liegende Himmel emporgehoben und durch den Weltenbaum (Yax-che, Ceiba) im Mittelpunkt des Kosmos gestützt. Nach der Vorstellung der Maya verläuft dieser Weltenbaum, der astronomisch mit der Milchstraße gleichgesetzt wird, nicht senkrecht, sondern zieht sich wie ein Dachbalken im Haus quer über den Himmel, was sich auch in der symbolischen Bedeutung des Dachbalkens in den Häusern widerspiegelt. Symbolisch wird der Himmel als reptilartiges Wesen gedacht, die Erde selbst – symbolisch als Schildkröte oder Krokodil – ruht inmitten des Urmeeres. Der Weltenbaum als Mittelpunkt des Kosmos verbindet dabei die drei Bereiche des Himmels, der von den Menschen bewohnten Erde und der Unterwelt (Xibalba).

Eine analoge Dreiteilung zeigen auch zentralmexikanische Traditionen: Die Erde als Kröte oder Krokodil lebt inmitten des Urmeeres; eine Vorstellung, die im Ursprungsmythos der Azteken insofern „historisiert“ wird, als die Azteken ihre mythische Heimat inmitten des Sees von Aztlan beschrieben haben. Das ist kosmologisch-symbolisch auch ein Ausdruck des Selbstverständnisses, dass das aztekische Volk vom kosmischen Mittelpunkt der Welt seinen Ausgang nimmt. Allerdings gibt es auch andere Ursprungstraditionen; so glaubten etwa die Mixteken (9.–14. Jh., um Oaxaca im mexikanischen Bergland), dass die

Erde sich als Fels aus dem Urmeer erhoben hat. – Die Komplementarität von oben und unten mit der Erde als Mitte prägt das Bild des Kosmos im andinen Bereich: Nach einer im 16. Jh. aufgezeichneten Tradition erschuf Viracocha die Welt zunächst ohne Sonne, Mond und Sterne und bildete ein Geschlecht von Riesen, die noch im Dunkeln leben mussten. Nachdem diese Riesen-Menschen sich gegen Viracocha verfehlten, verwandelte er sie in Steine. In weiterer Folge ließ Viracocha aus dem Titicaca-See Sonne, Mond und Sterne aufsteigen, um die Welt zu erleuchten, und schuf – nach Skizzen auf Felsen und steinernen Modellen – die heutige Menschheit.

In diesen Traditionen klingt – in Varianten – folgendes Motiv an: Der Kosmos ist schrittweise entstanden, wobei ein evolutives Element, das jeweils Verbesserungen gegenüber der vorherigen Epoche bringt, unübersehbar ist. Die früheren „Welten" werden vernichtet, sei es durch eine Flut, sei es durch die Versteinerung (oder Verwandlung) der ursprünglichen Menschen. Dass der Kosmos erst mit der Erschaffung der Sonne und der anderen Himmelskörper perfekt wird, ist ebenfalls ein weit verbreiteter Zug präkolumbischer kosmogonischer Vorstellungen. Am besten ist dieses Modell im zentralmexikanischen Bereich bezeugt, wobei das Leitmotiv kosmischen Entstehens die „Bewegung" (*ollin*) ist; eine Bewegung, der aber zugleich Unbeständigkeit anhaftet, so dass der Kosmos immer von Vernichtung bedroht ist. Daher wird – in unterschiedlichen Details, aber in der Grundstruktur übereinstimmend – in zentralmexikanischen Überlieferungen von den vier untergegangenen und unvollkommenen „Sonnen" bzw. „Weltzeitaltern" erzählt. Die jetzige fünfte Welt wird ebenfalls nicht immer Bestand haben, wie auch ihre aztekische Bezeichnung als „4 Ollin" nahe legt. Die „Menschen" der vorherigen Schöpfungen wurden – beispielsweise nach der „Geschichte der Königreiche von Colhuacan und Mexico" – durch Jaguare gefressen, vom Wind fortgerissen und in Affen verwandelt, von einem Feuerregen vernichtet oder durch eine Wasserflut weggeschwemmt und in Fische verwandelt. Diese vorherigen Schöpfungen (und Verwandlungen) liefern dabei zugleich die Ätiologie für Erscheinungen in der gegenwärtigen Welt, in der die heutigen Menschen erschaffen wurden, und danach für Sonne und Mond, indem sich Sonnengott und Mondgott selbst geopfert haben. Darin liegt auch eine kosmologische Begründung der Menschenopfer im mesoamerikanischen Bereich. Dass mythologische Traditionen für „Historisierung" offen sind, lässt sich auch hier wieder zeigen, wenn etwa der aztekische Codex Vaticanus 3738 die Menschen des vierten Weltalters als Tolteken interpretiert, die in den Abgrund stürzen. Die Pointe ist klar: Für Azteken galten die von ihnen unterworfenen Tolteken eben noch nicht als „richtige" Menschen, sondern gehörten noch einer zugrunde gegangenen unvollkommenen Weltepoche an.

Die Schöpfung der gegenwärtigen Menschen ist erst nach verschiedenen Versuchen gelungen. Dass die Menschen innerhalb des Kosmos eine besondere Stellung einnehmen, deutet einerseits das Popol Vuh an, wenn darin erzählt wird, dass ein Zweck der Schöpfung in der Verherrlichung der Götter besteht. Da die Tiere dazu nicht im Stande sind, erschaffen die Götter die Menschen. Nach dem Popol Vuh sind die Vorfahren der Quiché-Maya, deren Fleisch und Blut aus Mais geschaffen wird, mit Herz und Verstand ausgestattet, haben das Aussehen von richtigen Menschen, können sprechen und ihre Götter preisen. Mais als zentrale Lebensgrundlage indianischer Ethnien ist ein durchaus adäquates „Baumaterial" der Menschen; weshalb diese Einbettung des mythologischen Ursprungs der Menschheit keineswegs auf den Bereich der Hochland-Maya des Popol Vuh beschränkt ist, sondern genauso in Zentralmexiko oder im andinen Bereich begegnet; etwa bei den Huarochiri, ein am Rande des Inka-Einflussbereichs in Peru lebendes Volk, dessen Kultur kurz vor und nach Ankunft der Spanier Francisco de Avila beschrieben hat.

Die vorhin genannten Traditionen weisen aber auch hinsichtlich der Menschenschöpfung eine Vielfalt auf, soweit es um die materielle Grundlage des Menschen geht. Dass dabei auch die enge Verbindung zwischen Menschen und Tieren anklingt, gehört einerseits ebenfalls noch in diesen materiellen Bereich: So berichtet Francisco de Avila beispielsweise, dass verschiedene Menschen ihre Herkunft auf Vögel zurückgeführt haben: „Da sagten einige der Leute: ‚Ich bin vom Kondor erschaffen', andere sagten: ‚Ich bin vom Falken erschaffen'; und andere sagten nun: ‚Ich fliege als Vogel Schwalbe'." Manchmal sind solche Vorstellungen nur angedeutet oder lediglich aufgrund der engen Beziehungen zwischen einem Menschen und einem Tier zu erschließen. Andererseits leitet dieser anthropogonisch begründete Tier-Mensch-Bezug zugleich zu den „geistigen" Substanzen des Menschen über, die ebenfalls das Menschenbild bestimmen, wobei man in religionswissenschaftlicher Terminologie vom Nagualismus spricht. Das Wort geht über das Spanische auf den aztekischen Ausdruck *nahualli,* „Verkleidung", zurück und meint eine mystische Simultanexistenz, ein *alter ego*, einen schicksalhaften Doppelgänger, wobei auch Analogiedenken eine Rolle spielt.

Der Sache nach findet sich diese Vorstellung in Mesoamerika schon seit olmekischer Zeit im ersten vorchristlichen Jahrtausend. Da die Bedeutung der Olmeken als ein wesentlicher Einflussfaktor auf jüngere Kulturen in Mesoamerika unübersehbar ist, überrascht es kaum, dass diese Vorstellung bei den Hochland-Maya genauso vorhanden ist wie in Zentralmexiko, woher auch die Bezeichnung entlehnt wurde. Da die Kultur der Olmeken bis in das zirkumkaribische Kulturareal (Kolumbien) ausgestrahlt hat, mag man sogar damit rechnen, dass der auch in den andinen Kulturen bezeugte Nagualismus davon nicht unbeeinflusst geblieben ist. Nagualismus meint dabei jene enge Beziehung zwischen Tier und Mensch, durch die der betreffende Mensch besondere Kraft und Fähigkeiten erlangt, wobei eine Analogie zu denen des Tieres meist auf der Hand liegt: So hat eine zarte Frau einen Kolibri als Nagual, weil dieser durch seine Kleinheit beschützt wird; ein robuster Mann hingegen hat einen Jaguar. Besonders geschätzt ist auch der Koyote als Nagualtier, da man seiner Stärke durch keinen Zauber beikommen kann. Wie wichtig dieser „Doppelgänger" ist, sieht man wohl daran, dass man – bei Feindschaft – versuchen muss, möglichst viele Tiere der Gattung, zu der das Nagual des Feindes gehört, zu töten, um auch den Feind beseitigen zu können. Man kann im Nagual eine Art „Seelensubstanz" sehen, die wesentlich das Menschenbild bestimmt, wobei in den präkolumbischen Kulturen feststellbar ist, dass der Mensch – neben seinem materiellen Körper – auch aus nichtstofflichen Komponenten besteht, die man etwas unpräzise als „mehrfache Seelen" bezeichnen kann. Einzelne solcher „Seelen" sind Träger der Lebenssubstanz des Individuums und ermöglichen ihm etwa in Trance die Kontaktaufnahme mit der außerirdischen Welt oder übermenschlichen Wesen; sie sind jener Teil des Menschen, der nach dem Tod im Jenseits als Ahnengeist weiterexistiert und (positiven oder negativen) Kontakt mit den Hinterbliebenen herzustellen vermag.

Die verschiedenen überweltlichen Kräfte, die den Kosmos durchwalten, sind zwar bezüglich ihrer Kraft und Funktion zu unterscheiden. Aber gerade die Verbindung von Menschenschöpfung mit der Abfolge einzelner Welten, aber auch die Beziehungen zwischen

Mensch und Tier im Nagualismus zeigen, dass der gesamte Kosmos mehr durch kontinuierliche Übergänge und weniger durch trennende Zäsuren zwischen Göttern, Geistern, Menschen und Tieren gekennzeichnet ist. Menschliches Handeln und Leben ist dabei in den präkolumbischen Kulturen wesentlich in den kosmischen Raum und die kosmische Zeit eingebettet. In Mesoamerika resultiert daraus die Rolle des Kalenders, am deutlichsten ausgeprägt in der bei den Maya verwendeten absoluten Jahreszählung; die Erfindung des Kalenders dürfte jedoch bereits auf die Olmeken zurückgehen. Der „Nullpunkt" des als „Long Count" bezeichneten Kalenders fällt dabei auf den 13. August 3114 v. C. (gregorianischer Kalender) bzw. 20. September 3113 (julianischer Kalender) und ist jener Tag, an dem die jetzige Welt begonnen hat. Dieser Kalender ermöglicht die Einordnung von Ereignissen der Maya-Geschichte in eine präzise Chronologie. Wissen um die richtige Zeit ist deswegen notwendig, weil Zeit und Raum in enger Korrespondenz miteinander stehen. Um individuelles und gesellschaftliches Leben nach dem richtigen Zeitpunkt auszurichten, existieren zwei weitere Kalender bei den Maya: *„Haab"*, der Jahreskalender, zählt die 365 Tage des Sonnenjahres ohne Schalttag durch (z.B. im Codex Dresden). Jedes Jahr wird dabei in 18 Abschnitte zu je 20 Tagen mit 5 Zusatztagen gegliedert, wobei die einzelnen Tage eines solchen „Monats" von 0 – 19 gezählt werden. *„Tzolkin"*, der Wahrsagekalender, hat nur 260 Tage, eine Länge, die wahrscheinlich zunächst von der Länge der Schwangerschaft resultiert, gegliedert in 13 Abschnitte zu 20 Tagen; letztere wurden nach Tieren, Namen oder Naturerscheinungen benannt, die so genannten „Tageszeichen". Dieser Kalender bezieht sich auf das Ritualjahr. Beide Kalender sind auch im zentralmexikanischen Bereich bekannt, bei den Azteken hieß der Jahreskalender *Xihuitl* und der Wahrsagekalender *Tonalpohualli.*

Während die Bedeutung des Jahreskalenders stärker auf den Festzyklus und damit verbundene, auch agrarische, Riten der Gesellschaft ausgerichtet ist, betrifft der Wahrsagekalender mehr das individuelle Schicksal: Wichtige Ereignisse im Leben (z.B. Namengebung, Eheschließung, Thronbesteigung des Herrschers, aber auch politische Entscheidungen) werden nach diesem Kalender festgelegt. Chronologisch fallen die Jahresanfänge der beiden Kalender nach jeweils 52 Jahren auf einen gemeinsamen Tag, wodurch sich ein 52-Jahr-Zyklus ergibt, der v.a. im aztekischen Bereich – anders als bei den Maya – von großer kosmologischer Bedeutung war. Denn man fürchtete, dass mit dem Ende eines solchen Zyklus auch die jetzige Welt zugrunde gehen würde, so dass man während dieser Tage mit Fasten, Kasteiungen und Riten alles daran setzte, zu gewährleisten, dass die Sonne am „1.1." des neuen Zyklus wieder neu angehen kann. Denn wenn die Sonne nicht mehr am Himmel erscheint, fällt die Welt in die anfängliche Finsternis der unvollkommenen Schöpfung zurück, was man vom Weltende glaubte.

Diese mesoamerikanische Vorstellung ist auch in den Anden gut bezeugt, obwohl uns von dort keine ausgeprägte – kosmisch ausgerichtete – Kalenderwissenschaft überliefert ist. Denn von den Huarochiri wird ein Mythos überliefert, demzufolge in alter Zeit die Sonne gestorben sein soll, in der daraus resultierenden Finsternis haben die Mahlsteine und Mörser die Menschen verfolgt und zu essen begonnen, auch die Lamas haben sich gegen die Menschen erhoben. Dieses eschatologische Motiv der „verkehrten Welt" wird schon auf Malereien der Moche-Kultur im Norden Perus seit den letzten vorchristlichen Jahrhunderten bezeugt. Gegenseitige Beeinflussung mit mesoamerikanischem Gedankengut ist dabei nicht vollkommen auszuschließen – Finsternis und Chaos als Ausdruck des Weltendes stehen dabei in einer gewissen Komplementarität zu den unvollkommenen Zuständen der Anfänge des Kosmos. Die Kontinuität, aber auch die Bewältigung dieser kosmischen Zusammenhänge garantieren dabei die Kalender.

4. Religion als Faktor im Leben

Es kann im vorliegenden Zusammenhang nicht unternommen werden, unterschiedliche Kulte, Feste oder religiöse Praktiken der präkolumbischen Kulturen detailliert zu beschreiben. Vielmehr sei anhand von ausgewählten Beispielen gezeigt, wie Religion als Teil von Kultur das Leben durchdringt, wobei jedes einzelne Beispiel bewusst auf die Bereiche der Azteken, Maya und Inka beschränkt bleibt, ohne dass hier im Detail auf Vergleichbares bei jeweils anderen Völkern verwiesen würde.

Komplementarität von Leben und Tod in den Anden

Wenn mit dem Begriff *huaca* u.a. auch die toten Ahnen bezeichnet werden können, so zeigt diese Begrifflichkeit bereits treffend, dass dem Tod auch lebenspendende – mächtige, heilige – Komponenten zukommen. Der Glaube an die Ahnengeister und ihre Versorgung auch zu Gunsten der Lebenden ist daher reich entfaltet. In diesem Zusammenhang muss man die „blinden“ Türen oder Fenster bei Sakralbauten im andinen Bereich erwähnen, die nur die Funktion haben, Durchgänge für die Ahnen(geister) zu sein. Noch auffälliger ist die Wichtigkeit des Ahnenkultes, wenn man die reichhaltigen Grabbeigaben berücksichtigt: Gewebe für den Totenkult oder Töpferarbeiten zeigen dabei nicht nur kunstgeschichtliche Entwicklungen, sondern belegen neben dem sozialen Rangunterschied der Toten auch, dass man sich die Verehrung der Ahnen einiges „kosten“ ließ. Denn die Herstellung mancher den Toten beigegebenen Webtücher dauerte immerhin rund zwei Jahre. Dass dabei das Leben im Jenseits entsprechend dem Diesseits weitergeht, deuten Nahrungsmittel wie Mais, Bohnen, Pfefferschoten oder Erdnüsse als Grabbeigaben an. Auch die in Grabkammern um einen Tisch gruppierten Mumien, denen alljährlich neue Opfergaben dargebracht wurden, lassen die Wechselwirkung zwischen Leben und Tod erkennen. Die entsprechend der Verehrung der Ahnen erwarteten „Gegenleistungen“ betrafen dabei den Bereich der Fruchtbarkeit der Ackererde, der Vermehrung der Tiere und der Garantie der notwendigen und zeitgerechten Niederschläge. Da aus dem Bereich des Todes neues Leben und Fruchtbarkeit erhofft wurde, begrub man Tote gerne auf Äckern; um die Lebenskraft des Toten direkt in den Acker zu übertragen, wurden gelegentlich auch Menschenopfer zu diesem Zweck dargebracht. Im Begräbnis im Ackerboden spielt auch der Gedanke eine Rolle, dass dadurch der Mensch symbolisch in den Schoß der Mutter Erde (Pachamama) zurückkehrt und so an ihrer lebenspendenden Kraft teilhat und diese weiterwirken lässt. Obwohl man die Ahnen durchaus positiv sieht, bleibt das Verhältnis zu ihnen doch ambivalent, da der Bereich des Todes auch ein Gefahrenherd ist. Wiederkehrende Tote oder lebende Tote (*carcanchas*) sind eher zu meiden – und doch auch anziehend. Grabkeramiken der Moche-Kultur illustrieren diese Ambivalenz auch in materieller Hinsicht: Eine Fülle solcher Grabkeramiken ist erotisch-sexuellen Inhalts, als Grabbeigaben Indiz dafür, dass auch aus dem Tod Leben kommt. Als „lebende Tote“ kann man dabei jene Skelettdarstellungen interpretieren, die meist männlich sind und sich mit einer lebenden Frau sexuell betätigen. Solche Fundensemble drücken bildlich in ziemlicher Klarheit die aus dem Todesbereich stammende Fruchtbarkeit und die Komplementarität von Leben und Tod aus.

Menschenopfer bei den Azteken

Jener Teil der aztekischen Religion, der den spanischen Eroberern die meiste Abscheu eingeflößt hat, sind die Menschenopfer, deren Umfang unter den Azteken ihren unumstrittenen Höhepunkt erreicht hat, die aber schon in den vorangegangenen Kulturen in Zentralmexiko genauso praktiziert wurden wie im Bereich der Maya. Die Form der Darbringung des Opfers variierte: Am bekanntesten war das Herzopfer, bei dem mit einem Obsidianmesser das Brustbein durchschnitten und das Herz herausgerissen wurde, um es der Sonne zu opfern. Andere Opferformen waren Enthaupten, Verbrennen oder die rituelle Tötung durch Speere und Pfeile. Ein Spezialopfer war das Ertränken von Kindern zu Ehren des Regengottes Tlaloc. Grundsätzlich konnten Männer und Frauen geopfert werden, in deren Besitz man durch Kriegsgefangene kam, die speziell dafür als Sklaven gekauft wurden oder die als Tribut für diese Zwecke verlangt wurden. Menschenopfer als Form der übertriebenen Kasteiung bzw. der Selbstkasteiung, wenn man den Geopferten symbolisch für sich opferte, hatten in der Regel einen konkreten Anlass – z. B. Notzeiten durch Naturkatastrophen, Seuchen oder Kriege, Herrschaftsantritt, Tempeleinweihung.

Erst unter den Azteken wurden diese Opfer Teil des regelmäßigen Kultes, begründet auch mit der Notwendigkeit, dass das Blut der Geopferten als Nahrung der Götter dient, gerade für den Sonnengott, der während seines nächtlichen Ganges durch die Unterwelt bis auf das Skelett abmagert und nur durch das Blut wieder gestärkt werden kann. Zugleich ahmt die Opferung das Vorbild des Sonnen- und Mondgottes nach, die durch ihr Selbstopfer den Kreislauf dieser Himmelskörper ermöglicht haben, und hält dadurch den lebensnotwendigen Lauf von Sonne und Mond aufrecht. Für das aztekische Denken waren die Opfer somit ein wesentlicher menschlicher Beitrag zur Erhaltung der Schöpfung. Eine besondere Nuance erhalten die Menschenopfer bei den Azteken – das kennt etwa das Opferverständnis der Maya nicht – insofern, als die Geopferten in den Rang eines gefallenen Kriegers erhöht werden und so ein privilegiertes Schicksal im Jenseits erfahren. Ordnet man die Menschenopfer daher in das Gesamtsystem aztekischer Religion ein, so ist es ein logisches Erfordernis jenes Denkens, das für das Wohlergehen und Leben der Gesamtheit den Tod einzelner Geopferter verlangt. Der zunehmenden politisch-militärischen Machtentfaltung der Azteken entspricht dabei die zunehmende Vermassung der Opfer.

Die rituelle Bedeutung des Ballspiels bei den Maya

Ein charakteristischer, aber keineswegs auf die Maya beschränkter Bereich des öffentlichen Kultes ist das rituelle Ballspiel. Der Ursprung des Spiels dürfte im kulturellen Umfeld der Olmeken an der Golfküste liegen, von wo aus das Spiel sich ins zentralmexikanische Hochland und ins Gebiet der Maya ausgebreitet haben dürfte. Die (Be)-Deutung des Spiels ergibt sich aus archäologischem bzw. ikonographischem Material. Offensichtlich gab es – wie aus der Anlage der Ballspielplätze hervorgeht – unterschiedliche Spielarten, wobei die Lage der Spielplätze auch erste Hinweise auf die Symbolik des Spieles gibt: Die bislang ältesten Ballspielplätze der Maya (400 bis 700 n. C.) wurden im mittelklassischen Kaminaljuyú (bei Guatemala-Stadt) entdeckt, die sich an der Peripherie der Stadt befanden. D.h. im Spiel geschieht etwas, was am Rand bzw. an Übergangszonen der menschlichen Gesellschaft liegt: sei es, um Konflikte mit Nachbargemeinden zu regeln, sei es, „Konflikte" mit dem der irdischen Welt benachbarten kosmischen Bereich der Unterwelt zu regeln, wie das in der Unterwelt (Xibalba) vollzogene Ballspiel im Popol Vuh zeigt. Dass das Ballspiel einen Bezug zur Unterwelt hat, zeigt das Quiché-Wort *hom*: Von der ursprünglichen Bedeutung „Ballspielplatz" hat es sich zu „Begräbnisplatz" gewandelt. Die Verbindung des Spiels mit Tod und Wiederbelebung sowie Fruchtbarkeit illustrieren auch die so genannten „Joche", die als Schutz von den Spielern um Hüften und Arme getragen wurden; häufig waren sie mit Kröten bzw. anderen Wassertieren als Symbolen der Erdfruchtbarkeit geschmückt.

In jüngerer, nachklassischer Zeit hat sich die Bedeutung des Spiels gewandelt, besonders gut in den Spielanlagen auf Yucatan nachvollziehbar: Der Flug des Balls wird als Bahn der Sonne gedeutet, die Steinringe als Zielpunkte des Spiels stellen den Eingang bzw. Ausgang der Unterwelt dar. Dadurch wird das Ballspiel zu einem kosmischen Symbol für den Kampf der Sonne mit den Mächten der Finsternis, zwischen Tag und Nacht; wobei die ältere Betonung der Fruchtbarkeit über die Funktion der Sonne als Lebenspenderin par exellence integriert wird. In Verbindung mit dem Ballspielritual wurden auch Menschenopfer in unterschiedlicher Form vollzogen. Gegenüber verklärenden Deutungen der älteren Forschung, dass ein Spieler der Siegermannschaft zu Ehren der Götter geopfert worden wäre, ist wohl zutreffender, dass ein Verlierer geopfert wurde. Analog zur Überwindung und Tötung der Unterweltsmächte im Popol Vuh wird diese im Anschluss an das Ballspiel im Opferritual nachvollzogen. Trägt man den ikonographischen Darstellungen Rechnung, so darf man beim Blut, das beim Opfer verströmt, den Fruchtbarkeits- und Lebensaspekt nicht unbeachtet lassen: Die Blutströme, die aus dem Hals des Enthaupteten fließen, enden auf den Abbildungen im lebensnotwendigen Mais. Das Bild macht deutlich, dass das Ballspiel ein Ritual ist, das als Mittler zwischen Leben und Tod fungiert.

Religion als Staatsideologie der Inka

Als einziger Bereich der altamerikanischen Religionsgeschichte hat das Inka-Imperium eine „Staatskirche" hervorgebracht, die eng mit der politischen Macht gekoppelt war, um durch eine „imperiale Mythologie" die staatliche Macht zu stützen. Kernaussage dieser Mythologie, die in die Anfänge der Geschichte der Inka zurückdatiert wird, ist, dass Manco Capac als Sohn des Sonnengottes Inti auf die Erde geschickt wurde, um die Kultur auf die Erde zu bringen und um das Inka-Volk in soziale Stände, in Herren und Knechte, zu gliedern und den Grundstein für die Hauptstadt Cuzco als Mittelpunkt der Welt zu legen. Dieser „Staatsmythos" legt somit einen wesentlichen kosmologischen und theologischen Grundraster für die herrschenden Kräfte im Inka-Imperium fest. Ein Verstoß gegen Ansprüche der Inka wäre dadurch klarerweise Verstoß gegen kosmologische und göttliche Ordnungen. Einige Auswirkungen dieser Vorstellungen seien benannt: Die beiden Hauptfeste zur Winter- und Sommersonnenwende dienen dazu, die göttliche Herkunft des Inka-Herrschers und der Stadt Cuzco immer erneut zu vergegenwärtigen; wobei beim Fest Capac Raymi zur Sommersonnenwende die jungen Adeligen als Vollmitglieder in die Gesellschaft integriert werden – eben zu jenem Zeitpunkt, wo durch den alljährlichen Höchststand der Sonne der

Lebenskreislauf von Neuem beginnt. Durch diese im Kult verstärkte Parallelität zwischen Natur und Einführung der jungen Adeligen in die gesellschaftlichen Funktionen gewinnen diese Funktionen kosmische Symbolik und stärken so die Staatsideologie.

Wie eng Herrschaft und Religion im Inka-Imperium miteinander verknüpft waren, illustriert auch die Rolle des obersten Priesters, der nicht nur die kosmische Ordnung innerweltlich aufrechterhält, sondern auch aus dem engsten Verwandtenkreis des Herrschers stammt – als Bruder oder Onkel im Idealfall. Die kultischen Aufgaben dieses Priesters sind zentral mit dem Sonnentempel von Cuzco gekoppelt. Er ist das Orakelmedium des Sonnengottes und leitet nicht nur offizielle Riten und die für die Staatsideologie wichtige Inthronisation des Herrschers, sondern er ist auch der Stellvertreter des Herrschers im politischen Bereich. Religion als Kontrollinstanz des Staates spiegelt auch jene von den frühen spanischen Berichtserstattern als „Beichte" bezeichnete Institution im Inka-Imperium wider. Denn die Priester, vor denen diese „Beichte" abgelegt werden musste, gewannen dadurch ein Machtmittel, das ihnen ermöglichte, das Verhalten der Untertanen nicht nur zu kontrollieren, sondern zugleich politisch zu reglementieren. „Sonnenverehrung" und staatlich gelenkte (und kontrollierte) Religionsausübung im Inka-Reich wurden dabei zwar landesweit propagiert; allerdings lässt sich feststellen, dass diese Staatsideologie nur oberflächlich die Volksreligion beeinflusste. Dadurch verschwand nach der Eroberung des Inka-Imperiums durch die Spanier diese offizielle Religion.

5. Die Götter leben weiter

Der andine vorchristliche Glaube und das seit der Entdeckung Amerikas importierte Christentum leben heute im Andenhochland nebeneinander und miteinander in unterschiedlichen Nuancen der Intensität. Dabei muss zwischen der Religion der Mestizen bzw. spanisch-stämmiger Einwohner und der Religion der indigenen Bevölkerung unterschieden werden. Bei letzterer stehen die christlichen „Heiligen" und „Götter" bestenfalls gleichberechtigt neben den alten Göttern, die katholische Kirche ist weitgehend ein (gesellschaftlich anerkannter) Dienstleistungsbetrieb. In existentiellen Fragen sucht man jedoch die Kompetenz der autochthonen Schamanen, Wahrsagespezialisten oder Heiler, um ein Leben im Einklang mit den göttlichen Kräften, die den Kosmos durchwalten, zu führen. Eine gewisse Furcht (und Ablehnung) der christlichen Götter, die sich durch die Eroberung zwar als stärker erwiesen haben, ist nicht zu übersehen, aber auch die Hoffnung, dass einmal die einheimischen Götter wieder siegen werden, wie dies der Mythos von Inkarrí und Cristorí zeigt: Inkarrí, der göttliche „König der Inka", wurde zwar von Cristorí, Christus dem König, besiegt, als die Spanier ins Land kamen. Aber Inkarrí wird wiederkommen und sein Volk zur ehemaligen Größe führen.

Auch in Zentralamerika findet sich in Gegenden mit mayastämmiger Bevölkerung oder Nachkommen der uto-aztekischen Sprach- und Volksgruppen analoges. Einige Beispiele, wie auch hier christliche Inhalte und präkolumbische Traditionen miteinander verschmelzen, seien genannt: Gott Vater wird häufig als Sonnengott oder als mit lebenspendendem Wasser verbundene Gottheit gesehen. Jesus kann als Sonnenheros gedeutet werden; und bei Nachfahren der Azteken wird der leidende und vom Karfreitag zerschundene Christus in Entsprechung der leidenden und geschundenen aztekischen Götter in den Mittelpunkt der Frömmigkeit gerückt. Selbstkasteiung, die in präkolumbischer Zeit zu Blutopfern führte, erlebt bis in die Gegenwart ihre alljährliche Wiederbelebung mit dem Höhepunkt in der Karwoche. Ferner ist zu beobachten, dass die beliebten christlichen Heiligen substanziell die vorchristlichen Götter nicht nur fortsetzen, sondern ihre Verehrung und ihre Feiertage primär nach dem jeweiligen lokalen präkolumbischen Kultkalender festgelegt werden; wobei jedes Dorf seinen Kultspezialisten besitzt, der den alten Kalender in seinen kosmologischen Bezügen zu deuten weiß, um ihn auf den „richtigen" Heiligen zum Wohl seiner Dorfgemeinde anzuwenden.

Die präkolumbischen Religionen sind keineswegs untergegangen, sondern lediglich die mit ihnen verbundenen Hochkulturen sind seit einem halben Jahrtausend geschwunden. Das Weiterleben der Religionen zeigt unterschiedliche Intensität: Während man in Mesoamerika besser von „christlich-indianischen" Kirchen sprechen kann, bei denen religionswissenschaftlich christliche Inhalte und indianische Weisheit zu einer neuen Symbiose gefunden haben, die man noch als christlich kategorisieren darf, so findet sich im Andenhochland ein indianisches, naturbezogenes Religionssystem, das in den letzten Jahrhunderten christliche Elemente integriert hat, aber selbst eigentlich nicht christlich ist – auch wenn die christliche Taufe in den Riten dieser andinen Religion ihren Platz hat.

Literatur

Anders, Ferdinand: *Das Pantheon der Maya,* Graz 1962.

Carrasco, David: *Städte und Symbole. Die alten mittelamerikanischen Religionen,* in: Mircea Eliade [hg. von Ioan P. Culianu]: *Geschichte der religiösen Ideen.* Bd. 3/2, Freiburg 1991, 13–54.

Eggebrecht, Arne (Hg.): *Glanz und Untergang des Alten Mexiko,* Mainz 1986.

Eggebrecht, Eva und Arne (Hg.): *Die Welt der Maya,* Mainz 1993.

Feest, Christian F.: *Beseelte Welten. Die Religionen der Indianer Nordamerikas,* Freiburg 1998.

Gareis, Iris: *Religiöse Spezialisten des zentralen Andengebietes zur Zeit der Inka und während der spanischen Kolonialherrschaft,* Hohenschäftlarn 1987.

Haberland, Wolfgang: *Amerikanische Archäologie. Geschichte, Theorie, Kulturentwicklung,* Darmstadt 1991.

Hutter, Manfred: *„Die Götter sind noch nicht gestorben". Bemerkungen zum indianischen Christentum in Mexiko,* in: *Theologisch-Praktische Quartalschrift 140* (1992) 242–249.

Julien, Catherine: *Die Inka. Geschichte, Kultur, Religion,* München 1998.

Köhler, Ulrich (Hg.): *Altamerikanistik. Eine Einführung in die Hochkulturen Mittel- und Südamerikas,* Berlin 1990.

Krickeberg, Walter: *Märchen der Azteken und Inkaperuaner, Maya und Muisca,* München 1928 [ND 1990].

Krickeberg, Walter u. a.: *Die Religionen des alten Amerika,* Stuttgart 1961.

Lanczkowski, Günter: *Die Religionen der Azteken, Maya und Inka,* Darmstadt 1989.

Lehmann, Walter: *Die Geschichte der Königreiche von Colhuacan und Mexico,* 2., erw. Aufl. Stuttgart 1974.

MacCormack, Sabine: *Religion in the Andes. Vision and Imagination in Early Colonial Peru,* Princeton 1991.

Nebel, Richard: *Altmexikanische Religion und christliche Heilsbotschaft. Mexiko zwischen Quetzalcóatl und Christus,* Immensee 1983.

Prem, Hanns J.: *Die Azteken. Geschichte, Kultur, Religion,* München 1996.

Purin, Sergio/Dimt, Gunter und Heidelinde (Hg.): *Inka – Peru. Indianische Hochkulturen durch drei Jahrtausende,* 2 Bde., Linz 1991.

Rätsch, Christian (Hg.): *Chactun. Die Götter der Maya,* Köln 1986.

Riese, Berthold: *Die Maya. Geschichte, Kultur, Religion,* München 1995.

Schlegelberger, Bruno: *Unsere Erde lebt. Zum Verhältnis von altandiner Religion und Christentum in den Hochanden Perus,* Immensee 1992.

Schultze Jena, Leonhard: *Popol Vuh. Das heilige Buch der Quiché-Indianer von Guatemala,* Stuttgart 1972.

Taube, Karl: *Aztekische und Maya-Mythen,* Stuttgart 1994.

Tedlock, Dennis: *Popol Vuh. The Maya Book of the Dawn of Life,* rev. Ed., New York 1996.

Vincke, Karin: *Tod und Jenseits in der Vorstellungswelt der präkolumbischen Maya,* Frankfurt 1997.

Westphal, Wilfried: *Die Mayaforschung. Geschichte, Methoden, Ergebnisse,* Frankfurt 1991.

Wipf, Karl A. (Hg.): *Pablo Jose de Arriaga: Eure Götter werden getötet. „Ausrottung des Götzendienstes in Peru“,* Darmstadt 1992.

Manfred Hutter

XXI. Neue Religionen

1. Definitionsfragen

Zeitlich rechnet man religiöse Erscheinungen, die etwa ab der Mitte des 19. Jh. in eigenständiger Form als Abgrenzungen zu älteren Religionen und religiösen Gemeinschaften fassbar werden, zu den neuen Religionen, wobei unverkennbar ist, dass solche Gemeinschaften im 20. Jh. deutlich zunehmen. Schwieriger ist inhaltlich die Neuheit gegenüber älteren Religionen zu bestimmen. Denn auch neu entstehende Religionen gehen keineswegs von bisher völlig unbekannten Formen religiöser Erfahrung und Lehre sowie deren kultischer Umsetzung aus, sondern stehen in einer – wenngleich manchmal im eigenen Selbstverständnis bewusst geleugneten – Tradition mit einer älteren Religion. „Religion" setzt eine verbindliche Lehre und zumindest eine in Ansätzen vorhandene Organisationsform voraus, so dass als neue Religionen lediglich Gemeinschaften anzusprechen sind, die diese beiden Faktoren erfüllen. Dadurch sind sie von Gruppen moderner *Esoterik* zu unterscheiden, die weder ein gemeinsames Glaubensbekenntnis noch eine verbindliche Organisation und Mitgliedschaft, sondern eine persönliche „Auswahl-Spiritualität", die zur positiv empfundenen Lebensgestaltung beiträgt, betonen.

Neue Religionen sind ein weltweites Phänomen und bieten ein äußerst differenziertes Bild, so dass ihre gemeinsame Erfassung lediglich die Tatsache umschreibt, dass Religionen keineswegs statische, sondern äußerst vitale Gebilde sind. Die Entstehung neuer Religionen hängt dabei – wenn der Religionswissenschafter sie nicht auf eine empirisch nicht objektiv nachweisbare „Offenbarung" zurückführen will – mit äußeren Komponenten zusammen, die zu einer Neureflexion über traditionelles Glaubensgut führt. Dies kann befruchtend und anregend wirken, kann aber auch zu einem bewussten Zurückziehen zu traditionellen Werten und Anschauungen führen, zu deren Bewahrung die neue Religion sich erkoren fühlt. Insofern ist das Entstehen neuer Religionen eine natürliche Erscheinung, die es im Verlauf der Religionsgeschichte immer gegeben hat. Dass neue Religionen heute häufiger entstehen als früher, hängt nicht mit dem „Typ" neuer Religionen zusammen, sondern ist eine logische Konsequenz daraus, dass Kommunikationstechniken, Mobilität und gesellschaftlicher Wandel heute schnelllebiger und vielfältiger sind. Mit fortschreitender Globalisierung und kulturellem Austausch wird es in Zukunft noch vermehrt zum Entstehen neuer Religionen kommen.

Die exakte Benennung der Anzahl neuer Religionen ist unmöglich, sie geht aber sicher in die Hunderte. Die Mitgliederzahlen innerhalb der Gemeinschaften schwanken von weniger als 100 bis zu mehreren 1000 Personen; wenige Gruppen haben Mitgliederzahlen in Millionenhöhe. Weltweit können derzeit rund 100 Millionen Menschen als Anhänger neuer Religionen gelten, was innerhalb einer Religionsstatistik ein geringer Wert bleibt, wenn man die Vielfalt dieser Religionen berücksichtigt. Der Großteil der neuen Religionen bleibt auf das kulturelle Milieu der Entstehung beschränkt, wobei Japan, Korea, Afrika südlich der Sahara und Lateinamerika eine besonders hohe Dichte neu entstehender Religionen aufweisen. Nur wenige solcher Religionen verlassen ihren Entstehungsbereich in missionarischer Absicht und werden weltweit bekannt. Die im Folgenden dargestellten Religionen stammen aus einer je anderen Tradition.

2. Beispiele neuer Religionen

Kirche Jesu Christi der Heiligen der Letzten Tage (Mormonen)

Im Jahr 1830 gründete Joseph Smith (1805–1844), der einige Jahre zuvor regelmäßige Offenbarungserlebnisse hatte, in Fayette (USA) eine neue Kirche, deren zentrale Glaubensurkunde das Buch „Mormon" ist. Die Kenntnis dieses Buches verdankt Smith dem Engel Moroni, der ihn anwies, auf dem Hügel Cumorah (im US-Bundesstaat New York) jene goldenen Platten auszugraben, auf denen der Text des Buches in einer Geheimschrift niedergelegt war, die Smith durch die Hilfe des Engels gelesen und übersetzt hat. Weitere Offenbarungen Smiths sind in den beiden Büchern „Lehre und Bündnisse" und „Die Köstliche Perle" enthalten. Die drei Bücher machen gemeinsam mit der Bibel, deren praktische Bedeutung aber hinter den Offenbarungen Smiths zurücktritt, die Heiligen Schriften der Mormonen aus. Der Name „Mormonen" wurde zunächst den Gläubigen von Außenstehenden in Hinblick auf das Buch Mormon beigelegt, ist aber seit 1915 auch innerhalb der Religionsgemeinschaft als Bezeichnung akzeptiert. Die zentralen Lehren sind in 13 Glaubensartikeln zusammengefasst: Charakteristisch ist eine evolutive Gottesvorstellung, d.h. der Mensch kann in Zukunft selbst die Stufe Gottes erreichen, der sich seinerseits höherentwickelt. Jesus Christus als Sohn Gottes und der Heilige Geist sind mit Gott dem Vater drei voneinander unabhängige Personen, wobei Gott und Jesus einen physischen Körper besitzen; Gott hat Jesus mit einer „himmlischen Mutter" gezeugt. Mormonen streben nach Erlösung, die durch Jesus bereits durch seinen Tod gewährleistet wurde, und Erhöhung, d.h. die Erlangung des gottgleichen Zustandes nach der Auferstehung und dem Letzten Gericht. Dies ist nur für Mormonen möglich, die auch alle sog. „Tempelrituale" vollzogen haben: Die „Taufe für Tote" nimmt Verstorbene nachträglich in die Mormonen-Gemeinschaft auf: im sog. „Endowment" („Ausstattung") erhält man Belehrungen für die Erhöhung in die himmlische Herrlichkeit; die „Ehesiegelung" verbindet Ehepaare für ein gemeinsames Leben im Himmel und die „Zweite Salbung" erhöht bereits zu Lebzeiten wenige hierarchisch hoch stehende Mormonen über ihren menschlichen Status. Zur Durchführung der Tempelrituale und zum Besuch der weltweit über 40 Mormonentempel sind nur Gläubige zugelassen, während das „Tabernakel" in Salt Lake City und Gotteshäuser an anderen Orten allen Menschen offen stehen.

Nach dem Tod Joseph Smiths wurde der Hauptzweig der Mormonen von Brigham Young als „Präsident" weitergeführt; dieses Amt ist das ranghöchste, gefolgt von den 12 Aposteln, den 72 Hohenpriestern und den Ältesten. Unter diesen Ämtern des melchisedikischen Priestertums stehen die aaronitischen Priester. Jeder Präsident kann Empfänger auch neuer ergänzender Offenbarungen werden, wie im Jahr 1890, als Wilford Woodruff die Polygamie abschaffte, oder wie 1978, als durch eine zusätzliche Offenbarung die Rassendiskriminierung aufgehoben wurde.

Wegen ihrer Neuoffenbarung mussten sich die Mormonen in unwirtliche Gegenden Amerikas zurückziehen. Anfang des Jahres 1847 erreichten Mormonensiedler unter Brigham Young das Gebiet des späteren US-Staates Utah, wo innerhalb von nur drei Monaten Salt Lake City mit einer Einwohnerzahl von 2000 Menschen gegründet wurde; die Stadt ist bis heute das religiöse und kulturelle Zentrum. Konflikte mit der US-Regierung – v.a. wegen der Polygamie – blieben nicht aus, die erst 1896 mit der Eingliederung von Utah als Bundesstaat in die USA beendet wurden. Wegen der „Taufe für Tote" bilden genealogische Forschungen ein religionskulturelles Charakteristikum der Mormonen, das in der Lehre begründete Streben nach Höherentwicklung der Menschen führt zu einer Konzentration auf Bildung und Wohlfahrtswesen. Die Brigham Young Universität sowie Radio- und Fernsehstationen beeinflussen die amerikanische Gesellschaft in einem starken Ausmaß. Möglich wird dies u.a. dadurch, dass – wegen der hohen Zahlungsmoral der Angehörigen der Religion hinsichtlich des Zehnten als „Kirchensteuer" – die Mormonen eine reiche Religionsgemeinschaft sind. Trotz dieses Entwicklungsdenkens bleiben die Mormonen in Bezug auf die Gleichberechtigung der Frau eine fast ausschließlich patriarchalisch organisierte Religion.

Derzeit gibt es etwas mehr als 9 Millionen Mormonen weltweit, im deutschsprachigen Raum sind bereits im Jahr 1843 die ersten Missionare der Religion nachweisbar. Rund 36.000 Mormonen leben in Deutschland, die Zahl der Gläubigen in der Schweiz beträgt etwa 6200 und in Österreich etwa 4000.

Baha'i

In der iranischen Stadt Shiraz offenbarte sich Sayyed Muhammad Ali im Mai 1844 als Bote und Zugang („Bab") zum verheißenen Imam des schiitischen Islam, verstand sich aber bis zum Jahr 1848 als Muslim. Erst damals erklärten sich seine Anhänger als von der vorherrschenden islamischen Religion unabhängig. Daraus resultierende Verfolgungen schwächten zunächst die Gemeinde, ehe Baha'u'llah den Großteil der Gemeinde festigte und sich in seinem Exilort Bagdad im Jahr 1863 dem engsten Anhängerkreis als Offenbarer einer neuen Religion vorstellte. Da der Islam keinen Propheten nach Muhammad anerkennt und Baha'u'llah von manchen Anhängern des Bab angeschwärzt wurde, wurde er über mehrere Stationen im Jahr 1868 nach Akka in Palästina verbannt, wo er bis zu seinem Tod 1892 blieb. In seinem umfangreichen Schrifttum – zentral sind der Kitab-i Aqdas und der Kitab-i Iqan – legt er seine Glaubenslehren und Vorstellungen über die Gestaltung der Gesellschaft i.w.S. durch die Religion dar, wobei diese Aussagen durch seinen Sohn Abdu'l-Baha (1844–1921) und dessen Enkel Shoghi Effendi (1897–1957) weiter erläutert und konkretisiert werden. Das zentrale Leitungsgremium der Religion ist das erstmals 1963 institutionalisierte sog. „Haus der Gerechtigkeit", das aus neun jeweils für fünf Jahre gewählten männlichen Mitgliedern besteht. Auf nationaler bzw. örtlicher Ebene kümmern sich sog. „Geistige Räte" um die Angelegenheiten der Religionsgemeinschaft. Die Lebensumstände Baha'u'llahs tragen dazu bei, dass Akka, Haifa und der Berg Karmel, auf dem im Jahr 1909 auch die sterblichen Überreste des Bab bestattet wurden, heute der geographische, geistige und organisatorische Mittelpunkt der Religion sind. Die historisch bedingte Lage auf dem Territorium des Staates Israel vermehrt zusätzlich die ablehnende Haltung des Islam gegenüber der Baha'i-Religion.

Die Glaubenslehren der Baha'i konzentrieren sich auf das Thema „Einheit": Gott ist streng monotheistisch ein einziger Gott, der sich von Zeit zu Zeit seinen Propheten offenbart. Inhaltlich betonen die Offenbarungen im Kern dasselbe, so dass substanziell alle Religionen ihrem Wesen nach identisch sind. Allerdings sind die äußeren Erscheinungsformen der Religionen vom jeweiligen sich entwickelnden Auffassungsvermögen der Menschheit bestimmt, so dass die jeweils zuletzt geoffenbarte Religion am vollkommensten ist. Da alle Menschen Geschöpfe Gottes und Empfänger seiner Offenbarung sind, wird auch die Menschheit als eine einzige – wenngleich äußerlich vielfältige – Gemeinschaft gesehen.

Die „Vielfalt in der Einheit" prägt die Baha'i-Kultur. Hervorzuheben sind Sozial- und Entwicklungsprojekte, die der Verbesserung der Lebensbedingungen v.a. in Ländern der Dritten Welt dienen, wodurch die Religion seit rund drei Jahrzehnten gerade in solchen Ländern deutlich wächst. Ebenfalls erwähnenswert ist der Bildungssektor, wobei der Förderung und der Durchsetzung der Gleichberechtigung von Frauen großes Gewicht zukommt. Obwohl die Baha'i-Religion als eher „kultarm" charakterisiert werden muss, tragen die sog. „Häuser der Andacht" als Kultbauten zur Entwicklung einer Baha'i-Architektur bei. Genauso fördert die sorgfältige Gestaltung der Werke Baha'u'llahs Buchkunst und Kalligraphie. Aus dem kulturell-islamischen Milieu der Entstehungszeit, der abendländisch beeinflussten Vermittlungstätigkeit der Religion durch Abdu'l-Baha und Shoghi Effendi und aus den vielfältigen lokalen Elementen dieser universalistisch angelegten Religion beginnt sich langsam eine Synthese einer aus der Religion begründeten Kultur zu entwickeln.

Etwas mehr als sechs Millionen Baha'i leben derzeit in mehr als 200 Staaten der Welt. Die Anfänge der Religion im deutschsprachigen Raum gehen auf den Beginn des 20. Jh. zurück, wobei durch die Fertigstellung des „Hauses der Andacht" im Jahr 1964 in Langenhain bei Frankfurt am Main der deutschsprachige Raum eine gewisse Aufwertung in Europa erfahren hat. Die Zahl der Gläubigen in Deutschland beläuft sich auf rund 6000 Personen, in Österreich und in der Schweiz auf etwa je 1200.

Soka Gakkai

Nichiren Daishonin (1222–1282) war ein buddhistischer Reformer, der sich gegen den zeitgenössischen Niedergang des Buddhismus in Japan wandte. Aus seinem Streben nach dem „wahren Buddhismus", den er v.a. im Lotossutra und im Mantra „Nam-Myoho-Renge-Kyo" sah, resultierte seine ablehnende Haltung gegen andere buddhistische Richtungen. Im Jahr 1930 gründete Tsunesaburo Maniguchi vor diesem Hintergrund die Soka Kyoiku Gakkai, deren Name unter seinem Nachfolger Josei Toda auf Soka Gakkai, „Gesellschaft zur Schaffung von Werten", gekürzt wurde. Wegen Opposition gegen den japanischen Staatsshintoismus vor und während des Zweiten Weltkrieges und einer pazifistischen Einstellung wurde die Soka Gakkai von Beginn an verfolgt, Maniguchi selbst starb 1944 in Haft. Ab den Fünfzigerjahren festigte sich die Soka Gakkai als buddhistisch geprägte Laienbewegung und Neureligion, die sich in einigen Punkten von traditionellen buddhistischen Vorstellungen unterscheidet: Dazu gehört die – jedoch bereits bei Nichiren zu beobachtende – Tendenz der teils militanten Verwerfung anderer buddhistischer Lehrmeinungen als Irrlehre, verbunden mit einer – in jüngerer Zeit jedoch abgeschwächten – Konversionsmethode mit Namen Shakubuka, die „Einschüchterung bis zur Unterwerfung". Auffallend ist eine starke innerweltliche Ausrichtung, was sich u.a. im Streben nach Wohlstand, Bewahrung vor Unglück und Förderung von körperlicher Tüchtigkeit und Gesundheit niederschlägt. Das tägliche Rezitieren des Lotossutra und des vorhin genannten Mantra hilft dabei, diese Ziele zu erreichen. Das sog. Gohonzon, ein auf Nichiren zurückgehender Text, der die Namen zahlreicher Buddhas und Bodhisattvas enthält, ist zentraler Kult- und Verehrungsgegenstand der Gläubigen der Soka Gakkai.

Maniguchi ist der erste Präsident der Soka Gakkai. Präsident Daisetz Ikeda ließ im Jahr 1972 am Fuß des Berges Fuji den Haupttempel Shohondo vollenden und gab im Jahr 1975 mit der Gründung der „Soka Gakkai International" der Verbreitung dieser Laienreligion außerhalb Japans entscheidenden Auftrieb. Seit 1990 nehmen Spannungen zwischen der von Laien geleiteten Soka Gakkai und der von buddhistischen Mönchen geprägten Nichiren-Schule immer stärker zu, so dass die seit der Entstehung der Soka Gakkai bestehende rechtliche und spirituelle Verbindung zwischen beiden Gruppen kaum noch aufrecht ist. Dadurch kann die Soka Gakkai auch formal als eigenständige Neureligion bewertet werden.

Der Name der Bewegung betont die Wichtigkeit von Erziehung und kulturellen Werten, auch tritt v.a. Ikeda immer wieder mit friedensfördernden Anliegen der Soka Gakkai International an die Öffentlichkeit. In Japan selbst ist bereits im Jahr 1964 die Komeito-Partei gegründet worden, um die innerweltlichen Ziele demokratisch umzusetzen. Die Beziehung zwischen der Partei und der Soka Gakkai haben sich seit den 70er Jahren zwar offiziell gelockert, bleiben aber bestehen.

Zahlenmäßig gehört die Soka Gakkai mit etwa 17 Millionen Anhängern weltweit zu den größten Neureligionen. Im deutschsprachigen Raum, wo ihre Aktivitäten ab den 60er Jahren nachweisbar sind und erste – hauptsächlich aus Japanern bestehende – Lokalgruppen Anfang der 70er Jahre gegründet wurden, bleibt sie mit etwas mehr als 2000 Anhängern in Deutschland und wenigen Hunderten in Österreich und der Schweiz, wovon rund 15% Japaner sind, jedoch eine statistisch marginale Erscheinung.

Vereinigungskirche (Tong-Il)

San Myung Mun (geb. 1920) stammt aus einer zum Presbyterianismus konvertierten koreanischen Familie und begann im Jahr 1946 in Nordkorea mit religiösen Aktivitäten, die zu seiner Inhaftierung führten. Nach seiner Befreiung durch UN-Truppen setzte er seine Tätigkeit in Südkorea fort und gründete 1954 in Seoul die Segye Kidokkyo Tong-Il Sillyon Hyophoe, die „Heilig-spiritistische Gemeinschaft für die Vereinigung des Weltchristentums". Bereits ab den ersten Jahren der Vereinigungskirche spielt für die Entwicklung des Lehrsystems auch Young Oon Kim als erste Missionarin der neuen Religion eine wichtige Rolle, indem sie Muns Anliegen durch ihre theologisch fundierte Ausbildung unterstützt. Obwohl Kim bereits 1959 in den USA tätig wurde, war die Bewegung bis zur Übersiedlung Muns im Jahr 1972 in die USA international kaum relevant. Ab diesem Zeitpunkt begann eine aktive Phase der Ausbreitung und der Gründung zahlreicher Suborganisationen. Im Jahr 1984 kehrte Mun – nach Verbüßung einer Haftstrafe in den USA – nach Korea zurück. Seit 1960 ist Mun in zweiter Ehe mit Hak Ja Han verheiratet, die seine Aktivitäten seit einem Jahrzehnt in der Öffentlichkeit v.a. in Hinblick auf die thematischen Schwerpunkte Frau und Familie unterstützt.

Die Grundzüge der Lehre sind in den „Göttlichen Prinzipien" als Offenbarung Gottes an Mun enthalten, man kann darin eine chiliastische und dualistische Auslegung der Bibel, verbunden mit Elementen der Yin-Yang-Philosophie sehen. Im Mittelpunkt der Gottes- und

Schöpfungslehre steht die Neudeutung des biblischen Sündenfalls, der als vorzeitige sexuelle Vereinigung Adams und Evas auf Anstiften Luzifers gedeutet wird. Dadurch konnten Adam und Eva keine vollkommenen sündenloser Kinder zeugen. Jesus hat diesen Sündenfall auf spiritueller Ebene durch seinen Tod gesühnt, konnte aber, da er unverheiratet war, dies nicht auf physischer Ebene vollenden. Dazu ist Mun mit seiner Gattin als ideales Elternpaar berufen, um so nach zweitausend Jahren Jesu Erlösungswerk zu vollenden. Die Eheschließung Muns und Hak Ja Hans im Jahr 1960 markiert den Beginn des neuen Zeitalters dieser Vollendung. In der Glaubenspraxis entspricht dem die Wertschätzung und Förderung der Ehe. Durch Massentrauungen, die weltweites Aufsehen erlangen, werden Paare befähigt, an dieser Überwindung der Folgen des Sündenfalls mitzuwirken. Erwähnenswert ist, dass seit einigen Jahren auch verheiratete Ehepaare, die nicht der Vereinigungskirche angehören, an diesen Veranstaltungen teilnehmen können, um von Mun gesegnet indirekt an seinem Erlösungsanspruch mitzuwirken.

An der organisatorischen Spitze stehen Mun und seine Gattin als „wahre Eltern", deren Autorität unbestritten ist. Der koreanischen Herkunft der Religion trägt Rechnung, dass der innere Leitungskern von Koreanern geprägt ist. Auch die Leitung auf Landesebene, der die lokalen Zentren zugeordnet sind, ist hierarchisch geprägt, wobei die kleinste, aber theologisch zentrale Kerneinheit der jeweilige Familienverband ist. Seit der Öffnung der Massensegnungen für Nicht-Mitglieder der Religion beginnt eine Entspannung von gesellschaftlichen Konflikten zwischen Mitgliedern der Religion und ihren Familienangehörigen, die nicht zur Vereinigungskirche gehören.

Zahlreiche Unterorganisationen der Vereinigungskirche sind einerseits Ausdruck einer klar organisierten Religion, andererseits aber auch Zeichen des Versuchs, aufgrund der religiösen Lehre alle kulturellen und gesellschaftlichen Bereiche zu gestalten. Bis 1990 hat das dualistische Glaubensgut zu einem politischen Antikommunismus geführt, wobei die USA als Verbündete Gottes bewertet wurden. Mit dem Ende des Ost-West-Konflikts tritt dieser Aspekt in den Hintergrund. Die 1992 gegründete „Frauen-Föderation für Weltfrieden" und die 1996 gegründete „Familien-Föderation für Weltfrieden" stellen die Wertschätzung der Frau in den Vordergrund. Im Bildunsgbereich und in der Förderung von Sport und Kunst sind weitere Aktivitäten angesiedelt, wirtschaftliche Unternehmen (Fischerei, Ginseng-Produkte, Immobilien) in Korea und den USA bilden finanziell ein Rückgrat, das materiell zur Überwindung dualistischer Gegensätze im Sinne der eigenen Religion beitragen soll.

Einigermaßen verlässlich kann man mit rund zwei Millionen Mitgliedern der Vereinigungskirche rechnen; der Schwerpunkt liegt in Südkorea, Japan und den USA. Im deutschsprachigen Raum sind erste Aktivitäten im Jahr 1963 feststellbar, steigende Missionserfolge setzten aber erst in den frühen Siebzigerjahren ein. Derzeit kann man im gesamten deutschsprachigen Raum etwa mit 3000 bis 3500 Mitgliedern dieser Religion rechnen.

Internationale Gesellschaft für Krishna-Bewussein (ISKCON)

Bhaktivedanta Swami Prabhupada (1896–1977) hat im Jahr 1966 in New York formell-juristisch die „Internationale Gesellschaft für Krishna-Bewusstsein" (ISKCON) begründet, die als eine Form des bengalischen Vishnuismus zunächst ohne Zugeständnisse an die westliche Kultur diese indische Religionsform missionarisch im Westen verbreitete. Mit ihren Lehrinhalten ist die ISKCON nur bedingt eine „Neue“ Religion, nicht aber hinsichtlich ihres missionarischen Auftretens und ihres Universalismus. Prabhupada steht in einer der Nachfolgerlinien des bengalischen Mystikers und Krishnaverehrers Shri Caitanya aus dem frühen 16. Jh. und ist in den Strom der theistischen Bhakti-Frömmigkeit einzuordnen; d.h. im Mittelpunkt des Lehrsystems und der Rituale steht die liebende Hingabe des Gläubigen an seine Gottheit. Aus der göttlichen Liebe schöpft der Gläubige seine Erlösungshoffnung und -gewissheit. Als höchster Gott gilt Krishna, deshalb sind die Bhagavadgita und das Bhagavatpuranam, zwei traditionelle hinduistische Texte der Krishna-Verehrung in ihrer Kommentierung durch Prabhupada, die literarische Grundlage des Lehrsystems der ISKCON. Das religiöse Ziel des Gläubigen besteht im Erreichen der Vereinigung mit Krishna als Erlösung, was sich am deutlichsten in der Ritualpraxis des oftmaligen Wiederholens des „Hare-Krishna-Mantras“ spiegelt. Das ganze Leben der Gläubigen ist dabei auf die Verherrlichung des Gottes ausgerichtet, dem zu Ehren jede Tätigkeit geschehen soll.

Schon in seinen letzten Lebensjahren hat der betagte Prabhupada aus seinem engen Schülerkreis 12 nachfolgende Gurus bestimmt, die nach seinem Tod die Leitung der Gemeinde als „Government Body Commission“ übernommen haben. Allerdings sind mehrere dieser führenden Persönlichkeiten innerhalb des ersten Jahrzehnts nach 1977 aus unterschiedlichen – teils kriminellen – Gründen aus der Bewegung ausgeschieden. Mitte der 80er Jahre haben organisatorische Reformen eingesetzt, die zu einer stärkeren internen Demokratisierung der Gemeinschaft beitragen. Die organisatorischen Zentren der Bewegung liegen in Indien, nämlich Mayapur, der Geburtsort Caitanyas in Westbengalen, und Vrindavan, der irdische Ort der Krishna-Mythologie südlich von Delhi.

Der enge Bezug der ISKCON zum Vishnuismus wirkt sich auf die Lebensgestaltung der Mitglieder insofern aus, als sie ihr Leben nach aus dem Milieu der altindischen Kultur stammenden Modellen auszurichten versuchen, was sich nicht in jedem Fall problemlos mit westlichen Anforderungen vereinbaren lässt. Daran entzündet sich nicht selten Kritik an der ISKCON. Dazu gehört auch das Konzept einer vierteiligen Gesellschaftsordnung – religiöse Autoritäten und Gelehrte, weltlich-administrative Autoritäten, (Fach)-Arbeiter, Diener –, die durch am hinduistischen traditionellen Schulsystem orientierte Ausbildung verwirklicht werden soll. Ein kulturell wichtiger Aspekt der ISKCON ist die kompromisslose Förderung des Vegetarismus, der durch die Anlage biologischer Bauernhöfe und die Produktion von Nahrungsmitteln und Kosmetika auf rein pflanzlicher Basis bislang im Westen auch einen gewissen Personenkreis unabhängig von religiösen Überzeugungen erfasst.

Die Zahl der Vollmitglieder der ISKCON ist nicht erfassbar, dürfte aber einige Zehntausend weltweit nicht überschreiten. Allerdings ist eine nicht übersehbare Zahl von Sympathisanten zu beobachten, die etwa in Indien durchaus in die Hunderttausende geht. Im Jahr 1969 hat die ISKCON in Norddeutschland erstmals Fuß gefasst, von wo aus die Verbreitung in den gesamten deutschsprachigen Raum ausgegangen ist. Derzeit beläuft sich die Zahl der Vollmitglieder in Deutschland, Österreich und der Schweiz auf rund 500 Personen. Dazu kommen Sympathisanten, die die Angebote der ISKCON nützen, ohne alle Prinzipien der daraus resultierenden Lebensführung zu beachten. Die Zahl solcher der ISKCON nahe stehenden Personen beträgt in Deutschland maximal 5000, in Österreich 300 und in der Schweiz etwa 1000.

3. Gemeinsame zentrale Schwerpunkte

Glaubenslehren

Ein vielen neuen Religionen gemeinsamer Aspekt ist die Überzeugung, dass die eigene Religion die letztgültige oder dem derzeitigen Entwicklungsstand der Menschheit adäquate Offenbarung darstellt. Daraus resultiert ein universaler Heilsanspruch, der in vielen Fällen eine Theokratie bereits innerweltlich verwirklichen will und die Gläubigen zur Neugestaltung dieser Welt aufruft. Zweifellos sind solche theokratische Vorstellungen Ausdruck einer ganzheitlichen Glaubenslehre, die die Trennung zwischen religiös und säkular im Gefolge der Aufklärung als Errungenschaft der abendländischen Kulturgeschichte relativiert. Manche neue Religionen in Asien bzw. Afrika sind dabei als Reaktion auf die Begegnung mit diesem europäischen Gedankengut entstanden, das von den europäischen Kolonialmächten exportiert worden ist. Die Herausforderung, aufgrund des Glaubens an der Neugestaltung der Welt (als „irdisches Paradies") mitzuarbeiten, lässt sich etwa bei den Mormonen, Jehovas Zeugen, der Baha'i-Religion, dem Universellen Leben, der Vereinigungskirche oder bei Scientology beobachten. Auch wenn solche Religionen apokalyptisch-endzeitlich ausgerichtet sind, unterbleibt dadurch eine weltflüchtige Einstellung, die teilweise bei aus dem indischen Kontext herkommenden neuen Religionen beobachtet werden kann. Entsprechende Ansätze lassen sich z.B. bei den Brahma Kumaris, Shri Chinmoys Yogaweg oder anfangs auch bei der ISKCON beobachten, wo sich erst seit rund einem Jahrzehnt eine stärkere Hinwendung zur Welt durchzusetzen beginnt.

Die evolutive Grundlage der Glaubensvorstellung begründet nicht nur das Bemühen um eine Verbesserung der Welt, sondern damit wird auch die Überzeugung verbunden, dass Religion und Wissenschaft miteinander übereinstimmen bzw. dass die Religion durchaus vernunftgemäß sei. Ausdrücklich betont wird dies beispielsweise in der Baha'i-Religion, in der Transzendentalen Meditation von Maharishi Mahesh Yogi oder bei Scientology; etwas weniger stark ausgeprägt finden wir diese Vorstellung auch in der Soka Gakkai. Neue Religionen können durchaus als synkretistische Systeme charakterisiert werden, wobei kaum zu übersehen ist, dass sie – nicht selten in eklektizistischer Weise – Tendenzen einer Harmonisierung, Relativierung oder Nivellierung erkennen lassen. Hinsichtlich der Reaktion und Bewertung solcher Tendenzen der jeweils neuen Religion von Seiten der die dominierenden Elemente liefernden Religion ist zu beobachten, dass monistische bzw. inklusivistisch ausgerichtete Religionen unverkrampfter mit aus ihrem religionskulturellen Milieu stammenden neuen Religionen umgehen, als dies bei den monotheistischen Religionen der Fall ist: Die in Mitteleuropa in neuerer Zeit oft als „Gurubewegungen" zusammengefassten neuen Religionen aus dem hinduistischen Kulturraum (z.B. ISKCON, Transzendentale Meditation, Shri Aurobindos Anhänger, Radhasaomi/Sant-Mat-Religion) genießen beispielsweise in Indien ungleich höhere Akzeptanz als in Europa. Demgegenüber sind für den Islam die Baha'i und die Anhänger der Ahmadiyya, die nach Ghulam Ahmad (1835–1904) benannte Neudeutung des Islam, Sektierer par excellence, die mit aller Schärfe bis in die Gegenwart verfolgt werden; so die Baha'i in der Islamischen Republik Iran und die Ahmadiyya in der Islamischen Republik Pakistan. Genauso gelten die im 19. Jh. aus dem Christentum hervorgegangenen neuen Religionen aus christlicher Perspektive längst als „klassische Sekten", beispielsweise die Neuapostolische Kirche, die Mormonen oder Jehovas Zeugen. Die Bezeichnung solcher neuer Religionen als „Sekten" hat als religionsinterne Bewertung (bzw. präziser: Abwertung) zwar eine gewisse Berechtigung, ist aber als übergeordnete Bezeichnung von neu entstehender Religion terminologisch ungeeignet.

Praxis und Gesellschaft

Die meisten neuen Religionen sind ausgesprochene „Laienreligionen", d.h. es gibt kein institutionalisiertes Priestertum (z.B. Soka Gakkai, Baha'i), oder alle (männlichen) Gemeindemitglieder haben Anteil am allgemeinen Priestertum (z.B. Mormonen), wodurch die Unterscheidung Laie – Priester praktisch aufgehoben wird. Eigentlich ist jeder befähigt, am gesamten kultischen Geschehen aktiv mitzuwirken und die Lehre weiterzutragen. In der Konsequenz bringt dies mit sich, dass diese Religionen meist „kultarm" sind, wobei aber nicht übersehen werden soll, dass das Engagement für die Religion und die aus den Lehrinhalten abzuleitende Aufhebung der Trennung zwischen heilig und profan das ganze Leben ritualisiert – und aus diesem Grund eine besondere Form von Ritualisierung im Kult unterbleibt. Eine Ausnahme bilden Heilriten, wobei der Zusammenhang zwischen religiösem Heil und Heilung neuen Religionen ungleich deutlicher bewusst ist, als dies in den sog. Weltreligionen der Fall ist. Religiöse Heilung ist ein christliches Phänomen, nimmt aber im Schamanismus genauso eine dominierende Rolle ein wie in der traditionellen afrikanischen Religionsgeschichte. Die Übertragung von Heil durch Zauberpraktiken, durch Opfer oder Handlauflegung dominiert daher nicht nur in den Afrikanischen Unabhängigen Kirchen oder in den neuen afro-amerikanischen Religionen (Umbanda in Brasilien; Santeria in Cuba; Maria Lionza in Venezuela), sondern auch in neuen Religionen mit einem ursprünglich christlichen Hintergrund (Fiat Lux, Universelles Leben).

Obwohl viele neue Religionen zahlenmäßig zu klein sind, um große Wirkungen zu erzielen, bringt dies in anderer Hinsicht einen Vorteil, nämlich hinsichtlich der individuellen Seelsorge. Die Überschaubarkeit der Gemeinde trägt dazu bei, dass die Kontakte zueinander wesentlich intensiver sind, wodurch – teils durch unbeabsichtigten, teils aber durch bewusst ausgeübten subtilen Druck – ein großes Engagement jedes Einzelnen für seine Religion entsteht. Die Mitglieder finden in solchen Gemeinden häufig zweifellos eine intensivere Beheimatung und seelsorgliche Betreuung, als dies in großen Religionen möglich ist, was aber erneut den Zusammenhalt stärkt.

Die theokratischen und immanenten Glaubensinhalte liefern Grundlagen für die Vision einer neuen Gesellschaft, die teils über die Mittlerfunktion des Religionsstifters geschaffen werden soll. Zu diesem gesellschaftlichen Aspekt gehört die teilweise Lebensweise in Ashrams genauso wie die Schaffung einer neuen „Infrastruktur". Unterschiedlich erfolgreiche Stadtgründungen zur Umsetzung solcher Vorstellungen sind wohl die religionsgeographisch eindrucksvollste Folge. Zu nennen sind Städte wie Auroville in Südindien (Aurobindo-Bewegung), Rajneeshpuram, die Mustersiedlung der Bhagwan-Bewegung in den USA, Salt Lake City als Mormonen-Zentrum in den USA oder Ekuphakameni, das neue irdische Jerusalem der Lama Nazaretha Kirche Isaiah Shembes (1867–1935) in Südafrika. Grundsätzlich kann man durchaus sagen, dass die religiöse Praxis nicht nur das ganze Leben durchzieht, sondern „transreligiöse" Handlungsformen wie Ökologie, Sport, Soziales, Wissenschaft, Wirtschaft und Politik bewusst in das religiöse Deutungsschema einbezogen werden. Damit im Zusammenhang steht auch das Engagement mancher neuer Religionen als NGOs bei den Vereinten Nationen (z.B. Soka Gakkai International, Baha'i).

Als besonderes Charakteristikum zahlreicher neuer Religionen kann die Wertschätzung von Frauen gelten, die im Vergleich zu klassischen Religionen ungleich höher ist. Mehrere japanische neue Religionen gehen auf Religionsstifterinnen zurück, in Afrikanischen Unabhängigen Kirchen treten Prophetinnen als Offenbarungsmittlerinnen oder Heilerinnen aktiv in den Vordergrund; ähnliches gilt auch für afro-amerikanische Religionen. Fiat Lux oder das Universelle Leben wurden von einer Frau gegründet. Aber neu entstehende Religionen vermögen nicht einfach traditionelle gesellschaftliche Rahmenbedingungen außer Kraft zu setzen. Dies zeigt sich sowohl bei in Indien entstandenen Neureligionen, die mit wenigen Ausnahmen (z.B. der Sahaja Yoga von Shri Mataji Nirmala Devi) auf Männer zurückgehen, als auch in organisatorischer Hinsicht, wo Frauen auch dann, wenn die Religion von einer Frau initiiert wurde, in der Praxis meist nur untergeordnete Positionen einnehmen. Zwischen Theorie und praktischer Verwirklichung der Gleichrangigkeit von Frauen sind Diskrepanzen bislang noch nicht beseitigt.

Organisation

Neue Religionen entstehen meist spontan, indem es einer charismatischen Persönlichkeit gelingt, einen Anhängerkreis um sich zu sammeln. Das auch in traditionellen Religionen durchaus bekannte Erscheinungsbild einer Führergestalt ist in neuen Religionen insofern um eine Nuance stärker akzentuiert, als diese Führungsgestalt für die Anhänger als Offenbarungsbringer oder besonderer Vermittler derselben gilt. Dadurch nehmen solche Persönlichkeiten zweifellos eine Sonderstellung ein, die sie über den Rang der übrigen Gläubigen emporhebt. Gelegentlich ist – bei abendländischen Anhängern – ein gewisser Wandel im Verständnis des spirituellen Führers zu beobachten, v.a. bei solchen Religionen, die aus Indien bzw. Ostasien missionierend in den Westen gebracht wurden: Das prinzipiell frei wählbare Gurutum unterliegt nämlich dabei manchmal insofern einer gewissen Erstarrung, als der Guru über Gebühr vergöttlicht wird, wodurch sich auch autoritäre Strukturen entwickeln können, was zu einem Missbrauch von Seiten mancher Gurus geführt hat – in Form von Ausbeutung oder Unterdrückung ihrer Anhänger. Formen des Missbrauchs sind dabei in allen Fällen zu ahnden, ohne dass deswegen autoritäre Führungsstrukturen automatisch negativ wären. Denn Religionen sind vom Konzept her „autoritär", weil sie ihre Autorität mit einer übermenschlichen Instanz begründen. Dadurch ist auch die innere Struktur einer Religion nicht notwendigerweise demokratisch, sondern durchaus absolutistisch-monokratisch.

Spätestens mit dem Tod des Stifters stellt sich für neue Religionen die Frage der Entwicklung einer geordneten Organisationsform. Der Übergang vom „charismatischen Guru" zum „administrativen und spirituellen Führungsgremium" ist nicht nur ein entscheidender Einschnitt in der jeweils kurzen Geschichte der betreffenden Religion, wobei kaum eine dieser Bewegungen die Phase ohne Spaltungs- und Abfalltendenzen übersteht. Gelingt der Übergang zu einer einigermaßen stabilen Organisationsform nicht, so zeigt sich mehrfach, dass sich in der dritten Generation solche Religionen häufig auflösen. Insofern ist es interessant, längerfristig zu beobachten, wie sich etwa die Anhängerschaft von Shri Chinmoy (geb. 1931) oder Shri Mataji Nirmala Devi (geb. 1923) nach dem Tod des Stifters bzw. der

Stifterin verhalten wird, zumal bislang von den noch lebenden Führungskapazitäten keine offiziellen Vorkehrungen in organisatorischer Hinsicht für diese Zeit getroffen worden sind. Wo der Übergang zur Organisation gelungen ist, lässt sich beobachten, dass dem unmittelbaren Jüngerkreis um die Führungsgestalt dabei meist eine tragende Rolle zukommt; allerdings zugleich mit einem gewissen Konfliktpotenzial hinsichtlich der Kompetenzverteilung, wenn mehrere Jünger sich selbst für besonders geeignet betrachten, die Geschicke der Gemeinschaft nach dem Tod des Gründers weiter zu bestimmen.

Neben der Organisation ist auch die Zusammensetzung der Gruppe für den Bestand äußerst relevant. Der Idealfall liegt dann vor, wenn die demographische Zusammensetzung ungefähr in jenem Bereich liegt, der der geographisch-kulturellen Umgebung entspricht. Für bereits länger existierende neue Religionen ist dies im Großen und Ganzen in Mitteleuropa durchaus der Fall (z.B. Jehovas Zeugen, Mormonen, Baha'i), für das Gros der relevanten Religionen ist der Beobachtungszeitraum seit maximal den 60er Jahren des 20. Jh. noch zu kurz, um bereits definitive Aussagen machen zu können. Die Vereinigungskirche oder die ISKCON haben inzwischen aber bereits eine weit gestreute Altersstruktur, die für sie – und andere Gemeinschaften – Anfang der 70er Jahre geprägte Bezeichnung „Jugendreligionen" hat daher längst ihre Gültigkeit verloren. Neue Religionen müssen sich – lässt man die unmittelbare Entstehungsphase außer Acht, in der manchmal zielgruppenspezifische Mission betrieben wird – an alle Bevölkerungsschichten wenden, wenn sie Erfolg haben wollen.

4. Zusammenfassung

Mit neu entstehenden Religionen hat endgültig ein religiöser Pluralismus in Europa eingesetzt, wobei solche Religionen teilweise – gerade im Vergleich mit dem Christentum als bislang kulturprägender Kraft – aus einem anderen kulturellen Milieu stammen. Für die Bewertung dieser neuen Phänomene ist wesentlich, dass sie zunächst aufgrund der Aussagen ihrer Lehrinhalte bewertet werden müssen. Genauso ist zu berücksichtigen, dass Menschen, die sich bewusst auf einen religiösen Weg einlassen, auch in „etablierten" Religionen ihre bisherigen Verhaltensweisen ändern. Dass dubiose Missionsmethoden oder Kontrollmechanismen des Individuums in Religionen vorkommen können und auch vorgekommen sind, ist nicht zu bestreiten. Allerdings muss die Erfahrung des Betroffenen ernst genommen werden, da existenzielle Fragen des Menschen immer nur subjektiv beurteilt werden können. Ob neue Religionen „wahr" oder „falsch" sind, kann nur im Rahmen einer jeweils subjektiven Glaubensüberzeugung ausgesagt werden, empirisch feststellbar bleibt lediglich die Tatsache, dass neu entstehende Religionen ein vielfältiger Ausdruck „nach-säkularer" Lebensweise sind.

Literatur

Arweck, Elisabeth/Clarke, Peter B. (ed.): *New Religious Movements in Western Europe. An Annotated Bibliography,* London 1997.

Eggenberger, Oswald: *Die Kirchen, Sondergruppen und religiösen Vereinigungen,* 6. Aufl., Zürich 1994.

Figl, Johann: *Die Mitte der Religionen,* Darmstadt 1993.
Finger, Joachim: *Gurus, Ashrams und der Westen,* Frankfurt 1987.
Flasche, Rainer: *Neue Religionen,* in: Peter Antes (Hg.): *Die Religionen der Gegenwart,* München 1996, 280–298.
Gasper, Hans/Müller, Joachim/Valentin, Friederike (Hg.): *Lexikon der Sekten, Sondergruppen und Weltanschauungen,* 5. Aufl., Freiburg 1997.
Gerlitz, Peter: *Gott erwacht in Japan,* Freiburg 1977.
Gerlitz, Peter: *Neue Religionen,* in: *TRE 24* (1994) 299–315.
Hauth, Rüdiger: *Die Mormonen – Geheimreligion oder christliche Kirche?,* Freiburg 1995.
Hemminger, Hansjörg: *Was ist eine Sekte?,* Mainz 1995.
Hempelmann, Reinhard u. a. (Hg.): *Panorama der neuen Religiosität,* Gütersloh 2001.
Hummel, Reinhart: *Gurus, Meister und Scharlatane. Zwischen Faszination und Gefahr,* Freiburg 1996.
Hummel, Reinhart: *Religiöser Pluralismus oder christliches Abendland?,* Darmstadt 1994.
Hummel, Reinhart: *Vereinigungskirche,* Neunkirchen-Vluyn 1998.
Hutter, Manfred: *Die Baha'i. Geschichte und Lehre einer nachislamischen Weltreligion,* Marburg 1994.
Italiaander, Rolf: *Sokagakkai. Japans neue Buddhisten,* Erlangen 1973.
Karow, Yvonne: *Bhagwan-Bewegung und Vereinigungskirche,* Stuttgart 1990.
Kehrer, Günter (Hg.): *Das Entstehen einer neuen Religion,* München 1981.
Laube, Johannes (Hg.): *Neureligionen. Stand ihrer Erforschung in Japan,* Wiesbaden 1995.
Melton, J. Gordon: *Encylopedic Handbook of Cults in America,* New York 1992.
Métraux, Daniel A.: *The Soka Gakkai Revolution,* Lanham 1994.
Missaghian-Moghaddam, Fiona: *Die Verbindlichkeitsbegründung der Bahā'ī-Ethik,* Frankfurt 2000.
Mössmer, Albert: *Die Mormonen,* Solothurn 1995.
Oosthuizen, Gerardus C.: *The Healer-Prophet in Afro-Christian Churches,* Leiden 1992.
Reller, Horst/Kießing, Manfred/Tschoerner, Helmut (Hg.): *Handbuch religiöser Gemeinschaften,* 4. Aufl., Gütersloh 1993.
Rothstein, Mikael: *Belief Transformations. Some Aspects of the Relation between Science and Religion in Transcendental Meditation™ and the International Society für Krishna Consciousness (ISKCON),* Aarhus 1996.
Saliba, John A.: *New Religious Movements,* London 1995.
Schaefer, Udo/Towfigh, Nicola/Gollmer, Ulrich: *Desinformation als Methode. Die Baha'ismus-Monographie des F. Ficicchia,* Hildesheim 1995.
Zinser, Hartmut: *Der Markt der Religionen,* München 1997.

Weiterführende Literatur

Einleitende und methodologische Fragestellungen

Bayer, Oswald (Hg.): *Mythos und Religion.* Interdisziplinäre Aspekte, Stuttgart 1990.

Berger, Peter L.: *Zur Dialektik von Religion und Gesellschaft. Elemente einer soziologischen Theorie,* Frankfurt a. Main 1988.

Berner, Ulrich: *Untersuchungen zur Verwendung des Synkretismus-Begriffes,* Wiesbaden 1982.

Brisson, Luc: *Einführung in die Philosophie des Mythos,* Bd. 1: Antike, Mittelalter und Renaissance, aus dem Franz. übers. von Achim Russer, Darmstadt 1996.

Classical Approaches to the Study of Religion by Jacques Waardenburg, New York, Berlin 1999.

Colpe, Carsten: *Theologie, Ideologie, Religionswissenschaft,* München 1980.

Dülmen, Richard von: *Religion und Gesellschaft. Beiträge zu einer Religionsgeschichte der Neuzeit,* Frankfurt a.M. 1989.

Gladigow, Burkhard: *Gegenstände und wissenschaftlicher Kontext von Religionswissenschaft,* in: HrwG I, 26-40.

Gladigow, Burkhard/Kippenberg, Hans G. (Hrsg.): *Neue Ansätze in der Religionswissenschaft,* München 1983.

Grätzel, Stephan/Kreiner, Armin: *Religionsphilosophie, Stuttgart,* Weimar 1999.

Hock, Klaus: *Einführung in die Religionswissenschaft,* Darmstadt 2002.

Hubbeling, Hubertus G.: *Einführung in die Religionsphilosophie,* Göttingen 1981.

Kehrer, Günter: *Einführung in die Religionssoziologie,* Darmstadt 1988.

Kippenberg, Hans G.: *Die Entdeckung der Religionsgeschichte. Religionswissenschaft und Moderne,* München 1997.

Kippenberg, Hans G./Luchesi Brigitte (Hg.): *Religionswissenschaft und Kulturkritik,* Marburg 1991.

Klassiker der Religionswissenschaft. Von Friedrich Schleiermacher bis Mircea Eliade, hrsg. von Axel Michaels, München 1997.

Kritik an Religionen, hrsg. von Gritt Maria Klinkhammer, Steffen Rink und Tobias Frick, Marburg 1997.

Lanczkowski, Günter: *Einführung in die Religionswissenschaft,* Darmstadt ^{2}1991.

Lanczkowski, Günter: *Einführung in die Religionsphänomenologie,* Darmstadt 1978.

Löhr, Gebhard (Hrsg.): *Die Identität der Religionswissenschaft. Beiträge zum Verständnis einer unbekannten Disziplin,* Frankfurt a. M. 2000.

Mann, Ulrich: *Einführung in die Religionspsychologie,* Darmstadt 1973.

Mensching, Gustav: *Vergleichende Religionswissenschaft,* Heidelberg 1949.

Psychoanalyse und Religion, hrsg. von Eckart Nase und Joachim Scharfenberg, Darmstadt 1977.

Rudolph, Kurt: *Geschichte und Probleme der Religionswissenschaft,* Leiden 1992.

Sabbatucci, Dario: *Kultur und Religion,* in: HrwG I, 43-58.

Stephenson, Gunter (Hg.): *Der Religionswandel unserer Zeit im Spiegel der Religionswissenschaft,* Darmstadt 1976.

Stolz, Fritz: *Grundzüge der Religionswissenschaft,* Göttingen 1988.

Weber, Max: *Gesammelte Aufsätze zur Religionssoziologie* I-III, hrsg. von Marianne Weber, Tübingen ^{9}1988, ^{7}1988, ^{8}1988.

Weier, Winfried: *Religion als Selbstfindung. Grundlegung einer Existenzanalytischen Religionsphilosophie,* Paderborn 1991.

Whaling Frank (Editor): *Theory and Method in Religious Studies. Contemporary Approaches to the Study of Religion,* Berlin, New York 1995.

Zinser, H. (Hg.): *Religionswissenschaft. Eine Einführung,* Berlin 1988.

Handbücher, Wörterbücher und Lexika

Bertelsmann Handbuch Religionen der Welt. Grundlagen, Entwicklung und Bedeutung in der Gegenwart, hrsg. v. Monika und Udo Tworuschka, München 1992.

Eliade, Mircea und Couliano Ioan P.: *Handbuch der Religionen,* Zürich, München 1991.

Figl, J. (Hg.): *Handbuch der Religionswissenschaft,* Innsbruck 2003.

Fischer Lexikon. Geschichte der nichtchristlichen Religionen, G. Lanczkowski, Frankfurt a.M. 1989.

Handbuch der Religionsgeschichte, hrsg. von Jes Peter Asmussen und Jørgen Laessøe in Verbindung mit Carsten Colpe, 3 Bde., Göttingen 1971, 1972, 1975.

Handbuch Religionswissenschaft, hrsg. von Johann Figl, Innsbruck 2003.

Handbuch religionswissenschaftlicher Grundbegriffe (HrwG), hg. von Hubert Cancik/Burkhard Gladigow/Matthias Laubscher, 5 Bde., Stuttgart, Berlin, Köln, Mainz 1988-2001.

Lexikon der östlichen Weisheitslehren. Buddhismus, Hinduismus, Taoismus, Zen. Bern, München, Wien [2]1986.

Lexikon der Religionen, hrsg. von Hans Waldenfels, Freiburg, Basel, Wien 1988.

Religion in Geschichte und Gegenwart, dritte, völlig neu bearbeitete Auflage (RGG[3]), hrsg. von Kurt Galling, VI Bde., Registerband, Tübingen 1957-1962.

Religion in Geschichte und Gegenwart, vierte, völlig neu bearbeitete Auflage (RGG[4]), hrsg. v. Hans Dieter Betz, Don S. Browning, Bernd Janowski, Eberhard Jüngel, V Bde., Tübingen 1998-2002.

The Oxford Dictionary of World Religions, ed. by John Bowker, Oxford, New York 1997.

The Encyclopedia of Religion, Editors: Charles J. Adams, Joseph M. Kitagawa, Martin E. Marty u.a., 16 Vols., New York, London 1987.

Wörterbuch der Religionen, dritte Auflage, neu bearbeitet, ergänzt und herausgegeben von Kurt Goldammer, Stuttgart 1976.

Wörterbuch der Religionspsychologie, hrsg. von Siegfried Rudolf Dunde, Gütersloh 1993.

Wörterbuch der Religionssoziologie, hrsg. von Siegfried Rudolf Dunde, Gütersloh 1994.

Religion und Religionen

Antes, Peter: *Die Religionen der Gegenwart: Geschichte und Glauben,* München 1996.

Damm, Ernst: *Grundriß der Religionsgeschichte,* Stuttgart, Berlin, Köln, Mainz 1972.

Die Religionen der Menschheit, hrsg. von Christel Matthias Schröder, 30 Bde., Stuttgart, Berlin, Köln, Mainz.

Eliade, Mircea: *Geschichte der Religiösen Ideen, Bd. I: Von der Steinzeit bis zu den Mysterien von Eleusis;, II: Von Gautama Buddha bis zu den Anfängen des Christentums; III/1: Von Mohammed bis zum Beginn der Neuzeit; III/2: Vom Zeitalter der Entdeckungen bis zur Gegenwart;* Quellentexte, übersetzt und hrsg. v. Günter Lanczkowski, Freiburg, Basel, Wien [4]1978, [2]1979, 1983, 1991, 1981.

Fraas, Hans-Jürgen: *Die Religiosität des Menschen,* zweite durchgesehene Auflage, Göttingen 1993.

Gott im Selbstbewußtsein der Moderne. Zum neuzeitlichen Begriff der Religion, hrsg. von Ulrich Barth und Wilhelm Gräb, Gütersloh 1993.

Haußig Hans-Michael: *Der Religionsbegriff in den Religionen,* Berlin 1999.

Heiler, Friedrich: *Die Religionen der Menschheit,* neu hrsg. von Kurt Goldammer, vierte durchgesehene Auflage, Stuttgart 1982.

Khoury Adel Theodor/Girschek Georg: *Das religiöse Wissen der Menschheit,* 2 Bde., Freiburg, Basel, Wien 1999.

Magie und Religion. Beiträge zu einer Theorie der Magie, hrsg. von Leander Petzoldt, Darmstadt 1978.

Mensching, Gustav: *Die Weltreligionen,* Darmstadt o.J.

Stephenson, Gunther: *Wege zur Religiösen Wirklichkeit. Phänomene – Symbole – Werte,* Darmstadt 1995.

Stolz, Fritz: *Weltbilder der Religionen,* Zürich 2001.

Sundermeier, Theo: *Was ist Religion?,* Gütersloh 1999.

Kulturanthropologie

Bohannan, P.: *Social Anthropology,* New York 1979.
Collins, J. J.: Anthropology: *Culture, Society, and Evolution,* Englewood/Cliffs 1987.
Goodenough, W. H.: *Culture, Language, and Society,* Reading/Mass. 1985.
Johnson, D. L.: *Nature of Momadism,* Chicago 1969.
Service, E. R.: *The Hunters,* New York 1987.
Vivelo, F. R.: *Handbuch der Kulturanthropologie,* Stuttgart 1981.
Williams, T. R.: *Introduction to Socialization,* St. Louis 1991.
Wolf, E. R.: *Peasants,* Englewood/Cliffs 1989.

Namensregister

Ägypten	*Syrien/Palästina*	*Mesopotamien (südliches und mittleres)*	*Iran*
3000–2650 Frühgeschichte: Reichseinigung (Memphis) – Entwicklung der Schrift (Hieroglyphen)		Ende des 4. Jts. Schriftentwicklung (Keilschrift) – Sumerer und Akkader Bis 2800 „Erste Hochkultur“ (Uruk) 2750–2300 Frühdynastische Zeit: Rivalisierende Stadtsstaaten	Seit 4. Jt. Elamier in Südwestiran – für die elamische Sprache wird die akkadische Keilschrift übernommen.
2650–2130 Altes Reich Pyramidenbauten 2130–2030: 1. Zwischenzeit 2010–1785 Mittleres Reich (Theben)	Sumerischer Kultureinfluss: zw. 2400 und 2300 Blütezeit v. Ebla u. Mari. Unter akkadischer Herrschaft Danach syrische Fürstentümer	2300–2150 Akkadisches Reich 2050–1955 3. Dynastie von Ur: Renaissance des Sumerertums Einfall der Amoriter – Zerstörung von Ur Ab 1969 Stadtsstaaten *(19.–18. Jh. Altassyrische Zeit im N Mesopotamiens mit Assur und Ninive: erste Königsinschriften)*	
1680–1527 2. Zwischenzeit: Hyksoszeit (Auaris im Delta) 1540–1070 Neues Reich (Theben; Haupttempel des Reichsgottes Ammun-Re in Karnak)	Ab dem 18. Jh. in N-Syrien das Mitanni-Reich (Hurriter)	1728–1686 Hammurapi: Altbabylonische Reich 1531 Zerstörung Babylons durch den Hethiterkönig Mursilis *(1650– ca. 1500 Altes Reich der Hethiter in Anatolien)* 1500–1157: Kassitendynastie	
Amenophis IV. (Echnaton): 1364– 1347–Tell el-Amarna Korrespondenz 1290–1224 Ramses II.: Kampf gegen Hethiter in Syrien	Vasallenstaat der Hethiter	1240 Eroberung v. Babylon durch die Assyrer	

(1375– ca. 1190 Neues Reich der Hethiter in Anatolien) Frondienst Israels in Ägypten (Israel-Stele)	13.–14. Jh.: Ugarit als internationales Wirtschaftszentrum (Ugarit-Texte)	*(1365–1193 Mittelassyrisches Reich im nördlichen Mesopotamien)* 1200 Seevölkersturm	Ende des 2. Jt. Zarathustra Nach 1100 Einwanderung iranischer Stämme. Im NW siedelten medische Stämme.
	Hebräer in Palästina	um 1000 Aramäer Einfälle.	
1080–712 3. Zwischenzeit: Fremdherrschaften 671–664 Assyrerherrschaft 525–404 Perserherrschaft	Um 1000 Saul, David Um 930 Salomo (Tempelbau) 931–721 Juda und Israel 722 Eroberung von Samaria durch Assyrer 721–587 Reich von Juda 587 Eroberung Jerusalems durch Nebukadnezar II. – Deportation nach Babylonien 538, unter König Darius, Rückkehr der Juden nach Jerusalem	731–626 unter assyrischer Vorherrschaft *(935–609 Neuassyrisches Reich im nördlichen Mesopotamien)* 626–539 „Chaldäer“-Dynastie (Nebukadnezar II.) – Neubabylonisches Reich 539–331 Perserherrschaft	Um 100 Teile Persiens unter assyrischer Herrschaft Ab 8. Jh. Einigung der persischen Stämme unter Achaimenes. Ab 558–330 v. C. Perserreich (Achämeniden) (Kyrus II).
332–305 Makedonen 305–30 v. C.: Ptolemäer-Herrschaft	333–63 Hellenistische Zeit (Makkabäer)	312– ca. 65 n. C. Seleukiden	312–240 Seleukiden 240–224 n. C. Reich der Parther
30 v. –395 n. C. Römische Herrschaft 395–642 Byzantinische Herrschaft	63–135 n. C. Römische Herrschaft	224–651 n. C. Sasaniden	224–651 n. C. Sasaniden
640 Arabische Eroberung	Ab 634 Arabische Eroberung	651 Arabische Eroberung	651 Arabische Eroberung

Etappen der islamischen Geschichte

Kalifat:
661– 750 Umaiyaden (Damaskus)
750–1258 Abbasiden (Bagdad):

Lokaldynastien in Nord-Afrika, im Vorderen Orient und im Osten des Reiches

Seldschuken (Mitte des 11. bis Mitte des 13. Jh.)

1258 Beendigung des abbasidischen Kalifats durch die Mongolen

Spanien:
929–1031 (Umaiyaden)
1056–1269 (Almoraviden und Almohaden)
1230–1492 Nasriden von Granada

Ägypten:
969–1171 Fatimiden
1169–1252 Aiyubiden
1249–1517 Mamluken

13.–15. Jh. Mongolen im islamischen Osten
Osmanen (1924 wird das Kalifat abgeschafft)

Iranischer Osten:
Herrschaft der Safawiden (Zwölferschiiten)
1794–1925 Qadscharen
1925–1979 Pahlevi-Dynastie

Zentralasien:
15.–19. Jh. Usbeken und Turkmenen

Indien:
1526–1858 Mogulkaiser

Ab Mitte des 18. Jh. Kolonialherrschaft
Seit Anfang des 19. Jh. Entstehung der Nationalstaaten

Mesoamerika

Präklassikum: ab 1500 Siedlungen in ständig genutzten Dörfern
1000–500 v. C. Unter dem Kultureinfluss der *Olmeken* („Mutterkultur Mesoamerikas")

Zwischenpriode (Übergänge)

Klassikum: 300–550 n. C.: Unter dem Kultureinfluss von *Teotihuacan:*

Regionalkulturen:
- Teotihuacan (Zentralmexiko)
- Monte Alban (Oaxaca)
- Maya-Kulturen (Guatemala)

Ab 700 Niedergang von Monte Alban
Ab 800 Niedergang der Maya-Kulturen

Postklassikum: 800–1150 n. C.:
Unter dem Kultureinfluss der *Federschlange* (Putun, Tolteken u.a.)

Zwischenperiode (Übergänge)

1490–1519 n. C.: Unter dem Kultureinfluss der *Azteken*
(vgl. Köhler, Ulrich: Alt-Amerikanistik, 1990, 19).

Afrika

seit 3,6 Mio. Jahren	Wiege der Menschheit
seit 200.000	Neantertaler und Cro-Magnon-Mensch; Kultur der Jäger und Sammler
seit 10.000	frühe Ackerbauern und Hirtennomaden
seit 3000 v. C.	Großreiche der Ägypter
seit 1000 v. C.	Reiche der Äthiopier, von Axum und Meroe
330 v. C.	Makedonier und Griechen erobern Ägypten
2. u. 3. Jh. v. C.	Nordafrika wird Teil des Römischen Imperiums
639 n. C.	Moslems erobern Ägypten und später Nordafrika
ca. ab. 700 n. C.	Köngigreiche von Ghana, Mali, Songha, Kamen; z. T. Eisenzeit; Ostafrika: Handel mit Arabern, Persern, Indern, Chinesen
ab 1444 n. C.	Portugiesen landen an der „grünen Küste“ Afrikas; Beginn der Kolonialzeit mit Sklavenhandel
15.–19. Jh. n. C.	Briten, Holländer, Franzosen, Belgier u. a. erobern afrikanische Kolonien, mit Sklavenhandel
1815 n. C.	Wiener Kongress: Deklaration zur Beendigung des Sklavenhandels
1833 n. C.	Britisches Parlament beschließt Ende des Sklavenhandels
1848 n. C.	Frankreich beendet den Sklavenhandel
1888 n. C.	Brasilien beendet den Sklavenhandel
nach 1945 n. C.	Ende der europäischen Kolonialherrschaft in Afrika
1957 n. C.	Ghana als erster freier Staat in Afrika

Alteuropa

2200–2000 v. C.	Beginn der Bronzezeit in Mitteleuropa
750–400 v. C.	Beginn der Eisenzeit in Mitteleuropa

Kelten

2000 v. C.	Bildung keltisch sprechender Stämme
ab 8. Jh. v. C.	keltische Siedlungen in Mittel- und Westeuropa: Alpenländer, Gallien, Spanien, Britannien, Irland
474 v. C.	Kelten stoßen auf die Etrusker
385 v. C.	Kelten stoßen auf die Römer
ab 279 v. C.	Kelten siedeln als Galater in Anatolien
225 v. C.	Römer besiegen die keltischen Boier
51 v. C.	Gaius Julius Cäsar siegt über die Kelten in Gallien
15 v. C.	keltisches Königreich Noricum wird dem Römischem Imperium eingegliedert
43 n. C.	Römer besiegen die Kelten in Britannien
5./6. Jh. n. C.	Vermischung der Römer mit Kelten und germanischen Stämmen in Mittel- und Westeuropa
411 n. C.	Abzug des römischen Heeres aus Britannien

Griechen

ab 2000 v. C.	hellenische Einwanderungen: Jonier, Achäer
16.–12. Jh. v. C.	Mykenische Kultur
um 1200 v. C.	Wird von „Seevölkern" erobert und zerstört
ab 1150 v. C.	Enwanderung der Dorer
1200–800 v. C.	Schriftlose Zeit
ab 800 v. C.	Dichtungen Homers, später Hesiods; neue Schriftkultur; Bildung von Stadtstaaten, Besiedlung Kleinasiens; Beginn der Kultspiele in Olympia
ab 700 v. C.	Beginn der Kolonien in Süditalien, Pontus, Sizilien
ab 600 v. C.	Stadtstaat Athen: Gesetze des Solon; Tyrannenherrschaft
ab 510 v. C.	Beginn der Demokratie der freien Männer in Athen
450–420 v. C.	Zeit des Perikles in Athen
336–323 v. C.	König Alexander erobert griechische Stadtstaaten, das Reich der Perser und der Ägypter
ab 330 v. C.	Hellenistische Zeit, Reiche der Diatochen
31 v. C.	Römer erobern die letzten Reiche der Diadochen

Römer

12. Jh. v. C.	Latiner und Sabiner siedeln in Latium
7. Jh. v. C.	Etrusker siedeln in Mittelitalien
seit 650 v. C.	Römer siedeln in Latium
508 v. C.	Römer befreien sich aus der Herrschaft der Etrusker; Bau des Tempels für Jupiter auf dem Kapitol, frühes Stadtkönigtum
3. und 2. Jh. v. C.	Beginn der Expansion; Bürgerkriege und Aufstände der Sklaven; Zeit der Republik
seit 49 v. C.	Alleinherrschaft des G. J. Cäsar
31. v. C.	Alleinherrschaft des Julius Augustus; Beginn der Prinzipatszeit (Kaiserzeit)
3. Jh. n. C.	Beginn der Soldatenkaiser und Militärdiktatur
311/313 n. C.	Toleranzedikte der Kaiser Licinius und Konstantin I.
ab 380 n. C.	Christentum als Staatsreligion; Edikte der Kaiser Theododius I., Honorius I., Justinian I.
476 n. C.	Ende des Weströmischen Reiches

Germanen

3. und 2. Jt. v. C.	Bildung germanisch sprechender Stämme
2. und 1. Jt. v. C.	Einwanderung germanischer Stämme in Ost-, in Nord- und in West-Europa; Bildung der nord-, der süd- und der westgermanischen Sprachgruppen; Handel mit den Kelten und den Kulturen des Mittelmeeres
ab 1400 v. C.	Siedlung in Dänemark, Südschweden und Norddeutschland
um 500 v. C.	Nordgermanen werden von den Südgermanen durch Kelten getrennt
ab. 1 Jh. v. C.	Handel und Austausch mit der römischen Kultur; Kämpfe der Römer gegen germanische Stämme
ab. 2. Jh. n. C.	germanische Söldner im römischen Heer; römische Textquellen über Germanen: Tacitus, Plinius
ab 6. Jh. n. C.	christliche Textquellen: Prokopios, Jordanes, Cassiodor, Gregor von Tours, Paulus Diakonus
476 n. C.	germanische Stämme erobern das Weströmische Reich
3.–6. Jh. n. C.	Wanderungen der Ostgoten, der Westgoten, der Wandalen, der Lagobarden
ab 6. Jh. n. C.	Bildung des Fränkischen Reiches

Slawen

1. Jt. v. C.	Bildung der slawischen Stämme
1. und 2. Jh. n. C.	Plinius d. Ä. und Tacitus sprechen von den Venedi (Weden = Slawen)
4. Jh. n. C.	Slawen werden von den Hunnen vertrieben
6. Jh. n. C.	Awaren besiegen slawische Stämme; Slawen siedeln in Mittel- und Osteuropa
7. Jh. n. C.	Beginn der christlichen Mission an den Slawen
988 n. C.	Christianisierung der Rus-Stämme um Kiew
14.–15. Jh. n. C.	Mongolen und Tartaren herrschen über die Russen
15. und 16. Jh. n. C.	Aufstieg des Fürstentums von Moskau

Autorenverzeichnis

Galter, Hannes: Dozent für Orientalistik, Univ. Graz.
Grabner-Haider, Anton: Prof. für Religionsphilosophie, Univ. Graz.
Haider, Peter: Prof. für Alte Geschichte und Orientalistik, Univ. Innsbruck.
Hutter, Manfred: Prof. für Religionswissenschaft, Univ. Bonn.
Jensen, Anne: Prof. für Ökumenische Theologie, Univ. Graz.
Knecht, Peter: Prof. für Religionswissenschaft, Univ. Nagoya (Japan).
Khoury, Adel Th.: em. Prof. für Religionswissenschaft, Univ. Münster.
Maier, Johann: em. Prof. für Judaistik, Univ. Köln.
Prenner, Karl: Prof. für Religionswissenschaft, Univ. Graz.
Quack, Anton: Prof. für Religionswissenschaft, Theol. Hochschule St. Augustin.
Ramers, Peter: Prof. für Religionswissenschaft, Theol. Hochschule St. Augustin.

Das Namensregister und der Seitenumbruch wurdern erstellt von *Guido Satta,* Graz.